戴耀晶语言学论文集

戴耀晶　著

复旦大学出版社

目 录

序 1

时体范畴 1

论现代汉语的体范畴 3
论瞬间动词 85
情状与动词分类 92
论现代汉语现实体的三项语义特征 100
"了"在表示未来意义句子中的用法 119
论现代汉语持续体形态"着" 126
现代汉语表示持续体的"着"的语义分析 133
"VP_1 + 着 + VP_2"结构的语义分析 145
现代汉语经历体"过"的语义分析 153
现代汉语短时体的语义分析 162
现代汉语句子中"起来"的语法化分析 170

疑问范畴 177

传信与传疑：汉语疑问句的语义分析
——纪念《马氏文通》出版100周年 179
汉语的疑问句与否定句 191

否定范畴 197

论词的反义关系 199
现代汉语词的反义关系论略 209
否定关系与反义关系 219
试论现代汉语的否定范畴 228
汉语否定句的语义确定性 241
现代汉语否定标记"没"的语义分析 251
否定副词"没"的时间语义分析 258

现代汉语助动词"可能"的语义分析 ················ 269
试说"冗余否定" ····························· 277
否定表达与否定常数 ························· 283
汉语质的否定与量的否定 ····················· 293
质的否定还是量的否定
　——"什么""怎么"在汉语否定句中的功能 ····· 304

赣语泰和方言 ································· 321
赣语泰和方言语法的完成体 ··················· 323
赣语泰和方言的动词谓语句 ··················· 335
赣语泰和方言的代词（稿） ··················· 347
赣语泰和方言的否定表达 ····················· 354
泰和方言的领属结构 ························· 366
赣语泰和方言的比较句（稿） ················· 370
赣语泰和方言的疑问表达（稿） ··············· 379

其他语法问题研究 ····························· 385
论主谓短语 ································· 387
现代汉语动作类二价动词探索 ················· 426
语义缀和语法缀
　——英语词缀性质浅析 ····················· 440
论助词"们" ································· 444
汉语复数词尾"们"的语义分析（稿） ········· 450
人体词语的引申用法 ························· 457
"前"的空间意义和时间意义 ··················· 461
"十年后"是哪一年？
　——论语义意义和语用意义（稿） ··········· 468
汉语的句法邻接与语义邻接分析（稿） ········· 480
现代汉语被动句试析 ························· 487
试说汉语重动句的语法价值 ··················· 496

理论探索及书评 ······························· 503
论语言符号的绝对任意性和相对任意性 ········· 505
语言起源漫谈 ······························· 508

歧义浅谈 …………………………………………………… 511
语法研究方法二题 ………………………………………… 519
功能解释的语言观 ………………………………………… 525
汉语语法研究的三个平面说 ……………………………… 527
语境在言语交际中的解释功能 …………………………… 535
句子语用意义的提取 ……………………………………… 544
学习西方语言学理论,探求汉语自身规律 ……………… 553
修辞学研究的"关键词" …………………………………… 558
观点新颖　方法严谨
　——读朱德熙《语法答问》…………………………… 562
读邵敬敏《汉语语法学史稿》……………………………… 567
胡裕树先生的学术贡献 …………………………………… 569

附录 ………………………………………………………… 571
戴耀晶先生语言学论文列表 ……………………………… 573
戴耀晶先生前期学术思想回顾 …………………………… 578
戴耀晶先生近年学术思想回顾 …………………………… 591

后记 ………………………………………………………… 602

序

戴耀晶老师一生从事语法研究，留下很多著述，我想直到前两年，他也没有想过结集出版的事，因为在他的意识里，他的研究还一直在路上。然而无情的病魔让他的学术生命戛然而止，弟子们把他一生的著述收集起来，经过整理，编成这部文集。看着文集编成，真是既欣慰又惆怅。

我最早见到戴老师是在1992年天津的第七次现代汉语语法学术讨论会上，那次会议他提交的论文是《试说重动句》，那两年我也正在徐枢老师的指导下思考重动句问题，对他的报告很感兴趣。他那时只有三十多岁，却显出很宽的视野，文章用几组实例论证了前辈学者仅从句法上解释重动问题的局限，另辟蹊径，观察到了用句法规则难以概括而可以用语用条件加以说明的倾向性规律："重动句的价值在于说话人需要把语义上密切相关的两项内容用显性的句法形式连续表达出来"。这是他独到的心得，后来，他曾试图把句法邻接与语义邻接概念扩展到多种现象的解释里，可惜的是，这个探讨最终也没有形成完整的文章。

第二次跟戴老师见面是在1995年底北大的配价语法会上，那是我们真正熟识的开始。这次会议他的论文是《现代汉语动作类二价动词探索》，文章做得非常扎实，考虑到的方方面面十分周详。二价动词是动词的原型，动作义的又是二价动词里的原型，但是如何用形式的框架和标准做描述，前人并没有拿出可操作的办法来，戴老师这篇文章结合内省测试法与框架测试法，用两个凸现动作性语义特征的句型框架得出动作类二价动词，同时用其他几个补充句型区分开动作类一价动词和三价动词。这项研究的应用价值，首先就体现在文中以移位方法得出的价语排列规则，其次体现在受事和结果句法格式上的异同分析。其实，这篇论文的价值远不止这两点，它给动词论元结构的多方面研究都提供了一个坚实的基础，我后来做博士论文的时候，许多论述都是基于这项研究的。我一直以为，这篇论文，在戴老师的句法研究中，堪称经典。

没过两年，读到了他的第一本专著《现代汉语时体系统研究》，书虽然不是很厚，我读了以后却很是震撼。记得八十年代我还在读硕士的时候，在陈平先生狭窄的书斋里听他讲过汉语的时间结构问题，头脑很受冲击，也存下很多困惑，多年里一直把时体问题视为畏途。九十年代中期我读了 P. Hopper 等学者关于跨语言的体范畴讨论,尤其是时、体和情态、传信等相关范畴关系的论述,感觉眼界打开了许多,认识到体的问题不应仅限于动词身上去观察。恰在这时读到了戴老师的系统论著,他鲜明地提出了"体意义的承载单位是句子"的看法,这在当时的汉语学界,不啻石破天惊。如果说在配价研究中他坚持了动词中心说是一种理智的话,那么他在时体研究中放弃了动词中心说则是一种清醒,这正是他面对现实研究精神的一个典型体现。他看到体意义不仅是动词的属性,句子的各个成分对体意义都有影响,这是因为"体所反映的是事件的情状而不仅仅是动作的情状"。戴老师可以说是汉语学界最早系统论述"完整体"和"非完整体"的学者之一,他之所以强调此二者的重大分野,是因为"体意义也反映出语言使用者对事件的观察。对事件不作分解进行外部观察得到完整体,对事件的内部构成进行观察得到非完整体。"多年以来,我讲课时候每到体范畴这一部分,我总是让学生先去看戴老师这本书,有这本书打底,路就不会走偏。

从偏于句法的配价研究到偏于语义的时体研究,是戴老师学术兴趣的一个自然转移。从这以后,他更多地把精力集中在语义的研究上,尤其是疑问和否定问题,这一做,就做了二十年,直至他离世前,他承担的国家社科基金重点项目"现代汉语及方言中的否定问题研究"也还在进行中。

疑问和否定可以说涉及汉语句法语义所有重要方面,尤其是语义学里预设、蕴含、正反、虚实、数量、指称等核心问题。戴老师对这些问题有着特殊的兴趣,他后期的语法研究,几乎都是围绕着这些范畴来解释汉语疑问和否定的句法,以及虚词、句式等问题的。在观察疑问句的时候,他根据语义的确定性把疑问句的语义分为二值变量和多值变量的两个主要类别,继而他透过预设的考察来研究问句的回答,他注意到"疑"和"问"一个是心理行为,另一个是言语交际行为,疑与问的不同组合造成不同的句式。这些思考都已经超出了当时学界观察疑问现象的范围。否定问题是一个思辨性更强的重大课题,戴老师对否定问题的关注,没有盲目追随时下一些削足适履式的简单比附于国外逻辑语义研究的倾向,而是面对汉语实际,承袭老一辈尤其是吕叔湘先生、胡裕树先生等人的学术思想,向着汉语里那些实实在在影响逻辑分析的事情,去一个个地解决问题。比如说,汉语里有些疑问词,往往是既有量化作用又有称代作用的,如同汉语的反身词既有代词性又有副词性,这种不充分语法化的现实,必须就着汉语的实际来细细观察,如果看不到这种现象的全貌,轻率地在汉语里命名某种"算子"就会扭曲了复杂的事实。戴老师直至生命的最后时光,还在探究疑问句中的"什么""怎么"究竟是质的否定还是量的否定问题,这件事的意义,对学术道路的启示性,不能不说是意味深长的。

戴老师思考问题的广度和深度,不是他那些见诸印刷品的文字可以完全体现的。我们仅看看他指导的那些博士论文,有研究情态的,有研究时间系统的,有研究语用数的,有研究非现实性的……都是重要的语义范畴,就可以知道,驾驭这些重大语义范畴的导师,具有何等深厚的学术底蕴。

我本人 2002 年成为戴老师门下的一个学生,就学期间跟着老师一门一门地修学了课程。到了该写论文的时候,我很希望在选题方向上得到他的指引,他却告诉我他很欣赏我关于论元结构与句式语义的那些研究,鼓励我把已经做得比较成熟的几个专题整合起来,进行系统的深思。我很为他的这种虚怀若谷的精神所感动。在复旦求学那几年,受到他无微不至的关怀,而与他的每一次深谈,都很受震撼。记得他曾跟我谈起,在紧跟学术前沿和扎实雕琢传统之间如何取舍,八十年代学术空气与今天的互有短长,发达国家教育体制对我们有哪些启发……这些话题里,他的许多见解到达的层次,都是我远远不能达及的。要说那几年复旦求学的时光,除了写论文本身以外,最让我怀念的,就是与老师的这些倾谈了。最近几年,我知道他在给学生讲汉语语法研究的学术史,他的讲法很独特,通过学者生平去追溯他们学术思想的形成过程,甚至还带着学生走访学者故乡。而我这几年也在给博士生讲语法学思想史,我知道我们的很多想法是相通的,可惜与老师这方面的交流还没有深入下去,他就匆匆结束了他的教学生涯。

好在我们有了这部文集。这部文集既是戴老师一生心血的汇集,也是汉语语法研究史的一段篇章,正面反映了汉语语法学三十年来的轨迹。文集由戴老师的弟子们一同编纂,弟子们是最了解老师的学术思想的,文集的出版不仅是弟子们对老师的告慰,也是准确传播戴老师学术思想的一份功德。相信这本书的读者中,有人能够沿着戴老师这一代学者开拓的道路走下去。

张伯江,2015 年 12 月 31 日于肃州

时体范畴

论现代汉语的体范畴

内容提要

体(aspect,也称时体、时态、情貌、动相)是观察时间进程中的事件构成的方式。根据对事件观察的方式不同,可得到不同的体意义。事件在语言中用句子来表述,句子的各个成分对体意义都有影响,体意义属于句子而不仅仅属于动词,体所反映的是事件的情状而不仅仅是动作的情状。

作为一个语法范畴,体需要有其特定的形态来标示其特定的内容,现代汉语的体形态是实词在历史演化过程中意义逐渐虚化而形成的,有些表达体意义的形态仍保留着一定的词汇意义。

本文运用语义分析的方法,详细探讨了现代汉语的六种体(分属两个大类)及其形态。现实体表达现实的动态事件,包括过去现实,现在现实以及拟想中的现实事件,形态标记是"了"。经历体表达历时的动态事件,形态标记是"过",语言中常见到其否定的强调格式。短时体表达短时的动态事件,强调事件的非延续性质,句子常用来表达未然事件,形态标记是动词重叠,受限动词较多,尤其是双音节动词。现实体、经历体、短时体都属于完整体,表达的是语言使用者对事件的外部观察。

持续体表达事件内在的延伸过程,具有动态/静态双重性质,形态标记是"着",部分瞬间动词可与"着"配合使用表示由动作重复形成的持续。起始体表达事件内在的起始并将延伸,形态标记是"起来",动态性较强,常与形容词配合使用表示"进入"某种情状。继续体表达事件内部某一点之后的延伸,形态标记是"下去"。持续体、起始体、继续体都属于非完整体,表达的是语言使用者对事件的内部观察。

体范畴不同于时范畴,时是观察事件的时间构成的方式,其表达的时间具有指称功能(即可定位性),体涉及的时间没有指称功能。现代汉语缺乏时范畴,但体与时间的关系十分密切。

全文共分四章。第一章阐述有关体意义的基本概念和理论。第二章讨论三种完整体。第三章讨论三种非完整体。第四章是结语,同时提出一些有待继续探索的问题。

1 语言中的体范畴

1.1 体的定义

1.1.1 王力、吕叔湘、高名凯等的定义

五十多年前,王力在《中国现代语法》(1943)一书中给"体"(aspect)下过一个定义,他当时把体叫做"情貌":

凡时间的表示,着重在远近、长短及阶段者,叫做情貌。[①]

在具体阐释的时候他指出,情貌是叙述句里才有的,表示事情的状态。在现代汉语里,有事情开始的表示,继续的表示,正在进行的表示,完成的表示,又有经过时间极短的表示等等。[②]

到了第二年,王力出版《中国语法理论》(1944)一书时,则改从否定方面来给情貌下定义:

在语言里,对于动作的表现,不着重在过去现在或将来,而又和时间性有关系者,叫做情貌。[③]

作者认为这个定义既可区别于"时"(tense),又可区别于"态"(mood)。

仔细地研究这两个定义,可以发现二者的角度有所不同。第一个定义是从表示时间的角度来规定情貌,第二个定义则是从表现动作的角度来规定情貌,同时也指出情貌与时间有关。

我们认为,虽然体与时间密切相关,但从时间方面给体下定义是不合适的。因为这样一来,就不容易将体范畴同时范畴区分开来。从动作方面给体下定义要好一些,但否定性的说明严格说来不是定义,理由是它无法对体的性质作出明确判定,只能作为研究体问题的辅助性操作定义。此外,仅仅说到"动作"还是不够的,体与整个句子所表达的情状有关。

与王力著作先后出版的另外两部有影响的语法专著也谈到了体的定义。吕叔湘(1942)把体称作"动相",认为动相指的是"一个动作的过程中的各种阶段",动相虽然也与时间有关,但"时间观念已融化在动作观念里"。[④]

高名凯(1948)认为体"着重于动作或历程在绵延的段落中是如何的状态……

[①] 王力(1943):159 页。
[②] 王力(1943):151 页。
[③] 王力(1944):282 页。
[④] 吕叔湘(1942):228 页。

动作或历程的绵延是已完成抑或正在进行，方为开始抑或已有结果等等"。⑤ 以上两个定义强调的也是体与动作的义系。

不可否认，研究体的意义要考虑动作（action），要考虑动作的过程（process），但是，如果不着眼于整个句子，不着眼于整个句子所表述的事件（event），就不能对体有全面的认识，就不能驾驭体意义的各种形式表现。

1.1.2 夸克、科姆瑞等的看法

为了更进一步地展开讨论，这里再引述几位国外学者有关体的论述，并作一些说明。

英国语言学家 R. Quirk 等 1972 年在《当代英语语法》一书里给体下定义只着眼于"动词动作"，对时间问题没有涉及。⑥ 到了 1985 年，作者对原书进行扩充修订，更改书名为《综合英语语法》，对体的定义作了重要修正，加进了时间因素：

体表达了一个语法范畴，该范畴反映了涉及时间的动词动作被注意或被感受的方式。⑦

修改后的定义继续强调"动词动作"这个概念，强调体与动词密切相关（传统语法认为体是属于动词的语法范畴），同时指出体关涉到动词动作的时间。谈到体与时的区别和联系时，Quirk 等人认为，二者的不同在于体与说话时间无关，没有指示性（deictic），时则与说话时间有关，具有指示性。不过，二者在意义上密切关联，甚至可以说，它们在英语里的区别只不过是为了帮助我们在术语上方便地区分两种不同的意义体现（realization）：时的词法体现和体的句法体现。⑧ 换句话说，时与体都与动词动作和时间有关，时是运用词法形态变化来体现与动词动作关联的时间，体则是运用句法形态变化来体现与时间关联的动词动作。我们在这里主要感兴趣的是体属于句法而不属于词法的观点。体形式（尤其是体形态）虽然主要是附着在动词语上面，但它在意义上却是附着于整个句子的，而不仅仅属于所附的那个动词语。这一点对后面的讨论很有指导作用。

R. Quirk 等人是从英语出发来讨论体，美国语言学家 B. Comrie 则从普通语法的观点对体这一语法范畴作了深入的论述。他在 Aspect（《论体》）这部讨论体范畴的专著里改造 J. Holt《论体文集》里的定义是"表达过程本身流动的不同方式"（"different ways of conceiving the flow of the process itself"⑨），而提出了体的一个新定义。即：

---

⑤ 高名凯(1948):188 页。

⑥ Quirk, R. et al. (1972): A Grammar of Contemporary English. London: Longman. "Aspect refersto the manner in which the verb action is regarded or experienced."（体指出了动词动作被注意或被感受的方式。）

⑦ Quirk, R. et al. (1985):188 页。

⑧ 同上,188—189 页。

⑨ Comrie(1976),第 3 页,注释 1 引。

体是观察情状的内部时间构成的不同方式。("aspects are different ways of viewing the internal temporal constituency of a situation."⑩)

根据 Comrie 的这个定义,观察情状内部时间构成的方式不同,体的意义也就不同。这是从情状(situation)出发来立论的。什么是情状呢?Comrie 的著作没有从内涵上规定其性质,只下了一个列举外延的定义:情状或者是一种状态,或者是一个事件,或者是一个过程。⑪

情状通常是对动词说的⑫,情状分类往往也就是动词分类,Z. Vendler(1967)著名的情状类型四分法(活动、完结、达成、静态)同时也就是动词四分法。R. Quirk 等(1985)在讨论"状态""事件""动作""过程""行为"等概念时就直接称之为"动词表示的现象"(verb-denoted phenomena)。⑬

1.1.3 我们的定义

动词是体意义的集中体现者,研究动词对于体的研究有特殊的重要作用,但是,动词并不是体意义的唯一体现者,甚至也不是体意义的承载单位。体意义的承载单位是句子,动词只有在句子中才能体现出体意义,句子中的每个要素都可以对体意义发生影响。例如在现代汉语中,补语和宾语就会影响句子的体意义。试比较:

(1) a. 他跳(了/着)舞。
    b. 他跳(了/*着)一会儿舞。
(2) a. 他喝(了/着)水。
    b. 他喝(了/*着)一口水。

a 句表达的是非限界事件,即该事件在时间上的终止点是没有限定的;b 句表达的是限界事件,即事件在时间上有一个内在的终止点。两类句子对"了"的使用都能接受,对"着"的使用则有差异。这种差异显然不是动词造成的,而是补语或宾语的类型造成的。"了""着"等形态在表达体意义时是属于整个句子,而不仅仅是属于动词。

以上谈到的五种体定义或是从时间角度,或是从动作角度,或是从动词动作角度,或是从情状角度对体意义作出了规定和说明,所有这些定义的着眼点都是动词,都是把体看作是属于动词的一个范畴,这是不完善的,也不完全符合语言事实。考察体意义必须结合句子,句子是表述"事件"的,⑭而事件的发生与存在又必然地

---

⑩ Comrie(1976),3 页。
⑪ 同上,13 页。
⑫ 也有人结合句子来考察情状,如陈平(1988),邓守信(1986)等。
⑬ Quirk, R. et al. (1985):177 页。
⑭ 参见张秀(1959):2 页。

要同时间发生联系。所谓体,反映的就是语言使用者(说话人和听话人)对存在于时间中的事件的观察,用 R. Quirk 等人的话来说,就是事件(他们只提"动词动作")是如何"被注意或被感受的"。

在此,我们从事件角度提出体(aspect)的定义:

体是观察时间进程中的事件构成的方式。

1.2 事件

1.2.1 时意义和体意义

事件是在时间进程中发生、持续和完结的,事件总是要对应着一定的时间,也就是说,事件存在于时间之中。当人们观察事件的具体时间构成(过去、现在)时,得到的是时意义。"时"(tense)可定义为"观察事件的时间构成的方式"。当观察对象不是针对句子的时间结构,而是针对时间进程中的事件构成时,得到的则是体意义。换言之,时研究与事件关联着的时间,体则研究与时间关联着的事件。时意义涉及"过去""现在""将来"等含有指示表达性或索引表达性(deicticor indexical expression)的具体时间,体意义不具有时间上的指示性,体所涉及的时间是事件构成中含有的抽象时间。

时意义和体意义在句子中可以通过词语形式来表达,也可以通过形态形式来表达。任何语言里都有表达时意义和体意义的词语,如传统术语中所说的"时间名词"和"动作动词"等,它们承载的时意义和体意义是内在的(inherent meaning),是隐含在词义中的一部分,进入句子就会显现出来。形态则不同,它不是词,没有内在的词义,它的意义是在句子中时获得的,离开了句子,其意义也就不存在了。某种类型的形态(inflexion)是专门表达某种类型的意义的。

一种语言里只有具备了表达时意义和表达体意义的形态,才可以说该语言具备了时范畴和体范畴。范畴是通过形态形式而不仅仅是通过词语形式来表达的。正是在这个意义上,我们认为现代汉语里没有时范畴,但是有体范畴。(参见1.5节)

1.2.2 动态事件与静态事件

事件存在于时间之中,事件同时也以一定的方式存在,或者以动态(dynamic)的方式存在,或者以静态(static)的方式存在。前者是动态事件,后者是静态事件。语言中的句子可以陈说动态事件,也可以陈说静态事件。例如:

(3) a. 他拍着手。(笑着)

　　b. 他盘着腿。(坐着)

a 句是一个动态事件,事件中包含的动作"拍手"在持续的过程之中,该过程出现了力的变化和位置移动,"拍手"的力量在不断地变化,"手"的位置在不断地移动。在事件的时间进程中,任意取一点都与别的点结构不同:前一个点手掌下击,后一个点手掌上抬。这就是说,动态事件具有异质性(heterogeneity)。

b 句是一个静态事件,事件中包含的动作"盘腿"虽然也在持续的过程之中,但该过程并没在出现力的变化和位置移动,事件的时间进程中任意取一点,都与别的点结构相同;前一个点腿盘着,后一个点腿仍然盘着。这就是说,静态事件具有均质性(homogeneity)。

需要说明的是,静态事件中也隐含着某种意义上的动态,如 b 句"他盘着腿"在成为静态之前,必然出现过力的变化和位置移动,由此造成了一种结果,句子表述的是动态结果的静态。此外,动态与静态是由整个句子而不是仅仅由动词决定的,使用同一个动词动作"盘腿",在句子"他盘着腿"中表示的是静态,在句子"他盘起腿来"表示的则是动态。因为这些理由,我们提出动态事件和静态事件的概念,没有采用传统上的"动作"(动词)和"状态"(动词)的说法。

1.2.3 完整事件和非完整事件

观察一个事件的构成可以有许多种方式,但最基本的方式有两种:一种是从外部来观察一个事件,一种是从内部来观察一个事件。

所谓外部观察法,是把事件看作是一个不加分解的整体,就其整体的性质和功能进行观察分析,如指出该事件是现实的还是经历的,是永久的还是短时的。由此得到的意义是完整体意义(perfective)。例如:

(4) a. 宋金墀绘制了世界上第一张四色地图。

b. 郝丽萍见过那个男人。

上面两个句子表述的都是整体的事件,而不管事件的内部结构如何。a 句表述了一个现实的完整事件,b 句表述了一个经历的完整事件。"了"和"过"等附着于动词语后面的成分标示了句子所表述事件的完整性。"已经""曾经"等副词语也经常用在表述完整事件的句子中。含有动词重叠作谓语的句子(如"你看看我,我看看你")也是表述完整事件的,不过这一类的句子着意强调句子所表述的事件的时间过程较为短暂,强调了事件的时量特征。

所谓内部观察法,是把事件当作可分解的结构体来观察分析。一个事件的内部结构至少包含起始点(inception)、终结点(termination)和两点之间的持续过程(duration),内部观察法只观察其中的一个部分,由此得到的意义是非完整体意义(imperfective)。例如:

(5) a. 郝丽萍突然哭起来了。

b. 林洁正在看琼瑶的小说《在水一方》。

c. 我在灯下记着日记呢。

上面的句子都是着眼于事件的内部进行观察的。a 句着眼于事件的开始,b 句和 c 句着眼于事件的持续。"起来""着"等附着于动词语后面的成分以及"正""正在""在"等副词语通常标示句子所表述事件的非完整性。

事件在持续过程的某一点停下来,或被打断,接着又继续该持续过程,这也是着眼于事件内部来进行观察的,在现代汉语里用附着于动词语后面的成分"下去"来标示。例如:

(6) 他(望了望门口,又)接着说下去。

着眼于事件终结点的句子表述,现代汉语似乎是用附着于动词语后面的成分"完"来标示。例如:

(7) 王海喝完了这杯水。

不过,有几点必须指出,第一、"完"是一个尚未变成虚词语素的动词,具有实在的词义"完结""完成"。"完"能够表示事件的终结点可以认为是其固有词义在句子中的实现,而不必看作是某一类体意义在语法上的抽象。第二、说"完"标示了事件的终结,倒不如说它标示了前一个动词动作的结果,就像"光""尽""齐""够"等实义词后附于动词后面一样,作用都是"指出动作扩展到客体整个范围上去"⑮。第三、达到了事件的终结点,从观察的角度看,该事件结束了,因此也可以看作事件具有完整性,标示完整体意义的形态"了"因而可以与"完"在一个句子里同时出现。

可以与"了"同现的标示非完整体意义的语言要素还有"起来"和"下去"。不过,另一个非完整体形态"着"不能与"了"同现;而"起来"和"下去"也不能与另一个完整体形态"过"同现,不能与动词的重叠形式同现。关于体形态的叠用问题,将在下面的有关章节里讨论。(参见 3.2.5 节和 3.3.4 节)

1.3 情状与动词分类

1.3.1 情状的含义

情状指的是语言中动词表示的状态和方式。如动词表示的是静止状态(static)还是活动状态(dynamic),是持续的方式(durative)还是瞬间的方式(punctual),是含有结果的意义(telic)还是不包含结果的意义(atelic),等等。

动词的情状意义很早就引起了研究者的关注。古希腊哲学家和语言学家 Aristotle 曾注意到一个语言现象:有些动词的意义涉及某种结局,有些动词则无结局的含义。这个现象在当代哲学家和语言学家中也引起了广泛的兴趣,并进行了深入系统的探讨。Z. Vendler 在 1967 年提出了著名的动词四分法⑯,理由就是这四种动词表现了四种不同的情状。即:

1. 活动(activity);
2. 完结(accomplishment);

---

⑮ 参见(苏)雅洪托夫(1957):88 页。
⑯ Vendler,Z. (1967) Linguistcs in Philosophy. Ithaca;Cornell University Press.

3. 达成(achievement);
4. 静态(state)。

之后,许多语言学者从理论和具体语言材料去论证充实这种情状分类法,或提出其他的情状分类法,出现了大量的研究报告。按照德国斯图加特大学语言学家J. Hoepelman(1978)的一篇研究英语活动动词的科学报告中的看法,四种情状的动词可以这样来判定[17]:

完结类动词(如close)可带"in ten minutes"(十分钟之内)作状语,其余三类皆不可带;完结类动词不可带"for ten minutes"(连续十分钟)作状语,其余三类皆可带。

达成类动词(如spot)带上"for ten minutes"作状语含有动作重复的含义,活动类动词和静态类动词均无重复含义。

活动类动词(如push)用进行体形式蕴含完成体形式的意义[18],完结类动词没有这种含义。

静态类动词(如know)无进行体形式。

根据J. Hoepelman文章的叙述,可以构拟出下表反映英语里四类动词的区分:

类别含完成义	词例	带"in ten minutes"	带"for ten minutes"	进行体
活动	push	−	+	+
完结	close	+	−	−
达成	spot	−	+(含重复义)	
静态	know	−	+	无进行体

前面提到,英国语言学家R. Quirk等论述情状类型(situation types)时,谈到了状态、事件、动作、过程、行为等概念,用了一个术语"动词表示的现象"来称谓,可见作者是把情状与动词结合在一起来研究的。得出的分类结果英语动词有十一类之多,也就是说,情状类型有十一种,分四个层级排列。[19]

---

[17] Hoepelman, J. (1978):121-123页。

[18] 原文的判别公式是:如果"an A was V-ing a B" entails "an AV-ed a B",则V是活动动词,反之是完结动词。公式中A、B是普通名词,V是及物动词,V-ing和V-ed分别是V的进行式(progressive)和完成式(perfect)分词。Hoepelman认为这个公式也可以扩展运用到不规则及物动词以及非及物动词上去。参见《Studies in Formal Semantics》第121—122页。

类似的说法可参阅Comrie(1976)第44—45页中有关完成与非完成语义特征的论述。Comrie举的例子是"John is singing"可以推演出"John has sung",而"John is making a chair"则不能推演出"John has made a chair"。不过,Comrie讨论问题的着眼点在于句子语义特征的判别而不在于动词的情状分类。

[19] 关于这十一种情状类型的名称及语义语法特点,R. Quirk等(1985)有详细的论述,200—209页。

现代汉语里根据情状特点来给动词分类,研究文献里也偶有所见。

邢公畹(1979)认为可以从是否含结束性来给动词分类,分出结束动词和非结束动词。其形式判别标准是:不能带"着"能带"了"的是结束性动词,能带"着"的是非结束性动词。在注释里,作者承认这种方法贯彻起来有困难,如不能带"着"也不能带"了"的动词就无法根据是否结束的性质来判定,因而提出"中性的"动词的说法来解决矛盾。⑳ 这样,动词可从情状角度分为结束、非结束、中性三类。

马庆株(1981)根据持续的性质,1)首先把汉语的动词分成两个大类:非持续动词和持续动词;2)持续动词里根据完成的性质分成两个次类:非完成动词和完成动词;3)完成动词里根据状态的性质再进行次划分:非状态动词和状态动词。㉑ 这样,作者运用层级分类的方法得出四类动词:非持续动词、非完成动词、非状态动词、状态动词。持续、完成、状态等术语反映出划分的着眼点也是动词所表示的情状。

海外学者戴浩一(1984)以 Vendler 的情状四分法为参照,考察现代汉语动词,认为情状的类型与动词的分类具有一致性。不过,他提出现代汉语只有动作、静态、结果三类情状,动词也相应的只有三类。㉒ 完结类取消了,归在动作类里,理由是汉语与英语不同,其动作动词并不包含完成(attainment)。举的例子是:

(8) 我昨天画了一幅画,可是没画完。

邓守信(1986)不同意情状类型与动词分类相一致的观点,也不同意汉语没有完结情状的说法。他认为"语境(即情状)指人际语言交往的最小的完整情况,一般可由一个单句代表","语境虽然与动词分类有着相当程度的关系",但二者"原则上是两个不同的角度","不同的语境基本上是句子谓语的分类,而非动词本身的分类"。作者并且认为汉语的情状必须划分为 Vendler 所说的四种。因为该理论"可以较清楚地对汉语的态的结构作出明确的分析"。㉓ 邓守信还在文章中批评戴浩一关于汉语没有完结情状的观点,认为例(8)是一个不合汉语语法的句子。㉔

陈平(1988)同意情状分类的对象是整个句子而不仅仅是动词的主张。不过,作者认为汉语的时间系统是时相(phase)、时制(tense)、时态(aspect)三元结构组成的,情状类型是根据句子的时相结构特点而划分出来的类别,"了""过""着"等时态成分"不宜纳入考虑范围之内"。"句子在情状类型方面的归属,主要由句子成分的词汇意义所决定","几乎所有的句子成分都有可能在其中起着这样或那样

---

⑳ 邢公畹(1979):84 页。

㉑ 马庆株(1981):时量宾语和动词的类。《中国语文》1981 年第 2 期。

㉒ Tai, James(1984): Verbs and Times in Chinese: Vendler's Four Categories. Lexical Semantics 289-298 页。Chicago Lingllistic Society.

㉓ 邓守信(1986):31 页。

㉔ 这未免有失偏颇。例 8 是一个合语法的句子,对它的语义解释和情状归属自然可以有不同看法。

的作用","其中动词无疑是最重要的因素",动词的词汇意义,决定了句子有几种可能的情状,其他的词语成分则决定了句子实际表现了哪一种特定的情状。㉕ 陈平的文章考察了现代汉语时相结构的句子,划分出五种情状类型,动词的种类与情状类型不相一致,存在着较复杂的对应关系。根据原文的叙述,可以概括出下表:

情状类型	谓语动词类型		
状态	A 类	B 类	Δ C 类
活动	Δ C 类	Δ D 类	E 类
结束	Δ C 类	Δ D 类	
复变	F 类	G 类	
单变	H 类	I 类	J 类

表中"Δ"符号表示该类动词可出现在不仅一种情状类型的句子中。依照这个分类法,汉语句子有五种情状,动词则可分为十类。㉖

1.3.2 动词的情状分类

我们认为,情状的研究必须分层面(level)考察,至少应该区分动词层面的情状与句子层面的情状,二者是不相同的,相互之间存在着体现(realization)与被体现的关系。

首先,情状是属于动词的,动词所反映的内容(词义)之一就是情状意义(状态和方式),因此可以直接从情状角度给动词分类。上面引述的文献中不少学者就是这样做的。这里尝试着给现代汉语动词作一个初步的情状分类,并作一点简略的说明。

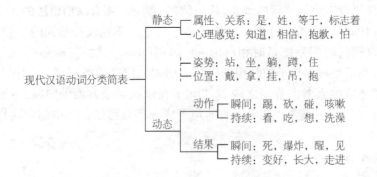

㉕ 陈平(1988):402—405 页。
㉖ 同上:408 页,413 页。

动词分类可以分层进行,第一层按是否动态分出静态动词[27]和动态动词两大类。静态动词的特点在于它在语义上的非活动性质,语法上一般不能带"了""着"等形态标记;有些心理感觉类静态动词如"知道""相信"等虽然可以带"了",但其含义是"进入"某种状态。这一点与动作动词"踢""看"等带"了"的含义是不同的,动作动词带"了"表示某种活动状态(参见注27)的实现,通常该动词表示的动作不再持续。试比较:

(9) a. 我相信了他的话。("相信"还在持续)

b. 我看了他的小说。("看"通常不持续)

静态动词在第二层上可以分为表示属性关系和表示心理感觉的两类。表示属性关系的为纯静态,表示心理感觉的有很弱的动态(少量动词能带"了")。

动态动词在第二层上也可以分为两类。一类是表示动作,其特点是动词只单纯表示某种动态,并不反映动态带来的结果。另一类是表示结果,表结果的动词通常不带"着",原因在于动词的结果义已经呈现,其动态也就不必用持续体来表达。[28]

兼有静态和动态性质的动词也有两类,第一类是姿势动词,这类动词的静态较强而动态性较弱,如果没有其他动态词语如"起来""下去""下来"的帮助,该类动词作谓语的句子只表示某种静态的姿势。例如:

(10) a. 王虎站了一个小时了。(静态姿势)

b. 王虎在被窝里躺着。(静态姿势)

c. 王虎腿一软,蹲了下去。(表示动态)

第二类是位置动词,这类动词静态性较弱而动态性较强。在语义上这类动词既有动作义也有位置义,其位置义指的是该类动词表示的动作作用于某个位置,而且在动作结束后,动作结果仍然在某个位置上持续。试比较:

(11) a. 他把望远镜挂到脖子上。

b. 他脖子上挂着/了望远镜。

a句表示动态,b句表示静态,强调动词动作的结果所在的位置(脖子上)。位置动词有动态和静态两种表示法,动态表示法是"在+V"(如:他在挂望远镜)或"V+补语"(如:a句)。静态表示法是"位置词语+V"(如:b句),V的后面可以带"着"或"了"。位置动词经常出现在存在句型中。由于位置动词的词汇意义含有动作,所以,有时在静态表示法中也会带上歧义,虽然这一格式有较强的静态倾向。朱德熙(1985)曾举"屋里摆着酒席"和"山上架着炮"为例说明该格式有时有事物

---

[27] 我们没有采用研究文献中常见的"状态动词"的说法,理由是"状态"不是与动态对等的概念。动态(dynamic)和静态(static)都是"状态"(state)的表现形式。

[28] "醒着""病着"是例外。参见邓守信(1986)第34页"达成句的时间结构"。

存在和动作持续两种含义㉙。关于位置动词带体形态"着""了"的情况,后面 3.1.4 节还会提出来讨论。位置动词能表示静态,这一点与动作动词显然不同。

第三层上动作动词和结果动词可分别按是否持续分作两类。瞬间动作动词表示该动作不能持续,它只占据一个瞬间点,如果带上持续体标记"着",则表示该动作重复进行;持续动作动词带上"着"则无重复含义,动作本身可以占据一个时段(试比较"踢着门"与"看着书")。

瞬间结果动词表示该结果是瞬间达到的,而且结果也不能持续。持续结果动词表示该结果是经过一个持续过程达到的,㉚结果自然也不能持续,这一点与动作动词不同。动作动词的持续是动作本身在持续,因此可以带"着",结果动词的持续不是结果本身的持续,而是指达到结果之前有一个过程,因此结果动词一般不能带"着"。试比较:

(12) a. 兰生津津有味地吃着面条。
　　　b. 兰生三个月就变好了。

1.3.3　句子的情状类型

其次,情状又是属于句子的。在动词层面上可以按情状划分类别,在句子层面上同样也可以划分情状类型。句子的情状类型虽然与动词的情状类型不是完全对应,但是有着十分密切的联系。汉语句子的情状可以分为静态、活动、完结、达成四种。

静态句子情状表明存在某种情况,它不反映活动和变化。如"每个人都爱自己的故乡"。这类情状的句子中使用的动词类别有属性关系动词、心理感觉动词、姿势动词以及位置动词。

活动句子情状表明一个动作过程,它不反映动作是否有一个内在的终结点。如"每个人都在看书"。这类情状的句子中使用的动词类别主要是动作动词和位置动词。

完结句子情状表明一个动作,同时指出该动作有一个内在的终站点。如"每个人都唱一首歌"。这类情状的句子中使用的动词类别主要是动作动词、位置动词以及姿势动词。邓守信(1986)举的完结情状的例子"他学会法语了"等㉛应该归在达成句子情状之中。

达成句子情状表明一种变化,该变化或者是瞬间达到的,或者是某种活动造成的结果。如"小王病了""小王吃胖了"。这类情状的句子中使用的动词类别是结果动词。

㉙　朱德熙(1985):65 页。
㉚　常见的持续结果动词是动补结构,如:修好、长高、拉长、拓宽、铺满、搞成,等等。
㉛　参见邓守信(1986):30 页,33 页。

动词的类别体现到句子的情状类型中有一些兼类情况,尤其是位置动词可出现在静态、活动、完结三类情状的句子中,很值得研究。如动词"挂"可出现于:A、静态句:衣架上挂着一件衣服;B、活动句:他往衣架上挂衣服;C、完结句:他挂了一架衣服在衣架上。

此外,确定句子的情状类型除了要考虑动词类别和句中各成分的词汇意义所组成的"时相"(phase)结构之外,还必须考察句子的"时态"(aspect,体)因素,因为"时态"成分有时会对句子情状类型的归属起到决定作用。例如:

(13) a. 小王戴戴眼镜(摸摸镜片,觉得挺新奇)。
   b. 小王中学时戴过眼镜。
   c. 小于戴着眼镜(来上课)。
   d. 小王戴眼镜。

a句动词重叠,b句动词带"过",句子表达的都是活动情状。c句动词带"着"(也可带"了"),由于动词类别是位置类,在此表示句子是静态情状。d句没带体形态,句子的情状类型是多义的,既可表示活动情状,也可表示静态情状,在实际运用中需要语境来帮助选择。

另一方面,体形态与动词的结合以及在不同情状句中的使用也要受到动词类别和句子情状类型的限制,主要表现为某一体形态能与某一类动词配合,不能与某一类动词配合,配合后的意义特点;某一体形态能用在某一情状类型的句子中,不能用在某一情状类型的句子中,等等。例如,"着"不与属性关系动词和心理感觉动词配合,一般也不与结果动词配合,不能用在达成情状的句子中;"着"与姿势动词和位置动词配合常常表示静态意义,与瞬间动作动词配合往往含有动作重复的语义。

1.4 三组语义特征

上一节讨论动词的类别和句子的情状类型,这些分类是根据一系列的语义特征来进行的。语义特征规定了语言项目的意义,限制了项目之间的组合,或者限制了某些组合的含义。Comrie(1976)称语义特征为"不同类别词语项目内在的体(语义的体)特性"。㉜语义特征主要的可以根据(±持续)、(±完成)、(±动态)分成三组。即:

  Ⅰ. 持续与瞬间;
  Ⅱ. 完成与非完成;
  Ⅲ. 动态与静态。

在现代汉语研究文献中,这三组语义特征的术语使用得相当广泛。但在具体

㉜ Comrie,B. (1976):41 页。

分析的程序上,在对这三组语义特征的含义和运用时的理解上,存在很多不同。语义特征可以在不同层面的分析中使用,马庆株(1981)划分汉语动词类别根据的是这三组语义特征,陈平(1988)划分汉语句子情状类型根据的也是这三组语义特征。㉝ 这里,结合现代汉语的句子,结合句子中与体意义有关的成分如动词、体形态、时间词语等,对这三组语义特征作一些探讨。

1.4.1 持续与瞬间

事件可以在一个瞬间完成,也可以持续一段时间。有的事件(例如炸药爆炸)不能持续,只占据一个时点;有的事件(例如树木生长)必须持续,需要占据一个时段。可见,瞬间和持续是事件固有的(inherent)一对语义特征。语言中的句子是表达事件的,自然也要表达事件固有的瞬间和持续特征。当观察到的是一个瞬间事件时,就使用瞬间事件句来表达;当观察到的是一个持续事件时,就使用持续事件句来表达。

表达瞬间事件的句子。例如:

(14) a. 晓霞忘了这件事。
　　　b. 一颗手榴弹爆炸了。
　　　c. 二虎蹭地跳了起来。

表达持续事件的句子。例如:

(15) a. 张政委整天想着作战计划。
　　　b. 田野里飘着淡淡的花香。
　　　c. 英姑"呜呜"哭个不停。

表达瞬间事件的句子常常使用瞬间动词作谓语,如例 14 中举到的"忘"㉞"爆炸"是瞬间结果动词,"跳"是瞬间动作动词。不过,出现了瞬间动词作谓语的句子未必都是表达瞬间事件的。例如:

(16) a. 王冕七岁上死了父亲。
　　　b. 王冕的父亲死了三年了。

两个句子中都使用了瞬间结果动词"死"。a 句表达的是一个瞬间事件,该事件的发生和结束只占据了一个时点。㉟ b 句表达的则不是一个瞬间事件,虽然句中谓语动词"死"所表示的行为具有瞬间的性质,但是"死了三年了"这个词语却指出了一段可持续的时间,这里指的是动词表示的行为结束后的持续时间。因此,整个

㉝ 马庆株(1981)划分动词类别根据"±持续""±完成""±动态"的顺序分层级进行。陈平(1988)确定汉语句子情状类型是根据三组语义特征对情状进行综合考察,得出五类。

㉞ 雅洪托夫(1957)认为"忘了"是一个整体词,语义是表示思想和感觉的。参见汉译本80—81页。

㉟ "时点"(point)既是一个物理概念,也是一个心理概念,在语言运用上它更强调的是作为一个没有长度(因而不能持续)的心理概念。Comrie(1976)曾举英语瞬间动词的例子"cough"(咳嗽)和"reach"(到达)来说明语言学上所说的瞬间在物理上是可以占据一个极短的时段的。参见该书第41—44页的有关论述。

句子(而不仅仅是动词)表达的事件就具有了持续的性质。

当然,由于 b 句里的动词是表示瞬间的行为,因此,其语义结构与使用非瞬间动词作谓语的句子是不相同的。试比较:

(17) a. 王冕的父亲死了三年了。

b. 王冕的父亲干了三年(活)了。

前一个句子中的"三年"是瞬间行为"死"结束后的持续时间,而后一个句子中的"三年"则是非瞬间行为"干"本身持续的时间。二者的区别可在时轴上作如下图示:

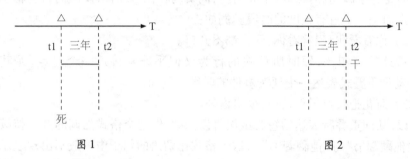

图 1 　　　　　　　　　　　图 2

瞬间动词使用在表达持续事件句子中的另一种情况是动词动作重复进行而造成的。例如:

(18) a. 王虎轻轻地敲着门。

b. 李大麻子又使劲地砍了几刀。

"敲""砍"表示的都是瞬间动作的动词,"敲着门"表示的是"敲"这个动作重复进行而使"敲门"具有持续的性质,"砍了几刀"表示"砍"这个动作不只一次发生而带上了持续性。两个句子表达的都是持续事件。

由此可知,瞬间动词可以用在表示持续事件的句子中,这些句子或者表达某项行为结束后的持续(瞬间结果动词),或者表达某项动作重复进行的持续。但要具备一定的条件,其一是句子中有标示行为结束后持续的时间量的词语,如例 16/b 中的"三年";其二是句子有标示动作重复量的词语,如例 18/b 中的"几刀";其三是动词有后附形态"着",如例 18/a 中的"敲着"。如果不具备这些条件,那么,瞬间动词作谓语的句子主要的还是表达瞬间事件的。例如:

(19) a. 马书记冷不丁咳嗽一声。

b. 春妮天不亮就醒了。

下面一个句子是歧义句,原因是句中动词具有两个义项,一个义项表示瞬间结果,另一个义项表示动作持续,但句子的两种解释都表示的是持续事件:

(20) 冯二苟走了半天了。

"走"的一个义项是"离开",具有瞬间性质;另一个义项是"行走",具有持续性质。出于表示时间量的词语"半天"的出现,该句子形式的两种意义(实际上是两个同形的句子)都是持续的,不过持续的语义内容不相同罢了。

现代汉语里有一种动词的重叠形式表示动作或行为的短暂,用动词重叠形式作谓语的句子通常表达一个短时(transitory)的事件。㊱ 例如:

(21) a. 林静朝他摆摆手,快步走出门外。

b. 荷花满不在意地撇撇嘴。

短时是介乎瞬间和持续的中间情况,同瞬间相比,短时所反映的行为似乎不是一个时点而是一个占有长度的时段。例如:

(22) 你看看我,我看看你,两人都不开口。

同持续特征相比,短时所反映的行为又似乎非常接近一个时点,尤其是带"了"的动词重叠式表达一个现实事件的时候。例如:

(23) 荷花把头点了点,飞身纵出窗外。

所以,动词重叠所表达的短时虽然可以持续,但这个格式强调的并非持续特征(比较"他翻翻书"与"他翻着书"),这个格式作谓语的句子中一般不出现表示时段的词语("*他点点一会儿头"),在汉语里,这一格式更强调动作的非持续持征(参看2.3.3 节)。

1.4.2 完成与非完成

"完成"这个语言学术语,在汉语研究中运用得极为宽泛,分歧也比较多。经常引起学者们讨论的是虚语素"了"表示完成的意义。例如:

(25) a. 姑娘翻翻上嘴唇,睥视了老汉一眼。

b. 听了我的回答,他觉得哪点儿不对劲儿。

但是有人提出了问题,用的是两个句子的对比:

(26) a. 这本书我看了三天。

b. 这本书我看了三天了。

a 句的意思是我看完了这本书,b 句的意思是我没看完这本书。"为什么用一个'了'字倒是完了,再用一个'了'字倒反而不完了呢?"㊲可见汉语的实际语言材料未必完全支持"了"表示完成的说法。郑怀德(1980)着眼于句子格式,专门撰文就例 26 中的两个句子的区别谈了看法,对"了"本身没着重讨论。㊳刘勋宁(1988)认为要区分动作本身的完成与动作对象的完成,"了"这个语素并不表示完成,它

㊱ 动词重叠表示什么意义,说法很多,仅名称就有短时体、尝试体、叠动体、轻微体等等。我们从时间角度出发,认为汉语的动词重叠表示的是一种时间量较小的活动。

㊲ 吕叔湘(1961):汉语研究工作者的当前任务。

㊳ 参见郑怀德(1980):103—106 页的有关论述。

只表示"实现",其语法意义是表明动词、形容词以及其他谓词形式的词义所指处于事实的状态下。例26中的两个句子所具有的"完成"和"非完成"的意思是字面以外的东西告诉我们的。㊴ 马希文(1982)则主张动词后面的"了"有两个,一个是附着性虚语素,一个是动词"了"的弱化形式作补语,证明的方法之一是将格式"把它扔了"分化为表叙述与表命令的两个句子。㊵

作为一对语义特征,完成与非完成有其特定的意义,并非仅仅指一个动作是否终结。Comrie(1976)仔细分析了如下的两个英语句子:

(27) a. John is singing.
　　　b. John is making a chair.

之后,提出了区别完成与非完成这一对语义特征的方法:"如果用非完成意义形式(如英语进行式)表示情状的一个句子蕴含着用完成意义形式(如英语完成式)表示同样情状的一个句子,那么该情状就是非完成的,反之则完成的。"㊶

按照这个标准,a句是非完成的,b句则是完成的。这个分析是有道理的,但名称的确定似乎有点费解。㊷ 于是作者又进一步阐释:具有完成语义特征的情状必须包含一个导向限定终结点(well-defined terminal point)的过程,到达此终结点后过程即告结束,不再持续。㊸

这个界说是否也适用于汉语呢? 陈平(1988)在分析现代汉语的时间结构时采纳了这个观点,认为"完成与非完成取决于情状有无自然的终结点以及有无向该终结点逐步接近的进展过程"。具有完成语义特征的汉语例子是"听贝多芬第九交响乐",这类情状在时轴上所占时段的长度已经为情状本身的语义内容所框定,它们的延续时间有一定的常规界线,如上举例子为一小时左右(演奏时间)。

具有非完成语义特征的情状没有内在的终结点,在时轴上,它们可以位于起始点之后的任意一个时点上结束,从理论上讲可以无休无止地延长下去。例如"听音乐"。瞬间性的动作行为虽然有内在的终结点(如"爆炸"),但缺少一个导向限定终结点的过程,因此亦应看作是具有非完成性质。㊹

综合陈平和Comrie的说法,可以得到确定完成与非完成语义特征的三个原则:

㊴ 刘勋宁(1988):327—328页。

㊵ "把它扔了"的格式可以表示叙述和命令两种意义,赵元任曾提起过,举的例子是"你把这个杯子洗干净了"。不过在解释上采用了"语音归并"(haplology)的说法,与马希文(1982)主张的存在一个补语的"了"不同。参见赵元任(1968):126—127页。

㊶ Comrie, B. (1976):44页。

㊷ 按照这个分析,似乎a句应该命名为完成的,而b句倒要命名为非完成的。

㊸ Comrie, B. (1976):45页。

㊹ 参见陈平(1988):406—407页的有关论述。

(i) 是否非完成形式能蕴含完成形式的意义；
(ii) 是否有一个内在的限定终结点；
(iii) 是否有一个导向终结点的过程。

在现代汉语里,由于所谓的完成形式"了"并不同于印欧语的完成式,并不肯定具有动作结束的意义,如例26,而所谓的非完成形式又有"在"和"着"的区别,[45]它们也不同于印欧语里的进行式,[46]因此在汉语里判别完成与非完成可以不采用第一个原则。第二个原则是最基本的,完成特征的本质是有一个内在终结点,非完成特征的本质则是缺少一个内在终结点。[47] 至于第三个原则似乎没有必要如此强调导向终结点的过程,尤其是在汉语里,存在着数量众多、语义关系极为复杂的动补结构动词(这是汉语中很具特色的语言现象),[48]其反映动作过程与否较难确定。如"送来"与"吃完"应该说都具有限定终结点,也都具有导向终结点的过程。但也有人作了区分,认为一个在含过程的句子中作谓语动词,一个在不含过程的句子中作谓语动词。[49] 这种区分的理由似乎不够充分。基于以上分析,可以这么界定,在现代汉语里,完成与非完成语义特征是指是否含有一个内在的限定终结点。"爆炸"和"吃完"一类的动词反映出完成的语义特征,由这些动词作谓语的句子一般来说具有完成的性质。例如：

(28) a. 一个弹药库爆炸了。
　　　b. 仓库里的大米吃完了。

需要说明一点的是,完成与非完成这一对语义特征虽然与体意义密切相关,但其本身并不是体。例如"了"所反映的完整体经常出现在具有完成语义特征的句子中,但也可以出现在非完成语义特征的句子中。例如：

(29) a. 今天晚上,他跳了一个舞。
　　　b. 今天晚上,他跳了舞。

a句含有内在的限定终结点,具有完成性质；b句的终结点是非限定的,具有非完成性质。可以用下面的示意图来分析比较二者的区别：

T是时间轴,BD是时轴上的一段,表示"今天晚上"的长度,BC = CD = X,表示"一个舞"的长度。a句的语义是："他"可以在BC段里的任何一个时点上开始跳舞,经过一个X的长度而结束,但不可以在C点之后开始,因为C点之后到D点不足一个X的长度。b句的语义内容则不同："他"可以在BD(不仅仅限于BC)段的

---

[45] 参见李讷等(1983)：197—206页。
[46] 参见陈刚(1980)。
[47] 非完成特征并非没有终结点,只是说其终结点不是内在限定了的。如"他在唱歌"并非说唱歌不会终结,而是说可以在非限定的任何时点上终结。
[48] 参见范晓(1985)。
[49] 参见陈平(1988)：412—413页。

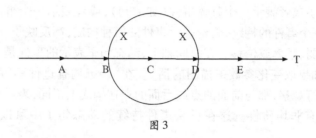

图 3

任何一个时点上开始跳舞,可以经过一个任意的长度(不限于 X)而结束,其终结点可以在 D 点之前,但也可以到达 E 点,即 b 句并没在内在的限定终结点。从以上分析中不难看出,a 句是 b 句的一个特例,也就是说 a→b,由"他跳了一个舞"可以推演出"他跳了舞"。

从上面的分析中还可以看出,完成与非完成的语义特征是由句子的各个成分而不仅仅是动词表现出来的。同一个动词作谓语,由于宾语限定语的不同(如 a 句),语义特征的类别归属就要发生变化。以下是其他一些成分影响语义特征归属或者影响语义特征含义差别的例子:

(30) a. 他跳了一个晚上的舞。

　　　b. 他反复跳着同一个舞。

　　　c. 大家一起跳了一个舞。

　　　d. 大家一人跳了一个舞。

a 句表示完成,"一个晚上"指出了内在的限定终结点。b 句表示非完成,"一个舞"有限定的长度,但"反复跳"而终结点变得不确定了。c 句和 d 句都表完成,但内在终结点的内容有所不同,c 句的长度为"一个舞",d 句的长度为"n 个舞"(n 指"大家"的具体数目)。由此可见,一个句子各项成分(如:谓语动词的类,主语名词的数,宾语是否受限,状语副词的性质,体形态的有无,等等)共同决定着完成与非完成的语义特征.其中动词语的性质最为重要。

1.4.3 动态与静态

动态与静态是与体意义关系密切的另一对语义特征(可参见 2.2.2 节),二者的基本区别在于动态反映变化,动态的句子表达的是变动事件(changing event);静态不反映变化,静态的句子表达的是恒定事件(steady event)。例如:

(31) a. 余娜调查这件事。⑤

　　　b. 余娜知道这件事。

---

⑤ 实际的句子往往要带上时态成分或情态成分以"足句",如"余娜调查了这件事"或"余娜要调查这件事"等。例句为了让比较对象的特征突出而省去了这些成分,可看作是抽象的句子或句子形式(sentenceform)。

动态的句子或者表示一个整体事件(如 a 句),或者表示一个事件的开始和结束,或者表示一个事件的持续,无论表示事件的何种构成,都反映了一种变化,指出有无、大小、强弱、频率或位移。在时间轴上,动态句子表示的事件是一条高低粗细变化的曲线(如果取变化参数来描图的话)。在"余娜调查这件事"的时间进程中任意取一点进行观察,都与前面的点或后面的点在构成上不同,表示出变化。即动态语义特征具有非均质性。这在反映事件持续的动态句子中可以看得更清楚。例如:

(32) a. 余娜跳着舞。
  b. 余娜在织毛衣。

在"跳舞"和"织毛衣"持续的过程中,每一个瞬间都与其他瞬间的构成不相同,身体的姿势,手脚与参照物(地面、针线)的位置,力量的强弱等都处在变动之中。瞬间事件的句子表示从无到有并立即终结的变化,具有动态的语义特征,在时间轴上表现为一个点。瞬间皆是动态,静态与瞬间的语义特征不相容。

静态的句子均表示事件的持续(有限的持续或无限的持续),但与同样可以表示事件持续的动态句子不同的是,它不表现变化。在时间轴上表现为一条高低粗细相等的直线,静态语义特征具有均质性。静态持续与动态持续是两种不同的状态。[51]

当然,静态事件也不会是绝对的恒定无变化的。它必然也有开始、持续、终结(所谓"永恒"的静止事件[52]如"台湾是一个岛"也是相对于一个较大的时域说的)。静态的开始和终结则是动态,因为一个静态要开始或终结,必然会出现某种变化以进入或脱离该静态。例如:

(33) a. 余娜喜欢跳舞。
  b. 余娜知道织毛衣。

以上是表示静态事件的句子,a 句可以有"开始喜欢""持续喜欢"和"终结喜欢"(情绪变化或生命终结),b 句也可以有"开始知道""持续知道"和"终结知道"。[53] 静态的开始和终结都涉及到变化,静态的持续则无变化。因此有人提出:动态必然涉及变化,静态则或许不涉及变化,或许涉及变化。[54] 我们没有接受这一观点,而是认为凡涉及到变化,所谓的静态即不复存在。作为一个静态的句子,语言使用者在心理上认为该句子反映的事件在所有时点上的构成都是相同的,同时

---

[51] 这里说的"状态"包含静态、动态等不同情况。一般文献中提到的状态(与动态或动作对立的术语),我们用术语"静态"来表示。又见前注:我们没有采用研究文献中常见的"状态动词"的说法,理由是"状态"不是与动态对等的概念。动态(dynamic)和静态(static)都是"状态"(state)的表现形式。

[52] 有的文献中称为永恒状态。

[53] 如"余娜知道织毛衣了"有开始知道的含义,"余娜不喜欢跳舞了"有终结喜欢的含义。

[54] Comrie,B.(1976):49 页。

并不认为该句子反映的事件的开始和终结具有什么真实的意义,换言之,语言使用者通过静态句子表示,他观察到的是一个恒定事件。

1.5 体形式与体意义

1.5.1 对体形式的不同看法

在1.1节里我们给体下的定义是:观察时间进程中的事件构成的方式。事件的观察角度可以着眼于外部,也可以着眼于内部。事件在时间进程中可以持续,也可以只占据一个瞬间。事件的构成可以有一个内在终结点,也可以没有限定的终结点。事件的存在方式可以是变化的动态,也可以是恒定的静态。这些都是体的意义内容。在语言中,这些意义内容必须由具体的形式来表现,词语的形式、形态的形式、语调的形式、结构的格式、言语环境以及语言使用者的心理等,共同承担着传达句子的体意义的任务。

不过,作为一个语法范畴,体所注重的只是形态形式表现出来的事件。正如王力(1944)指出的:

情貌应该以有特别的形式表示者为限;如果动作的本身就含有某种性质,然而没有一种特别的形式表示者,这只是逻辑上的范畴,不是语法上的范畴,不能称为情貌。⑤

汉语中表示"情貌"的"特别的形式"王力概括出六个,并分别予以命名,它们在时间轴上的位置如下图:

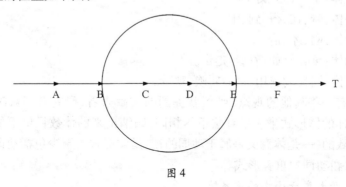

图4

图中 A 表示动作前,BE 表示一个动作,B 是动作起点,C 表示动作开始不久,D 表示动作中途,E 是动作终点,F 表示动作终结不久。⑯ 六个特别的形式是:

1、着:BE——进行貌。

2、了:E——完成貌。

---

⑤ 王力(1944):283 页。

⑯ 此图根据王力(1944)284 页的图式制作。

23

3、来着:EF——近过去貌。

4、起来:AB——开始貌。

5、下去:DE——继续貌。

6、重叠:BC——短时貌。

此外还有一种情貌没有特别的形式,"等于不表示情貌的普通貌"。

赵元任(1968)谈到表示体意义的"动词后缀"列举了七个,其中五个与王力列举的相同,"来着"则认为是助词。另外两个是表示"不定过去态"的"过"以及"看上去像名词"的"法(子)"。书中对"法(子)"是否有体意义没有论及。[57]

吕叔湘(1942)谈到了十二种表达汉语体意义的形式,这些形式"已经近于词尾","专以表示'动相'为作用"。除了与王力相同的六个外,另外几个是:

预言动作之将有的"去""来"。

指一个动作已有过的"来""来着"。

表示有过一个动作的"一把""一指头"等。

表示有过多个动作的"两下"之类。

短时相、尝试相、屡发相皆用重叠表示,反复相则用"又"或"…来…去"表示。[58]

高名凯(1948)谈了汉语中的六种体。[59] 即:

1、进行体:着、在、正在、正在…着。

2、完成体:了。(过、好。[60])

3、结果体:着、住、得、到、中。

4、起动体:刚、才、恰。

5、叠动体:重叠。如:看看、走走。

6、加强体:同义词连用。如:叫唤、观看。

此外还有一些其他的观点。[61] 仅就提到的文献来看,研究者们对汉语的体意义要用什么样的体形式来表示看法不尽相同,归纳出来的体数目也不尽相同。但有两点是一致的:一是体意义是属于动词的;二是体形式中至少包括动词的词尾形式"了""着"和动词的重叠形式。

1.5.2 两大类六小类的体系统

我们的看法是,体意义属于句子,因此讨论的着眼点在事件而不在动作。句子

---

[57] 参见赵元任(1968):125—130页,以及364页。

[58] 参见吕叔湘(1942):228—233页。

[59] 参见高名凯(1948):190—199页。

[60] 高名凯(1948)论述"完成体"的章节里提到"'过'和'好'也一样的可以用",但是没有展开讨论。

[61] 如雅洪托夫(1957)73—79页就列举了一些国外学者对汉语动词体的看法。其中有龙果夫,马伯乐,华西列夫,伊三克,郭路特,雅罗斯拉夫—普鲁克等。此外,中国学者俞敏(1954)、张秀(1957,1959)也对汉语的体问题有过比较重要的看法。见参考文献。

里的名词语、副词语,尤其是动词本身的语义对体的意义都有表现力,有时甚至可以规定或限制某些体形态的使用(如宾语名词有数量修饰时,必须使用"了";[62]结果动词"打垮"等限制"着"的使用)。此外,语气词"了""呢""来着""看"等也能帮助表达句子的体意义("了"表示动态变化,"呢"表示持续,"来着"表示过去事件,"看"表示近将来事件的尝试)。不过,这些语言成分在语言系统里除了帮助表达体意义之外,各有其独特的功能。名词指出句子中事件关涉的对象,动词表示事件中的动作行为,副词主要功能在修饰,语气词传达对所表述事件的情绪。所以,它们都不是专门表达体意义的形式。

在汉语演变过程中,逐渐发展出一些专门标示句子体意义的语言形式,我们称之为形态形式。这些形式一般都是从实词演化而来,目前仍在继续演化的过程之中。因此,从现代汉语的平面看来,有些形式的实词词义基本消失,主要功能即表达体意义,如"了""过""着"。有些形式在表达体意义的同时,还保持一定的实词词义,如"起来""下去"。有些似乎是纯粹的表达体意义的形态,如重叠动词,但还有被看作是动量结构省略的纠葛,如"看看""看了看"与"看一看""看了一看"。现代汉语静态平面的描写分析,必须有汉语发展动态的观照,这样,对体意义的形态形式表达上呈现的复杂现象,就会多一层理解。

体是一个语法范畴,像任何的语法范畴一样,它必须包含某种抽象的语法意义而不是词汇那种具体的语义,这种抽象的语法意义必须由数量有限的语法形式来表达,而不是词汇里数目众多的形式。体反映句子所表达的事件构成,对事件不同的观察角度表现出不同的体,用不同的形式表示。现代汉语里表示体意义的形态形式主要有以下两大类六小类:

Ⅰ. 外部观察法:完整体。句子表达一个完整的不予分解的事件。
    a. 了:现实体。表达现实的完整事件,包括追忆的现实和拟想的现实。
    b. 过:经历体。表达经验历程上的完整事件。
    c. 重叠动词:短时体。表达短时的完整事件,这种形式特意强调了事件的时量因素。
Ⅱ. 内部观察法:非完整体。句子表达一个非完整的可分解的事件。
    d. 着:持续体。指明事件在持续之中。
    e. 起来:起始体。指明事件起始并将持续。
    f. 下去:继续体。指明事件到达某中间点后还将继续持续。

1.5.3 关于"时"

附带讨论一下现代汉语中是否有"时"范畴的问题。作为一个语法范畴,时

---

[62] 这个语言现象是赵元任(1968)提到的,举的例子是:"我昨儿碰见了一个老朋友,他请我吃了一顿饭。"见127页。

(tense)的抽象语法意义是"观察事件的时间构成的方式"(见1.2.1节)。它也需要由数量有限的语法形式来表达,在现代汉语里最容易引起争议的是附着在动词后的形式"了""着"是否表示了事件的时间构成。

体和时都与时间有关,所不同的是体注重的是事件构成,所关涉的时间没有指示性,不表达"过去""现在""将来"或"过去的过去""将来的将来"等含有指示意义的概念,它只关心时间的长和短,点和段等性质对事件的影响。时则不同,它关心的正是句子所表达的事件是否有时间上的指示表达性(deictic expression)。㉓

按照这个标准,现代汉语的"了""着"似乎也有"时"的意义。例如在陈述单一事件的句子中,动词后附加"了"就表示一个过去事件,附加"着"则表示一个现在持续的事件。如:

(34) a. 王颖吃了饭。(过去事件)
　　　b. 王颖吃着饭。(现在事件)

不过,实际语言现象中存在着不支持"了""着"表示时意义的情况。其一,在表述复合事件的句子中,"了""着"的时间指示意义是不自足的。例如在"王颖吃了饭去上学"这个句子里,"了"无法指示事件的时间范围。因此,其二,当时间词语出现的时候,"了""着"可以分别与过去、现在、将来时间相容,而不像印欧语表示时范畴的形式那样要随时间词语发生相应的变化。正如朱德熙(1982)指出的:

印欧语动词过去时表示说话以前发生的事,汉语的"了"只表示动作处于完成状态,跟动作发生的时间无关,既可用于过去发生的事,也可以用于将要发生的或假想中发生的事。㉔

所以,"王颖吃了饭上学"这个语言片断可以分别加上表示过去、现在、将来时间的词语而构成三类不同的合格的句子。例如:

(35) a. 昨天,王颖吃了饭去上学。
　　　b. 王颖现在吃了饭去上学。
　　　c. 明天,王颖吃了饭去上学。

其三,在现代汉语里,"了""着"已经承担了事件构成"体"这一语法范畴的形式,无法同时承担时间构成"时"这一语法范畴的形式。㉕

基于以上分析,我们采纳了现代汉语里有体范畴而无时范畴的观点。

下面两章分别讨论现代汉语完整体和非完整体的具体内容。

㉓ 按照是否含指示表达性(deicticexpression)的原则,现代汉语里表达近过去意义的"来着"和近将来意义的"看",倒更像是"时"范畴里的形式而不像是"体"范畴里的形式。不过,"来着"和"看"的主要功能还是表达句子语气的。

㉔ 朱德熙(1982):69页。

㉕ 这里没有采取"体—时"范畴的说法。关于这一说法的内容,可参见雅洪托夫(1957)第三章第五节"体—时"范畴:111—161页。

2 完整体

2.0 引言

完整体是相对于非完整体而言的。它反映了语言使用者对句子所表达的事件是着眼于外部而不是着眼于内部来进行观察的。一个事件的构成有起始、持续(中间)、终结等。观察的角度选择在外部,则该事件构成可看作是一个不予分解的整体;观察的角度选择在内部,则该事件构成可予以分解,或者表现其起始,或者表现其持续,或者表现其终结。从这个意义上说,完整体揭示的是事件的整体性质(entirety),而非完整体提示的是事件的局部性质(section)。例如:

(36) a. 厂里今天开了会。
　　　b. 厂里今天开着会呢。

"厂里今天开会"是一个事件,a 句是对整体事件的表述,b 句是对事件的持续部分(中间段)的描述。从语用的角度看,完整体具有较强的表述(declarative)倾向,非完整体具有较强的描述(descriptive)倾向。前者重在陈说一个事件整体,后者重在刻画事件的某一部分。⑯

完整体也带有完全(completive)的性质。不过完全这个术语强调了事件构成各部分的不可缺少,即起始、持续、终结俱全,而完整强调的是事件构成的不可分解,即起始、持续、终结浑然一体。完全隐含可分解的组合,完整则排斥任何意义上的分解。一般来说,完全的事件也是完整的事件,但完整的事件则未必都是完全的事件。如:瞬间事件是完整的,却未必是完全的,因为很难说构成事件的各部分齐全。⑰ 又如,观察一个事件的某一部分得到非完整体("她哭(了)起来"),在下一层级上,对该部分又作为一个整体事件进行观察得到完整体("她哭了(起来)")这个层级上得到的完整体也未必是完全的。"她哭了起来"的体意义层级结构是:

(37) 她哭了起来。

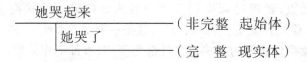

完整体又带有完成(accomplished)性质。不过完成这个术语强调了事件的终

---

⑯ 在现代汉语里,重叠动词虽然也可看作是完整体,但它特意刻画了事件的时量因素,有着较强的描述性质。

⑰ 当然,也可以说"齐全",即事件构成的起始、持续、终结都"组合"在一个瞬间点上,但似乎不如不含分解意义的术语"完整"解释起来方便。

结点,而完整无此意味。完成了的事件一般来说都是完整的事件,而完整的事件未必都是完成的事件。如例37"她哭了起来"表示事件的起始是一个现实,从外部观察该事件是完整的,但却不是完成了的,因为句子并没有强调事件的终结点。又如:

(38) a. 雷锋的一双袜子,补来补去地穿了十年呢!
　　　b. 姑娘的脸一下子红了,红得像一朵含苞的石榴花。

以上句子都表现了完整的事件,但却未必是完全的事件,a 句"袜子穿了十年"、b 句"姑娘脸红"都没有指出事件的终结点。如果说"完成"指的是动词动作而不是事件已经终结(许多汉语研究论著这么认为),那与我们对体的认识不相符合。而且,就上两个句子而言,说"穿"和"红"表示的动作完成了也是不妥的。此外,完成与非完成是一对与体意义密切相关的语义特征,有其特殊的含义(是否含内在的限定终结点,见1.4.2节),这里没有把它们用作体的名称。[68]

现代汉语的完整体主要有三类:

现实完整体,简称现实体,形式是动词后加"了"。

经历完整体,简称经历体,形式是动词后加"过"。

短时完整体,简称短时体,形式是动词重叠。

下面分别讨论。

2.1 现实体:了

现实体表达的是一个现实的动态完整事件,现代汉语里用附着在动词后的形态成分"了"作为形式标记。这里先分析一个实例:

(39) 高级工程师宋金墀经过长期努力,证明了世界著名数学难题"四色问题",并绘制了世界上第一张四色地图。

这是一个复杂的句子,表达了几个意义上相关的事件。为了便于讨论,不妨简化出表达一个完整事件的句子:

(40) 宋金墀绘制了第一张四色地图。

首先,该句子表达的事件涉及到变化,"了"指明变化到达了某一个点(或终结点,或中间点,或起始点,要视动词类别和句子各成分构成的情状类型而定)。"了"具有点特征而不像"着"具有段特征,所以,这是一个动态事件。

其次,该句子观察事件构成的方式选自外部角度,对事件不作分解,对事件的内部构成不作揭示,"了"指明了该事件的整体性质,句子表达的是一个完整事件。

第三,该句子表达的事件"宋金墀绘制地图"在语言使用者心理上是发生了的,"了"指明了句子表达的是一个现实事件。

---

[68] 如果将"完全"或"完成"作了与这里的"完整"同样的解释,赋予同样的含义,那么,这两个术语也是可以用的。不过,我们对"体"的看法强调观察事件构成的方式,因而较为注重不可分解性与可分解性的区别。

动态性、完整性、现实性是现实体的三项主要的语义内容,语法形式是"了"。⑲

2.1.1 "了"的动态性

动态是相对于静态而言的,现实体的动态性主要不是表现在它反映了事件构成的非均质特征或动作性上(其他体如持续体"小王打着球"也可以反映),而是在于它指明了某一个变化点,静态性则是不存在变化点而只有持续段的。现实体的这个性质在以静态动词作谓语的句子里可以看得较为清楚。

"知道"是一个静态动词,因为它不反映变化,具有均质的时间结构,用"知道"作谓语的句子通常表达一个静态事件。例如:

(41) 马兰知道这件事。

但是,如果用上了现实体标记"了",句子的静态性就发生了变化,成为动态的了。因为"了"指明了从"不知道"进入"知道"的变化点。例如:

(42) a. 马兰知道了这件事。
　　　b. 他们知道了怎样走进中国大门。
　　　c. 在高三星把加林的铺盖行李捎回村的当天晚上,高家村的大部分人都知道了这件事。

例 41 和例 42/a 所表示的事件在时间轴上的差别可作如下图示:

图 5

不带"了"的句子仅仅指明事件处于静态持续阶段(用横线表示),带"了"的句子则指明了"知道"的起始点动态(用一个点表示从不知道"进入"知道)。

证明"了"表达事件动态的另一项根据是,它可以用在带有时间限界的小句里,清楚地标示变化点。例如:

(43) 马兰知道了这件事以后,立刻气冲冲地去找乡长。

---

⑲ 现代汉语有几个"了",存在不同意见。这里所说的现实体形态"了"基本上是指吕叔湘主编(1981)《现代汉语八百词》中"用在动词后,主要表示动作完成"的"了"(314—321 页)不过对"了"负载的语义内容,我们的看法有所不同。

严格说来,事件的动态性、完整性、现实性之类的语义特征是句子中各个成分共同体现的,这里出于揭示不同的体之间的意义差异的研究目的,在研究方法上把形态"了"看作是这些语义内容的承载者,概括出"现实体"这一类型。此外,经验体、短时体、持续体、起始体、继续体等都是采取这一方法概括出来的。

如果认为"知道"作谓语的句子是表示静态事件的,那么,静态事件(有的书中称"状态")并不指示终结点,当然也就谈不上"以后",分句间的语义关系就建立不起来。"了"标示了进入某个静态的变化点,是事件的动态标记。这也说明了体意义的揭示不仅依赖动词,而且要依赖包括动词在内的各个语言成分,体意义是属于整个句子的。

除了"知道"以外,还有一些静态动词,它们带上"了"以后充当谓语的句子都具有动态性,都指示了一个变化点。试比较:

(44) a. 王二婶相信红军会打回来。
     b. 王二婶相信了区长说的话。
(45) a. 新来的那个小伙子姓李。
     b. 自打他姓了李,咱村就没的安宁了。
(46) a. 哑姑脸红脖子粗。
     b. 哑姑唰地红了脸。

a句都是静态句,b句都是动态句,差别在于动词后是否有一个指示变化点的"了"。形容词的主要性质是标示事物的属性和品质(如"她的脸很红""他的性格真好"),用形容词作谓语的句子通常表达的是静态事件。但是,如果形容词附上了现实体形态"了",句子表达的事件就具有动态性质,如例46。又如:

(47) a. 呵,这屋里真干净!
     b. 屋里干净了两天,这不,又脏了。

明确了"了"的动态性质,对现代汉语里"有""存在"一类纯粹表示静态存在的动词可以用在含时间起讫点的句子中表示动态事件也就释然了。例如:

(48) a. 全贵有了钱以后,腰板也直起来了。
     b. 这个研究会只存在了三天就解散了。

当然,由于"知道""相信""姓""红""好""干净""有""存在"等词语意义上的静态性质,它们带上"了"以后表示的动态与动作、结果等类别的动词表示的动态在句子中还是有区别的。主要区别在于,静态动词带"了"表示的是发生变化的起始点,而后则一直保持静态,不再变化,可称之为起始点的动态(ingressive dynamics)。动作动词带"了"表示的变化与动作相始终,动作开始,变化也开始,动作停止,变化也停止,可称之为全程的动态(full dunamics)。结果动词带"了"表示的是变化的终结点,虽然有些结果动词可以包含一个动态过程(如"拉长"),但它强调的是结果,可称之为终结点的动态(terminal dynamics)。例如:

(49) a. 这屋子干净了三天。　　　(起始点动态)
     b. 这本书他看了三天。　　　(全程的动态)
     c. 这个人来了三天。　　　　(终结点动态)

三个句子表示的都是动态事件,由于谓语动词的性质不同,句子表示的动态也有差别。a 句是起始点的动态,即"干净"这个变化发生在起始点上,而后进入没有变化的静态,句子指出静态持续了三天。由于时间词"三天"的出现,a 句没有相应的不带"了"的静态句("*这屋子干净三天")。b 句是全程的动态,即变化与整个事件相始终,"看"的变化从开始一直到终结,"三天"指明动态持续的时间。c 句是终结点的动态,即变化发生在终结点上,一旦"来"了,即告终结,"三天"指明动态终结后的时间。三类句子在时间轴上的表现如下图:

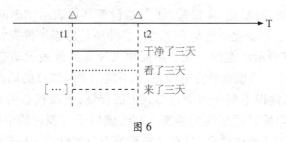

图 6

图中 t1 到 t2 的距离为三天,圆点表示动态变化,圆点线表示动态持续,直线表示静态持续,虚线表示动词动作终结后的时间。t1 线左边括号内的圆点线表示到达终结点之前也许有一个动态过程。

由于现实体"了"的动态性质,所以表示静态行为的动词就有两种情况,一种是上面分析的带上"了"在句子中表示动态事件,不带"了"通常表示静态(带上"起来""下去""过"等也具有动态性),这是一部分的静态动词。还有一部分静态动词则不允许在句子中带上"了"表动态,通常也不能带其他表示动态的体形式。这类动词有"是""等于""属于""像""值得""企图""显得""意味着""情愿""觉得""当做""标志着""抱歉""具有""认为""以为""容纳""嫌""缺乏""佩服"等以及大部分的形容词。

上面谈到静态动词带上"了"以后可以指明起始点的动态,那么,是否可以说,不带"了"的静态动词作谓语都是表示静态事件呢?这是一个在理论解释上颇为复杂的问题。汉语表示体范畴意义的形态是在历史演化的进程中逐渐发展出来的。现在仍在演变之中。现代汉语里已经基本定型的那部分体形态"了""过""着"等,也像词类范畴中的名词后缀"子""儿""头",序数词前缀"第",动词后缀"化",形容词前缀"可"以及表数范畴中的群体形态"们"一样,都是表示所属语法范畴的充分条件形式而非充要条件形式,从现代汉语语法的体系来看,尚缺少印欧语那样较发达的形态体系。就现代汉语的语言事实来分析,可以说,"了"表示了事件的动态性,但却不能说,缺乏"了"就表示了事件的静态性,因为除了表示动态的体形式,还有许多词语形式也可以表示动态。比较下面两列句子:

31

(50)　　　　　A　　　　　　　　　　　　　B
　　　　a1. 他知道了这件事。　　　　　a2. 他知道这件事。
　　　　b1. 他知道了这件事以后……　　b2. 他知道这件事以后……
　　　　c1. 他昨天就知道了这件事。　　c2. 他昨天就知道这件事。
　　　　d1. 他刚刚知道了这件事。　　　d2. 他刚刚知道这件事。

后三行句子中由于"以后""昨天""就""刚刚"等表达动态的词语出现,句子表示事件动态的语义承载就不仅仅是"了"。至于第一行句子,a1 带上"了"表示动态前面已作过分析,问题是 a2 没带"了",也没带其他表示动态的词语,而谓语动词"知道"本身不表示变化。它是表达动态事件还是静态事件呢?从 A 与 B 的平等格式来看,它有表示动态的一面。然而如果没有其他表示动态的成分帮助,a2 这个语言片段既不能指明起始点的动态,也不能指明终结点的动态,更没有持续全程的动态,其动态性得不到任何语言形式上的保证,而最核心的动词"知道"其词义反映的是一种均质时间结构的静态,因此,该句子所表达的事件无疑具有静态性。概言之,a2"他知道这件事"具有动态和静态双重性质,从与 a1 的平行格式里反映出它的动态,从其本身的结构则反映它的静态。由于存在静态动词带上体形式"了"表示事件动态的格式,所以静态动词不带"了"有较强的表示事件静态的倾向,许多静态动词不能带"了"就是一个证明。⑦

姿势动词和位置动词在词义上具有静态和动态的双重性(参见 1.3 节的动词分类表),这两类动词作谓语的句子如果带上"了"也是表示动态事件的。例如:

(51) a. 赵虎在这儿站了三个小时了。
　　　b. 俞安萍穿了一件皮茄克。

a 句中的"站"表示某种姿势,一旦进入该姿势,则基本无变化,语义上接近于静态动词。带上"了"以后,指明变化的起始点,句子表示一个具有起始点动态的事件。b 句中的"穿"表示某种动作("穿"这一动作)的结果(有某物附着于某个位置的语义:皮茄克附着于俞安萍身上,所以叫位置动词),语义上接近于结果动词。带"了"以后,指明变化的终结点,句子表示一个具有终结点动态的事件。两个句子在时轴上可作如下图示:

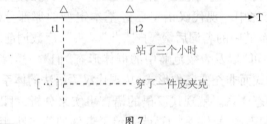

图 7

――――――――――
⑦ 或许现代汉语未来的发展会使静态动词带"了"与否在动态静态的语义表达上作出明确分工。

2.1.2 完整性

完整性指的是句子所表达的事件的整体性质。它是从外部观察一个事件构成的结果。第一,事件是不可分解的。一个事件的构成通常有起始、持续、终结等,完整体指出这些构成在句子所表达的事件中合为一体,不可分解。例如:

(52) a. 王虎昨天夜里到了上海。

b. 煤气罐突然爆炸了。

"王虎到上海""煤气罐爆炸"反映的都是瞬间事件,缺少持续过程,起始与终结是重合的,"了"强调了其不可分解的整体性。

第二,事件是不必分解的。一个事件占据了一定的时间长度,在时轴的每一点上,事件的表现形式都不同,不断变化直到终结。该类事件逻辑上是可以分解的,如"小王跑步"。但是,当语言使用者赋予该事件以完整体意义,换句话说,当句子中使用了"了"(或者"过",或者重叠动词)这个形态以后,该事件就不再是可以分解的了,即语言使用者认为该事件是一个不必分解的整体。例如:

(53) a. 小王跑了步。

b. 我们看了一场电影。

c. 正要拉他时,那孩子却作了个鬼脸。

d. 她扣留了我的工作证,硬拉我在她家吃饭。

以上句子表达的事件都是不必分解的整体。如果要对其进行分解,如着眼于事件的持续,则要说成:

(54) a. 小王跑着步。

b. 我们看着(一场)电影。

c. 那孩子作着(个)鬼脸。

d. 她扣留着我的工作证。

由于"着"不再强调事件的整体性,以上句子表达的都是处于持续阶段的事件,语言使用者对所观察到的事件进行分解,赋予该事件以非完整体的意义。又由于"着"具有的非完整性质,动词后面含有时间限界意义的词语不再出现。以下句子都是不合语法的。例如:

(55) *a. 小王跑着一会儿步。

*b. 我们看着三个小时电影。

但是,带"着"的句子中出现空间限界意义的词语则是允许的。以下句子都是合语法的:

(56) ?a. 我们看着一部三个小时(长)的电影。

b. 我们看着这两幅画。

理由是,空间限界是针对事物或对象而言,时间限界是针对事件或动作而言。

"了"的完整性与"着"的非完整性是对事件说的,对象的数目和结构是否受限是另一个语义范畴即空间语义问题。a 句打上疑问标记"?"不是说它的合语法性受到怀疑,而是说它的可接受性引起疑虑。因为"(看)电影"的语义具有引发时间联系的倾向("(看)画"则具有引发空间联系的倾向),"一部"与"三个小时"等限定词语加强了这一倾向。所以,表示非完整事件意义的形态"着"的运用引起怀疑。事实上,如果把限定词语"三个小时"看作是对"电影"这一对象的空间限界而不是对"看"这一行为的时间限界的话,句子是合格的,也是可接受的。可进一步比较如下几个句子,其限定词的空间对象意义和时间事件意义对合语法性的影响。例如:

(57) a. 操场上(同时)进行着两场比赛。
　　*b. 操场上(先后)进行着两场比赛。
　　c. 操场上(同时)进行了两场比赛。
　　d. 操场上(先后)进行了两场比赛。

a 句和 c 句里"同时"的出现,表明"两场"既是对"比赛"的时间限界(时间内容相同或相似于"一场"),也是对"比赛"的空间限界的限定。b 句和 d 句里"先后"的出现,强调了"两场"的时间限界。"了"是着眼于事件整体的外部观察,对限界内的对象数目和时间进程中的排列方式(同时或先后)不作分析,所以 c 句和 d 句都是合格的。这两个句子在时间轴上的表现如图所示:

图 8

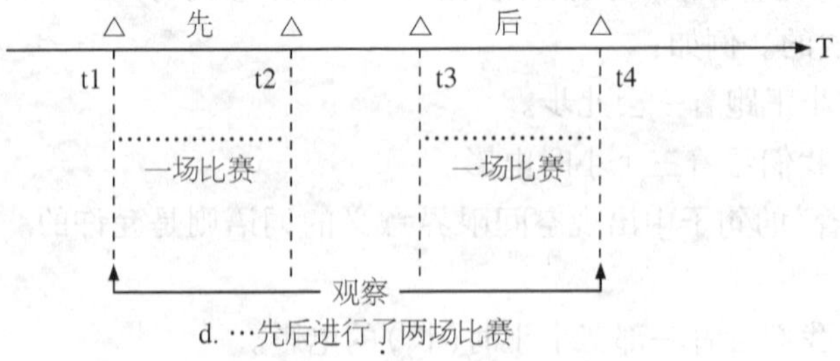

图 9

"着"是着眼于事件内部的观察,赋予句子以非完整的意义,其所表达的事件没有时间限界,句中因而不允许时间补语。句中宾语如果受到数量方面的修饰限定,那是对对象在空间范围上的限定,而不是对事件在时间范围上的限定(如例56)。如果宾语所指对象蕴含着时间范围方面的意义(如"电影""比赛"蕴含时间长短的意义,与动词配合则立即显现),则要求对象数目或者为单数(如"操场上正进行着一场比赛"),或者为多数的同时排列方式(如例57/a),而不允许多数的异时排列方式(如例57/b),这一点与完整体"了"在语义上是不相同的。a 句和 b 句在时间轴上的表现如图所示:

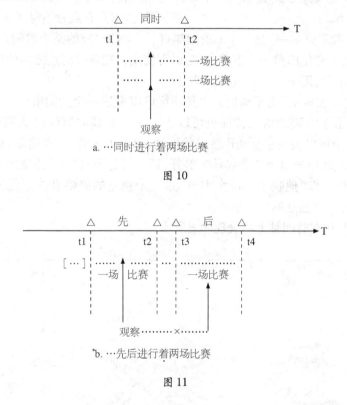

a. ……同时进行着两场比赛

图 10

*b. ……先后进行着两场比赛

图 11

a 句合语法的原因在于"着"可以同时观察到两场比赛的内部持续,b 句不合语法的原因在于"着"只能或先或后观察到一场比赛的内部持续,另一场比赛的内部情况由于 t2 与 t3 的时间距离而无法反映。所以当副词"同时""先后"不出现的时候,下面的例58/a 只能表达例57/a 的意思,不能表达例57/b 的意思(因为不合语法),而例58/b 却能表达例57/c 句和例57/d 句两种意思,是一个歧义格式。即:

(58) a. 操场上进行着两场比赛。

b. 操场上进行了两场比赛。

"了"和"着"的这种差异反映了形态"了"对事件不作分解的整体性质。

第三,"了"强调了"事件"构成某一部分的完整性。一个非瞬间事件,在其中某个时间点截断,并且认为,截断的部分是一个整体,即一个完整的事件。后面的部分或者不再发生,或者仍然发生,都看作是另外一个事件。例如:

(59) a. 这本书我看了一半。(小王就抢走了)
　　　b. 他(拿起大雪梨)咬了一口。(又咬了一口)
　　　c. 这地方王婶住了三年了。(1、没办法还得住下去;
　　　　　　　　　　　　　　　　2、今日搬家真有点舍不得离开)

a 句里"我看这本书"是一个非瞬间事件,该事件构成的某个时间点("一半")被截断,出现了变化即另一个事件,于是语言使用者把该时间点之前的部分认为是一个整体的事件,用带"了"的句子来表达。

b 句"他咬大雪梨"由于动词的语义特征可以表述一个瞬间事件("咬"是瞬间动作动词),由于宾语的语义特征也可以表述一个非瞬间事件("大雪梨"与动词"咬"配合使用可以表现重复动作造成的持续,参见1.3节)。在这里,语言使用者将持续的重复动作分解为几个限界的部分,每一部分通过"了"的使用表明都是独立的完整事件。即"他咬了一口大雪梨"是一个独立的完整事件,"他又咬了一口大雪梨"是另一个独立的完整事件。

a 句和 b 句在时间轴上的表现如图所示:

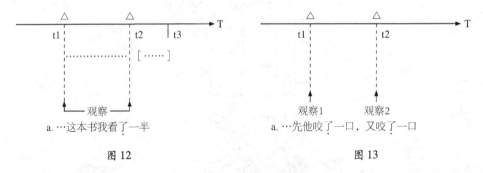

图 12　　　　　　　　　　　图 13

c 句"王婶住这地方"是一个非瞬间事件,语言使用者在时间持续到"三年"的时间点上截断,表明至此是一个完整事件。至于"三年"之后是继续住还是搬走,则是另外一次事件的表述了。"了"是指明事件完整性的显性形态标记。

需要再一次强调指出的是,事件是由句子的各个成分共同表现的,而不像许多语法论著中所言是由动词表达的(如 G. Leech(1981)就说大部分动词是表示事件的,事件动词具有事件限界㉑)。a句"这本书我看了一半"表达了一个限界的完整事件,不能说"看"是句子表述的事件而推论说动作行为没有完成(事件不完整),也不能说"看这本书"是句子表述的事件而推论说动作的对象没有完成(事件不完整),因为句子表述的正是语言使用者所观察的,而语言使用者所观察的正是"我看这本书的一半",用动词后附"了"指明所观察的是完整的事件,"一半"可以是完整的,三分之一也可以是完整的,整本书当然更是完整的,关键在于你对事件的观察方式如何。从这个意义上说,"了"是"完成体"的标记也是可以的,只是不要把完成解释为动作或对象的必然结束。

2.1.3 "了"的现实性

所谓现实性,指的是相对于某个参照时间来说,句子所表达的事件是一个已经实现了的(realized)现实事件,"了"是这种现实性的显性语法标记。

前面(1.5节)提到过,现代汉语里有体范畴而无时范畴,这主要指的是汉语缺乏表达时意义的语法形态,并不是说汉语句子里缺乏时间这个概念。汉语句子里时间概念主要的是由词语形式来表示的,如"过去""前年""明天""已经""正在""将要""三天以前""入伍以后""他进门的时候"等,有时候则通过句间语义联系来表现。例如:

(60) a. 他有些失望了,无精打采地朝营业员瞅了瞅。

 b. 我们一找他谈,他就一古脑儿全说了。

a句中表达的两个事件在时间上有先后关系,b句中表达的两个事件在时间上也有先后关系,"一……就……"格式的运用强调两个事件是几乎具有同时意义的先后关系。

张秀(1957)认为汉语表达时间的方式是"关系时制"类型:

关系时制并不把说话时间(或现在)当作绝对的标准,它只表现"动作发生时间和一个指定的参考时间的顺序关系"。这个指定的参考时间可以是用一个单词、一个短语或一个子句来表现的,如果没有指定,那么这个参考时间就是"现在"。㉒

关系时制是相对于把说话时间作为准标的"绝对时制"说的。陈平(1988)对关系时制作了较为系统的说明。㉓

我们在这里所说的现实性,是指在关系时间中的现实性,不管句子所表达的事件是在过去、现在还是将来发生,只要它相对参照时间(不是发生时间)而言是实

㉑ 参见 Leech,G. (1981):168 页。

㉒ 张秀(1957):156 页。

㉓ 陈平(1988):417—420 页。

现了的,⁷⁴就是现实事件。下面分别讨论。

1、现在的现实。相对于现在这个参照时间(通常也就是说话时间),句子所表述的事件是已然的现实。例如:

(61) a. 程悦缓缓地仰起了脸,姑娘端详了好一会,痛心地说……
　　　b. 我拿了她手里的钱,把邮票塞给了她,转身走了。

a 句和 b 句带"了"的句子表示的都是与现在同时的事件。现在既是事件的参照时间,也是事件的发生时间,同时还是表述这个句子的说话时间。a 句中的第一个小句在时间轴上可作如下图示:

图 14

图中 S 表示说话时间(saying),R 表示参照时间(reference),E 表示事件时间(event)。在表达现在的现实事件的句子中,三者重合。如果表达多个现在的现实事件(如例 a 和例 b 都表达了至少两个带显性标记的现在现实事件),则这条"现在"重合线往前移动,出现"现在1…现在2…"等。

2、过去的现实。相对于过去某个参照时间(说话时间为现在),句子所表述的事件是已然的现实。例如:

(62) a. 半个月前,母羊下了一只羔,虎犊似的,老是"腾腾"乱蹦,满院撒欢。
　　　b. 去年春节前夕,大伙都在忙着操办年货,他却从集市上买了一对很大的抬粪筐,顶在头上打道回府。

a 句里的"半个月前",b 句里的"去年春节前夕",都是指示过去时间的词语,句子表达的事件都是在过去发生的,带"了"的小句表明事件在过去已是现实(不带"了"的小句在过去也是现实,只是缺少显性标记)。a 例中带"了"的小句表达的事件在时间轴上可作如下图示:

---

⁷⁴ 按照刘勋宁(1988)的解释,所谓"实现"指的是,词尾"了"附着在动词、形容词以及其他谓词形式之后,表明该词词义所指出于事实的状态下。因此可以把"了"叫做"实现体"的标记。见《中国语文》1988 年第 5 期 326 页的论述。我们对"体"范畴的看法与刘文不全相同,认为"体是观察时间进程中的事件构成的方式"。所谓实现,指的是句子表达的事件成为现实,而不仅仅指"动词语的词义所指"处于事实的状态。

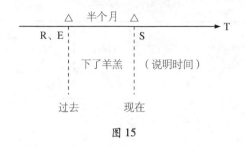

图 15

可见,在过去的现实事件里,参照时间与事件时间可以是重合的。但也有不重合的情况,即事件时间 E 在前,参照时间 R 在后,也属于过去的现实。例如:

(62) a. 人们呼隆一下围上来,不知出了什么事。
　　　b. 众人看他吞吞吐吐,一副狠狈样,更确信他占了女人的便宜。

a 句里"人们围上"是参照时间,可以认为与说话时间同时,"出了事"是相对参照时间的现实事件。如图所示:

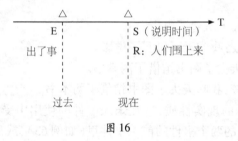

图 16

在叙述过去或到现在为止的事件时(现在可以认为是过去的终点),句子原则上都可以用"了",因为这些事件都是现实事件。如果"了"只能用在过去或到现在为止的事件,那么不妨称之为"过去时"的标记。问题在于现代汉语中,"了"还可以用在表述未来事件的句子里。当然,即便是表述未来事件,"了"相对于参照时间来说,仍然指示了事件的现实性质,即:未来的现实。

3、未来的现实。所谓未来的现实,指的是从说话时间看去是未来的事件,相对于某个参照时间而言,已经是一个已然的现实(这是把"了"看作体标记而不看作时标记的主要论据之一)。例如:

(63) a. 我明天下了班去看电影。
　　　b. 哪天他当了作家,还不定怎么样呢。

a 句里"明天"标明了未来时间,将发生两个事件:"我下班"和"我看电影"。以"我看电影"为参照时间,"我下班"是一个现实事件,"了"这个形态标记表明了事件的现实性。A 句在时轴上的表现如下图所示:

39

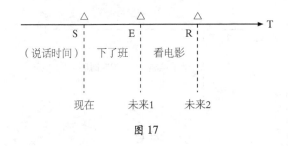

图 17

在现代汉语里,表示两个未来事件时,带"了"的事件 E 在前,参照时间的事件 R 在后,上面的句子如果说成"我明天看了电影下班",则"看了电影"是现实事件 E,"下班"是表示参照时间的事件 R。换句话说,形态标记"了"保证了事件的现实性。

与现在的现实和过去的现实所不同的是,"了"在表示未来现实的事件里,只能用在时间在前的事件,既不能用在时间在后的事件,也不能同时用于两个事件。下面是不合格的句子:

(64) *a. 我明天下班看了电影。

　　　　试比较:我昨天下班看了电影。

　　 *b. 我明天去了图书馆借了两本书。

　　　　试比较:我昨天去了图书馆借了两本书。

由于"了"所具有的现实性质,它在未来事件的使用中受到很多限制,主要地是用于前后连续发生的两个事件的前一事件里(如例 63),或用于条件结果关系的条件分句里,例如:

(65) a. 你读了大学,就不会要我了。

　　 b. 等你长大了,当了宇航员,你就会知道什么是宇宙了。

两个句子都表示拟想中的未来事件,由条件事件("你读了大学")的现实性推演出结果事件。在某些寓有"等同于"意义联系的条件句里,"了"字甚至可出现在结果分句里。例如:

(66) a. 你养好了身体,就(等于)有了工作的本钱。

　　 b. 离开了山寨,你就(等于)失去了保护。

在表达未来单一事件的句子里,一般不能用"了",因为事件的现实性缺乏参照时间而无法保证。下面的句子是不合格的。例如:

(67) *a. 我明天看了电影。

　　　　试比较:我昨天(今天)看了电影。

　　 *b. 小王哪天当上了飞行员。

　　　　试比较:小王昨天(今天)当上了飞行员。

以上句子所表达的事件发生在未来,由于没有一个后面的时间词语或事件作为参照,"我看电影""小王当飞行员"的现实性失去了着落,句子中的"明天""哪天"是事件的发生时间。如果这些词语表达的是后于事件的参照时间,则表达未来单一事件的句子中也是可以用"了"的。例如:

(68) *a. 明天,我肯定已经离开了上海。
　　　*b. 下个月一号,李瑛就成了一名大学生了。

a 句中的"明天"是指"我离开上海"这一事件的参照时间而不是事件的发生时间(虽然事件也可能在"明天"发生),其真实语义是"明天以前""明天你来的时候"等,事件是在"明天"的过去(含过去的终结点"明天")发生的,相对于"明天"而言,事件是已经实现了的现实。b 句中的"下个月一号"也是参照时间,事件是在参照时间一到即成为现实。两句在时轴上的表现如下图所示:

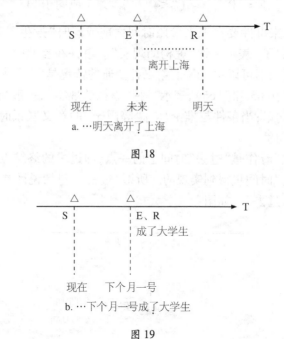

a. …明天离开了上海

图 18

b. …下个月一号成了大学生

图 19

事件现实性的参照时间与事件的发生时间是不同性质的概念。虽然在具体的句子中,二者的所指(referent)有时是同一的(如 b 句中的"下个月一号")。事件的发生时间是对句子所表达事件的时间描述,而事件的参照时间则是对事件性质(如现实性等)的时间界定。当时间词语表达的是时点而不是时段时,二者的区别可以看得更为清楚。例如:

(69) 明天八点,我肯定已经离开了上海。

虽然这是一个表达未来单一事件的句子,但仍然可以合语法地使用"了"形态,理由就在于"明天八点"不是对"我离开上海"这个事件的时间描述,而是对"我离开上海"这一事件具有现实性质的时间界定。事件是在参照时间点之前实现了的具有现实性,可以带"了",在参照时间点之后则不具有现实性,不可以带"了"。

从以上讨论可以看出,现实性与时间有很密切的关系,凡是在过去时间直到现在时间发生的事件,都可以认为是已经实现了的,都具有现实性,都可以用"了"(当然不是必须用"了"),参照时间可以认为是说话时间。凡是在未来时间"发生"的事件都不具有现实性,都不可以用"了",这一点在单一事件中尤为严格。变通的情况有两种:一是句子中表述了两个(或两个以上)未来时间,一个是参照时间 R,另一个是事件时间 E,事件时间 E 必须先于或同于参照时间 R。即:

$$E \leqslant R \quad (\text{"}\leqslant\text{"意指"先于或同于"})$$

也就是说,未来事件要在未来参照时间之前或同时"发生",其现实性才有保证,才可以用形态"了"表示一种"虚构的现实"。事件在参照时间之后"发生",则不具有现实性,因而不可以用"了"。第二种变通的情况是"了"使用在未来假设条件关系的句子里(例65和例66),表示一种"虚拟的现实",一般情况下,"了"只用在虚拟的条件分句里;当条件与推论具有"等同于"的意义联系时,"了"有时可以用在前后两个分句里。

如果把"现在"看作是"过去"时间上的一点,即过去的终结点,㊅那么,"了"的现实性是在"过去"时间里得到实现的。所谓"过去",包括说话参照时间的过去和未来参照时间的"过去"。如图:

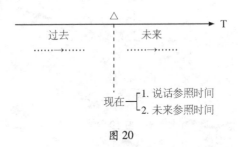

图 20

这样一来,现实性的内容可作如下换算:
a. 过去现实性 = 过去现实性
b. 现在现实性 = 过去终点现实性

㊅ "现在"也可以看作是"未来"时间上的一点,即"未来"的起始点。

$$\text{c. 未来现实性} = \begin{cases} 1. \text{（未来的）过去现实性} \\ 2. \text{（未来的）过去终点现实性} \end{cases}$$

正像动态性不等于动作性（activity），完整性不等于完结性（accomplishment），现实性也不等于真实性（truthfulness），除了在未来事件的表述中存在虚构的现实和虚拟的现实之外，"了"还可以表示"虚假的现实"。例如：

（70）a. 母鸭生了一个天鹅蛋。

b. 喜姐打了月亮一记响亮的耳光。

以上句子⑯表达的事件都是虚假的，不管在过去、现在或者未来都不具有真实性。但是，从语言分析的角度看，这两个句子都是合格的，都表述了现实事件，"了"是句子所表述事件具有现实性的显性标记。这些句子也许是不可接受的，其原因在于它们的非真实性（虚假性），而不在于它们的非现实性。

在表达复合事件的句子里，"了"的现实性还有一些复杂情况。根据《现代汉语八百词》的考察，在连动句和兼语句中，"了"一般用在后一动词之后。⑰ 即后一事件带上显性的现实性标记。举到的例子有：

（71）a. 刚才他打电话叫了一辆车。

b. 昨天请张老师给大家辅导了一次。

上面两个句子都表达了复合的事件，由于句子表达的两个事件存在行动和目的的关系，因此"了"用在目的事件中既保证了目的事件（可称为 B）的现实性，也保证了行动事件（可称为 A）的现实性。即："B 现实蕴含 A 现实"（B 了→A 了）。所以，例 71 两个句子的实际语义是：

（72）a. 刚才他打了电话叫了一辆车。

b. 昨天请了张老师给大家辅导了一次。

如果"了"用在行动事件而不用在目的事件中，句子的现实性会发生什么变化呢？例如：

（73）a. 刚才他打了电话叫（一辆）车。

b. 昨天请了张老师给大家辅导（一次）。

由于行动的现实性并非必然蕴含目的的现实性，即："A 现实未必蕴含 B 现实"（只是可能蕴含关系："A 了→◇B 了"），所以，目的事件的现实性缺乏形态标示"了"而没有保证，句子的实际语义并不等同于例 72。"他打了电话叫车"，但未必"他叫了一辆车"，因为存在着电话没人接、车没叫到多种可能，从而使目的事件

---

⑯ 就哲学的意义来说，这类句子为自由意志论者所承认，而为决定论者所不容。句子的真实性问题对语言运用会产生什么影响，一般认为是哲学和逻辑学的课题，语言学研究较少涉及。

⑰ 参见吕叔湘主编（1981）《现代汉语八百词》：315—316 页。连动句和兼语句要"强调"前一动作完成时，"了"可用于前一动词之后，如"我们也找了一个旅馆住了一夜"。

不具有现实性。b 句也存在着张老师没请到,请到了但没辅导多种可能。

"了"用在行动事件与用在目的事件的现实性含义上的这种差别,造成了二者隐含的对比句式也不相同,对比的对象通常是带"了"事件。例如其否定句式通常是针对带"了"事件的,试比较:

(74) a1. 刚才他打电话叫了一辆车。
　　　a2. 刚才他打电话没/不是叫(一辆)车。
　　　b1. 刚才他打了电话叫(一辆)车。
　　　b2. 刚才他没/不是打电话叫(一辆)车。

由此可见,在连动、兼语等表达复合事件的句子里,"了"标示了事件的现实性,其所标示的那个事件,一般也是句意所要强调的。在例 73 里,由于行动事件的现实性并不能保证目的事件的现实性,而目的事件也不是句意所强调的,因此,表明具体数量的词"一辆""一次"有时也可以不用。

简言之,现代汉语的现实体是通过形态"了"来表现的,它具有三个主要特性:动态性、完整性、现实性。动态性反映事件的变化性质,强调的是事件在某个阶段(起始、持续、终结)出现了变化,并不特意强调事件过程的动作性。完整性反映事件的整体性质,强调的是事件不可分解,并不特意强调事件的完结性。现实性反映事件的已然性质,强调的是事件实现在参照时间(过去、现在、未来)之前,并不注重事件的真实性。

2.2 经历体:过

2.2.1 经历体的形态"过"

经历体是完整体的一种,同现实体一样,它也是着眼于外部来观察时间进程中的事件构成,反映事件不可分解的整体性质。所不同的是,现实体强调句子所表达事件的现实性,而经历体强调的则是句子所表达事件的历时性。在现代汉语里,经历体的形态标记是"过"。

汉语的形态是逐渐地演化发展出来的,这个演化发展过程目前仍在继续。在汉语研究史上引人注意的一个现象是,四十年代几部重要的语法论著在论述"体"的章节里,都不谈"过"这个体标记,[73]而"过"在早期白话文里就有比较典型的经历体用法。例如:

(75) a. 学生也亲念过几遍,并无差落,哪有此话?(《警世通言》第十三卷)

---

[73] 吕叔湘(1942)说到了十二种表示"动相"的形式,王力(1944)谈及六种"情貌"的表示方法,高名凯(1948)讨论六种"体"的表示方法,均未列举"过"字。倒是黎锦熙(1955,1924)的《新著国语文法》谈到了表示"过去时"的"过"字,举的例子是:"我也曾使过眼色,也曾递过暗号。"不过作者在书中把"过"看过是表时间的副词,与"已经""已然""曾经""早就""向来""刚才""完"等一并讨论,这样,"过"表示体意义的性质反给淡化了。

  b. 妹妹几岁了？可也上过学？(《红楼梦》第三回)
  c. 当时他们来了,却也从没空过的;如今来瞧我们,也是他的好意,别简慢了他。(《红楼梦》第六回)

  五十年代以后,把"过"看作与"了""着"一样的体标记并从体意义上展开讨论的论著才渐渐多起来。[79]

  现代汉语的"过"负载的语义项很多,有的是实语素意义,有的是虚语素意义,所有义项似乎构成一条演化链。例如：

(76) a. 我跳上公共汽车,竟然一下子坐过了站。
  b. 忍一忍,熬过高考,我们痛痛快快玩一场！
  c. 我已经考虑过了,不当这个体育委员。
  d. 我曾经写过一篇小文,叫《读者的阶梯》。

a 句的"过"意思是经过某个空间,b 句的"过"是度过某个时间,二者都是实语素。c 句的"过"意义有所虚化,有"完毕"的含义,完毕也就是度过了某个点(事件的终结点)。d 句的"过"则完全虚化,表示经历上的一个事件,经历上的当然也是经过了的和度过了的,同时也是完毕了的,不过更强调了一种"曾然"的历时意味。"过"的语义由实到虚的轨迹是：

实 ←——— 经过（空间、时间）→ 完毕 → 经历 ——→ 虚

图 21

  下面要讨论的经历体形态"过",主要指的是 d 句反映的虚化的抽象意义,附带涉及 c 句里反映的半虚化的"完毕"意义,至于 a 句和 b 句里反映的"经过"意义则认为是具体的词义,暂不讨论。

2.2.2 "过"的动态性

  经历体形态"过"在句子里表达的事件也具有动态的性质,这一点与现实体形态"了"相同。由于"过"表达的是经历上的事件,该事件在历史上发生并已终结,自然也就经历过变化,"过"的动态性是一种历时变化性。例如：

(77) a. 我教过郑海波,当过他的班主任。
  b. 有人曾做过不让人做梦的实验。

  "我教郑海波"和"有人做实验"都是经历上的(experienced)事件,"过"标示了这种经历上的变化,与现实体形态"了"所不同的是,当静态动词充当谓语的时候,

---

[79] 俞敏(1954)《汉语动词的形态》认为"过"是表示"经验体"的词尾,另外参见陆宗达、俞敏(1954)114页,张秀(1957)160页的讨论。苏联汉学家龙果夫(1952)129页,雅洪托夫(1957)126页均认为"过"是"不定过去时"的形态,而伊三克等编写的《华语课本》201页则把"过"看作是"未完成—多回体"。

"了"的动态性表现在指明了进入某种静态的变化,即起始的变化。而"过"的动态性表现在指明脱离某种静态的变化,即终结的变化。试比较如下两个句子:

(78) a. 他俩红了脸。
     b. 他俩红过脸。

a 句"了"表示的语义是,经过起始的动态变化,他俩进入了"红脸"的静态。b 句"过"表示的语义是,经过终结的动态变化,他俩脱离了"红脸"的静态。"过"附在静态动词后表示终结动态性的句子再举数例:

(79) a. 我什么都知道,谁让咱们好过一场呢!
     b. 我实在怀疑他们是否真诚地相爱过。
     c. 彩虹着实迷惑过我一阵,……
     d. 从前她也曾紧张过,沉重过,……

由于"过"具有终结动态性的特点,因此,有些与终结语义不相容的静态动词不能带形态"过"。如:认得、认识、认为、晓得、知道、包含、充满等。下面的句子在现代汉语里是不合语法的:

(80) *a. 我知道过这件事。
     *b. 这里面包含过老工人多少心血呵。

2.2.3 "过"的完整性

"过"与"了"一样,表述的是一个不予分解的完整事件,观察的着眼点也是在事件外部。所不同的是,该完整事件是经历上的,并非现实的,"过"的完整性是一种历时整体性。例如:

(81) a. 老鬼一听谢小晶也在内蒙插过队,当即拍板。
     b. 报上不是宣传过爸爸是改革家吗?怎么又怀疑爸爸贪污呢?我弄不明白。

"谢小晶插队"和"报上宣传爸爸"都是完整事件,都是从外部观察不予分解的事件,同时又都是历时事件,是在历史上曾经发生并已终结的事件,这些句子里的动词前面都可以加上副词"曾经"来修饰。实际语言材料中,"过"与"曾经(曾)"配合使用的很不少。兹举二例:

(82) a. 发表了这篇电视讲话以后,他曾接到过恐吓电话,但他并未寻求特别保护。
     b. 和我曾经读过的三毛作品相比较,琼瑶的小说像小夜曲,很动所,就是太缠绵、太伤感了。

需要指出的是,这里所说的完整,是指句子所表述事件的整体性,并非指动词动作的整体性;这里说的不可分解,是指带"过"的句子对所表达事件的观察着眼于外部,并非事理意义上的不能分解。同样,这里所说的历时,指的是句子所表达事件的历史经历的特点,该事件曾经发生并终结,至于事件(尤其是动词反映的动作)在目前的影响并未涉及,自然也未予否认。例如:

(83) a. 我们只握过两次手,没想到一次是开始,一次便是结束。
　　　b. 几年前,几位新潮评论家就特别关注过王朔的小说。

a 句"我们握两次手"这个事件由于使用了"过"而标示了其完整性。句中数量词"两次"指出了事理上的可分解,但"过"(或者"了")的出现以及句式表达上的特点(不能带"着")表明,语言使用者是把这"两次"看作不予分解的整体。事理上的可分解服从于句式表达上的不分解,另外再用两个平等的静态完整句子(分句)表达了前一句子(分句)里蕴含的事理上的可分解性。

b 句"几位评论家关注王朔小说"这个事件用"过"标示了其历时性,他们是否仍在"关注"呢?句子并未涉及(比较句式:几年来,评论家们一直关注着王朔小说),当然也没有否认,⑧那是另一个层面的表达问题。不过,由于"过"具有历时终结的语义特征,其所表达的事件也就含有"目前已非如此"的语义取值倾向。例如:

(84) a. 郭辉考上了中国科技大学,我记得写信告诉过您。
　　　b. 校长发完言,调参加过"一二·九"运动的老师发言。
　　　c. 十渡前几天还淹死过游人,万一出事呢?

以上句子中"告诉""参加""淹死"等动词由于带了"过"而使句子表达的事件带上了"目前已非如此"的含义,但这并不是句子必然推论的意义。试比较:

(85) a. 去年春游去过一次长城,今年要选另外一个风景区。
　　　b. 我最着他来到他家,那虽然只来过一次的、却是我已经熟悉的房间。

a 句"去过",目前已非如此;b 句"来过",目前又来了。可见"过"对目前的影响是一种可能的影响,而不是必然的影响,它只强调了句子表达的是一个历时完整事件,其他方面的话义蕴涵是由句子的各个组成部分共同决定的。

"过"表达的完整性还有一个附加的特别的意义,即句子表达的事件是完整的,历时终结的,但句子表达的事件却是可能(但不是必然)不只一次地重复发生。为此五十年代曾有人提出"过"是"未完成多回体"的标记。⑧ 如例 85 中的"去过长城""来过他家"所表述的事件都是完整的并且终结了的(说"未完成"显然无法成立),但又都隐含着这类事件的个体量是多数的意义,即该类事件的集(set)可能包含不只一个成员。"同学们去长城春游""我来他家"都可以不只一次地发生。赵元任(1968)讨论"不定过去态"的时候就说:

---

⑧　因为可以有这样的句子:"几年前,几位新潮评论家就特别关注过(现在仍然关注着)王朔的小说。"
⑧　俞敏(1954)《汉语动词的形态》认为"过"是表示"经验体"的词尾,另外参见陆宗达、俞敏(1954)114页,张秀(1957)160页的讨论。苏联汉学家龙果夫(1952)129页,雅洪托夫(1957)126页均认为"过"是"不定过去时"的形态,而伊三克等编写的《华语课本》201页则把"过"看作是"未完成—多回体"。

轻声的"过"是纯粹后缀,意思是"过去至少有过一次"。

李讷等(1983)讨论"经验貌"的时候也说:

"过"表示这个事件在某一时间至少被经验过一次,而这个时间通常是过去。

实际语言里,有些不能表示多数意义的动词确实不能带"过"。例如以下句子通常认为是不合语法的:

(86) *a. 张家的小三子去年长大过。
　　　*b. 李大爷小时候死过一次,后来又活转来了。
　　　*c. 一九五六年,他在北京大学毕过业。

现代汉语对经历事件的强调否定有两种格式,其中之一就是"一次也没(有)V过"(另一种格式是"从来没(有)V过")。例如:

(87) a. 哪一次?你一次也没交过!你为什么不交作业?
　　　b. 我们相处几年,一次手也没有握过。
　　　c. 可惜的是,他一次课也没有给我补过。

这种否定格式的存在,其语义基础就是预设(presuppose)了该类事件可以不只一次地发生。

尽管如此,似乎也不宜把"过"可能蕴含的多数意义过分强调,更不宜把"过"的体意义概括为"多回",自然也不必用"至少经验一次"来限制。理由是,其一,"过"所反映的是可能的多数,而非必然的多数。例如:

(88) a. 妈妈再没提以前爱过的那个人。
　　　b. 她是教过我们的所有老师里最特别的一位。

两个句子中孕含的事件"妈妈以前爱过那个人""她教过我们"要用数量如"至少经验一次"来限制是很困难的,因为"相爱""教书"这些概念是不大用次数来陈说的。

其二,事件是由句子而非动词表达的,有些动词反映的动作可以多次发生(语法标记是可带"过"),但是使用该动词的句子所反映的事件却不可以多次发生。例如:

(89) a. 你读过书,懂得道理,为什么做这种事?
　　　b. 妈,您就没做过女孩子吗?

"读""做"等动词都是可以反映多次发生的动作,但是句子"你读过书""您做过女孩子"表达的事件却是无法多次发生的。它们或者意义抽象无法计数(如 a 句),或者一生中只能有一次(如 b 句)。

基于上述认识,我们把经历体的意义概括为表示经历上的动态完整事件,而没有用次数观念来表述。

2.2.4 "过"的历时性

历时性(experience)是经历体最重要的语义特征。历时性也可叫曾然性,它指的是相对某个参照时间而言,句子所表述的事件是一个在参照时间之前发生并与参照时间脱离的事件,即它是一个经历上的事件。现代汉语里用形态"过"来反映事件的历时性。

历时性与现实性不同。在参照时间之前(含参照时间)实现了的事件都具有现实性,用形态"了"标示。在参照时间之前(不含参照时间)发生并终结的事件方具有历时性,用形态"过"表示。历时性的参照时间通常是说话时间。现实性和历时性在时轴上的区间如图所示:

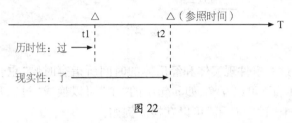

图 22

现实事件发生的限界是 t2,经历事件发生并终结的限界是 t1,t2—t1 是二者的时间差。试比较:

(90) a. 这地方我住了三年。
　　　b. 这地方我住过三年。

a 句表达一个现实事件,标记是"了",b 句表达一个历时事件,标记是"过"。二者在时轴上的表现如下图所示:

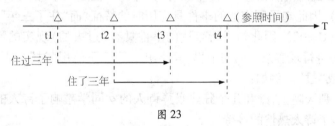

图 23

t4 是参照时间,"了"反映的事件从时间 t2 发生,持续到 t4(三年)为一个完整事件,是否终结句子并未涉及,可能终结,也可能没终结。"过"反映的事件从时间 t1 发生,持续到 t3(三年)为一个完整事件,该事件已经终结,并且与参照时间 t4 脱离(不相连)。

这里举的是"了"表达现在的现实的情况,如果"了"表达过去的现实,在时间所指上就与"过"非常相似了。试比较:

(91) a. 小时候,我在这儿住了三年。
　　　b. 小时候,我在这儿住过三年。

由于过去时间词语"小时候"的出现,两个句子表达的都是过去发生并终结的事件,它们在时间轴上的表现可以认为是重合的(准确地说,两个句子表达的是时间上平行的两个事件)。如图所示:

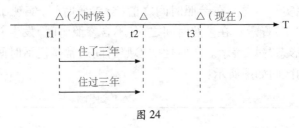

图 24

正是在表达过去事件现实体和经历体的时间所指有时候"重合"这个意义上,可以认为"过"和"了"可以互换,如 a 句中的"了"可以换成"过",反之亦然。以下句子在时间意义上"过"与"了"可以互换。例如:

(92) a. 奥斯汀生前只发表过/了七篇文章。
   b. 这些被褥,房东只是在结婚时盖过/了一次。
   c. 从镜子里,我看出上次染了/过的头发,已然露出的白根。
   d. 是呀!我小时候,就由于太认真,还挨了/过爷爷的一顿揍呢!

不过,互换后的句子语义内容并不相同。"过"强调事件的历时性,"了"强调事件的现实性,二者在汉语体范畴系统中的地位不同。以例91 的示意图来看,虽然"过"与"了"的时间所指重合,但参照时间不同。"住过三年"的参照时间为说话时间现在(t3),因此句子所表达的事件具有历时的特征,而"住了三年"的参照时间是"小时候"(t1—t2),因此句子所表达的事件具有(过去的)现实的特征。所以,在对过去事件进行现实描述的句子里,只能用"了"而不能用"过"。下面句子中的"了"不能换成"过"。例如:

(93) a. 那天晚上,她和几个狂热崇拜诗人的女同学敲响了诗人的房门,受到了诗人热情的接待。
   b. 那一次,我丢掉了会计职务,却意外地获得了爱情。

由于"过"的历时性特点,它所表达的事件都是终结了的事件,而"了"表达的事件中强调其已然实现的现实特征,并不必然含有终结意义。比较如下的句子,可以看出二者表意上的明显差异。例如:

(94) a. 李洋去过北京。
   b. 李洋去了北京。

正像有些研究文献所指出过的那样,a 句的含义是李洋现在不在北京了,而 b

句的含义是李洋仍在北京。㊷（或许在去北京的路上，"了"本身并不指明目标终点。如"李洋打了她，但没打着"。）这种差异并不因表示过去时间词语的出现而消除。例如：

(95) a. 小时候，李洋去过北京。
　　 b. 小时候，李洋去了北京。

a 句表示"小时候"发生并已终结的事件，李洋不在北京；b 句表示"小时候"实现的现实事件，李洋也许还在北京。这种表意上的差异在下面的句子里得到了中和：

(96) a. （小时候，）李洋去过一次北京。
　　 b. （小时候，）李洋去了一次北京。

由于计数词语"一次"的介入，两个句子表达的事件都已经终结，都可以推导出李洋不在北京的含意（这再一次说明句子的体意义是由各个成分共同表现）。不过，"过"反映的是历时意义上的终结，"了"反映的是过去现实意义上的终结。

简言之，现代汉语的经历体是通过形态"过"来标示的，其语义内容是表达历时的动态完整事件。历时性是经历体的本质属性。㊸"过"的动态性表现为历时变化性，"过"的完整性表现为历时整体性，"过"的历时性表现为与参照时间相脱离的历史曾然性。"过"反映的事件具有终结性。

2.3 短时体：动词重叠

2.3.1 关于"动词重叠"

短时体也是完整体的一种，它指明句子所表达的事件是一个完整的短时动态事件，在汉语里用动词重叠的形式来表示。与现实体"了"和经历体"过"所不同的是，短时体特别强调事件的时量因素，并且经常在表示未来事件的句子里使用。

与印欧语比较，汉语的"动词重叠"是很有特色又极富表现力的一种语言形式。但是，在汉语研究者之间，对"动词重叠"的性质，"动词重叠"包含哪几种格式，"动词重叠"表达什么样的语义内容，意见颇多分歧。

一种看法认为汉语不存在独立的动词重叠形式，所谓"动词重叠"，其性质"实际上只是动、量组合的一种形式，不是另外一种语法格式"。范方差(1964)认为，"笑一笑"是动词"笑"与数量结构的组合，而"笑笑"就是"笑一笑"，当中的"一"在一定的语音条件下脱落了。㊹

黎锦熙、刘世儒(1959)虽然把"动词重叠"当作一种狭义的形态来讨论，但在

㊷ 参见张晓玲(1986)、孔令达(1986)、刘月华(1988)等文的论述。又见李讷等(1983)的论述，208 页。

㊸ 从一些研究报告的命名也可看出"过"与事件时间的密切关系。雅洪托夫(1957)称"过"为"不定过去时"(tense)；而赵元任(1968)称之为"不定过去态"(aspect)。

㊹ 见范方莲(1964)第 264 页以及第三节"'动词重叠'是什么结构"(271—274)中的有关论述。

谈到其性质的时候又说"动词重叠"基本上应该归入"结构学"：

> 因为这重叠法中的后一个词,实在是一种"动量"词的性质,它和前边的词是一种"动""副"的关系,可以说,动词的重叠法就是由这种关系构成的一种"动副"型短语(词组)(或叫"动补"型)。因此,它们之间仍可插进一个数词"一"字(或动尾"了"字)。[85]

较多的研究者认为汉语里存在具有独立语法构造的动词重叠形式,动词重叠是词的内部曲折,是狭义的形态变化。[86] 从历时发展的角度看,现代汉语的形态是逐渐演化出来的,目前仍在发展过程之中。动词重叠也是由动词加数量结构演化而来。正像王力(1944)所说：

> 倘使只有"看一看"的说法,没有"看看"的说法,咱们也不必认为情貌,因为"看一看"的后一个"看"字该认为和单位名词同性质的首品,"看一看"和"看一下"的性质大致相同。但是,既然"一"字常常省略,甚至令人不觉得是省略,则动词复说竟成了动词的一种特别形式,自然可认为是一种情貌了。[87]

至于"动词重叠"的格式,有的研究者主张只有动词本身的重叠一种格式,重叠后的结构体是一个词。有的则主张"重叠"的动词中间嵌入某些特定的成分仍然属于"动词重叠"。可嵌入的成分有"了""一""了一""…着…着""…来…去""不"等等。根据对可嵌入成分所掌握的标准宽严不同,"动词重叠"的格式有两类说,四类说,六类说,甚至八类说(表示五个体,一个式)。[88]

---

[85] 见黎锦熙、刘世儒(1959):203 页。

[86] 参见俞敏(1954)以及《汉语的词类问题》论文集中诸多研究者的文章。

[87] 王力(1944)《中国语法理论》上册:297 页。

[88] 陆宗达、俞敏(1954)、朱德熙(1982)论述"动词重叠"的章节里只谈及动词本身重叠一种形式。李人鉴(1964)认为"只有单音节的动词 A 重叠为 AA 和双音节的动词 AB 重叠为 ABAB 是动词重叠",其他结构都不是动词重叠。

何融(1962)认为"AA"和"A 了 A"两种格式是动词重叠。王还(1963)也只讨论了这两种格式。("A"包括单音节动词和双音节动词。)

李讷等(1983)在"暂时时貌"(delimitative aspect)一节里讨论了"AA""A一A""A 了一A"三种格式,但却不正确地认为"A 了 A"在现代汉语里是不合语法的格式。第211—214 页。

范方莲(1964)讨论了四中格式:AA,A—A,A 了 A,A 了一A。

张静(1979)讨论了六种格式,除上面四种之外,认为"A 着 A 着"和"ABAB"两种格式也是动词重叠。

申小龙(1988)认为汉语动词重叠共有八种形式。除张静所举的六种之外,还讨论了"A 来 A 去"和"A 不 A"两种格式。作者认为这八种形式的动词重叠表示了五个体、一个式(暂微体、频繁体、暂微完成体、引起变化的持续体、反复体,以及提问式)。

此外,黎锦熙、刘世儒(1959)《汉语语法教材》第二编在"动词重叠法"一节里附带讨论了具有继续性语法意义的"一A—A"格式和具有持续性语法意义的"A 啊(呀)A 的"格式,见 202 页。

就动词本身的重叠(即 AA 式)表示什么样的意义而言,研究者们的看法不尽相同:

俞敏(1954)认为动词重叠是表达"一下"的意思,属于与体平行的"量"这个语法范畴。

吕叔湘(1942)认为有暂时或轻微之意,可称为"短时相",又有尝试之意,可称为"尝试相"。(232 页)

王力(1944)认为动词重叠是"短时貌",意思是把所叙述的行为看作一个单体,而不是连续不断的许多行为的合体。(296 页)

高名凯(1948)认为是"叠动体",表示动作历程的起落重复,而不是时间问题。(198 页)

黎锦熙(1955)认为动词重叠表示"一种动作方开始与继续的进行,又表快完成之趋势"。(145 页)(这是把动词重叠放在内部观察法的角度里来研究。)

苏联学者龙果夫(1952)认为动词重叠可以有两种不同的意义:动作的加强和动作的削弱。(115 页)

何融(1962)认为动词重叠有三种作用:加强动作、减弱动作、加繁动作。

王还(1963)具体论述动词重叠表示的两类"量"的意义:一类是以一次完整动作为一个单位,重叠表示多次行动,中间不能嵌"了";一类是动作的一个片断为一个单位,重叠表示一次行动,中间可以嵌"了"。

李人鉴(1964)认为动词重叠表示不定量,同时"批判"了表示短暂、动作减弱、尝试等观点。

与李文发表在同一期杂志的范方莲(1964)的文章则认为"动词重叠"表示少量的意义,既可表示定量的"一次",也可表示不定的少量。此外还有表示尝试、表示轻松婉转、表示动作反复三种意义。

以上所引文献大体上都是从动词反映动作的角度来考察动词重叠的语法性质和语法意义的。

我们的考察角度有所不同,不是从动词反映动作,而是从句子反映事件来研究动词重叠这一形态的意义。使用动词重叠作谓语的句子表示的是一个动态的事件,一个完整的事件,一个短时的事件。短时性是动词重叠的本质特性,句子既可表示过去的短时事件,也可表示未来的短时事件,句子中重叠的动词就是短时体的形态标记。这里所说的动词重叠,指的是动词本身的重叠即"AA 式"(A 指单音节或双音节动词)。"A 了 A"这一形式实际上是叠用的体形态格式,"了"是附着在动词重叠"AA"之上的,即短时体加现实体,指明句子所表达的短时事件是一个实现了的现实事件(参见 3.2.5 节)。其层级结构是:

(97)他有点不好意思地笑了笑。

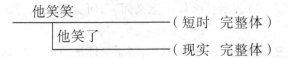

以下主要讨论"AA"格式,附带讨论"A 了 A"格式。

2.3.2 动词重叠的动态性

动词重叠的动态性质是明显的,动词重叠作谓语的句子所表示的事件都反映了某种变化,具有异质的时间结构。例如:

(98) a. 金斗老汉故意扬扬手中的旱烟袋打趣道:……

b. 我问她:"还有什么困难吗?"她摇摇头,转身走了。

句子中的"金斗扬烟袋""她摇头"都具有动态性,动词重叠以后进一步肯定了这种动态性。与现实体的"了"和经历体的"过"相比,短时体的动词重叠所受到的限制更多,它既不能像"了"那样附着在静态动词后表示进入静态事件的起始变化,也不能像"过"那样表示终结的变化,它表示的是一种短时过程的变化。能够重叠的基本上都是动作动词,静态动词和结果动词由于语义上的限制,通常都不能重叠。以下句子是不合格的:

(99) *a. 她整天就是爱爱孩子。

*b. 芹姐的身体病病就好了。

以《动词用法词典》收集的一千多个词项来分析,⁸⁹不能带"了"的动词是 68 个,不能带"过"的动词是 98 个,而不能重叠的动词竟高达 587 个!是"过"的六倍,是"了"的八倍半强,占了书中所收动词(常用动词)的 46.3%。如下表:

特征 项目	+	%	-	%	总计
了	1198	93.8	68	6.2	1266
过	1169	92.3	98	7.7	1266
重叠	679	53.7	587	46.3	1266

从表中的情况也反映出,在三个完整体的形态当中,动词重叠的动态性最强,使用动词重叠的句子所表达的事件不仅具有起始和终结的变化,其持续过程(短时的)也是变化的。试比较:

---

⁸⁹ 孟琮等(1987)《动词用法词典》"说明书"里说该书从《现代汉语词典》中选取了 1328 个动词,共 2117 条义项。书中对动词的各种用法(包括带"了""过""着"和动词重叠等)有较为详尽的说明。我们关于体形态与动词结合情况的数据,基本上是根据《动词用法词典》一书的描写进行归纳整理得出的。书中个别地方的描写不够完善,例如说动词"洗澡"可以重叠为"洗洗澡",而描写动词"散步"时却没谈重叠用法"散散步"等。在统计时我们仍按原书的描写来整理,书中实际的词条是 1266 个。

（100）a. 我打了她——我打过她——我打打她

b. 她红了脸——她红过脸——她红红脸

a 例使用了动作动词"打"，三个句子表达的事件动态性显而易见。b 例使用了静态动词(形容词)"红"，三个句子在动态性方面的强弱有所不同。"她红了脸"的动态性表现在指出进入某种静态的变化，"她红过脸"的动态性表现在指出一个历时静态事件的终结变化，"她红红脸"的动态性则贯穿了整个短时事件的全过程。

2.3.3 动词重叠的完整性

动词重叠的完整性也表现了对时间进程中的事件构成选择的观察角度是取之于外部而不是取之于内部。由于动词重叠强调了事件的短时特征，事件有一个短时持续过程就是题中应有之义。黎锦熙(1955)就认为动词重叠表示"言开始与继续的进行，又表快完成之趋势"⑨。申小龙(1983)也说动词重叠包含一定程度的"持续"意义。不过，动词重叠非但没有强调指出事件的持续意义，倒是特意强调了事件的非持续意义。试比较：

（101）a. "嗯"，金斗老汉点点头，表示赞成。

b. 金斗老汉点着头，表示赞成。

c. 为了给地补虚，公爹咬咬牙杀了家里唯一的那只老母鸡。

d. 公爹咬着牙杀了家里唯一的那只老母鸡。

a 句和 c 句使用动词重叠，表示"金斗点头""公爹咬牙"都是不能持续的事件，语言使用者从外部观察该事件的构成，指出了事件不予分解的完整性。b 句和 d 句使用形态"着"，突出了句子所表达事件的持续性质，语言使用者是从内部观察了该事件的持续段，指出了事件可以分解的非完整性质。

有几种"重叠"格式确实可以表达非完整的持续意义。如：

（102）a. 王英说着说着就睡着了。

b. 他进得庙来，对着观音拜了又拜，口中念念有词。

a 句的持续意义是由"着"表示的，b 句的持续意义是由"又"表示的。"说着说着"和"拜了又拜"都是短语，不是具有形态变化意义的动词重叠，不是短时体。

至于古汉语里的"行行重行行，与君生别离""飞飞摩苍天，来下谢少年"等，是用动词重叠来表示持续意义的，不过这种用法在演化过程中已经"自然淘汰"了，⑪现代汉语的动词重叠没有表示非完整意义的用法。

动词重叠的完整性还表现在表述未来事件的句子里，这也是动词重叠与"过""了"等完整体形态不同的地方。前面说过，"过"由于受到历时性语义特征的制

---

⑨ 见黎锦熙(1955):145 页。

⑪ 参见王力(1944)157 页的论述。在注释里，作者认为现代汉语口语里的"谢谢"是动词重叠表示持续这一用法留下的痕迹。见原书 251 页注六。

约,主要用于表述经历上的事件,很少用以表达未来事件。"了"用以表达未来事件的时候,需要有一个保证其现实性的未来参照时间,因此,句子通常都是表达事件的复合。动词重叠则没有这些限制,它可以自由地表达过去事件、现在事件和未来事件,而且还比较多地出现在表达未来事件的句子里,其完整意义依然保持。例如:

(103) a. 他决定到乡下去串一趟亲戚,见识见识。
　　　b. 碗橱里有饺子呢,我来给你们热热。
　　　c. 公爹说:"石榴过门早,亏,补补。"

以上句子里,"他(长)见识""我热饺子""石榴补身子"等,都是尚未发生的未来事件,句子使用动词重叠,表示这些事件都是不予分解的整体,并不着眼于揭示事件的内部构成。

动词重叠常用在祈使句式和条件句式里,表达的也是未来事件。例如:

(104) a. 厂长,你快去看看吧!
　　　b. 我是不行了,不能去,请大家想想办法吧!
　　　c. 中国的音乐真好,谁要是动了怒,听听你们的音乐,心情就会平静下来了。
　　　d. 把咱家的底子都扫扫,只怕也盖不起。

a 句和 b 句表送祈使语气,"你看""大家想"是语言使用者的祈望,二者都是着眼于外部观察的未来完整事件。c 句和 d 句都是条件句式,动词重叠都出现在表示条件的句子里。值得注意的是 c 句,现实体形态"了"和短时体形态动词重叠平行地出现。"谁动了怒"表述一个未来实现了的事件,"谁听听音乐"表述一个未来的短时事件,二者作为条件,"心情平静下来"是其结果。

部分动词重叠后甚至只能用在表达未来事件的句子里,不用于表达过去和现在事件,与"了"和"过"恰成对照。这一类的动词主要是双音节的如"爱护""爱惜""帮助""改革""关心""明白""明确""迁就""提倡"等。"了"与"过"对动词的音节没什么选择,动词重叠则对动词的音节有较强的选择性,可重叠的动词里单音节的较多,以《动词用法词典》所收的一千多个常用动词为例可整理出如下对照表:

动词重叠音节对照表

动词	总数	单音节	双音节	三音节
可重叠	679	432	247	/
不重叠	587	147	438	2
小计	1266	579	685	2

表中可以看出,现代汉语的单音节动词大多数可以重叠,占74.6%(432/579)。双音节动词受到较多限制,即使以常用的双音节动词来统计,也仅占36.2%(247/685)。次常用和非常用动词中,双音节的居多,而可重叠的动词更少,比例数当然也就更低。

动词重叠经常用于表达未来完整事件的另一个相关语言现象是句子中可以出现情态词(modal)和表示未来意义的助动词。例如:

(105) a. 林机厂的厂长总得熟悉熟悉林区嘛。
b. 老的知道为小的打算,小的也要暖暖老人的心。
c. 谁抬呢?紧要关头还是去求求解放军吧。
d. 我来瞧瞧是什么毛病。

"得""要""去""来"等表示了事件的未来性质,动词重叠在这类句子中的用法也可概括为"尝试性",是由短时特征引申出来的。

2.3.4 动词重叠的短时性

短时性是短时体最主要的性质。"短时"是一个抽象的观念,并不具有时间长度上的可标示性,它与可度量的具体时间并无必然联系。不能说一分钟是短时,一天就不是短时。因此,与其说短时是一个物理时间概念,不如说是一个心理时间观念更能说明语言实际。㉒ 语言使用者认为某个事件占据了一个较短的时间或将占据一个较短的时间,就用短时体的句子来表达,动词重叠标示了这种短时性。例如:

(106) a. "我就怕我们连长",严班长稍停,又摇摇头。
b. 小青年向他诉苦,他笑笑说:"你们占便宜了。"
c. 他们希望老汉动动金口,给他们批一块宅基地。
d. "下午不要去后山了,陪客人转转。"

以上头两个句子中"严班长摇头"和"他笑"是现在短时事件,后两个句子中"老汉动金口"和"你陪客人转"是未来短时事件,动词重叠形态"摇摇""笑笑""动动""转转"指明了短时性。

当动词重叠带上现实体标记"了"以后,短时的性质表现得尤为明显。例如:

(107) a. 他指了指托翁的雕像说:"他以真诚感动了你。"
b. 他望着纸盒想了想,解下一道辫绳。
c. 连长望了望草垛,看了看"疯牛",径自走出牛棚,到"班部"坐下。

以上例句中的"指了指""想了想""望了望""看了看"都指明了句子表达的是

㉒ 当然在分析时也要充分重视"短时"的物理基础。例如恒定事件"地球绕太阳运行""江河流向大海"等,一般就不能用短时体的动词重叠。"地球绕着太阳转转""江河向着大海流流"通常应该看作是不合格的句子。

短时事件。

由于短时是一个抽象的时间观念,所以使用了动词重叠的句子通常不带表示具体时量的补语。以下是不合格的句子:

(108) *a. 爹,我先看看一会儿书嘛。

*b. 表哥上前去摸摸她的额头几秒钟,好烫人!

*c. 这个问题我们考虑考虑一晚上,明天答复。

"一会儿""几秒钟""一晚上"这些作补语的词语指明了事件占据的具体时间,与短时体表达抽象意义的语义特征不相符合,因此不能与动词重叠的形式在同一个句子里共现。说动词重叠表达的是"量"的语法意义,[93]那也是不定指的抽象短时量。

如果时间词语不是作补语而是作状语的话,是能与动词重叠共现的。理由是补语和状语的性质并不相同,补语表示事件经历的时间长短,状语表示事件发生的时间范围,这个区别在带"了"的句子里可以看得较为清楚。试比较:

(109) a. 他上午打了球。

*b. 他打了上午球。

*c. 他一上午打了球。

d. 他打了一上午球。

上面的句子中,"上午"表示的是事件发生的时间范围,可以用作状语,但不用作补语;"一上午"表示的是事件经历的时间长度,可以用作补语,但不用作状语。可见,作状语的时间词语并不与动词重叠表达的抽象短时相矛盾,二者可以在句子里同现。以下是合格的句子:

(110) a. 不信?我晚上给你试验试验。

b. 张县长下个月要来看看渔民出海的盛大场面。

c. 老孙哪,你一会儿表表态,怎么干?

句子中的"晚上""下个月""一会儿"(等于"过一会儿")指的都是事件发生的时间范围而不是事件经历的具体时间,动词重叠的使用也就不受限制了。

说短时是抽象的心理时间观念还可以解释一些引起争议的语言现象。有的学者曾提出动词重叠表示少量,因此"把生米煮成熟饭,把生面蒸成馒头都不能重叠动词,而把剩饭煮煮,把凉馒头蒸蒸都可以重叠动词"。[94]有的学者则表示不同意,举的是"把条皮带煮煮吃了一天"是合格句的例子。[95]实际上,一个事件需要经历

---

[93] 俞敏(1954)曾提出动词重叠是表示"量"的语法范畴,其意义是"一下"。李人鉴(1964)说动词重叠的语法意义是表示不定量的动作持续或重复。朱德熙(1982)认为动词重叠是表示时量短或动量小(26页)。

[94] 参见王还(1963)第24—25页的有关论述。

[95] 参见李人鉴(1964)第260页的有关论述。

多长时间是一回事,观察者认为这个事件具有短时性质还是长时性质是另外一回事。语言是交际的工具,交际者的表达方式反映了交际者对事件的观察方式。比较下面两个例子:

(111) a. 他一个上午就是煮煮饭,什么也没干。
　　　b. 他煮了一个上午的饭,什么也没干。

a 句表达了一个短时的事件,他煮煮饭很容易地就把时间打发了;b 句表达的事件却没有短时的含义。两个句子所指的也许是同样的客观事件,但反映的方式和传达出来的语义内容却大相径庭。以下是动词重叠表达短时事件的另外一些例子:

(112) a. 吴婶整天就是打打毛线,看看电视,从来不串门。
　　　b. 老头子退居二线了,不大去所里,平时看看闲书,打打牌,兴致来了找人聊聊天,倒也自在。

这些句子表达的都是习惯性的事件,动作不只一次地发生,动词重叠依然具有短时性质,意思是时间过得真快,句子所含有的轻松口吻和微弱动作的意味,都是由短时性质所决定并由短时性引申出来的。不过,这种轻松和轻闲意味并不是动词重叠必然具有的特征,以下句子表达的都是没有轻松和轻闲含义的事件,但都是短时的事件。例如:

(113) a. 都是娶媳妇大汉子了,也该学学怎么过光景。
　　　b. 这位厂长慌了神,连忙问有没有现成的方案,他好拿回去应付应付。
　　　c. 我又仔细地看了看,马上倒退一大步:麻疯!

有些带有动词重叠的句子含尝试意味,这也与短时的性质有关,而且所谓尝试意味往往出现在表达未来事件的句子,尤其是祈使句式里。例如:

(114) a. 你回去办办看,办不成也没什么。
　　　b. 老何,你愿意给我参谋参谋吗?
　　　c. 好好学学吧,你有咱爹那一半只怕也好了。
　　　d. 瞅空给你妈做双鞋,买买你妈的心。

动词重叠表达短时事件,尝试的事件也可以认为是短时的,因为它所占据的时间不会太长,用在未来事件,再加上祈使句式,其尝试意味就更浓了。a 句动词重叠后的语气"看",其语法意义就是近将来的尝试标记。所以,上述句子的尝试意义是句式、未来时间、词语、以及动词重叠表示短时意义的引申共同作用的结果。由于动词重叠经常用在表示未来事件的句子里,因此,带动词重叠的句子也经常带有尝试性。不过,尝试性不是动词重叠的基本属性。在表达过去事件的句子里,即使带上动词重叠也没有尝试意味。例如:

(115) a. 他看看手表,点点头,啊,三点半了!

b. 我想帮他,他却笑笑说这是他一个人的事。
c. 组长把英文说明书看了看,翻翻词典,很快就弄清了是怎么回事。

以上句子里都用了动词重叠形态,但表达的都不是尝试事件,而是短时事件。可见,尝试性也同轻松、轻微等意义一样,是短时性在具体语句中的引申带来的,并不是动词重叠的基本语义属性。至于动词重叠的句子有时含有的委婉、恳切等意义,则是具体运用时的语言修辞色彩问题了。

简言之,现代汉语的短时体是通过动词重叠来表示的,其格式是"AA",其语义内容是表达一个短时的完整的动态事件。短时体的动态性较强,动词重叠所受到的限制也较大,多数双音节动词没有重叠形式;动词重叠强调事件的短时非持续特征,经常用于表示未来事件的句子里。短时是一个抽象观念,并不具有时间长度上的可标示性。尝试、轻松、轻微一类的意义是动词重叠短时性质在具体语句中引申得出的,并非短时体的基本语义属性。

3 非完整体

3.0 引言

非完整体是相对于完整体而言的,它观察事件构成的角度取自内部。它对所观察的事件进行分解,只选择其中的某一个部分进行观察,或者反映事件的起始,或者反映事件的持续,或者反映事件中途的继续,在语言中用特定的形态成分来标示。

现代汉语的非完整体主要有三类:
持续非完整体,简称持续体,形式是动词后加"着"。
起始非完整体,简称起始体,形式是动词后加"起来"。
继续非完整体,简称继续体,形式是动词后加"下去"。
下面分别讨论。

3.1 持续体:着

持续体是对事件构成中的持续段观察的反映,它不反映事件的起始或终结,也不反映事件的整体。如图:

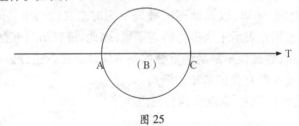

图25

图中的圆表示在时轴上占据 AC 长的一个事件,完整体是对 AC 整体进行观察的反映,非完整体是对其中某一部分观察的反映。观察 A 点得到起始体,观察 C 点得到终结体(汉语无终结体),观察 B 点得到持续体。需要说明的是,"B"点不是一个定位点,它可以在 AC 之间的任何一点取值(除 A 点和 C 点之外),所观察到的事件都在持续之中。可见,持续体指的是对事件的观察着眼于内部,因而具有非完整性和持续性,在现代汉语里用形态"着"来标示。

那么,形态"着"是否与形态"了""过"以及动词重叠那样,也具有动态的性质呢?确实的,"着"有动态性的一面,带"着"的句子表达的事件反映了变化,具有非均质的时间结构。例如:

(116) 我读着姑姑的信,眼泪滴在信纸上。

但是,汉语中的"着"又有静态性的一面,有时它表达的事件不反映变化,具有均质的时间结构,是静态事件(未必是静态动词)。例如:

(117) 一张双人床,床底下放着哑铃和拉力器。

持续体形态"着"表现出来的这种动态/静态二重性与动词的类别和句式都有关系。

非完整性、持续性、动态/静态二重性是现代汉语持续体的三项主要的语义内容。

3.1.1 "着"的非完整性

非完整性指的是句子表达事件局部构成的性质,它反映了语言使用者对已作分解的事件所进行的内部观察。持续体的非完整性表现在它是对时间进程中的事件起始后与终结前之间持续情况的观察。例如:

(118) a. 我眨巴着眼睛想了半天,然后回答:不对!
　　　 b. 他母亲仔细打量着我,看得我有些发毛。
　　　 c. 哥哥抖着一张新来的晚报对我说:真可惜。

持续体关注的仅仅是一个事件的持续部分,对事件的其他部分如起始和终结并不关心。以 b 句"他母亲打量着我"为例,事件何时开始,何时结束,情状如何,并没有纳入观察的视野,同时,事件也不是从外部所作的整体观察(参见 2.1.2 节的分析)。以 b 句的相应完整体句式"他母亲打量了我"作一比较,二者在时轴上的表现是:

假定被观察的是一个占据时间长度为 T1—T2 的事件,完整体"了"的范围是从外部观察整个事件,不对事件进行分解。"着"表达的持续体则是着眼事件内部构成的持续部分,因而认为它具有非完整性。

由于持续体的非完整的性质,它与表达事件具体时间长度的词语不相容,因为这些词语使句子表达的事件带上了完整性。以下是不合格的句子:

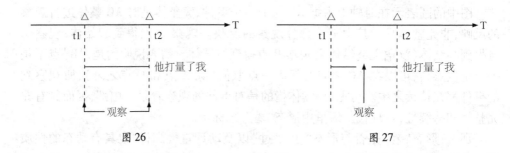

图 26　　　　　　　　　　图 27

(119) *a. 姑娘在钱箱里翻腾着一阵。
　　　*b. 他拼命地挣扎着三分钟,终于游到了岸边。
　　　*c. 这种虚荣和自尊保持着几十年。

例句中的"一阵""三分钟""几十年"指明了事件的时间区间,从而使句子表达的事件具有不能分解的整体特征,与"着"表示的非完整性相矛盾,删去时间词语,或者将"着"换成完整体形态"了",句子就是合格的了。

持续体不仅与标示具体时间的词语不相容,与标示动作计量的词语也不相容,理由是这些动作计量词语也使句子表达的事件具有完整的性质,与持续体的非完整性相矛盾,以下也是不合格的句子:

(120) *a. 我很得意地又朝空中抡着几拳。
　　　*b. "书呆子!"老黄瞟着我一眼。
　　　*c. 于是我教训着他一番,告诉他马上要考试了。

例句中的"几拳""一眼""一番"这类表示动作计量的词语在句子中不能与非完整体的"着"同现。

不仅如此,持续体的非完整性还表现在其形态"着"不与表达动作结果的词语同现,因为动作有了结果,相应的事件就带上了完整性,与"着"的非完整性质不相容。以下同样是不合格的句子:

(121) *a. 他果断地拉亮着电灯,坐了起来。
　　　*b. 我在热处理车间找到着王科长。
　　　*c. 她从军挎包里掏出着钱包。

例句中的"拉亮""找到""掏出"都表示了动作的结果,都使句子表达的事件含有完整的意味,因此都不能带"着"。动补结构的短语大都表示了动作的结果,如"读懂""看完""累垮""办好""走进""跑开""听明白""打扫干净"等,它们在句子中通常也就不与具有非完整性的"着"同现,但可以与具有完整性的"了"同现。

时间词语、动量词语、动结式词语都不与"着"同现,因为它们都会破坏"着"观察事件内部构成的非完整性,上述三类不合格的句子可作如下改造而成为合格的现代汉语句子:

（122）a. 他拼命地挣扎着,终于游到了岸边。

　　　　b. 我很得意地又朝空中抡着拳。

　　　　c. 她在军挎包里掏着钱包。

a 句删去了时间补语,b 句删去了数量词语,c 句删去了结果补语,这样一来,句子表达的就都是事件的持续段而不再是着眼于事件整体了。

3.1.2 "着"的持续性

持续性指的是事件过程的连续性。"着"指明了句子所表达的事件正处在连续不断的过程之中。例如：

（123）a. 他脑子里不停地闪动着郭辉的身影。

　　　　b. 一段叫人悲愤的故事叩击着战士们的心。

　　　　c. 我大口地呼吸着这清新的空气,真有点坚持不住了。

事件本身的可延续时间也许长短不一（比较"闪动身影"与"呼吸空气"）,但这不是"着"所关心的内容,"着"所关心的只是事件的持续过程。

瞬间动词具有非持续的语义特征,表现在时间上是一个封闭状的点,起始与终结"重合"在一起,缺乏过程,具有"单变"(simple change)的特点。⑯"着"则具有时间上的广延性。因此,从理论上说,瞬间动词与"着"在语义上是不相容的,二者不能在句子里同现。以下是不合格的句子：

（124）*a. 他离开着心爱的岗位,心里怪难受的。

　　　　*b. 李伟一直忘着这件事。

　　　　*c. 广州来的列车正到着上海站。

例句中的"离开""忘""到"都是瞬间动词,都不能与表示持续意义的形态"着"同现。不能与"着"在句子里同现的瞬间动词还有"成立""达到""跌""获得""毕业""开除""碰见""取消""死""停止""忘记""牺牲""遗失""遇到"等。

不过,在现代汉语的实际言语中,表示瞬间语义的动词与"着"同现的句子并不少见。例如：

（125）a. 王军轻轻地敲着门。

　　　　b. 吴刚在月宫里砍着桂花树呢。

　　　　c. 跳着,跳着,凤梅的脚都抬不起来了。

"敲""砍""跳"表示的都是瞬间动作,具有非持续的语义特征,这里都带上了表示持续意义的形态"着",成为现代汉语中的合格句子。同类的动词还有"点头""咳嗽""跺""踢""拍""闪""跺脚"等。为什么部分瞬间动词可以与表示持续意义的"着"同现呢？这里需要引进"数"的概念来解释。

---

⑯ 参见陈平(1988)第 412 页："这类情状的发生和结束都是一瞬间的事,在时轴上,它的起始点、终结点几乎是重叠在一起的。"

先看瞬间动词与"了"配合的情况。瞬间动词表示一个瞬间发生并结束的动作,在动作计数上应与语义单数相一致,而与语义复数相矛盾。可是有如下的合格句子:

(126) 王军敲了一下,又敲了两下,门开了。

瞬间动词语义上与时间上的一个点相对应,而与时段相矛盾,可是又有如下的合格句子:

(127) 王军足足敲了三分钟,才有人过来开门。

例 126 中的"王军敲了两下门"是一个完整事件,其中涉及两次动作(动作与事件区分开来很有必要),是动作的复数,即一个瞬间动作重复了两次。

例 127 中的"王军敲了三分钟门"表达的也是一个完整事件("了"的使用),但并不表示一次动作,因为瞬间动词"敲"的语义内容如果表示一次动作则与"三分钟"的时段不相容(试比较"王军看了三分钟书")。句子表达了一个持续了三分钟的事件,动作发生了许多次,即瞬间一次的动作重复了多次。

瞬间动词在使用上与"了"同现表示动作重复(repetition),这一点也适用于在句子中与"着"同现的情况,即瞬间动词与"着"共同表达的事件,其持续性表现为动作的重复。与现实体"了"所不同的是,瞬间动词与"着"的组合(如"敲着")并不表示动作重复的具体次数(如"敲着两次"不成立),也不表示动作重复的具体时间(如"敲着三分钟"不成立)。

瞬间动词带"着"造成的持续与非瞬间动词带"着"造成的持续,在时轴上的表现是不相同的。以"王军敲着门"为例,句子表明,"敲"这个瞬间动作在重复,由这种重复构成了一个不完整的事件过程,该过程是由多个瞬间动作点组合而成。而由非瞬间动词带"着"构成的持续过程,则不含动作重复的语义,如"王军推着门"。试比较二者在时轴上的表现:

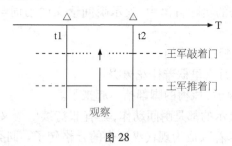

图 28

图中圆点线表示瞬间动作点重复形成的持续过程,实线表示动作本身延续形成的持续过程,T1—T2 表示对句子所表达事件的观察区间,虚线表示事件具有广延性,是非完整事件。

能够与"着"配合使用的瞬间动词表示的动作性较强较具体,具有可重复性,一般来说是瞬间动作动词,如例125中的"敲""砍""跳"等。不能与"着"配合使用的瞬间动词其动作性较弱较抽象,不可重复,一般来说是瞬间结果动词,如例124中的"离开""忘""到"等。

瞬间动词与"着"同现所表达的复数概念除了与动作复数有关之外,有时也与动作主体的复数有关。[97] 主体是单数,动作不重复,瞬间动词不与"着"同现;主体是复数,动作可重复,其重复性是由多个主体连续发出瞬间动作构成的,瞬间动词可与"着"同现表达一个持续过程,这一点与上举各例不同。例如:

(128) *a. 一颗手榴弹爆炸着。
　　　 b. 无数手榴弹爆炸着。
　　　 c. 手榴弹一颗接一颗地爆炸着。

a句中瞬间动作"爆炸"的主体"手榴弹"是单数,动作不重复,带上持续体形态"着"以后,句子不能成立。b句和c句中的主体都是复数,动作可以重复造成一种持续过程,带上持续体形态"着"以后,句子能够成立。

"着"的持续语义特征还可以通过与短时体形态动词重叠相比较而得到显现。表示短时体的动词重叠如果用于瞬间动词,由于短时语义特征的制约,动词表示的动作也可能含有重复义,这与瞬间动词带"着"在语义内容上似乎有相通之处。试比较:

(129) a. 他向大家点点头,朗声说道……
　　　 b. 他向大家点着头,(?朗声说道……)
　　　 c. 连长拍拍手,表示同意。
　　　 d. 连长拍着手,表示同意。

a句中的"点点头",动作也许不只一次;b句中的"点着头",动作肯定重复多次,二者都有动作复数的含义。不过,两类形态的语义内容并不相同。动词重叠强调的是事件的非持续特征,"他点点头"虽然可以占据一个时段,但该时段极短,语言使用者运用这个格式突出的不是事件的持续过程,而是突出事件的短暂,即该事件是非持续的短时完整事件。形态"着"则相反,它强调的正是事件的持续特征,"他点着头"虽然使用的是表示非持续的瞬间动词,但"着"的使用让瞬间动作重复而保证了事件的持续,从而也保证了事件的非完整性。"着"强调事件持续,动词重叠强调非持续;"着"表示瞬间动作重复,动词重叠不强调动作的重复。

---

[97] Comrie,B.(1976)曾举英语句子说明主语的数对瞬间动词使用上的影响。参见原书第43页的论述。两个英语句子是:

? a. (at that point) John is reaching the summit.

　b. The soldiers are already reaching the summit.

3.1.3 "着"的动态/静态二重性

动态和静态指的是事件的存在方式,动态反映变化,静态不反映变化。现代汉语持续体形态"着"有动态性的一面,带"着"的句子表达的事件可以出现力的变化和位置移动。例如:

(130) a. 我们就这么一声不吭地走着。
b. 小鸟在树上欢蹦乱跳地唱着晨歌。
c. 严班长不停地转着圈,不停地自言自语。

以上句子表达的事件"我们走(路)""小鸟唱歌""严班长转圈"都表现出非均质的(heterogeneous)时间结构,即事件进程的每一瞬间都与其他瞬间的情状不同。如"走路"在前一瞬间脚往上抬,后一瞬间则脚往下踏,力量有强弱变化,位量出现移动,动态的性质是明显的。不过,"着"的动态性受到持续语义特征的制约,它不能表现为反映事件起始或事件终结的变化,只能反映事件进程的变化。

另一方面,正是由于"着"的持续特征的影响,其动态性有时候会变得模糊起来。尤其是当"着"附着在静态动词或动作性不明显的动词之后,其所在的句子往往显现出静态的性质来。例如:

(131) a. 醒来一看,丁然红着脸,坐在床边。
b. 其实,他的话里蕴藏着极复杂的感情。
c. 我现在是这样渴望着爱,渴望着友情。
d. 广场中央,矗立着一座烈士纪念碑。
e. 大海敞开它宽阔的胸膛,在等待着我们!
f. 当然,服务部门也存在着不少问题。

以上句子反映的都是处于持续过程中的静态事件,在事件的持续过程中,观察不到事件起始的变化(即进入静态的变化),也观察不到过程的变化,当然也观察不到终结的变化,事件具有均质的(homogeneous)时间结构,事件进程的每一瞬间,都与其他瞬间的情状相同,"着"在这些句子里表现出静态的语义特征。马希文(1987)探讨"着"的语义内容时曾说:"动词后边加上'着'就转而指明状态。"[38]英国语言学家 G. Leech(1981)也曾指出:"持续是状态的一个特性。"[39]他们都强调了持续体的静态意义而否认或忽视了它的动态意义。

由上面举到的现代汉语实际语言材料中可以看出,持续体"着"具有动态/静态二重性,这种二重性与动词的语义特征有很密切的关系。具有动态语义特征的动词带上"着",句子表达的事件也就具有动态性,如"走着""唱着""转着""吠着""眨着""做着""奔跑着""抽泣着""扭动着""寻找着""催促着""解释着"等。而

---

[38] 马希文(1987):20 页。
[39] Leech,G. (1981):169 页。中译本 238 页。

具有静态语义特征的动词带上"着",句子表达的事件则具有静态性,如"红着""等着""围着""坐着""站着""隔着""爱着""存在着""有着""渴望着""充满着""容纳着""掌握着""包含着""惦记着"等。

在与"着"的配合关系上,"位置义"动词(动作结果可留存于某个位置上的动词,如穿,挂,套等)较复杂。它在语义上是静态与动态之间的过渡类,或者说是兼有动态和静态两种性质的类。在实际句子中,这类动词作谓语既可表达动态事件,也可表达静态事件。"着"的语义二重性在与这类动词配合使用时也表现得最为突出。例如:

(132) 诗人穿着时新的茄克,好不得意。

这个句子形式可以反映两种性质的事件,一种是动态事件,诗人正在施行穿茄克的动作;一种是静态事件,诗人身上穿着茄克。两个事件之间存在着联系,动态事件是静态事件的前事件(原因),静态事件是动态事件的后事件(结果)。换句话说,静态事件可以看作是动态事件的延伸,"着"在这里表现了它的二重性。据刘宁生(1985)的考察,"着"字在现代汉语里可以表示状态持续与动作进行,能带上"着"显示二者对立差异的是具有"放置"上位义的动词。⑩

在汉语的实际语句里,"着"的二重性会出现偏移,这主要是受其他语言成分的影响,首先当然是动词语义的影响,如前面谈到的动态动词与静态动词同"着"配合使用表现出来的差异。即使与位置义动词组合,"着"的语义也会出现偏移,有时候表现出较强的动态性,有时则静态性较强。例如在出现了施动者的句子里,"着"表现出较强的动态:

(133) a. 诗人站在镜子前穿着时新的茄克,洋洋自得。
　　　 b. 妈妈系着围裙走进屋说:"你嚷嚷什么?"
　　　 c. 常鸣捏着一团泥巴,说是要捏出个关公来。
　　　 d. 学生背着这样一个包袱,能考得好吗?

而当施动者不出现,尤其是在所谓"存在句"里,⑩"着"则表现出较强的静态。例如:

(134) a. 工厂大门上挂着一块"闲人免进"的牌子。
　　　 b. 小青年嘴里叼着一根万宝路(烟)。
　　　 c. 墓碑上刻着"一个生活在山林中的老妇人"。
　　　 d. 黑板上写着两个醒目的大字:奋进!

---

⑩ 参见刘宁生(1985),作者认为"着"可表示状态持续与动作进行,相应的动词也可分为表动作的 V1 与表状态的 V2,全面反映了两个动态范畴的差异,显示二者对立的是具有"放置"上位义动词。

⑩ 按照范方莲(1963)《存在句》一文的解释,带"着"的存在句由三部分组成,其格式是"处所词+动词带'着'+数量名组合"。

有些句子中虽然出现了施动者,事件仍有较强的静态性,那是因为施动者在句中并不是正在施行动作,而只是表示前动态事件的结果产生影响的位置,可以将施动者改成位置词语而句义基本不变。例如:

(135) a. 郭辉(身上)穿着一件蓝天牌运动衣。
　　　 b. 丽萍(肩上)背着一个竹篓,顺河沿走来。
　　　 c. 我(手里)拿着这封信,心里不是个滋味。

这里使用较强的动态性和较强的静态性的提法是因为位置义动词带"着"本质上是个具有语义二重性的格式,许多情况下动作的持续(动态性)与结果的持续(静态性)只有强弱的偏移,很难作断然的区分。如上面举到的例子"捏着泥巴""叼着香烟""拿着信"等,都具有二重性(有人把这种现象叫"歧义"),它们都表示了动作,同时也都表示了结果。

3.1.4　存在句中的"着"与"了"

最后再讨论一下语法研究文献中常谈到的"着"与"了"有时候可以互换的问题。

"着"是非完整体的形态标记,"了"是完整体的形态标记,二者的基本性质不同,使用上当然也有区别,它们是不能互换的。可是,在下面的句子中,"着"和"了"的区别似乎消失了:

(136) a. 墙上挂着/了一幅画。
　　　 b. 椅子上坐着/了两个人。
　　　 c. 草棚上积着/了一层雪。
　　　 d. 脸上长着/了几颗黑痣。
　　　 e. 黑板上画着/了一幅漫画。
　　　 f. 头发上插着/了好些野花。

以上是由不同类型的动词构成的存在句,"着"与"了"在这些句子中似乎可以"互换"而意义不变。如何解释这种现象?

范方莲(1963)认为,这里的"着"与"了"相当,可以互换,与动词后表示完成态的"了"不同。[102] 于根元(1983)认为,有些动词造成状态的动作很快就完成了,而造成的状态可以持续很久,说动作完成了,也就意味着状态形成了。为了写法上不重复呆板,有时候写"着",有时候写"了"。[103] 刘宁生(1984)则认为,后附"着"的是状态动词,后附"了"的是动作动词,"着"与"了"绝不相同,但二者的差别在存在句里得到了中和。[104]

---

[102] 范方莲(1963):389页。
[103] 于根元(1983):117页。
[104] 刘宁生(1984):《论"着"》,硕士论文打印稿,第55页。

以上三种解释方法不同(一着眼于"了"的分化,一着眼于修辞表现,一着眼于动词分化),解释力的强弱也有差别,不过有一点是共同的,即"着"与"了"在上述句式中可以互换而意义不变。

我们认为,"着"与"了"的差异在上述句式中并没有消失,二者互换后都是合格的句子,但并非都是"意义相同"的句子。带"了"的句子表达一个完整的动态的现实事件,其完整性表现在"了"指出了对该事件的观察着眼于外部(outside),事件不作分解;其动态性表现在"了"指出了"进入"某一静态的起始变化;其现实性表现在"了"指出了相对某个参照时间而言,句子反映了一个已然事件。而带"着"的句子则表达一个非完整的强静态的持续事件,其非完整性表现在"着"指出了对该事件的观察着眼于内部(inside),事件可以分解;其较强的静态性表现在"着"附着于位置义动词后在存在句式中不反映变化;其持续性表现在"着"指出了该事件正处于延续的过程之中。可以通过两个同义的平行变换句式显出的差异来证明"着"与"了"的不同。试比较:

(137)　　　　　A　　　　　　　　　　　　B
　　　a1. 墙上挂着一幅画。　　　　a2. 墙上挂了一幅画。
　　　b1. 墙上挂着的是一幅画。　　*b2. 墙上挂了的是一幅画。
　　　c1. 一幅画在墙上挂着。　　　*c2. 一幅画在墙上挂了。

带"着"的 A 行同义变换得到了合格的句子,带"了"的 B 行同义变换却得不到合格的句子(例 136 中六种类型的句子同义变换后的结果都相同)。这种句法的对应格式得不到语义的对应解释说明,即使在存在句里,"着"与"了"仍然保持各自在语言系统中的语义特征,互换说是不能成立的,因为互换后只能得到同样合格的句子,并不能得到具有同样的句法语义特征的句子。[10]

与此相关的是表示存在义的典型动词"有"带上不同的形态成分"了""着""过"以后便有了不同的体意义。兹各举一例:

(138) a. 巧英已经有了一个孩子,但仍然容貌出众。
　　　b. 这种文化与民族有着天然的历史联系。
　　　c. 他们在政治上有过一段曲折的经历。

以上句子不用形态成分也都是合格的句子,都表示静态的存在事件。但是,用上形态成分"了""着""过"以后,句子表达的体意义完全不同。它们之间也可以互换,不过互换后所表达的事件,语义特征相去甚远。

---

[10] 这种可"互换"的"了""着"在平行变换中语义变化不能出现相应的平行性还可以举出很多例子。例 136 各句中的动词"挂""坐""积""长""画""插"属于现代汉语存在句"了"与"着"可"互换"的六种不同类型的动词(参见李临定《现代汉语句型》第十章"存在句型"),现实体标记"了"与持续体标记"着"在这些句子中的语义特征都是有区别的。

简言之,持续体具有完整性、持续性、动态/静态二重性三项主要的语义特征。非完整性着眼于事件内部的观察,由此限制了时间词语、动量词语以及动作结果词语与"着"的同现。持续性反映了事件过程的连续特征,瞬间动词在持续体句子中的运用表达了动作重复或主体复数的语义,"着"与动词重叠强调的内容不同。动态/静态二重性是由持续性决定的,实际语句中动态和静态的强弱与动词的语义类型密切相关,位移义动词与"着"配合含有歧义,受其他成分影响出现语义偏移。"着"与"了"是不同的形态,即使在存在句里二者的语法语义特征也不相同,互换说不能成立。

3.2 起始体:起来

3.2.1 关于"起来"

汉语里表示体意义的特殊形式是逐渐地演化发展起来的,这一演化过程目前仍在继续。有些形式已经虚化为专门表示体范畴意义的语法手段如现实体标记"了"、经历体标记"过"、持续体标记"着",有的形式则发展为表达特定体意义的形态如短时体标记动词重叠,这些形式可看作是表达体意义的形态成分。[106] 还有一些形式在演化过程中虽然也发展出了表达体意义的功用,但仍较多地保留了原有的实词意义,以至于很难决定这些表达体意义的用法是原有词义的引申还是已经独立出来的语法手段。"起来""下去"就是这一类的语言形式。

在汉语的研究文献里,有的研究者并不把"起来"和"下去"放在体范畴里讨论,高名凯(1948)和李讷等(1983)讨论汉语体的有关章节里就没有"起来""下去"的内容。

较多的研究者承认"起来""下去"是表达体意义的形式,但对它们的性质有不同的看法。赵元任(1968)认为轻声的"起来"是表示"开始态"的后缀,"下去"是表示"继续态"的后缀。[107] 张秀(1957)认为"起来""下去"是"限界体"的两个动词接尾部,分别表示动作或状态的开始("开始分体")以及动作的继续进行("继续分体")。[108] 吕叔湘(1942)论述汉语白话里"发展出一些专以表示'动相'为作用的词,本身的意义更空洞,已经近于词尾",其中也列举了"起来"和"下去"。[109] 王力(1944)则认为"起来"和"下去"都是借用使成式的末品补语为情貌的记号,"因此,就语法上看来,开始貌的情貌就没有进行貌和完成貌那样纯粹。"[110]《现代汉语八百

---

[106] 也有不少学者称"了""过""着"为词缀,词尾,助词等。高名凯(1957)《语法范畴》一文认为"了""着"是虚词,但表达了动作完成和动作持续的体意义,因此提出了"准狭义"的语法范畴这个概念,以区别于形态变化表达的狭义语法范畴和词类表达的广义语法范畴。(24 页)

[107] 参见赵元任(1968):129—130 页。

[108] 参见张秀(1957):166—168 页。

[109] 参见吕叔湘(1942):228—230 页。

[110] 参见王力(1944):293—294 页。

词》也把"起来"和"下去"表示体意义的用法分析为是同形的趋向动词用法之一。⑪

我们主张把"起来"和"下去"表示体意义的用法同其他实词用法分离出来,并认为它们是独立的形态标志。不过,"起来""下去"的虚化程度较"了""过""着"为浅,还保留了一定的词汇意义。⑫

现代汉语中的"起来"有很多种用法,它可以直接作谓语动词,也可以附着在动词后表示各种意义。例如:

(139) a. "你乱讲什么?"义婷婷冲动地站起来。
　　　 b. 说起来咱们是亲戚,有什么事也不会瞒你。
　　　 c. 噢,这事情我想起来了。
　　　 d. 巧珍说着,泪水已经在眼眶里旋转起来。
　　　 e. 她望着镜中的自己,莫名其妙地高兴起来。

a 句"站起来"表示物体从下到上的空间位移,这是"起来"作为实词的最基本的语义。b 句"说起来"已经成了一个熟话,"起来"只是表示就动词所提出的某方面而言,又如"干起来你不是我的对手""这事看起来容易,做起来实难"。c 句"想起来"表示动作得出了某种结果。d 句"旋转起来"表示"旋转"这一动作的起始,e 句"高兴起来"表示"高兴"这一情况的出现,并且这些动作或情况还将持续。"起来"的这些用法或实或虚,或强或弱,都有"开始"的含义,其中 d 句和 e 句中的"起来"是比较典型的起始体用法。结合全句来考察"起来"的体意义,它所在的句子反映的是动态的起始事件。

3.2.2 "起来"表示动态

一个事件,无论是动态事件还是静态事件,其起始和终结都必然涉及变化,"起来"表示事件的起始,它的动态性质就表现在直接反映了事件起始的变化。例如:

(140) a. 她一屁股坐在床上,蒙着脸呜呜地哭起来。
　　　 b. 我冲着他粗鲁地骂起来,不知道怎么这么火。
　　　 c. 照完相后,我和丁然闲聊起来。

以上句子中的"她哭起来""我骂起来""我俩聊起来",都表示了事件的起始,都表示了动态变化,这种起始的变化没有结束,仍将延续。"起来"标示了事件的这种变化。

瞬间动词的起始与终结"重合",动作缺乏延续性,因此,瞬间动词作谓语的句

---

⑪ 参见吕叔湘主编(1980);391—392 页以及 498—501 页。
⑫ 实际上,"了""过""着"也是从后附于动词后的补语演化而来。即使在现代汉语里也保留了较弱的词汇意义。如:"你吃了这碗饭吧""这电影你看过没有""他按着胸口说话"等,马希文(1983)曾提出从动词后附的"了"中分化出一个动词"了"的弱化形式来。

子一般不能带起始体形态"起来"。以下是不合格的句子：

(141) *a. 机关枪响了,无数士兵牺牲起来。

*b. 他一看到玉泉的身影,就离开起来桌旁。

瞬间动词在句子中如果具有"重复"意义,它表示的动作可以延续,则可以带"起来",这一点与瞬间动词在持续体的表现相类似(参见 3.1.2)。例如：

(142) a. 喜庆的锣鼓敲起来了。

b. 警车顶上的红灯闪起来了。

起始体的动态性还表现在"起来"经常附着在静态动词(形容词)后面,表示开始进入该项静态。进入静态要涉及变化,所以句子表达的事件具有动态性。例如：

(143) a. 酒菜下肚,放出热量,大家开始活跃起来。

b. 我坐到自己座位上,心里忽然高兴起来。

c. 让他这么一说,我对音乐也似乎爱好起来。

在实际语言中,"形容词"带"起来"最容易显示事件的动态性。五十年代词类问题的讨论前后,有些学者还提出以"起来"做鉴定字,"形容词"带上"起来"就可看作动词。⑬ 如上面举到的例句中的"大家活跃起来""我心里高兴起来"都表示进入"活跃""高兴"的动态。再举数例：

(144) a. 他走得很慢,脚步也有点沉重起来。

b. 同学们已经开始注意到我的信多起来。

c. 我一时紧张起来,脸也发热。

d. 技术市场又热闹起来了。

"起来"除了经常用在"形容词"后面表示事件的动态之外,还可以用在形容性的成语后面表示事件的动态。例如：

(145) a. 信还没有来,我的心一下子骚动不安起来。

b. 现在,伊拉克这个小弟弟又桀骜不驯起来。

c. 爸爸高兴地喝上两盅,他现在财大气粗起来。

3.2.3 "起来"表示事件起始

起始体同持续体一样,也是从内部来观察事件构成的。持续体观察事件的持续部分(B),起始体观察事件的起始部分(A),二者都是非完整体。如图：

---

⑬ 丁声树等(1961)第 7 页:有时候形容词加上"了""起来"一类字眼,如"花红了""雨大起来了",简直和动词没有区别。……形容词这样用的时候,就可以认为是动词。原载《中国语文》1952 年第 8 期,19 页。

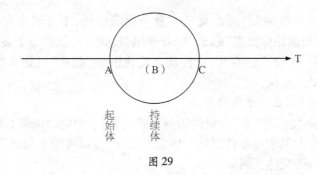

图 29

AC 表示一个事件,起始体是对 A 点进行观察,事件已经起始并将延续。持续体是对 B 段中任何一个点(除 A 点、C 点外)的观察,或者说是对 B 段的观察,揭示事件的持续性质。由于起始体仅仅是对事件起始点的观察,因此它具有时轴上的单向广延性,即只向起始点的前方延伸。而持续体则具有双向广延性,即观察点的前后都是事件的范围。所以,上图又可以分别表示为:

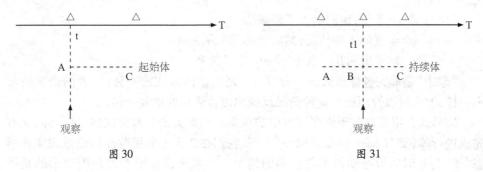

图 30　　　　　　　　　　　图 31

试比较如下例句:

(146) a. 我们海阔天空地闲扯起来。

　　　b. 我们海阔天空地闲扯着。

　　　c. 海花"扑哧"一声笑起来了。

　　　d. 海花一直这么吃吃地笑着。

a 句里,事件"我们闲扯"处在起始点,事件将朝前延伸,"起来"指明并保证了事件的起始性。B 句里,事件"我们闲扯"处在持续段,事件没有定位点,呈双向延伸情状,"着"指明并保证了事件的持续性。

与"起来"的动态性一样,"起来"的起始特征也在"形容词"作谓语的句子里得到最明显的表现。例如:

(147) a. 三天部队饭一吃,芦花的脸色红润起来了。

　　　b. 毕业临近,郭辉一时竟怅然起来。

　　　c. 三伏还没到,怎么天突然闷热起来?

这是因为,"形容词"的词汇意义本身不反映活动,不反映变化,具有静态性质,而它们一旦与起始体形态"起来"配合使用表达事件,就使句子显示了进入"形容词"反映的那一类静态的变化,这种动态变化由于"起来"的语义特征而标明了是属于起始的动态变化。

3.2.4 "起来"在句子中的变体

"起来"是由"起"与"来"合成的语言形式,当句子中的动词带上宾语以后,"起来"经常拆开使用,其表达事件起始的体意义不变,可以将带上宾语后"起来"的变化形式看作是一种变体。例如:

(148) a. 回到教室,几个同学突然对我鼓起掌来。
　　　b. 特务一走近,望风的难友就咳起嗽来。
　　　c. 老红军忘情地哼起当年反"围剿"的歌来。

3.2.5 "起来"与"了"的合用

现代汉语的实际句子中,起始体形态"起来"与现实体形态"了"有合用的情况。⑭ 例如:

(149) a. 上了船,他们就谈了起来。
　　　b. 老景问了些情况,然后突然沉默了起来。
　　　c. 院子里的几个孩子不一会吵了起来。

"起来"是非完整体形式的一种,"了"是完整体形式的一种,二者的语义特征不一样,怎么可以合用呢？这种情况反映出语言表达时的复杂情况。

体形式合用是存在于许多语言中的现象。例如英语中有完成体,进行体,又有完成进行体(如"I have been reading")。⑮ 我们在2.3.1节里曾经讨论过现实体形态"了"与短时体形态动词重叠合用的情况。一般来说体形态的合用表示的是体意义的相加。例如短时体和现实体合用(如"他笑了笑")在句子中表示的事件就既是短时的,又是现实的,叫现实短时体。我们认为这种体意义的相加是分层级组合的关系。起始体与现实体形态的合用也是体意义的分层级组合的关系,可以叫现实起始体(如:"他笑了起来")。下一节将要谈到的继续体形态"下去"也可以与现实体形态"了"合用(如"他喝了口水,又接着讲了下去"),可以叫现实继续体。现代汉语中的这三种体形式合用的层级组合关系可作如下的层次分析:

(150) a. 他笑了笑。（现实短时体）

```
┌─────────────
│他笑笑
│   ┌─────────
│   │他笑了
```

---

⑭ 由于句末"了"或者是语气词,或者是语气词与现实体形态"了"的合体。所以,讨论"起来"与"了"合用的情况,暂不涉及句末"了",只谈句中"了"与"起来"在句中同现的情况。

⑮ 参见 Quirk, R. 等(1985)188—189页的论述。

b. 他笑了起来。（现实起始体）

```
┌─────────────┐
│ 他笑起来     │
│  ┌────────┐ │
│  │ 他笑了  │ │
│  └────────┘ │
└─────────────┘
```

c. 他讲了下去。（现实继续体）

```
┌─────────────┐
│ 他讲下去     │
│  ┌────────┐ │
│  │ 他讲了  │ │
│  └────────┘ │
└─────────────┘
```

这里讨论一下现实起始体能够成立的原因。起始体反映事件的起始点，由于起始点是事件的一部分，又由于起始体蕴含事件还将延续的意义，因此把它看作是非完整体。但是，从另一个意义上来说，语言使用者也可以把事件的起始点作为一个相对完整的部分来观察，这是可能做到的，因为起始具有"点"特征，其相对完整性容易显现出来。语言使用者先观察到一个事件的起始，然后又将起始点作为一个相对完整的部分来观察（因此认为它们是分层组合），反映在语言里便是用体形态合用来表现这种复杂的观察。持续体反映的事件从观察点看起来，具有双向延伸的特征，被观察的部分不是一个可定位的点，因而事件的相对完整性无法显现，所以现代汉语中不存在持续体与现实体合用的格式。⑩ 此外，汉语中也不存在经历短时体（*"他笑过笑"）和经历起始体（*"他笑过起来"）之类的合用形式。

简言之，起始体指明事件起始并将延续，起始体形态"起来"目前还处在演化的过程之中，仍具有较明显的词汇意义。"起来"表示的事件反映一种起始的变化，动态性很强。"起来"经常与形容词配合使用。"起来"在带有宾语的句子中可以拆开使用而意义不变，拟看作是起始体的一种变体。"起来"可以与现实体形态"了"合用，分层级组合，指明事件起始部分的相对完整性。

3.3 继续体：下去

3.3.1 关于"下去"

同起始体一样，继续体也是着眼于事件内部来观察时间进程中的事件构成，属于非完整体的一种。不过，继续体形态"下去"在演化过程中出现得比"起来"更晚，根据王力（1944）的考察，成书于十八世纪的《红楼梦》一书里没有发现表示继续意义的"下去"。继续体的语义特征是指明在事件内部结构的某一点上还将继续持续，用形态成分"下去"来标示。

---

⑩ 英语里存在完成体与进行体合用的格式，也许因为英语完成体有"向终点"的语义，它与汉语现实体的异同值得深入比较研究。

"下去"的基本词义是表示由高到低的空间位移。⑩ 例如:
(151) a. 他把石头推下去了。
　　　b. 同学们一窝蜂地冲下去了。
　　　c. 张林二话没说就跳下去了。
但是,在汉语演变过程中,"下去"逐渐发展出了表示时间意义的用法。例如:
(152) a. 仗这样打下去,老本都要给拼光了。
　　　b. 天气再冷下去,屋里就得生火了。
　　　c. 这病耽搁下去,治起来就难了。
继续体形态主要指的是"下去"表示时间意义的用法。"仗这样打下去",表明"仗"已经这样打了一段时间,还将继续打。正因为"下去"指明了事件的继续,同时又蕴含着事件已持续了一段时间,观察的是事件的内部构成,因此称它为非完整体。

3.3.2 "下去"的动态性

"下去"指出了事件内部的继续延伸,因此它同"起来"一样,也具有动态的性质。不过它表示的不是事件起始的变化,而是事件中途的延续性。它与持续体"着"也不一样,"着"表达的事件可以双向延伸,"下去"反映的事件从根本上来说只能单向延伸,即向前延伸。继续体只强调事件向前延伸,并不强调继续点之前的情况,事实上,许多句子表达的事件在继续点之前出现暂时中止,有时还插入了另外一个事件。例如:
(153) a. 他停下来,清了清嗓子,又继续说下去。
　　　b. 王海走累了,扶着墙喘了几口气,又接着走下去。
　　　c. 几个哥们打了半天牌,吃了夜宵,又继续打下去。
如果把 a 句中的"他说话"作为一个事件,则事件进行到某一点的时候中断了,插入了其他事件("清嗓子"),原事件再继续(重新开始)。所以说,"下去"表现的是一种事件中途(中断或不中断后)继续的动态性,既不同于"起来"的起始变化,也不同于"着"的不中断的持续变化。

3.3.3 "下去"分解了事件

继续体反映了对一个事件的分解。这种分解表现在两个方面,其一是不中断的事件发展到某一点再继续下去,继续点的前后是相连的,语言使用者表达了对某一个整体事件的分解观察。例 152 中的句子属于此种类型。在时轴上的表现如下图所示:

---

⑩　参见邓守信(1975):192—196 页。

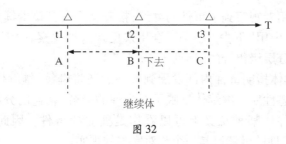

图 32

事件以 B 点为标记分解为 AB 和 BC 两段,B 点是继续点,也是事件中被观察的部位,"下去"强调事件在 B 点以后仍将继续,对 B 点之前则不予强调(图中用箭头表示区间)。

继续体对事件分解的第二个方面表现在事件发展到某一点时中断了,插入了其他事件,而后原事件又继续进行下去.继续点只与事件的后部相接,并不与前部相接。例 153 中的句子属于此种类型。在时轴上的表现如下图所示:

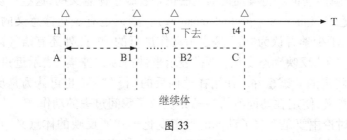

图 33

事件以 B 点为标记分解为 AB1 和 B2C 两段,但两段之间并不相连(B1 和 B2 之间发生了另外的事件)。B2 是继续点,"下去"反映的是不相连事件的延续。实际上,可以把 AB1 和 B2C 看作是两个事件,相对于 AB1 来说,B2 点的"下去"是继续,相对于 B2C 来说,B2 点的"下去"则是开始。正是在这个意义上,我们可以理解为什么黎锦熙(1955)认为动词后附形式"下去"表示了"方开始的继续"。[⑱]

3.3.4 "下去"与"了"的合用

现代汉语中继续体形态"下去"也有与现实体形态"了"合用的实例。例如:

(154) 王虎看了连长一眼,又说了下去。

由于"下去"分解了事件,分解后的事件可以认为是语义相关但彼此独立的两个事件,继续体表达分解后的后事件继续开始,因此获得了相对完整的意义;从另一个角度说,一个事件发展到某一点后再继续,这个继续点也可以看作是相对完整

---

⑱ 黎锦熙(1955):145 页。

的部分。语言使用者观察到了事件的继续,接着又观察到该继续点是一个相对完整的现实,在句子中用"下去"与"了"合用来反映这种观察。"下去"与"了"的合用在语义上也是分层级组合的(参见3.2.5节)。

简言之,继续体指明事件内部发展到某一点还将继续,继续体形态"下去"表达的事件具有动态性质。继续体反映了对事件的分解:相连的分解和不相连的分解。分解后的事件从某种意义上可以看作是独立的事件。因此"下去"可以与"了"合用,指明事件的继续已是一个相对完整的现实。

4 结语

现代汉语的体是一个复杂的系统,表达体意义的形式也多种多样。[19] 首先是动词要反映体意义,动词的情状分类(活动、完结、达成、静态)就是着眼于体意义作出的划分,瞬间动词和持续动词的提法也是着眼于体意义的,这些可认为是词汇中固有的体意义(inherent aspectual meaning)。副词也有表达体意义的功能,最典型的是"在",不少学者认为"在"是表示动作进行的。[20] 此外还有语气词与体意义也密切相关,"了"反映动态变化,"呢"表示事件持续,"来着"表示近过去的事件,"看"表示近将来的尝试事件。使用在动词后的"得""不"也可认为是反映了动作可能性的体意义,使用在动词前的"一"则反映了瞬间过去的动作。[21]

我们的讨论主要是考察了动词的形态变化形式所反映的体意义,并把它们概括为体范畴的内容。体意义是句子意义的一种,体意义在句子中是由各个成分相互制约,共同体现的。为了研究目的的需要,我们把句子的体意义看作是由体形态承担的,这是研究体意义的有效方法,但不是唯一的方法。

句子的体意义虽然不是时意义(没有时间上的指示功能[22]),但与时间概念密切相关。例如短时体对句子表达的事件在时间上的量(长短)给予了特别的强调,持续体、起始体、继续体表达的事件都具有时间上的可延续性,经历体的一个重要

---

[19] 例如吴为章(1987)就指出:现代汉语表示时态的手段不止是时态助词,"起来""下去"、动词的重叠形式,能愿动词、时间副词等等,都有表示时态的作用。第66页。

[20] 例如陈刚(1980)讨论汉语和英语表示"进行"意义的形式时指出:汉语表示进行用"在"或/和"呢"。李讷等(1983)讨论汉语表示"时貌"的形式有五个,其中之一就是"表示进行的行动"的"在",其余四种是"了""着""过""重复",见214页。马希文(1987)则认为北京话也许根本没有"进行态"这种东西,"在"有自己的意义。

[21] 参见雅洪托夫(1957):158—166页。

[22] 所谓时间上的指示功能,按照Comrie,B.(1976)的解释,指的是相对于现在时间(有时相对于其他时间)的时间定位(locate situation in time)功能。英语的体(aspect)不具备这种功能,时(tense)范畴则具有这种功能。第5页。

语义特征就是时间上的历时性质,现实体相对于参照时间而言,也有已然的意义。

句子是表述事件的,⑫体意义也反映出语言使用者对事件的观察。对事件不作分解进行外部观察得到完整体,对事件的内部构成进行观察得到非完整体。着眼于观察一个完整事件的已然特征得到现实体,着眼于观察一个完整事件的历时特征得到经历体,着眼于观察一个完整事件的短时特征得到短时体;着眼于观察一个非完整事件的内部持续⑬特征得到持续体,着眼于观察一个非完整事件内部构成的起始得到起始体,着眼于观察一个非完整事件内部构成某一点之后的继续(也可着作是事件中间的起始)得到继续体。因此说体是观察时间进程中的事件构成的方式。

从不同角度以不同方式观察得到的体意义在句子中用特定的语法形式来表达,形成了语言中的体范畴。我们主要考察了现代汉语表达体意义的两类六种形态形式,这些形式表达体意义的功能是在汉语长期的演化过程中逐渐形成的,有的虚化程度较高,如"了""着""过";有的虚化程度较低,如"起来""下去";有的是动词的变化形式,如动词重叠,除了充当句子谓语之外,还表达了特定的体意义。这些体形式仍在继续演化之中。

在现代汉语里,六种体形态的用法相当复杂,如果在时轴上作一简单化的比较可作如下说明:

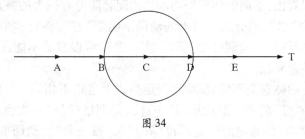

图34

图中表示一个持续时间为 BD 的事件(瞬间事件则 BD 为一个点),现实体"了"是在 D 点或 E 点观察整个事件。经历体"过"是在 E 点观察整个事件。短时体动词重叠是在 A 点、B 点、D 点或 E 点观察整个事件,并且认为 BD 只是占据一个短暂的时间(短时体常用来表达未来事件,所以常在 A 点观察整个未来事件)。而持续体"着"观察的是 C 点前后形成的持续(C 不是定位点),起始体"起来"观察

---

⑫ 张秀(1959)认为下列四种情况都可以叫做一个事件:(1)某一主体进行一个动作。如:我说话。(2)某一主体经历一个状态。如:我很高兴。(3)某一主体具有某种性质或特征。如:这朵花是红的。(4)某一主体属于某一类型。如:我是学生。可以作为参考。

⑬ "内部持续"指的是事件本身的持续,不带时间词(非完整性),如"他走着"。它不同于"外部持续",那是某一事件终结后的持续,如"他牺牲三天了"。

的是 B 点及其发展。继续体"下去"观察的是 C 点(事件中途的定位点)及其发展。由于 B 点、C 点的实现可以看作是一个相对完整的现实事件,所以"起来""下去"可以与现实体形态"了"合用。

六种体形态表达的体意义不同,表现在与动词的配合上也有差异。"起来""下去"的动态性最强,较多地与动作性强的动词配合使用,"起来"与形容词配合使用也有较强的动态性。其他四种形态里,"了"与动词配合使用受到的限制最少,"过"其次,"着"受到的限制较多。动词的重叠形态在使用上要受到很大的限制,除了要受到与短时体意义特征有关的词义限制之外,甚至还要受到动词音节上的限制。根据《动词用法调典》,可归纳出如下对照表:[25]

了、过、着、动词重叠与动词的配合能力对照表:

形态	可带数	%	不带数	%	(不带动词义项数)
了	1198	93.8	68	6.2	(168)
过	1168	92.3	98	7.7	(235)
着	915	72.3	351	27.7	(712)
重叠	679	53.7	587	46.3	

从表中可以看出,不同的体形态与动词的配合能力有很大的差别:90% 以上的动词能带"了"和"过",四分之一以上的动词不能带"着",将近一半的动词没有重叠形式。所以,笼统地说动词可带"了""过""着",可以重叠不能反映不同体形态之间这种明显的差异性。

不同体形态的体意义不同,反映在否定格式上也很不相同。"了"的否定形式是"没(有)"。[26]"过"的否定形式是"没…过",强调格式是"一次也没…过"和"从来也没…过"。"着"的否定形式是:"没(有)"和"没…着"。动词重叠的否定格式"不""没"较少见,据朱德熙(1982)的考察,只出现在反问句和"不…不…"句式里。[27]在表达单一事件的句子里和表达复合事件的句子里,否定格式有一些不同

---

[25] 孟琮等(1987)《动词用法词典》"说明书"里说该书从《现代汉语词典》中选取了 1328 个动词,共 2117 条义项。书中对动词的各种用法(包括带"了""过""着"和动词重叠等)有较为详尽的说明。我们关于体形态与动词结合情况的数据,基本上是根据《动词用法词典》一书的描写进行归纳整理得出的。书中个别地方的描写不够完善,例如动词"洗澡"可以重叠为"洗洗澡",而描写动词"散步"时却没谈重叠用法"散散步"等。在统计时我们仍按原书的描写来整理,书中实际的词条是 1266 个。

[26] 陈刚(1981)《谈"没动了宾/补"式》以老舍作品为例,举了一些"没"和"了"在句中同现的例子,说明这种格式虽然少见,也还是存在的。见《中国语文》1981 年第 1 期。
Wang, WillianS-YA(王士元,1965)将"没有"中的"有"和"了"看作是同一个语素的异干交替形式,这样"了"和"过"的否定格式就都是"没"。

[27] 参见朱德熙(1982):68 页。

的复杂表现。如何说明表达了体意义的句子与其否定意义之间的关系,如何说明表达了体意义的句子遭到否定后发生的语义变化(Leech 说"有时当一个肯定的事件受到否定时,它就成了状态"⑫),以及在汉语语言形式上的表现,有待于进一步研究。

参考文献

奥尔伍德(1973):《语言学中的逻辑》,王维贤等译,河北人民出版社,1984 年。

陈平(1988):论现代汉语时间系统的三元结构,《中国语文》,6 期。

陈刚(1980):试论"着"的用法及其与英语进行式的比较,《中国语文》,1 期。

邓守信(1975):《汉语及物性关系的语义研究》,候方等译,黑龙江大学科研处,1983 年。

——(1986):汉语动词的时间结构,《第一届国际汉语教学讨论会论文选》,北京语言学院出版社。

丁声树等(1961):《现代汉语语法讲话》,商务印书馆。

范方莲(1963):存在句,《中国语文》,1 期。

——(1964):试论所谓"动词重叠",《中国语文》,4 期。

范晓(1985):略论 V-R,《语法研究和探索(3)》,北京大学出版社。

高名凯(1948):《汉语语法论》,商务印书馆 1986 年新版。

——(1957):语法范畴,《语法论集》第二集,中华书局。

何融(1962):略论汉语动词的重叠法,《中山大学学报》,1 期。

胡裕树(1987):《现代汉语》(增订本),上海教育出版社。

胡格树、范晓(1985):试论语法研究的三个平面,《新疆师范大学学报》,2 期。

孔令达(1986):关于动态助词"过 1"和"过 2",《中国语文》,4 期。

黎锦熙(1955):《新著国语文法》(校订本),商务印书馆。

黎锦熙、刘世儒(1959):《汉语语法教材》第二篇,商务印书馆。

李临定(1986):《现代汉语句型》,商务印书馆。

李讷、汤普森(1981):《汉语语法》,黄宣范译,台湾文鹤出版有限公司,1983 年。

李人鉴(1964):关于动词重叠,《中国语文》,4 期。

利奇(1981):《语义学》,李瑞华等译,上海外语教育出版社,1987 年。

刘宁生(1985):论"着"及其相关的两个动态范畴,《语言研究》,2 期。

刘勋宁(1988):现代汉语词尾"了"的语法意义,《中国语文》1988,5 期。

---

⑫ Leech, G. (1981): Semantics。168 页。中译本 237 页。

刘月华(1983):动态助词"过2过1了1"用法比较,《语文研究》,1期。
龙果夫(1952):《现代汉语语法研究》,郑祖庆译,中华书局,1958年。
卢英顺(1989):论动词语后缀"了1",复旦大学硕士学位论文(打印稿)。
陆宗达、俞敏(1954):《现代汉语语法》上册,群众书店。
吕叔湘(1942):《中国文法要略》,商务印书馆1982年新版。
吕叔相主编(1981):《现代汉语八百词》,商务印书馆。
吕叔湘、孙德宣(1956):助词说略,《中国语文》,6期。
马庆株(1981):时量宾语和动词的类,《中国语文》,2期。
马希文(1983):关于动词"了"的弱化形式/·lou'/,《中国语言学报》第一期,商务印书馆。
——(1987):北京方言里的"着",《方言》,1期。
孟踪等(1987):《动词用法词典》,上海辞书出版社。
木村英树(1983):关于补语性词尾"着/zhe/"和"了/le/",《语文研究》,2期。
聂文龙(1989):存在和存在句的分类,《中国语文》,2期。
任铭善(1957):一般的句子和具体的句子,《语文知识》,5期。
萨丕尔(1921):《语言论》,陆卓元译,商务印书馆,1985年。
宋玉柱(1987):存在句中动词后边的"着"和"了",《天津教育学院学报》,1期。
申小龙(1983):试论汉语动词和形容词的重叠形态,《语文论丛(2)》,上海。
王还(1963):动词重叠,《中国语文》,1期。
王力(1943):《中国现代语法》,商务印书馆,1985年新版。
——(1944):《中国语法理论》,商务印书馆。
王维贤(1987):现代汉语的句法结构、语义结构和语用结构,《语文导报》,7、8期连载。
吴为章(1987):《实用语法修辞》,北京广播学院。
邢公畹(1979):现代汉语和台语里的助词"了"和"着",《民族语文》,2、3期连载。
雅洪托夫(1957):《汉语的动词范畴》,陈孔伦译,中华书局,1958年。
杨惠芬(1984):动态助词"了"的用法,《语言教学与研究》,1期。
于根元(1983):关于动词后附"着"的使用,《语法研究和探索(一)》,北京大学出版社。
俞敏(1954):汉语动词的形态,《语文学习》,4期。
张斌、胡裕树(1989):《汉语语法研究》,商务印书馆。
张静(1979):论汉语动词的重叠形式,《郑州大学学报》,3期。

张晓铃(1986):试论"过"与"了"的关系,《语言教学与研究》,1 期。
张秀(1957):汉语动词的"体"和"时制"系统,《语法论集》第一集,中华书局。
——(1959):汉语动词的"语气"系统,《语法论集》第三集,商务印书馆。
赵世开、沈家煊(1984):汉语"了"字生英语相应的说法,《语言研究》1 期。
赵元任(1968):《汉语口语语法》,吕叔湘译,商务印书馆,1979 年。
郑怀德(1980):"住了三年"和"住了三年了",《中国语文》,2 期。
朱德熙(1980):《现代汉语语法研究》,商务印书馆。
——(1982):《语法讲义》,商务印书馆。

Baron, Stephen (1970): Aspect "le" and Particle "le" in Modern Spoken Mandarin. M. A. thesis, Seton Hall University.

Carlson, L. (1981): *Aspect and Quantification*. In: Tedeschi & Zaenen (eds.) 31-64.

Chen, Gwang-tsai (1979): The Aspect Markers LE, GUO, and THE in Mandarin Chinese. *JCLTA*, 14.2:27-46.

Chen, Chung-yu (1977): *The Two Aspect Markers Hidden in Certain Locatives*.

Comrie, B. (1976): *Aspect*. Cambridge: University Press.

Dowty, D. (1979): *Word Meaning and Montague Grammar*. Dordrecht: D. Reidel.

Guenthner, F & Rohrer, C. eds. (1978): *Studies in Formal Semantlcs*. North Holland.

Hoepelman, J. (1978): The Analysis of Activity verbs ln a Montague-type Grammar. In: Guenihner & Rohrer (eds.) 121-165.

Hopper, P. eds. (1982): *Tense and Aspect Between Semantics and Pragmatics*. Amsterdam: J. Benjamins.

Leech, J. (1981): *Semantics*. Great Britain: Pelican Book. second edition.

LyonS, J. (1977): *Semantics*. Cambridge: University Press.

Mourelatos, A. (1978): Events, Processes, and States. In: *Language and Philosophy*, 2:415-434.

Palmer, F. (1974): *The English Verb*. London: Longman.

Quirk, R. et al (1985): *A Comprehensive Grammar of the English Language*. London: Longman.

Rohsenow, J. (1977): Perfect LE: Aspect and Retative Tense in Mandarin ChineSe. 汤廷池等编《中国语言学会论文集》269—291 页,台湾学生书局。

Smith, C. (1985): Notes on Aspect in Chinese. In: *Texas Linguistics Forum*, 26.

Tai, James (1984): Verbs and Times in Chinese: Vendler's Four Categories, In:

Lexical Semantics. 289-298. Chicago Linguistic Society.

Tang Tingchi(1979):*Two Usages of Chinese Aspect "Le"*. Taiwan:Student Book Co. Ltd.

Teng Shou-hsin(1973):Negation and Aspects in Chinese. *JCL*:1.1:14-37.

——(1977):A Grammar of Verb Particles in Chinese. *JCL*:5.1:1-25.

——(1979):Progressive Aspect in Chinese. *CAAAL*:11:1-12.

Vendler,Z.(1967):*Linguistics in Philosophy*. Ithaca:Cornell University Press.

Wang, Willian S-Y(1965):Two Aspect Markers in Mandrin. *Language* 41:457-470.

原刊于《中国語学研究　開篇》(第15卷),[日本]好文出版社,
1997年,1—97頁

论瞬间动词

0 引言

根据一定的语义特征概括出有限的情状类型(situation types),根据情状类型确定动词的类别,进而探讨不同类别的动词在句法上的限制及其对语义解释的影响,这种研究思路对语法分析的精密化和语法理论解释力的增强会带来积极的效果,近年来的汉语语法研究文献中循这条思路探索的时有所见。

例如邢公畹(1979)根据结束性的语义特征将汉语动词分为结束动词和非结束动词。马庆株(1981)运用层级方法分出非持续动词、非完成动词、非状态动词、状态动词四类;1988年又根据自主性特征给动词作了分类。戴浩一(1984)提出汉语有动作、静态、结果三类情状,动词相应的也有三类。邓守信(1986)认为还应加上完结情状。陈平(1988)认为汉语有状态、活动、结束、复变、单变五类情状的句子,动词反映情状较复杂,可分为十类。

本文讨论根据瞬间这个语义特征确定的动词,主要兴趣放在这类动词所受到的句法限制以及由瞬间特征所决定的语义解释方面。下面分不能带"着"的瞬间动词和可以带"着"的瞬间动词两个问题来谈。

1 不带"着"的瞬间动词

现代汉语的动词,有些能带"着"表示持续意义,如"扣留着""观看着";有些则不能带"着",如"﹡到达着""取消着"。据我们对《动词用法词典》一书的分析统计,常用动词里不能带"着"的约占四分之一。从语义上可以将不能带"着"的动词分为能愿、属性、心理、行为四类,其中以表示行为动作的居多。

表能愿的。如:能、能够、可能、可以、应该、应当、敢、敢于、肯、愿、愿意、得。

表属性的。如:姓、像、相符、是、等于、属于、总计。

表心理的。如:相信、佩服、希望、害怕、懂、喜欢、赞成、讨厌、明白、了解。

表行为的。如:到达、取消、离开、来、去、开始、毕业、听见、死、脱离、停止、结婚、成立、开幕。

能愿类动词最突出的特点是只能带述谓性宾语而不能带事物性宾语,不能带"了"。学术界有人主张单列一类"助动词"来称呼,其作用主要在于修饰而不在陈述。属性类动词用于表述事物的性质,反应事物之间的关系,也不能带"了"。以上两类动词数量很少,它们不表现任何活动意义,是典型的静态动词。心理类动词表示心理感觉和心理动作,能受"很"修饰,一般不带"了",部分心理动词带"了"表示进入(entering)某种状态,如"我相信了他"表示进入相信状态而不是终结相信状态,"相信"可以一直持续下去。可见,心理类动词也是静态动词。静态不反映活动,可以持续,与瞬间的语义特征不相容。所以,不能带"着"的能愿类动词、属性类动词、心理类动词都不是瞬间动词。

不能带"着"的行为类动词是瞬间动词。它在语义上表示动作行为的一个瞬间点,不可以持续。句法上可以带时体成分"了",表示该瞬间行为是已然终结的现实,如"我大学毕了业"意指毕业的行为瞬间即终结,毕业的行为不可以一直持续下去。可通过瞬间动词与非瞬间动词的比较来探讨动词的瞬间性质给句法结构和语义分析带来的影响。

"死"是生命的终结,"活"是生命的持续。前者在语义上有一个瞬间终结的时点,后者在语义上有一个可以持续的时段。可见,"死"是瞬间动词,"活"是非瞬间动词(持续动词)。动词这种情状意义上的差别体现在句法上,就造成了前面提到的瞬间动词不带"着"而非瞬间动词可带"着"的语言现象。试比较:

(1) *他死着。

(2) 他活着。

以下均是不合格的句子,句中动词均是瞬间动词。句子不合格的原因在于动词的情状意义"瞬间"与时体成分"着"的情状意义"持续"相矛盾。例如:

(3) *职工代表大会开始着。

(4) *前面来着一个人。

(5) *部队离开着这座城市。

(6) *夏令营到达着目的地。

改正的方法将"着"换成"了"。或者将瞬间动词换成非瞬间动词。如将例(3)的"开始"换成"进行",将例(4)的"来"换成"站"。

在与时间副词配合使用时,瞬间动词与非瞬间动词也表现出明显的差别。如"一直"是一个表示持续时间意义的副词,与瞬间的语义特征不和谐,所以,它通常

不能同瞬间动词配合使用,而经常与非瞬间动词配合。试比较:

(7) *他一直死了。

(8) 他一直活着。

以下是不合格的句子,句中使用了瞬间动词,又使用了表持续意义的"一直",相互之间在语义上不协调。例如:

(9) *原来的协定一直取消了。

(10) *玉兰和二娃一直结了婚。

(11) *工厂一直开除违法职工。

(12) *吵闹的声音一直停止了。

改正的方法可将"一直"删除,或者将"一直"换成"突然""立刻""马上"等表示瞬间意义的副词。

在与表示时量的词语配合使用时,瞬间动词与非瞬间动词在句法和语义上的差异也很明显。试比较:

(13) 他死了一百年了。

(14) 他活了一百年了。

两个句子都是合格句,但是由于动词的情状意义不同,两个句子中的动词与作补语的时间词语"一百年"的语义关系很不一样。"死"是瞬间动词,不能持续,所以,"死了一百年"中的"一百年"是动词行为终结后的时间量,而不是动词行为本身持续的时间量,动词行为只占一个时点。"活"是非瞬间动词,可以持续,所以,"活了一百年"中的"一百年"是动词行为本身持续的时间量,动词行为可占一个时段。二者在时轴上可作如下图示:

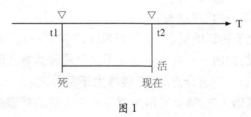

图1

图中 t1 到 t2 的时间为"一百年",例(13)的意义是到动词行为"死"发生在 t1 并且瞬间终结,离说话时间现在(t2)已经一百年。例(14)的意义是动词行为"活"发生在 t1 到 t2 的全过程,一直到说话时间现在。两个句子的差别还可通过如下解释性变换句看出来。即:

(15) 他一百年前死了。

(16) 他一百年来活着。

以下是另外一些瞬间动词与时量词语搭配使用的句子,动词表示的都是时点

意义,时量词语表示的是该时点动作之后的时段。例如:

(17) 李庄剧团成立一年多了。
(18) 他去了一会儿就回来了。
(19) 咱俩分别四十年了吧?
(20) 上海解放前不久,她去了北京。

2 可带"着"的瞬间动词

瞬间性指的是动词本身的情状意义特征,表现到句法上,一般不能带"着",不能带"一直",带时量词语时仅指动词行为终结后的时间长度。这些都是由瞬间语义特征决定的。在汉语的语言事实中,有些情状意义表示瞬间的动词可以与"着"配合使用。这似乎是一种矛盾现象。例如:

(21) 张大爷不停地咳着嗽。
(22) 王奶奶,不停地敲着门。
(23) 他一边听一边点着头。

"咳嗽""敲门""点头"都是瞬间终结的动作,不能持续,当然也就与"着"的持续特征相矛盾。不过,上述句子在现代汉语里都是合格句,除了与"着"配合外,这些动词还可与表示持续意义的副词"一直"搭配,形成的也是合格的句子。例如:

(24) 张大爷近来一直咳嗽。
(25) 王奶奶刚才一直敲门。
(26) 他一直在听,一直在点头。

这种语义特征上不协调的要素(动词表瞬间,"着""一直"表持续)组合在一起形成合格结构的情况,说明:一、要素组合并不仅仅是要素意义的简单相加,除保留要素意义外,还会增加一种组合意义,即整体大于部分之和。二、组合意义的产生必须有要素意义做基础。三、需要对两个意义互相矛盾的要素组合成一个意义上,不矛盾的结构的现象提出语义上的解释。

"咳嗽"一瞬即逝,"着"却要求持续,二者组合后没有矛盾,那么是保留了瞬间的语义还是保留了持续的语义呢?凭本族人的语感可以判定是保留了持续语义(这也说明,虚化语素"着"比具体动词具有更强的类意义,违反类意义的组合或者不能成立,如"毕着业"。或者语义上向它靠拢,如"咳着嗽")。也就是说,"咳嗽"受到"着"的影响而发生语义同化,同化的形式是带上了"着",同化的结果是瞬间动词表现为行为的复数,即其持续性是由多个瞬间行为相连组合而成的。"咳着嗽"是咳嗽连续发生了多次,"敲着门"是敲门连续进行了多次,"点着头"是点头的动作连续发生。试比较"敲着门"与"推着门"在持续性具体表现上的差异。如图：

图2

t1 到 t2 表示一个任意的时段,"敲着门"与"推着门"都可以占据整个时段而表现为持续特征。所不同的是,"敲"是瞬间动词,"推"是非瞬间动词,二者的情状意义有别。"敲着门"的持续性由瞬间动词动作多次重复而成,用圆点线表示。"推着门"的持续性由非瞬间动词动作本身持续而成,与重复性(repetition)无关,用直线表示。

可以带"着"的瞬间动词,其动作性一般比较具体,可以重复,如上举各例。以下是另外一些合格的句子：

(27)老人拍着手笑道:好！好！
(28)他翻着大学时的日记,回忆起往事。
(29)芳芳急得哭了,跺着脚喊:妈妈！
(30)柱子心情烦乱地踢着路上的石子。

这些句子反映的都是重复的动作,即动作的复数,而不可能是动作的单数。这是由动词的瞬间情状意义决定的。以下是不反映动作记数的句子,可以是单数,也可以是复数。从语义上来说,句子的动作记数在这里没有帮助解释语言结构关系的价值(value),这是由句中动词的非瞬间性状意义决定的。例如：

(31)老的握着我的手笑道:好！好！
(32)他读着大学时的日记,回忆起往事。
(33)芳芳急得哭了,抱着妈妈的脚不放。
(34)柱于心情烦乱地盯着水里的金鱼。

3 瞬间动词和表瞬间事件的句子

作为一项语义特征,瞬间性可以用来描写动词,也可以用来描写句子。前面主要是着眼于动词动作的瞬间性来分析带时体成分"着",带时量成分,带时间副词以及动作的复数意义等句法上的限制和语义上的关系。如果从句子表达事件的瞬间性着眼,那么,句子的各个组成部分对事件是否具有瞬间性都会产生或强或弱的影响。其中动词的情状意义是基础,其他成分起重要作用。例如：

(35) 小王出去了。
(36) 小王害怕了。
(37) 小王跑了。

这是三个合格的句子,在瞬间性上有差异。例(35)中使用瞬间动词,句子表达瞬间事件,意思是小王离开了说话人所在地,动作已经终结。例(36)中使用表心理感觉的静态动词,句子表达非瞬间的持续事件,意思是小王进入害怕状态,并且将持续害怕,动词动作并未终结。例(37)中使用的动词"跑"在情状意义上可以表瞬间,意思是快速离开;也可以表持续,意思是快速行走。这是两个动词,或者是一个动词的两个义项。所以,例(37)是歧义句。可见,上述三个句子的情状归属由动词的情状类别所决定。

给这三个句子添上时量成分来分析会发生什么样的语义变化。例加添上"半天"作补语:

(38) 小王出去了半天了。
(39) 小王害怕了半天了。
(40) 小王跑了半天了。

由于"半天"这个表示时段词语的出现,三个句子都带上了持续的语义内容,不过,持续的具体内容因动词的情状意义不同而有差异,例(38)中的"半天"是动词动作"出去"终结后的时间量。例(39)中的"半天"是心理动词动作"害怕"本身持续的时间量。例(40)中的"半天"有两个意思,其一表示瞬间动词"跑"(快速离开)终结后的时间量;其二表示非瞬间动词动作"跑"(快速行走)持续的时间量,可见,例(40)也是歧义句。上述三个句子情状内容的不同主要由动词的情状类别所决定,句中的第一个"了"字也可删去。

前面讨论过,瞬间动词有两类情况,一类不可以带"着",一类可以带"着"表示动作的复数。这个差异在同"一下"配合使用时也有所表现。规律是:不可带"着"的瞬间动词如果带上"一下"作补语,"一下"的意义表示短时量,而不表示动作单数;可以带"着"的瞬间动词,如果带"一下"作补语,"一下"的意义既可表示短时量,也可表示动作单数,是个歧义结构。试比较:

(41) 你出去一下。
(42) 你去敲一下门。

不能带"着"的瞬间动词一般也不能带"一下"("死一下""开始一下""离婚一下"),部分能带"一下"的动词,其含义是该动词动作终结后一会儿,例(41)中"出去一下"意指"出去一会儿"。能带"着"的瞬间动词一般也可以带"一下",理由是它们都可以计数(点一下头、眨一下眼、砍一下、踢一下),此外,它们也可以表示短时量。例(42)中"敲一下门"的语义内容表示一个单独的敲门动作,同时,它也可以表示"敲一会儿门",这是一个歧义句。

寻找词类的语义特征,揭示句子各成分间的语义制约关系,重视从语义平面上把握语言结构的规律,并作出形式化的说明,这是语法研究的一个趋势。本文从动词的瞬间语义特征出发,结合时体成分、时量成分、时间副词、句子意义等来讨论、解释了一些问题,但发现了更多的问题,有待于作进一步的探索。

参考文献

陈平(1988)论现代汉语时间系统的二元结构,《中国语文》1988,6。

戴浩一(1984)汉语的动词和时间,《词汇语义学》,美国芝加哥语言学会。

戴耀晶(1991)现代汉语表示持续体的"着"的语义分析,《语言教学与研究》1991,2。

邓守信(1986)汉语动词的时间结构,《第一节国际汉语教学讨论会论文选》,1991,2。

马庆株(1981)时量宾语和动词的类,《中国语文》1981,2。

——(1988)自主动词和非自主动词,《中国语言学报》第三期,商务印书馆。

邢公畹(1979)现代汉语和台语里的助词"了"和"着",《民族语文》1979,2/3。

原刊于《语法研究与语法应用》,北京语言学院出版社,
1994年,37—45页

情状与动词分类

提要

情状指的是事物存在的状态和方式。在语言里,可以分两级考察,一是动词表示的情状,一是句子表示的情状。汉语动词的情状分类宜逐层进行。第一层分出静态动词和动态动词,下面各分两个次类:属性关系,心理感觉;动作,结果。次类以下可再分小类。静态与动态之间的过渡类有姿势动词和位置动词。句子的情状类型则有静态、活动、完结、达成四种。

情状(situation)首先指的是语言中动词表示的状态和方式。如动词表示的是静止的状态还是活动的状态,是持续的方式还是瞬间的方式,是含有结果的意义,还是不包含结果的意义,等等。

动词的情状意义很早就引起了研究者的关注,古希腊哲学家和语言学家 Aristotle 曾注意到一个语言现象:有些动词的意义涉及某种结果,有些动词则没有这种含义。这个现象在当代语言学家中也引起了广泛兴趣,并进行了深入系统的探讨。Vendle 在 1967 年提出了著名的动词四分法,理由就是这四种动词表现了四种不同的情状。即:

1、活动(activity)
2、完结(accomplishment)
3、达成(achievement)
4、静态(state)

此后,许多语言学者从理论和具体语言材料上去论证充实这种情状分类法,或提出其他的情状分类法,出现了大量的研究报告。按照德国斯图加特大学语言学家 Hoepelman 一篇研究英语活动动词的科学报告中的看法,四种情状的动词在英语中可以这样来判定:

完结动词可带"in ten minutes"(十分钟之内)作状语,其余三类则不可带;完结动词不可带"for ten minutes"(连续十分钟)作状语,其余三类皆可带。

达成动词带上"for ten minutes"作状语含有动作重复的意义,活动动词和静态动词均无重复意义。

静态动词没有进行体形式,活动动词用进行体形式蕴含完成体形式的意义①,完结动词没有这种意义。

根据原文的叙述,可以构拟下表反映英语里四类动词的区分:

表1

类别	词例	带"in ten minutes"	带"for ten minutes"	进行式含完成义
活动	push	−	+	+
完结	close	+	−	−
达成	spot	−	+(含重复义)	
静态	know		+	无进行式

英国著名语法学家 Quirk 等在《综合英语语法》这部巨著里论述情状类型时,谈到静态、动作、过程、行为、事件等概念,用了一个术语"动词表示的现象"(verb-denoted phenomena)来称谓,可见作者是把动词与情状结合在一起来研究的,得出的分类结果英语动词有十一类之多,也就是说,动词的情状类型的十一种,分四个层级排列②。

现代汉语里根据情状特点来给动词分类,研究文献中也有所见。

邢公畹(1979)认为可以从是否含结束性来给汉语的动词分类,分出结束动词和非结束动词,其形式判别标准是:不能带"着"能带"了"的是结束性动词,能带"着"的是非结束性动词。在注释里,作者承认这个标准贯彻起来有困难,如不能带"着"也不能带"了"的动词就无法根据是否含结束意义的性质来判定,因而提出"中性的"动词的说法来解决矛盾。这样,动词可分为结束、非结束、中性三类。

马庆株(1981)根据持续的性质,首先把汉语的动词分成两个大类:非持续动词和持续动词,持续动词里根据完成的性质分出两个次类:非完成动词和完成动词;完成动词里根据状态的语义特征再进行划分,得出非状态动词和状态动词。这样,作者运用层级分类的方法分出四类动词:非持续动词、非完成动词、非状态动词、状态动词,划分时的着眼点也是动词所反映的情状。

海外学者 James Tai(1984)以 Vendler 的情状四分法为参照来考察现代汉语中

---

① 原文的判别公式是:如果"an A was V-ing a B"entails"an A had V-ed a B",则 V 是活动动词,反之是完结动词。公式中的 A、B 是普通名词 V 是及物动词,V-ing 和 V-ed 分别是 V 的进行式和完成式分词。Hoepelman 认为这个公式也可以扩展运用到不规则及物动词和不及物动词上去。类似的说法还可参阅 Comrie(1976)第 44—45 页中有关完成与非完成语义特征的论述。不过,Comrie 的着眼点在句子语义特征的判别而不在动词的情状分类。

② 关于这十一种情状类型的名称及其语义语法特点,R,Quirk 等(1985)第 200—209 页有详细的论述。

的动词,认为情状的类型与动词的分类具有一致性。不过,作者提出现代汉语只有动作、静态、结果三类情状,动词也相应的只有三类。完结类取消了,归在动作类里,理由是汉语与英语不同,汉语的"完结"动词只反映动作,并不包含完成(attainment)。举的例子是:

(1) 我昨天画了一张画,可是没画完。

邓守信(1986)不同意情状类型与动词分类相一致的观点,也不同意汉语没有完结情状的说法。他认为"语境(即情状——引者)指人际语言交往的最小的完整情况,一般可由一个单句代表"。语境虽然与动词分类有着相当程度的关系,但二者原则上是两个不同的角度,"不同的语境基本上是句子谓语的分类,而非动词本身的分类"。作者认定汉语的情状必须划分为 Vendler 所说的四种,因为该理论"可以较清楚地对汉语的态的结构作出明确的分析"。邓守信在文章中还批评了 James Tai 关于汉语没有完结情状的主张,认为例(1)是一个不合汉语语法的句子(这似乎有失偏颇。例(1)是合语法的句子,对它的语义解释和情状归属自然可以有不同的看法。)

陈平(1988)同意情状分类的对象是整个句子而不仅仅是动词的观点。不过,作者认为汉语的时间系统是时相(phase)、时制(tense)、时态(aspect)三元结构组成的,情状类型是根据句子的时相结构特点而划分出来的类,"了""过""着"等时态成分不宜纳入考虑范围之内。"句子在情状类型方面的归属,主要由句子成分的词汇意义所决定",几乎所有的句子成分都有可能在其中起着这样或那样的作用,其中动词无疑是最重要的因素。动词的词汇意义决定了句子有几种可能的情状,其他的词语成分则决定了句子实际表现了哪一种特定的情状。陈平的文章考察现代汉语时相结构的句子,划分出五种情状类型:状态、活动、结束、复变、单变,动词的种类与情状类型不相一致,存在着复杂的对应关系。根据原文的叙述,可以概括出下表:

表2

情状类型	谓语动词类型		
状态	a类	b类	△c类
活动	△c类	△d类	e类
结束	△c类	△d类	
复变	f类	g类	
单变	h类	i类	j类

表中符号"△"表示该类动词可出现在不只一种情状类型的句子之中。依照这个分法,汉语的句子可划分为五种情状类型,汉语的动词则可分出十类。

本文认为,情状的研究必须分层面(level)考察,至少应该区分动词层面的情状与句子层面的情状,二者是不相同的,相互间存在着体现(realization)与被体现的关系。

首先,情状是属于动词的。动词所反映的内容(词义)之一就是情状意义(状态和方式),因此可以直接从情状角度给动词分类。上面引述的文献中不少学者就是这样做的。这里尝试着给现代汉语动词作一个初步的情状分类,并作一些概要的说明。

现代汉语动词的情状分类简表如下:

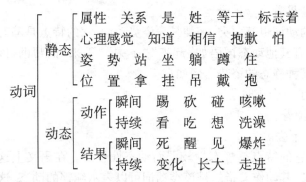

动词的情状分类宜逐层进行,第一层按是否动态分出静态动词和动态动词两大类③。静态动词的特点在于它语义上的非活动性质,语法上一般不能带"了""着"等形态标记。以下是不合格的句子:

(2) a. 村长的话等于了一剂良药。
　　b. 我心里一直佩服着这位音乐家。

部分心理感觉类静态动词如"知道""相信"等虽然可以带"了"(不带"着"),但其含义是"进入"某种静态,该静态仍在持续着。这与动作动词如"踢""看"等带"了"的含义是不相同的。动作动词带"了"表示某种活动的实现,通常该动词表示的动作不再持续,试比较:

(3) a. 我相信了他的话。("相信"还再持续)
　　b. 我看了他的小说。("看"通常不再持续)

静态动词在第二层上可分为表属性关系的和表心理感觉的两类。表属性关系的为纯静态,其中的动词基本上没有体意义的形态变化。表心理感觉的有极弱的动态,一般均不能带体形态,但其中有些动词能带"了"表示进入静态。如上例 a 句表示从其他状态进入了"相信"的静态。

---

③ 本文没有采用研究文献中常见的"状态动词"的说法,理由是"状态"不是与动态对等的概念,动态(dynamic)和静态(static)都是"状态"(state)的表现形式。

动态动词的特点在于它语义上的活动变化性质,语法上均能带"了"。在第二层上可分为表动作和表结果的两类。表动作的为纯动态,并不反映动态带来的结果。试比较:

(4) a. 我们走在大路上。("走"不反映结果)

　　b. 我们走进学校。("走进"反映结果)

表结果的动态动词通常不能带"着",原因是动词的结果文已经呈现,其动态也就不必用持续体来表达④。以下是不合格的句子:

(5) *a. 我们正在走进着学校大门。

　　*b. 小王眼睁睁地见着小李被带走。

兼有静态和动态性质的动词也有两类,一类是表姿势动词,它的特点是静态性较强而动态性较弱,如果没有其他动态词语如"起来""下去""下来"的帮助,该类动词作谓语的句子只表示某种静态的姿势。例如:

(6) a. 王虎在这儿站了一个小时了。

　　b. 老刘在被窝里躺着。

　　c. 他腿一软,蹲了下去。

第二类是表位置动词,它的特点是静态性较弱而动态性较强。在语义上这类动词既有动作义也有位置义,其动作义指的是该类动词可以表示纯粹的动态,这一点接近于动作动词。其位置义指的是该类动词表示的动作可以作用于某个位置,而且在动作结束后,动作造成的结果仍然在某个位置上持续着。试比较:

(7) a. 李辉把望远镜挂到脸子上。

　　b. 李辉脖子上挂着望远镜。

a 句表示动态,b 句表示静态,强调动词动作的结果所在的位置(脖子上)。位置动词有静态和动态两种表示法。静态表示法是"位置词 + V"(如 b 句),V 的后面通常带"着",形成所谓存在句。动态表示法是"在 + V"(如:他在戴帽子)。由于位置动词在词义上含有动态,所以,在静态表示法中有时会出现歧义,虽然这一格式有较强的静态倾向。朱德熙(1985)曾举"屋里摆着酒席""山上架着炮"为例说明该格式有事物存在和动作持续两个含义⑤。位置动词在一定的条件下能表示静态,这一点与动作动词显然不同。

第三层上动作动词和结果动词可分别按是否能持续分作两类。瞬间动作动词表示该动作不能持续,它只占据一个瞬间时点,如果带上持续体体标记"着",则表示动作重复(repeat)进行。持续动作动词带上"着"没有重复含义,因为动词表示的动作本身可以占据一个时段。试比较:

---

④ "醒着""病着"是例外,参见邓守信(1986)第 34 页"达成句的时间结构"。

⑤ 朱德熙(1985):65 页。

(8) a. 王云河踢着门。("踢"重复进行)
　　b. 王云河看着书。("看"本身持续)

瞬间结果动词表示该结果是瞬间达到的,而且结果不能持续,如"死""爆炸"。持续结果动词表示该结果是经过一个持续过程达到的⑥,结果自然也不能持续,这一点与持续动作动词不同。持续动作动词指的是动作本身可以持续,因此能带上体形态"着",持续结果动词指的不是结果本身的持续,而是指达到结果之前有一个过程,因此结果动词一般不能带体形态"着"。试比较:

(9) a. 兰生三个月就变好了。(持续结果)
　　b. 兰生津津有味地吃着面条。(持续动作)

其次,情状又是属于句子的。在动词层面上可以按情状划分类别,在句子层面上也可以按情状划分类型。句子的情状类型虽然不是与动词的情状类别一一对应,但是相互间有着十分密切的联系。汉语句子的情状可以分为静态、动态、完结、达成四种。

静态句子情状表明一种情况的存在,它不反映活动和变化。如"每个人都爱自己的家乡",这类情状的句子中使用的动词类别有属性关系动词、心理感觉动词、姿势动词以及位置动词。

活动句子情状表明一个动作的过程,它不反映动作是否有一个内在的终结点。如"每个人都在看书",看书何时终结在句子中并没有作出规定。这类情状的句子中使用的动词类别主要是动作动词和位置动词。

完结句子情状表明一个动作,同时规定该动作有一个内在的终结点。如:"每个人都唱一首歌。"唱歌的终结点是每个人一首。这类情状的句子中使用的动词类别主要是动作动词,位置动词以及姿势动词。邓守信(1986)举的完结句子情状的例子"他学会法语了"似应归在达成句子情状之中。

达成句子情状表明一种变化,该变化或者是瞬间达到的,如"小王醒了",或者是某种活动造成的结果,如"每个人都吃胖了"。这类情状的句子中使用的动词类别是结果动词。

动词的情状类别体现到句子的情状类型中有一些兼类情况,尤其是位置动词可出现在静态、活动、完结三类情状的句子中,很值得深入研究。[1]

此外,句子情状类型的确定除了要考虑动词的情状类别和句中其他成分词汇意义共同组成的时相结构之外,还必须考察句子的"时态"(体)因素。因为时态成分一方面会影响句子情状类型的归属,有时甚至起着决定作用。例如:

(10) a. 小王戴戴眼镜(摸摸镜片,觉得很新奇)。

---

⑥ 常见的持续结果动词是动补结构,如"修好""长高""拉长""拓宽""铺满""搞成"等。

b. 小王中学时戴过眼镜。
c. 小王戴着眼镜(来上课)。
d. 小王戴眼镜(小李不戴)。

a 句动词重叠,b 句动词带"过",句子表达的都是活动情状。c 句动词带"着",由于谓语动词的情状类别是位置类,在此句子中表达的是静态情状。d 句没带体形态,句子的情状类型是多义的,既可以表示活动,也可以表示静态,在实际运用中需要语境来帮助选择。

另一方面,体形态与动词的配合以及在不同情状句中的使用也会受到动词类别和句子情状类型的限制。主要表现为某一体形态能与某一类动词配合,不能与某一类动词配合,配合后的语义特点;某一体形态能用在某一情状类型的句子中,不能用在某一情状类型的句子中,等等。例如,"着"不与属性关系动词配合,不与心理感觉动词配合,一般也不与结果动词配合,不能用在达成成情状的句子中,"着"与姿势动词、位置动词配合常常表示静态意义,与瞬间动作动词配合往往含有重复义。

参考文献

陈平《论现代汉语时间系统的三元结构》,《中国语文》1988 年 6 期。

邓守信《汉语动词的时间结构》,《第一届国际汉语教学讨论会论文选》,北京语言学院出版社出版。

马庆株《时量宾语和动词的类》,《中国语文》1981 年第 2 期。

邢公畹《现代汉语和台语里的助词"了"和"着"》,《民族语文》1979 年 2—3 期。

朱德熙《现代汉语语法研究》,商务印书馆出版。

Comrie B. *Aspect*. Cambridge: Cambridge University Press.

Hoepelman, J. The Analysis of Activity Verbs in a Montague-type Grammar, In, *Studies in Formal Semantics*. PP. 121-165. Guenthner & Rohrer (eds.), North, Holland.

Quirk, R. et al *A Comprehensive Grammar of the English Language*. London: Longman.

Tai, James Verbs and Times in Chinese Vendler's Four Categories. In. *Lexical Semantics*, PP. 289-298, Chicago Linguistic Society.

Vendler, Z. *Linguistics in philosophy*. Ithaoa: Cornell Universty Press.

原刊于《动词研究》,河南大学出版社,1995 年,167—176 页

[整理者按]

戴先生所发表的、与本文同一主题的文章还有：

《情状与动词分类》，收入《语法修辞论——纪念陈望道先生诞辰一百周年论文集》，浙江教育出版社 1994 年 3 月第一版,58—65 页。

[1] 戴耀晶(1994)《情状与动词分类》中多了一组例句：

如动词"挂"：

a. 衣架上挂了一件衣服。（静态句）
b. 他在往衣架上挂衣服。（活动句）
c. 他挂了一件衣服在衣架上。（完结句）

论现代汉语现实体的三项语义特征

内容提要

关于现代汉语的现实体及其表现形式，本文着眼于语义分析，从解释的角度作了一些新的探索，并结合实际语言材料作了论证。现实体是通过构形成分"了"来表现的，具有三项主要的语义特征：动态性反映事件的变化特征，并不注重事件的动作性；完整性反映事件的整体特征，并不注重事件的完结性；现实性反映事件的已然特征，并不注重事件的真实性。

体（aspect）是观察时间进程中的事件构成的方式。[I] 现实体表达的是一个现实的完整的动态事件，现代汉语里用附着在动词后的构形成分"了"作为形式标记。它有三项主要的语义特征。

（一）动态性反映事件的变化性质，并不注重事件的动作性

动态是相对于静态而言的，[II] 现实体的动态性主要不是表现在它反映了事件构成的非均质特征或动作性上，而是在于它指明了事件构成中的某一个变化点，静态性则是不存在变化点而只有持续段的。现实体的这个性质在以静态动词作谓语的句子里可以得到说明。

"知道"是一个静态动词，因为它不反映变化，具有均质的时间结构。用"知道"作谓语的句子通常表达一个静态事件。例如：

(1) 马兰知道这件事。

但是，如果用上了现实体标记"了"，句子的静态性就会发生变化，成为动态的"了"。因为"了"指明从不知道"进入"知道的变化点。例如：

(2) a. 马兰知道了这件事。
    b. 他们知道了怎样走进中国大门。

例(1)与例(2)所表示的事件在时间轴上的差别可作如下图示：

带"了"的句子指明"知道"的起始点动态，不带"了"的句子仅仅指明事件处于静态的持续阶段。图中圆点表示动态，直线表示静态，T是时间轴，t1是时间上的一个点。

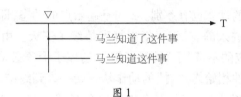

图 1

除了"知道"以外,还有一些类型的静态动词带上"了"以后充当谓语的句子都具有动态性,都指示了一个变化点。试比较:

(3) a. 王二婶相信红军会打回来。
　　 b. 王二婶相信了区长说的话。
(4) a. 哑姑脸红脖子粗。
　　 b. 哑姑唰地红了脸。
(5) a. 新来的那个小伙子姓李。
　　 b. 自打他姓了李,咱村就没的安宁了。

以上 a 类句子都是静态句,b 类都是动态句,差别在于动词后是否有一个指示变化点的"了"。形容词的主要性质是标示事物的属性和品质,用形容词作谓语的句子通常表达的是静态事件。不过,要是形容词附上了现实体标记"了",句子就会带上动态的性质,如例(4)。又如:

(6) a. 呵,屋里真干净!
　　 b. 屋里干净了两天,这不,又脏了。

明确了"了"的动态性质,对现代汉语里"有""存在"一类纯粹表示静态存在意义的动词可以用在含时间起讫点的句子中表述动态事件也就释然了。如:

(7) a. 金贵有了钱以后,腰板也直起来了。
　　 b. 这个研究会只存在了三天就解散了。

当然,由于"知道""相信""姓""红""好""胖""干净""有""存在"等词语意义上的静态性质,它们带上"了"以后表示的动态与动作、结果等类别的动词表示的动态还是有区别的。主要区别在于,静态动词带上"了"表示的是发生变化的起始点,而后则一直保持静态,不再变化,可称之为起始点的动态(ingressive dynamics);动作动词带"了"表示的变化与动作相始终,动作开始,变化也开始,动作停止,变化也停止,可称之为全程的动态(full dynamics);结果动词带"了"表示的是变化的终结点,可称之为终结点的动态(terminal dynamics)。试比较:

(8) a. 这屋子干净了三天。
　　 b. 这本书他看了三天。
　　 c. 这个人来了三天了。

三个句子表示的都是动态事件,都带了现实体标记"了",但由于谓语动词的

101

性质不同,句子表示的动态也有差别。a 句是起始点的动态,即"干净"这个变化发生在起始点上,而后进入静态,句子指出静态持续了三天。由于时间词语"三天"的出现,a 句没有相应的不带"了"的静态句(*这屋子干净三天)。b 句是全程的动态,即变化与整个事件相始终,"看"的动作从开始一直到终结,"三天"指明动态持续的时间。c 句是终结点的动态,即变化发生在终结点上,一旦"来"了,动态即告终结,"三天"指明动态终结后的时间。三类动词构成的句子所反映的动态差异可在时间轴上作如下图示:

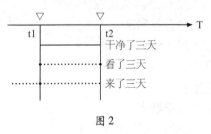

图 2

图中 t1 至 t2 的距离为三天,圆点表示变化点,直线表示静态持续,圆点线表示动态持续,虚线表示动词动作终结后的时间,t1 线左边的圆点线表示到达终点之前也许有一个动态过程,但不在句子的观察范围。

现实体"了"的动态语义特征,决定了表示静态行为的动词使用上有两种情况。一种是限制静态动词带"了"与否的语义内容,如上面所分析的,句子带上"了"表示动态事件,不带"了"通常表示静态事件,这是一部分的静态动词。另一种情况是限制静态动词的使用范围,即有一部分静态动词不允许在句子中带上"了"来表示动态,这类动词有"是""等于""属于""像""值得""企图""显得""意味着""情愿""觉得""当做""标志着""抱歉""具有""认为""以为""容纳""嫌""缺乏""佩服"等以及大部分的形容词。[III]

(二)完整性反映事件的整体性质,并不注重事件的完结性

完整性指的是句子所表达的事件的完整性质。它是从外部观察一个事件构成的结果。现实体"了"的完整性表现在:第一,事件是不可分解的。一个事件的起始、持续、终结等构成在句子中合为一体,不可分解。例如:

(9) a. 王虎昨天夜里到了上海。
　　 b. 煤气罐突然爆炸了。

"王虎到上海""煤气罐爆炸"反映的都是瞬间事件,缺少持续过程,起始与终结是重合的,"了"强调了其不可分解的整体性。

第二,事件是不必分解的。一个事件占据了一定的时间长度,在时轴的每一点上,事件的表现形式都不同,不断变化直到终结。这类事件在语义上是可以分解

的,如"小王跑步"。但是,当语言使用者赋予事件以完整体意义,换句话说,当句子中用上构形成分"了"以后,事件就成为一个不必分解的整体了。例如:

(10) a. 小王跑了步。
　　 b. 我们写了一封信。
　　 c. 那孩子做了个鬼脸。

以上句子表达的都是不必分解的整体事件。如果要对其进行分解,则要说成:

(11) a. 小王跑着步(呢)。
　　 b. 我们写着信(呢)。
　　 c. 那孩子作着(个)鬼脸(呢)。

由于"着"不再强调事件的整体性,以上句子表达的都是处于持续阶段的非完整事件,语言使用者对观察到的事件进行分解,赋予该事件的不再是整体意义了。又由于"着"的非完整性质,动词后面含有时间限界意义的词语不能出现。如:

(12) a. 小王跑着一会儿步。
　　 b. 我们写着三个小时信。
　　 c. 那孩子作着好半天鬼脸。

以上三个句子不合语法的原因在于时间词语给句子表达的事件作了限界,从而使句子带上了完整的意义,与持续体"着"的语义内容相矛盾。将以上句子中的"着"换成"了",句子就是合格的了。构形成分"着"和"了"的这种差异反映出来的正是现实体"了"对事件不作分解的整体性质。[IV]

第三,"了"强调事件构成某一部分的完整性。一个非瞬间的事件,在其中的某一个时间点上截断,并且认为,截下来的部分是一个整体,即一个完整的事件。事件构成的后面部分或者不再发生,或者仍然发生,都看作是另外一个事件。例如:

(13) a. 这本书我看了一半。(小王就抢走了)
　　 b. 他咬了一口大雪梨。(接着又咬了一口)

a 句里"我看这本书"是一个非瞬间事件,该事件构成的某个时间点("一半")被截断,出现了变化即另一个事件,于是语言使用者把该时间点之前的部分认为是一个整体的事件,用现实体"了"来表达。

b 句"他咬大雪梨"由于动词的语义特征可以表述一个瞬间事件("咬"是瞬间动词),由于宾语的语义特征也可以表述一个非瞬间事件,"大雪梨"与动词"咬"搭配使用可以表现重复动作造成的持续。在这里,语言使用者将持续的重复动作分解为几个限界的部分,每一部分通过"了"的使用表明都是独立的完整事件。即"他咬了一口大雪梨"是一个完整事件,"他又咬了一口大雪梨"是另一个独立的完整事件,反映的是两次观察。[V]

需要指出的是,事件是由句子的各个成分共同表现的,而不像有的语法论著所言是由动词表达的①。a 句"这本书我看了一半"表达了一个限界的完整事件,不能说"看"是句子表述的事件而推论说动作行为没有完成,也不能说"看这本书"是句子表述的事件而推论说动作的对象没有完成,进而得出句子表达的事件不完整的结论。理由是句子所表述的也就是语言使用者所观察的,而语言使用者所观察到的正是"我看这本书的一半",动词后附"了"指明所观察到的是一个完整的事件,就被观察的对象而言,"一半"可以是完整的,一本书当然是完整的,两本书也可以是完整的,关键在于人们对事件的观察方式。从这个意义上说,"了"是完成体的标记也是可以的,只是不宜把"完成"的语义解释为一个动作或一个对象的必然结束。

(三) 现实性反映事件的已然特征,并不注重事件的真实性

现实性指的是相对于一个参照时间来说,句子所表达的事件已经实现(realized),"了"是保证句子现实性的显性语法标记。

汉语表达时间的方式是关系时制类型,它不是把说话时间当作绝对的标准,而是表现事件的发生时间同一个指定的参照时间的先后顺序关系②。与关系时制对立的是绝对时制类型,它是以说话时间作为标准。

现实体"了"反映的现实性,是在关系时制中的现实性,不管句子所表达的事件是在过去、现在还是将来发生,只要相对于参照时间(不是说话时间)而言是实现了的③,就是现实的事件。可分三种情况:

1) 现在的现实。相对于"现在"这个参照时间(通常也就是说话时间),句子所表述的事件是已然的现实。例如:

(14) a. 程悦缓缓地仰起了脸,痛心地说……
    b. 我拿了她手里的钱,转身走了。

a 句和 b 句中带"了"的小句表示的都是与现在同时的事件。现在既是事件的参照时间,也是事件的发生时间,同时还是表述这个句子的说话时间。a 句中的第一个小句"程悦缓缓地仰起了脸"在时间轴上可作如下图示:

---

① 如杰弗里·利奇提出,大部分动词是表示事件的,事件动词具有时间限界。见 G·Leech:semantics,186 页。Great Britain:Pelican Book,Sencond edition,1981。
② 陈平《论现代汉语时间系统的三元结构》一文对关系时制有较为系统的说明,见《中国语文》1988,6,417—420 页。
③ 按照刘勋宁《现代汉语词尾"了"的语法意义》一文的解释,"实现"指的是"了"附在动词、形容词以及其他谓语形式之后,表明该词词义所指处于事实的状态下。见《中国语文》1988,5,326 页。这与本文的透视角度有所不同。

图3

图中 S 表示说话时间(Saying),R 表示参照时间(Reference),E 表示事件时间(Event)。在表达现在的现实事件的句子中,三者重合。如果表达多个现在的现实事件(例 a 和例 b 都表达了至少两个带显性标记"了"的现在现实事件),则这条"现在"重合线往前移动,出现"现在1…现在2…现在3…"等。

2)过去的现实。相对于过去某个参照时间(说话时间为现在),句子所表述的事件是已然的现实。例如:

(15) a. 半个月前,母羊下了一只羔,虎犊似的……

b. 去年春节前夕,他从集市上买了一对很大的竹筐,顶在头上打道回府。

a 句的"半个月前",b 句的"去年春节前夕",都是指示过去时间的词语,句子中表达的事件都是在过去发生的,带"了"的小句表明事件相对于过去的参照时间而言已是现实(不带"了"的小句在过去也是现实,只是缺少显性标记)。a 句表示的事件在时间轴上可作如下图示:

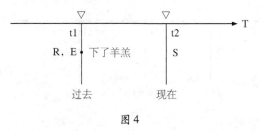

图4

可见,在过去的现实事件里,参照时间 R 与事件事件 E 可以是重合的。但也有不重合的情况,条件是 R 在后,E 在前,也属于过去的现实。例如:

(16) a. 人们呼隆一下围上,不知出了什么事。

b. 众人看他吞吞吐吐,一副狼狈样,更确信他占了别人的便宜。

a 句里"人们围上"是参照时间,与说话时间同时,"出了事"相对参照时间而言是一个已然实现的事件。图示如下:[VI]

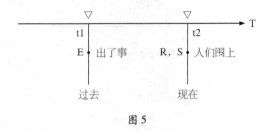

图 5

在叙述过去或到现在为止的事件时(现在可以认为是过去的终点),句子原则上都可以使用"了",因为这些事件都具有现实性。如果构形成分"了"只能用在过去或到现在为止的事件中,那么不妨称之为"过去时"的标记。问题在于,现代汉语的语言事实中,"了"还可以用在表示未来事件的句子里。当然,即便是表述未来事件,相对于参照时间而言,"了"仍然指示了事件的已然性质,仍然具有现实性。

3) 未来的现实。所谓未来的现实,指的是从说话时间看去是未来的事件,但相对于某个用作参照的时间而言,则是一个已然的现实,这也是把汉语中的"了"看作体标记而不看作时标记的主要依据之一。例如:

(17) a. 我明天下了班去看电影。
　　　b. 哪天他当了作家,还不定怎么样呢。

a 句里"明天"标明了未来时间,将发生两个事件:"我下班"和"我看电影"。以后者为参照时间,则"我下班"带"了"是一个现实事件,这个现实是未来时间里的现实。a 句在事轴上的表现如图所示:

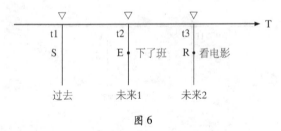

图 6

在现代汉语里,表述两个未来事件的句子中,带"了"的时间 E 在前,参照时间的事件 R 在后,上面的 a 句如果说成"我明天看了电影下班",则"看了电影"是未来 1 发生的现实事件 E,"下班"就成了表示未来 2 的参照时间 R。可见,构形成分"了"保证了事件的现实性。

与现在的现实和过去的现实所不同的是,"了"在表示未来的现实的时候,只能用于时间在前的事件,既不能用于时间在后的事件,也不能同时用于两个事件。如上面的 a 句不能说成"我明天下班看了电影",也不能说成"我明天下了班看了电影"。

由于"了"的现实性质,它在未来事件的使用中受到很多限制,主要地是用于前后连续发生的两个事件的前一个事件里(如例17),有时也用于条件结果关系的条件分句里。例如:

(18) a. 你读了大学,就不会要我了。

　　　b. 等你长大了,当了宇航员,登上了月球,你就会知道什么是宇宙了。

两个句子表述的都是拟想中的未来事件,由条件事件的现实性(带"了"标记)推演出结果事件。在寓有"等同于"意义联系的某些条件关系句里,现实体标记"了"还可以出现在结果分句之中。例如:

(19) a. 你养好了身体,就(等于)有了工作的本钱。

　　　b. 离开了山寨,你就(等于)失去了保护。

在表达未来单一事件的句子里,通常不用能"了",理由是事件的现实性因缺乏参照时间而得不到保证。如"我明年发表了一部小说""小王哪天当上了飞行员",句子所表达的事件均发生在未来,由于没有一个时间在后的词语或小句作为参照,"我发表小说""小王当飞行员"的现实性失去了着落。句中的"明年""哪天"都是未来事件的发生时间。如果这类时间词语表达的是后于事件的参照时间,则表达未来单一事件的句子中也是可以用"了"的。例如:

(20) a. 明天,我肯定已经离开了上海。

　　　b. 下个月一号,李平就成了一名大学生了。

b 句中的"明天"是指"我离开上海"这一事件的参照时间,而不是事件的发生时间(句子表达的事件可能在"明天"发生,但也可能在今天夜里发生),其真实语义是"明天以前""明天你来的时候"等,时间是在"明天"的过去(含过去的终结点"明天")发生的,因而可以带"了"。b 句中的"下个月一号"也是参照时间,"李平成为大学生"在参照时间一到即成为现实。两个句子在时间轴上的表现如图所示:

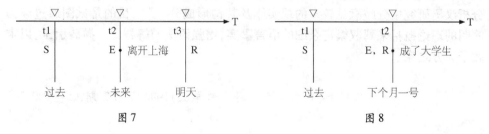

图7　　　　　　　　　　　　图8

事件现实性的参照时间与事件的发生时间是不同性质的概念,虽然在具体的句子中,二者的所指(referent)有时是同一的,如 b 句中的"下个月一号"。事件的发生时间是对句子所表达事件的时间描述,而事件的参照时间则是对事件性质(如

现实性等)的时间界定。在时间词语表示的是时点而不是时段的情况下,二者的区别可以看得更为清楚。例如:

(21) 明天上午八点,我肯定已经离开了上海。

虽然这是一个表达未来单一事件的句子,但仍然可以合语法地使用"了",理由就在于"明天上午八点"不是对"我离开上海"这一事件的时间描述,而是对它具有现实性质的时间界定。

从以上的讨论可以看出,现实性与时间有很密的切关系,凡是在过去时间到现在为止发生的事件都具有现实性,都可以用"了"(当然不是必须用),参照时间可以认为是说话时间。凡是在未来时间"发生"的事件都不具有现实性,都不可以带"了",这一点在单一事件中尤为严格。变通的情况有两种,一是句中包含两个或两个以上未来时间,其中一个是参照时间 R,其余是事件时间 E,E 必须先于或同于 R(即:$E \leq R$),事件的现实性才有保证。第二种变通的情况是"了"用在未来假设条件关系的句子里(例 18 和例 19)表示一种"虚拟的现实"。

正象动态性不等于动作性,完整性不等于完结性,"了"的现实性也不等于真实性,除了在未来事件的表述中存在虚构的现实和虚拟的现实之外,"了"还可以表示一种"虚假的现实",例如:

(22) a. 母鸭生了一个天鹅蛋,大家都很惊奇。
   b. 喜姐儿打了月亮一记响亮的耳光。

以上句子表达的是虚假的事件,不管在过去、现在、未来都不具有真实性。但是,从语言分析的角度看,这两个句子都是合格的,都表述了现实事件。这些句子也许是不可接受的,其原因在于它们的非真实性[④],而不在于它们的非现实性。[Ⅶ]

汉语的体范畴及其形式表现,是汉语语法研究中最为复杂、最需要理论思考的问题之一。本文从句子表达事件(而非动词表达动作)这样一个命意,运用语义分析(而非分布分析)这样一种方法,提炼出动态性、完整性、现实性三项语义特征来分析汉语研究中分歧意见较多的现实体及其构形成分"了",目的是试图通过较为简明的理论概括来驾驭繁富杂细的语言事实,增强语法的解释力。抛砖引玉,以求教于大方之家。[Ⅷ]

原刊于《复旦学报》(社会科学版)1994 年第 2 期,95—100 页[⑤]

[④] 句子的真实性问题对语言运用会产生什么样的影响,一般从哲学和逻辑学角度研究的较多,语言学研究中较少涉及。

[⑤] 原文还有尾注 5:"参见徐烈炯《语义学》下篇,语文出版社,1990 年。"但文中未见。疑为排版错误。

[整理者按]

戴先生所发表的、与本文同一主题的文章还有：

1、《动词后"了"的语义分析》，收入《动词研究》，河南大学出版社，1995年，41—64页。

2、《现代汉语时体标记"了"的语义分析》，《中国文学》（韩国）第35辑2001年5月，403—420页。

^I 在戴耀晶(2001)《现代汉语时体标记"了"的语义分析》中，在文章开头介绍了汉语的时体系统，其中与本主题有关的还有一段内容，兹录如下：

时体(aspect)意义是语言时间意义的一种，此外还有时相(phrase)意义，时制(tense)意义等。陈平(1988)把这三种意义称为时间系统的三元结构。

时相指的是动词词义所表现的时间意义。例如词语"结婚"在时间方面的意义具有"瞬间"特征，而"吵架"则具有"持续"的语义特征，由此造成了二者在句法上有不同的表现。试比较：

(1) A. *刘建平、马海燕结了三年婚。

　　B. 刘建平、马海燕吵了三年架。

例A不成立，理由是"结婚"作为瞬间动词，与"三年"在语义上矛盾，因此在句法上受到限制。（可说成"结婚三年了"）同类的动词还有"毕业""出门""回家"等。例B成立，理由在于"吵架"是持续动词，与"三年"在语义上不矛盾。同类的动词还有"读书""看门""下棋"等。

时制（也叫时，时态）指的是可根据说话时间定位的时间意义。如英语、韩国语中的过去时、现在时等。现代汉语里是否有时制范畴学术界有不同意见。目前多数学者主张现代汉语里没有系统的时制标记，但有一些学者认为下列虚语素形式含有时制意义。例如：

(2) A. 昨天谁买的电影票？——林如莺买的电影票。（的：过去时）

　　B. 王科长说什么来着？——他说下午要开会。（来着：近过去时）

　　C. 你们说说看，这件事该怎么办？（看：将来时）

时体（也叫体，动相，情貌，时态）指的是事件情状(situation)的时间意义。朱德熙(1982)认为，现代汉语中的"了""着""过"是表示时体意义的语言成分，不是表示时制意义的语言成分。重要的理据之一就是"了"可以用在表示过去、现在、未来三种时间意义的句子中，不能根据说话时间来定位。例如"杨彩蝶下了课"这个事件可以出现在下面三个句子中。即：

(3) A. 杨彩蝶昨天下了课去玩电脑游戏。（了：过去）

　　B. 杨彩蝶现在下了课去玩电脑游戏。（了：现在）

　　C. 杨彩蝶明天下了课去玩电脑游戏。（了：将来）

以说话时间为参照,上面三个句子的时间意义分别是过去、现在、将来,"了"字都可以出现,这说明,汉语中的"了"在时间语义上表现出来不是时制的特点,而是时体的特点。

在戴耀晶(1995)《动词后"了"的语义分析》中还有一段内容,兹录如下:

事件在语言中用句子来表述,句子的各个成分对体意义都有影响⑥,其中影响最大的是动词。

根据对事件观察的方式不同,得到的体意义也不同。一个事件的构成有起始、持续、终结等,如果着眼于外部进行观察,该事件构成可不予分解,由此得到完整体意义。如果着眼于内部进行观察,则该事件构成可予以分解,或者观察其起始,或者观察其持续,或者观察其终结,由此得到非完整体意义。可见,完整体揭示的是事件的整体性质(entirety),非完整性揭示的是事件的局部性质(section)。如图:

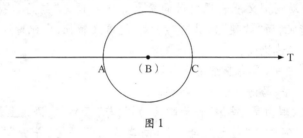

图1

图中的圆表示在时轴上占据 AC 长的一个事件,完整体是对 AC 整体的观察,非完整体是对其中一个部分的观察:观察 A 得到起始体,观察 C 得到终结体,观察 B 得到持续体(括号表示 B 不是可定位的点)。

体作为一个语法范畴,必须有特定的语言形式来标示其特定的意义内容。在现代汉语里,动词后的"了"是标示完整体意义的,动词后的"着"是标示非完整体意义的。比较"了""着"的用法可以看出二者在体意义上的差异。例如:

① { a、小王踢了门。(一下,两下,一会儿)
    b、小王踢着门。(*一下,*两下,*一会儿)

---

⑥ 例如宾语和补语就会影响句子的体意义。试比较:
(1) a. 他喝(了/着)水。
    b. 他喝(了/*着)一口水。
(2) a. 他跳(了/着)舞。
    b. 他(了/*着)一会儿跳舞。
a 类句子表达的事件在时间上的终止点没作限定,b 类句子有一个内在的终止点("一口"和"一会儿"的运用)。两类句子都可以带"了",但对带"着"则有差异;a 类能带,b 类不能带这种差异显然不是动词造成的,而是宾语或补语的类型造成的。

a 句使用"了",表明"小王踢门"是一个不予分解的整体事件,因此句中可以出现"一下""两下""一会儿"等指明完整性具体内容的词语。b 句使用"着",表明"小王踢门"这个事件在语言使用者的观察中从内部进行了分解,是非完整的,句子反映的是该事件的持续部分,因此,"一下""两下""一会儿"等词语不能在句子中出现。即:

② { a、小王踢了一下门。
　　b、*小王踢着一下门。

从语用的角度看,完整体具有较强的表述(declarative)倾向,非完整体则具有较强的描述(descriptive)倾向。前者重在陈说一个事件,后者重在刻画事件的某一部分。

根据语言形式及其所表达的意义内容上的不同,现代汉语的完整体主要的可分为三类:

(1) 现实完整体。表达现实的完整事件,形式是动词后附"了"。
(2) 经历完整体。表达经验历程上的完整事件,形式是动词后附"过"。
(3) 短时完整体。表达短时的完整事件,形式是动词重叠。短时体着意强调了事件的时量因素。

现代汉语的非完整体主要的也可分为三类:

(1) 持续非完整体。指明事件在持续之中,形式是动词后的"着"。
(2) 起始非完整体。指明事件起始并将持续,形式是动词后附"起来"。
(3) 继续非完整体。指明事件到达某中间点后还将继续持续,形式是动词后附"下去"。

Ⅱ 在戴耀晶(1995)《动词后"了"的语义分析》、(2001)《现代汉语时体标记"了"的语义分析》中还有一段内容,兹录如下:

动态是相对于静态而言的,二者的基本区别在于动态反映变化,动态的句子表达的是变动事件,静态不反映变化,静态的句子表达的是恒定事件。例如:

③ { a、小王拍着手。(笑着)
　　b、小王盘着腿。(坐着)

a 句是一个动态事件,事件中包含的动作"拍手"在持续的过程之中,该过程出现了力的变化和位置移动,"拍手"的力量在不断地变化,"手"的位置在不断地移动。在事件的时间进程中,任意取一点,都与别的点结构不同,前一个点手掌下击,后一个点手掌上抬。即,动态事件具有异质性(heterogeneily)。b 句是一个静态事件,事件中包含的动作"盘腿",虽然也在持续的过程之中,但该过程并没有出现力的变化和位置移动。在事件的时间进程中任意取一点,都与别的点结构相同。即,静态事件具有均质性(homogeneity)。

Ⅲ 在戴耀晶(1995)《动词后"了"的语义分析》、(2001)《现代汉语时体标记"了"的语义分析》中还有一段内容,兹录如下:
以下是这类静态动词带"了"而造成的不合格的句子。例如:
(17) A. ＊陈南苹认为了这件事情很好。
　　　B. ＊西边的庄园属于了老二。
现代汉语中的姿势动词(如:站、坐、躺、蹲)和位置动词(如:穿、拿、挂、抱)在语义上有静态的一面,也有动态的一面。这两类动词在句子中如果带上"了",表达的也都是动态事件。例如:
(18) A. 孙晓荷在火车站门前坐了三个小时。
　　　B. 朴导演穿了一件时髦的风衣。
例 A 中的动词"坐"表示某种姿势,一旦进入该姿势,则基本上无变化,语义上接近于静态动词。带上"了"以后,指明变化的起始点,句子表示的是一个具有起始点动态的事件。例 B 中的动词"穿"表示某种动作的结果,即某物附着于某个位置,语义上接近于结果动词。带上"了"以后,指明变化的终结点,句子表示的是一个具有终结点动态的事件。

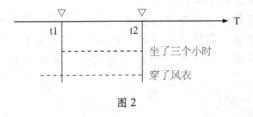

图 2

Ⅳ 在戴耀晶(1995)《动词后"了"的语义分析》中还有一段内容,兹录如下:
不过,带"着"的句子中出现空间限界意义的词语则是允许的,如例⑮c 句中的"个"。以下也是合语法的句子:
⑰ { a、我们看着这两幅风景画。
　　 b、?我们看着一部三个小时(长)的电影。
理由是,空间限界是针对事件或对象而言,时间限界则是针对事件或动作而言。"了"的完整性与"着"的非完整性都是对事件说的,对象的数目和结构是否受限是另一个语义范畴空间问题。上例的 b 句打上疑问标记不是说它的合语法性(grammaticality)受到怀疑,而是说它的可接受性(acceptability)引人生疑。因为"(看)电影"的语义具有引发时间联系的倾向("(看)风景画"则具有引发空间联系的倾向),定语"三个小时(长)"更加强了这一语义倾向;所以,表示非完整事件意义的形态"着"的运用引人生疑。事实上,在 b 句中,"三个小时"是对"电影"这一对象的空间限界而不是对"看"这一行为的时间界限,句子是合格的。试比较如下几个句子,可进一步观察到限定词的空间对象意义与时间事件意义对体形态"了""着"使用上合语法性的影响。例如:

⑱ { a、操场上同时进行着两场比赛。
b、操场上同时进行了两场比赛。
c、*操场上先后进行着两场比赛。
d、操场上先后进行了两场比赛。

a 句和 b 句里"同时"的出现,表明限定词语"两场"既是对"比赛"的时间限界(时间内容相同或相似于"一场"),也是对"比赛"的空间限界。c 句和 d 句里"先后"的出现,指出了"两场"为"比赛"的时间限界的内容。"了"是着眼于事件整体的外部观察,对限界内的对象书目及其在时间进程中的排列方式("同时"或"先后")不作分析,所以,b 句和 d 句都是合格的。二者在时间轴上的表现如图 3、图 4 所示:

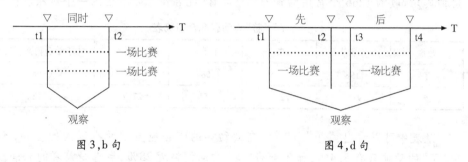

图 3,b 句　　　　　　　　图 4,d 句

"着"是着眼于事件持续阶段的内部观察,它赋予句子以非完整的语义,所表达的事件没有时间限界,句子中因而不允许出现时间补语。句中宾语如果受到数量方面的修饰限定,那就是对对象在空间范围上的限定而非对事件的时间限定(如例⑰)。如果宾语所指对象蕴含着时间范围方面的意义(如"电影""比赛"等),则要求对象的数目或者为单数(如"操场上正进行着一场比赛"),或者为多数的同时排列方式(a 句),而不允许多数的异时排列方式,因此 c 句是一个不合格的句子。a 句和 c 句在时间轴上的表现如图 5、图 6 所示:

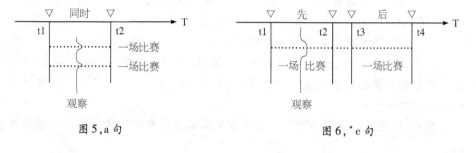

图 5,a 句　　　　　　　　图 6,*c 句

从时轴图上可以看出,a句合语法在于"着"可以"同时"观察到两场比赛的内部持续,c句不合语法在于"着"只能或"先"或"后"观察到一场比赛的内部持续,另一场比赛的内部情况由于t2与t3的时间距离而无法反映。所以,当词语"同时""先后"均不出现的时候,即:

⑲ { a、操场上进行着两场比赛。
b、操场上进行了两场比赛。

a句只能表述图5的语义,不能表达图6的语义(不合语法);b句则既能表达图3的语义,也能表达图4的语义,是一个歧义格式。"了"和"着"的这种语义差别反映了形态"了"对事件不必作分解的整体性质,表现到与动词的配合关系方面,完整性的"了"受到的限制较少,绝大部分动词均可同"了"配合使用;非完整性的"着"受到的限制较多,四分之一以上的动词不能带"着"。下面是根据《动词用法词典》所收的1266个常用动词与"了""着"配合情况归纳出的一个对照表:

"了""着"与动调配合情况表

形态	可带数	%	不带数	%	(不带动词义项数)
了	1198	94.8	68	5.4	(168)
着	915	72.3	351	27.7	(712)

从表中可以看出,"了"与"着"在同动词的配合能力方面有很大的差异,不能带"了"的动词只有5.4%,而不能带"着"的动词将近28%,后者是前者的五倍强。

在戴耀晶(2001)《现代汉语时体标记"了"的语义分析》中也有一段内容是他文所无的,兹录如下:

除了时间词语以外,表示动作计量的词语也不能与"着"在句子里同时出现,但是却可以与"了"共现,理由是这些词语在语义上都反映了事件的完整性。试比较:

(24) A. *"书呆子!"黄丽丽朝他瞟着一眼。
　　　B. "书呆子!"黄丽丽朝他瞟了一眼。
(25) A. *于是我教训着他一番,告诉他马上要考试了。
　　　B. 于是我教训了他一番,告诉他马上要考试了。
(26) A. *刘莺很得意地朝空中抡着几拳。
　　　B. 刘莺很得意地朝空中抡了几拳。

以上例A不成立,因为"着"表示非完整性,与句子中的"一眼""一番""几拳"等表示动作计量的词语产生语义矛盾。例B能成立,因为"了"表示完整性,与动作计量词语不矛盾。

此外,现代汉语的句子中表示动作结果的词语也表明了事件具有完整的性质。

它们可以带完整体标记"了",但是,不能带非完整体标记"着"。试比较:
(27) A. *林秀岚果断地拉亮着电灯,坐了起来。
     B. *我在热处理车间找到着王科长。
     C. *伍雅洁从挎包里掏出着学生证。
(28) A. 林秀岚果断地拉亮了电灯,坐了起来。
     B. 我在热处理车间找到了王科长。
     C. 伍雅洁从挎包里掏出了学生证。

例 27 的句子带"着",与句子中表示动作结果的词语"拉亮""找到""掏出"产生语义矛盾,句子不合格。例 28 的句子带"了",与表示动作结果意义的词语不矛盾,句子是合格的。

Ⅴ 在戴耀晶(1995)《动词后"了"的语义分析》中还有一段内容,兹录如下:
a 句和 b 句在时间轴上的表现如图7、图8 所示:

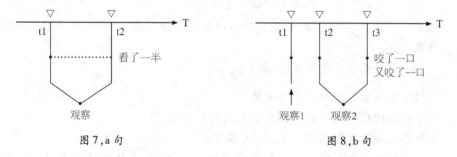

图7, a 句　　　　　　　　　图8, b 句

Ⅵ 在戴耀晶(1995)《动词后"了"的语义分析》中述说上略有不同,兹录如下:
a 句里"人们围上来"的时间是参照时间,可以认为与说话时间同时,"出了事"相对参照时间而言是已然实现的现实事件。b 句里说话时间是现在,"他吞吞吐吐"是参照时间过去$_1$,"他占了女人的便宜"是发生在过去$_2$ 时间里的事件,相对过去$_1$ 而言,该事件是已然的,"了"是标示该事件现实性的形态。a 句和 b 句在时间轴上的表现如图所示:

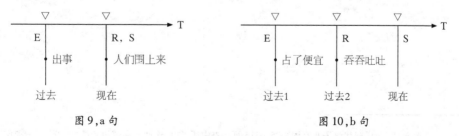

图9, a 句　　　　　　　　　图10, b 句

Ⅶ 在戴耀晶(1995)《动词后"了"的语义分析》中还有一段内容,兹录如下:

(4) 复合事件中的现实。在表达复合事件的句子里,"了"的现实性还有一些复杂情况。根据《现代汉语八百词》的考察,在连动句和兼语句里,"了"一般用于后一动词之后⑦,即后一事件带上显性的现实体标记。举的例子有:

㉜ a、刚才他打电话叫了一辆车。
　 b、昨天请张老师给大家辅导了一次。

以上句子表达的是由两个事件组成的复合事件,两个事件在语义上存在行动和目的的关系。"了"用在目的事件(可称为 B)中既保证了 B 的现实性,也保证了行动事件(可称为 A)的现实性。即

B 现实蕴含 A 现实（B 了→A 了）

因此,上述句子的实际语义是:

㉝ a、刚才他打了电话叫了一辆车。
　 b、昨天请了张老师给大家辅导了一次。

如果"了"只用在行动事件 A,而在目的事件 B 中不用,句子的现实性就会发生一些变化。如:

㉞ a、刚才他打了电话叫(一辆)车。
　 b、昨天请了张老师给大家辅导(一次)。

由于行动的现实性并非必然蕴含目的的现实性,即

A 现实未必蕴含 B 现实（A 了→◇B 了）

A 的现实性仅仅是可能蕴含 B 的现实性,并不能保证 B 的现实性,所以,例㉞的实际语义不同于例㉝。"他打了电话叫车",但未必"他叫了一辆车",目的事件中缺乏形态标记"了",打电话的现实性不能推演出叫车的现实性,因为存在着电话没打通,车没叫到等多种可能。b 句在语义上也存在张老师没请到,请到了但没进行辅导等多种可能。

"了"用于行动事件与用于目的事件在现实性含义上的这种差异,造成了二者隐含的对比句式也不相同,对比的事件通常是带"了"的事件。试比较其否定句式:

---

⑦ 吕叔湘主编《现代汉语八百词》315—316 页。书中还指出,连动句和兼语句要"强调"前一动作完成时,"了"可用于前一动词后。如"我们也找了旅馆住了一夜"。

㉟ $\begin{cases} a_1、刚才他打电话叫了一辆车。\\ a_2、刚才他打电话不是叫（一辆）车。\\ a_3、*刚才他没打电话叫了（一辆）车。\\ b_1、刚才他打了电话叫（一辆）车。\\ b_2、刚才他没打电话叫（一辆）车。\\ b_3、刚才他打了电话没叫（一辆）车。 \end{cases}$

a_2 是对 a_1 的否定，a_3 不是 a_1 的否定格式。由于"B 了→A 了"，而 a_3 句目的事件 B 带上"了"具有现实性，行动事件 A 却用否定形式，违反了规则，所以句子是不合格的。b_2 是对 b_1 的否定，b_3 不是 b_1 的否定格式。由于"A 了→◇B 了"，b_3 句行动事件 A 带上"了"具有现实性，目的事件 B 用否定形式并没有违反规则，所以 b_3 是合格的句子。

由此可见，在连动句、兼语句等表达复合事件的句子里，"了"所标示的那个事件一般也就是句义所要强调的事件。在 b 类句里，由于行动事件的现实性并不能保证目的事件的现实性，而目的事件也不是句义中心所在，因此，表示具体数量特征的词语"一辆"有时也可以不用。

Ⅷ 戴耀晶(2001)《现代汉语时体标记"了"的语义分析》参考文献最多，如下：
陈平 1988《论现代汉语时间系统的三元结构》，《中国语文》第 6 期。
戴耀晶 1991《试论现代汉语的否定范畴》，《语言教学与研究》第 2 期。
——1997《现代汉语时体系统研究》，浙江教育出版社。
邓守信 1986《汉语动词的时间结构》，《第一届国际汉语教学讨论会论文选》，北京语言学院出版社。
高名凯 1948《汉语语法论》，商务印书馆 1986 年新版。
胡裕树主编 1995《现代汉语》，上海教育出版社。
胡裕树、范晓 1985《试论语法研究的三个平面》，《新疆师范大学学报》第 2 期。
刘勋宁 1988《现代汉语词尾"了"的语法意义》，《中国语文》第 2 期。
吕叔湘 1942《中国文法要略》，商务印书馆 1982 年新版。
马庆株 1981《时量宾语和动词的类》，《中国语文》第 2 期。
马希文 1983《关于动词"了"的弱化形式/·lou/》，《中国语言学报》第 1 期。
孟琮等主编 1987《动词用法词典》，上海辞书出版社。
王力 1944《中国语法理论》，商务印书馆。
王维贤 1987《现代汉语的句法结构、语义结构和语用结构》，《语文导报》第 7、8 期。

雅洪托夫 1957《汉语的动词范畴》,陈孔伦译,中华书局,1958 年。
俞敏 1954《汉语动词的形态》,《语文学习》第 4 期。
张斌、胡裕树 1989《汉语语法研究》,商务印书馆。
张秀 1957《汉语动词的"体"和"时制"系统》,《语法论集》第 1 集,中华书局。
赵元任 1968《汉语口语语法》,吕叔湘译,商务印书馆 1979。
朱德熙 1980《现代汉语语法研究》,商务印书馆。
Comrie, B. 1976 *Aspect*. Cambridge University Press.
Hopper, P. J. & Traugott, E. C. 1993 *Grammaticalization*. Cambridge University Press.
Leech, J. 1981 *Semantics*. Great Britain: Pelican Book.
Lyons, J. 1977 *Semantics*. Cambridge University Press.
Palmer, F. 1974 *The English Verb*. London: Longman.
Quirk, R. et al. 1985 *A Comprehensive Grammar of the English Language*. London: Longman.

"了"在表示未来意义句子中的用法

1 "了"的基本意义

除了"是""像""等于""属于"少数一些动词之外,现代汉语百分之九十以上的动词都能在句中带上时体成分"了"。① 例如:

(1) 听了小黄的回答,厂长心里很高兴。

(2) 姑娘翻翻上嘴唇,斜视了老汉一眼。

(3) 他这一走不要紧,可害苦了小哥俩。

"了"是一种什么性质的语言成分,它的基本意义是什么,基本用法有哪些,学术界见仁见智,发表了不少的讨论文章。按照朱德熙(1982)的看法:"了"是一个动词后缀,它的作用在于表示动作的完成,与动作发生的时间无关,既可用于过去发生的事,也可以用于将要发生或想象中发生的事。②

关于"了"的性质,除了说是动词后缀外,还有说是词尾,说是助词的,说是记号的,本文用时体成分来称谓。

关于"了"表示动作完成的含义,刘勋宁(1988)有详细的讨论,并提出了"了"是动词实现体的标记的观点。③ 本文没有从动词表示动作,而是从句子表达事件的角度来认识时体成分的意义,将"了"的基本意义概括为:附着在动词语后面,表示已然的现实事件。如上举各例中的"听""斜视""害苦"等动词语加上"了"以后,表示句子表达的事件是已然的现实。

关于"了"用在句子中与事件发生时间的关系,尤其是"了"在表示未来意义句子中的用法,是本文的主要兴趣之所在。下面分单一事件句、连续事件句、条件句、

---

① 根据孟琮等(1987)《动词用法词典》所收一千多个常用动词来统计分析,可带时体成分"了"的动词占93.8%。

② 朱德熙(1992)《语法讲义》68—69页,商务印书馆。

③ 参看刘勋宁(1988)《现代汉语词尾"了"的语法意义》,《中国语文》第5期,326页。

参照时间四个问题来考察。

2 单一事件句

由于"了"的基本意义是表示已然的现实事件,带"了"的句子表达的事件通常都是在过去发生的,单一事件句里尤其如此。例如:

(4) 小王下了课。

(5) 这里出了什么事?

(6) 公安局逮捕了会计科长。

(7) 张妈在家里请了一桌客人。

以上句子表达的都是单一事件,句中动词都带了时体成分"了",事件的发生时间都在过去,即都发生在说话时间之前。说话时间是现在,可以认为是过去时间上的一点,过去的终结点。例(4)的时体意义是,"小王下课"在说话时间之前就发生了,是一个已然的现实。例(5)的意义是说话时间之前这里已经出了事情。例(6)和例(7)表达的也都是业已发生的事件。

可见,在单一事件中,"了"有过去发生的含义,在时间所指上为过去。证明的方法有二:其一是给这些句子加上明确指示了过去时间的词语,考察句子是否仍然合格,句子的时体意义是否会发生变化。例如:

(8) 小王已经下了课。

(9) 刚才这里出了什么事?

(10) 前两天,公安局逮捕了会计科长。

(11) 张妈上次在家里请了一桌客人。

以上句子中"已经"是时间副词,"刚才"是时间名词,"前两天"和"上次"是表时间的短语。这些词语表示的时间意义均指过去,它们与"了"配合使用语义上相吻合,句子合格,时体意义仍然是过去的现实事件。

其二是给这些句子加上明确指示了未来时间的词语,考察句子能否继续成立,"了"与这些未来时间词语配合是否和谐。例如:

(12) *小王快要下了课。

(13) *等会儿这里出了什么事?

(14) *后天,公安局逮捕了会计科长。

(15) *张妈下次在家里请了一桌客人。

以上都是不合格的句子,原因在于表示未来时间(说话时间之后)的词语不能与"了"在句子中同现,二者的语义内容不和谐。例(12)中的时间副词"快要"意指未来,而"下了课"中的"了"意指过去的现实,二者在时间意义上互相矛盾,句子无法成立。例(13)到例(15)也是这样。要使句子合格,需将"了"删去,换上表示未来意义的副词"要""将"等。例如:

(16) 小王快要下课了。[④]

(17) 等会儿这里要出什么事?

(18) 后天,公安局将逮捕会计科长。

(19) 张妈下次要在家里请一桌客人。

上述分析说明,由于"了"的现实性质,它通常只用于表示过去事件的句子里,不用于表示未来事件的句子里,至少在单一事件句中是如此,可见时体成分"了"与事件发生的时间有密切的关系。

如果"了"的用法仅限于此,那么不妨说"了"是过去时的标记,这样可以解释前面分析的语言现象。问题的复杂性在于,现代汉语的语言事实中,"了"还可以出现在表示未来意义的句子里,对此需要作出进一步的解释。根据我们的考察,"了"在表示未来意义句子中的使用不像在过去意义句子中的使用那么自由,它要受到严格的限制,它必须满足一定的条件以保持其基本意义不改变。

3 连续事件句

时体成分"了"用于表示未来意义的句子中,常见的类型是表未来的连续事件句。例如:

(20) 我明天下了课给你打电话。

(21) 放了假我想到杭州去一趟。

(22) 到了北京别忘记去看望二姨。

(23) 你大学毕了业以后怎么办?

上述句子都是合格的。每个句子都用了时体成分"了",每个句子表达的都是未来事件,每个句子都包含了至少两个连续发生的事件。例(20)中的两个事件是"下了课"和"打电话",其中前事件中用"了"表示是一个未来现实事件,后事件中没用"了"表示是一个未来一般事件。两个事件同说话时间的关系可在时轴图上作如下图示:

[④] 时体成分"了"与语气成分"了"在语义上有不同,"快要下课了"不是"*快要下了课"的要素位移。"快要下了课"和"已经下了课"都能成立,说明语气成分"了"对事件的发生时间没有选择性。而"快要下了课"不成立,"已经下了课"能成立,证明时体成分"了"对事件的发生时间有选择性。

图 1

图中 t0 表示说话时间现在，t1 表示未来连续事件中的前事件的发生时间，即"下了课"的时间，t2 表示后事件的发生时间，即"打电话"的时间。

分析图 1，可以发现"了"用于未来连续事件句中要满足几个条件。其一是句中包含至少两个事件，未来单一事件句不可以用"了"，这一点上一节已作过分析。其二是两个事件在时间上要有先后发生的连续关系，证明办法是在前事件的后面都可以加上"以后"，如例（23）。又如：

(24) 我明天下了课以后给你打电话。
(25) 放了假以后我想到杭州去一趟。
(26) 到了北京以后别忘记去看望二姨。

如果两个未来事件是同时发生的，则不可以用"了"，理由是缺乏时间在后的参照事件，前事件的现实性质得不到保证。以下是不合格的句子：

(27) *我明天下了课时给你打电话。
(28) *放了假时我想到杭州去一趟。
(29) *到了北京时别忘记去看望二姨。
(30) *你大学毕了业时怎么办？

上述句子中"了"的使用表示，相对于后事件如"打电话"而言，前事件如"下课"是已然的现实。而"时"的使用则表示前后两个事件是同时发生的。"了"和"时"在时体意又上不一致，产生了矛盾，造成了句子的不合格。改正的办法在"了"和"时"之间保留一项，删去另一项。例如删去"了"而保留"时"：

(31) 我明天下课时给你打电话。
(32) 放假时我想到杭州去一趟。
(33) 到北京时别忘记去看望二姨。
(34) 你大学毕业时怎么办？

要满足的第三个条件是，在未来连续事件句中，"了"只能用于前事件，不能用于后事件，也不能同时用于前后两个事件。原因是"了"用于后事件则无法让"已然的现实"这一基本意义得到保证。以下是不合格的句子：

(35) *我明天下课给你打了电话。
(36) *我明天下了课给你打了电话。

在表示过去复合事件的句子里,"了"的使用非常自由,不用受以上条件的限制。它既可用于后事件,也可同时用于前后两个事件。这也说明"了"的使用与事件发生的时间密切相关。以下是合格的句子:

(37)我昨天下课时给你打了电话。

(38)我昨天下课给你打了电话。

(39)我昨天下了课以后给你打了电话。

(40)我昨天下了课给你打了电话。

4　条件句

条件句由条件和结果两部分组成,条件是拟想的已然现实,可以带"了",结果是从条件推演出来的事件,一般不带时体成分"了"。⑤ 例如:

(41)工厂完成了计划,大家都能增加收入。

(42)李姐读了大学,就不会再来看我们了。

(43)要是阿俊当了组长,我将全力支持他。

以上句子中的条件分句和结果分句都是未来事件,从时间意义而言,条件分句在前,结果分句在后,这也许就是"了"可以用于条件分句中的理由。因为有了时间在后的结果事件作为参照,时间在前的条件事件的现实性质能够得到保证,"了"的使用符合该时体成分的语义要求。结果分句一般不带"了",原因之一是表示未来意义的结果分句中经常出现能愿动词,如例(41)中的"能",例(42)中的"不会",而能愿动词通常不与时体成分同时出现。以下是不合格的句子:

(44)*工厂完成了计划,大家都能增加了收入。

(45)*李姐读了大学,就不会再来看了我们。

原因之二,也是更主要的原因是,表示未来事件的条件句中,结果分句的现实性缺乏参照时间而得不到保证,这就限制了"了"的使用。如果是表示过去时间意义的条件句,有时候"了"也是可以用于结果分句之中的。例如:

(46)如果工厂去年完成了计划,那么大家肯定已经上浮了一级工资。

(47)李姐要是五年前读了大学,去年春节可能就做了新娘了。

这种情况又一次说明,时体成分"了"同事件时间有密切的关系,用于过去事件,几乎不受什么限制,用于未来事件,则要受到许多限制。这是由它表示已然现实事件的基本时体意义所决定的。

---

⑤　条件句的内部较复杂,这里主要分析表示未来时间意义的条件句中"了"的用法。

"了"在条件句中的运用还有一种特殊情况,即在表示未来意义的条件句里,条件与结果之间如果能建立起"等同于"的意义联系,那么,"了"甚至可以出现在结果分句里。例如:

(48) 你养好了身体,就(等于)有了工作的本钱。

(49) 要是离开了山寨,你就(等于)失去了保护。

"了"在表示未来意义的复句中的使用情况很复杂,尚有待于作进一步的考察和解释。

5 关于"参照时间"

汉语表达时间的方式是关系时制类型,它不把说话时间当作绝对的标准,而是表现事件发生时间与某个参照时间的顺序关系。⑥ 前面多次提到,"了"的基本意义是表示已然的现实事件,这里的"已然现实",指的就是关系时制中的已然现实,是相对于参照时间的已然现实,而不是相对于说话时间的已然现实。

当然,在单一事件句中,参照时间与说话时间重合,相对于参照时间而言的已然现实也就等于相对于说话时间而言的已然现实。单一未来事件句由于发生时间在说话时间之后,已然现实的性质缺少参照时间的保证,因而"了"在使用上受到限制。这是"我明天下了课"之类的句子不能成立的原因。

表示过去事件的句子不管是单一事件还是复合事件,都可以把说话时间作为参照时间,因而也都具有已然现实的性质。这是"了"能不受限制地自由运用于表达过去意义句子中的原因。

表示未来事件的句子如果以说话时间为参照时间,就不能用"了",因为已然现实的性质没有着落。这是大部分表示未来意义的句子不能用"了"的原因。如果要在未来意义的句子中用"了",必须满足"已然现实"这个语义条件,即必须有一个保证带"了"事件的句子具有已然现实性质的参照时间,这个参照时间要后于带"了"事件发生的时间。这是未来连续事件句中"了"可用于前事件但不可用于后事件的原因。

表示未来意义的条件句是以结果分句事件的发生时间为条件分句事件的参照时间,因此"了"可用于条件分句而一般不用于结果分句。表示未来意义的条件句中当分句之间寓有"等同于"的意义联系时,"了"可以同时用于条件分句和结果分

---

⑥ 参看张秀(1957)《汉语动词的"体"和"时制"系统》一文对"关系时制"的分析,《语法论集》第一集156页,中华书局。又,吕叔湘《中国文法要略》(142)已提出了区分绝对基点和相对基点的思想。见商务印书馆1982年新版,220页。

句之中。

在汉语事实中,表示未来单一事件的句子有时候也出现了时体成分"了",例如:

(50) 明天,小王肯定已经离开了南京。

句子中用了表示未来时间意义的词语"明天",同时又用了表示"已然现实"语义的时体成分"了",二者的时间意义是矛盾的,不能和谐地共同出现于单一事件句中,前面已作过详细分析。值得注意的是,例(50)是现代汉语中的一个合格的句子,应该如何作出理论上的解释?

这就涉及到事件的发生时间与事件的参照时间的区别了。实际上,例(50)中的未来时间词"明天"是"小王离开南京"这一事件的参照时间而不是该事件的发生时同(虽然事件也可能在"明天"发生),其语义内容是"明天以前""明天你来之前"。事件是在"明天"的过去(例如今晚)发生的,相对于参照时间"明天"而言,句子表达的事件"离开南京"是已然的现实。例(50)在时轴上的表现如图2所示:

图2

图2中t0是说话时间现在,t1是事件的发生时间,它没有定位,处在t1到t2之间的任何一个时点上,t2"明天"是事件的参照时间。可见,例(50)表示的未来意义句子中,时体成分"了"的已然现实性能等得到保证,因而句子是合格的。

事件的参照时间与事件的发生时间是不同性质的概念,虽然在具体的句子中,有时候二者的所指可能相同。事件的发生时间是对句子所表达事件的时间描述,事件的参照时间则是对事件性质(如已然现实性等)的时间界定。当时间词语表达的是时点(point)而不是时段(period)的时候,二者的区别可以看得较为清楚。例如:

(51) 明天上午八点,小王肯定已经离开了南京。

句中的"明天上午八点"显然不是对"小王离开南京"的时间描述,而是对这一事件具有已然现实的时间界定,事件是在"明天上午八点"以前发生的。所以,这个未来单一事件句中可以完全合语法地使用时体成分"了",各成分之间的语义关系并不矛盾。

原刊于《现代语言学:理论建设的新思路》,语文出版社,1994年,114—122页

论现代汉语持续体形态"着"

0 引论

句子是表达事件或状态的。事件表示发生什么,状态表示存在什么。本文以句子的陈述形式为讨论对象。

关于时间。事件都是在一定的时间发生,状态也是在一定的时间里存在。事件和状态在时间轴上的位置或是过去,或是现在,或是将来。此外还有泛时事件和泛时状态,泛时事件和泛时状态与时间轴重合。

自然语言表达时间的方式主要有词语形式和形态形式两种,词语形式是基本的形式。即使在印欧语系中形态比较发达的语言里,在动词的形态变化表示时间的同时,表示时间的词语仍大量存在,并对形态起着制约的作用,二者要求一致。印欧语在表示时间上是词语形式和形态形式并重的语言。

现代汉语表达时间以词语形式为主。虽然动词也有一些形态变化如"着""了"等也有时间意义,例如在单一事件的陈述中,动词后附加"了"就表示事件在过去(说话之前)发生,附加"着"就表示事件在现在(说话之时)持续,不附加形态就是一个泛时事件。不过,有三点理由使我们认为,现代汉语里没有能独立表示时间的动词形态。第一,在复合事件的陈述中,"着""了"等动词形态的时间意义是不自足的,"我下了班回家"这个语言片段里,"了"表示的时间范围远非清楚可辨。汉语的"了"字"既可用于过去发生的事,也可以用于将要发生的或假想中发生的事"。[①] 因此,第二,当时间词语出现的时候,这些动词形态分别与过去、现在、将来时间相容,而不像印欧语言那样动词的形态必须随时间词语发生相应的变化。"我下了班回家"这个片断可以分别加上"昨天""现在""明天"而构成三个合格的句子。第三,"着""了"等动词形态在现代汉语里承担着动作方式"体"这一语法范

---

① 朱德熙《语法讲义》69 页,商务印书馆,1982。

畴,如果同时承担动作时间"时"这一语法范畴恐难胜任。

关于体。表示事件所取的情貌或动作所取的方式也有词语和形态两种。现代汉语研究文献中,把副词、动词形态、语气词看作"体"标记的观点均有所见。我们认为,只有动词形态表示的事件或状态情貌才能概括为"体"。虽然副词形式、语气词形式有时也有表达事件情貌的作用,甚至经常与形态形式共同出现,如"我们已经谈了三天了——我们正谈着呢",但是,考虑到副词形式和语气形式在语言系统中的主要功能体现(前者修饰动词、形容词和句子,后者传达句子语气),我们没把它们归在"体"范畴里研究。现代汉语的"体"形式指的是动词或形容词的形态形式。

需要指出一点的是,任何自然语言表达"体"范畴的形式都只是表达了事件或状态的某些方面而不可能是所有方面。例如英语表达"体"范畴的形式有①Be + V-ing;②Have + V-ed。前者表示事件持续,后者表示事件完成。至于事件的强弱,事件的久暂,事件的始终,事件的频率,均无独立的形态表现,汉语也是一样。形态形式表达事件或状态的情貌远不是面面俱到的。

现代汉语"体"范畴最常见的两个形态是"着"和"了"。"着"表示事件或状态的持续,"了"表示事件或状态的完成(实现)。

本文讨论现代汉语持续体形态"着"。

1 事件持续

大多数的动词是表达事件的,大多数的形容词是表达状态的,此外还存在状态性动词和事件性形容词。现代汉语里表示事件持续的形式是"动词+着"。例如:

(1) ① 他正贴着画呢。

② 他不停地走着。

③ 他扭动着身体。

以上句子陈述的都是一个事件,该事件正处在持续阶段,其形态标志是"着"。参照时间的切分法,事件也可分出事点和事段,如开始点,终结点,持续段等。"着"表达的是事段,即该事件至少是一个可持续事件,而不是一个不可持续的瞬时事件。"着"在这方面同时间也有关系,它对应着时段;另一个形态"了"则对应着时点。试比较:

(2) ① 他正贴着画呢。

② 他已经贴了画了。

前者是一个持续事件,句子表达的是事段,对应着的是一段时间;后者是一个完成事件,句子表述的是事点,对应着的是时间的一点:完成点。

　　动词里还有一类瞬时动词,它在时间上反映的只是一个时点,不能持续。从逻辑上说,使用该类动词来表述的事件也是不能持续的,因此动词也就不能有持续体形式:"V 着"。实际上,现代汉语里确实有些瞬时动词不能带"着"。例如"忘""死""获得""取消"等动词就没有持续体形式,但可以有完成体形式"V 了"。试比较:

(3) ① ※我忘着这件事。
　　 ② 我忘了这件事。
(4) ① ※原定的会议取消着。
　　 ② 原定的会议取消了。

　　值得注意的是,在现代汉语里,相当一部分瞬时动词可以有持续体形式。如:

(5) ① 我不停地跳着。
　　 ② 小王正砍着柴呢。

　　这些句子表达的仍是单一事件,不过事件中的动作在重复进行(repeated),构成了该事件的持续。单一瞬时动作构成了事点,单一瞬时动作重复进行则构成了事段,因此表述该动作的动词可以有持续体形式。②

　　由此可见,"着"有两种事件持续意义,其一是表示单一事件本身的持续,如"河水不停地流着";其二是表示单一事件中的动作重复造成的持续,如"我不停地踢着门"。二者的区别在于动词表示的是否瞬时动作。

2　状态持续

　　事件表示发生什么,状态表示存在什么。所以,静态的存在义动词加"着"表达的都是状态持续,形容词加"着"表达的也是状态持续。例如:

(6) ① 大家有着相同的感情。
　　 ② 这案子存在着不少疑点。
　　 ③ 小王胆子大着呢。

　　状态持续对应着也是时段。状态只有"段"形式,而不像事件可以有"点"和"段"多种形式,不存在瞬时状态。试比较:

(7) ① 他脸正红着呢。
　　 ② 他脸已经红了一阵子了。

---

② 瞬时动词的施动者如果是复数,有时也可以有持续体形式。如"地雷爆炸着"指的不只一颗地雷。

状态形容词"红"附加持续体形态"着"构成了状态持续形式"红着"。状态形容词"红"附加完成体形态"了"构成的则是事件完成形式"红了",它标示了"红"从无到有完成(实现)的一点。"一阵子"指出的是完成点以后的时间,而不是状态持续的时间,这一点需要特别强调。下面的句子是不成立的。

(8) ① ※他脸正红着一阵子呢。

② ※这案子存在着三天。

在现代汉语里,比较困难辨别的另一个问题是:动作动词带上"着"表示的是事件持续还是状态持续?例如:

(9) ① 小王正往墙上贴着画呢。

② 墙上正贴着画呢。

前一例由于句子中出现了有生名词"小王",小王施行着"贴"这个动作,整个句子表示发生着什么,是一个事件,该事件由于形态"着"的出现而表明正在持续着。

后一例句子中没出现施行"贴"这一动作的有生名词,整个句子表示的是事件持续还是状态持续呢?均可。也就是说,该语言片断有歧义,既可表达发生着什么,也可表达存在着什么。该语言片断一旦进入实际交际,语境可以帮助消除歧义,或帮助多义的选择。事件和状态是可以区别的,但其间也存在着互相联结的纽带。

3 事件与状态

英国语言学家利奇说:"持续是状态的一个特性,而不是事件的特性。"[③]我们认为,事件和状态都有持续的特性,理由如前两节所述。正是通过"持续"这一特性,事件和状态之间建立起了某种联系。

第一,当事件处在持续段时,可以理解为该事件一直处于某种相同条件的状态下。例如,"他不停地走着""水不停地流着",表达的都是事件持续。但是,如果从状态着眼去观察,可以理解为"他一直处于走的状态""水一直处于流的状态"。

第二,虽然事件本身不在持续,但事件造成的结果呈一种不变状态持续着。例如,"墙上挂着画呢"表示状态持续这一意义时,"挂画"这个事件已经结束,不持续了。但是,这个事件造成的结果状态"画挂着"则在持续着。"门正开着呢""山上正架着炮呢"一类句子如果表示状态,指的都是事件结果造成的状态的持续。

---

③ 杰弗里·利奇(G. Leech)《语义学》中译本,238页。

第三,"他正躺着呢"这类句子我们认为表示的是事件持续而不是状态持续。因为一,施行躺这一动作的名词"他"出现了;二,"躺"这一动作正在施行着,并未结束,虽然"躺"处于持续段时动作很弱(比较:刚躺下;躺了一会儿),不易与状态持续区分,但这并不影响"他正躺着呢"表述一个事件的持续。同理,"床上正躺着一个人呢"也是事件持续。"水流着呢""雨下着呢"一类句子可以看作是施动名词,句子表达的是事件持续。

吕叔湘先生曾经举例说,"杀着鸡"是动作持续态,"圈着鸡"是状态持续态。这种观察相当细致,区分二者的根据要考虑到动词的次范畴分类等复杂问题。

"杀着鸡"是单义结构,只有事件持续义而没有状态持续义。因为"杀鸡"这一事件结束后不能有"鸡杀着"的状态,而只有"鸡杀(死)了"的结果。"杀"这类动词只适应着事件持续而不适应状态持续。

"圈着鸡"就不同了,这个语言片断有歧义。它不仅仅表示状态持续态,可以表示事件的持续。扩充这一片断得到:

(10) ① 我们正往后院圈着鸡呢。
　　　② 后院正圈着鸡呢。

事件"圈鸡"结束后造成了"鸡圈着"的结果,这一结果作为静止状态在持续着。有文章指出,动作完成就变成状态,这类动作是由具有放置意义的动作动词来表示的。④ 这个问题有赖于动词次分类的进一步考察。

4 否定

对事件或状态可以进行否定,在自然语言中用否定词表示。从逻辑上说,一个事件的否定是没有情貌的。既然没发生什么,怎么还需要指出存在的方式呢?所以,下列句子都是不成立的:

(11) ① ※墙上没挂着一幅画。
　　　② ※我没说着话。
　　　③ ※小王没红着脸。

不过,现代汉语里,事件或状态的否定形式带上"体"形态也时有所见。例如:

(12) ① 墙上不是挂着一幅画,是挂着一张条幅。
　　　② 我没说着话进教室。
　　　③ 小王没红着脸喊叫。

---

④ 刘宁生《论"着"及其相关的两个动态范畴》,《语言研究》1985 年第 2 期。

这种否定词与"体"形态共同出现的情况有一定的条件限制。前一例的条件是否定形式与肯定形式对举,后二例的条件是事件或状态的复合。

5 事件复合

单一事件和单一状态的句子中,"着"表示持续。复合事件和状态的句子中,"着"的用法和表示的意义较为复杂。

上一节谈到,"着"不用于事件或状态的否定形式中,因为"着"表达的持续体意义无从说起。这是指单一事件或单一形态而言。在复合事件和状态中,"着"有时可以与否定形式同现。

"他红着脸喊"由"他红着脸"与"他喊"复合而成,前者是状态,后者是事件,复合后简称为复合事件。"他没红着脸喊"也是复合事件,前者是持续体状态的否定形式,后者是事件的肯定形式。"没"否定的是复合事件中的前一部分,⑤在意义上这一部分是修饰后一事件的。如果没有意义修饰关系,否定形式就不能出现,甚至"着"有时也不能出现。"着"的出现指明了前一事件与后一事件的意义修饰关系。这一点"着"和"了"是不同的。试比较:

(13)
① 他拿了一本书出去。
② 他拿着一本书出去。
③ 他脱了衣服出去。
④ 他脱着衣服出去。

以上句子一般都分析为连动式,但是,带"着"与带"了"的句子显然不同。带"着"指明了动作的同时性,带"了"指明了动作的先后性。"着"表示事件的持续段,"了"表示事件的完成点。其否定形式也不同,带"着"可以有否定形式,带"了"的否定形式必须消除"了"。试比较:

(14)
① 他没拿(※了)一本书出去。
② 他没拿着一本书出去。
③ 他没脱(※了)衣服出去。
④ 他没脱着衣服出去。

另外,在复合事件中,"着"出现在前一事件而不出现在后一事件。如果前后事件中均出现,则两个事件是同时持续着并且没有修饰关系。例如:

---

⑤ 这是复合事件中否定词的典型情况而言。在实际交际中,否定词的辖域确定还有许多复杂情况。

(15) ① 他看着书讲课。
　　② 他说着笑着。
　　③ 他看书讲着课。
复合事件中"着"的用法还有待于更进一步的研究。

原刊于《语言论丛》,杭州大学出版社,1990年,161—168页

现代汉语表示持续体的"着"的语义分析

提要

体是观察时间进程中的事件构成的方式,体意义属于句子而不仅仅属于动词。现代汉语表示持续体的"着"具有三项主要的语义内容:非完整性着眼于事件内部的观察,由此限制了时间词语、动量词语、动作结果词语与"着"的同现;持续性反映了事件过程的连续特征,部分瞬间动词与"着"同现含有动作重复或主体复数的语义;动态/静态二重性是由持续性决定的,实际语句中动态或静态的强弱受动词的语义类型和句中其他成分的影响而发生偏移。本文还对较为流行的"着""了"在存在句里可"互换"的说法作了分析,认为二者的语法语义特征并不相同,互换说不能成立。

0 引论

体(aspect)是观察时间进程中的事件构成的方式,对事件观察的方式不同,得到的体意义也不同。

事件是用句子来表述的,句子里的各个成分对体意义都有影响,体意义属于句子而不仅仅属于动词。例如在现代汉语中,宾语和补语就会影响句子的体意义。试比较:

(1) a. 他喝(了/着)水。
　　b. 他喝(了/*着)一口水。
(2) a. 他跳(了/着)舞。
　　b. 他跳(了/*着)一会儿舞。

a类句子表达的是非限界事件,即该事件在时间上的终结点是没有限定的,b类句子表达的是限界事件,即该事件在时间上有一个内在的限定终结点("一口"或"一会儿")。在句法上,两类句子对"了"的运用都可以接受,对"着"的运用则有差异。这种差异显然不是动词造成的,而是宾语或补语的类型造成的。

不过,作为一个语法范畴,体必须有其特定的形式来标示其特定的内容,现代汉语里标示体意义的特定形式有"了""过""动词重叠""着""起来""下去"等。

"了""过"和动词重叠是完整体的形式,它们反映的观察方式是从外部着眼于事件整体进行的。① "着""起来""下去"是非完整体的形式,它们反映的观察方式是从内部着眼于事件的某一部分进行的。如图1:

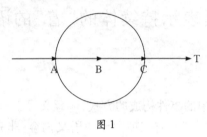

图1

图中的圆表示在时轴上占据 AC 长的一个事件,完整体是对 AC 整体观察的反映,非完整体是对其中某一部分观察的反映:观察 A 点得到起始体,观察 C 点得到终结体,观察 B 点得到持续体。[I] 比较"了"和"着"的用法可以看出二者的差异。例如:

(3) a. 小王踢了门。(两下,两分钟)

    b. 小王踢着门。(*两下,*两分钟)

a 句使用"了",表明"小王踢门"是一个不予分解的整体事件,因此在句法上可以带"两下""两分钟"等指明完整性具体内容的词语。b 句使用"着",表明"小王踢门"这个事件在语言使用者的观察中从内部进行了分解,句子只反映了该事件的持续部分,具有非完整性,因此"两下""两分钟"等词语不可以在句中出现。

需要说明的是,表示持续体的"着"反映在图 1 中的 B 点不是一个定位点(与表示继续体的"下去"不同),它可以在 AC 之间的任何一点取值(A 点和 C 点除外),所观察到的事件都在持续之中。[II]

限于篇幅,本文只讨论现代汉语表示持续体的"着",主要探讨"着"的三个语义特征(非完整性,持续性,动态/静态二重性),以及由此决定的句法限制和句义解释。

---

① 关于完整体的详细内容和"了""过"等体形态的语法语义特征,可参见拙作《论现代汉语的体》(复旦大学博士学位论文,1990)。

1 非完整性

非完整性指的是句子表达事件局部构成的性质，它反映了语言使用者对已作分解的事件所进行的内部观察。"着"的非完整性表现在它是对时间进程中的事件起始后与终结前之间持续情况的观察。例如。

(4) a. 他母亲仔细打量着我,看得我有些发毛。
　　b. 我眨巴着眼睛想了半天,然后回答:不对!
　　c. 哥哥抖着一张新来的晚报对我说:真可惜。

"着"关注的仅仅是一个事件的持续部分,对事件的其他部分如起始和终结并不关心。以 a 句"他母亲打量着我"为例,该事件何时开始,何时终结,并没有纳入观察的范围,同时,事件也不是从外部所作的整体观察,而是从内部所作的局部观察。以 a 句同相应的完整体句式"他母亲打量了我"作一比较,二者在时轴上的表现是：

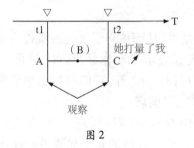

图 2

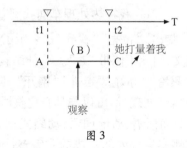

图 3

如图所示,"了"的观察角度是外部,观察范围是 AC 整个事件,因而认为它具有完整性("了"还具有现实性、动态性等语义内容,兹不详论)。"着"的观察角度是内部,观察范围是 AC 事件的一部分 B,即事件的持续部分,因而认为它具有非完整性。

由于持续体的非完整的性质,"着"在句法上表现出某些显著的特点。首先,它与表达事件具体时间长度的词语不相容,因为这些词语使句子表达的事件带上了完整的意义,与"着"的非完整语义内容相矛盾。以下是不合格的句子：

(5) *a. 他拼命地挣扎着三分钟,终于游到了岸边。
　　*b. 姑娘在钱箱里翻腾着一阵。
　　*c. 这种虚荣和自尊保持着几十年。

例句中的"三分钟""一阵""几十年"指明了事件的时间区间,从而使句子表达的事件具有不予分解的整体性质,与"着"的非完整性不相容。删去时间词语,或者将"着"换成完整体形态"了",句子就是合格的了。

其次,"着"与标示动作计量的词语也不相容,理由是这些表示动作计量的词语也使句子表达的事件具有完整性,与"着"的语义内容相矛盾。以下也是不合格的句子:

(6) *a. 我很得意地又朝空中抡着几拳。

　　*b. "书呆子!"老黄瞟着我一眼。

　　*c. 于是我教训着他一番,告诉他马上要考试了。

"几拳""一眼""一番"这类标示动作计量的词语在句子中不能与"着"同现。

第三,"着"的非完整性还表现在它不与表示动作结果的词语同现,因为动作有了结果,相应的事件就带上了完整性,与"着"的语义内容不相容。以下同样是不合格的句子:

(7) *a. 王丽从手提包里掏出着钱包。

　　*b. 他果断地拉亮着电灯,坐了起来。

　　*c. 我在热处理车间找到着王科长。

"掏出""拉亮""找到"都表示了动作及其结果,从而使句子表达的事件含有整体意义,因此不能带"着"。动补结构的短语大都表示了动作结果,如"读懂""看完""累垮""办好""走进""跑开""听明白""打扫干净"等,它们在句子中通常都不与"着"同现,但可以与具有完整语义内容的"了"同现。

时间词语、动量词语、动结式词语在句子中都不与"着"同现,它们都会破坏"着"观察事件内部构成的非完整性质。上述三类不合格的句子如要着眼于事件整体,可将"着"改成"了";如要着眼于事件局部,可删去与完整性相矛盾的词语,作如下改造:[III]

(8) a. 他拼命地挣扎着,终于游到了岸边。

　　b. 我很得意地又朝空中抡着拳。

　　c. 王丽在手提包里掏着钱包。

2 持续性

"着"的第二项语义内容是它的持续性质,所谓持续性,反映的是事件过程(process)的连续特征,"着"指明了句子所表达的事件正处在连续不断的过程之中。例如:

（9）a. 她脑子里不停地闪动着郭辉的身影。

　　b. 我大口地呼吸着这清新的空气,真有点坚持不住了。

　　c. 一段叫人悲愤的故事叩击着战士们的心。

事件本身的可延续时间也许长短不一(如"闪动身影"与"呼吸空气"),但这不是"着"所关心的内容,"着"所关心的只是事件的持续过程。

"着"的持续性带来一些句法上的限制,尤其是对句义的解释产生很大影响,这一点可以通过"着"与瞬间动词同现关系的分析中得到说明。

瞬间动词具有非持续的语义特征,表现在时间上就是一个封闭状的点,起始与终结"重合"在一起,缺乏过程,具有"单变"(simple change)的特点。② 持续体"着"则具有时间上的广延性。因此,从理论上说,瞬间动词与"着"在语义上是不相容的,二者不能在句子里同现。以下是不合格的句子：

（10）*a. 他离开着心爱的岗位,心里怪难受的。

　　*b. 李伟一直忘着这件事。

　　*c. 广州来的列车正到着上海站。

"离开""忘""到"是瞬间动词,不能与具有持续语义内容的"着"在句子中同现。不能与"着"同现的瞬间动词还有"成立""达到""跌""获得""毕业""开除""碰见""取消""死""停止""忘记""牺牲""遗失""遇到"等。[IV]

但是,实际语言材料中,瞬间动词与"着"同现的句子并不少见。例如：

（11）a. 王军轻轻地敲着门。

　　b. 吴刚在月宫里砍着桂花树呢。

　　c. 跳着,跳着,凤梅的脚都抬不起来了。

"敲""砍""跳"表示的都是瞬间动作,具有非持续的性质,例句中都带上了表示持续意义的形态"着",构成的句子在现代汉语中都是合格的。可以与"着"同现的瞬间动词还有"踢""剁""拍""闪""咳嗽""点头""跺脚"等。为什么部分瞬间动词可以与"着"同现呢？这就需要引进"数"的概念来解释。

先看瞬间动词与"了"配合的情况。瞬间动词表示一个瞬间发生并结束的动作,在动作计数上应与语义单数相一致,而与复数相矛盾。可是有如下的合格句子：

（12）王军走上前去轻轻敲了两下,门开了。

瞬间动词语义上与时间上的一个点相对应,而与时段相矛盾。可是又有如下

---

② 陈平(1988)《论现代汉语时间系统的三元结构》指出："单变"类情状的发生和结束都是一瞬间的事,在时轴上,它的起始点和终结点几乎是重叠在一起的。见《中国语文》1988,6,412页。

的合格句子：

(13) 王军足足敲了三分钟，才有人过来开门。

"王军敲了两下门"是一个完整事件，该事件涉及两次动作（动作与事件区分开来很有必要），是动作的复数，即一个瞬间动作重复了两次。"王军敲了三分钟门"也是一个完整事件，也是动作的复数，因为瞬间动词"敲"的语义内容如果表示一次动作则与"三分钟"的时段不相容（比较：王军看了三分钟书）。句子表达一个持续了三分钟的事件，动作发生了多次，即瞬间一次的动作重复了多次。

瞬间动词在使用上与"了"同现，表达动作重复（repetition）这一点也适用于在句子中与"着"同现的情况，即瞬间动词与"着"共同表达的事件，其持续性表现为动作的重复。与"了"不同的是，由于受"着"的非完整性质的制约，瞬间动词与"着"的组合并不表示动作重复的具体次数（如"*敲着两下"），也不表示动作重复所持续的具体时间（如"*敲着三分钟"）。[Ⅴ]

瞬间动词带"着"造成的持续与非瞬间动词带"着"造成的持续，在时轴上的表现是不相同的。图4是"王军敲着门"与"王军推着门"两个句子的语义比较示意图。

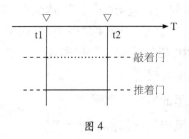

图4

图中圆点线表示瞬间动作点重复形成的持续过程，实线表示动作本身延续形成的持续过程，t1 t2 表示对句子所表达事件的观察区间，虚线表示事件具有广延性，是非完整事件。

能够与"着"配合使用的瞬间动词表示的动作性较强较具体，具有可重复性，一般来说是瞬间动作动词。不能与"着"配合使用的瞬间动词其动作性较弱较抽象，不可重复，一般来说是瞬间结果动词。[Ⅵ]（可比较例11与例10中的动词。）

瞬间动词与"着"同现所表达的复数概念除了与动作复数有关之外，有时也与动作主体的复数有关。主体是单数，动作不重复，瞬间动词不与"着"同现；主体是复数，动作可重复，其重复性是由多个主体连续发出瞬间动作构成的，瞬间动词与"着"同现表达一个持续过程，这一点与上举各例不同。例如：

(14) *a. 一颗手榴弹爆炸着。

b. 无数手榴弹爆炸着。

   c. 手榴弹一颗接一颗地爆炸着。

"着"的持续语义特征还可以通过与短时体形态动词重叠相比较而得到显现。动词重叠如果用于瞬间动词,由于短时语义特征的制约,动词表示的动作也可能含有重复义。这与瞬间动词带"着"在语义上似乎有相通之处。试比较:

（15）a. 他向大家点点头,朗声说道……

   b. 他向大家点着头,（？朗声说道……）

a句的"点点头",动作也许不只一次,b句的"点着头",动作肯定重复多次,二者都有动作复数的含义。不过,两类形态的语义内容并不相同。动词重叠强调的是事件的非持续特征,"他点点头"虽然可以占据一个时段,但该时段极短,语言使用者运用这个格式突出的不是事件的持续,而是事件的"短时",即该事件是非持续的短时完整事件。"着"则相反,它强调的是事件的持续特征,"他点着头"虽然使用了非持续的瞬间动词,但"着"这一形态让瞬间动作重复而保证了事件的持续,从而也保证了事件的非完整性。兹举数例可进一步看出动词重叠与"着"在持续性上的差异:

（16）a. 金斗老汉咬咬牙杀了家里唯一的那只老母鸡。

   b. 金斗老汉咬着牙杀了家里唯一的那只老母鸡。

   c. 连长拍拍手,表示同意。

   d. 连长拍着手,表示同意。

3 动态/静态二重性

动态和静态指的是事件的存在方式,动态反映变化,静态不反映变化。现代汉语持续体形态"着"有动态性的一面,带"着"的句子表达的事件可以出现力的变化和位置移动。例如:

（17）a. 我们就这么一声不吭地走着。

   b. 小鸟在树上欢蹦乱跳地唱着晨歌。

   c. 严班长不停地转着圈,不停地自言自语。

以上句子表达的事件"我们走（路）""小鸟唱歌""严班长转圈"都表现出非均质的（heterogeneous）时间结构,即事件进程的每一瞬间都与其他瞬间的情状不同。如"走路"的前一瞬间脚往上抬,后一瞬间脚往下踏,力量有强弱变化,位置出现移动,动态的性质是明显的。不过,"着"的动态性受到持续语义特征的制约,它只反映事件进程的变化,不反映事件起始或终结的变化。③

另一方面,正是由于"着"的持续特征的影响,其动态性有时候变得模糊起来。尤其是当"着"附着在静态动词或动作性不明显的动词之后,其所在的句子往往显现出静态的性质来。例如:

(18) a. 醒来一看,丁然红着脸,坐在床边。
b. 其实,他的话里蕴藏着极复杂的感情。
c. 我现在是这样渴望着爱,渴望着友情。
d. 广场中央,矗立着一座烈士纪念碑。

以上句子反映的都是处于持续过程中的静态事件,在事件的持续过程中,观察不到事件起始的变化(即进入静态的变化),也观察不到过程中的变化,当然也观察不到终结的变化,事件具有均质的(homogeneous)时间结构,事件进程的每一瞬间,都与其他瞬间的情状相同,"着"在这些句子里表现出静态的语义特征。马希文(1987)探讨"着"的语义内容时曾说:"动词后边加上'着'就转而指明状态。"④英国语言学家 G·Leech(1981)也曾指出:"持续是状态的一个特性。"⑤他们都强调了持续体的静态意义而否认或忽视了它的动态意义。

由上面举到的现代汉语实际语言材料可以看出,持续体"着"具有动态/静态二重性,这种二重性与动词的语义特征有很密切的关系。具有动态语义特征的动词带上"着",句子表达的事件也就具有动态性,如"走着""唱着""转着""吠着""眨着""做着""奔跑着""抽泣着""扭动着""寻找着""催促着""解释着"等。具有静态语义特征的动词带上"着",句子表达的事件则具有静态性,如"红着""等着""围着""坐着""站着""隔着""爱着""存在着""有着""渴望着""充满着""容纳着""掌握着""包含着""惦记着"等。

在与"着"的配合关系上,"位置义"动词(动作结果可留存于某个位置上的动词,如穿、挂、套等)较复杂,它在语义上是静态与动态之间的过渡类,或者说是兼有动态和静态两种性质的类。在实际句子中,这类动词作谓语既可表达动态事件,也可表达静态事件。"着"的语义二重性在与这类动词配合使用时也表现得最为突出。例如:

(19) 诗人穿着时新的茄克,好不得意。

这个句子形式可以反映两种性质的态事件,一种是动态事件,诗人正在施行穿

---

③ "了"的动态性既可反映事件进程的变化,也可反映起始或终结的变化。例如,a、起始点动态:"这屋子干净了三天。"b、进程的动态:"这本书他看了三天。"c、终结点动态:"这个人来了三天了。"参见注1。[整理者按,即《论现代汉语的体》(复旦大学博士学位论文,1990)。]

④ 马希文(1987)《北京方言里的"着"》,见《方言》1987,1,20页。

⑤ Leech,G(1981). Semanties 169 页。Great Britain:Pelican Book,second edition。

茄克的动作;一种是静态事件,诗人身上穿着茄克。两个事件存在着联系,动态事件是静态事件的前事件(原因),静态事件是动态事件的后事件(结果)。换句话说,静态事件可以看作是动态事件的延伸,"着"在这里表现了它的二重性。⑥

在汉语的实际语句里,"着"的语义二重性会出现偏移,这主要是受其他语言成分影响,首先当然是动词语义的影响,如前面谈到的动态动词与静态动词同"着"配合使用表现出来的差异。即使与位置义动词组合,"着"的语义也会发生偏移,有时表现出较强的动态性,有时则静态性较强。例如在出现了施动者的句子里,"着"表现出较强的动态:

(20) a. 诗人站在镜子前穿着时新的茄克,洋洋自得。
b. 妈妈系着围裙走进屋说:"你嚷嚷什么?"
c. 常鸣捏着一团泥巴,说是要捏出个关公来。

而当施动者不出现,尤其是在所谓"存在句"⑦里,"着"则表现出较强的静态。例如:

(21) a. 工厂大门上挂着一块"闲人免进"的牌子。
b. 小青年嘴里叼着一根万宝路(烟)。
c. 墓碑上刻着"一个生活在山林中的老妇人"。

有些句子中虽然出现了施动者,事件仍有较强的静态性,那是因为施动者在句中并不是正在施行动作,而只是表示前动态事件的结果产生影响的位置,可以将施动者改成位置词语而句义基本不变。例如:

(22) a. 郭辉(身上)穿着一件蓝天牌运动衣。
b. 丽萍(肩上)背着一个竹篓,顺河沿走来。
c. 我(手里)拿着这封信,心里不是滋味。

本文使用较强的动态性和较强的静态性的提法是因为位置义动词带"着"本质上是一个具有语义二重性的格式,许多情况下动作的持续(动态性)与结果的持续〔静态性〕只有强弱的偏移,很难作断然的区分。如上面举到的例子"捏着泥巴""叼着香烟""拿着信"等,都具有二重意义(有人叫"歧义"),它们既表示了动作同时也表示了结果。

---

⑥ 据刘宁生(1985)《论"着"及其相关的两个动态范畴》的考察,"着"在现代汉语里可以表示状态持续与动作进行,能带上"着"显示二者对立差异的是具有"放置"上位义的动词。见《语言研究》1985,2。

⑦ 按照范方莲(1963)《存在句》一文的解释,带"着"的存在句由三部分组成,其格式是:处所词 + 动词带"着" + 数量名组合。见《中国语文》1963,1。

4 关于"着"与"了"的"互换"

最后讨论一下语法文献中常谈到的"着"和"了"有时候可以"互换"的问题。

"着"是非完整体的形态标记,"了"是完整体的形态标记,二者的基本性质不同,使用上当然也有区别,它们是不能互换的。可是,在下面的句子中,"着"和"了"的区别似乎消失了:

(23) a. 墙上挂着/了一幅画。
　　 b. 椅子上坐着/了两个人。
　　 c. 草棚上积着/了一层雪。
　　 d. 脸上长着/了一颗黑痣。
　　 e. 黑板上画着/了一幅漫画。
　　 f. 头上插着/了一朵野花。

以上是由不同类型的动词构成的存在句,⑧"着""了"在这些句子中似乎可以"互换"而意义不变。如何解释这种现象?

范方莲(1963)认为,这里的"了"与"着"相当,可以替换,与动词后表示完成态的"了"不同。⑨ 于根元(1983)认为,有些动词造成状态的动作很快就完成了,而造成的状态可以持续很久,说动作完成了,也就意味着状态形成了。为了写法上不重复呆板,有时候写"着",有时写"了"。⑩ 刘宁生(1984)则认为,后附"着"的是状态动词,后附"了"的是动作动词,"着"与"了"绝不相同,但二者的差别在存在句里得到了中和。⑪

以上三种解释方法不同(一着眼于"了"的分化,一着眼于修辞表现,一着眼于动词分化),解释力的强弱也有差别,不过有一点是共同的,即"着""了"在上述句式中可以互换而意义不变。

我们认为,"着"与"了"的差异在上述句式中并没有消失,二者互换后都是合格的句子,但并非是"意义相同"的句子。带"了"的句子表达一个完整的动态的现实事件,其完整性表现在"了"指出了对该事件的观察着眼于外部(outside),事件不作分解;其动态性表现在"了"指出了"进入"某一静态的起始变化;其现实性表现

---

⑧ 参见李临定(1986)《现代汉语句型》73—80 页对"存在句型"的分类和分析,商务印书馆。

⑨ 按照范方莲(1963)《存在句》一文的解释,带"着"的存在句由三部分组成,其格式是:处所词 + 动词带"着" + 数量名组合。见《中国语文》1963,389 页。

⑩ 于根元(1983)《关于动词后附"着"的使用》,见《语言研究和探索(一)》117 页,北京大学出版社。

⑪ 刘宁生(1984)《论"着"》55 页,打印稿。

在"了"指出了相对某个参照时间而言,句子反映了一个已然事件。带"着"的句子则表达一个非完整的强静态的持续事件,其非完整性表现在"着"指出了对该事件的观察着眼于内部(inside),事件可以分解;其较强的静态性表现在"着"附着于位置义动词后在存在句式中不反映变化,其持续性表现在"着"指出了该事件正处于延续的过程之中。可以通过两个同义的平行变换句式显出的差异来证明"着"与"了"的不同。试比较:

(24)   A   B

  a1. 墙上挂着一幅画。 a2. 墙上挂了一幅画。

  b1. 墙上挂着的是一幅画。 b2. *墙上挂了的是一幅画。

  c1. 一幅画在墙上挂着。 c2. *一幅画在墙上挂了。

A 行的同义变换得到了合格的句子,B 行的变换却得不到合格的句子(例 23 中六种类型的句子同义变换后的结果都相同)。这种句法的对应格式得不到语义的对应解释说明,即使在存在句里,"着"与"了"仍然保持各自在语言系统中的语义特征,互换说是不能成立的,因为互换后只能得到同样合格的句子,并不能得到具有同样语法语义特征的句子。

原刊于《语言教学与研究》1991 年第 2 期,92—106 页

[整理者按]

戴先生所发表的、与本文同一主题的文章还有:

1、《现代汉语持续体"着"的语义分析》,收入《九十年代的语法思考》,北京语言学院出版社,1994 年,150—160 页。

2、《动词后"着"和"过"的语义分析》,收入《动词研究》,河南大学出版社,1995 年,88—110 页。

上述文章中,有少量的内容与本文不完全一样,补充如下:

Ⅰ 在戴耀晶(1994)《现代汉语持续体"着"的语义分析》中说:

起始体是对 A 点观察的反映,终结体是对 C 点观察的反映(汉语无终结体),完整体是对 AC 观察的反映,持续体则是对 B 点观察的反映。

Ⅱ 在戴耀晶(1994)《现代汉语持续体"着"的语义分析》中说:

可见,持续体对事件的观察是着眼于内部,具有非完整性和持续性,在现代汉语里用形态"着"来标示。

那么"着"是否与形态"了""过"以及动词重叠那样,具有动态的性质呢?确实

的,"着"有动态性的一面,带"着"的句子表达的事件反映了变化,具有非均质的时间结构。如:

(1) 我读着姑姑的信,眼泪滴在信纸上。

但是,汉语中的"着"又有静态性的一面,有时它表达的事件不反映变化,具有均质的时间结构,是静态事件(未必是静态动词)。如:

(2) 一张单人床,床底下放着哑铃和拉力器。

持续体形态"着"表现出来的这种动态/静态二重性与动词的类别和句式都有关系。

Ⅲ 在戴耀晶(1995)《动词后"着"和"过"的语义分析》中还有一句:

这样一来,句子表达的就都是事件的持续段而不再是着眼于事件整体了。

Ⅳ 在戴耀晶(1995)《动词后"着"和"过"的语义分析》中还有一句:

这些动词在语义上的共同之处是都表示了瞬间的结果。

Ⅴ 在戴耀晶(1995)《动词后"着"和"过"的语义分析》中还有一句:

只是表示抽象化了的重复语义。

Ⅵ 在戴耀晶(1994)《现代汉语持续体"着"的语义分析》中说:

不可重复瞬间动词如"忘""死"等,动作性较弱的动词如"成立""毕业"等,均不能与"着"在句子中同现。

"VP_1 + 着 + VP_2"结构的语义分析

提要

本文主要从四个方面对带"着"的动词语连用结构进行语义考察。一、"着"与"了"的使用位置。二、该结构的否定形式。三、与时间词语的共现限制。四、与不带"着"的连动结构比较。基本结论是:"VP_1 + 着 + VP_2"结构中的两个事件之间具有较强的"整体性"和"同时性"的语义关系,而不带"着"的连动结构在语义上则表现为较强的"可分离性"和"异时性"的语义特征。"VP_1 + 着 + VP_2"结构中间没有停顿,前后位置不可互换,是一种特殊的偏正结构。

0 界说

动词语连用是汉语中常见的语言结构形式,内部还可分为许多复杂情况,研究文献中已有许多讨论。本文主要讨论现代汉语中两个动词语连用时中间加"着"的结构,即"VP_1 + 着 + VP_2"结构。根据动词是否带宾语,该结构有四种形式:

(a) V_1 + 着 + V_2O　如:李明经常躺着看小说。

(b) V_1O + 着 + V_2O　如:他看着窗外唱情歌。

(c) V_1O + 着 + V_2　如:学生们望着考卷直发呆。

(d) V_1 + 着 + V_2　如:林娜傻笑着不言语。

下面从四个方面来分析这一结构的句法语义特点。(一)"着"与"了"的使用考察;(二)对"VP_1 + 着 + VP_2"结构的否定;(三)与时间副词的共现限制;(四)与不带"着"的连动结构比较。

1　时体标记"着"与"了"的使用位置考察

现代汉语表示时体(aspect)意义的形式有多种,其中有两个使用上最为广泛。一个是表示事件完整意义的现实体(也叫完成体、实现体)标记"了",一个是表示事件非完整意义的持续体标记"着"(参见戴耀晶1997)。这两个时体标记的位置通常出现在动词后面。在"VP$_1$ + 着 + VP$_2$"结构中,"着"用在第一个动词后面。如果用在其他位置或不用,会出现什么情况呢?先分析第一式(a式)。试比较:

(1) a. *李明经常躺　读　小说。("基本句式",不用"着",不成立)
　　b. 李明经常躺着读　小说。(V$_1$ 的后面用"着",成立)
　　c. *李明经常躺　读着小说。(V$_2$ 的后面用"着",不成立)
　　d. *李明经常躺着读着小说。(V$_1$ 和 V$_2$ 的后面同时用"着",不成立)

例(1)中前一动词是不及物动词"躺",假设事件基本表达形式是 a,即两个动词都不带"着",而这个形式是不成立的。即事件"躺"与事件"读小说"组合成句时,必须在前一动词后面带上"着"。c 在第二个动词后面用"着",d 在两个动词后面分别用"着",所形成的句子都不成立。因此,从言语实例来看,只有 b 结构,即"VP$_1$ + 着 + VP$_2$"结构,是合格的语法形式。也可以说,带"着"的结构是汉语的一个基本句式。再举数例:

(2) 张师傅常年站着理发,练就了一副好身骨。
(3) 咱们骑驴看唱本——走着瞧。
(4) 桌子凳子都给抢走了,春贵只好蹲着吃饭。

以上句子使用"着"的情况与(1)b 句相同,都不能省用"着"或变用"着"。下面再来看看将"着"换成"了",会出现什么情况。试比较:

(5) a. *李明经常躺了读　小说。(V$_1$ 的后面用"了",不成立)
　　b. *李明经常躺　读了小说。(V$_2$ 的后面用"了",不成立)
　　c. *李明经常躺了读了小说。(V$_1$ 和 V$_2$ 的后面同时用"了",不成立)

在前一动词后面带"了"的句子,(5)a 也是不成立的。在第二个动词后面带"了"不成立(5)b,前后都带上"了"也不成立(5)c。汉语中的这些现象说明,"着"和"了"在两个动词语连用时所受到的句法限制是不同的。上面其他几例用"着"的句子,换成"了"也都不成立。"着"和"了"在这里表现为语法上正和误的对立。例如:

(6) *张师傅常年站了理发,练就了一副好身骨。

（7）*咱们骑驴看唱本——走了瞧。

（8）*桌子凳子都给抢走了，春贵只好蹲了吃饭。

如果句子中前一个动词是及物动词，情况会有一些变化。下面分析"VP_1 + 着 + VP_2"中的第二式（b式）。试比较：

（9）a. 他看　窗外唱　情歌。（"基本句式"，不用"着"，成立）

　　b. 他看着窗外唱　情歌。（V_1 后面用"着"，成立）

　　c. *他看　窗外唱着情歌。（V_2 后面用"着"，不成立）

　　d. 他看着窗外唱着情歌。（V_1 和 V_2 后面同时用"着"，成立）

例（9）中前一动词是及物动词"看"，句子基本形式（9）a 是成立的。"看窗外"和"唱情歌"是两个事件，中间可以停顿，动作连续发生，书面上常用标点隔开；如果理解为同时发生，则前后可以互换。（9）b 的情况有所不同，两个事件中间不停顿，动作同时发生，前后不可以互换。（9）c 在第二个动词后面用"着"，句子不成立。（9）d 在两个动词后面用"着"，与（9）a 的分析相似，但句子的中间有更明显的停顿。这说明，前一事件带"着"的句子表现出了动词语连用结构的整体性，而不带"着"的句子或前后分别带"着"的句子则表现出了结构的可分离性。再举数例试作比较：

（10）a. 李太太瞪着眼睛撒谎，一点也不觉得害臊。　　［整体性］

　　　b. 李太太瞪眼睛撒谎，……　　　　　　　　　　［可分离性］

　　　c. ? 李太太瞪着眼睛撒着谎，……　　　　　　　［? 可分离性］

（11）a. 我们要摸着石子过河，在实践中总结经验。　　［整体性］

　　　b. 我们要摸石子过河，……　　　　　　　　　　［可分离性］

　　　c. ? 我们要摸着石子过着河，……　　　　　　　［? 可分离性］

（12）a. 小英子摇晃着奶奶的手嚷嚷：我们回去吧。　　［整体性］

　　　b. 小英子摇晃奶奶的手嚷嚷……　　　　　　　　［可分离性］

　　　c. ? 小英子摇晃着奶奶的手嚷嚷着：……　　　　［? 可分离性］

带"了"的情况与带"着"不同，在使用上要受到更多的限制。上述几个句子中的"着"如果换成"了"，句子的可接受性都有问题。例如：

（13）? 李太太瞪了眼睛撒谎，一点也不觉得害臊。

（14）? 我们要摸了石子过河，在实践中总结经验。

（15）? 小英子摇晃了奶奶的手直嚷嚷：我们回去吧。

以上分析说明，"着"的位置主要用在第一个动词后面，表示两个事件同时发生。用在第二个动词后面或者用在两个动词后面的情况较为少见（"唱着跳着"是可以互换的并列结构）。用"了"受到的限制较多。

2 对"VP_1 + 着 + VP_2"结构的否定

"VP_1 + 着 + VP_2"结构有的学者分析为连动结构,理由是无法确定两个事件孰轻孰重;有的学者分析为偏正结构,理由是 VP_1 在语义上表现出修饰性的特点。这个问题可暂时不作结论。下面来考察对这个结构进行否定,在句法结构上和语义内容上会表现出什么特点。

如果将"VP_1 + 着 + VP_2"理解为是两个连续发生的事件,应该存在三种可能的否定形式:否定前事件、否定后事件、否定前后两个事件。试比较:

(16) a. 学生们 望着考卷 发呆。(肯定句)
　　　b. 学生们没望着考卷 发呆。(否定词在前,成立)
　　　c. 学生们 望着考卷没发呆。(否定词在后,成立)
　　　d. ?学生们没望着考卷没发呆。(否定词在前、在后,有疑问)

肯定句(16)a 中前事件"望着考卷"和后事件"发呆"都得到肯定表述。在否定句中,形式上(16)b 否定标记"没"用在 V_1 前面,否定前事件,(16)c 否定标记用在 V_2 前面,否定后事件,(16)d 否定标记同时用在 V_1 和 V_2 前面,否定前、后两个事件。

实际上,(16)d 的形式除了一部分成语以外,在现代汉语中是较为少见的,(含义相当于"既没望考卷,也没发呆"),否定前、后两个事件的语义通常由(16)b 的形式来表达。这样,(16)b 就成了一个歧义格式。于是,形成了这一句式的否定语义分布:一、否定词在 V_1 前面,否定域最宽泛,有歧义,即一个否定位置对应着三种可能的否定内容。(参见饶长溶 1988)二、否定词在 V_2 前面,凸显了对后项的否定,语义明确。三、否定词连续使用,凸显了对两个事件的否定,改变了两个事件之间的密切联系,事件表现为可分离性,中间通常要有停顿。再举数例:

(17) 千万别踮着脚尖爬窗户,让人瞧见就麻烦了。
(18) 大家别抱着金饭碗讨饭吃,得想些好法子呀。
(19) 三叔昨天没戴着眼镜开车,恐怕被他们认出来了。

上述句子中否定词后面的"VP_1 + 着 + VP_2"结构都是作为一个整体被否定的,而不仅仅是否定前事件。由于"着"的作用,两个事件的联系非常密切,不是一般意义上的连动结构,中间不能停顿,否定词也不能连用。以下句子是不成立的。如:

(20) *千万别踮着脚尖别爬窗户,让人瞧见就麻烦了。
(21) *大家别抱着金饭碗别讨饭吃,得想些好法子呀。

(22) *三叔昨天没戴着眼镜没开车,恐怕被他们认出来了。

3 与时间副词的共现限制

副词"在""一直""始终""从来""已经"等有不同的时间语义特征,通过分析这些副词与"着"的共现限制,可以看出"着"在语义上的特点,有助于概括"VP_1 + 着 + VP_2"结构的意义。试分析如下句子:

(23) a. 曾海生　　微笑着　　抽烟。
　　 b. 曾海生　在微笑着　　抽烟。
　　 c. 曾海生一直微笑着　　抽烟。
　　 d. 曾海生始终微笑着　　抽烟。
　　 e. *曾海生从来微笑着　　抽烟。
　　 f. *曾海生已经微笑着　　抽烟。

带非完整情状意义(参见戴耀晶1991)的时间副词"在""一直""始终"可与该句式共现,带完整情状意义的时间副词"从来""已经"一般不与该格式共现。这种共现限制与单一事件句中"着"的用法是一致的。例如:

(24) 方华平在回想着刚才的奇遇。
(25) 清晨,小鸟在树上一直喳喳叫着。
(26) 胡总管始终算计着朱家的财产。
(27) *严师傅从来板着脸。
(28) *海妹已经讲着这个有趣的故事。

这种语言现象说明,"VP_1 + 着 + VP_2"结构中的"着"与单一事件句中的"着"一样,对时间副词的使用有选择限制作用。就这个含义上说,带"着"的 VP_1 可以分析为是该结构的语义重心,在语法结构上则可分析为是特殊的偏正结构。

4 与不带"着"的连动结构比较

前面提到,两个动词语连用时,带"着"的结构表明,前事件与后事件的联系非常紧密,具有"整体性"的语义特征,相比而言,不带"着"标记的连动结构,前事件与后事件的联系较为松散,具有"可分离性"的语义特征。

如果进一步从时间语义上来分析,带"着"的两个动词语连用结构表现出较强的同时性特点,而不带"着"连动结构则表现出较强的异时性特点。试比较:

(29) 　　　　　不带"着"　　　　　　　　　带"着"
　　　　a1. *李明经常躺看小说。　　b1. 李明经常躺着　　看小说。
　　　　a2. 他看窗外唱情歌。　　　　b2. 他　　看着窗外唱情歌。
　　　　a3. 曾海生微笑抽烟。　　　　c3. 曾海生　微笑着　　抽烟。
　　　　a4. 林娜拿皮包上班。　　　　b4. 林娜　　拿着皮包　上班。

左边的句子除(a1)不成立外,其他句子中的 VP_1 和 VP_2 都可以在时间上先后发生。如"看窗外"和"唱情歌"、"微笑"和"抽烟"、"拿皮包"和"上班"在时间上都不是必然同时发生。而右边带"着"的句子则表明 VP_1 和 VP_2 必然是同时发生的,在语义上强调了组合事件中两个事件的同时性特征。二者的区别可作如下图示:

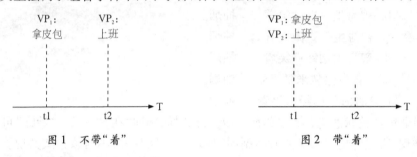

图 1　不带"着"　　　　　　　　　　　图 2　带"着"

不带"着"的句子表明,"拿皮包"和"上班"是先后发生的两个事件,而带"着"的句子表明两个事件虽然客观上可以有先后,但说话人选择"VP_1 + 着 + VP_2"结构则是要凸显"同时性"特征。不带"着"的句子中的"拿皮包"是有限界的事件,带"着"的句子中的"拿皮包"则是无限界的事件,起作用的语言要素是时体标记"着"。

5　结语

两个动词性短语连用是两个事件的组合表达方式。

从两个事件的关系语义来考察,有整体性、可分离性两种选择。表现"整体性"语义特征的是前一动词后面带"着"的结构"VP_1 + 着 + VP_2"(如"李明坐着说话"),表现"可分离性"语义特征的是不带"着"的动词语连用结构"VP_1 + VP_2"(如"李明上主席台献花")或连续用"着"的结构"VP_1 着 + VP_2 着"("李明唱着跳着")。

从两个事件的时间语义来考察,有异时性、同时性两种选择。表现"异时性"语义特征的是汉语中典型的连动结构,前后位置不能变换;表现同时性的是动词性并列结构,前后位置可以变换。"VP_1 + 着 + VP_2"结构反映的是一种特殊状态。即:两个事件的发生时间客观上可以有先后,但有一段时间重合,说话人通过"着"的使用来凸显"同时性"语义特征。

从句法形式来考察,"VP_1 + 着 + VP_2"结构中间没有停顿,前后不可以互换,是一种特殊的偏正结构。一般的连动结构(事件连续发生)虽然前后不可以互换,但中间有时可以有停顿,如"李明上主席台,献花"。而动词性并列结构则不但中间可以有停顿,两个动词性成分的位置还可以互换,如"李明唱着,跳着→李明跳着,唱着"。

三种结构的比较如下表所示:

结构	VP_1,VP_2	VP_1 着 + VP_2 着	VP_1 + 着 + VP_2
例如	上台献花	唱着跳着	坐着说话
可分离	+	+	-
同时性	-	+	+
可互换		+	
停顿	+	+	-
结构	连动	并列	偏正

参考文献

陈刚 1980 试论"着"的用法及其与英语进行式的比较,《中国语文》第1期。

戴耀晶 1991 现代汉语表示持续体的"着"的语义分析,《语言教学与研究》第2期。

—— 1997《现代汉语时体系统研究》,杭州:浙江教育出版社。

黎天睦 1994 论"着"的核心意义,戴浩一、薛凤生主编《功能主义与汉语语法》15—33页。北京语言学院出版社。

刘宁生 1985 论"着"及其相关的两个动态范畴,《语言研究》第2期。

吕叔湘主编 1981《现代汉语八百词》,北京:商务印书馆。

马希文 1987 北京方言里的"着",《方言》第1期。

屈承熹 1991 现代汉语中语法、语义和语用的相互作用,《国外语言学》第2期。

饶长溶 1988 "不"偏指前项的现象,《中国语文》杂志社主编《语法研究和探索》(四),北京大学出版社。

于根元 1983 关于动词后附"着"的使用,《语法研究和探索》(一),北京大学出版社。

袁毓林 1998《语言的认知研究和计算分析》,北京大学出版社。

张伯江 方梅 1996《汉语功能语法研究》,南昌:江西教育出版社。
Comrie, B. 1976 *Aspect*. Cambridge University Press.
Lyons, J. 1977 *Semantics*. Cambridge University Press.
Smith, C. 1997 *The Parameter of Aspect*. Kluwer Academic Publishers.

原刊于《中国语言学报》第十期,2001年,75—81页

现代汉语经历体"过"的语义分析

提要

现代汉语的经历体是通过形态"过"来标示的,其语义内容是表达历时的动态完整事件。历时性是经历体的本质属性,"过"的动态性表现为历时变化性,"过"的完整性表现为历时整体性,"过"的历时性表现为与参照时间不相连的历史曾然性。"过"反映的事件具有终结的意义。

体是观察时间进程中的事件构成的方式。根据对事件观察方式的不同,现代汉语的体可以分为完整体和非完整体两个大类。① 经历体(experience)是完整体的一种,同现实体"了"一样,它也是着眼于外部来观察时间进程中的事件构成,反映事件不可分解的整体性质。所不同的是,现实体强调句子所表达事件的现实性,而经历体强调的则是句子所表达事件的历时性。在现代汉语里,经历体的形态标记是"过"。

1 关于"过"

汉语的形态是逐渐地演化发展出来的,这个演化发展过程目前仍在继续。在汉语研究史上引人注意的一个现象是,四十年代几部重要的语法论著在论述"体"的章节里,都不谈"过"这个体标记。② 而实际上,"过"在早期白话文里就有比较典

---

① 现代汉语的完整体有实现体"了"、经历体"过"、短时体"动词重叠",它们表达的是语言使用者对事件的外部观察;现代汉语的非完整体有持续体"着"、起始体"起来"、连续体"下去",它们表达的是语言使用者对事件的内部观察。具体内容另文讨论。

② 吕叔湘(1942)谈到了十二种表示"动相"的形式,王力(1944)论及六种"情貌"的表示方法,高名凯(1948)讨论汉语的六种"体"及其表达方式,都没有提到"过"。黎锦熙(1924。1955年校订本)倒是提到了表示"过去时"的"过",举的例子是:"我也曾使过眼色,也曾递过暗号。"不过,作者把"过"看作是表时间的副词,与"已经""已然""曾经""早就""向来""刚才""完"等一并讨论。这样,"过"表示体意义的性质反而给淡化了。

型的经历体用法。例如:

(1) a. 妹妹几岁了？可也上过学？(《红楼梦》第三回)

　　b. 学生也亲口念过几遍,并无差落,那有此话？(《警世通言》第十五卷)

五十年代以后,把"过"看作与"了""着"一样的体标记并从体意义上展开讨论的论著才渐渐多起来。③

现代汉语的"过"字负载的语义项很多,有的是实语素意义,有的是虚语素意义,所有义项似乎构成一条演化链。例如:

(2) a. 我跳上公共汽车,竟然一下子坐过了站。

　　b. 忍一忍,熬过高考,我们痛痛快快玩一场!

　　c. 我已经考虑过了,不当这个体育委员。

　　d. 魏刚曾经写过一篇小文,叫《读者的阶梯》。

a 句的"过"意思是经过某个空间,b 句的"过"是度过某个时间,二者都是实语素。c 句的"过"意义有所虚化,有"完毕"的含义,完毕也就是度过了某个点(事件的终结点)。d 句的"过"则已经虚化,表示经历上的一个事件,经历上的当然也是经过了的和度过了的,同时也是完毕了的,不过强调了一种"曾然"的历时意味。"过"的语义由实到虚的轨迹是:

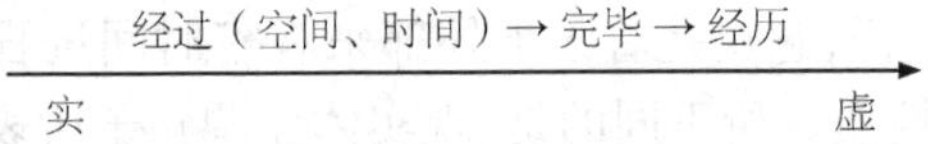

$$\text{经过（空间、时间）} \rightarrow \text{完毕} \rightarrow \text{经历}$$
实　　　　　　　　　　　　　　　　　　虚

图 1

本文讨论的形态"过"主要指的是 d 句里反映的抽象的虚化的"经历"意义,附带涉及 c 句里反映的半虚化的"完毕"意义,至于 b 句和 a 句里反映的"经过"意义则认为是具体的词义,暂不讨论。

2　动态性

经历体形态"过"在句子里表达的事件具有动态的性质,这一点与现实体形态"了"相同。不过,由于"过"表达的是经历上的事件,该事件在历史上发生并已终结,自然也就经历过某种变化,"过"的动态性是一种历时变化性。例如:

---

③ 俞敏(1954)《汉语动词的形态》把"过"认为是表示"经验体"的词尾,另外参见陆宗达、俞敏(1954) 114 页,张秀(1957)160 页的讨论。苏联汉学家龙果夫(1952)129 页,雅洪托夫(1957)126 页均认为"过"是"不定过去时"的形态,而伊三克等编写的《华语课本》201 页则认为"过"是"未完成一多回体"。

(3) a. 我教过郑海波,当过他的班主任。
　　b. 有人曾做过不让人做梦的实验。

a 句"我教郑海波"和 b 句"有人做实验"表达的都是经历上的事件,"过"标示了这种经历体上的动态变化。而"了"标示的则是现实的动态变化,或者是过去的现实变化,或者是现在的现实变化,或者是未来的现实变化。例如:

(4) a. 昨天,幼瑜给我们带来了一包南瓜子,你尝尝看怎么样?
　　b. 他端了一杯茶,送到杨小真手里。
　　c. 哪天他当了作家,还不定怎么样呢。

"过"与"了"在动态性的表现上还有一点不同:当静态动词充当谓语的时候,"了"的动态性表现在指明了进入某种静态的变化,即反映一种起始的变化。而"过"的动态性表现在指明了脱离某种静态的变化,即反映一种终结了的变化。试比较如下两个句子:

(5) a. 他俩红了脸。
　　b. 他俩红过脸。

a 句"了"表示的语义是,经过起始的动态变化,他俩进入了"红脸"的静态。b 句"过"表示的语义是,经过终结的动态变化,他俩脱离了"红脸"的静态。"过"附在静态动词后面表示终结动态性的句子。再举数例:

(6) a. 我什么都知道,谁让咱们好过一场呢!
　　b. 我实在怀疑他们是否真诚地相爱过。
　　c. 彩虹着实迷惑过我一阵,……
　　d. 从前他也曾紧张过,沉重过,……

由于"过"具有终结动态性的特点,因此,有些与终结语义不相容的静态动词不能带经历体形态"过",如"认得""认识""认为""晓得""知道""包含""充满"等。下面的句子在现代汉语里是不合语法的:

(7) #a. 我知道过这件事。
　　#b. 这里面包含过老工人多少心血呵。

3　完整性

完整性指的是句子所表达的事件的整体性质,它是从外部(outside)观察一个事件构成的结果。"过"与"了"一样,表述的是不予分解的完整事件,观察的着眼点在事件外部(在这一点上与"着"相区别)。所不同的是,"过"反映的完整事件是经历上的,并非现实的,其完整性表现为一种历时整体性。例如:

(8) a. 老鬼一听谢小晶也在内蒙插过队,当即拍板。

　　b. 报上不是宣传过爸爸是改革家吗?怎么又怀疑爸爸贪污呢?我弄不明白。

a 句"谢小晶插队"和 b 句"报上宣传爸爸"都是完整事件,都是从外部观察的不予分解的事件,同时又都是历时事件,是在历史上曾经发生并且已经终结的事件,这些句子里的动词前面都可以加上副词"曾经"来修饰。实际语言材料中,"过"与"曾经(曾)"配合使用的也不少。兹举二例:

(9) a. 发表了这篇电视讲话以后,他曾接到过恐吓电话,但他并未寻求特别保护。

　　b. 和我曾经读过的三毛作品相比较,琼瑶的小说像小夜曲,很动听,就是太缠绵、太伤感了。

需要指出的是,这里所说的完整,是指句子所表述事件的整体性,并非指动词所指动作的整体性;这里说的不可分解,是指带"过"的句子对所表达事件的观察着眼于外部,并非事理意义上的不能分解;同样,这里所说的历时,指的是句子所表达事件的历史经历的特点,该事件曾经发生并终结。至于事件(尤其是动词反映的动作)在目前的影响并未涉及,自然也未予否认。例如:

(10) a. 我们只握过两次手,没想到一次是开始,一次便是结束。

　　b. 几年前,几位新潮评论家就特别关注过王朔的小说。

a 句"我们握两次手"这个事件由于使用了"过"而标示了其完整性。句中数量词"两次"指出了事理上的可分解,但"过"(或者"了")的出现以及句式表达上的特点(不能带"着")表明,语言使用者是把这"两次"看作不予分解的整体。事理上的可分解服从于句式表达上的不分解,另外再用两个平行的静态完整句子(小句)表达了前一句子里蕴含的事理上的可分解性。

b 句"几位评论家关注王朔小说"这个事件用"过"标示了其历时性,他们是否仍在"关注"呢?句子并没有涉及(比较句式:"几年来,评论家们一直关注着王朔的小说"),当然也没有否认,④那是另一个层面的表达问题。不过,由于"过"具有历时终结的语义特征,它所表达的事件也就含有"目前已非如此"的语义取值倾向,例如:

(11) a. 郭辉考上了中国科技大学,我记得写信告诉过您。

　　b. 校长发完言,请参加过"一二·九"运动的老师发言。

　　c. 十渡前几天还淹死过游人,万一出事呢?

以上句子中"告诉""参加""淹死"等动词后面由于附上了"过"而使句子表达

---

④ 因为可以有这样的句子:"几年前,几位新潮评论家就特别关注过(现在仍然关注着)王朔的小说。"

的事件有目前已非如此的含义,不过,这并不是句子必然推论出的意义。试比较:

(12) a. 去年春游去过一次长城,今年要选另外一个风景区。

b. 我跟着他来到他家,那虽然只来过一次的,却是我已经熟悉的房间。

a 句"去过",目前已非如此,b 句"来过",目前又来了。可见"过"对目前的影响是一种可能的影响,而不是必然的影响,它只反映了句子表达的是一个历时完整事件,其他方面的语义蕴含是由句子的各个组成部分共同决定的。

"过"表达的完整性还有一个附加的特别的意义,即句子表达的虽然是完整的、历时终结的事件,但该事件却可能不只一次地重复发生。为此,五十年代曾有人提出"过"是"未完成多回体"的标记,⑤如例 12 中的"同学们去过长城""我来过他家"所表述的事件都是完整的并且终结了的(说"过"表示"未完成"显然无法成立),但又都隐含着这类事件的个体量是多数的意义,即该类事件的集(set)可能包含不止一个成员,事件可以不只一次地重复发生。

赵元任(1968)讨论"不定过去态"的时候就说:"轻声的'过'是纯粹后缀,意思是'过去至少有过一次'。"

李讷等(1983)讨论"经验貌"的时候也说:"'过'表示这个事件在某一时间至少被经验过一次,而这个时间通常是过去。"

实际语言里,有些不能表示多数意义的动词确实不能带"过"。例如以下句子通常认为是不合语法的:

(13) #a. 张家的小三子去年长大过。

#b. 李大爷小时候死过一次,后来又活过来了。

#c. 一九五六年,他在北京大学毕过业。

现代汉语对经历事件的强调否定有两种格式,其中之一就是"一次也没(有)V 过"(另一种格式是"从来没(有)V 过")。例如:

(14) a. 哪一次?你一次也没交过!你为什么不交作文?

b. 我们相处几年,一次手也没有握过。

c. 可惜的是,他一次课也没有给我补过。

这种否定格式的存在,其语义基础就是预设(presuppose)了该类事件可以不只一次地发生。

尽管如此,似乎也不宜把"过"可能隐含的多数意义过分强调,更不宜把"过"的体意义概括为"多回",自然也不必用"至少经验一次"来表述。理由是,其一,"过"所反映的是可能的多数,而非必然的多数。例如:

---

⑤ 俞敏(1954)《汉语动词的形态》把"过"认为是表示"经验体"的词尾,另外参见陆宗达、俞敏(1954)114 页,张秀(1957)160 页的讨论。苏联汉学家龙果夫(1952)129 页,雅洪托夫(1957)126 页均认为"过"是"不定过去时"的形态,而伊三克等编写的《华语课本》201 页则认为"过"是"未完成—多回体"。

(15) a. 妈妈再没提过去爱过的那个人。
　　　b. 她是教过我们的所有老师里最特别的一位。

两个例句中包孕的事件"妈妈过去爱过那个人""她教过我们"要用数量的方式如"至少经验一次"来限制是很困难的,因为"相爱""教书"这些行为概念是不大用次数来陈说的。

其二,事件是由句子而非动词来表达的,有些动词反映的动作可以多次发生,但使用该动词的句子所反映的事件却不可以多次发生。例如:

(16) a. 你读过书,懂得道理,为什么做这种事?
　　　b. 妈,你就没做过女孩子吗?

"读""做"都是可以多次发生的动作,但是句子"你读过书""您做过女孩子"表达的事件却是无法多次发生的。它们或者意义抽象而无法计数(如 a 句),或者一生中只能有一次(如 b 句)。

基于上述认识,本文把经历体"过"的意义概括为表示经历上的动态完整事件,而没有引进次数观念来表述。

4 历时性

历时性是经历体最重要的语义特征。历时性也可叫曾然性,它指的相对某个参照时间而言,句子所表述的事件是一个在参照时间之前发生并与参照时间脱离的事件,即一个经历上的事件。现代汉语里用形态"过"来标示。

历时性与现实性不同。在参照时间之前(含参照时间)实现了的事件都具有现实性,用形态"了"标示。在参照时间之前(不含参照时间)发生并终结的事件方具有历时性,用形态"过"来表达,历时性的参照时间通常是说话时间,现实性和历时性在时轴上的区间如图 2 所示:

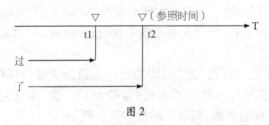

图 2

现实事件发生的限界是 t2,经历事件发生并终结的限界是 t1,"t2—t1"是二者的时间差,t2 是参照时间。试比较如下两个句子:

(17) a. 这地方我住了三年。

b. 这地方我住过三年。

a句表达一个现实事件,标记是"了";b句表达一个历时事件,标记是"过"。二者在时轴上的表现如图3所示:

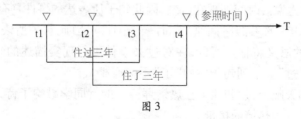

图 3

t4 是参照时间,在这里也是说话时间。"了"反映的事件从时间 t2 发生,持续到 t4(三年)为一个完整事件,是否终结句子没有涉及,可能终结,也可能没终结。"过"反映的事件从时间 t1 发生,持续到 t3(三年)为一个完整事件,该事件已经终结,并与参照时间 t4 脱离(不相连)。

上面举的是"了"表达现在的现实的情况与"过"的比较。如果"了"表达过去的现实,在时间所指上就与"过"非常相似了。试比较:

（18） a. 小时候,我在这儿住了三年。

b. 小时候,我在这儿住过三年。

由于过去时间词语"小时候"的出现,两个句子表达的都是过去发生并终结的事件,"了"与"过"在时间轴上的表现在这里可以认为是重合的。如图4:

图 4

正是在表达过去事件的时候,现实体和经历体的时间所指出现"重合"这个意义上,"过"和"了"有时可以互换。如a句中的"了"可以换成"过",b句中的"过"可以换成"了",句子的时间所指仍然相同。下列句子在时间所指意义上"过""了"可以互换:

（19） a. 奥斯汀生前只发表过七篇文章。

b. 这些被褥,房东只是在结婚时盖过一次。

c. 从镜子里,我看出上次染了的白发,已然露出了白根。

d. 是呀！我小时候,就由于太认真,还挨了爷爷的一顿揍呢！

159

不过,互换后的句子语义内容并不相同。"过"强调事件的历时性,"了"强调事件的现实性,二者在汉语体范畴系统中的地位不同。以例 18 的时轴示意图来看(图4),虽然"过"与"了"的时间所指重合,但两个句子的参照时间不同。"住过三年"的参照时间为说话时间即现在(t3),因此句子所表达的事件具有历时的语义特征。而"住了三年"的参照时间是"小时候"(t1t2),因此句子所表达的事件具有(过去的)现实的语义特征。所以,在对过去事件进行现实描述的句子里,只能用"了"而不能用"过"。下列句子中的"了"不能换成"过":

(20) a. 那天晚上,她和几个狂热崇拜诗人的女同学敲响了诗人的房门,受到了诗人热情的接待。

b. 那一次,我丢掉了会计职务,却意外地获得了爱情。

由于"过"的历时性特点,它所表达的都是终结了的事件,而"了"表达的事件只强调其已然实现的现实特征,并不必然含有终结意义。比较如下的句子,可以看出二者表意上的明显差异:

(21) a. 李洋去过北京。

b. 李洋去了北京。

正像许多研究文献中所指出过的那样,a 句的含义是李洋现在不在北京了,b 句的含义是李洋仍然在北京⑥(也许在去北京的路上,"了"本身并不指明目标终点。如"李洋打了他,但没打着")。这种差异并不因表示过去时间词语的出现而消除。

(22) a. 小时候,李洋去过北京。

b. 小时候,李洋去了北京。

a 句表示"小时候"发生并已终结的事件,李洋不在北京了。b 句表示"小时候"实现的现实事件,李洋也许还在北京。这种表意上的差异在下面的句子里得到了中和:

(23) a. (小时候,)李洋去过一次北京。

b. (小时候,)李洋去了一次北京。

由于计数词语"一次"的介入,两个句子表达的事件都已经终结,都可以推导出李洋不在北京的语义内容(这再一次说明句子的体意义是由各个成分共同体现)。不过,"过"反映的是历时意义上的终结,"了"反映的是(过去)现实意义上的终结。

简言之,现代汉语的经历体是通过形态"过"来标示的,其语义内容是表达历时的动态完整事件。历时性是经历体的本质属性,⑦"过"的动态性表现为历时变

---

⑥ 参见张晓铃(1986),孔令达(1986),刘月华(1988)等文的有关论述。又参见李讷等(1983)的论述,208 页。

⑦ 从一些研究文献对"过"的命名也可看出经历体形态"过"与事件历时性的密切关系。如雅洪托夫(1957)称"过"为"不定过去时"(tense),赵元任(1968)称"过"为"不定过去态"(aspect)。

化性,"过"的完整性表现为历时完整性,"过"的历时性表现为与参照时间不相连的历时曾然性。"过"反映的事件具有终结的意义。

参考文献

陈平(1988)论现代汉语时间系统的三元结构,《中国语文》1988,6。

邓守信(1986)汉语动词的时间结构,《第一届国际汉语教学讨论会论文选》,北京语言学院出版社。

高名凯(1948)《汉语语法论》,商务印书馆1986年新版。

孔令达(1986)关于动态助词"过$_1$"和"过$_2$",《中国语文》1986,4。

黎锦熙(1924)《新著国语文法》,商务印书馆1955年校订本。

李讷、汤普森(1983)《汉语语法》,黄宣范译,台湾文鹤出版有限公司。

龙果夫(1952)《现代汉语语法研究》,郑祖庆译,中华书局,1958。

刘月华(1988)动态助词"过$_2$ 过$_1$ 了"用法比较,《中国语文》1988,1。

陆宗达、俞敏(1954)《现代汉语语法》上册,群众书店。

吕叔湘(1942)《中国文法要略》,商务印书馆1982年新版。

雅洪托夫(1957)《汉语的动词范畴》,陈北伦译,中华书局,1958。

俞敏(1954)汉语动词的形态,《语文学习》1954,4。

王力(1944)《中国语法理论》,商务印书馆。

张晓铃(1986)试论"过"与"了"的关系,《语言教学与研究》1986,1。

张秀(1957)汉语动词的"体"和"时制"系统,《语法论集》第一集,中华书局。

赵元任(1958)《汉语口语语法》,吕叔湘译,商务印书馆,1979。

原刊于《吉安师专学报》(哲学社会科学)1991年第1期,32—37,60页

[整理者按]

戴先生所发表的、与本文同一主题的文章还有:
《动词后"着"和"过"的语义分析》,收入《动词研究》,河南大学出版社,1995年,88—110页。

现代汉语短时体的语义分析

0 引言

体(aspect)是观察时间进程中的事件构成的方式。根据对事件观察的方式不同,现代汉语的体可以分为完整体和非完整体两个大类。①

短时体是完整体里的一种,它指明句子所表达的是一个完整的动态的短时的事件,在汉语里用动词重叠的形式来标示。与现实体"了",经历体"过"等其他完整体不同的是,短时体特别强调事件的时量因素,并且经常在表示未来事件的句子里使用。

1 关于"动词重叠"

与印欧系语言比较,汉语的"动词重叠"是很有特色又极富表现力的一种语言形式。在众多的研究文献中,对"动词重叠"的性质是什么,包含几种格式,表达什么样的语义内容,意见颇多分歧。不过有一点是相同的,即研究者们基本上都是从动词反映动作的角度来考察动词重叠的语法性质和语法意义。

本文的考察角度有所不同,不是从动词反映动作,而是从句子反映事件来研究动词重叠这一形式的意义。使用动词重叠作谓语的句子表示的是一个动态的事件,一个完整的事件,一个短时的事件。动态性,完整性,短时性是动词重叠的三项主要的语义内容,其中短时性是它区别于其他形式的本质特性。句子既可表示过

---

① 完整体对事件不作分解,表达的是语言使用者对事件的外部观察,现代汉语的完整体有现实体"了",经历体"过",短时体动词重叠等。非完整体对事件进行分解,表达的是语言使用者对事件的进行分析,表达的是语言使用者对事件的内部观察,现代汉语的非完整体有持续体"着",起始体"起来",继续体"下去"等。参见拙文《现代汉语表示持续体的"着"的语义分析》(《语言教学与研究》1991,2)。

去的短时事件,也可表示未来的短时事件。这里说的动词重叠,指的是动词本身的重叠 AA 式(A 指单音节或双音节动词)。"A 了 A"这一形式实际上是两种体形态格式的叠用,"了"形态是附着在动词重叠形态"AA"之上的,即:"短时体 + 现实体",指明句子所表达的短时事件是一个实现了的现实事件。其层级结构是:

(1) 他有点不好意思地笑了笑。

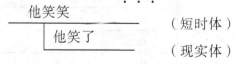
（短时体）
（现实体）

下面分别讨论短时体的三项语义内容,主要讨论"AA 式",偶尔也涉及"A 了 A"格式。至于"A—A""A 了—A""A 不 A""A 着 A 着""A 来 A 去"等格式,虽然也有学者认为属于"动词重叠"②,这里均不作讨论。

2 动态性

动词重叠的动态性质是明显的,用动词重叠作谓语的句子所表示的事件都反映了某种变化,具有异质的(heterogeneous)时间结构。例如:

(2) a. 金斗老汉故意扬扬手中的旱烟袋打趣道……
    b. 我问她:"还有什么困难吗?"她摇摇头,转身走了。

句子"金斗老汉扬烟袋"和"她摇头"都具有动态性,动词重叠以后进一步肯定了这种动态性。

与另外两个完整体形态"了"和"过"相比,动词重叠受到的限制较多,它的动态性既不能像"了"那样附着在静态动词后面表示进入静态事件的起始变化,也不能像"过"那样表示终结的变化,它表示的是一种短时过程的变化③。能够重叠的动词基本上都是动作动词,静态动词和结果动词由于语义上的限制,通常都不能重叠。以下是不合格的句子:

(3) a. *她整天就是爱爱孩子。
    b. *芹姐的身体病病就好了。

以《动词用法词典》④收入的一千多个动词来分析,不能带"了"的动词有 68

---

② 如张静(1979)《论汉语动词的重叠形式》(《郑州大学学报》1979,3)讨论了六种格式。申小龙(1983)《试论汉语动词和形容词的重叠形态》(上海《语文论丛(2)》)讨论了八种格式,作者认为这些重叠形态表示了五个体,一个式。

③ 见下文对例(4)的三种完整体形态的比较分析。

④ 指孟琮等编的《动词用法词典》,上海辞书出版社,1987。

个,不能带"过"的动词有98个,而不能重叠的动词高达587个,是"过"的6倍,是"了"的8.5倍,占了书中所收动词(常用动词)的46.3%。如下表。

表1 动词带"了""过"及重叠对照表

特征 项目	可带	%	不带	%	总计
了	1198	93.8	68	6.2	1266
过	1168	92.3	98	7.7	1266
重叠	679	53.7	587	46.3	1266

表中的情况说明,动词带"了"带"过"与动词重叠所受到的语义限制是不相同的。动词重叠的动态性最强,在三个完整体的形态当中受到的限制也最大,将近半数的动词没有重叠形式。使用动词重叠作谓语的句子所表达的动态变化必须贯穿事件(短时的)全过程。试比较:

(4) a. 我打了他/我打过他/我打打他

   b. 她红了脸/她红过脸/她红红脸

a例使用了动作动词"打",三个句子表达的事件动态性显而易见。b例使用了静态动词(形容词)"红",三个句子在动态性的表现特点和强弱程度上有所不同。"她红了脸"的动态性表现在指出进入某种静态的变化(由不红到红),"她红过脸"的动态性表现在指出一个历时静态事件的终结变化(由红到不红),而"她红红脸"的动态性则贯穿了整个短时事件的全过程。

3 完整性

短时体是完整体中的一种,动词重叠的完整性语义特征表现为对时间进程中的事件构成的观察角度是取之于外部(outside)而不是取之于内部(inside)。由于动词重叠强调事件的短时特征,事件有一个短时持续过程就是题中原有之义。不过,动词重叠非但没有强调事件的持续意义,倒是特意突出了事件的非持续意义。这一点与表示非完整体持续意义的形态"着"相比较可以看得较为清楚。例如:

(5) a. "嗯",金斗老汉点点头,表示赞成。

   b. 金斗老汉点着头,表示赞成。

   c. 婉秋咬咬牙,掏出了五块钱。

   d. 婉秋咬着牙掏出了五块钱。

a句和c句使用动词重叠,表示"金斗老汉点头""婉秋咬牙"都是非持续的事件,语言使用者从外部观察该事件的构成,指出了事件不予分解的完整性。b 句和 d 句使用形态"着",突出了句子所表达事件的持续性质,语言使用者从内部观察了该事件的持续段,指出了事件可以分解的非完整性质。⑤

有几种"重叠"格式确实可以表达非完整的持续意义。例如:
(6) a. 王英说着说着就睡着了。
    b. 他进得庙来,对着观音拜了又拜,口中念念有词。

a 句的持续意义是由"着"表示的,b 句的持续意义是由"又"表示的。而且,"说着说着"和"拜了又拜"都是短语,不是具有形态变化意义的动词重叠,不是短时体。

古代汉语里曾经出现过用重叠动词来表示持续事件的用例,如"行行重行行,与君生别离"(古诗)、"飞飞摩苍天,来下谢少年"(曹植诗),不过,这种用法在汉语演化过程中已经"自然淘汰"了。⑥ 现代汉语的动词重叠没有表示非完整持续意义的用法。

动词重叠的完整性还表现在表述未来事件的句子里,这也是动词重叠与"了""过"等其他完整体形态不相同的地方。经历体"过"由于受到历时性语义特征的制约,主要用于表述经历上的曾然事件,很少用以表达未来事件。现实体"了"用以表达未来事件的时候,需要有一个保证其现实性的未来参照时间,因此,句子通常都是表达事件的复合,如"李燕明天下了班会去医院看你"。动词重叠则没有这些限制,它可以自由地表达过去事件、现在事件和未来事件。实际语言中,它还比较多地出现在表达未来事件的句子里,其完整性依然保持。例如:
(7) a. 他决定到乡下去串一趟亲戚,见识见识。
    b. 碗橱里有饺子呢,我来给你们热热。
    c. 公爹说:"石榴过门早,亏,补补。"

以上句子里,"他(长)见识""我热饺子"和"石榴补身子"都是尚未发生的未来事件,句子使用动词重叠,表示这些事件都是不予分解的整体,并不着眼于揭示事件的内部构成。

动词重叠经常用在祈使句式和条件句式里,表达的也是未来事件。例如:
(8) a. 厂长,你快去看看吧!
    b. 我是不行了,请大家想想办法吧。

---

⑤ 完整体对事件不作分解,表达的是语言使用者对事件的外部观察,现代汉语的完整体有现实体"了"、经历体"过"、短时体动词重叠等。非完整体对事件进行分解,表达的是语言使用者对事件的进行分析,表达的是语言使用者对事件的内部观察,现代汉语的非完整体有持续体"着"、起始体"起来"、继续体"下去"等。参见拙文《现代汉语表示持续体的"着"的语义分析》(《语言教学与研究》1991,2)。

⑥ 参见王力(1944)《中国语法理论》(商务印书馆)157 页的论述。作者在注释里认为现代汉语口语里的"谢谢"是动词重叠表示持续语义的用法留下的痕迹。

c. 把咱们家的底子都扫扫,只怕也盖不起。

d. 中国的音乐真好,谁要是动了怒,听听你们的音乐,心情就会平静下来了。

a 句和 b 句表达祈使语气,"你看""大家想"是语言使用者祈望发生的事件,二者都是着眼于外部观察的未来完整事件。c 句和 d 句是条件句式,动词重叠都出现在表达条件事件的分句里。值得注意的是 d 句,现实体形态"了"和短时体形态动词重叠同时出现了。"谁动了怒"表述一个未来的现实事件,"谁听听音乐"表述一个来来的短时事件,二者共同作为条件(分层级),"心情平静下来"是其结果。

部分动词在重叠后甚至只能用于表达未来事件的句子里,不用于表达过去事件和现在事件,与"了"和"过"的使用恰成对照。这一类的动词主要是双音节的,如"爱护""爱惜""帮助""改革""关心""明白""明确""迁就""提倡"等。"了"与"过"对动词的音节没什么选择,动词重叠则对动词的音节有较强的选择性。可重叠的动词中单音节较多,以《动词用法词典》所收的常用动词为例可整理出如下对照表:

表 2　动词重叠情况音节对照表

重叠＼音节	单音节	双音节	三音节	总数
可重叠	432	247	/	679
不重叠	147	438	2	587
小计	579	685	2	1266

表中可以看出,现代汉语的单音节动词大多数可以重叠,占 74.6%。三音节动词不重叠。双音节动词重叠受到较多限制,即使以常用的双音节动词来统计,也仅占 36.2%。次常用和非常用动词中,双音节的居多,而可重叠的动词比例数当然也就更低。

动词重叠经常用于表达未来完整事件的另一个相关语言现象是句子中可以出现情态词和表示未来意义的助动词。例如:

(9) a. 林机厂的厂长总得熟悉熟悉林区嘛。

b. 老的知道为小的打算,小的也要暖暖老人的心。

c. 谁抬呢? 紧要关头还是去求求解放军吧。

d. 我来瞧瞧是什么毛病。

以上句子中的"得""要"和"去""来"与动词的重叠形式一起,表示了事件的未来性质。

4 短时性

短时性是短时体最主要的性质。"短时"是一个抽象的观念,并不具有时间长度上的可标示性,它与可度量的具体时间并无必然联系。不能说一分钟是短时,一天就不是短时。短时与其说是一个物理时间概念,不如说是一个心理时间观念更能说明语言实际。语言使用者认为某个事件占据了一个较短的时间或将要占据一个较短的时间,就用短时体的句子来表达,动词重叠是这种短时性的显性语法标记。例如:

(10) a. "我就怕我们连长",严班长稍停,又摇摇头。
　　　b. "下午不要去后山了,陪客人村子里转转。"

a句中"严班长摇头"是现在事件,b句中"你陪客人转"是未来事件,使用动词重叠形态"摇摇""转转"指明了事件的短时性。

当动词重叠带上现实体标记"了"以后,短时的性质表现得尤为明显。例如:

(11) a. 她望着纸盒想了想,解下一道辫绳。
　　　b. 王峻指了指托尔斯泰的雕像说:"他以真诚感动了你。"
　　　c. 连长望了望草垛,看了看"疯牛",径自走出牛棚,到"班部"坐下。

例句中的"想了想""指了指""望了望""看了看"都指明了句子所表达事件的短时性质。

由于短时是一个抽象观念,因此使用了动词重叠的句子通常不带时量补语。以下是不合格的句子:

(12) a. *爹,我先看看一会儿书嘛。
　　　b. *表哥上前去摸摸她的额头几秒钟,好烫人!
　　　c. *这个问题我们考虑考虑一晚上,明天答复你。

例句中的"一会儿""几秒钟""一晚上"等作补语的词语指明了事件占据的具体时间,与短时体表达抽象时间观念的语义内容不相符合,因此不能与动词的重叠在同一个句子里共现。如果说动词重叠表达的是"量"的语法意义,[7]那也是表达不定指的抽象短时量。

时间词语如果不用于作补语而是用于作状语的话,是可以同动词重叠共现的。理由是补语和状语的性质并不相同,补语表示事件经历的时间长度,状语表示事件发生的时间范围,这个区别在带"了"的句子里可以看得较为清楚。试比较:

---

[7] 俞敏(1954)《汉语动词的形态》(《语文学习》1954,4)认为动词重叠是表达"一下"的意思,属于与体范畴平行的"量"这个语法范畴。

(13) a. 他上午打了球。
　　 b. *他打了上午球。
　　 c. *他一上午打了球。
　　 d. 他打了一上午球。

可见，作状语表示事件的时间范围的词语同动词重叠表达的抽象短时并不矛盾，二者可以在同一个句子里共现。以下是合格的句子：

(14) a. 老孙哪，你一会儿表表态吧。
　　 b. 不信？我晚上给你试验试验。
　　 c. 下个月，张县长要来看看渔民出海的盛大场面。

例句中的"一会儿"（等于"过一会儿"）、"晚上"、"下个月"（等于"到晚上""到下个月"），指的都是事件发生的时间而不是事件经历的时间长度，动词重叠的使用自然也就不受限制了。

说短时是抽象的心理观念还可以解释一些引起了争议的语言现象。有的研究者曾提出动词重叠表示少量的语义，因此"把生米煮成熟饭，把生面蒸成馒头都不能重叠动词，而把剩饭煮煮，把凉馒头蒸蒸都可以重叠动词"。⑧ 有的学者不同意这个解释，举的是"把条皮带煮煮吃了一天"的例子。⑨ 实际上，一个事件需要经历多长时间是物理时间问题，观察者认为这个事件具有短时性质还是长时性质是心理时间问题，二者有密切联系，但并不是一回事。语言是交际的工具，交际者的表达方式反映了交际者对事件的观察方式。试比较下面两个句子：

(15) a. 他一个上午就是煮煮饭，别的什么也没干。
　　 b. 他煮了一个上午的饭，别的什么也没干。

a句表达了一个短时事件，"他煮煮饭"很容易地就把时间打发了。b句表达的事件"他煮饭"却没有短时的含义。两个句子所指的也许是同样的客观事件，但反映的方式和传达出来的内容却大相径庭。以下是动词重叠表达短时事件的另外一些例子：

(16) a. 吴婶整天就是打打毛线，看看电视，从来不串门。
　　 b. 老头子退居二线了，不大去局里，平时翻翻闲书，下下棋，兴致来了找人聊聊天，生活倒也自在。

以上句子表达的都是习惯事件，动作不只一次地发生，动词重叠依然具有短时性质，意思是时间过得真快。句子所含有的轻松口吻和微弱动作的意味，是由短时性决定并由短时性引申出来的。不过，这种轻松和微弱意味（有人称之为"暂微体"）并不是动词重叠形式必然具有的语义特征，以下句子表达的都是没有轻松和

---

⑧ 见王还(1963)《动词重叠》(《中国语文》1963,1)24—25页。
⑨ 见李人鉴(1964)《关于动词重叠》(《中国语文》1964,4)260页。

微弱含义的事件,但都是短时的事件。例如:

(17) a. 都是娶媳妇大汉子了,也该学学怎么过光景。
　　　b. 这位厂长慌了神,连忙问有没有现成方案,他好拿回去应付应付。
　　　c. 我又仔细看了看,马上倒退一大步:麻疯!

有些带有动词重叠的句子含尝试意味(有人称之为"尝试体"),这也与短时性有关,而且所谓尝试意味往往出现在表达未来事件的句子,尤其是祈使句式里。例如:

(18) a. 你回去办办看,办不成也没什么。
　　　b. 老何,您愿意给我参谋参谋吗?
　　　c. 好好学学吧,你有咱爹那一半只怕也好了。
　　　d. 瞅空给你妈做双鞋,买买你妈的心。

动词重叠表达短时事件,尝试的事件可以认为是短时的,因为它所占的时间不会太久,加上用在未来事件里,又使用祈使句式,其尝试意味就更浓了。a 句动词重叠后面的"看",其语法意义就是近将来的尝试标记。所以,上述句子的尝试意味是句式、未来时间、词语,以及动词重叠表示短时意义的引申共同作用的结果。由于动词重叠经常用在表述未来事件的句子里,带有动词重叠的句子也就经常带有尝试的性质。不过,尝试性不是动词重叠的基本属性,在表述过去和现在事件的句子里,即使带上动词重叠也没有尝试意味。例如:

(19) a. 他看看手表,点点头,啊,三点半了!
　　　b. 我想帮她,她却笑笑说这是她一个人的事。
　　　c. 组长把英文说明书看了看,翻翻词典,很快就弄清楚了是怎么回事。

以上句子里都使用了动词重叠,表达的却都是没有尝试意味的短时事件。可见,尝试性也同轻松、微弱等意义一样,是短时性在具体语句中的引申带来的,并不是动词重叠的基本语义属性。此外,动词重叠作谓语的句子有时含有的委婉、恳切等意义,则是具体运用时的语言色彩问题了。

[整理者按]

原附注 3 为"参见陈平(1988)《论现代汉语时间系统的三元结构》(《中国语文》1988.6)2.2 节"。但因印刷错误,文中未见编号,今已不可考,暂录于此。

原刊于《语文研究》1993 年第 2 期,51—56、50 页

现代汉语句子中"起来"的语法化分析

现代汉语句子中的"起来"可出现于多个句法位置,表示各种不同的语义。本文描写汉语"起来"在句子中的句法组合,分析这些组合中"起来"所表示的语义。在此基础上,从语法化的角度,将各种语义之间的关系连接起来,探讨其中的演化途径。

1 从"说起来容易,做起来难"谈起

(1) 说起来容易,做起来难。

这是一句常用语,"说起来"是句子的主语,"容易"是句子的谓语。其中"起来"的句法语义应如何分析呢?

有几个分析方案:

A. "说起来"本身是动宾结构,可符号化为"V+O 起来"。语义上"起来"是动词"说"的内容。

B. "说起来"本身是动补结构,可符号化为"V+C 起来"。语义上"起来"是动词"说"的趋向补语,表示行为义。

C. "说起来"本身是派生结构,可符号化为"V+词尾起来"。语义上"起来"表示较虚泛的关涉义,是动词"说"的构形成分。

就这句话的语义而言,表示"说"这种行为比"做"这种行为更容易,因此,"起来"分析为行为义 B 更合理些。不过,从语感上说,句子中"起来"的语义比较虚泛,不像一般的补语成分有实际的所指。那么,汉语句子中的"起来"能表示哪些意义呢,这些意义之间能构成一条语义链吗,"起来"从实义到虚义的演化轨迹是否能运用语法化理论得到合理的解释呢?

下面主要结合北京大学 CCL 语料库现代汉语语料,从句法语义分析和语法化演化途径两个角度对"起来"做一些探讨。

2 "起来"在句子中的句法语义分析

汉语的"起来"可以单独充当句法成分,也可以与其他词语组合起来充当句法成分。在汉语的研究文献中,学者们根据"起来"在句子中的不同功能,分别把"起来"称为实义动词、趋向动词、时体标记、助词,等等。

2.1 动词"起来",做谓语,表示位置移动的实际动作。例如:

(2) a. 第二天<u>一大早起来</u>,他发现车票扔在地上,心中大惊,……
　　 b. <u>起来</u>,不愿意做奴隶的人们!

2.2 "起来"与动词组合,表示多种语义。

A. "动词 V + 起来",组成动补结构,"起来"表示空间变化的语义。例如:

(3) a. 可怜单云田的叔叔连伤带气,再也没<u>爬起来</u>,不久就含冤去世了,……
　　 b. 他画到兴头上,就把我<u>拉起来</u>和他一起丈量房子,研究尺寸,讨论式样。
　　 c. 那只小猫蓦地<u>蹿起来</u>一口咬住了烂鼻子堂叔的手。

B. "动词 V + 起来",组成动补结构,"起来"表示事件起始的时间语义。例如:

(4) a. 我们换上农民给我们拿来的干衣服,大家兴高采烈地<u>聊了起来</u>。
　　 b. 李栾氏深深地失望了,难以抑制地嘤嘤<u>哭泣起来</u>。

这种用法的"起来"在语义上可以分析为表示事件的"起始",并将延续,是汉语起始体的标记。

2.3 "起来"与形容词组合,表示多种语义。

C. "形容词 A + 起来",组成形补结构,"起来"表示空间增长的语义。例如:

(5) a. 牙床因充血而<u>肿胀起来</u>,嘴都张不开。
　　 b. 末末眼看着就<u>胖起来</u>,身体也好了,整个冬天没有得过病。

D. "形容词 A + 起来",组成形补结构,"起来"表示进入某种情状的时间语义。例如:

(6) a. 我隐隐感到他似乎对我正在失去兴趣,开始变得<u>冷淡起来</u>,……
　　 b. 他一下子<u>高兴起来</u>,对妈妈说了声"我去找他",就直奔汽车站而去。

这种用法的"起来"在语义上可以分析为表示事件"进入"形容词表示的情状,并将延续,是汉语起始体的标记。

2.4 "动词 V + 起来",组成动补结构,"起来"表示产生某种结果或者从某个方面看,语义较为虚泛。例如:

(7) a. 能把非常艰苦、琐碎的日常事物和人生的大目标<u>联系起来</u>考虑,这一点我是很佩服的。

  b. 他们也想和蒋介石军队取得默契,三方面<u>联合起来</u>对付新四军。

  c. 张艺谋给它起了个名字叫"大春",不过这个名字没有<u>叫起来</u>。

  d. 他<u>工作起来</u>专心致志,待人热情、诚恳、和蔼可亲,颇有人缘。

  e. 所含的高高在上之意,比云鹤似乎更深邃、更含蓄、更富于想象,<u>读起来</u>也更好听。

  f. 我分到广西厂,<u>看起来</u>不太理想,但什么都是有利和弊的。

这种用法的"起来"承担的语义不太明确,删去"起来"似乎对句子意义影响不大,但语感上不顺畅。

2.5 "动词 V + 起 + N + 来",组成分离式"动—补—宾"结构。例如:

(8) a. 半天才<u>抬起头来</u>问:"你还好吗?他们没伤害你吧?"

  b. 老人见无插话的机会,便又<u>拿起书来</u>。

  c. 老胡的气不打一处来。当着自己儿子面就<u>训斥起老战友的儿子来</u>。

  d. 酒至半酣,天九端着酒杯,忽然盯住玉佛<u>出起神来</u>。

  e. 遂放下了那份后悔和歉疚,高高兴兴地<u>做起公公婆婆来</u>。

这种用法的句法条件是,动词带了宾语,"起来"分离,出现在宾语的前面和后面,语义上与"起来"表示的意义相同。句法结构上是"动词 V + 起 + N + 来",语义结构上可以按照"动宾 + 起来"进行分析。这种用法的"起来"在句子中有时只出现"起"。例如:

(9) a. 忽而脑筋开了小差,竟<u>想起</u>"女子无才便是德"的至理名言。

  b. <u>比起</u>那些活八十、九十的人,我不算高寿。

  c. 可<u>比起</u>那些活四十、五十就死的人,我不是好多了吗?

3 汉语句子中"起来"的语法化演化途径分析

从上一节对"起来"的描写分析可知,"起来"在句子中主要有两种表现:一是独立运用,在句子中单独充当谓语,语义上是一个实义动词;一是与动词结合运用,形成"V + 起来"组合体,语义上表示多种复杂意义。下面分别分析。

3.1 "起来"独立运用。是实义动词,表示向上的空间位置移动。例如:

(10) a. 两个孩子"扑通"跪在他脚下。"这是怎么说的,<u>起来,快起来</u>。"他连忙把他们扶进家门。

  b. "怎么能躺在地上呢?<u>快起来</u>!"李玉胜发火了,大声地命令着大家。

  c. "<u>快起来</u>,告诉你个好消息,阿丹说'业余剧人'要演好戏了!"

d. 她想挣扎着起来,可是觉得浑身瘫软无力。

以上句子中的"起来"都是实义动词,"快起来"是偏正结构,"快"是状语,修饰动词"起来"。实义动词"起来"的语义是:"起",从下向上的位移;"来",从远到近的位移。"起来"组合成一个结构体,表示向上的位置移动,反映的是空间位移的语义。

3.2 "起来"与动词或形容词结合运用,形成"V+起来"组合体,表示多种复杂意义。

A. "V+起来"表示空间位置向上移动的语义。例如:

(11) a. 希拉突然蹦起来,呼呼地喷着浓烈的酒气,血红的眼珠也斜着,恶狠狠地扫视着屋里。
　　　b. 我把深埋在草丛里的头抬起来,凝望着蓝空,……
　　　c. 她出神地望着他,好久才站了起来。
　　　d. 第二天清晨我爬了起来,我一开口就发现自己的嗓音已经粗哑。

以上句子中的实义动词"蹦""抬""站""爬"表示具体的动作,"起来"作为动词的补语,补充说明动词移动的方向是从下到上。"起来"不是主要动词,但是在语义上与独立运用时表示空间位移是相同的,词义仍然很实在。

以下句子可以分析为"起来"表示较为抽象的空间位移语义。例如:

(12) a. "想起来什么? 地理讲义么?"她兴致很高地问。
　　　b. "全想起来了",他开口道,"我早知道,一到这儿我就能想起来。"

"想起来"语义上指的是通过动词动作"想",得到了"起来"的结果,句法上分析为补语,语义上分析为动词"想"的对象"起来",由下向上浮现出来了,是抽象的空间位置向上移动的语义。由此进一步发展,可演进到更为抽象的时间位移语义。

B. "V+起来"表示事件发生的时间语义。例如:

(13) a. 她高兴得嚷了起来:"写了两节! 真快呀……"
　　　b. 他打开母亲床头的台灯,掏出地图册翻阅起来,他一眼就看见了北京近郊有一条大河。
　　　c. 他拿起一个苹果,用两个拇指卡住,咔嚓一声掰成两半,大口嚼了起来。
　　　d. 他和她对峙了几秒钟。那位小姐突然恐怖地尖叫起来。

以上句子中的实义动词"嚷""翻阅""嚼""尖叫"表示具体的动作,"起来"附在这些动词的后面,表示这些动词所指的事件发生了,出现了,开始了,进入了。"起来"的这种用法与表示空间位移的语义有很大的不同,它反映的是语义较虚的时间位移。即在某个时间点上,发生了动词所指的事件,并且,这一事件没有结束,还将持续下去(时间位移)。"起来"的这种用法表现的是时体意义(aspect),表示事件起始并将持续。因此,"起来"也可以称为汉语"起始体"的标记成分。按照认知语言学空间优先的观点,"起来"的时间用法可以认为是"起来"空间用法的隐喻,即把事件的时间位移看作是事物空间位移的隐喻。从语义演化的角度来分析,"起来"从视觉上可感知的空间位移向视觉上不可感知的时间位移演化,语义由实义向虚义演化。从句法上分析,"起来"由补充说明动词位移方向的空间义补语,演化为标记动词事件起始发生时间义的时体成分。

如果从"起来"所附的词语是动词还是形容词来细分的话,则"动词+起来"表示事件起始并将持续,"形容词+起来"表示事件进入形容词所指的状态并将保持。不论是附在动词的后面还是附在形容词的后面,"起来"都表示事件起始的语义。下面是"形容词+起来"用在句子中的实例。例如:

(14) a. 徐华北的脸色<u>冷峻起来</u>。
  b. 听到老人这第三个问题以后,他<u>兴奋起来</u>了。
  c. 她说着自己先<u>紧张起来</u>,"我担心,人家会用这一条来对付你"。

以上句子中的实义形容词"冷峻""兴奋""紧张"表示具体的情状,"起来"附在这些形容词后面,表示事件进入了形容词词义所表示的情状,并将继续保持在这一状态。有些学术文献把形容词的这种用法称之为动态用法,或者叫形容词用如动词。

"V+起来"表示时间语义还有如下的一些用例。例如:

(15) a. 科学家已经测出各种元素的原子重量,只不过数值太小,<u>写起来</u>太麻烦。
  b. 电磁铁的磁性强弱,可以由电流的强弱来控制,<u>使用起来</u>很方便。
  c. 钢嘎·哈拉确实是匹好马。尽管它年纪稍嫌老了些,可是<u>跑起来</u>又快又稳。

以上句子中的"起来"附在动词后面,语义上不是表示事件"起始并将持续",而是表示动词动作发生的时候,即"V 的时候"。上述句子里的"写起来"是指写的时候,"使用起来"是指使用的时候,"跑起来"是指跑的时候。"起来"反映的也是时间语义。由此进一步发展虚化,可演进到"起来"的关涉语义。

C. "V+起来"表示动词关涉的语义。例如:

(16) a. 那幅"经典之作"<u>看起来</u>像是个顽皮小孩的涂鸦。
  b. 照片里的我<u>看起来</u>和现在很不一样,笑得很开心。
  c. 湖人队<u>看起来</u>就是一个准备进入季后赛的球队,而我们<u>看起来</u>是准备回家的球队。
  d. 当时,演出队伍组成了浩浩荡荡六辆车的车队,<u>听起来</u>蛮气派。
  e. 新生代分为:第三纪和第四纪。这些"纪"的名称<u>听起来</u>很古怪,但都各有各的来历。
f. 看起来不难,真正玩起来却颇费周折。
g. 说起来容易,做起来难。

以上句子中的"V+起来"词义比较虚,主要不是表示具体的动词动作,因此"看起来""听起来"在语义上很难做分解分析,结构上虽然可以分析为动补短语,但语义上更像是凝固的短语词。其中的"起来"指出了动词词义关涉的方面。"看起来"是指与"看"相关,"听起来"是指与"听"相关,"玩起来"是指与"玩"相关,"说起来""做起来"是指与"说"和"做"相关。这些用例中的"起来"语义上都比较虚泛,但是在语义类型上都与实义动词"起来"的显现义、出现义、位移义相关。

4 结语

概括上面的讨论,可得出"起来"在现代汉语共时平面中的各种语义。即:

"起来"作为实义动词独立运用,"起"指从下向上的位移,"来"指从远到近的位移,都有显现、出现的语义。"起来"组合在一起,表示向上的空间位置移动。移动、显现、出现,这些是"起来"的语义内容,也是影响语法化发生和演进方向的语义脉络。

"起来"与动词或形容词结合运用,形成"V+起来"组合体,这是语法化发生的句法条件。

"V+起来"表示多种复杂意义。

A."V+起来"表示空间位置向上移动的语义。

过渡类:"想起来"类表达抽象的空间位置向上移动的语义。由此进一步发展,可演进到更为抽象的时间位移语义。

B."V+起来"表示事件发生的时间语义。

过渡类:"写起来太麻烦"类语义上指"写"发生的时候,由此进一步发展,可演进到更为虚化的关涉语义。

C."V+起来"表示动词关涉的语义。关涉语义用例中的"V+起来"词义比较虚,很难做成分的分解分析,语义上可视为凝固化的短语词,这类用法的"起来"还在继续虚化,实际语料检索发现,其中的感觉类动词"看起来"用例较多。

在"起来"的各种语义之间,形成了一条有轨迹可循的语义演化链。

演化的条件是,"起来"与实义动词组合成动补结构或者形补结构后,处在补语位置的"起来"的语义逐渐被弱化。该结构的具体语义由前面的动词或者形容词承担,后面的"起来"由独立使用时的"移动义"弱化为较抽象的可视觉感知的

"空间变化义",再弱化为更抽象的不可视觉感知的"事件起始义",进而弱化为语义虚泛的"关涉义"。关涉义内部还可以按虚泛义的程度细分为若干语义小类,如产生某种结果或者关涉某个方面,关涉义仍在演化之中,其中的"看起来"已逐渐成为凝固的短语词。"起来"在句子中表现出来的这些语义形成一个互相联系的演化地图,反映出汉语使用者对语言符号"起来"的认知发展脉络。即:

"起来"作为实义动词独立运用,语义内容是:由下向上显现,由远到近出现,物体位移。

(17) "起来"的语法化示意图:
A. 路径条件:
　　a. "V+起来"组合体→b. 抽象空间位移→c. 抽象时间"的时候"→d. 短语词
B. 语义内容:
　　a. 位置向上移动义→b. 空间变化义→c. 事件起始义→d. 动词关涉义→e. X

现代汉语共时平面的语法化分析是一个相对独立的研究领域,因为是当前实际交际的活语料,内部较为一致,语义判断较为可靠,得出的语义联系图可以调查和验证。如果将所得出的结论进一步同汉语历时平面的语法化分析结合起来,相互比照印证,则对汉语句子中"起来"的语义演化规律的揭示更有说服力。

参考文献

戴耀晶 1997《现代汉语时体系统研究》,杭州:浙江教育出版社。
贺阳 2004 动趋式"V起来"的语义分化及其句法表现,《语言研究》第3期。
梁银峰 2007《汉语趋向动词的语法化》,上海:学林出版社。
齐沪扬、曾传禄 2009 "V起来"的语义分化及相关问题,《汉语学习》第2期。
Hopper, P. J. & Traugott, E. C. 1993 *Grammaticalization*. Cambridge University Press.

原刊于《语法化与语法研究》(六),商务印书馆,2013年,73—83页

疑问范畴

传信与传疑:汉语疑问句的语义分析
——纪念《马氏文通》出版100周年

一百年前的1898年,在世纪之交,我国语言学界发生了一件大事:《马氏文通》出版了。它的出版,标志着汉语语法学作为一门独立学科诞生了。《马氏文通》学理明晰,内容丰富,作者具体分析了汉语的9种字类,7种句子成分,6种位次,论述了顿、读、句等语法单位,建立了第一个汉语语法学体系,开创了汉语语法研究的新纪元,它的历史功绩是巨大的。今天,在新的世纪之交,我们纪念《马氏文通》,就是要学习《马氏文通》的科学探索精神,立足汉语事实,借鉴先进理论,努力开创汉语语言学研究的新局面。

《马氏文通》的特点之一是十分重视意义对语法结构的制约作用,虽然由于时代的限制,有些论证不够谨严,但仍给后人不少启发。

例如"信"和"疑"是两种不同的意义类别,《马氏文通》在分析汉语特有的助词时,认为汉语的助词主要是传信和传疑两个大类:"传信助字,为'也、矣、耳、已'等字,决辞也。传疑助字,为'乎、哉、耶、欤'等字,诘辞也。"(第九卷,323页)作者具体讨论了六个传疑助词(乎、哉、耶、欤、夫、诸)的用法,概括出三种作用:"一则有疑而用以设问者;一则无疑而用以拟议者;一则不疑而用以咏叹者。三者用义虽有不同,要以传疑二字称焉。"(361页)

在分析代字时,《马氏文通》分出四类,其中一类是询问代字(另外三类是指名代字、接读代字、指示代字。第二卷,43页),书中详细讨论了九个询问代字(谁、孰、何、奚、胡、曷、恶、安、焉)的具体用法。"询问"也是一种意义类别。

《马氏文通》提出传疑、询问等意义概念是在讨论助字、代字等词类问题时用到的,实际上说的是句子的语气类型,二者合起来就是"疑问"。后来的100年间,黎锦熙、吕叔湘、王力、高名凯、黄伯荣、林裕文、朱德熙、陆俭明、邵敬敏等许多学者发表论著讨论汉语疑问句,较多地从语法结构形式方面进行研究,深化了对疑问句的认识。

近些年来,语义学、语用学、言语行为理论、认知语法等各种意义分析学说相继提出,意义对语法结构的制约引起了学术界的广泛重视,对汉语语法的多角度研究文章也多了起来。

本文主要就现代汉语疑问句意义方面的几个问题作一点分析,以就正于大家。

1 二值和多值

疑问是一种意义类型。按照言语行为理论,言语行为类型主要的可分为三种:表述(statement)、询问(question)、要求(command)。相应的语法结构类型也可分为三类:陈述句(declarative)、疑问句(interrogative)、祈使句(imperative)。(参见 Lyons:Semantics Ⅱ,745页)可见,询问是非常重要的言语行为,疑问句是非常重要的句类。

《马氏文通》所说的"传信",指的是陈述句的主要功能,即表达已知;《马氏文通》所说的"传疑",指的是疑问句的主要功能,即探索未知。从逻辑意义上说,已知的东西可以有确定的真假,未知的东西则无法判断真假。所以,一般而言,疑问句是没有真假的。例如:

(1) 小王去了广州。　　　　　　　　(陈述句)
(2) 小王去了广州吗?　　　　　　　　(疑问句:是非问)
(3) 小王去没去广州?　　　　　　　　(疑问句:正反问)
(4) 谁去了广州?　　　　　　　　　　(疑问句:特指问)
(5) 小王去了广州还是回了家乡?　　　(疑问句:选择问)

例1是陈述句,表达说话人已知的事件,可以判断句子的真假:符合现实世界的情况为真,不符合现实世界的情况为假。例2—5是四种结构形式不同的疑问句,说话人探索未知的事件,没有对事件做肯定断言,也没有对事件作否定断言,因此,不能用现实世界的情况来验证,这些句子都不能判断真假。

四种疑问句虽然没有真假,但是在可选择的回答范围方面,或者说,在提供选择的可能世界的数目变量方面,不同的疑问句之间还是有差别的。是非问是二值变量,它提供了两个可能世界【A,−A】,选择范围是正负两个值,A 和 −A 涵盖了整个语义域。回答或者选择肯定的正值,或者选择否定的负值。如例2"小王去了广州吗?"的回答只有"去了"或"没去"两个变量。

正反问与是非问一样,也是正负二值变量,它提供的也是具有正负关系的两个可能世界【A,−A】,涵盖了整个语义域。如3"小王去没去广州?"的回答也只有"去了"或"没去"两个变量。所不同的是在语言形式上,正反问把正和反两方面都表现出来了,而是非问只表现了一个方面。但这两种疑问句提供的可能世界都是封闭性的正负二值变量。

特指问是多值变量,它提供了多个可能世界【A,B,C,D,…】,即特指问的选择范围可以有多个值,语义域中的成员数量不定,具有开放性。如例4"谁去了广州?"的回答可以有"小王""小李和老周""肖厂长带着一批人"等许多变量值。

选择问形式上看似乎是二值变量,如例5"小王去了广州还是回了家乡?"的回答可以是"去了广州"或"回了家乡"两个变量。但是这两个变量的性质不同于是非问和正反问,相互之间不是正负关系。更重要的是,选择问还存在第三种回答,如"留在了上海"。选择问提供的两个可能世界在语义域上不是【A,-A】关系,不能穷尽整个语义域,回答中允许取第三个值,或第四个值。从这一点来说,选择问的回答变量也是开放的,即【A,B,(C,D,…)】。所以从语义上分析,选择问与特指同一样,都属于多值变量的疑问句类型。

由此可知,根据疑问句提供的可能世界数目变量值来分析,疑问句可以分为封闭性的【A,-A】二值疑问句和开放性的【A,B,C,D,…】多值疑问句。二值疑问句包括传统语法中的是非问、正反问,多值疑问句包括特指问、选择问。这种区分同疑问句的预设(presupposition)有关。

2 预设和回答

预设是句子成立(有意义)的前提条件。通常认为,一个命题的肯定式与它的否定式具有相同的预设。例如:

(6) 刘莺昨天看望了张大妈。

(7) 刘莺昨天没看望张大妈。

上述两个句子都有所断定,例6是肯定式,例7是否定式,它们有相同的预设。预设可以有多个,如上述句子预设"刘莺"的存在,预设"张大妈"的存在(存在预设);预设主体有"看望"的行为能力(能力预设);等等。如果预设不成立,那么,这个句子就是无意义的,是个意义"空句"。

疑问句用于探索未知,要保证疑问句是有意义的,就要保证它的预设。例如"刘莺昨天看望了张大妈吗"这个疑问句的存在预设或能力预设如果得不到保证,就是一个无意义的"空问"。

是非问的预设是相应陈述句命题的正反选言。例如:

(8) 杨涛去年考上了大学吗?

与例8相应的陈述句命题的正反选言是"A:杨涛去年考上了大学"或者"-A:杨涛去年没考上大学",即"A 或着 -A"。回答是二者选一,即回答其中一个选言支。简略回答的肯定式是"考上了",否定回答是"没考上"。如果对例8的回答不

是"A 或者 – A",而是其他内容,如:

(9) 杨涛小时候去了新疆。

(10) 李艳去年考上了大学。

　　这一类的回答超出了疑问句的预设范围,也就是说,答话人拒绝了问话人的预设,改变了答话范围。在言语交际中是一种不合作的言语行为,因为答话人没有提供问话人所需要的信息。(当然,有些看上去"答非所问"的答句,问话人可以通过语境推理得出言外之意,需另外讨论。)

　　正反问的预设也是相应陈述句命题的正反选言。与是非问在语言形式上所不同的是,正反问将"A 或者 – A"的形式全部表现出来了。但从预设的角度来看,正反问与是非问属同一个语义类型;从答句的角度来分析,二者也属同一类型。

　　特指问的情况不一样。特指问以疑问代词的所指对象存在为预设。例如:

(11) 谁拿了小王的钢笔?

　　句子的预设是代词"谁"存在一个所指对象,即"有人拿了小王的钢笔"。这个对象可以是"小张",也可以是"老李",或者是"马大婶"(A, B, C…),等等。如例 11 的答句可以是"小张拿了小王的钢笔"或者用简略回答"小张"这个所指对象也是特指问的疑问点。

　　如果在回答时直接说出预设或者直接否认预设,都不是对特指问句的回答。如:

(12) 某人拿了小王的钢笔。(说出预设)

(13) 没人拿了小王的钢笔。(否认预设)

　　例 12 直接说出预设,没有提供问话人需要的新信息;例 13 直接否认预设,等于拒绝了问题本身,是一种言语行为上的不合作,不承认疑问句的预设。如果答句也用疑问代词"谁"作直接否认预设的回答,则"谁"的语义在问句和答句中是不一样的。试比较:

(14) 问:谁拿了小王的钢笔?(疑问句)

　　　答:谁也没拿小王的钢笔。(陈述句)

　　问句中的"谁"负载疑问信息,含义是"有人",表示特称;答句中的"谁"不负载疑问信息,用在否定句中,含义是"任何人",表示全称。前者是疑问句,后者是陈述句。

　　选择问的预设是相应命题的选言陈述句,选择项不限于疑问句中明白说出的选言支。例如:

(15) 小王去了新疆还是出国了?

　　句子的预设是"小王去了新疆或者小王出国了或者…",即"A 或者 B 或者 C 或者…"。由于句子的预设是开放性的选言,所以对例 15 的回答可以有较多种。如：

(16) A. 小王去了新疆。

B. 小王出国了。

C. 小王留在了上海。

D. 小王没去新疆,也没出国。(小王回故乡了)

E. 这儿没有小王。

前四个答句都保持了问句的预设,提供了问话人需要的信息,因而都是例15的合适回答。最后一个句子例E否定了问句的预设,因而不是问话人期待的回答。

总之,从预设和答句的角度来分析,是非问和正反问属同一语义类型,特指问和选择问的答句范围较为宽泛,属于另一种类型。

在人们的实际生活中,有些特指问似乎无法回答,是因为问话的预设答话人无法接受。[1]例如：

(17) A. 你前天晚上同谁看电影?

预设1：看了电影。　　预设2：同某人看了电影。

B. 上个星期你们吵了几次架?

预设1：吵了架。　　预设2：吵了多次架。

上述问句在预设方面存在套叠。特指问句的疑问点在疑问代词上(预设2),但是预设2必须以预设1(是非问的肯定回答)为前提条件。答话人如果不承认预设1,当然也就无法回答这个特指问。可见,特指问在语义上包含着一个得到确认的是非问,即特指问是在是非问基础上的进一步询问。例17中的两个问句都是"套问",是在预设"看了电影""吵了架"情况下的发问。以下是对这两个句子的预设1的否定：

(18) A. 我前天晚上没看电影。

B. 上个星期我们没吵架。

例18否定了例17问句的预设1,从逻辑上说也就蕴含着对预设2的否定。

在通常的情况下,"答非所问"的现象反映的也是听话人对问句"预设"的拒绝。例如：

(19) 问：你去南京吗?

答：我上个月见到了成龙。

问：成龙最近拍了什么电影?

答：马上要开亚运会了。

问：亚运会开幕式在哪个城市举行?

答：茅威涛女扮男装,扮演孔乙己。

问：哈哈,哈。

这段对话中答话人"答非所问",事实上也是多次拒绝问话人的预设,因此对话非常别扭,难以进行,交际受到了阻碍。

3 疑和问

疑问是一个意义类型,疑问句是一种句子类型。"疑"和"问"有密切的关系,都是对未知世界的探索,但是二者在语义上也有差异。

疑可以对物、对事、对人,是一种心理言语行为,问则只是对人,是一种交际言语行为。有些句子有疑有问,有些句子有疑无问,有些句子无疑有问,如果无疑无问,则是陈述句。试比较:[II]

(20) 下个月谁去杭州旅游?   (有疑,有问)疑问句
(21) 明天大概会下雨吧。(?)   (有疑,无问)猜度句
(22) 难道你还要替他辩护吗?(!)   (无疑,有问)反问句
(23) 小王上午买了三本书。   (无疑,无问)陈述句

疑问句用于传疑,陈述句用于传信。猜度句则有二重性:可传疑,也可传信。在实际言语行为中,猜度句的语义特点是心理上有疑,如果用于问句,表示将心理的疑惑提出来,寻求解答,口语中用升调,书面上用问号;如果用于答句,将心理的疑惑作为不确定的答案提出来,供听话人参考,口语中用降调,书面上用句号。无论传疑还是传信,猜度句的语义特点都是不确定。例如:

(24) 问:陈教授也许出国了吧?   (猜度句:不确定,传疑)
　　 答:是的,陈教授上周去了法国。
(25) 问:陈教授去了哪里?
　　 答:陈教授也许出国了吧。   (猜度句:不确定,传信)

反问句的主要语义特点是强调情绪,说话人心中无疑,但语言形式上却表现为询问。因此站在听话人的立场上看,反问句也有二重性。即可理解为传信,也可理解为传疑。试比较:

(26) A:肖经理怎么这么说话!   (无疑无问:传信,情绪强烈)
　　 B:……
(27) A:肖经理怎么这么说话?   (无疑有问:传疑,情绪强烈)
　　 B:因为肖经理近来心情不好。

4 "什么"是问什么的？

现代汉语中的疑问代词在语义上有不同的分工。如问人用"谁",问物用"什么",问处所用"哪儿",问方式用"怎么",问情景用"怎么样",问数目用"多少",问程度用"多"。其中"什么"的使用范围值得讨论。例如：

(28) 王科长刚才看见了什么？

这个句子中的"什么"在语义上是问什么内容呢？回答可以是：

(29) a. 王科长刚才看见一只猫。　　　　　　（物）
　　　b. 王科长刚才看见了陈小姐。　　　　　（人）
　　　c. 王科长刚才看见了陈小姐追赶一只猫。（事）[Ⅲ]

疑问代词"什么"的基本语义是问物,它没有上位词。现代汉语中似乎也没有一个可兼问人、物、事、空间、时间、原因、目的、行为等多种意义的抽象疑问代词,"什么"有时可以起到这方面的作用。试比较：

现代汉语疑问代词语义类型表

语义类型	疑问代词	例句	"什么"格式
人 物 事	谁 什么 （什么）	那位老先生是谁？ 小张喜欢什么？ 王科长看见了什么？	什么人 什么东西 什么事
空间 时间	哪儿？ ？	证件放在哪儿？ 你们什么时候出发？	什么地方 什么时候
原因 目的 行为	？ ？ ？	李晓为什么回家？（挨了骂） 李晓为什么回家？（拿衣服） 他在干什么？	为什么 为什么 干什么、做什么
数目 程度 方式 情景	多少、几 多 怎么 怎么样	局长带了多少人来？ 那座宝塔多高？ 这事怎么应付？ 工地上现在怎么样？	*什么数目 *什么高度 *什么方式 *什么情况

从上表中可以看出：第一,现代汉语中表示"物"用"什么",表示"事"没有专用疑问代词,借用"什么"。表示人、物、事皆可用"什么×"的格式。第二,现代汉语中表示时间没有专用疑问代词（"多会儿""几时"表示时间,是实义语素组合,比较英语"when"),常用"什么×"格式。第三,表示原因、目的、行为等意义类型也没有专用疑问代词(比较英语"why"),但可以用"×什么"格式。第四,表示数目、程度、方式、情景等语义较少用"什么"格式。[Ⅳ]

疑问代词使用上的这些情况说明,"什么"在疑问代词系统中有特殊的作用,使用范围最广,可替代表达的语义类型最多,是汉语中最基本的疑问代词。"什么"在使用上的复杂情况也许正反映出语言认知上的一种普遍现象:探索未知的语义基础是寻求对"物"的认识。[V]

5 否定形式疑问句

疑问句使用肯定形式较多,使用否定形式较少。从问句的语义和答句的选择来分析,肯定形式疑问句没有突出肯定内容的含义,是中性疑问句,可视为无标记形式。而否定形式疑问句有突出否定内容的含义,是偏性疑问句,可视为有标记形式。

是非问如果使用否定形式,说明问话人在正反两种可能的选择中对负值的关心程度强于正值,是说话人关注否定的一种标记。如:

(30) A:李先生没来开会吗? （问话人关注否定的情况）
　　 B1:是的。没来。
　　 B2:不,来了。

对否定形式的是非问句,汉语回答态度的肯定或者否定是根据问句方式来决定的(英语是通过答句方式决定)。即回答"是"就是否定,回答"不"就是肯定。这说明现代汉语的否定形式提问是有标记的,是对否定情况的关注。[VI]

正反问形式上包含了正和负,只有"A 不 A"的形式,汉语中没有"不 A A"的形式。试比较:

(31) a. 蔡科长喜不喜欢打高尔夫球?
　　 *b. 蔡科长不喜欢喜欢打高尔夫球?

特指问使用否定形式表示问话人主要关注疑问代词所指对象的否定情况,不关心他的肯定方面。如:

(32) 谁昨天下午没来上班? （问话人关注"谁"的否定方面）

选择问在肯定形式或否定形式的使用上要求选言支相互平行,即各选择项使用同一种形式。或者使用"A 还是 B?"或者使用"－A 还是－B?"肯定形式和否定形式兼用的情况较为少见。试比较:

(33) a. 刘江平在电脑上查资料还是玩游戏?　　（A 还是 B）
　　 b. 刘江平在电脑上没查资料还是没玩游戏?　（－A 还是－B）
　　 *c. 刘江平在电脑上没查资料还是玩游戏?　　（－A 还是 B）
　　 *d. 刘江平在电脑上查资料还是没玩游戏?　　（A 还是－B）

概言之,汉语的疑问句从问句提供选择的可能世界数目来看,有二值变量疑问句和多值变量疑问句。从预设和答句来分析,是非问和正反问属于同一语义类型,特指问和选择问属于另一类型。疑和问意义上有联系也有差异,疑是一种心理活动,不一定寻求解答,问是一种言语行为,问话人寻求解答。疑和问都是探索未知的行为。现代汉语中,"什么"的使用范围较广,是最基本的疑问代词。否定形式疑问句的使用反映了问话人关注否定情况的语义倾向。

参考文献[VII]

林裕文(1985)谈疑问句,《中国语文》第2期。

吕叔湘(1985)疑问·否定·肯定,《中国语文》第4期。

吕叔湘(1985)《近代汉语指代词》,上海:学林出版社。

马建忠(1983)《马氏文通》,北京:商务印书馆。

邵敬敏(1996)《现代汉语疑问句研究》,上海:华东师范大学出版社。

徐杰、李英哲(1993)焦点和两个非线性语法范畴:【否定】【疑问】,《中国语文》第2期。

Lyons, John. (1977) *Semantics* II. Cambridge : Cambridge University Press.

原刊于《语言论丛》第6期,上海教育出版社,2000年,11—18页

[整理者按]

戴先生所发表的、与本文同一主题的文章还有:

1、《疑问句的类型和语义分析》,收入《继承与创新:王维贤、倪宝元教授教学科研50年纪念文集》,浙江教育出版社,2000年,101—113页。

2、《汉语疑问句的预设及其语义分析》,《广播电视大学学报(哲学社会科学版)》2001年第2期(总第117期)87—90,97页。

3、《汉语疑问句语义分析的几个问题》,《现代中国语研究》(日本)2005年第7期,1—9页。

上述文章中,有少量的内容与本文不完全一样,补充如下:

[I] 在戴耀晶(2005)《汉语疑问句语义分析的几个问题》一文中,语义"套问"和"答非所问"单独列为一节,并补充了以下内容:

在汉语的实际运用当中,存在着语义"套问"和"答非所问"的现象。

所谓语义套问,指的是在一个疑问句中语义上嵌套着另一个疑问,换句话说,句子中包含两个预设,第二个预设以第一个预设为条件。所谓答非所问,指的是答话人不照应问话人的预设,或者拒绝问话人的预设,"王顾左右而言他"。

Ⅱ 在戴耀晶(2000)《疑问句的类型和语义分析》、(2001)《汉语疑问句的预设及其语义分析》与(2005)《汉语疑问句语义分析的几个问题》中,表述略有不同,见下:

例句	疑	问	句子类型
(20) 下个月谁去杭州旅游？	+	+	疑问句
(21) 明天大概会下雨吧。/？	+	-/+	猜度句
(22) 你为什么还要替他辩护？/！	-/+	+	反问句
(23) 小王上午买了三本书。	-	-	陈述句

概言之,如果将"疑"和"问"看作两项语义特征,则通常说的疑问句是有疑有问(+疑,+问)。陈述句是无疑无问(-疑,-问)。猜度句有二重性,或者是有疑有问(+疑,+问),或者是有疑无问(+疑,-问)。反问句也有二重性,或者是无疑有问(-疑,+问),或者是无疑无问(-疑,-问)。猜度句的语义二重性主要表现在说话人方面,反问句的语义二重性则主要表现在听话人方面。

整理者按:又,上表中例(22)的分析中,"疑"一栏似乎应为"-",而"问"一栏似乎应为"-/+",才符合戴先生文中所述之义。但三篇文章中的表都是一样的,未知是否有其他深义。

Ⅲ 在戴耀晶(2001)《汉语疑问句的预设及其语义分析》、(2005)《汉语疑问句语义分析的几个问题》中多了一点解释,如下:

上述三个句子都是对问句的合适回答,更具体地说,都是对问句中的疑问代词"什么"作出了合适的回答,从语义上说,对应于"什么"的回答可以是物(一只猫),可以是人(陈小姐),还可以是事件(陈小姐追赶一只猫)。这说明,现代汉语中的"什么"可以承载较多的疑问语义内容。

Ⅳ 在戴耀晶(2000)《疑问句的类型和语义分析》、(2001)《汉语疑问句的预设及其语义分析》与(2005)《汉语疑问句语义分析的几个问题》中,共有六条,如下:

第一,现代汉语中表示对"物"的疑问用"什么",表示对"事"的疑问没有专用疑问代词,而是借用"什么"来表示。汉语中问物、问事皆可用"什么×"的格式。

第二,表示对"人"的疑问用"谁",同时也可以用"什么×"的形式。

第三,表示时间没有专用疑问代词,通常用"什么×"格式,如"什么时候""什么时间"。("多会儿""几时"表示时间,是实义语素的组合形式,比较英语"when"。)

第四,表示处所有专用疑问代"哪儿",同时也可以用"什么×"的形式。如"什么地方"。

第五,表示原因、目的、行为等意义类型也没有专用疑问代词(比较英语"why"),通常用"×什么"的格式。如"为什么""干什么""做什么"等。

第六,表示数目、程度、方式、情景等语义类型有专用的疑问代词,较少用"什么×"的格式。

Ⅴ 在戴耀晶(2000)《疑问句的类型和语义分析》中,还有对"哪"的讨论,如下:

除了"什么"之外,现代汉语中还有一个基本语义表示空间指示的疑问代词"哪",在使用上也较为广泛。如:

空间:哪、哪儿、哪里　　　　人:哪个(人)
物:哪个/样(东西)　　　　　事:哪个/件(事情)
时间:哪个(时候)

如果将二者进行比较,"什么×"表示的是特征选择。"哪(个)×"表示在某个范围内选择。试比较:

(30) a. 去年是什么年?　　　　(丰收年)
　　　b. 故事发生在哪年?　　　　(贞观三年)
(31) a. 他是什么部门的?　　　　(管理部门的)
　　　b. 他是哪个部门的?　　　　(管理局的)

Ⅵ 在戴耀晶(2005)《汉语疑问句语义分析的几个问题》一文中增加了英文例子,如下:

A: Is Mr. Shen not the teacher in this department?
B1: No. He is not the teacher in this department.
B1: Yes. He is the teacher in this department.

英语例 29 恰恰相反,是通过答句方式来决定回答态度的肯定(yes)或者否定(no)。

Ⅶ 在戴耀晶(2005)《汉语疑问句语义分析的几个问题》一文中参考文献最多,如下:

戴耀晶 1997,《现代汉语时体系统研究》,浙江教育出版社。
——2000,试论现代汉语的否定范畴,《语言教学与研究》第 3 期。
范晓 1996,《三个平面的语法观》,北京语言学院出版社。
林裕文 1985,谈疑问句,《中国语文》第 2 期。

吕叔湘 1985,疑问・否定・肯定,《中国语文》第 4 期。
——1985,《近代汉语指代词》,学林出版社。
马建忠 1898,《马氏文通》,商务印书馆,1983 年新版。
邵敬敏 1996,《现代汉语疑问句研究》,华东师范大学出版社。
沈家煊 1999,《不对称和标记论》,江西教育出版社。
石毓智 1992,《肯定与否定的对称与不对称》,台湾学生书局。
王维贤 1989,《语言逻辑引论》,湖北教育出版社。
徐杰,李英哲 1993,焦点和两个非线性语法范畴:"否定""疑问",《中国语文》第 2 期。
徐烈炯 1995,《语义学》(修订本),语文出版社。
张斌、胡裕树 1989,《汉语语法研究》,商务印书馆。
朱德熙 1982,《语法讲义》,商务印书馆。
Lyons, John 1977. *Semantics II*, Cambridge University Press.
Levinson, Stephen C. 1983 *Pragmatics*. Cambridge University Press.
Gazdar, G 1979. *Pragmatics: Implicature, Presupposition and Logical Form.* New York: Academic Press Inc.

汉语的疑问句与否定句

1 两组句子类型:疑问句与陈述句,否定句与肯定句

吕叔湘(1985)的《疑问·否定·肯定》是一篇有重要影响的论文,多次拜读,颇有受益。其中有一段话认为"疑问句和否定句以外的句子都是肯定句,换句话说,大多数句子是肯定句"。(526 页)

这里是把疑问句、否定句、肯定句放在同一个层次来展开论述,似乎还可再作推敲。比较下列一组句子。例如:

(1) A. 小王来了。
  B. 小王不来了。
  C. 小王来了吗?
  D. 小王不来了吗?

A 和 B 是陈述句,C 和 D 是疑问句。A 和 C 是肯定句,B 和 D 是否定句。从句子理论来说,陈述句与疑问句是同一层次(此外还有祈使句,另行讨论),是从语言交际功能作出的分类。肯定句和否定句是同一层次,是从语义结构作出的分类。这是两个不同的对比对。

以下列举一些同类的例句。例如:

(2) A. 野人是古代巨猿的后代。
  B. 野人不是古代巨猿的后代。
  C. 野人是古代巨猿的后代吗? (引自北大语料库)
  D. 野人不是古代巨猿的后代吗?

(3) A. ?杨将军是号称无敌。
  B. ?杨将军不是号称无敌。
  C. ?杨将军是号称无敌吗?
  D. 杨将军不是号称无敌吗? (引自北大语料库)

上述例句中的 2C 是实际语料,肯定形式的疑问句,表示询问,探索未知。3D 也是实际语料,否定形式的疑问句,无疑而问,表示反问,可以理解为是传达已知。其余句子是按结构类推得出的,有的可接受性较强,有的可接受性较弱。

从标记理论(可参见沈家煊 1999《不对称和标记论》)的角度来看,陈述句可以认为是无标记的(unmarked),疑问句是有标记的(marked)。肯定句是无标记的,否定句则是有标记的。因此,相对于陈述句 A 和 B 来说,疑问句 C 和 D 是有标记的。相对于肯定句 A 和 C 来说,否定句 B 和 D 则是有标记的。这里主要讨论有标记的疑问句和否定句。

2　两组句子中否定表达的差异

肯定句是无标记的,否定句是有标记的,即否定句中须要出现否定标记"不"或者"没"等。不过,否定标记出现在陈述句与出现在疑问句中的语义似乎有明显的差异。先看否定标记出现在陈述句中的句子。试比较:

(4) A. 他们参加了上周的讨论会。
　　B. 他们没参加上周的讨论会。

上述两个句子 4A 是肯定句,4B 是否定句,两个句子的语义相反,构成反义句关系。换句话说,在陈述句里,肯定句与相应的否定句在语义上构成反义句。否定标记"不"或者"没"是表达句子之间反义关系的显性标记。以下列举一些同类的例子,例如:

(5) A. 儿女的大事交代了,就是从今以后你们就不是孩子啦,就是大人了。
　　　　　　　　　　　　　　　　　　　　　　(引自北大语料库)
　　B. 儿女的大事没交代,……
(6) A. 我爷爷我就知道,……
　　B. 我爷爷我就不知道,我连看也没看见过。　　(引自北大语料库)
(7) A. 订日子就是给女方做衣服。　　　　　　(引自北大语料库)
　　B. 订日子不是给女方做衣服。

上述例句中的 5A、6A、7A 是陈述句的肯定形式,5B、6B、7B 是相应结构的陈述句的否定形式,A 句与 B 句在语义上都是反义句关系。

在疑问句里,情况与陈述句有所不同。肯定形式与否定形式并不构成反义句关系。试比较:

(8) A. 刘科长被免职了吗?
　　B. 刘科长没被免职吗?

上述两个句子 8A 是疑问句的肯定形式,8B 是疑问句的否定形式,两个句子的形式不同,但是语义内容相同或相近,构成同义句或近义句关系。换句话说,在疑问句里,肯定句与相应的否定句在语义上不构成反义关系,而是构成同义或近义关系。

证明 8A 和 8B 在语义上相同或相近的理由是,疑问句的功能是探索未知,疑问句在语义上不能用真假来判断(这一点与陈述句不同),从解答疑问的角度来分析,人们对疑问句 8A 和 8B 可以用同样的答句来回答。试比较:

(9) A. 刘科长被免职了吗?

——没有。刘科长没有被免职。

B. 刘科长没被免职吗?

——没有。刘科长没有被免职。

当然,在汉语中,对肯定形式疑问句 8A 和否定形式疑问句 8B 的回答态度(是/对,不/没有)有所不同,这方面汉语和英语等有明显区别(参见戴耀晶 2005),但回答内容可以完全相同。

两组句子中否定表达的语义差异与陈述句与疑问句的交际功能的差异密切相关。陈述句的主要功能是传达已知(确定性),传达肯定的已知(正确定性)和传达否定的已知(负确定性)是不同的,相互之间构成反义句关系。

疑问句的主要功能是探索未知(不确定性),从肯定形式探索未知和从否定形式探索未知也许包含说话人(询问者)的某种期待,但是,不管是肯定形式还是否定形式,疑问句的句子语义具有不确定性,这一点是相同的,对它们的回答也是相同的。因此可以认为肯定形式的疑问句与否定形式的疑问句相互之间构成同义句或近义句关系。

3 疑问句中的否定标记是"冗余"成分吗?

如果上节所论可以成立的话,汉语疑问句中的否定标记在语义上似乎可以看作是"冗余"成分,它不负载否定语义信息,与相应的肯定形式的疑问句表达的语义基本相同。

从语言的经济性原则来分析,疑问句的肯定形式是简略的经济的形式,疑问句的否定形式是较复杂的不太经济的形式,如果二者语义相同,那么,在汉语演变的历史过程中,疑问句的否定形式应该不会产生,或者产生以后也会在语法化的演变过程中逐渐消亡。但是,汉语的语言事实是,疑问句的否定形式古已有之,就现代汉语的实际语料而言,疑问句的否定形式仍然存在,而且也有独特的表现力。

否定形式疑问句在语义上与相应的肯定形式相同或相似,它的表现力主要不是反映在语义结构上,而是反映在语用上,反映在说话人使用否定形式疑问句时的心理倾向上。试比较:

(10) A. 李经理昨天是这样说的吗?

B. 李经理昨天<u>不是</u>这样说的吗?

(11) A. 他们会坐地铁来吗?

B. 他们<u>不会</u>坐地铁来吗?

上述句子都是疑问句,其中的 A 句是肯定形式,B 句是否定形式,二者在语义上可以认为是同义句或近义句,否定标记在这些句子中似乎是"冗余"成分。不过,细致分析起来,A 句和相应的 B 句在使用上的价值似乎有所不同,说话人选择否定形式疑问句时的心理倾向似乎也有所不同。

在中性语境(最容易设想的语境,这是一个有争议的概念)的情况下,A 句和 B 句的语义倾向可以作出这样的概括:A 句是中性疑问句,问话人主要目的是探索未知,希望听话人给予回答。B 句是偏性疑问句,问话人的主要目的是传达出一种倾向,或者是反问句,无疑而问,不需要听话人回答;或者是带有倾向性的询问,心中已有答案,只是希望听话人予以证实。因此,上述 B 句可以作出如下解读。例如:

(12) B. 李经理昨天不是这样说的吗?

含义:李经理昨天是这样说的。 (不是吗?/对吧?)

(13) B. 他们不会坐地铁来吗?

含义:他们应该会坐地铁来。 (不是吗?/对吧?)

在汉语的实际语料中,否定形式用作无疑而问的反问句相当常见,比肯定形式用作反问句为多。(在汉语中的具体数据需要作大量的文本统计)。从语用的(pragmatic)角度来分析,疑问句中的否定标记并不是"冗余"的成分。以下是否定形式疑问句的实际语料,例如:

(14) 只要功夫深,铁杵磨成针,读书学习<u>不也</u>是这样吗?(引自北大语料库,下同)

(15) 物质<u>不就</u>是我们平时接触的具体东西吗?

(16) 我坐在房子里一动不动,这<u>不</u>是静止吗?

(17) 这<u>不</u>是我们村的老村长吗?

(18) 哎呀,唉,可日本投降时候儿,咱们<u>不</u>都抬头儿了吗?

(19) 我这儿有吃的,我一人儿,吃,多做点儿,<u>不就</u>带出来了吗?

(20) 我在业余学校,我年轻没学过文化,业校,那<u>不</u>是开业校让我们学吗?

(21) 现在就是,靠这半拉这儿<u>不</u>是叫蓝旗吗?

(22) 旗人<u>不</u>都大辫子吗?

上述句子形式上都是疑问句,形式上也都有否定标记"不",在有具体语境的实际语料中,这些句子都是无疑而问的反问句,即修辞性疑问句。疑问句的否定形式在语言交际中的重要价值之一是构成无疑而问的反问句,说话人带有明显的语义倾向。

4 结语

疑问句、否定句、肯定句不是从同一角度作出的分类,是分属不同层次的概念。疑问句与陈述句(以及祈使句)属同一层次,是从语言的交际功能作出的分类;否定句与肯定句属同一层次,是从语言的语义结构作出的分类。

陈述句的主要功能是传达已知,具有确定性的语义特点,其否定形式(负确定)与肯定形式(正确定)构成反义句关系。疑问句的主要功能是探索未知,具有不确定性的语义特点,其否定形式与肯定形式构成同义句关系或者近义句关系。

在中性语境的条件下,疑问句的肯定形式是无标记的,目的是探索未知;疑问句的否定形式是有标记的,带有明显的语义倾向性,说话人希望得到听话人的确认。疑问句的否定形式经常用作无疑而问的反问句。

* 本文是一篇探索性的读书札记。

主要参考文献

陈平 1985 英汉否定结构对比研究,见陈平《现代语言学研究——理论·方法与事实》210—246 页。重庆出版社,1991 年。

戴耀晶 2004 汉语否定句的语义确定性,《世界汉语教学》第 1 期。

—— 2005 汉语疑问句语义分析的几个问题,(日本)《现代中国语研究》第 7 期。

林裕文 1985 谈疑问句,《中国语文》第 2 期。

吕叔湘 1985 疑问·否定·肯定,《中国语文》第 4 期。收入《吕叔湘文集》第三卷 510—530 页,商务印书馆,1992 年。

—— 1942《中国文法要略》,商务印书馆重印本。

邵敬敏 1996《现代汉语疑问句研究》,华东师范大学出版社。

沈家煊 1999《不对称和标记论》,江西教育出版社。

石毓智 1992《肯定和否定的对称与不对称》,台湾学生书局。

徐杰、李英哲 1993 焦点和两个非线性语法范畴:"否定""疑问",《中国语文》

第2期。

弗雷格 1918 否定,《弗雷格哲学论著选辑》,王路译,商务印书馆,1994年。

Horn, L. 1989 *A Natural History of Negation*. The University of Chicago Press.

Kahrel, P. & Berg, R. (ed) 1994 *Typological Studies In Negation* John Benjamins Publishing Company.

Lyons, John 1977 *Semantics* II. Cambridge University Press.

第四届汉语语法化问题国际学术讨论会论文,2007,北京

否定范畴

论词的反义关系

一

反义关系(antonymy)是词与词之间的一种聚合联想关系,它反映的是词汇项目的"意义对立"(Oppositeness of meaning)现象。反义关系是十分重要的一种语义关系,它与同义关系一样,长期来一直受到语言学界的重视。但是,什么叫反义关系,或者说什么叫"意义对立",反义关系有哪些类型,见仁见智,各有主张,看法比较模糊,缺乏严密而明晰的阐述。

张永言先生在《词汇学简论》一书中说:"反义现象是跟同义现象相对立的词与词之间的一种语义关系。处于反义关系的两个词互为反义词(antonym)。反义词就是语音不同,意义相反的词。"[1]可见作者是把反义关系放在同义关系的对立位置上来判定的。书中对"意义相反"的含义没作进一步的说明,也没细分反义词的类型。

江榕培、李冬合著的《实用英语词汇学》说:"世界上矛盾是普遍存在的,任何事物都有两个方面。客观世界的这一矛盾对立现象,反映在词汇里,就是词义的反义关系。互相矛盾对立的一对词就是反义词。"[2]接着作者把反义词次分类为处于矛盾关系的"绝对反义词"(如 right:wrong,alive:dead)和离中点反向等距离的"相对反义词"(如 hot:cold,warm:cool)。作者在分析"绝对反义词"的时候说,有的情况下可以找到中项,例如 large:small 可以有中项 medium。这与通行的绝对反义词的观点不相一致,同作者自己对绝对反义词下的定义(词义完全相互排斥,互相否定,没有中间状态)也是矛盾的。

胡裕树先生主编的《现代汉语》也主张把反义现象看作是客观世界矛盾对立

---

[1] 张永言:《词汇学简论》第 112 页,华中工学院出版社,1982 年。
[2] 汪榕培、李冬:《实用英语词汇学》第 99 页,辽宁人民出版社,1983 年。

现象在语言中的反映。书中写道:"反义词的存在,是客观事物矛盾对立的反映。"不过,作者同时又指出:"反义词是一种语言现象,并非一切矛盾对立的事物、概念都通过反义词表现出来。反义词的成立,还必须有语言习惯的基础。"③书中举的例子是,"晴天"和"雨天"意义相对立,但不是反义词;"春"与"秋"、"黑"与"白"意义上并没有严格的矛盾对立关系,但在语言中经常并举对比,是反义词。作者既看到了语言与客观世界相一致的一面(反映客观世界),又看到了语言与客观世界不一致的一面(语言习惯),在方法论上十分可取。当然这里举的例子和论述的理由未必十分妥当。

"晴天"和"雨天"为什么不是反义词呢?作者没详细阐明理由(也许是教科书要求简洁的缘故)。如果其理由仅仅是这一对词中有一个共同的语素"天",因而不肯承认他们充当反义词的资格,那是不太公平的,也是违背反义词的基本定义的。推而言之,"男性—女性""南极—北极""进步—退步""东方—西方"也不是反义词了。但是用什么术语来概括这些词之间的语义关系呢?这些项目都属于词这一级结构单位,相互之间也存在反义关系。处于反义关系的一对词因为含有一个共同的语素就怀疑甚至否认他们是反义词,在理论和实际上都不尽妥当。在分析同义词时,几乎所有的论著都认为:互为同义关系的一对词含有共同语素仍然是同义词,如"交换—交流""履行—执行"都是同义词,④为什么分析反义词要受此限呢?我们认为,上面提到的"晴天—雨天""男性—女性"等都是处于反义关系的反义词。"春—秋""黑—白"意义上并不存在严格的矛盾对立,它们是反义词的理由是"经常并举对比",那么,"山—水""太阳—月亮""爸爸—妈妈""哥哥—弟弟""城市—乡村"是否都要看作反义词呢?对这些问题的回答,必须放入反义词的理论系统里才能看得清楚,才能在论述上不产生矛盾,保持逻辑上的严密性。

黄伯荣、廖序东主编的《现代汉语》对反义关系有一些较好的论述:"反义词是意义相反或相对的一组词。反义词所表现出来的意义上的矛盾对立,往往就是客观事物矛盾对立的反映。但有的反义词所反映的事物本身,孤立地看起来并不互相矛盾对立,如'红、白''手、脚''冬、夏'等。它们构成反义关系,主要是由社会习惯决定的。也就是在社会交际中常常把它们当作同一范畴中相互矛盾对立的事物看待的,久而久之,成了相对的反义词。构成反义的两个或两个以上的词必须是属于同一意义范畴的。……反义词是相互对立的,又是互相联系的"。⑤ 接着作者把反义词次分类为甲和乙之外"不容许第三种意义出现"的绝对反义词(如"动—静""曲—直"等)和甲和乙之外还有其他意义存在的相对反义词(如"白—黑""大—

---

③ 胡裕树主编:《现代汉语》(修订本)第270页,上海教育出版社,1981年。
④ 同上书,第266页。
⑤ 黄伯荣、廖序东主编:《现代汉语》第245页,甘肃人民出版社,1983年。

小"等)。需要指出的是,把"白—黑"看作是表达颜色关系的相对反义词不很妥当。在颜色这个范畴中,"白、黑、红、黄、蓝"等是平等的互相排斥的关系。肯定"白",就否定了"黑""红""黄""蓝"等颜色词的联言,否定"白",就肯定了"黑""红""黄""蓝"等颜色词的选言,即:

(1) $p \rightarrow \sim q \wedge \sim r \wedge \sim s \cdots\cdots$

(2) $\sim p \rightarrow q \vee r \vee s \cdots\cdots$

承认"黑—白"在颜色词集合中是反义关系,就很容易推出"白—红""白—黄""红—蓝"等都是反义词的结论。不过在表达时间的"白天—黑夜",表达对垒的"白子—黑子"(如围棋中),表达是非观念的"黑白不分"(同样的比喻用法:青红不分,皂白不辨)等情况下,"白—黑"才处于反义关系之中,或者是反义语素关系,或者是反义词关系。书中对"白""黑""灰"的论述以及对"白""黑""红"(白军—红军,红心—黑心)的解释在分析的层次上有点含混,显得不够缜密。这里涉及到语义关系的语境制约和论域的确定等复杂问题,兹不详论。

归纳上述著作的看法,有下面几点结论:

(一)反义关系(反义词)是客观事物中矛盾对立现象在语言中的反映;

(二)反义词的确认要有"语言习惯的基础"或"由社会习惯决定",有时与客观事物的矛盾对立不相一致;

(三)反义词可次分类为"绝对反义词"(无第三种意义)和"相对反义词"(有第三种意义);

(四)构成反义关系的一对词必须属于同一意义范畴。

此外,朱星先生的《汉语词义简析》一书中还谈到了"中义词"。作者认为"汉语义上的中义词,是在正义反义中的词,褒义贬义中的词"。⑥ 举的例子是"热—温—冷""黑—灰—白"和"浪费—节约—吝啬""强暴—勇敢—怯懦"等。朱星先生所说的"中义词",有些不是某一语义范畴的中项,如对"温度感觉"而言,"热—冷"是语义反向极端,是反义词,程度继续加强可说"火热—冰冷",而"温—凉"是语义反向等距离,"温"接近于"热","凉"接近于"冷",也是反义词。它们在坐标上的大体位置是:

$$\begin{array}{ccccc} 热 & 温 & & 凉 & 冷 \\ B_1 & A_1 & O & A_1 & B_2 \end{array}$$

因此,说"温"是(热,温,冷)集合的中义词是不很妥当的。至于在(强暴,勇敢,怯懦)这个集合中,"勇敢—怯懦"是一对反义词,它们各自带有褒贬色彩,而

---

⑥ 朱星:《汉语词义简析》第46页,湖北教育出版社,1985年。

"强暴"除了说它是一个贬义词外,很难说它同"勇敢"或"怯懦"有反义或同义的关系,说"勇敢"是中义词不知意思是什么。当然,语言中确实有"上—中—下""左—中—右""前—中—后"这类词义关系,这些聚合联想里的"中"确实是语义中项,如果"中义词"指的是这一类情况,那在理论上是成立的。但是这种"中义词"的范围有多大,它对语义关系的解释力有多强,尚缺乏严密的考察,因此我们暂且不采用"中义词"的说法。

二

反义关系的内部情况是很复杂的。把反义关系分为绝对反义关系和相对反义关系是一种很富启发性的做法。但是需要指出的是:第一,这种二分法的内涵和理论根据必须揭示出来;第二,这种二分法没有穷尽所有的反义关系;第三,"绝对"和"相对"反义关系的术语要作适当修改。

反义关系二分为绝对反义关系和相对反义关系,其逻辑根据是概念之间的矛盾关系和反对关系。"男—女"是表达矛盾概念的一对词,二者已穷尽了"性别"这个语义域(Semantic field)。"男"蕴涵着"非女"同时也被"非女"所蕴涵,"非男"蕴涵着"女"同时也被"女"所蕴涵。用逻辑式来表示,设"男"为 p,"女"为 q,则:p←→~q,且~p←→q。符合上述条件的反义关系都是绝对反义关系。如:日—夜,生—死,逐渐—突然,大人—小孩等等。处于相对反义关系的一对词在逻辑上是反对关系,不能穷尽某个语义域。例如"长—短"不能穷尽长度,因为有"不长不短"的中介。"上—下"不能穷尽纵向位置,因为有"中间"这个中介。用逻辑式来表示,设"长"为 p,"短"为 q,则:p→~q,但~q↛p;~p↛q,但 q→~p。也就是说,肯定"长"蕴涵着"不短",肯定"短"蕴涵着"不长",但是,否定"长"不能蕴涵"短",否定"短"也不能蕴涵"长"。这同绝对反义关系的区别是明显的。"大—小""高—低""多—少""好—坏"等都是相对反义词。

如此看来,绝对反义关系和相对反义关系的分辨是简单的,而且二者似乎可以概括反义关系的类型了。其实不然,内中还有许多复杂情况。"买—卖"是一对反义词,相互之间是绝对反义关系还是相对反义关系呢? 如果说在"商品成交"这个语义域内,买就是非卖,非买就是卖,因而买与卖是绝对反义关系。那么"丈夫—妻子"也是绝对反义关系了。按照这种标准,"父母—儿女"是绝对反义关系,"父亲—儿子"又是相对反义关系了,因为还有"父亲—女儿"以及"母亲—儿子"种种语义关系(p→~q,但~p→q)。这样看来,用绝对反义关系和相对反义关系来解释上述反义关系不尽合情合理:在亲属关系的对立词中,"父母—儿女""丈夫—妻子"与"父亲—儿子""爷爷—孙子""伯父—侄子"等应该是同类的反义关系。我们用相对关系来概括,处于相对关系的一对词是对义词,相对关系是反义关系的一个次类,"买—卖""寄—收"等也是对义词。对义词的特点是关系的对称性,其他反义词的特点是关系的对立性。

"买"与"卖"两两对称,各以对方为自己存在的前提条件,没有买就没有卖,没有卖就没有买,它们对称地处于一个统一体中,意义上既不矛盾,也不相背,只是反向对称。我们把"买—卖"同"正—反"和"大—小"作一番比较可以看出其间的差别:

词项关系	特点
买→←卖	对称,相互朝向
←正 反→	矛盾,相互背反
↖大 小↘	对立,不对称

我们再来分析表达亲属关系的对义词。"父母—儿女"这一对对义词各以对方为自己存在的条件。无父母则无儿女,有父母则有儿女,反之亦然。"父亲—儿子"也是一对对义词,理解起来稍复杂些,但原理是一样的。无父亲则无儿子,有父亲则有儿子,反之亦然。不过,需要作一点修正,"父亲"与"儿子"互为前提条件,但不是唯一的前提条件,它们各有另一对前提条件:

$$父亲\begin{cases}儿子\\女儿\end{cases} \qquad 儿子\begin{cases}父亲\\母亲\end{cases}$$

这里要用"和关系"(相加关系)与"或关系"(选择关系)来解释。所谓"和关系"是说一个事物对称着两个事物(有时两个以上),这两个事物之和是该事物存在的前提条件。如"儿子"的对称物是"父亲"和"母亲",父亲与母亲之和才是儿子存在的条件。所谓"或关系"是说一个事物对称着另一个甲事物或另一个乙事物(有时有丙事物等),这个甲事物或乙事物是该事物存在的前提条件。如"父亲"的对称物是"儿子"或"女儿",儿子或女儿是父亲存在的条件。用逻辑符号来表示:

和关系:$A \leftarrow B_1 \wedge B_2$ 或关系:$A \leftarrow B_1 \vee B_2$

因此,"父亲"有"儿子"或"女儿"两个对义词(也可概括为"孩子"一个对义词),二者选一即可作为父亲存在的前提条件。"儿子"有"父亲"和"母亲"两个对义词(也可概括为"父母"一个对义词),二者合一才是儿子存在的前提条件。其他相对的亲属关系如"爷—孙""叔—侄""婆—媳""姑—嫂"也都分别要用和关系与或关系来解释。

相对关系不同于其他反义关系,通过"给予""接受""拒绝"三个词的例子可以看得更清楚。"接受—拒绝"是一对反义词,它们是绝对反义关系,而"给予"则是它们的对义词,"给予"同"拒绝""接受"处于不相容或关系的相对关系之中("父亲"同"儿子""女儿"是相容或关系)。图示如下:

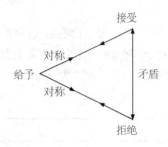

绝对反义关系与相对反义关系的划分根据是逻辑概念间的矛盾关系和反对关系,这对理解问题很有帮助,但还没有揭示反义关系内部的实质性区分,有必要从理论上作进一步的说明。例如,"大—小"是一对反义词,我们可以说:

一头小狮子是一个大动物。一只大老鼠是一个小动物。

一对处于反义关系的词合谐地出现在一个判断之中,意义上并不对立,也不矛盾,合情合理,完全可以接受。但是,"雌—雄"也是一对反义词,如果我们说:

*一头雄狮是一个雌性动物。*一只雌鼠是一个雄性动物。

这两个句子就是不合谐的和不可接受的了。这种情况说明了什么问题呢?

英国著名语言学家莱昂斯(John Lyons)在《理论语言学导论》一书中把"意义对立关系"分为 Complementarity(互补关系)、antonymy(反义关系)以及 Converseness(可逆关系)三类,⑦大致上分别相当于我们上面谈到的绝对反义关系、相对反义关系和相对关系。在区分互补关系和反义关系时,莱昂斯除了提到逻辑上的矛盾关系和反对关系之外,特别强调了反义关系是可分等级的(grading),这种分等级性建立在显现的或隐含的比较之上。作者引述了美国语言学家萨丕尔的一段话来说明反义关系的这个特点,其后在《语义学》一书中,又一次全文引述了这段话,并花了较大的篇幅论述了可分等级与不可分等级在反义关系次划分上的对立。这里,我们,转译萨丕尔的这段重要论述,并作一些说明。

Small 和 large, little 和 much, few 和 many("大—小""多—少")的对立给我们一个感觉,以为这类量的区域内的绝对价值可以同颜色概念区域内 red 和 green("红—绿")这类质的不同相比。这是一种靠不住的错觉,主要原因是分等级(grading)这个语言事实隐含在这些词语中,缺少形式上的表现,而在"There were fewer people there than here"(那儿的人比这儿的人更少)或"He has more milk than

---

⑦ 约翰·莱昂斯:《理论语言学导论》第 460—470 页,剑桥大学出版社,1968 年。

me"(他的牛奶比我的多)这类的判断中,分等级的情况变得明显了。换言之,many(多)——只取一个例子——没有体现任何类型的判断,这些判断是围绕着适用于每一类经验的给定的量的正常标准的,而 red 或 green 则适用于颜色词有其地位的每一类经验;严格说来,many 是纯粹的关联词语,除去"多于"或"少于"的内涵外,没有任何词义。many 仅仅是指任何一个作为分离点(point of departure)的数。这个分离点很明显地随着语境的不同而有极大的变化"。⑧

根据这个观点,"反义词"并不表示独立的、相反的质,而仅仅是依照某种隐含标准给"多于"或"少于"分等级的表量的词汇手段。我们说"张三比李四高,比王五矮",如果"高"和"矮"有质的规定性的话,那岂不等于说"张三又高又矮"吗?实际上,"高—矮"与"生—死""男—女""正—反"等反义词不同,并没有质的规定性,而是同语境中隐含的或显现的标准相比较而分出的等级。同李四的高度相比,张三是高的;同王五的高度相比,张三是矮的;如果仅仅说"张三不高",那就是说同隐含的正常的高度标准比较,张三不高。"相反关系"蕴含着可分等级的比较。

表量的反义关系与表质的反义关系,其区别还可用下面的例子来说明。比较下例句子:

这条河有多宽?* 这条河有多窄?

这个人多大年纪?* 这个人多小年纪?

飞机的高度是多少?* 飞机的低度是多少?

小河的深度是多少?* 小河的浅度是多少?

左边的句子成立,右边的句子理论上也成立,但实际语言中却不存在这样的句子。这说明表量反义关系中的词,有时候有"中性化"的特点,在询问"度量大小"时,这一点表现得较为明显。对"这个人多大年纪"的回答可以是"十八岁"(年纪小),也可以是"八十岁"(年纪大)。表质反义关系一般不可以这么用。如下列句子都不能成立:

*这个人多男?*这个人多女?

*这个人多生?*这个人多死?

*今天天气多晴?*今天天气多阴?

理由是"男—女""生—死""阴—晴"都有其质的规定性,一般不作分等级的比较。

粗略地概括上面的讨论可得下表:

---

⑧ 萨丕尔:《论分等级:一项语义学的研究》,载《科学的哲学》1944 年第 2 期,第 93 页。

反义关系	反义词	特点	例子
相补关系	补义词	反向补充,表质	生 死
相反关系	反义词	反向对立,表量	大 小
相对关系	对义词	反向对称,表质	买 卖

三

我们通常认为是反义关系的例子中,还有一些情况是比较难于处理的。如:前—后,左—右,上—下;东—西,南—北,天—地;春—秋,夏—冬;太阳—月亮等等。

可以想象,从发生认识论的角度来说,"上下左右前后"的概念是以认识的主体人体为中心的,以人体位置为基准点,在三维空间中,一维朝左右反向伸展,一维朝前后反向伸展,一维朝上下反向伸展,这三维各以反向伸展,在语言中用成对的词语来表达,就构成了词的反义关系,这些词所反映的正是人类所处的三维空间位置关系。人体本身为三维空间的存在物,也可用反向配对词语"上—下(部,边)""左—右(部,边,侧)""前—后(部,边)"来称谓。

"东西南北"也是空间位置关系,不过它更为抽象,反映了人类认识上的发展。"东西南北"是平面空间,加上"天地"(或上下)就构成了三维立体空间,它是以人体为中心的"前后左右上下"的观念的延伸和拓展,但已经摆脱了人体位置中心,表现了人类抽象思维的成就。这些方位概念也各以"中"(抽象的)为基点分几组反向伸展,"东西"反向,"南北"反向,"天地"(或上下)反向,在人们的心理上把这些反向的概念看作是意义上的相反关系,表述这种相反关系的词也就成了反义词。在这个集合(东,南,西,北,天,地)里,为何不把"东—南""西—北"看作反义词呢?因为它们在表达方位时相互之间是垂直对立关系(orthogonal opposition),不是相反对立关系(antipodal opposition),[9]垂直对立关系人们心理上不认为是相反的,不能构成反义关系。

再来看"春夏秋冬"。这个四元素集合(春,夏,秋,冬)表示的是时间观念,是一年内的四等分季节划分。在年时间这个循环中,"春夏秋冬"的任何两个元素之间是不会有反向关系的,意义上也不存在相反的问题。但是,为什么人们要把这个集合中的"春—秋"和"夏—冬"看作是反义词呢?这实际上是由人们的心理联想

---

[9] 参见约翰·莱昂斯:《语义学》第1卷,第281页,剑桥大学出版社,1977年。

活动决定的。"春天"联想到万物生长,"秋天"联想到万物凋谢,生长与凋谢有反义关系;"夏天"联想到万物繁茂,"冬天"联想到万物枯萎,繁茂与枯萎有反义关系。所以,"春—秋""夏—冬"是由人们心理联想的介入并在语言中经常对立使用而成为反义词的,这些概念所指的客观对象本身并没有矛盾对立的关系。我们再把问题推进一步,春天万物生长,夏天万物也生长,秋天万物凋零,冬天万物也凋零,何以不说"春—冬"是反义词,"夏—秋"是反义词呢?这同人类心理活动的"二分极化"(dichotomic polarization)倾向有关。所谓"二分",是说把一个事物或者某一个意义范畴切分为两个部分来考察、来理解、来把握,通过分析两部分之间的关系来认识整个事物。一分为二的观点,对立统一的观点,乃至语言分析上的直接分成二分的观点,都反映了人类的这一心理倾向。所谓"极化",是说把二分后的部分归入对立的极来考察、来理解、来把握。中国古代传说中的盘古开天地后"轻清为天,重浊为地","轻—重""清—浊"都是对立的极,因此"天—地"在古人心理上也认为是对立的极。从"轻—重"的二分极化来把握比重,从"清—浊"的二分极化来把握清晰度,从"天—地"的二分极化来把握宇宙。处于二分对立的部分,一个有"肯定"的极性(polarity),另一个就有"否定"的极性。春天是生长之始,夏天是生长之甚,秋天是凋谢之始,冬天是凋谢之甚。以生长对凋谢,正是二分,以始对始,以甚对甚,正是反向极化,所以,人们倾向于把"春—秋""夏—冬"作为反义词看待,而不把"春—冬""夏—秋"作为反义词看待。正如莱昂斯先生所指出的:"二分对立(dichotomous contrast)是控制语言结构最重要的原则之一,这个原则在词汇的反义关系中表现得最为明显。"[10]"形态上互不关联的两个分等级反义词中,极性的词汇化在某种程度上强化了两极(two poles)的区别或分离。"[11]

"太阳—月亮"是两个天体,词义本身并不能构成相互间的反义关系,从某种意义上说它们不是反义词。它们有时用作反义词,根据的是各自的心理联想意义。"太阳"出现在白天,"月亮"出现在夜晚,白天与夜晚一般看作是反义词。古人认为太阳为阳,月亮为阴,阴阳生万物,阴—阳是反义词。由心理联想延伸得出的反义关系,返回来则认为"太阳—月亮"本身也有反义关系。这种情况用胡裕树先生或黄伯荣先生著作中的话说,就是"语言习惯"和"社会习惯"(即社会文化)决定的反义关系。"红—黑""红—白""黑—白"这些反义关系也是由社会文化(通过心理联想)决定的,这些颜色词本身的意义之间并不存在反义关系。

简言之,反义关系研究的是词汇项目的意义对立现象。反义关系的类型可分为表矛盾的相补关系,表对立的相反关系以及表对称的相对关系。相补关系以事物质的对立为基础,相反关系以事物量的分等级为基础,对称关系互以对方为自己

---

[10] 参见约翰·莱昂斯:《语义学》第 1 卷,第 271 页,剑桥大学出版社,1977 年。
[11] 同上书,第 277 页。

的前提条件。反义词一般同人类的心理联想和认知的二分极化倾向有关。反义关系中尚有许多问题有待于我们去进一步探索求解。

原刊于《杭州大学学报》1988年6月,第18卷第2期,
99—106页

现代汉语词的反义关系论略

1 引言

反义关系是词与词之间的一种聚合联想关系,它反映的是词汇项目的意义对立现象。反义关系是十分重要的一种语义关系,它与同义关系一样,长期以来一直受到语言学界的重视。在语言教学上,体现反义关系的反义词是词语教学的重要内容,出版界也编辑出版了不少反义辞典,以帮助人们学习掌握反义词的含义和用法。但是,什么叫反义关系,或者说什么是意义对立,反义关系有哪些类型,见仁见智,各有主张,说明起来并不容易。

词的反义关系涉及的问题较多,本文主要讨论三个问题:反义关系的含义;反义关系的分类;认知联想和二分极化。

2 反义关系的含义

反义关系有三个方面的含义。

第一,反义关系是客观事物矛盾对立在语言中的反映。语言是人们交流思想的工具,语言反映了人类对世界的认知。词的反义关系是客观世界存在着的矛盾对立现象在语言中的反映。例如客观世界有性别的矛盾对立,语言中有"男—女""雄—雌""公—母"等词语来表示,客观世界有空间方位的矛盾对立,语言中有"上—下""前—后""左—右"等词语来表示,这些词语之间具有反义关系,构成反义词。

第二,反义关系反映了语言使用者的认知习惯。作为一种语言现象,反义关系虽然在语义上有客观事物的矛盾对立作基础,但反义词的语义之间并非一定存在客观上的矛盾对立关系,而是反映出了语言使用者主观上的语言认知习惯。例如表示事物形状的"圆—方"在汉语中可以表示意义上的对立(性格外圆内方,成语"圆凿方枘"比喻事物对立),也收入了反义词词典(陈炳昭等:1996)。这种反义关系在客观上看并不是矛盾对立的,因为反映事物形状的词语还有"扁""棱""尖"等等。又如表示温度感知的"热—冷"在汉语中经常成对使用,构成意义上的对立,大部分的反义词词典都收入了这对词。但是,从客观语义来分析,"热—温—凉—冷"是一个温度感知的连续体,其中的"热—冷"形成反义关系仅仅从客观事物的矛盾对立来解释说服力并不强。由此可见,反义关系的确立还要考虑语言习惯的作用,即要考虑语言使用者对客观事物的主观认知特点。

第三,具有反义关系的词必须属于同一个语义场。反义关系是一种意义聚合联想关系。产生意义聚合联想的词语通常属于同一语义范畴,即属于同一个语义场(semantic field),如性别场,方位场,形状场,颜色场,时间场,物态场,亲属场。反义词之间须具有同类的意义聚合关系,方位场中的词和形状场中的词属于不同的语义场,它们之间不会形成反义关系,"上—圆""下—方"不具备同类的意义聚合联想关系,所以这些词语之间没有反义关系,也没有同义关系。(但可以构成另一种意义关系:组合联想关系。)

需要指出的是,研究文献中有学者把"黑—白"看作是表达颜色关系的反义词(参见黄伯荣等:1983),这在理论解释上存在一些问题,在颜色场这个意义范畴中,"黑""白""红""蓝""黄""紫"……之间是平等的互相排斥的语义关系,即不相容语义关系。肯定"黑",就排斥了"白""红""蓝""黄""紫"……的联言,否定"黑",就肯定了"白""红""蓝""黄""紫"……的选言。即:

(1) a. $P \rightarrow \neg Q \wedge \neg R \wedge \neg S$
    b. $\neg P \rightarrow Q \vee R \vee S$

如果承认"黑—白"在颜色词语义集合中是反义关系,就很容易推出"黑—红""黑—蓝""白—黄""白—紫""红—蓝""黄—紫"等都是反义词的结论。这会大大扩大反义词的范围,在语言理论和语言运用上都不妥当。"黑—白"在颜色方面没有反义关系,只是在表达时间的"黑夜—白天"、表达对垒的"黑子—白子"(如下围棋)、表达是非观念的"黑白不分"等用法中,"黑—白"才处于反义关系之中,或者是反义语素关系,或者是反义词关系。这说明,反义关系的确认同词语使用的场合或环境有关。

由上分析可知,反义关系以客观事物的矛盾对立为语义基础,以语言使用者的主观认知习惯为依据,反义关系的确认有赖于语义聚合联想,必须属于同一个语义场,并与语言运用的环境有关。

3 反义关系的类型

反义关系有哪些类别,不同类别之间的反义词在语义上有什么特点?以下词语收入了一些反义词词典,它们在语义类型方面有什么差别?对这些问题不同的学者之间也许有不同的回答。例如:

(2) 大—小 进—出 火—水 问—答 上—下
东—西 春天—秋天 太阳—月亮 一—万

上述词语之间如果是反义词,理由是什么。如果不是反义词,又怎么解释它们的区别?显然,对这些语言现象光凭语感并不能作出有说服力的判断。

传统的语言理论通常把反义词分为两类:没有第三种情况的绝对反义关系(如:生—死)和存在第三种情况的相对反义关系(如:高—中—低)。这种二分法富有启发,但并没有穷尽反义关系类型,解释力也不够强。例如"水—火"的反义关系就不能用二分法解释,按照传统五行的认知观点,"金—木—水—火—土"是一个五元素集合,相生相克。"给予—接受"的语义关系也不能用二分法来解释,因为在语义场中还有"给予—拒绝"这一对词语存在。

下面讨论三种反义关系:相补关系、相反关系、相对关系。这三种关系构成的是广义的反义词,其中第二种相反关系形成的是狭义的反义词。

3.1 相补关系:补义词

相补关系也叫互补关系,指的是一对词"A,B"构成一个语义场,二者互相补充,共同覆盖某个类型的语义。相补关系的特点是,肯定A,则否定B,否定A,则肯定B。即:

(3) "A→¬B"而且"¬A→B"

例如反义词"正—反"是表示方向语义的一对词,"正"在语义上蕴涵"不反",而"不正"在语义上则蕴涵着"反"。二者互相补充,共同构成方向语义场,没有中间状态。这是相补关系的反义词,也可叫补义词。同类的反义词有:活—死,男—女,是—非,真—假,开—关,直—曲,等等。

从句法上看,相补关系反义词可以进行句法语义推导。例如:

(4) a. 王若寒昨天说了真话,王若寒昨天没说假话。
b. 王若寒昨天没说真话,王若寒昨天说了假话。

(5) a. 房门是开着的,房门不是关着的。
b. 房门不是开着的,房门是关着的。

语义场中的词一般是多词集合,如颜色词"红橙黄绿青蓝紫",肯定其中的一个词 A 蕴涵着否定了该集合中其他成员的联言,否定其中的一个词则蕴涵着肯定该集合中其他成员的选言。相补关系可以看作是语义场中的双词集合,联言和选言都是同一个成员 B。

相补关系反义词是对事物质的规定,一般不分语义等级,不具有可比性。例如:

(6) a. *林海涛与李超范相比是男的,与张颖屏相比是女的。
b. ？这扇门与左边那扇门相比是开的,与右边那扇门相比是关的。
c. ？这条路与东北那条路相比是直的,与西南那条路相比是曲的。

需要指出的是,在汉语中,有"不死不活""半死半活""不男不女""半男半女"之类的说法,似乎与相补关系的语义特点不符合。实际上,在生命运动进行或停止的语义区域,"不死不活""半死半活"都是表示生命运动进行,都是"活",只不过指出了生命运动进行的方式不太正常,是一种夸张的用法。

3.2 相反关系:反义词

相反关系是最典型的反义关系,也是狭义的反义关系。它指的是在一个语义场中,A 和 B 占据了部分语义空间,二者处在语义的相反值,语义场中还存在其他中间值。相反关系的语义特点是,肯定 A 则否定 B,否定 A 并非一定肯定 B,只是可能肯定 B。即:

(7) "A→¬ B"而且"¬ A→◇B"("◇"表示可能,并非必然)

例如反义词"长—短"是表示长度关系的一对词,肯定"长"蕴涵着"不短",否定"长"蕴涵着"可能短",但并非"必然短",因为还有"不长不短"的语义中间值。同类的反义词有:大—小,多—少,高—矮,胖—瘦,软—硬,等等。

相反关系反义词除了存在语义中项之外,还有一个重要特点是表示事物的量关系,而不是表示事物的质关系。量关系也可概括为可分等级性。量关系是一种相对关系,并不表示独立的、绝对的质。古希腊哲学家柏拉图提出了一个著名的难题,"X 大于 Y,小于 Z",这样,X 就具有两种语义上形成对立的性质:既大又小。但是,大和小语义上互相对立,不能同时都是真的。柏拉图为此烦躁不已,寝食难安。其实,这是把量的语义现象当成质的问题来讨论求解,当然不会有结果。例如:

(8) 刘莺比马燕胖,比杨蝶瘦。

如果"胖—瘦"具有质的规定性的话,那岂不是等于说"刘莺又胖又瘦"吗？其实,"胖—瘦""宽—窄"之类表示相反关系的反义词与"死—活""正—反"之类表示相补关系的反义词不同,并没有质的规定性,而只是同语境中隐含或者显现的标准相比较而分出的量的等级。同马燕的体形相比,刘莺是胖的,同杨蝶的体形相比,刘莺是瘦的。如果仅仅说"刘莺不胖",含义是说,同隐含的正常的体形标准相比,刘莺不胖。相反关系蕴含着可分等级的比较。

表量的相反关系与表质的相补关系在语义上不同,在句法使用上也有一些明显的区别。例如"大—小"是一对反义词,但是在汉语里可以说:

(9) a. 一头小狮子是一个大动物。
    b. 一只大老鼠是一个小动物。

一对处于反义关系的词出现在同一个判断之中,意义上并不产生矛盾,合谐合理,完全可以接受。"雄—雌"也是一对反义词,但是在汉语里却不可以说:

(10) a. *一头雄狮是一个雌性动物。
     b. *一只雌鼠是一个雄性动物。

上述句子在语义上是不和谐的,在使用上也是不可接受的。这种情况说明了表量和表质的反义词在语义和句法上都有不同。英国著名语言学家莱昂斯在《语义学》一书中曾引述了美国语言学家萨丕尔的一段话来说明一部分反义词的语义特点,下面我们转译这段论述:

Small 和 large,little 和 much,few 和 many(小—大,少—多)的对立给我们一个感觉,以为这类量的区域内的绝对价值可以同颜色概念区域内的 red 和 green(红—绿)这类质的不同相比,这是一种靠不住的错觉。主要原因是可分等级(grading)这个语言事实隐含在这些词语当中,缺少形式上的表现。而在 There were fewer people there than here(那儿的人比这儿少)或 He has more milk than I(他的牛奶比我的多)这类的判断中,可分等级的情况变得明显了。换言之,many(多)——只取一个例子——没有体现任何类型的判断,这些判断是围绕着适用于每一类经验的给定的量的正常标准的,而 red 或者 green 则适用于颜色词有其地位的每一类经验。严格说来,many(多)是纯粹的关联词语,除去"多于"或者"少于"的内涵外,没有任何词义。many(多)仅仅是指任何一个作为分离点(point of departure)的数。这个分离点很明显地随着语境的不同而有极大的变化。"(莱昂斯1977引,281页)

根据萨丕尔的观点,大—小、多—少之类的"反义词"并不表示独立的、相反的质,而仅仅是依照某种隐含标准给"大于"或者"小于"、"多于"或者"少于"分等级的表量的手段,并没有严格的具体的词义。按照"狮子"的标准得出的"大—小"与按照"老鼠"的标准得出的"大—小"有极大的不同,与按照"动物"的标准得出的"大—小"也有差别。这是例句(9)之所以能够成立的语义上的解释。相比较而言,"雄—雌"具有严格的具体的词义,不会因狮子、老鼠、动物等语境的不同而发生变化,这是例句(10)之所以不能成立的语义上的解释。

表量的反义关系词语,可以用"多""多少"之类问数量程度的词语来提问。例如:

(11) a1. 这个人多大年纪?   a2. ?这个人多小年纪?

b1. 这条高速公路有多宽？　　　b2. ﹖这条高速公路有多窄？
　　c1. 飞机现在的高度是多少？　　c2. ﹖飞机现在的低度是多少？
　　d1. 那道峡谷的深度是多少？　　d2. ﹖那道峡谷的浅度是多少？

上述例句左边的能成立，右边的理论上也应该成立，但实际语言中却很少听到这样的句子。这说明表量反义关系的词语，其中一个可以有"中性化"的特点。对"这个人多大年纪"的回答，可以是"八十岁"（年纪大），也可以是"十八岁"（年纪小）。"中性化"是语言使用上的无标记（unmarked）现象，即一对反义词中的某个词语在特定的语境里语义上可以涵盖另一个词语，另一个词语则是有标记词。如问"﹖这个人多小年纪"，说话人所预期的回答是"十八岁"（年纪小），而不会是"八十岁"（年纪大）。

表质的相补反义关系词语，一般不可以用"多""多少"之类问数量程度的词语来提问。下列句子在汉语中是不成立的：

　　(12) a1. *这个人多男？　　　　a2. *这个人多女？
　　b1. *这条高速公路有多直？　　b2. *这条高速公路有多曲？
　　c1. *她提供的证词真实度是多少？　c2. *她提供的证词虚假度是多少？
　　d1. *那道大门的开度是多少？　　d2. *那道大门的关度是多少？

上述句子不合格的原因是"男—女""直—曲""真实—虚假""开—关"都有质的规定性，通常不作分等级的比较。

3.3　相对关系：对义词

词的反义关系中除了相补关系、相反关系之外，还有一种相对关系，如"丈夫—妻子""寄—收""买—卖""娶—嫁""问—答""爷—孙"，等等。相对关系的特点是在一个语义场中，A 和 B 占据了整个语义空间，但是二者在意义上并不矛盾，也不是相互背反，而是相互朝向，相互作用，构成一个统一体。它所反映的是词语语义上的对称性，而不是语义关系的对立性。处于相对关系中的一对词，各以对方为自己的存在条件，如有丈夫才有妻子，有妻子才有丈夫，无丈夫则无妻子，无妻子也无丈夫，二者共同构成"夫妻"这对统一体。有买方才有卖方，有卖方才有买方，二者共同构成"买卖"这对共同体。

与相补关系所不同的是，相对关系的一对词之间并不存在语义蕴涵，不能作蕴涵推导。在"A,B"当中，肯定 A 并不蕴涵否定 B，否定 A 也并不蕴涵肯定 B。即相对关系中不能形成下列语义推导式：

　　(13) *"A→¬B"而且"¬A→B"

如"林建峰买了房子"并不能推导出"林建峰没卖房子"，而"林建峰没买房子"也不能推导出"林建峰卖了房子"。同样，"江梦维昨天寄了信"并不能得出"江梦维昨天没收信"，而"江梦维昨天没寄信"也不能得出"江梦维昨天收了信"。

与相反关系所不同的是,相对关系的一对词之间并不存在语义中项。在婚姻关系的"丈夫—妻子"之间并没有意义上的中项,在婚姻活动的"娶—嫁"之间也无所谓中间状态。

相对关系通常不能在 A 和 B 之间直接进行否定语义推导,但可以通过引入关系项进行肯定语义推导。例如:

（14）a. 李英柱是朴明喜的丈夫,朴明喜是李英柱的妻子。

b. 中国进口了德国的汽车,德国向中国出口了汽车。

相对关系中的词互相以对方为自己存在的条件。但是像"爷—孙""父亲—儿子""叔叔—侄子"等,它们之间构成相对语义的词语不止一对。如"父亲—儿子""父亲—女儿"都是相对关系,"母亲—儿子""母亲—女儿"也应该是同样的相对关系。这种情况需要引进"和"关系与"或"关系来进行语义解释。

所谓"和"关系(相加关系),是说一个事物对称着两个事物(有时两个以上),这两个事物之和是该事物存在的前提条件。如"儿子"的对义词是"父亲"和"母亲",父亲与母亲之和才是儿子存在的前提条件。所谓"或"关系(选择关系),是说一个事物对称着另一个甲事物或者另一个乙事物(有时有丙事物),这个甲事物或者这个乙事物是该事物存在的前提条件。如"父亲"的对义词是"儿子"或者"女儿",儿子与女儿选一就能构成父亲的存在条件。即:

（15）a. 和关系: $A1 \wedge A2 \rightarrow B$

b. 或关系: $A1 \vee A2 \rightarrow B$

因此,儿子有父亲和母亲两个对义词,二者合一是儿子存在的条件。父亲有儿子或女儿两个对义词,二者选一即可作为父亲成立的条件。其他表示相对关系的亲属词语如"婆—媳""兄—弟""姐—妹""舅—甥""岳—婿"等都可以分别用和关系与或关系来解释。

相对关系不同于相补关系和相反关系,还可以通过"给予""接受""拒绝"三个词的例子分析来进一步说明。"接受—拒绝"之间是补义词关系,"给予—接受"和"给予—拒绝"之间则是对义词关系。"给予"同"接受""拒绝"之间是不相容或关系,"父亲"同"儿子""女儿"之间是相容或关系。

概括上面的讨论,可得到汉语词的反义关系类型对照表。

表1 现代汉语词的反义关系对照表

反义关系	反义词	特点	实例
相补关系	补义词	反向补充,表示质	死—活
相反关系	反义词	反向对立,表示量	胖—瘦
相对关系	对义词	相互对称,表示质	夫—妻

4　认知联想和二分极化

在通常认为是反义关系的词语中,有一些情况容易引出不同的看法,需要结合人们的认知联想心理来解释。下面尝试分析几组实例。

"上下前后左右"

这是一组表示空间语义的词语。从发生认识论的角度来说,"上下前后左右"的概念是以认识的主体人体为中心而形成的。以人体位置为基准点,在三维空间中,一维朝"上—下"反向伸展,一维朝"前—后"反向伸展,一维朝"左—右"反向伸展。这三维各以反向伸展,在语言中使用成对的词语来表达,就构成了词的反义关系。这些词语所反映的正是人类所处的三维空间位置关系。人体本身作为三维空间的存在物,也可用反向配对词语"上—下(部、边)""前—后(部、边)""左—右(部、边、侧)"来称谓。

"东南西北""天地"

这也是一组表示空间语义的词语,不过它表义更为抽象,反映了人类认知能力的发展。"东南西北"是平面空间,加上"天地"(或者"上下")就构成了三维立体空间,它是以人体为中心的"上下前后左右"观念的延伸和拓展,但已经摆脱了人体位置,表现了人类抽象思维的成就。这些空间概念也各以抽象的"中"为基点分几组反向伸展,"东—西"反向,"南—北"反向,"天—地"反向,在人们的认知心理上把这些反向的概念看作是意义上的相反关系,表述这种相反关系的词语也就成了反义词。在这个集合"东南西北天地"里,为什么不把"东—南""西—北"看作反义词呢?这是因为在表达空间方位时,"东—南"之间形成的是直角的垂直对立关系,而不是直线的相反对立关系。垂直对立关系人们在心理上不认为是反向的,因此不能构成反义关系。

"春夏秋冬"

这是一组表示时间语义的词语。"春夏秋冬"四元素集合所反映的时间观念是一年内的四等分季节划分。在年时间这个循环里,"春夏秋冬"中的任何两个元素之间都不会有反向关系,语义上也不存在相反的问题,如图:

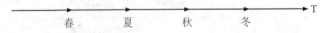

但是,人们为什么要把这个集合中的"春—秋"和"夏—冬"看做反义词呢?这实际上是由人类的心理联想活动决定的。"春天"联想到万物生长,"秋天"联想到万物凋谢,生长与凋谢存在反义关系。"夏天"联想到万物繁茂,"冬天"联想到万

物枯萎,繁茂与枯萎存在反义关系。所以,"春—秋"与"夏—冬"是由人们的心理联想活动的介入并在语言中经常成对使用而成为反义词的,这些概念所指的客观对象本身并没有矛盾对立的关系。

如果把问题再推进一步,春天万物生长,夏天万物也生长,秋天万物凋零,冬天万物也凋零,何以不说"春—冬""夏—秋"是反义词呢? 显然,这同人类心理活动的"二分极化"(dichotomic polarization)倾向有关。所谓"二分",是指把某一个事物或者某一个语义范畴切分为两个部分来考察、来理解、来把握,通过分析两部分之间的关系来认识整个事物,一分为二的观点,对立统一的观点,乃至语言分析方法中的直接成分二分的观点,都反映出了人类的这一心理认知倾向。所谓"极化",是指把二分后的部分归入对立的两级来考察、来理解、来把握。中国古代传说中的盘古开天地后,"清轻为天,重浊为地","清—浊"、"轻—重"都是对立的极,因此,"天—地"在古人心理上也认为是对立的极。从"清—浊"的二分极化来把握清晰度,从"轻—重"的二分极化来把握比重,从"天—地"的二分极化来把握宇宙。处于二分对立的部分,一个有肯定的极性(polarity),另一个就有否定的极性。春天是生长之始,夏天是生长之甚,秋天是凋谢之始,冬天是凋谢之甚。以生长对凋谢,正是二分,以始对始,以甚对甚,正是反向极化。所以,汉语倾向于把"春—秋""夏—冬"作为反义词看待,而不把"春—冬""夏—秋"作为反义词看待。正如莱昂斯所指出的:"二分对立是控制语言结构最重要的原则之一,这个原则在词汇的反义关系中表现得最为明显。""形态上互不关联的两个分等级反义词中,极性的词汇化在某种程度上强化了两极的区别或分离。"(莱昂斯:1977)

"太阳月亮"

太阳和月亮是两个天体,词义本身并不能构成相互间的反义关系,从这个意义上说,二者不是反义词。它们在汉语中有时用作反义词,根据的是各自的心理联想意义所产生的关联作用。就常人的观察而言,"太阳"出现在白天,"月亮"出现在夜晚,"白天—夜晚"通常认为存在反义关系。古人认为太阳为阳,月亮为阴,阴阳生万物,"阳—阴"是反义词。由太阳和月亮的心理联想延伸而得出的反义关系,返回来则认为"太阳—月亮"本身也存在反义关系。这种情况就是一般所说的社会习惯(即社会文化)和语言习惯决定的反义关系。前面讨论过的"黑—白"表达的反义关系,以及"红—白"(婚丧),"红—黑"(社会角色)等反映的反义关系,也都是由社会文化通过心理联想决定的,这些颜色词本身的语义之间并不存在反义关系。

简言之,反义关系研究的是词语之间的意义对立现象。反义关系的类型可分为表示矛盾语义的相补关系(补义词),表示可分等级对立语义的相反关系(反义词),表示对称语义的相对关系(对义词)。相补关系以事物的质的对立为基础,相

217

反关系以事物的量的分等级为特征,相对关系互以对方为自己的存在条件。补义词、反义词、对义词都是广义的反义词。反义词的确认通常与人类的心理联想和认知的二分极化倾向有关。

参考文献
陈炳昭、林连通、张仪卿主编 1996《近义词反义词详解辞典》,湖南出版社。
胡裕树主编 1995《现代汉语》,上海教育出版社。
黄伯荣、廖序东主编 1983《现代汉语》,甘肃人民出版社。
沈家煊 1999《不对称和标记论》,江西教育出版社。
王榕培、李东 1983《实用英语词汇学》,辽宁人民出版社。
徐烈炯 1995《语义学》(修订本),语文出版社。
张永言 1982《词汇学简论》,华中工学院出版社。
莱昂斯 1997《语义学》(Ⅰ、Ⅱ),剑桥大学出版社。

原刊于韩国《人文科学论集》2000 年,第 7 集,1—13 页

否定关系与反义关系

语言中的否定关系和反义关系是两种重要的语义关系。否定语义关系主要体现在句法层面,但也影响到词汇层面。反义关系主要体现在词汇层面,但反义词进入句子以后,对句法层面也有值得重视的影响。本文主要讨论否定关系和反义关系的类型及其语义特征。

1 反义关系的含义和语义类型

1.1 反义关系的含义

从词汇层面来分析,反义关系指的是词与词之间的聚合联想关系,它反映的是词汇项目的意义对立现象。不过,对于什么是"意义对立",反义关系可分为哪些类型,存在许多不同的看法。我们认为反义关系有四个方面的含义。

第一,反义关系是客观事物的矛盾对立在语言中的反映。语言是人类认知世界的工具,语言系统表现了人类认知世界的成果。例如客观世界存在性别的矛盾对立,语言中有"男—女""雌—雄""公—母"等词语来表示,这些词语之间具有反义关系,构成反义词。

第二,反义关系反映了语言使用者的认知习惯。作为一种语言现象,反义词的语义之间往往带有使用者主观上的认知习惯。例如表示事物形状的"圆—方"在汉语中可以表达意义上的对立(如"外圆内方"的性格,"圆凿方枘"比喻事物对立),也收入了反义词词典(陈炳昭等 1996)。这种反义关系在客观上看并不是矛盾对立的。因为表示事物形状的词语还有"扁""棱""尖"等。又如表示温度感知的"热—冷"收入了许多反义词词典,但是"热温凉冷"是一个连续体,其中的两个词构成反义关系仅仅从客观事物的矛盾对立来解释,说服力并不强。

第三,构成反义关系的词语必须属于同一个语义场。反义关系是一种意义聚合联想关系,产生意义聚合联想的词语通常属于同一个语义范畴。如性别场、方位场、形状场、颜色场、时间场、空间场、物态场、亲属场等。

第四,反义关系的确定要考虑语言使用的环境。有的文献认为"黑—白"是表达颜色语义的反义词(参见黄伯荣1983),这在理论解释上尚需探讨。因为在颜色场的意义范畴中,"黑""白""红""蓝""黄""紫"等是不相容语义关系。肯定"黑",就排斥了"白""红""蓝""黄""紫"等的联言,否定黑,就肯定了"白""红""蓝""黄""紫"等的选言。即:

(1) a. $P \rightarrow \sim Q \wedge \sim R \wedge \sim S$
　　b. $\sim P \rightarrow Q \vee R \vee S$

如果认为"黑—白"在颜色词中是反义关系,就会推出"黑—红""黑—蓝""黑—黄"和"白—红""红—蓝""蓝—黄""黄—紫""紫—白"等都是反义关系的结论。这在语言理论和语言运用上都不太妥当。"黑—白"在颜色方面没有反义关系,只是在表达时间的"黑夜—白昼"、表达对垒的"黑子—白子"、表达是非观念的"黑白不分"等用法中,二者才会形成反义关系。这说明,反义关系的确认还同词语使用的环境有关。

1.2 反义关系的类型

反义关系有哪些类别,不同类别的反义词在语义上有什么特点?学者之间有各种讨论。以下词语收入了一些反义词词典,但是仅凭语感并不能作出有说服力的判断。例如:

(2) 大—小　进—出　火—水　问—答　上—下
　　东—西　春天—秋天　太阳—月亮　———万

传统的语言学理论通常把反义词分为两类,没有中间情况的绝对反义关系(如:生—死),存在中间情况的相对反义关系(如:高—中—低)。这种二分法在语义解释上存在一些问题。例如"火—水"的反义关系就不能用二分法来解释。按照传统五行的认知观点,"金木水火土"是一个五元素集合,相生相克。"给予—接受"也不能用二分法来解释,因为还有"给予—拒绝"这一对词语的存在。

下面讨论三种反义关系:相补关系、相反关系、相对关系。这三种关系构成的是广义的反义词,其中第二种相反关系形成的是狭义的反义词。

(一) 相补关系:补义词

相补关系指的是一对词"A,B"构成一个语义场,二者互相补充,共同覆盖某个类型的语义。相补关系的特点是,肯定A则否定B,否定A则肯定B。即:

(3) "$P \rightarrow \sim Q$"而且"$\sim P \rightarrow Q$"

例如反义词"正—反"是表示方向语义的一对词,"正"在语义上蕴含"不反",而"不正"在语义上蕴含"反"。"正—反"二者互相补充,共同构成方向语义场,没有中间状态。同类的反义词有"真—假""开—关""是—非""直—曲""雄—雌"等。

从句法上看,相补关系反义词可以进行"肯定·否定"的句法语义推导。例如:

(4) 汪如海昨天说了真话→汪如海昨天没说假话

(5) 大厅的门不是开着的→大厅的门是关着的

语义场中的词一般是多词组合,如"赤橙黄绿青蓝紫",肯定其中的一个词,蕴含着否定了该集合中其他成员的联言。否定其中的一个词,则蕴含着肯定了该集合中其他成员的选言(例1)。相补关系可以看作是语义场中的双词集合,联言和选言都是同一个成员。

相补关系反义词是对事物质的规定,一般不分语义等级,不具有可比较性。例如:

(6) *林涛与李超范相比是男的,与张颖屏相比是女的。

在汉语中,存在"不死不活""不男不女"之类的说法,似乎与相补关系的语义特点不符合。实际上,在生命活动的语义区域,"不死不活""半死半活"都是表示生命运动进行,都是"活"。这些表达方式指出了生命运动进行的方式不太正常,是一种夸张的用法。

(二) 相反关系:反义词

相反关系是典型的反义关系,也是狭义的反义关系。它指的是一个语义场中的两个成员"A,B"占据了部分语义空间,二者处在语义的相反值,语义场中还存在其他中间值。相反关系的特点是,肯定 A 则否定 B,否定 A 并非一定肯定 B,只是可能肯定 B。即:

(7) "P→~Q"而且"~P→◇Q"("◇"表示可能,并非必然)

例如反义词"长—短"是表示长度关系的一对词,肯定"长"蕴含着"不短",否定"长"蕴含着"可能短",但并非"必然短",因为还有"不长不短"的中间值。同类的反义词较多,如"大—小""多—少""高—矮""胖—瘦""软—硬"等等。

相反关系除了存在语义中项之外,还有一个重要的特点是表示事物的量关系,而不是表示事物的质关系。量关系也可概括为可分等级性,它是一种相对关系,并不是表示独立的、绝对的质。(参见 Lyons1977:281)例如:

(8) 刘莺比马燕胖,比杨蝶瘦。

上例是合格的汉语句子。如果说"胖—瘦"具有质的规定性的话,那不是等于说"刘莺又胖又瘦"吗?实际上,"胖—瘦"之类表示相反关系的反义词与"正—反"之类表示相补关系的反义词不同,并没有质的规定性,它只是同显现或者隐含的标准相比较而分出的量的等级。同马燕相比,刘莺是胖的,同杨蝶相比,刘莺是瘦的。如果仅仅说"刘莺不胖",含义是同隐含的正常的标准相比。相反关系蕴涵着可分等级的比较。

表量的相反关系与表质的相补关系在语义上的不同,表现到句法上也有一些明显的区别。例如"大—小"是一对反义词,但是在汉语里可以说:

(9) a. 一头小狮子是一个大动物。

　　b. 一只大老鼠是一个小动物。

处于反义关系的一对词可以出现在同一个句子当中,意义并不产生矛盾,完全可以接受。"雄—雌"也是一对反义词,但是在汉语里却不可以说:

(10) a. *一头雄狮是一个雌性动物。

　　 b. *一只雌老鼠是一个雄性动物。

例10的句子在语义上不和谐,在使用上也是不可接受的。这种情况说明了表量反义词与表质反义词在语义和句法上都有值得重视的区别。表量反义关系的词语,句法上还可以用"多""多少"之类表达数量程度的词语来提问。例如:

(11) a1. 这个人多大年纪?

　　　a2. ?这个人多小年纪?

　　　b1. 那道峡谷的深度是多少?

　　　b2. ?那道峡谷的浅度是多少?

上述例句a1.和b1.能成立,a2.和b2.的一般不成立。这说明在表量反义关系中,其中一个词有"中性化的"特点,即使用时在语义上可以涵盖另一个词。如对"这个人多大年纪"的回答,可以是"八十岁"(年纪大),也可以是"十八岁"(年纪小)。而另一个词则是有标记的。如句子"这个人年纪多小"必须在已确定这个人年纪小的情况下才可以说,问话人所期望的回答是"十八岁",而不是"八十岁"。

表质的相补反义关系的词语,一般不可以用"多""多少"之类表达数量程度的词语来提问。下列句子在汉语中是不成立的:

(12) a1. *这个人多男?

　　　a2. *这个人多女?

　　　b1. *那道大门的开度是多少?

　　　b2. *那道大门的关度是多少?

上述句子不合格的原因是"男—女""开—关"之类的反义词都有质的规定性,通常不作等级的比较。

(三) 相对关系:对义词

反义关系的类型除了相补关系、相反关系之外,还有一种相对关系。如"丈夫—妻子""寄—收""买—卖""娶—嫁""问—答""爷—孙"等。相对关系的特点是一对词语"A,B"占据了某个语义空间,但是二者在意义上不是相互背反,而是相互朝向。它所反映的是词语语义上的对称性,而不是对立性。与相补关系所不同的是,在相对关系的"A,B"当中,肯定A并不蕴含否定B,否定A也并不蕴含肯定

B。即相对关系不能形成如下语义推导式:

(13) *"P→~Q"而且"~P→Q"

例如从句子"林建峰买了房子"中,并不能推导出"林建峰没卖房子";从"林建峰没买房子"中,也不能推导出"林建峰卖了房子"。同理,"江梦维昨天寄了信",并不能推导出"江梦维昨天没收信";"江梦维昨天没寄信",也不能推导出"江梦维昨天收了信"。

与相反关系所不同的是,相对关系的一对词之间不存在语义中项。表达婚姻关系的"丈夫—妻子"之间没有语义中项,表达婚姻活动的"娶—嫁"之间也没有中间状态。

相对关系反义词虽然不能在 A 和 B 之间进行直接的"肯定·否定"语义推导,但可以通过引入关系项以后进行"肯定·肯定"语义推导。试比较:

(14) a. 中国最近进口了汽车→*中国最近没有出口汽车
  b. 中国最近进口了法国的汽车→法国最近向中国出口了汽车

相对关系中的词互相以对方为自己存在的条件。但是像"父亲—儿子"一类的词语,能够构成相对语义关系还有"父亲—女儿"。这种情况可以引进"和"关系与"或"关系来进行语义解释。"和"关系也叫相加关系,指的是一个事物对称着两个事物,这两个事物之和是该事物存在的前提条件。"或"关系也叫选择关系,指的是一个事物对称着另一个甲事物或者另一个乙事物,这个甲事物或者这个乙事物是该事物存在的前提条件。即:

(15) a. 和关系:A1∧A2→B
  b. 或关系:A1∨A2→B

儿子有父亲和母亲两个对义词,二者之和是儿子存在的条件,爷爷有孙子或者孙女两个对义词,二者选一是爷爷成立的条件。其他表示相对关系的词语如"婆婆—媳妇""舅舅—外甥""哥哥—弟弟"等都可以分别用"和"关系与"或"关系来解释。

相对关系不同于相补关系和相反关系,还可以通过"给予""接受""拒绝"三个词之间的语义分析来说明。"接受—拒绝"之间是相补关系,"给予—接受""给予—拒绝"之间则是相对关系。"给予"同"接受""拒绝"之间是不相容或关系,而"爷爷"同"孙子""孙女"之间是相容或关系。

由上分析可知,反义关系是指一种意义对立现象。反义关系的成员 A,B 之间有的可以进行"肯定·否定"语义推导(相补关系)。有的可以进行或然性的"肯定·否定"语义推导(相反关系),有的可以通过引进关系项进行"肯定·肯定"语义推导(相对关系)。

2 否定关系的含义和语义特征

2.1 否定是矛盾语义关系在语言中的表现

否定关系指的是两个矛盾思想之间的语义关系,语言中通常用一个否定标记来表达。(弗雷格1918)现代汉语中的否定标记主要是"不"和"没"。肯定和相对应的否定可以涵盖某个语义场的全部空间。例如:

(16) a. 玫瑰花红吗? 红—不红(颜色关系的全部)
   b. 诸葛亮认识二乔吗? 认识—不认识(认识关系的全部)
   c. 杨校长能来吗? 能来—不能来(可能关系的全部)
   d. 杨玉环当时死了吗? 死了—没死(生命关系的全部)

是非问句的两种回答(肯定、否定)构成了矛盾关系,二者在语义互为否定,但在形式上有否定标记(不、没)的才是否定表达。语言中表达矛盾语义关系有两种手段。一种是运用相补反义词,如:正—反;还有一种是运用否定标记,如:正—不正。

2.2 质的否定和量的否定

质的否定是否认事物的存在或者否认事件的发生,即否定性质上的规定性,语义含义是"无"。量的否定是否认事物或事件在数量上的规定性,语义含义是"少于"。例如:

(17) a. 林云贵没孩子。
   b. 陈新平没喝啤酒。(质的否定)
(18) a. 林云贵没三个孩子。
   b. 陈新平没喝三杯啤酒。(量的否定)

量的否定在实际应用中有时候也会产生"多于"的含义,但必须是有标记的(marked),是在语境中临时产生的语用意义。试比较:

(19) a. 孙远鹏很聪明吗?
   b1. 不,他不聪明。(否定质:无)
   b2. 不,他不很聪明。(少于)
   b3. ? 不,他非常聪明。(多于)

上述答句中的b3"不,他非常聪明"是违反量的否定的基本语义的。回答态度是否定,回答内容却是肯定。要使句子成立,通常应加上指出表意重心的标记词"是",通过否定量("很")和肯定量("非常")之间的对比,实现语境中的特殊含义。即:

(20) 不,他不是很聪明,是非常聪明。(对比句)

量的否定往往带有表示事物数目或事件程度、频度的词语。如"三个""三杯""很""非常"等。在可分等级的语义序列的词语中,也可作量级分析。如"暖—热—火热"等。

2.3 否定的确定性问题

肯定是对事件的断言(assertion),否定也是对事件的断言,二者都可以用于回答疑问句提出的问题,提供确定的信息。例如对明代小说《金瓶梅》的作者,学术界有各种考证意见,形成了一个可能性的集合(set)。假定这个集合中有四个成员:a. 李开先、b. 王世贞、c. 赵南星、d. 薛应旗,对问句有肯定和否定两种回答,可以看出二者在语义确定性方面的含义并不相同。试比较对"《金瓶梅》的作者兰陵笑笑生是谁?"的两种回答:

(21) a1. 兰陵笑笑生是李开先(a)。(肯定回答)

　　含义:不是王世贞(b);而且不是赵南星(c);而且不是薛应旗(d)。(否定联言支)

　a2. 兰陵笑笑生不是李开先(a)。(否定回答)

　　含义:是王世贞(b);或者是赵南星(c);或者是薛应旗(d)。(肯定选言支)

可见,肯定句和否定句在确定性方面有明显的差别。肯定表达的断言内容直接规定了所指的事物,可作性质定义。否定表达的断言内容并没有直接规定所指的事物,只是排除了某些其他事物,只可作操作性定义。从否定回答中,并不能确知作者是谁,因为这个回答在确定性方面有三种可能。如果要表达与肯定同样的含义,必须否定四个成员中的三个。即:

(22) 兰陵笑笑生不是王世贞(b),不是赵南星(c),不是薛应旗(d)。

　　含义:兰陵笑笑生是李开先(a)。

由上分析可知,从话语内容的确定性语义方面来分析,肯定表达比否定表达更为直接和明确,否定表达则较为间接和曲折。

结合词语的语义特征分析,也可看出肯定和否定在确定性方面的区别。假定"妇女"一词有三项语义特征"人""女性""成年",试比较下列肯定句和否定句的语义。例如:

(23) 　　肯　定　　　　　　　　　　否　定

　　a. 那是一个妇女　　　　　　b. 那不是一个妇女。

　　a1. 那是一个人。(不是牛)　　b1. *那不是一个人(是牛)

　　a2. 那是一个女性。(不是男性)　b2. 那不是一个女性。(是男性)

　　a3. 那是一个成年。(不是少年)　b3. *那不是一个成年。(是少年)

肯定句 a 在语义上同时蕴涵 a1、a2、a3,这说明肯定"妇女",就同时肯定了该词所具有的三项语义特征。相应的否定句 b 在语义上并不同时蕴涵 b1、b2、b3,这说明否定"妇女"并不能同时否定该词所具有的三项语义特征,通常只是否定其中某项语义特征的内容 b2。这项内容是该词的基本语义特征,或称作无标记语义特征。当然,在实际话语中如果提供更多的语境信息,否定句 b 也可以包含 b1 和 b3 的语义。例如 b1 和 b3 的语义可以出现在下列对比句中:

(24) a. 那不是一个妇女,那是一头牛。

b. 那不是一个妇女,那是一个女孩。

这种情况说明,从肯定角度来考察,词语的各项语义特征地位相同。从否定角度来考察,词语的各项语义特征的地位并不一样。肯定句中,词语的各项语义特征表现为共存性,否定句中,词语的各项语义特征表现为层次性。[I]

2.4 否定语义量的方向

否定句中语义量与肯定句中的语义量表现为相反方向。即否定的语义量向大确定,而肯定的语义量向小确定。例如:

(25) a1. 蒋采玉借来了三本书。

a2. 蒋采玉没借来三本书。

b1. 朱明伟这半年长了五厘米。

b2. 朱明伟这半年没长五厘米。

分析上述句子,肯定句"借来了三本书"在语义上蕴涵"借来了两本书,一本书",但是并不蕴涵"借来了四本书,五本书"。否定句"没借来三本书"在语义上蕴涵"没借来四本书,没借来五本书",但是并不蕴涵"没借来两本书,没借来一本书"。

由于否定具有向大确定的性质,因此可以通过对最小量的否定来达到对全数的否定。最小的自然数是"一",所以,在汉语的否定句中,最小的数"一"的语义有时可以分析为"全部"或者"任何"。例如:

(26) a. 李老师昨天没唱一首歌。(语义向大确定:没唱任何歌)

b. 李老师昨天没唱三首歌。(语义向小不确定:没否认唱了两首歌)

如果将带"一"的词语放在动词之前,则强化了否定的任指含义,形成了汉语中表示全称否定意义的特殊结构"一 A 也不/没 B"。例如:

(27) a. 王经理上午一分钟也没休息。(比较:*四分钟也不休息)

b. 昨天的比赛他一个球也没进。(比较:*三个球也没进)

由上分析可知,否定是矛盾语义关系在语言中的表现。否定可以分为质的否定和量的否定,质的否定的语义含义是"无",量的否定的语义含义是"少于"。否定和肯定都是断言,但在确定性方面存在明显差别。否定断言在语义特征上表现出层次性。否定的语义量向大的方向确定,向小不确定,与肯定语义量的方向相反。

参考文献

陈平（1991）英汉否定结构对比研究,《现代语言学研究：理论·方法与事实》,重庆出版社。

戴耀晶（2000）试论现代汉语的否定范畴,《语言教学与研究》第 3 期。

胡裕树、范晓（1985）试论语法研究的三个平面,《新疆师范大学学报》第 2 期。

黄伯荣、廖序东（1983）《现代汉语》,甘肃人民出版社。

吕叔湘（1985）肯定·否定·疑问,《中国语文》第 4 期。

钱敏汝（1990）否定载体"不"的语义——语法考察,《中国语文》第 1 期。

沈家煊（1993）"语用否定考察",《中国语文》第 5 期。

石毓智（1992）《肯定与否定的对称与不对称》,台湾学生书局。

文炼（1990）语言单位的对立与不对称现象,《语言教学与研究》第 4 期。

徐杰、李英哲（1993）焦点与两个非线性语法范畴："否定""疑问",《中国语文》第 2 期。

徐烈炯（1995）《语义学》（修订本）,语文出版社。

陈炳昭、林连通、张仪卿主编（1996）《近义词反义词详解词典》,湖南出版社。

弗雷格（1918）《弗雷格哲学论著选辑》,王路译,商务印书馆 1994 年版。

Lyons, John (1997) *Semantics*. Cambrige Unversity Press.

Kempson (1977) *Semantic Theory*. Cambrige Unversity Press.

原刊于《汉语语法研究的新拓展》（一）,浙江教育出版社,
2002 年,235—245 页

[整理者按]

戴先生所发表的、与本文同一主题的文章还有：

《汉语的否定语义分析》,《语文论丛》（第 4 期）上海教育出版社,2002 年, 78—84 页。

[1] 在戴耀晶(2002)《汉语的否定语义分析》中,此处还多了一段,如下：

有一个数据对比也可以反映肯定和否定在语义确定性方面的关系,地名是人类文化意义的沉积,它的含义是确定的。《中国地名语源词典》共收 5906 个地名条目,用肯定形式作地名的 5900 条,用否定形式的仅 6 条,二者之比是"5900:6"。否定形式的 6 条均用"无"字。即：江苏无锡,山东无棣,安徽无为,河北无极,陕西无定河,云南无量山。

试论现代汉语的否定范畴 *

提要

否定和肯定是一对语义范畴。二者在意义上互相对应,在语言形式上也有许多互相平行的用法。不过,在实际语言中,二者还表现出许多不平行的用法。本文试图通过对现代汉语中否定和肯定不平行现象的分析,探讨产生这些现象的语义因素。现代汉语表示否定的词语很多,下面主要结合否定标记"没"和相应的肯定标记"了"与动作动词配合使用的情况来讨论否定问题。重点观察句子形式是否平行,语义内容是否发生变化。[I]

0 否定句与肯定句的不平行性

从语言哲学的观点看,每个思想都有一个与自己相矛盾的思想,通过一个否定词就可以建立起表达这个矛盾思想的句子(弗雷格 1918)。那么,从语言学的观点来分析,语言中存在一个肯定句,是否存在一个语法结构和语义内容上平行的否定句呢?试比较:

肯定句(了)	否定句(没)
(1) a. 江浩到了广州。	b. 江浩没到广州。
(2) a. 江浩已经到了广州。	b. *江浩已经没到广州。
(3) a. *江浩已经三年到了广州。	b. 江浩已经三年没到广州。

例(1)肯定句成立,相应的否定句也成立,二者表现出平行性。例(2)肯定句成立,相应的否定句不成立,没有表现出平行性。例(3)肯定句不成立,而相应的否定句却成立,也没有表现出平行性。这种现象初步说明,从自然语言现象来观察,肯定句和否定句未必都是对应的。[II]

---

* 本文曾在"庆祝《语言教学与研究》创刊 20 周年:语言学及应用语言学学术研讨会"(1999 年 4 月于北京语言文化大学)上宣读,承蒙方立、赵金铭、袁毓林、崔希亮、孙德金等多位先生提出宝贵意见,谨致谢忱。

1 否定的量向大确定,肯定的量向小确定

否定可分为质的否定和量的否定。质的否定是否认事物的存在或事件的发生,语义含义是"无"。量的否定是否认事物或事件在数量上的规定性,语义含义是"少于"。

在表示质的否定和肯定时,否定标记"没"和肯定标记"了"的用法基本上是平行的。在表示量的否定和肯定时,"没"和"了"则表示出了语义上的差异。试比较:

肯定句	否定句	(否定含义)
(4) a. 刘军买了房子。	b. 刘军没买房子。	(否定质:无)
(5) a. 刘军买了三套房子。	b. 刘军没买三套房子。	(否定量:少于)

分析例(5)的语义,肯定句"刘军买了三套房子"蕴含着"刘军买了两套房子"和"刘军买了一套房子"。但是并不蕴含"刘军买了四套房子"和"刘军买了五套房子"等。

否定句"刘军没买三套房子"并不蕴含"刘军没买两套房子"和"刘军没买一套房子"。但是却蕴含着"刘军没买四套房子"和"刘军没买五套房子"等。

由此可以概括出否定和肯定在量的方向上有不同的性质。即:肯定句的量向下蕴含,向上不蕴含。换句话说,肯定句中比表量词语(如"三套")小的数量也得到了肯定,但比表量词语大的数量并不必然得到肯定。

与肯定句相反,否定句的量向上蕴含,向下不蕴含。换句话说,否定句中比表量词语大的数量也得到了否定,但比表量词语小的数量并不必然得到否定。可作如下图示:

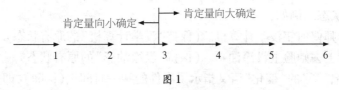

图 1

由于否定在表示否定量方面具有向大确定的语义,因此可以通过对最小量的否定来达到对所有量的否定。最小的自然数是"一",通过对"一"的否定可以达到对所有数量的否定,即在否定句中,最小数"一"的语义可以是"全部"或"任何",具有任指意义。例如:

(6) a. 今天上午林如冰没上一节课。(含义向大确定:没上任何课)

　　 b. 今天上午林如冰没上三节课。(含义向小不确定:可能上了两节课)

(7) a. 他没看一本琼瑶的小说。(含义向大确定:没看琼瑶的任何小说)
　　b. 他没看三本琼瑶的小说。(含义向小不确定:也可能看了两本)

现代汉语中往往用带数词"一"的宾语提前来强化否定的任指含义,形成一个有特殊表现力的否定句式:"一…没(不)…"。用最小数的否定来表达全数的否定,用其他数词较少见,理由是对大于"一"的数的否定不能表达全数否定的含义。例如:

(8) a. 李大爷一本书也没看。(比较:*三本书也没看)
　　b. 王科长一分钟也没休息。(比较:*三分钟也没休息)
　　c. 小高一次飞机也没坐过。(比较:*三次飞机也没坐过)
　　d. 队长一口水也没喝。(比较:*三口水也没喝)
　　e. 前锋一个球也没踢进去。(比较:*三个球也没踢进去)

由上分析可知,肯定句和否定句在事物或事件"量"的断定方面并不总是平行对应的。

2　否定有"保持"的语义特征,肯定有"变化"的语义特征

带完成体标记"了"的肯定句除"肯定"的语义特征之外,还有"变化"的语义特征,即表示发生了某种事件或进入了某种状态。例如:

(9) 李师傅前年学了计算机。(发生了"学计算机"的事件)
(10) 看上去她脸上涂了油彩。(进入了"涂油彩"的状态)

带否定标记"没"的否定句除了与"了"相对应的"否定"语义特征之外,则有"保持"的语义特征。否定某种事件的发生或否定某种状态的出现,在语义上也就是保持原有状态。例如:

(11) 李师傅前年没学计算机。(保持"没学计算机"的原有状态)
(12) 看上去她脸上没涂油彩。(保持"没涂油彩"的原有状态)

肯定标记"了"的"变化"语义指示了事件的某一时间点(point),即完成点或实现点,具有点特征。否定标记"没"的"保持"语义指示了事件的连续时间段(period),即持续段,具有段特征。可作如下图示:

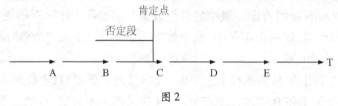

图2

否定表示"保持"这一语义特征可以解释一部分副词在肯定句和否定句中意义不平行的语言现象。例如：

(13) a. 朱波已经去了内蒙古。("已经"表示事件发生)
　　　b. ＊朱波已经没去内蒙古。("已经"与"没"语义矛盾)

时间副词"已经"与"了"在肯定句中配合使用,表示事件的发生。"没"否定了事件的发生,保持原有状态,所以句子不成立。又如：

(14) a. 张文林还参观了博物馆。("还"表示频度)
　　　b. 张文林还没参观博物馆。("还"表示保持)

频度副词"还"在肯定句中与"了"配合作用,表示频度义,意思是发生了多个事件。"没"否定了事件的发生,副词"还"在否定句中不表示频度意义,只表示保持语义,即"参观博物馆"的事件没有发生,原来的情形仍然保持。又如：

(15) a. ＊孙君瑞从来看了《红楼梦》。("从来"与"了"语义矛盾)
　　　b. 孙君瑞从来没看《红楼梦》。("从来"表示保持义)

时间副词"从来"不反映变化,与表示肯定意义的完成体标记"了"不相容,句子不成立。在否定句中"从来"与"没"配合使用,语义特征上相容,表示保持的意义。

需要说明的是,如果是表示静态意义(不变化,主要是由静态动词充当谓语)的句子,在语义上与"从来"相容,则肯定句中也可以用"从来",但是不用"了"。时间副词"一直"在使用上也是这种情况。这说明了语义特征制约了句法表现。例如：

(16) 金海涛从来就是这个样子。("从来"用于静态意义肯定句)
(17) 杨经理一直坐在那儿生闷气。("一直"用于静态意义肯定句)

由上可知,"了"的时间意义是变化,具有时点的性质。"没"的时间意义是保持,具有时段的性质。由此造成了肯定句、否定句对时间词语、频度词语的句法共现和语义选择不平行。

3　否定与事件"前"相容,肯定与事件"后"相容

肯定句描述一个事件,在语义上与事件"后"相容。否定句保持原来的状态,否认了事件的发生,在语义上与事件"前"相容。二者在现代汉语语义结构中呈现出不平行的对应现象。试比较：

否定与"前"相容。如"(没)VP以前"：

(18) a. ＊刘元晋学了手艺以前在村小读书。(带"了"不成立)

  b. 刘元晋没学手艺以前在村小读书。(带"没"成立)
  c. 刘元晋学手艺以前在村小读书。(不带"没"也成立)
肯定与"后"相容。如"VP(了)以后"：
(19) a. *刘元晋没学手艺以后在城里做事。(带"没"不成立)
  b. 刘元晋学了手艺以后在城里做事。(带"了"成立)
  c. 刘元晋学手艺以后在城里做事。(不带"了"也成立)
  这种现象与否定的语义性质有关。否定标记"没"的语义特征是"保持"，"VP以前"指 VP 没发生，"没"的语义与"前"的语义相容，并产生语义冗余。因此表示否定的"没"可以不出现。但是"没"不与"后"共现。
  肯定标记"了"的语义特征是"变化"，"VP 以后"指 VP 已经发生，"了"的语义与"后"的语义相容，并产生语义冗余。因此表示肯定的"了"可以不出现。但是"了"不与"前"共现。
  否定、肯定与事件之前、之后的关系可作如下图示：

  由上分析可知，否定标记"没"与肯定标记"了"的语义特征不同，由此造成了它们在与事件"前""后"的相容性方面的差异，在语义冗余上的句法表现也不一致。这再次说明了语义对句法的制约作用。

4 否定范围有不确定性，肯定范围有确定性

  肯定句的肯定范围是确定的，即句中的每个词语得到了肯定，都在肯定范围之内。但句子中否定的范围在哪里，情况却有些不一样。试比较：
(20) a. 三班的同学都去了图书馆。(肯定句:全部去了)
  b1. 三班的同学都没去图书馆。(否定句1:全部没去)
  b2. 三班的同学没都去图书馆。(否定句2:部分没去)
  从句子的意义上分析，肯定句(a)的相应否定句是(b1)，即"全部去了"的否定是"全部没去"。但是否定句(b2)在语感上也是对肯定句(a)的否定，在语言结构形式上也是在肯定句的基础上增加一个否定标记而形成的。从语言现象来看，一个肯定句形式可以有多个否定句形式与之对应，问题在于，多个否定句的意义之间存在着明显差别。否定标记的线性位置影响否定范围的确定。这是一种情况。

还有一种情况是同一个语序排列的否定句,在否定语义上可以有多种含义。例如:

(21) a. 刘小宇瞒着父母玩游戏机。(肯定句:所有词语得到肯定)
　　 b1. 刘小宇没瞒着父母玩游戏机。(否定句1:否定"瞒"和"玩")
　　 b2. 刘小宇没瞒着父母玩游戏机。(否定句2:否定"瞒",肯定"玩")

肯定句只有一种形式(a),句子中的每一个词语自然都属于肯定范围。否定句表层形式上也是一种,但可以有(b1)和(b2)两种语义,前一种语义的否定范围既否定前事件"瞒着父母",也否定后事件"玩游戏机"。后一种语义的否定范围只否定前事件,并不否定后事件(参见饶长溶1988)。两种意思相差甚远。

由上分析可知,肯定句的肯定范围是确定的。否定句的否定范围却有不确定性,有多种可能性,否定范围有歧义。一般来说,否定范围是紧接在否定标记之后的那个词语(邻接原则)。这说明,一个肯定句可以有两个(或更多)相对应的否定句。肯定和否定并不总是平行的。

5　否定是有标记的,肯定是无标记的[III]

疑问句有肯定形式和否定形式。肯定形式没有突出肯定内容的含义,是中性疑问句,是无标记的。否定形式有突出否定内容的含义,是偏性疑问句,是有标记的。试比较:

(22) 李先生今天来了学校吗?(肯定、否定同样关注)
(23) 李先生今天没来学校吗?(关注否定的情况)

对否定形式疑问句的回答,汉语的肯定和否定态度是根据问句的倾向来决定,而不是根据答句的倾向来决定(如英语)。例如对(23)句的肯定回答和否定回答分别是:

(24) a1. 是的,李先生今天没来学校。(照应问句的否定形式,用"是的")
　　 a2. 不,李先生今天来了学校。(否认问句的否定形式,用"不")

这说明,现代汉语的否定是有标记的,说话人关注否定方面的信息,答话人的态度照应了问话人对否定情况的关注。

简言之,从现代汉语的语言事实来分析,否定和肯定这一对范畴在句法形式和语义解释上存在不平行,这是由否定的特殊语义性质决定的。具体表现为,否定的量向大确定,否定具有"保持"的语义特征,否定与事件"之前"相容,否定范围有多种可能性,否定是有标记的形式,等等。否定语义特征的揭示有助于解释语言中的许多现象。[IV]

参考文献[V]

陈平 1991 英汉否定结构对比研究,载《现代语言学研究——理论·方法与事实》,重庆出版社。

戴耀晶 1994 论现代汉语实现体的三项语义特征,《复旦学报》第 2 期。

邓守信 1973 Negation and Aspect in Chinese. JCL:1.1:14-37.

弗雷格 1918 否定,王路译,载《弗雷格哲学论著选辑》,商务印书馆 1994 年。

吕叔湘 1985 肯定·否定·疑问,《中国语文》第 4 期。

钱敏汝 1990 否定载体"不"的语义—语法考察,《中国语文》第 1 期。

饶长溶 1988 "不"偏指前项的现象,载中国语文杂志社编《语法研究和探索》(四),北京大学出版社。

沈家煊 1993 "语用否定"考察,《中国语文》第 5 期。

沈开木 1985 "不"字的否定范围和否定中心的探索,载中国语文杂志社编《语法研究和探索》(三),北京大学出版社。

石毓智 1992 《肯定和否定的对称与不对称》,台湾学生书局。

王还 1988 关于怎么教"不、没、了、过",《世界汉语教学》第 4 期。

王士元 1965 Two Aspect Markers in Mandarin(现代汉语中的两个体标记),Language Vol. 41 No. 2. 袁毓林译,《国外语言学》1990 年第 1 期。

文炼 1990 语言单位的对立和不对称现象,《语言教学与研究》第 4 期。

徐杰、李英哲 1993 焦点和两个非线性语法范畴:"否定""疑问",《中国语文》第 2 期。

叶斯柏森 1924 《语法哲学》第二十四章"否定",何勇等译,语文出版社 1988 年。

张伯江 1996 否定的强化,《汉语学习》第 1 期。

Lyons, John 1977. *Semantics*. Volume II. 16. 4:Negation. PP:768-777. Cambridge University Press.

Kempson 1977. *Semantic Theory*. 7. 3:Negation. PP:117-121. Cambridge University Press.

原刊于《语言教学与研究》2000 年第 3 期,45—49 页

[整理者按]

戴先生所发表的、与本文同一主题的文章还有:

1、《汉语的否定语义分析》,《语文论丛》(第 4 期)上海教育出版社,2002 年,78—84 页。

2、《汉语否定句肯定句的对比分析》,日本《中国语教育》第 4 号 1—13 页,2006 年,东京。

[1] 在戴耀晶(2006)《汉语否定句肯定句的对比分析》中,在文章开始还有两节内容,兹录于下:

1. 否定表达与肯定表达

肯定和否定是一组对立的语义范畴,语言使用者可以使用肯定表达的方式传递信息(如"伊藤先生昨天去了北海道"),也可以使用否定表达的方式传递信息(如"伊藤先生昨天没去北海道")。肯定表达在语言中一般使用肯定句,否定表达在语言中一般使用否定句。肯定句传达的是确定的内容,否定句传达的是对确定内容的否认,二者的语义内容是不同的。

什么是否定?德国哲学家、近代形式逻辑的开创者弗雷格(1918)说:"每个思想都有一个与自己相矛盾的思想。"两个矛盾思想之间的关系就是否定语义关系。语言中通常用一个否定标记词来表达。例如:

(1) a. 牡丹花红吗?　　　　　/红——不红(矛盾的颜色关系)
　　 b. 孔明认识二乔吗?　　　/认识——不认识(矛盾的认识关系)
　　 c. 邓树芝能来吗?　　　　/能来——不能来(矛盾的可能关系)
　　 d. 杨贵妃当时死了吗?　　/死了——没死(矛盾的生命意义)

是非问句的两种回答(是、不)构成了矛盾关系,二者在语义上互为否定,但在形式上有否定标记(如:不、没)的才是否定表达。

美国语言学家 Horn(1989)概括了肯定与否定语义研究中的各种观点,指出了肯定表达与否定表达在九个方面的不对称意义,并同时说明,这些观点在学术界仍存在争议。即:

(2) a. 从逻辑上说,肯定在先(prior),否定在后(secondary);
　　 b. 从本体上说,肯定在先,否定在后;
　　 c. 从认识上说,肯定在先,否定在后;
　　 d. 从心理上说,肯定在先,否定在后;
　　 e. 肯定是基本的,简单的,否定是复合的;
　　 f. 肯定是本质性的,否定是排除性的;
　　 g. 肯定是客观的,否定是主观的;
　　 h. 肯定句描写与世界相关的事实,否定句描写与肯定相关的事实;
　　 i. 肯定句的信息价值较大,否定句的信息价值较小。

可见,肯定表达和否定表达的语义内容存在差异性,在语言系统中的价值不同。下面通过肯定句与否定句的比较分析,重点探讨否定句在语义和句法上的特点。

2. 否定和肯定都是普遍的语言现象。

从使用频度的角度上说,汉语的肯定句比否定句的使用频度高。因为肯定句能够传达确定的内容,是语言交际的基本形式。否定句传达的是对确定内容的否认,在语言交际中也广泛使用,肯定和否定都是普遍的语言现象。

肯定句和否定句有各自表达的语义:二者有时候很难替换。试分析如下两组否定句。

例如,近年来上海市政府倡导建立文明城市,提出几条市民行为规范,其中家喻户晓的是"七不"。即:

(3) 不随地吐痰,不乱扔垃圾,不损坏公物,不破坏绿化,不乱穿马路,不在公共场所吸烟,不说粗话脏话。

"七不"是从否定角度提出七个方面的文明行为要求,每一条的现实针对性都很强,都是在大量调查研究之后做出的概括。"七不"的提倡对上海的城市文明建设起到了良好的作用。如果把否定表达的"七不"换成肯定表达的"七要",就不容易传达出同样的意思。

又如,我国先秦时期三位著名的学者李聃、孔丘、孙武,他们创立的学说博大精深,影响久远。代表他们学术思想的三部著作《老子》《论语》《孙子》,开头的句子使用的都是否定形式,但采用了三种不同的表达方式。即:

(4) a. 道可道,非常道;名可名,非常名。(《老子》)

　　b. 学而时习之,不亦说乎! 有朋自远方来,不亦乐乎! 人不知而不愠,不亦君子乎! (《论语》)

　　c. 兵者,国之大事,死生之地,存亡之道,不可不察也。(《孙子》)

三位古代的哲人都使用了否定形式的句子来展开论述他们的学说。《老子》用的是"非常道",一个否定词,表达否定的意思。《论语》用的是"不亦说乎",一个否定词加上反问语气,表达强化了的肯定意思。《孙子》用的是"不可不察也",两个否定词连用,表达的也是强化了的肯定意思。如果用肯定句来表达上面的意思,可能含义会有所变化。

这些情况说明,否定句是非常普遍的语言现象,否定表达在人们的言语活动中有独到的作用。

II 在戴耀晶(2006)《汉语否定句肯定句的对比分析》中,此处还多了一条例子,如下:

a4. 铃木先生还去了奈良。　　　　b4. 铃木先生还没去奈良。

　("还"表示频度)　　　　　　　　　("还"表示保持)

（四）肯定句 a4 成立，相应的否定句 b4 也成立，但是"还"的语义有变化，二者也没有表现出平行性。

Ⅲ 在戴耀晶(2002)《汉语的否定语义分析》、(2006)《汉语否定句肯定句的对比分析》中，此处还多一段，兹录于下：

在现代汉语中，如果将"是"看作肯定标记，将"不""没"等看做否定标记，将没有这些标记的句子看作零标记。可以通过三者的比较分析，来探讨肯定表达和否定表达在标记性方面的差异。试比较：

(17)

肯定标记	否定标记	零标记
林静如是四川人。	林静如不是四川人。	林静如四川人。
昨天是中秋节。	昨天不是中秋节。	昨天中秋节。
杨蝶是在写小说。	杨蝶不是在写小说。	杨蝶在写小说。
冯小华是很开放。	冯小华不是很开放。	冯小华很开放。
含义:肯定	含义:否定	含义:肯定

上述例句中的第一列用"是"形成肯定表达，第二列用"不"和"没"形成否定表达。

第三列是零标记形式，肯定标记和否定标记都不用，得到的是肯定句还是否定句呢？答案是肯定句。在汉语的实际运用中，大量的肯定句都不用"是"标记，因此在作语义分析时可以不把它们当作专有的肯定标记词。而汉语的否定表达必须有"不""没"等标记，否则不能传达出否定的语义。因此，零标记可以分析为是肯定表达式，否定标记形成否定表达式。即：肯定表达是无标记的，否定表达是有标记的。例如：

(18)

零标记	否定标记
钟凤鸣明天去广州。	钟凤鸣明天不去广州。(不)
下午举行记者招待会。	下午不举行记者招待会。(不)
交易所前面围了一大群人。	交易所前面没围一大群人。(没)
有线体育台买了新设备。	有线体育台没买新设备。(没)

否定表达要用否定标记，否定标记往往依存于表示确定事物（或事件）的词语上面。确定的事物就是肯定，否定则可以理解为是依存于事物的概念。因为没有事物，否定就没有对象；而没有否定，事物依然可以存在。

Ⅳ 在戴耀晶(2002)《汉语的否定语义分析》中还多了一段,兹录于下:

现代汉话中两个主要的否定标记"不"和"没",在否定的时间语义方面存在着明显的差别。相对参照时间而言,"不"可以表示过去、现在、未来,具有泛时性。而"没"主要用于参照时间的过去,具有先时性。试比较:

(17)　　　　　　　不　　　　　　　　　　　　　没
　　a1. 蒋承平小时候不上学。　　　a2. 蒋承平小时候没上学。(过去)
　　b1. 孙继德上午不练三人舞。　　b2. 孙继德上午没练三人舞。(现在)
　　c1. 汪阿姨下个月不参加培训。　c2. *汪阿姨下个月没参加培训。(来来)

"小时候"指过去时间,句子表示否定时可以用"不",也可以用"没"。"下个月"是未来时间,句子表示否定时可以用"不",但是不能用"没"。"上午"指现在时间,从否定形式上看,用"不"或者用"没"都可以。但是由于"没"的语义限制,"没"的句子在时间意义上倾向于指上午的结束点("上午"已过去),用"不"的句子在语义上则倾向于指上午的开始点("上午"未结束)。这是由于否定标记在语义系统中的含义分工造成的区别。所以在现代汉语中,如果句子里没有具体的时间指示,带"没"的句子语义都指对过去事件的否定,在时间语义上不向未来延伸。带"不"的句子中对事件的否定具有泛时性,在时间语义上它可以向未来延伸。试比较:

(18)　　　　　　　不　　　　　　　　　　　　　没
　　a1. 同学们不看这种电影。　　　a2. 同学们没看这种电影。
　　b1. 陆经理的孩子不参加野营活动。　b2. 陆经理的孩子没参加野营活动。
　　c1. 颜喜贵不批准他的请求。　　c3. 颜喜贵没批准他的请求。
　　d1. 长江轮不悬挂公司标志。　　d3. 长江轮没悬挂公司标志。
　　e1. 李小云不卖水货。　　　　　e3. 李小云没卖水货。

如果要表示"一贯如此"的时间意义,现代汉语使用副词"从来",形成两种否定格式:"从来不V""从来没V(过)"。试比较:

(19)　　　　从来不V　　　　　　　　　　从来没V(过)
　　a1. 同学们从来不看这种电影。　　a2. 同学们从来没看过这种电影。
　　b1. 陆家的孩子从来不参加野营活动。　b2. 陆家的孩子从来没参加过野营活动。
　　c1. 颜喜贵从来不批准他的请求。　c2. 颜喜贵从来没批准过他的请求。
　　d1. 长江轮从来不悬挂公司标志。　d2. 长江轮从来没悬挂过公司标志。
　　e1. 李小云从来不卖水货。　　　　e2. 李小云从来没卖过水货。

副词"从来"与"不"配合使用构成否定表达时,在时间语义上可以向未来延伸,即"从来不看这种电影"语义上有"将来也如此"的含义,因此不能带经历体标记"过",在现代汉语中,"*从来不看过"是不合格的形式。而"没"与副词"从来"

配合使用表示否定时,时间意义上通常不向将来延伸,即"从来没看(过)这种电影"语义上并没有"将来也如此"的含义。在实际话语中,带上经历体标记"过"为常见形式。这是由"没"的时间含义是对过去的否定决定的。如下图所示:

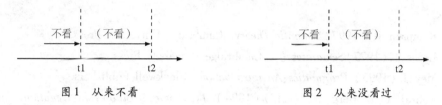

图1　从来不看　　　　　　　　　图2　从来没看过

以 t1 为时间点,"从来不看"表示的语义是看的行为一直没有发生,而且向未来(t2)延伸。"从来没看过"表示的语义是到 t1 为止的时间点里,看的行为一直没有发生,是否向未来(t2)延伸没有表述。

ᵛ 在戴耀晶(2006)《汉语否定句肯定句的对比分析》中参考文献最多,如下:
陈平(1985)英汉否定结构对比研究,见陈平《现代语言学研究——理论·方法与事实》210—246 页。重庆出版社,1991 年。
戴耀晶(1997)《现代汉语时体系统研究》,浙江教育出版社。
——(2000)现代汉语否定标记"没"的语义分析,《语法研究和探索》(十)49—56 页,中国语文杂志社编,商务印书馆。
——(2004)关于汉语否定句的语义确定性问题,《世界汉语教学》第 1 期。
吕叔湘(1985)肯定·否定·疑问,《中国语文》第 4 期。
钱敏汝(1990)否定载体"不"的语义——语法考察,《中国语文》第 1 期。
饶长溶(1988)"不"偏指前项的现象,中国语文杂志社编《语法研究和探索》(四)163—171 页。北京大学出版社,1988 年。
沈家煊(1993)"语用否定"考察,《中国语文》第 5 期。
沈开木(1985)"不"字的否定范围和否定中心的探索,中国语文杂志社编《语法研究和探索》(三)215—232 页。北京大学出版社,1985 年。
石毓智(I992)《肯定和否定的对称与不对称》,台湾学生书局。
王还(1988)关于怎么教"不、没、了、过"《世界汉语教学》第 4 期。
文炼(1990)语言单位的对立和不对称现象,《语言教学与研究》第 4 期。
徐杰、李英哲(1993)焦点和两个非线性语法范畴:"否定""疑问",《中国语文》第 2 期。
袁毓林(2000)否定式偏正结构的跨维度考察,《语法研究和探索》(十)57—72 页,中国语文杂志社编,商务印书馆。
张伯江(1996)否定的强化,《汉语学习》第 1 期。

邓守信(1973) Negation and Aspect in Chinese, *JCl*:1.1:14-37。

弗雷格(1918)否定,《弗雷格哲学论著选辑》,王路译,商务印书馆,1994年。

Horn, L. (1989) *A Natural History of Negation*, Chicago: The University of Chicago Press.

Kempson, R, (1997) *Semantic Theory*. Cambridge University Press.

Lyons, J, (1977) *Semantics II*. Cambridge University Press.

Mey, J. (1993) *Pragmatics: An Introduction*. Blackwell Publishers.

Kahrel, P, & Berg, R. (ed.) (1994) *Typological Studies In Negation*. John Benjamins Publishing Company.

汉语否定句的语义确定性 *

提要
本文从语义的确定性着眼,提出"正确定""负确定""不确定"三个概念,分别对应于句法上的肯定句、否定句、疑问句。论文主要讨论了汉语否定句所表达的负确定及肯定句所表达的正确定,通过将二者进行句法结构和语义内容的对比分析,得出结论:肯定句具有单义性,否定句具有多义性,肯定所表示的正确定在语义上强于否定所表示的负确定。

关键词
否定;正确定;负确定;优势理解

0 引言

近年来,在语法研究中引入语义分析已经成为一种趋势,研究汉语语义的论文和著作日渐增多。肯定句和相应否定句的关系是句子语义分析的一项重要内容。通行的观点是,每个思想都有一个与之相矛盾的思想(弗雷格,1918),从语言直觉上说,每个肯定句都能通过加上否定标记而形成一个相应的否定句。但是在汉语的实际语料中,肯定句和相应的否定句在形式上和语义上都存在不平行现象。例如:
(1) a. 林慧如已经到了香港。("已经"可出现)
  b. *林慧如已经没到香港。("已经"不能出现)
(2) a. *孙君瑞从来看了《红楼梦》。("从来"与"了"语义矛盾)
  b. 孙君瑞从来没看《红楼梦》。("从来"与"没"语义不矛盾)

---

* 本文主要内容先后在"第二届肯特岗国际汉语语言学圆桌会议"(2002年11月,新加坡)和"新世纪第二届现代汉语语法国际研讨会"(2003年4月,广州)上作过发言,承蒙张洪明、陆丙甫、石毓智、徐大明、潘海华、胡建华等先生提出宝贵意见,谨致谢忱。

(3) a. 张文林还参观了博物馆。("还"表示频度)
    b. 张文林还没参观博物馆。("还"表示保持)

例(1)中,肯定句成立,否定句不成立,这与副词"已经"的语义有关。例(2)中,肯定句不成立;否定句成立,这与副词"从来"的语义有关。例(3)中,肯定句成立,否定句也成立,但是,副词"还"在肯定句中表示的语义是"频度",在否定句中表示的语义是"保持"。

上述句子中的动词"到""看""参观"都是动作动词,句子的结构和其他词语都相同,所不同的是:a 类是肯定句,b 类是否定句,相应的句子在能否成立(正—误)和含义是否相同(同—异)方面存在差异。这种语言现象说明,汉语的肯定句与否定句之间的关系较为复杂,汉语否定句所表示的语义内容需要深入研究。

本文着眼于语义的确定性,提出"正确定""负确定""不确定"三个概念,假定这三个概念对应于汉语的三类句子:肯定句、否定句、疑问句,则得到如下的语义确定性关系表:

(4) 语义确定性关系表

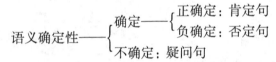

根据语义确定性关系表,下面主要讨论否定句所表达的负确定及肯定句所表达的正确定,基本方法是将二者进行句法结构和语义内容的对比分析,疑问句所表达的不确定性将另作讨论。

1 词语语义特征的确定性

词语往往有多项语义特征,在词典释义时,词语的多项语义特征表现为共存性,例如"父亲"在《现代汉语词典》中的释义是"有子女的男子是子女的父亲"。假定将"父亲"的语义进行分解,得到四项语义特征"人""男性""成年""有孩子"(当然还可以更多),在带有"父亲"的肯定句里,词的这四项语义特征仍然共存,即都是正确定。但是,在带有"父亲"的否定句里,词的这四项语义特征则表现得较为复杂,即有些特征是正确定,有些特征是负确定。试比较:

(5)　　　　肯定　　　　　　　　　　　否定
　　　　a. 他是父亲。　　　　　　　　b. 他不是父亲。
　　　　a_1. 他是人(不是牛)　　　　　b_1. ? 他不是人(是牛)
　　　　a_2. 他是男性(不是女性)　　　b_2. ? 他不是男性(是女性)

a_3. 他是成年(不是男孩) $\qquad$ b_3. ？他不是成年(是男孩)

a_4. 他是有孩子的(不是无孩子) $\qquad$ b_4. 他不是有孩子的(是无孩子的)

  肯定句 a 在语义上同时蕴涵 a_1、a_2、a_3、a_4，这说明肯定"父亲"，就肯定了父亲所具有的四项语义特征的内容。比较否定句 b，在语义上并不必然同时蕴涵 b_1、b_2、b_3、b_4，这说明否定"父亲"，并不能否定父亲所具有的四项语义特征的内容，在自然语言中，通常只是否定其中某项语义特征的内容(b_4)，或者说，存在优势理解(我们曾经在复旦大学上课时询问 b 句的含义是哪一项，在瞬间反应时回答 b_4 的最多)。这项内容可以认为是该词语的基本语义特征,也可以称作无标记语义特征(unmarked semantic feature)。当然，如果在实际话语中提供更多的语境信息，否定句 b 也可以包含 b_1、b_2、b_3 的语义，因为"人""男性""成年"也是"父亲"一词的语义特征。例如在对比句中：

(6) a. 那不是父亲,那是一头牛。

  b. 那不是父亲,那是一个男孩。

  c. 那不是父亲,那是一个(无孩子的)成年人。

  这说明，在对词语作语义特征分析时，肯定句和否定句在语义确定性方面的表现并不相同，二者表现出不平行性。肯定句中，词语的各项语义特征表现为共存性；否定句中，词语的各项语义特征表现为层次性，有些语义特征的确定对语境没有要求(中性语境)，有些语义特征的确定对语境有较明显的要求(偏性语境，如对比句)。

  进一步考察"父亲"一词的语义特征在肯定句和相应否定句中的确定性，可以发现肯定句例(5a)只有一种含义，而否定句例(5b)则存在多种含义。如果将"父亲"的四项语义特征符号化为大写的[A,B,C,D]，正确定不用符号，负确定用符号"－"表示，则(7)是肯定句例(5a)的解，只有 1 种含义；而(8)中的 15 种含义都是否定句例(5b)的解。即：

(7) [A,B,C,D](肯定句：句中所有语义特征都为正确定)

以下 15 种含义为否定句的语义：

(8) a. [－A,B,C,D]

  b. [A,－B,C,D]

  c. [A,B,－C,D]

  d. [A,B,C,－D]

以上 4 种含义,其中一项语义特征为负确定。

  e. [－A,－B,C,D]

  f. [－A,B,－C,D]

  g. [－A,B,C,－D]

h. [A, -B, -C, D]
i. [A, -B, C, -D]
j. [A, B, -C, -D]

以上 6 种含义,其中两项语义特征为负确定。

k. [-A, -B, -C, D]
l. [-A, -B, C, -D]
m. [-A, B, -C, -D]
n. [A, -B, -C, -D]

以上 4 种含义,其中三项语义特征为负确定。

o. [-A, -B, -C, -D]

以上 1 种含义,四项语义特征均为负确定。

(7)为肯定句的语义,词语"父亲"的四项语义特征皆为正确定。(8)为否定句的 15 种语义,"a-d"4 种含义,词语"父亲"的四项语义特征中有一项为负确定;"e-j"6 种含义,有两项语义特征为负确定;"k-n"4 种含义,有三项语义特征为负确定;"o"1 种含义四项语义特征皆为负确定。

虽然人们在实际交际过程中,直觉上可能并不认为否定句"他不是父亲"会有如此复杂多样的含义,但这些含义都是该否定句可能的语义解释。换言之,在肯定句中,词语的多项语义特征均为肯定(正确定),句子无歧义。在否定句中,词语的多项语义特征中只要有一项语义特征为否定(负确定),句子即可成立,换言之,句子有歧义。词语的语义特征越多,否定句的歧义指数就越大,理解句子的难度也就越大。

由以上分析可得出两点看法:(一)词语进入句子后,在肯定句里,各项语义特征表现为共存性,均为正确定;在否定句里,各项语义特征表现为层次性,其中某一项语义特征最容易表现为负确定,可视为基本语义特征,句子存在优势理解现象;(二)如果暂时忽略语境上的差异,则在肯定句中,该词语的各项语义特征均为正确定,句子没有歧义;在否定句中,该词语的各项语义特征只要有一项表现为负确定,句子即可成立,句子存在歧义。词语的语义特征越多,则歧义的数量越大。可见,肯定句的语义确定性较高,否定句的语义确定性较低。

2 "名词+名词"偏正结构中语义成分的确定性

在"名词 A+名词 B"的偏正结构中,两个名词均为正确定。该类结构进入句子后,在肯定句中,两个名词在语义上仍为正确定,而在相应的否定句中,两个名词的确定性存在复杂情况。试比较：

（9）a. 李映岚是学生干部。

　　b. 李映岚不是学生干部。

如果将上述句子中的组合符号"学生干部"分解为[A,B]，那么，从语义上分析，肯定句 a 的含义只有一种（例（10）），而否定句的含义存在三种情况（例11）。即：

（10）李映岚是学生，李映岚是干部[A,B]

（11）a. 李映岚不是学生，李映岚是干部[-A,B]

　　　b. 李映岚是学生，李映岚不是干部[A,-B]

　　　c. 李映岚不是学生，李映岚不是干部[-A,-B]

分析例（10）可知，在肯定句中，"名词+名词"偏正结构的两个成分"学生"和"干部"均为正确定。分析例（11）可知，在否定句中，"名词+名词"偏正结构中的两个成分至少有一个为负确定，也可以两个同时为负确定，换言之，否定句存在歧义。在实际言语交际中，例（11）也会产生优势理解问题，在 a 句、b 句、c 句三种含义中，有一种处于优势理解地位（对语境依赖最低），确认优势理解需要进行语言学的调查测试，根据统计数据来决定。从语感上来分析，"a>c>b"（符号">"表示语义理解上"强于"）。这种语感符合语义理解上的"邻接原则"，即相邻接成分的语义关联性最强。当然，如果引入语境因素，如运用重音手段或出现对比句，句子的优势理解就会发生相应的变化。例如：

（12）a. 李映岚不是学生干部，他是专职干部。[-A,B]

　　　b. 李映岚不是学生干部，他是普通学生。[A,-B]

　　　c. 李映岚不是学生干部，他是一个陌生人。[-A,-B]

由于后续句的语义制约，上述句子中的语言片断"李映岚不是学生干部"只存在句末括号中所表示的那一种语义解释，"名词+名词"在否定句中可能出现的多种理解在语境的帮助下被确定下来，句子的歧义被消解了。

需要说明的是，"名词+名词"是一个句法结构，由于名词之间搭配时语义关系的复杂性，该结构拆分后有时并不能与其他成分构成合理的语义组配。例如：

（13）a. 李映岚不是技术干部。

　　　b. 李映岚不是军队干部。

　　　c. 李映岚不是学生家长。

　　　d. 李映岚不是学生辅导员。

上述句子中的"技术干部""军队干部"不能拆分后与主语成分"李映岚"组成合理的语义结构，"*李映岚是技术""*李映岚是军队"均不成立。而 c 句中的"学生家长"和 d 句中的"学生辅导员"中的[A]、[B]相对主语成分来说不能并存，如"学生家长"语义上拆解为"学生""家长"后,与主语分别组配得到的两种意义"李映岚是学生""李映岚是家长"不能同时成立。就这点来说,上述句子中的"名词+名词"可以认为是一个整体,否定是相对整体结构而言。

不过,"名词+名词"结构在实际语句中有时不能拆解组配的情况并不影响否定句语义确定性的分析。即,虽然[A]和[B]拆解后不能组配出合格或者合理的句子,但在语义分析上二者仍然可以分离,否定句中仍然存在三种负确定的情况。分析例(13a),可以有如下的含义:

(14) a. 李映岚不是技术干部,他是行政干部。[-A,B]
　　　b. 李映岚不是技术干部,他是一般技术人员。[A,-B]
　　　c. 李映岚不是技术干部,他是车间工人。[-A,-B]

由以上分析可知,"名词+名词"结构进入句子后,在肯定句中,两个名词的语义均得到肯定(正确定),句子没有歧义,具有单义性。在否定句中,两个名词的语义在确定性方面存在三种情况:否定A、否定B、否定A而且否定B,也就是说,否定句有歧义,具有多义性。即使在不能拆解配合的"名词+名词"结构中,否定句仍然有歧义,在确定性方面仍然存在多种理解的可能。由此可知,肯定句的确定性较高,否定句的确定性较低。

3　连动结构中语义成分的确定性

连动结构是指"动词短语A+动词短语B"(VP_1+VP_2)的结构,连动结构出现在肯定句时,连动结构中的各个成分都得到肯定(正确定),没有歧义。如果出现在否定句中,连动结构中各成分的确定性表现出复杂情况,有的得到肯定(正确定),有的得到否定(负确定),即同一种语序排列的否定句,在否定语义的确定性方面表现出多种含义。试比较:

(15) 周玉芹瞒着父母玩游戏机。(肯定句:[A,B],"瞒"和"玩")
(16) a. 周玉芹没瞒着父母玩游戏机。(否定句:[-A,B],"-瞒"和"玩")
　　　b. ?周玉芹没瞒着父母玩游戏机。(否定句:[A,-B],"瞒"和"-玩")
　　　c. 周玉芹没瞒着父母玩游戏机。(否定句:[-A,-B],"-瞒"和"-玩")

肯定句例(15)只有一种形式,含义也只有一种,即连动结构中的两个成分"瞒着父母"(A)和"玩游戏机"(B)都得到正确定,句子表现为单义性。相应的否定句例(16)中的a句、b句、c句在表层线性排列上是同一种形式,但是句子的含义却有三种:没瞒着父母,玩了游戏机(否定前事件);瞒着父母,没玩游戏机(否定后事件);没瞒着父母,没玩游戏机(否定前后两个事件)。也就是说,带有连动结构的否定句表现为歧义性,语义确定性较低。

在实际语言交际中,例(16)的上述三种含义也会出现优势选择,在中性语境条件下,受语言成分线性组合邻接原则的制约,在语义选择上,"a>c>b",即:否定前事件>否定前后两个事件>否定后事件。在语感上,b句的可接受性较弱,但在适当的语境条件下仍是可接受的,因为这类结构存在着歧义的可能。下列句子在理解时,由于动词类型的影响,由于生活知识的制约,在语义理解的优势选择方面有所不同,但都是有歧义的,在确定性方面都比相应的肯定句要低。例如:

(17) a. 冯经理昨天没开汽车上班。
     b. 蒋小姐从来不上街买菜。
     c. 林二婶很久没穿新衣服过年了。
     d. 姜老板不进酒店谈生意。

由以上分析可知,连动结构"$VP_1 + VP_2$"进入句子后,在肯定句中,连动结构中的两个成分都被肯定(正确定),在语义上表现为单义性,确定性较强。在相应的否定句中,连动结构中的两个成分至少有一个被否定(负确定),存在着否定前项、否定后项、否定前后两项等多种情况,在语义上表现为多义性,确定性较弱。

附带说明汉语中的另一种现象,范围副词"都"出现在肯定句时,语义是前指的,句子没有歧义。但相应的否定句在语序形式上有两个位置:否定标记在"都"的前面,否定标记在"都"的后面。试比较:

(18) 毕业班的同学都走了。(肯定句:全部走了)
(19) a. 毕业班的同学都没走。(否定句:全部没走)
     b. 毕业班的同学没都走。(否定句:部分没走)

从句子的语义范围来分析,肯定句例(18)中"都"所指的对象是"毕业班的全部同学",语义范围是确定的,没有歧义。在汉语中,相应的否定句有两个,例(19a)的含义是"全部没走",是全称;例(19b)的含义是"部分没走",是特称。两个否定句在确定性的范围含义方面没有歧义,但是,相对例(18)的肯定句来说,由于要说明范围上的全称和特称,汉语中出现了两个否定位置,形成了两个相应的否定句。从这个角度来分析也说明,肯定句的确定性较强,否定句的确定性较弱。

4 "可能"句中语义成分的确定性

情态助动词"可能"出现在句子中,在语义上表示的是推测,具有不确定性。因此,肯定句和相应的否定句在语义上存在相通之处。例如:

(20) 徐庆霞那天可能在家。

(21) 徐庆霞那天可能不在家。

上述两个句子一为肯定句,一为否定句,在语言形式上表现为极性对立。如果用一个圆表示一个可能世界,各个可能世界之间用线条连接,可得出如下示意图:

(22) "可能"句语义示意图

●─○─○─○─○┈┈○
W1 W2 W3 W4 W5　Wn

图中的圆表示可能世界 W,实心的圆"●"表示为真(正确定),空心的圆"○"表示为假(负确定)。连接线表示与句子语义相关的可能世界。通常的陈述句表示的语义是针对一个现实世界而言,符合现实的为真,用肯定句来表达;不符合现实的为假,用否定句来表达。肯定句和否定句表示的都是断言(assertion),都是确定,只是确定性的方向不同,由此造成确定性在强弱上的表现不同,如前面几节的分析。句子中用上情态助动词"可能"以后,肯定句的语义是表示存在多个可能世界(W1,W2,W3,……Wn),其中至少有一个是真的(正确定)。相应的否定句(否定标记在"可能"后面)则表示在多个可能世界中,至少有一个是假的(负确定)。由于二者都不是对现实世界(唯一性)的表述,而是对可能世界(多样性)的表述,所以存在着语义上相通的可能。肯定句例(20)和否定句例(21)所表示的语义都可以用例(22)来说明,不过,肯定句凸显的是实心圆 W1,否定句凸显的是空心圆 W2。

"可能"和"一定"是意义对立的一对词,二者的基本语义不同,前者表示或然义(不确定),后者表示必然义(确定)。通过否定可以建立起二者之间的语义联系。试比较:

(23) a_1. 张岚可能看到了那张照片 ≠ a_2. 张岚一定看到了那张照片(肯定句)

b_1. 张岚不可能看到了那张照片 ≈ b_2. 张岚一定没看到那张照片(否定句1)

c_1. 张岚可能没看到那张照片 ≈ c_2. 张岚不一定看到了那张照片(否定句2)

上述例句中的符号"≠"表示前后两句语义上不相同,符号"≈"表示前后两句语义上基本相同。比较上面三组例句,第一组是两个肯定句,表可能的肯定句 a_1 与表一定的肯定句 a_2 之间在语义上不相同,建立不起意义联系。但是第二组和第三组的否定句中,表可能的否定句 b_1、c_1 与表一定的否定句 b_2、c_2 之间在语义上基本相同,可以建立起意义联系。下面是二者语义关系的对照表:

"可能"与"一定"的否定句之间语义联系对照表

句子	事件	可能	句子	事件	一定
b_1	+	−	b_2	−	+
c_1	−	+	c_2	+	−

从对照表可以看出,"事件的肯定+'可能'的否定"(b_1:不可能 V)在语义上与"事件的否定+'一定'的肯定"(b_2:一定没 V)基本相同,都是表示事件的确定。而"事件的否定+'可能'的肯定"(c_1:可能没 V)在语义上与"事件的肯定+'一定'的否定"(c_2:不一定 V)基本相同,都是表示事件的不确定。仅仅从肯定句(a_1,a_2)的角度不能在表示语义不确定的"可能"句与表示语义确定的"一定"句之间建立起语义联系,而通过相应否定句之间的对比,则可以在二者之间建立起语义上的联系。

5 结语

本文通过对词语语义特征、"名词+名词"偏正结构、"动词短语+动词短语"连动结构在肯定句和相应否定句中的不同表现,说明在语义确定性方面,肯定句具有单义性,否定句具有歧义性,肯定所表示的正确定在语义上强于否定所表示的负确定。这一结论可以解释为什么肯定句可以作为事物的性质定义(正确定,单义性),否定句不能作为事物的性质定义(负确定,歧义性),只可以作为探求事物性质的操作性定义。带"可能"(不确定)的句子与带"一定"(确定)的句子在说话人的主观语义上表现为极性对立,但是引入否定标记以后,可以在二者之间建立起语义确定性方面的联系。

参考文献

陈平(1985)英汉否定结构对比研究,载《中国社会科学院硕士论文选》,北京:中国社会科学出版社。另见陈平《现代语言学研究——理论·方法与事实》,重庆:重庆出版社,1991年。

戴耀晶(1997)《现代汉语时体系统研究》,杭州:浙江教育出版社。

——(2000)试论现代汉语的否定范畴,《语言教学与研究》第3期。

邓守信(1973) Negation and Aspect in Chinese. *Journal of Chinese Linguistics*, 1.1:14—37.

弗雷格(1918)否定,《弗雷格哲学论著选辑》,王路译,北京:商务印书馆,1994年。

吕叔湘(1985)肯定·否定·疑问,《中国语文》第4期。

钱敏汝(1990)否定载体"不"的语义—语法考察,《中国语文》第1期。

饶长溶(1988)"不"偏指前项的现象,中国语文杂志社编《语法研究和探索》(四),北京:北京大学出版社。

沈家煊(1993)"语用否定"考察,《中国语文》第5期。

石统智(1992)《肯定和否定的对称与不对称》,台北:学生书局。

文炼(1990)语言单位的对立和不对称现象,《语言教学与研究》第4期。

徐杰、李英哲(1993)焦点和两个非线性语法范畴:"否定""疑问",《中国语文》第2期。

袁毓林(2000)否定式偏正结构的跨维度考察,中国语文杂志社编《语法研究和探索》(十),北京:商务印书馆。

张伯江(1996)否定的强化,《汉语学习》第1期。

Horn, L. (1989) *A Natural History of Negation*. Chicago: The University of Chicago Press.

Kempson, R. (1977) *Semantic Theory*. Cambridge: Cambridge University Press.

Kahrel, P. & Berg, R. (ed.) (1994) *Typological Studies In Negation*. Amsterdam: John Benjamins Publishing Company

Lyons, J. (1977) *Semantics II*. Cambridge: Cambridge University Press.

原刊于《世界汉语教学》2004年第1期,20—27页

[整理者按]

戴先生所发表的、与本文同一主题的文章还有:

《现代汉语否定表达的语义确定性问题》,《汉语语法研究的新拓展》(二),浙江教育出版社,2005年,25—36页。

现代汉语否定标记"没"的语义分析

1 否定的"量"的范围

否定有质的否定和量的否定。质的否定是否认事物的存在或事件的发生,即否认事物或事件在性质上的规定性,语义含义是"无"。例如:

(1) 杨涛没喝酒。
(2) 我那时还没学解析几何。
(3) 日复一日,他始终没有向林岚求婚。

量的否定是否认事物或事件在数量上的规定性,并不一定否认事物或事件本身,语义含义是"少于",通常在句子中要出现表示数量的词语。例如:

(4) 杨涛没喝三杯酒。
(5) 我那时还没学多少解析几何。
(6) 他没有多次向林岚求婚。

在表示质的否定和肯定时,"没"和"了"的用法基本上是平行的。在表示量的否定和肯定时,"没"和"了"表示出在一定程度上的不平行,在表意上也不完全对应。试比较:

(7)

	肯定句	否定句	否定含义
1a.	刘莺喝了　酒	1b. 刘莺没喝　酒	(无)
2a.	刘莺喝了三杯酒	2b. 刘莺没喝三杯酒	(少于)
3a.	刘莺喝了一杯酒	3b. 刘莺没喝一杯酒	(无;少于)
4a.	?刘莺喝了一滴酒	4b. 刘莺没喝一滴酒	(无)
5a.	*刘莺喝了任何酒	5b. 刘莺没喝任何酒	(无)

从例7的情况对照来分析,(1a)和(1b)是表示质的断定,肯定句和否定句均成立,二者平行。用最小量"一滴"或任指量"任何"来表示量的断定时,肯定句的(4a)少见,(5a)不用,相应的否定句(4b)和(5b)则常用,句子形式断定的是量,而

语义实际断定的是质,即否认事件"喝酒"的发生,语义含义是"无",肯定否定二者明显不平行。

否定句中的(2b)语义是"少于"句中数量词"三杯"所表示的量,而不是否认事件发生的"无"。否定句中的(3b)有歧义;一种含义是"无",表示事件没发生;一种含义是"少于",表示喝酒这件事发生了,但数量少于一杯。产生歧义的原因同量词"杯"有关。因为可以说:他没喝一杯酒,只喝了半杯。

由此可知,肯定句的断定内容是确定的,断定的量也是确定的。否定句的断定内容(否认)是确定的,但断定(否定)的量有"无"和"少于"两种语义。数量的无也就是事物不存在或事件没发生,可以归结为质。基本规则是:否定量为零标记时,含义是"无";否定量为数词"一"时,含义通常是"无";即用最小量的否定来表达全数否定;数词"一"表示语义"少于"是受自然语言中量词的表义作用制约,以及数词序列中"半"的干扰。当否定量为大于一的数词"二、三、四……"时,含义是"少于"。

如果将上述否定句作"宾语提前"的变换,句子格式含义是质的否定"无",而表示量的否定"少于"不能成立。例如:

(8) 1c.　刘莺酒　　　没喝　　　　（无）
　　 2c. *刘莺三杯酒没喝　　　　（*少于）
　　 3c. ?刘莺一杯酒没喝　　　　（无;*少于）
　　 4c.　刘莺一滴酒没喝　　　　（无）
　　 5c.　刘莺任何酒没喝　　　　（无）

上述句子是汉语中的一个特殊格式"一…(也)没V"。如果将这个格式同相应的"宾语在后"的句子(1b—5b)作比较,可以发现,它的含义是强调,强调宾语(受事),强调宾语的量,强调宾语量的"无"。所以,只有表示"无"的含义的句子可以进入这个格式(例1、4、5),表示"少于"含义的句子一般不进入这个格式(例2),带有"无"和"少于"两种含义的句子进入这个格式只保留"无"的含义,没有歧义(例3)。

这个格式中出现的数词往往是最小整数词"一",形成汉语中的一个特殊格式"一…(也)没V",通过对最小数的否定达到对事件的否定,即:用少于"一"来表达"无"的含义。又如:

(9) 1. 刘莺一本书也没看　　　　（比较:*三本书也没看）
　　 2. 刘莺一分钟也没休息　　　（比较:*三分钟也没休息）
　　 3. 刘莺一次飞机也没坐过　　（比较:*三次飞机也没坐过）
　　 4. 刘莺一口水也没喝　　　　（比较:*三口水也没喝）
　　 5. 刘莺一个球也没踢进去　　（比较:*三个球也没踢进去）

以上分析说明,肯定式和否定式在语言使用中对事物或事件"量"的断定方面并不总是平行对应的。

2 否定的词语结构范围

在一个具体的句子中,否定的范围在哪里?是每一个词语,还是某一个词语,或者可能是任何一个词语?例如:

(10) a. 刘莺完全明白了这个道理。
　　　b1. 刘莺没完全明白这个道理。
　　　b2. 刘莺完全没明白这个道理。

上述肯定句(a)只有一种形式,句子中的每一个词语都属于肯定范围。但是相应的否定句却有至少两种形式(b1)和(b2),意思相差甚远:(b1)否定的中心是形容词"完全",(b2)否定的中心是动词"明白"。这说明,肯定句和否定句在语言结构形式上并不对应。广义的否定范围包括结构中的每个词语,在不同的语境中实现不同的否定内容,狭义的否定范围(中心)指的是紧接在否定标记之后的那个词语(邻接原则)。

3 连动结构中的否定范围

连动结构指的按时间先后连续发生的几个动作或事件,在肯定句中,每个动作或事件都得到了肯定,而在否定句中,连动结构语义上的情况要复杂一些。例如,

(11) 刘莺买票看电影。
(12) 出版此书,杜教授没向大学伸手要钱。
(13) 昨晚,王经理没去酒店谈生意。
(14) 李岩平上星期根本没进图书馆查资料。

可以通过例14的肯定否定形式来比较分析连动结构中的具体语义表现。试比较:

(15)　　　　　肯定式　　　　　　　　　　否定式
　　　a1. 刘莺买了票看电影。　　a2. 刘莺没买票看电影。
　　　b1. 刘莺买票看了电影。　　b2. ?刘莺买票没看电影。
　　　c1. 刘莺买了票看了电影。　c2. *刘莺没买票没看电影。

由上可知,在连动结构中,肯定标记"了"可以用于前事件,也可以用于后事

件,还可以用于连续发生的前后两个事件,所形成的句子对前后两个事件的肯定语义都得到了确认。否定的情况有所不同,否定标记"没"用于前事件的句式(a2)最为常见,用于后事件的句式(b2)和用于前后两个事件的(c2)较为少见。

否定句式(a2)否定的范围有三种可能:1.否定前事件"买票";2.否定后事件"看电影";3.既否定前事件"买票",也否定后事件"看电影"。这是一个在否定范围上有歧义的句式。根据邻接原则,最接近否定标记的是否定中心,被否定的语义最强,所以连动结构否定式(a2)在语义理解上倾向于否定前事件。

如果要明确否定后事件,则否定标记"没"要后移,前事件可用上肯定标记"了",前事件和后事件之间可用转折关系词"但是"之类连接。如:

(16) 1. 刘莺买了票没看电影。

    2. 刘莺买了票,但是没看电影。

如果要明确否定前后两个事件,则否定标记"没"要分别使用,前事件和后事件之间可用并列关系词"也"之类连接。如:

(17) 1. 刘莺没买票没看电影。

    2. 刘莺没买票,也没看电影。

由上分析可知,肯定格式(a1)语义上肯定前项,也肯定后项,没有歧义。而相应的否定句式(a2)语义上却有多种含义。肯定表达与否定表达在语言运用上不对应。同类的例子如:

(18) 1. 小王没花钱看球赛。

    2. 孩子没穿新衣服过年。

    3. 林凌没打电话通知大家。

    4. 老李没进图书馆查资料。

    5. 张雁没躺着看书。

    6. 班长没看着小王打手势。

    7. 刘莺没抢着发言。

4　在带时间副词的句子中语义不平行

在动词前带有时间副词或时量词的句子中,肯定式和否定式也表现出不对应的现象。例如:

(19) 　　　　肯定句　　　　　　　否定句

    a1. 刘莺去了新疆。　　　　a2. 刘莺没去新疆。

    b1. 刘莺已经去了新疆。　　b2. *刘莺已经没去新疆。

  c1. *刘莺已经三年去了新疆。 c2. 刘莺已经三年没去新疆。
  d1. 刘莺去了新疆已经三年。 d2. 刘莺没去新疆已经三年。

  通过上述句子的比较可以看出,动词前如果没有时间副词限制,肯定句和相应的否定句在结构上表现出平行性,句子成立,语义对应(a1—a2)。动词前出现了时间副词"已经",肯定句成立,否定句不成立,结构不平行,语义对应也无法表现(b1—*b2)。如果在动词前再加上"三年"之类的时量词,肯定句不成立,否定句成立,结构仍然不平行,语义对应缺乏形式依据(*c1—c2)。如果将"已经三年"移到句子末尾,动词前面没有时间副词和时量词,则肯定句和否定句又重新表现出了结构上的平行和语义上的对应(d1—d2)。

  这种情况说明,否定标记"没"除了"否定""完成"(也叫"现实")的语义特征之外,还有一项语义特征"持续",或者叫"保持"或"~限界"。时间副词"已经"语义上表示变化,用在动作动词前面含义是"完成"或"实现",与肯定标记"了"配合,不与否定标记"没"配合。"(已经)三年"是时段量词,不能修饰动作动词"去""回"等表示肯定意义,但可以表示否定意义,含义是"保持三年"没有去新疆。这是由否定标记"没"的一项语义特征决定了句法上的表现形式。

5 在带频度意义副词的句子中语义不平行

  在动词前带有频度意义副词的句子中,肯定句和否定句在结构上或者语义上也表现出某种程度的不平行。试比较带"还""又""并""一直""从来"等副词的句子:

  (20)   肯定句   否定句
    a1. 刘莺还去了新疆。 a2. 刘莺还没去新疆。(否定句表保持义)
    b1. 刘莺又去了新疆。 b2. 刘莺又没去新疆。(否定句表保持义)
    c1. 刘莺并去了新疆。 c2. 刘莺并没去新疆。(否定句表保持义)
    d1. *刘莺一直去了新疆。 d2. 刘莺一直没去新疆。(否定句表保持义)
    e1. *刘莺从来去了新疆。 e2. 刘莺从来没去新疆。(否定句表保持义)

6 冗余否定结构中的语义对比

  冗余否定结构"(没)VP以前"和冗余肯定结构"VP(了)以后"在语言运用中有不平行的整齐对应现象,这是由否定和肯定的不同语义特性造成的。试比较:

(21)"(没)VP 以前"
    a. *刘莺去了新疆以前在北京读书。(带"了"不成立)
    b. 刘莺没去新疆以前在北京读书。(带"没")
    c. 刘莺去新疆以前在北京读书。(不带"没"也成立)

(22)"VP(了)以后"
    a. *刘莺没去新疆以后在油田工作。(带"没"不成立)
    b. 刘莺去了新疆以后在油田工作。(带"了")
    c. 刘莺去新疆以后在油田读书。(不带"了"成立)

这种现象同样说明"没"有"持续"的语义特征,与"以前"配合使用表示保持原来的情境,没有出现新的动作或事件。"VP 以前"意指 VP 没发生,否定标记"没"的语义冗余;"VP 以后"意指 VP 已经发生,肯定标记"了"的语义冗余,与否定标记"没"在语义产生矛盾,不能共现。

否定语义有与肯定语义相对应的一面,但是在语言中也有自己独特的一面,即,否定标记"没"除了"否定""现实"两项语义特征之外,还有第三个语义特征[持续]。

主要参考文献

陈平 1985《英汉否定结构对比研究》,见陈平《现代语言学研究——理论·方法与事实》第 210—246 页,重庆出版社,1991 年。

丁声树等 1961《现代汉语语法讲话》第十七章:否定,第 196—202 页。

吕叔湘 1985《肯定·否定·疑问》,《中国语文》第 4 期。

钱敏汝 1990《否定载体"不"的语义—语法考察》,《中国语文》第 1 期。

饶长溶 1988《"不"偏指前项的现象》,中国语文杂志社编《语法研究和探索》(四)163—171 页,北京大学出版社,1988 年。

沈家煊 1993《"语用否定"考察》,《中国语文》第 5 期。

沈开木 1985《"不"字的否定范围和否定中心的探索》,中国语文杂志社编《语法研究和探索》(二)215—232 页,北京大学出版社,1985 年。

石毓智 1992《肯定和否定的对称与不对称》,台湾学生书局。

王还 1988《关于怎么教"不、没、了、过"》,《世界汉语教学》第 4 期。

文炼 1990《语言单位的对立和不对称现象》,《语言教学与研究》第 4 期。

徐杰、李英哲 1993《焦点和两个非线性语法范畴:"否定""疑问"》,《中国语文》第 2 期。

张伯江 1996《否定的强化》,《汉语学习》第 1 期。

邓守信 1973 Negation and Aspect in Chinese. *JCL*:1.1 pp.14—37.

弗雷格 1918《否定》,《德国唯心主义哲学》Ⅰ,1918—1919 年,第 143—157 页。中译文见《弗雷格哲学论著选辑》第 139—157 页。商务印书馆,1994 年,王路译。

王士元 1965 Two Aspect Markers in Mandarin. *Language*, Vol. 41 No. 2, 1965. 中译文《现代汉语中的两个体标记》,载《国外语言学》1990 年第 1 期,袁毓林译。

叶斯柏森 1924《语法哲学》第二十四章:否定。中译本第 464—488 页,何勇等译,语文出版社,1988 年。(丹麦)

Lyons, John (1977) *Semantics*. Volume Ⅱ. 16.4: Negation. pp. 768-777. Cambridge University Press.

Kempson (1977) *Semantic Theory*, 7.3: Negation. pp. 117-121. Cambridge University Press.

Quirk, R. et al (1985) *A Comprehensive Grammar of The English Language*. London: Longman. 汉译本:《英语语法大全》10.54—70 节:否定。第 1070—1104 页。华东师范大学出版社,1989 年。王国富、贺哈定、朱叶等译校。

原刊于中国语文杂志社编《语法研究和探索》(十),商务印书馆,
2000 年,49—56 页

否定副词"没"的时间语义分析*

提要

本文讨论三个问题:1. 与"没"有关的几组现象。通过"没"与"已经""从来""V—过""马上"等词语的共现情况分析得出,否定副词"没"在句子中的使用与时间性密切相关。2."没"的时量语义考察。通过否定副词"没"与时量语义副词共现规律分析得出,"没"在时间语义上具有持续性的语义特征,否定副词"没"的持续性语义强度规律是:时段＞时频＞时点。3."没"的三时语义考察。从三时角度来考察,否定副词"没"具有历时性的语义特征。否定副词"没"的历时性语义强度规律是:过去＞现在＞未来。

关键词

没;时间语义;否定性;持续性;历时性

现代汉语的否定副词主要有三个:"没""不""别"。它们在句子中除了表示否定性的语义特征,还都表示了一定的时间语义。如"不"的基本时间语义是"泛时","没"的基本时间语义是"过去","别"的基本时间语义是"未来"。此外,这些否定副词在句子中还会表示出其他一些复杂的语义。

1 与"没"有关的几组现象:已经、从来、V 过、马上

在现代汉语的句子中,有一些与否定副词"没"有关的语言现象值得关注和思考。例如:

(1) a. 刘莺没到广州。　　　　　　　　(没 V)
　　 b. *刘莺已经没到广州。　　　　　 (*已经没 V)

---

* 本文研究工作得到国家社科基金重点项目"现代汉语及方言中的否定问题研究"(批准号:12AYY001)以及复旦大学 985 工程三期整体推进人文学科研究项目"汉语否定与否定的应用"的资助。

c. 刘莺已经三年没到广州。　　　　　　（已经三年没 V）

　　分析上述例句，"没"可以直接修饰动作动词（例1a），时间副词"已经"与"没"直接组合后修饰动作动词不成立（例1b），加上时量词语"三年"，句子成立（例1c）。影响句子成立的原因与表示已然时间语义的副词"已经"有关。

　　(2) a. 马燕去了新疆。　　　　　　　　　（V 了）
　　　　b. *马燕从来去了新疆。　　　　　　（*从来 V 了）
　　　　c. 马燕从来没去新疆。　　　　　　　（从来没 V）

　　分析上述例句，动作动词"去"可以直接带时体标记"了"（例2a），时间副词"从来"与动作动词直接组合不成立（例2b），加上否定副词"没"，句子成立（例2c），句法上删去"了"。影响句子成立的原因与表示时段语义的副词"从来"有关。

　　(3) a. 江涛去过西双版纳。　　　　　　　（V 过）
　　　　b. 江涛从来没去过西双版纳。　　　　（从来没 V 过）
　　　　c. *江涛从来不去过西双版纳。　　　 （*从来不 V 过）

　　分析上述例句，动作动词"去"可以直接带时体标记"过"（例3a），带"没"的时间性否定短语"从来没 V 过"成立（例3b），带"不"的时间性短语"从来不 V 过"不成立（例3c）。影响句子成立的原因与表示经历体语义的时体标记"过"有关。

　　(4) a. 江浩马上说话了。　　　　　　　　（马上 V）
　　　　b. ?江浩马上没说话了。　　　　　　 （? 马上没 V）
　　　　c. 江浩马上不说话了。　　　　　　　（马上不 V）

　　分析上述例句，动作动词"说话"可以直接受副词"马上"修饰（例4a），加上否定副词"没"组合为"马上没"修饰动作动词，句子可接受性较弱（例4b），与另一个否定副词"不"直接组合后修饰动作动词，句子可接受性较强（例4c）。造成句子可接受性强弱的原因与表示时点语义的副词"马上"有关。

　　以上这些语言现象有一个共同的语义特点，现代汉语的否定副词"没"在句子中的使用与时间性密切相关。这就形成了本文的研究思路："没"的时间语义。

　　在现代汉语的副词系统中，"没"归属于表示否定语义的副词，与表示时间语义的副词是平行的类别。如何考察"没"的时间语义呢？本文运用的方法主要是考察"没"与其他时间词语在句子中的共现限制，探讨的思路是：

　　首先分析"没"与时量词语的共现情况，考察"没"与表示时段意义的词语、表示时点意义的词语、表示时频意义的词语组合时的意义。其次分析"没"与三时词语的共现情况，考察"没"与表示过去意义的词语、表示现在意义的词语、表示将来意义的词语组合时的意义。最后对时量词语和三时词语共现的现象分析作出小结。

　　本文的语料取样方面主要选自北大语料库（CCL）的现代汉语部分。

2 "没"的时量语义考察

时量指的是在时间轴上所占的长度。时量以物理长度为基础,在语言表达上主要反映的是语言使用者的认知观念(认知概念类型),可分为时段、时点、时频等类型。

时段表示占据一定的时间长度,在句子中与动词配合,反映事件的【持续】语义特征。时点表示不占据时间长度,在句子中与动词配合,反映事件的【瞬间】语义特征。时频表示动作多次发生造成的时间语义,可占据一定的时间长度,反映事件的【重复】语义特征。

现代汉语表示时段、时点、时频有词语、短语、小句等各种语言手段,本文主要选取若干个时量副词,考察这些副词与否定副词"没"在句子中的共现情况,进而概括出"没"的时间语义特点。选取的时量副词为:

时段副词:从来、一直
时点副词:马上、立刻
时频副词:经常、常常

从北大语料库(CCL)的现代汉语部分检索得到"没"与以上 6 个时量副词共现的统计数据见下表。

表1 "没"与时量副词共现表(初表)

时量副词	从来	一直	马上	立刻	经常	常常
"没"	7470	2679	10	8	28	36

表1"没"与时量副词的共现情况,可说明以下几点。

1、表示时段意义的副词"从来""一直"与"没"(没有)共现较为常见,受到的限制较少。其中,"从来没(有)"7470 例,"一直没(有)"2679 例。例如:

(5)【从来+没(有)】
 a. 长这么大,我还从来没到公园去玩过。
 b. 他曾在伊拉克军队服役多年,……从来没见到过如此血腥的爆炸场面。
 c. 妻子打他的时候他从来没还过手。
 d. 他说从来没有见过像我这样漂亮的女孩子,不去做模特、当明星真是太可惜了。
 e. 我连镇上干部的手都从来没有握过,没想到却和总理握了手!

  f. 中国香港队<u>从来没有</u>在客场比赛中踢进过 3 个球。

(6)【一直 + 没(有)】

  a. 我<u>一直没</u>放弃与模特公司的联系。

  b. 他抵达安特卫普后……体能<u>一直没</u>达到最好状态。

  c. 哎,其实我<u>一直没有</u>告诉你,我曾经的梦想也是画家。

  d. 美军也<u>一直没有</u>说明拘留这 3 名记者的原因。

  e. 罗丁也<u>一直没有</u>和中国三菱车队取得联系。

  否定副词"没"(有)与时段副词组合成"从来没""一直没"等以后,可以直接修饰动作动词"见""还""握"等(如例 5b),也可以在中间插入介词短语"到公园"等成分(如例 5a)。时段副词与否定副词"没"共现使用是常态,受到的限制较小。

  2、时点副词与"没"组合在一起修饰动作动词的用例罕见,二者共现限制较大。其中,"马上没(有)"的 10 个用例中,8 个不符合二者的语义组合条件,即用例中的"没"不是否定副词,只有 2 个用例符合条件。而"立刻没(有)"的 8 个用例均不符合二者的语义组合条件。例如:

(7)【马上 + 没(有)】

  a. 假若他敢辞职,日本人就会<u>马上没收</u>他全部的财产。

  b. 站台上<u>马上没</u>了声音,而远处空中忽忽的声音都更清楚了。

  c. 她只看到凯姆的马正朝她飞奔而来,而且<u>马上没有</u>骑手。

  d. 可是被他们知道了,你<u>马上没</u>了命,

  e. 一接到电话,他的脸<u>马上没有</u>了血色。

  f. 可是一听他们说话,他<u>马上没有</u>了气。

  g. 设若<u>马上没有</u>适当的处置,或者不久两村的人还可以联婚呢!

  h. 如果纸烟厂垮了,不能出口,这三万人<u>马上没有</u>饭吃,没有衣穿。

  i. 这一下问得玉梅<u>马上没有</u>回答上来。(赵树理 三里湾)

  j. 有翼觉着也有理,只是也觉着不好交代,所以<u>马上没有</u>答话。(赵树理 三里湾)

  以上仅有的 10 个"马上没"组合的用例中,例(7)a 句子中的组合层次是"马上+没收",与否定副词"没"无关。例(7)b—h 句子中的"没"是表否定的动词,不是否定副词。例(7)i—j 两个句子中的"马上没有回答""马上没有答话"符合时点副词"马上"与否定副词"没"组合以后修饰动作动词的要求。不过,这两个句子出自同一位作家赵树理的同一篇作品《三里湾》,较为罕见,句子的可接受性和产生该种用法的原因尚须探索(或许可分析为方言用法中的特殊个例)。

  另一个时点副词"立刻"与"没"共现的用法搜集到 8 个用例,不过这 8 个用例中的"没"无一例外,都是动词用法,说明时点副词"立刻"与否定副词"没"的共现

限制极大,实际用例罕见。

3、时频副词与"没"组合在一起修饰动作动词的用法较少,二者共现受到较多限制。其中,"经常没(有)"28 例,"常常没(有)"36 例。

搜集到的时频副词"经常"与"没"组合的 28 个用例中,有 25 个用例中的"没"是动词用法,只有 3 个用例是否定副词用法。例如:

(8)【经常+没(有)】

 a. 这里到处显现出现代气息:<u>经常没有</u>区域界限。
 b. 我们买菜买米也<u>经常没有</u>小面额钞票找零。
 c. 办公室<u>经常没有</u>人主持日常工作,最后只剩下徐立清一个人左右招架。
 d. 定义里必须避免自相矛盾的概念,在哲学中可<u>经常没有</u>做到这点。
 e. 我们<u>经常没有</u>觉知到自己的痛苦,误把微细的痛苦当成快乐。
 f. 但在她的脸上,也有一种照片<u>经常没能</u>捕捉到的热情。

前三个用例代表搜集到的绝大多数出现"经常没"组合的实际句子中,"没"是动词。后面三例中的"没"是否定副词用法。他们组合起来修饰动作动词"做""捕捉"和感知动词"觉知"。从语感上来说,3 个实际用例中的"经常没有做到""经常没有觉知""经常没能捕捉到"有较强的可接受性。

时频副词"常常"与"没"组合的用例搜集到 36 条,略高于"经常"。其中"没"较多的是动词用法共 29 例;也有一些副词用法,共 7 例。例如:

(9)【常常+没(有)】

 a. 音乐好的常常电视制作逊色,电视制作不俗的又<u>常常没有</u>美好的音乐。
 b. 只可惜,<u>常常没有</u>人肯这样做。
 c. 新管家<u>常常没有</u>时间准备正餐。
 d. 她们自己<u>常常没有</u>干成太多的大事。
 e. 她<u>常常没有</u>以理性来解释自己的心情。
 f. 辣辣完全看不见小叔子。做饭<u>常常没</u>下他的米。
 g. 过去我们遇到一些问题,<u>常常没有</u>从大的方面出发。
 h. (恐龙)它很多形态是我们<u>常常没有</u>想到的。
 i. 我们又<u>常常没</u>想幸福的境界。
 j. 我们正讲得起劲儿的时候,<u>常常没</u>留心彼德大伯出现在背后。

上述十个句子中,前面 3 例(a—c 句)中的"没"是动词用法,这种用法在搜集到的句子中占多数。后面 7 例中的"没"是否定副词用法,其中 4 例(d—g)修饰的是动作动词"干""解释""下""出发",3 例(h—j)修饰的是心理动词"想""留心"。

从语感上来看,这些句子符合频度副词与否定副词组合的语义条件,都有较强的可接受性。

通过上面的讨论分析,表1可修改为:

表2　否定副词"没"与时量副词共现表(修订)

时量副词	从来	一直	马上	立刻	经常	常常
"没"	7470	2679	2	0	3	7

概括上面时量副词与否定副词"没"共现情况的分析,可得出如下结论:

否定副词"没"常与时段副词共现,一般不与时点副词共现(动词"没"则经常与时点副词共现),有时可与时频副词共现。

由于时段副词在时间语义上可占有一定的时长,表现为"非瞬间"的特点,时点副词则表现为"瞬间"的语义特点,时频副词处于中间状态,既不像时段副词那样有明显的时长性,也不像时点副词那样有明显的瞬时性,它可以通过事件的重复频度形成某种程度的时长特点,与否定副词"没"组合后强化了非瞬间方面的语义,但在实际使用中的用例较少。

通过以上考察说明,否定副词在时间语义上具有"持续性"的语义特征。

否定副词"没"与时量语义副词共现的规律是:

没"持续性":时段＞时频＞时点(符号"＞"含义是"强于")

3　"没"的三时语义考察

"三时"指的是时间语义上的过去、现在、未来,通常以说话时间为参照。从语言的形态表现来考察,学术界较多学者认为,现代汉语中没有"时制"(tense)范畴,但是有表示过去、现在、未来三时的语言手段,包括时间副词、时间名词、时间短语、小句等。

本文选取考察的三时词语为:

过去时间词语:已经、昨天

现在时间词语:正在、今天

未来时间词语:将要、明天

从北大语料库(CCL)的现代汉语部分检索得到"没"与三时词语共现的统计数据见下表。

表 3　"没"与三时词语共现表（初表）

三时词语	已经	昨天	正在	今天	将要	明天
"没"	1665	40	19	256	2	7

表3"没"与三时词语共现的统计数据，可说明几点：1、表示已然语义的副词"已经"与"没"组合较为多见，共1665例。2、表示现在时语义的副词"正在"与"没"组合较为少见，共19例。3、表示未来语义的副词"将要"与"没"组合极为罕见，共2例。

结合具体实例进行考察，情况较为复杂，这里选择表示未来语义的副词"将要"（用例最少）和表示已然语义的副词"已经"（用例最多）与"没"的共现情况作具体的说明。例如：

(10)【将要+没(有)】

　　a. 他们这阶级的<u>将要没</u>落的黑影，顽固地罩在他们脸上。

　　b. 那样，整个的北平<u>将要没</u>有布，没有茶叶，没有面粉，没有猪肉。

以上2例中的"没"都不是副词，例(10)a的层次是"将要+没落"；例(10)b中的"没(有)"是动词用法。这说明，否定副词"没"不能与表示未来的副词"将要"组合，否定副词"没"与"未来"时间语义是排斥的。

时间副词"已经"与"没"的组合十分常见，不过，考察实际用例，发现这种组合中的"没"大多是动词用法，副词用法较少见。例如：

(11)【已经+没(有)】

　　a. 我知道，报了也是"找死"，我<u>已经没有</u>一点信心了。

　　b. 确不确诊对我<u>已经没有</u>什么本质上的不一样了。

　　c. 他说，德军的行动范围事实上<u>已经没有</u>地域上的限制。

　　d. 不过，现在人们<u>已经没有</u>那么讲究了。

　　e. 家长们应该<u>已经没</u>什么可担心的了。

上述"已经"与"没"组合的实际用例中，"没"都是动词，我们检索前100个"已经没"的用例，都是如此，没有一例是副词用法。这说明，作为副词的"没"，不能与表示已然的副词"已经"直接组合。这是因为，虽然副词"已经"在三时语义方面是表示过去和已然，与否定副词"没"在语义上可以相容。但是，"已经"在时量语义方面，具有非持续性的时点特征，这一点与否定副词"没"的持续性时段语义特征不相容。

如果要让"已经"与副词"没"共现于同一个句子中，需要用语言手段切断"已经"的非持续语义与"没"的持续语义的连接，让"已经"的非持续语义消解。例如：

(12) a. 他们<u>已经</u>很久<u>没有</u>看到像《一村之长》这样反映农村题材的好片

子了。
  b. 博尔顿队也<u>已经很久没有</u>尝过夺冠的滋味。
  c. 观众<u>已经很久没有</u>听到这样淳朴动人的民歌了。
  d. 他们<u>已经三天没有</u>睡觉了。
  e. 吉米<u>已经三天没</u>上学了,她母亲告诉爸爸的护士说。
  f. 他说总经理<u>已经三天没</u>到公司里去了。

上述句子中,表示已然的副词"已经"后面加上了时量词语"很久"(a—c)、"三天"(d—f),这样就切断了"已经"的非持续性语义特征与否定副词"没"的持续性语义特征的直接联系,所以二者的语义不相容性得以消解,只保留了"已经"的已然历时属性,这样,句子成为可接受的了。

以上分析说明,从三时角度来考察,否定副词"没"具有历时性的语义特点。

下面结合否定副词"没"与另一个否定副词"不"的时间语义比较来进一步说明。

否定副词"没"主要用于参照时间的过去,具有历时性的语义特征。"不"则可以表示过去、现在、未来,具有泛时性的语义特征。例如:

(13)　　　　　没　　　　　　　　　　不

  a_1. 刘炜小时候<u>没上学</u>。　　a_2. 刘炜小时候<u>不上学</u>。(过去)
  b_1. 陈锦民上午<u>没练双人舞</u>。　b_2. 陈锦民上午<u>不练双人舞</u>。(现在)
  c_1. *秦秀娥下个月<u>没参加培训</u>。c_2. 秦秀娥下个月<u>不参加培训</u>。(未来)

第1组句子中的"小时候"时间语义指过去,动作动词前面可以用"没"修饰,也可以用"不"修饰。第3组句子中的"下个月"时间语义指未来,动作动词不可用否定副词"没"修饰,但是可以用"不"修饰。第2组句子中的"上午"指现在时间,从形式上看,用"没"或者用"不"都可以。但是从语感意义上来分析,用"没"的句子(b_1)在时间意义上倾向于指上午的结束点,"上午"是过去时间。而用"不"的句子(b_2)在时间语义上则倾向于指上午的开始点,"上午"尚未开始或者尚未结束。这是由于"没"和"不"这两个否定副词在时间语义上的属性不同而造成的含义区别。

因此,在现代汉语中,如果句子里没有具体的时间指示,带"没"的句子具有历时性,语义指对过去事件的否定,在时间语义上不向未来延伸。带"不"的句子中对事件的否定具有泛时性,在时间语义上它可以向未来延伸。试比较:

(14)　　　　　没　　　　　　　　　　不

  a_1. 同学们<u>没看这种电影</u>。　　a_2. 同学们<u>不看这种电影</u>。
  b_1. 陆总的孩子<u>没参加野营活动</u>。b_2. 陆总的孩子<u>不参加野营活动</u>。
  c_1. 李小云<u>没卖水货</u>。　　　　c_2. 李小云<u>不卖水货</u>。

带"没"的句子表示的事件不向未来延伸,"没看""没参加""没卖"都具有历时性,都是对过去事件的否定。带"不"的句子表示的事件可以向未来延伸,"不看""不参加""不卖"都具有泛时性,都是对泛时事件的否定。

可以用表示历时语义的词语"过"来测试"没"和"不"在时间语义上的这种区别。试比较:

(15) 　　　　　没 V 过　　　　　　　　　*不 V 过
　　a_1. 同学们没看过这种电影。　　a_2. *同学们不看过这种电影。
　　b_1. 陆总的孩子没参加过野营活动。　　b_2. *陆总的孩子不参加过野营活动。
　　c_1. 李小云没卖过水货。　　c_2. *李小云不卖过水货。

上述句子中,"没 V 过"可以成立,"不 V 过"不能成立。理由在于,表示历时语义的时体标记"过"与"没"的历时性语义特征相容,而与"不"的泛时性语义特征不相容,"过"阻断了"不"向未来的延伸。

概括上面的分析,可得出如下结论:

否定副词"没"常与过去词语共现,一般不与未来词语共现,与现在词语共现时,语义上倾向于指过去,可见,否定副词"没"在三时语义上具有历时性的特征。与此相比较,现代汉语中的另一个否定副词"不"则具有泛时性的语义特征。

以上考察说明,否定副词"没"在时间语义上具有历时性的语义特征。否定副词"没"的三时语义规律是:

没"历时性":过去 > 现在 > 未来(符号" > "含义是"强于")

需要说明的是,当句子是由复合事件(如连动结构)组成时,否定副词"没"与现实体标记"了"一样,也是可以用在表示未来事件的句子中的,理由是,"没"或者"了"都有一个时间在后的事件作为参照时间,从而保持了它的历时性。例如:

(16) a. 你下个星期没完成论文,就别来找我。
　　　b. 她明年没考上重点大学,就会与我彻底分手了。
　　　c. 他们没离开山寨,就(等于)没失去我们的保护。
　　　d. 明天上午 8 点,林寒洁肯定还没到香港。

上述例句都是表示在未来时间发生的事件,例 a 和例 b 中出现了两个动词,表示两个事件的组合,"没"可以用在前一事件中。c 句中出现了两个动词,表示两个事件的组合,"没"用在前后两个事件中,语义上具有等同的关系,即前事件 A"没离开山寨"等同于后事件 B"没失去我们的保护"。d 句是单一事件句,不过,句中出现了两个时间,时间"明天上午 8 点"是事件"还没到"的参照时间,而不是发生时间,所以,可以使用否定副词"没","没"的历时性语义特征相对于"明天上午 8 点",仍然能够得到保证。以上四个例句语义上的共同特点都是表示非现实的虚拟语气。(参见戴耀晶 1997)

4 结语

现代汉语否定副词"没"的时间语义可通过与时量词语、三时词语在句子中的共现情况进行考察。

时量词语方面,主要考察了表示时段意义的副词"从来""一直",表示时点意义的副词"马上""立刻",表示时频意义的副词"经常""常常",分析这些副词与否定副词"没"共现时的表现,得出"没"具有持续性的时间语义特征。

三时词语方面,主要考察了表示过去意义的词语"已经""昨天",表示现在意义的词语"正在""今天",表示将来意义的词语"将要""明天",分析这些词语与否定副词"没"的共现限制,并比较分析了"没"与"不"在汉语时间语义上的系统分工,得出"没"具有历时性的时间语义特征。

"持续性"和"历时性"是否定副词"没"的两项时间语义特征,"没"的词义本身具有否定性的语义特征,这些语义特征对"没"在汉语句子中的句法组合和语义解释具有重要意义。

参考文献

陈平(1985)英汉否定结构对比研究,见陈平《现代语言学研究——理论·方法与事实》,重庆:重庆出版社,1991年。

戴耀晶(1997)《现代汉语时体系统研究》,杭州:浙江教育出版社。

——(2000)试论现代汉语的否定范畴,《语言教学与研究》第3期。

——(2004)汉语否定句的语义确定性,《世界汉语教学》第1期。

——(2013a)否定表达与否定常数,《语言研究集刊》第11辑,上海:上海辞书出版社。

——(2013b)质的否定和量的否定,日本《现代中国语研究》第15期,朝日出版社。

吕叔湘(1985)肯定·否定·疑问,《中国语文》第4期。

钱敏汝(1990)否定载体"不"的语义—语法考察,《中国语文》第1期。

饶长溶(1988)"不"偏指前项的现象,中国语文杂志社编《语法研究和探索》(四),北京:北京大学出版社。

沈家煊(1993)"语用否定"考察,《中国语文》第5期。

沈开木(1985)"不"字的否定范围和否定中心的探索,中国语文杂志社编《语法研究和探索》(三),北京:北京大学出版社。

石毓智(1992)《肯定和否定的对称与不对称》,台北:台湾学生书局。

王还(1988)关于怎么教"不、没、了、过",《世界汉语教学》第4期。

文炼(1990)语言单位的对立和不对称现象,《语言教学与研究》第4期。

熊学亮(1988)试论英语中的否定转移,《现代外语》第4期。

徐杰、李英哲(1993)焦点和两个非线性语法范畴:"否定""疑问",《中国语文》第2期。

徐盛桓(1983)否定范围、否定中心和否定转移,《现代外语》第3期。

袁毓林(2000)否定式偏正结构的跨维度考察,中国语文杂志社编《语法研究和探索》(十),北京:商务印书馆。

张伯江(1996)否定的强化,《汉语学习》第1期。

邓守信(1973)Negation and Aspect in Chinese. JCL:1.1:14-37.

弗雷格(1918)否定,《弗雷格哲学论著选辑》,王路译,商务印书馆1994。

Horn, L. (1989) *A Natural History of Negation.* Chicago:The University of Chicago Press.

Kempson, R. (1977) *Semantic Theory.* Cambridge:Cambridge University Press.

Lyons, J. (1977) *Semantics II*. Cambridge:Cambridge University Press.

Mey, J. (1993) *Pragmatics:An Introduction.* Oxford:Blackwell Publishers.

Kahrel, P. & Berg, R. (ed.) (1994) *Typological Studies In Negation.* Amsterdam & Philadelphia:John Benjamins Publishing Company.

原刊于《语言研究集刊》(第十三辑),上海辞书出版社,2014年,1—12页

现代汉语助动词"可能"的语义分析

现代汉语的助动词"可能"在句法分布上有时可以用在名词前边,如"在可能的情况下""在可能的范围内""惟一可能的办法""几种可能的选择"。有时可以用在句子中主语的前边,如"可能林寒已经去了海南岛""很可能他的朋友今天不在家"。有时可以用在句子中单独作谓语,如"这种事可能吗?""望海公司明年想盈利,根本不可能!"

不过,"可能"在现代汉语句子中经常出现的位置是在动词语的前边,如:"杨岳可能已经知道事情的结果""尽一切可能采取的办法把被困的民工抢救出来"。

本文的主要考察范围是"可能"用在句子中谓语动词前边的情况,如"周书庆可能看到了这封信的内容""汪建平不可能去应聘"。考察的重点放在"可能"的语义分析方面,讨论的方法之一是将"可能"所构成句子的肯定格式和否定格式进行比较,以观察语义特征"可能"和"否定"的共现限制。讨论采取的另一个方法是将"可能"构成的句子与"一定"构成的句子进行比较,以观察语义特征"可能"与"必然"的区别和联系。

1 情态助动词"可能"的基本语义

1.1 "可能"表示对事件的估计,助动词"可能"的基本语义是对事件的估计,表示"也许""或许""大概"一类的意思,可以用语义特征"可能"来概括。它能够用在动作动词、存在动词、心理动词以及其他助动词的前面构成表示估计语义的句子。例如:

(1) a. 刘莺昨天可能去了北京。　　　　（动作动词"去"）
　　 b. 林岚上午可能有两节课。　　　　（动词"有"）
　　 c. 张文峰可能希望我们做这件事。　（心理动词"希望"）
　　 d. 马燕下星期可能会出国访学。　　（助动词"会"）
　　 e. 天气看上去可能要下雨。　　　　（时态助动词"要"）

  f. 世博会有可能在上海召开。　　　　　（"有可能"）

  1.2　"可能"在句中的层次。"可能"用在动词的前面时,句法成分上可以分析为是状语,但在语义上却是对句子所表达的事件的估计性判断,是说明整个句子的,不妨认为是句子的一种"高层谓语",即:将句子表达的事件作为一个陈说对象,助动词"可能"是陈说者。因此,例(1)中的句子可以理解为如下的含义:

(2) a. 刘莺昨天去了北京——可能

  b. 林岚上午有两节课——可能

  c. 张文峰希望我们做这件事——可能

  d. 马燕下星期会出国访学——可能

  e. 天气看上去要下雨——可能

  f. 世博会在上海召开——有可能

  表示加强估计的"很可能",表示否定估计的"不可能",表示估计存在的"有可能",甚至用在"可能"前面的其他修饰语如"完全可能"等,都是作为陈说者来说明对句子所表达事件的判断的。句法层次上,"很""不""有""完全"等辖域只管到"可能",不修饰后面的动词。尤其是否定词"不"用在"可能"前面与用在动词前面,句子的语义很不一样,它的否定辖域只管到"可能"。例如:

(3) a. 不了解这个国情,我们热心引进的经济理论很可能变成无的放矢的空谈。

  b. 如果不是高度近视的王贤良在堤坡上与一头驴子相撞,辣辣根本就不可能跳下水。

  c. 新月常年在外读书,邻居完全可能不认识她。

  如果将句子所表达的事件用符号记作P,那么,上述使用助动词"可能"的句子的含义分别是:

(4) a. P——很可能　　　（即:"可能P"）

  b. P——不可能　　　（即:"不可能P"）

  c. P——完全可能　　（即:"完全可能P"）

  当然,在自然语言中,可能意义的实际表达方法要复杂些。例如,表示肯定估计的"可能"或者"很可能"在句子中出现的位置可以在句子前面,也可以在动词前面。而表示否定估计的"不可能"则只能用在动词前面。试比较:

(5) a1. 他们两个人很可能会争论起来　　　a2. 很可能他们两个人会争论起来

  b1. 尹海勤很可能已经达到了这个水平　　b2. 很可能尹海勤已经达到了这个水平

c1. 他们两个人不可能会争论　　　c2. *不可能他们两个人会争论
　　　　起来　　　　　　　　　　　　　起来
　　d1. 尹海勤不可能已经达到了　　　d2. *不可能尹海勤已经达到了
　　　　这个水平　　　　　　　　　　　这个水平

这种现象说明，"可能"的否定表达与肯定表达在现代汉语的使用中会受到不同的限制，自然语言结构的安排要以逻辑意义关系为基础，但是在具体表现形式上更为丰富多样。为了便于分析说明，本文把"可能"和否定形式"不可能"都分析为是句子的"高层谓语"。

1.3　"可能"与其他助动词的共现。现代汉语中，表示估计意义的"可能"有时可以与其他助动词在一个句子中同现。这时候"可能"在句法上的位置通常是在其他助动词前面，而不是在其他助动词的后面。这种现象也反映出"可能"处于较高的层次。试比较：

（6）a. 朱文红可能会反驳你的意见　　　　　（可能 + 会）
　　　　—— ？朱文红会可能反驳你的意见
　　　b. 郑雨秋明天可能可以来上班　　　　　（可能 + 可以）
　　　　—— ？郑雨秋明天可以可能来上班
　　　c. 柳涵蔚过去可能能踢足球　　　　　　（可能 + 能）
　　　　—— ？柳涵蔚过去能可能踢足球
　　　d. 你可能得跟王经理去一趟东北　　　　（可能 + 得）
　　　　—— ？你得可能跟王经理去一趟东北
　　　e. 金局长可能愿意接受记者的采访　　　（可能 + 愿意）
　　　　—— ？金局长愿意可能接受记者的采访
　　　f. 姜伟平可能敢向权威挑战　　　　　　（可能 + 敢）
　　　　—— ？姜伟平敢可能向权威挑战
　　　g. 这个小伙子可能要表现一下自己　　　（可能 + 要）
　　　　—— ？这个小伙子要可能表现一下自己

在现代汉语中，助动词"可能"可以出现在句首，可以出现在其他助动词前面，这些现象说明，在汉语的助动词系统中，"可能"的语义地位较为特殊，当进入句子时它处在句子结构较为外层的部分，或者说，较为高层的部分。在与其他助动词共现的条件上，如同在句首位置一样，"可能"的否定形式要受到比肯定形式更多的限制。除了不能用在其他助动词后面之外，即使是用在前面，"不可能"的使用范围比"可能"更小。以上述句子的可能式的否定为例：

（7）a. 朱文红不可能会反驳你的意见
　　　b. ？郑雨秋明天不可能可以来上班

    c. 柳涵蔚过去不可能能踢足球
    d. ? 你不可能得跟王经理去一趟东北
    e. 金局长不可能愿意接受记者的采访
    f. 姜伟平不可能敢向权威挑战
    g. ? 这个小伙子不可能要表现一下自己

上述七组助动词连用的句子，在"可能"的肯定式里都能成立（例6），在否定式里有部分句子（例7中的b句、d句、g句）的可接受性明显地要比相应的肯定句低得多。

1.4 "可能"与"会"的时间语义比较。在时间语义方面，"可能"可以用于估计过去时间发生的事件，也可以用于估计将在未来时间发生的事件。助动词"会"在语义上也可以表示对事件可能性的估计，但只能用于估计未来事件，不能用于估计过去事件。试比较：

（8）a. 朱文红昨天可能去了湘南作方言调查。   （过去时间）
    b. 朱文红下个月可能去湘南作方言调查。   （未来时间）
    c. *朱文红昨天会去湘南作方言调查。   （*过去时间）
    d. 朱文红下个月会去湘南作方言调查。   （未来时间）

2 "可能"的肯定式和否定式

2.1 "可能"句的否定形式。在现代汉语的句子中，可能句的肯定形式只有一个（"可能"），而可能句的否定形式有几种。基本形式是在助动词"可能"的前面加上否定标记"不"（"不可能"）。此外，在事件动词前面也可以加上否定标记"不"或者"没"，得到多种带"可能"的否定句。例如：

（9）a. 任何人都不可能长生不老。   （不+可能+V）
    b. 徐明华不可能不知道事实的真相。   （不+可能+不+V）
    c. 曾雪琴不可能没有给孩子留下生活费。（不+可能+没+V）
    d. 他们明天可能不来了。   （可能+不+V）
    e. 肖文峰小时候可能没吃过芒果。   （可能+没+V）

2.2 "可能"后面加上肯定事件或否定事件在语义上相通。"可能"表示事件至少在一个可能世界里为"真"，但是在语义上似乎也可以推出事件至少在一个可能世界为"假"。在内省时这两种语义可以并存，虽然在表达时选择肯定式或否定式说话人的语义倾向有明显不同，如下面的例10。这说明，对同一个事件，说话人可以选择肯定角度来表达，也可以选择否定角度来表达，得出的主观语义图景不同，但是客观语义上却存在相通之处，这一点值得注意。试比较：

（10）a1. 这个脚印可能是汪慧芬留下的　　a2. 这个脚印可能不是汪慧芬留下的

b1. 实验室的钥匙是可能在凌欣如那里　　b2. 实验室的钥匙可能不在凌欣如那里

c1. 蒋小鹏明年可能去欧洲留学　　c2. 蒋小鹏明年可能不去欧洲留学

2.3 "可能"世界的语义分析。助动词"可能"反映的是可能世界的情景,如果用一个圆表示一个可能世界,在各个可能世界之间用线连接,可得出如下示意图。即：

(11) 图1:"可能V"与"可能不V"示意图

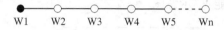

W1　W2　W3　W4　W5　　Wn

图1中的圆表示可能世界W,实心的圆"●"表示为真,空心的圆"○"表示为假。连接线表示各个可能世界之间语义上有关联。通常的句子表示的语义是对惟一的现实世界而言的,符合现实的为真,不符合现实的为假,句子表示的是对事实的断言(如：这个脚印是汪慧芬留下的)。当句子中用上助动词"可能"以后,句子的语义是表示存在多个可能世界(W1,W2,W3,……Wn),其中至少有一个可能世界为真是句子所表述的。

以图1而言,"这个脚印是汪慧芬留下的"为W1,是真的,用实心的圆表示。但是,这个句子中还存在其他可能的含义W2或者W3等,这些含义是"这个脚印是汪慧芬留下的"为假,用空心的圆表示。因此,句子"这个脚印是汪慧芬留下的"是断言,没有歧解。而"这个脚印可能是汪慧芬留下的"直接表示的是图1中的W1,肯定至少存在着这一种可能。但是句子还有其他可能,即W2,W3等,它们的含义是"这个脚印可能不是汪慧芬留下的"。

由以上分析可知,肯定断言与否定断言的基本语义不同,而可能式的肯定与可能式的否定之间在基本语义上却存在相似的关联。即：

（12）a. P≠非P　　　　　（符号"≠"表示基本语义不同）

b. 可能P≈可能非P　　（符号"≈"表示基本语义相似）

在自然语言中,"可能V"与"可能不V"表达的都是图1,因此客观语义上有相通之处,所不同的是,说话人选用"可能V"凸显的是W1(为真),"可能不V"凸显的是W2、W3(为假),这是"可能"句式与不带助动词的一般句式在语义上的重要区别。

2.4 "不可能"后面加上肯定事件或否定事件在语义上不同,可能的否定式情况与肯定式有所不同,它不能推出相反的语句。下列各组中的句子语义是不同的,

在现代汉语中不认为语义上存在相似的关联。例如:

(13) a. 来年的粮食产量不可能提高百分之三十
　　　——? 来年的粮食产量不可能不提高百分之三十
　　b. 今年汛期长江上游不可能再一次下暴雨
　　　——? 今年汛期长江上游不可能不再一次下暴雨
　　c. 菊花不可能在春天开花
　　　——? 菊花不可能不在春天开花

连接线左边是"不可能"加上肯定的句子,连接线右边是"不可能"加上否定的句子,二者反映的客观语义不一样。用可能性语义示意图表示的话,前者是图2,后者是图3。试比较:

(14) 图2:"不可能V"示意图

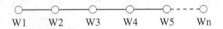

(15) 图3:"不可能不V"示意图

如图2所示,"不可能V"句式表示的语义是,在所有可能世界"W1,W2,W3……Wn"中,不存在句子所表达事件的那一种可能(不存在实心圆)。当然,也就更不存在图3"不可能不V"所表示的每一种可能都是句子所表达的事件的情景(全部是实心圆)。因此,"否定可能式+事件肯定"句式与"否定可能式+事件否定"句式在语义上完全不同。

3 "可能"与"一定"的语义关联

3.1 "可能"句式与"一定"句式。就句子的肯定形式而言,"可能"句式与"一定"句式的语义没有相似的关联。但是从句子的否定形式来分析,二者的语义存在某种关联,即语义上有相似相通之处。试比较:

助动词"可能"构成的部分肯定句式和否定句式。如:
(16) A1. 周书庆可能看到了这封信的内容　　(可能 P【可能】【肯定】)
　　　A2. 周书庆不可能看到了这封信的内容(不可能 P【可能】【否定1】)
　　　A3. 周书庆可能没看到这封信的内容　　(可能非 P【可能】【否定2】)

助动词"一定"构成的部分肯定句式和否定句式。如:
(17) B1. 周书庆一定看到了这封信的内容　　(一定 P【必然】【肯定】)

B2. 周书庆不一定看到了这封信的内容（不一定 P【必然】【否定1】）

B3. 周书庆一定没看到这封信的内容 （一定非 P【必然】【否定2】）

3.2 同类比较两种句式基本语义不同。将 A 组句子与 B 组句子进行同类（肯定或者否定）比较后发现，上述句子的基本语义内容不同，如句子后面的语义特征所标示。将这些句式分别进行语义比较，可以得到如下语义关系式：

（18）A1≠B1 即：可能 P≠一定 P。又如：

王岚可能读到了这本书≠王岚一定读到了这本书

（19）A2≠B2 即：不可能 P≠不一定 P。又如：

王岚不可能读到了这本书≠王岚不一定读到这本书

（20）A3≠B3 即：可能非 P≠一定非 P。又如：

王岚可能没读到这本书≠王岚一定没读到这本书

这说明，"可能"的肯定和"一定"的肯定的基本语义不同，"可能"的否定和"一定"的同形式的否定的基本语义也不同。

3.3 异类比较两种句式语义上有部分相通之处。虽然"可能"句与"一定"句的同类肯定或同类否定相对应的句子在语义上不同，但是"可能"的否定和"一定"的异类形式的否定在基本语义却有相似之处。可得到如下关系式：

（21）A2≈B3 即：不可能 P≈一定非 P 又如：

王岚不可能读到了这本书≈王岚一定没读到这本书

（22）A3≈B2 即：可能非 P≈不一定 P 又如：

王岚可能没读到这本书≈王岚不一定读到了这本书

进一步将例（16）的 A 组句子与例（17）的 B 组句子进行异类（肯定式同否定式）比较可以发现，在"可能"的肯定式同"一定"的否定式（或者相反）之间，也有一些不同的语义表现。主要为：

A1 句与 B2 句在语义上（客观所指方面）也有相似之处，不过说话人选择的表述态度有明显差别：A1 句表述态度在肯定，B2 句表述态度在否定（参见图1）。B1 句与 A2 句在语义上则没有相似之处，可得到如下关系式：

（23）A1≈B2 即：可能 P≈不一定 P 又如：

王岚可能读到了这本书≈王岚不一定读到了这本书

（24）A2≠B1 即：不可能 P≠一定 P 又如：

王岚不可能读到了这本书≠王岚一定读到了这本书

由以上分析可知，表可能的肯定句 A1 与表一定的肯定句 B1 之间在语义上不相同，建立不起意义联系。但是表可能的否定句 A2、A3 与表一定的否定句 B3、B2 之间在语义上基本相同，可以建立起意义联系。下面是二者语义关系的对照表（例21、例22）：

(25)"可能"与"一定"的否定句之间的语义联系对照表

句子	可能	事件	句子	一定	事件
A2	−	+	B3	+	−
A3	+	−	B2	−	+

由以上分析可知,仅仅从肯定句的角度不能在"可能"句与"一定"句之间建立起语义联系,而通过相应否定句之间的对比则可以建立起语义上的联系。这说明,否定与肯定的语义对比分析可以深化对汉语句子的理解,有时可以发现单纯的形式分析不能发现的语法现象和语法规律,重视语义分析对认识汉语、解释汉语有重要的作用。

参考文献

陈平 1985《英汉否定结构对比研究》,《现代语言学研究——理论·方法与事实》,重庆出版社 1991。

戴耀晶 2000《试论现代汉语的否定范畴》,《语言教学与研究》第 3 期。

丁声树等 1961《现代汉语语法讲话》,商务印书馆。

傅雨贤、周小兵 1991《口语中的助动词》,《语法研究和探索(五)》,语文出版社。

刘坚 1960《论助动词》,《中国语文》第 1 期。

吕叔湘主编 1999《现代汉语八百词(增订本)》,商务印书馆。

饶长溶 1988《"不"偏指前项的现象》,《语法研究和探索(四)》,北京大学出版社。

徐烈炯 1990《语义学》,语文出版社。

张斌、胡裕树 1989《汉语语法研究》,商务印书馆。

赵元任 1969 *A Grammar of Spoken Chinese*(中国话的文法),美国加利福尼亚大学出版社。吕叔湘中文节译本《汉语口语语法》,商务印书馆 1979。

朱德熙 1982《语法讲义》,商务印书馆。

Gazder G. 1979 *Pragmatics: Implicature, Presupposition, and Logical Form.* New York: Academic Press.

Lyons, J. 1977 *Semantics*, Vol. II 17. Cambridge: Cambridge University Press.

McCawley J. 1993 *Everything that Linguists have Always Wanted to Know about Logic — but were Ashamed to ask.* Chicago: The University of Chicago Press, second edition.

原刊于《语法研究和探索》(十二),商务印书馆,2003 年,371—381 页

试说"冗余否定"

提要

语言的形式和意义之间的关系是任意的(约定论)还是非任意的(必定论),在语言学研究中是一个饶有兴趣的话题,"冗余否定"现象的存在为这个话题增加了很多的内容。本文从肯定表达和否定表达的语义差异性出发,具体分析了现代汉语祈使句中的冗余否定格式"小心别 VP",认为这一格式在使用上要受到较为严格的语义和句法条件的制约。

关键词

冗余否定;语义分析;小心别 VP

1 肯定表达、否定表达与"冗余否定"现象

肯定和否定是一组对立的语义范畴,语言使用者可以使用肯定表达的方式传递信息,也可以使用否定表达的方式传递信息。肯定传达的是确定的内容,否定传达的是对确定内容的否认,二者的语义内容是不同的。

Horn(1989)概括了肯定与否定语义研究中的各种观点,指出了肯定表达与否定表达在九个方面的不对称意义,并同时说明,这些观点在学术界仍存在争议。即:

(1) a. 从逻辑上说,肯定在先(prior),否定在后(secondary);
    b. 从本体上说,肯定在先,否定在后;
    c. 从认识上说,肯定在先,否定在后;
    d. 从心理上说,肯定在先,否定在后;
    e. 肯定是基本的,简单的,否定是复合的;
    f. 肯定是本质性的,否定是排除性的;
    g. 肯定是客观的,否定是主观的;
    h. 肯定句描写与世界相关的事实,否定句描写与肯定相关的事实;

i. 肯定句的信息价值较大，否定句的信息价值较小。

　　可见，肯定表达和否定表达的语义内容存在差异性，在语言系统中的价值不同。不过，在实际语言中，却存在着一些"冗余否定"现象。所谓"冗余"，指的是在一个语言结构体当中，某个符号形式所表现的语义内容不是理解它所在的语言结构体的意义时所必须的。例如句子"那些天真可爱的孩子们在公园里玩得多开心啊"中存在冗余现象，"那些"表达了复数意义，"们"也表达了复数意义，分析时可以认为表复数意义的语言成分"们"并不是理解这个句子的意义所必须的，属于汉语中复数表达的一种冗余现象。

　　所谓"冗余否定"，指的是在一个句子或短语中，表达否定的标记成分（"不""没""别"等）不是理解该句子的意义所必须的。换句话说，否定标记成分的出现与否不影响句子的意义内容。如果说，肯定表达一个思想，那么，与这个思想相矛盾的另一个思想则用否定来表达，肯定形式为正，相应的否定形式则为反，二者是矛盾语义关系，因此冗余否定现象也可以叫"正反同义"现象。

　　各种语言中都有冗余否定现象，但表现形式不一样。下面是汉语中常见的一些"冗余否定"格式。例如：

(2) a. 林洁没去新疆以前，一直在北京读书（没 VP 以前）
　　b. 王海，小心别摔跤！（小心别 VP）
　　c. 他昨晚干了一个通宵，差一点没累死。（差一点没 VP）
　　d. 李玉一个人到处游山玩水，好不自在。（好不 AP）
　　e. 去年的考试不要太难呵。（不要太 AP）
　　f. 看到同事中了大奖，陈小姐难免不动心/难免动心（难免不 VP）
　　g. 王岚弄了不一会儿，就把电脑修好了。（VP 了不一会儿）
　　h. 大家怀疑他那天不在现场。/那天在现场。（怀疑 S）
　　i. 李师傅非去不可。/非去（非 VP 不可）
　　j. 除非张经理来请，他不去。/他才去。（除非 P, 不 S）

　　冗余否定现象可以说都是"习惯用法"，但是每种格式的具体情况并不一样。上述各种格式的用法和意义在汉语研究文献中有不少讨论。戴耀晶（2000）简要讨论了时间短语"没 VP 以前"，认为该格式产生冗余否定的原因与平行格式"VP 了以后"产生冗余肯定有关，是汉语系统内各要素相互制约的结果。下面主要从语义角度对汉语祈使句中的冗余否定格式"小心别 VP"作些分析。

2　祈使句冗余否定格式"小心别 VP"的分析

　　祈使句主要有两种作用，一种表现为积极方面，要求听话人发出某种行为。一种表现为消极方面,要求听话人防止某种行为。祈使句式"别 VP"属于第二种作用,提醒听话人在行为当中不要出现某种情况,"别"是表示防止类消极语义的显性标记成分,是句子否定语义的负载者。如祈使句"过来"和"别过来"的语义内容截然不同,前者是积极意义,后者是消极意义。但是在汉语中,有些句子带上否定标记"别"和不带否定标记"别"语义上基本相同,都是表示消极方面的防止类语义。试比较:

(3)　　　A　　　　　　　　　　　B

　　a1. 小心别摔跤　　　　　　a2. 小心摔跤
　　b1. 小心别撞到头　　　　　b2. 小心撞到头
　　c1. 小心别踩着电线　　　　c2. 小心踩着电线
　　d1. 小心别睡过了头　　　　d2. 小心睡过了头
　　e1. 小心别把身体一扭两段　e2. 小心把身体一扭两段

上述句子中 A 类在动词短语 VP 的前面出现了祈使句的否定标记"别",B 类的动词短语前面没有否定标记,两类句子表示的语义都是要求听话人防止动词所表示的行为发生。否定形式和肯定形式都表示消极方面的意义,句子的正反表达意义相同,否定词"别"不是理解句子意义所必须的成分,属于冗余否定现象。

祈使句"小心(别)VP"格式所表示的冗余否定要受到较多的语义条件限制。主要有句类限制,小心与 VP 的语义关系限制,VP 的语义特征限制等。

（一）句类限制:句类是祈使句,表示未来事件。

如果是陈述句,该格式不成立,或不产生冗余否定现象。例如:

(4) a. ＊他昨天小心摔了一跤。(肯定:＊小心)
　　b. ＊他昨天小心别(没、不)摔了一跤。(否定:＊小心别(没、不))
　　c. 他昨天不小心摔了一跤。(陈述句:不小心)

由于时间词"昨天"的出现,句子表示的是对过去事件的陈述。a 句是肯定格式,句子不成立。b 句是否定格式"小心没 VP",句子也不成立。C 句是另一种否定格式"不小心 VP",句子对过去事件作了具体陈述("不小心"),因而是成立的。

（二）"小心"与 VP 的语义关系限制:"小心"表示提醒听话人注意,不用于描写。

"小心"和动词短语 VP 之间在语义上是提醒和内容的关系,在句法上可分析为动宾结构。如果表达的是描写和行为的语义关系,句法上要分析为偏正结构,不产生冗余否定现象。例如:

(5)　　　A　　　　　　　　　　　B

　　a1. 小心别过马路　　　　　　a2. 小心过马路
　　b1. 明天聚会小心别喝酒　　　b2. 明天聚会小心喝酒

c1. 小心别采有毒的蘑菇　　　　c2. 小心采有毒的蘑菇

　　上述句子都是祈使句,也都有提醒的语义,但是两类句子意义不同。A类是否定句,句子中的"小心"只表示提醒听话人,不要做动词短语VP所表示的事情,即要求听话人不要过马路、不要喝酒、不要采有毒的蘑菇等。B类是肯定句,句子中的"小心"除了提醒的含义之外,还有具体描写动词VP所表示的行为的语义,即要求听话人小心地过马路、小心地喝酒、小心地采有毒的蘑菇等。

　　为什么同样是"小心别VP"和"小心VP"结构,例(3)中的A类句子与B类句子意义相同、产生了冗余否定现象,而例(5)中的A类句子与B类句子的意义却不相同、没产生冗余否定现象呢?这里要引出第三个语义条件限制。

　　(三) VP动词的语义特征限制:VP中的动词短语是非可控词语

　　VP中的动词短语在语义上要求是非可控词语,或者是可控词语的非可控用法。如果是可控词语,该格式不产生冗余否定。例如:

(6)　　　　　A　　　　　　　　　　　　　B

　　a1. 慢点吃,小心别噎着　　　=a2. 慢点吃,小心噎着

　　b1. 快点走,小心别迟到　　　=b2. 快点走,小心迟到

　　c1. 小心别弄电视机　　　　　≠c2. 小心弄电视机

　　d1. 动作轻点,小心别弄坏电视机　=d2. 动作轻点,小心弄坏电视机

　　上述句子中a例、b例的动词语"噎着""迟到"是非可控词语,句子的否定形式与肯定形式语义相同,产生冗余否定。c例中的"弄"是一个可控动词,表示动作类的语义,因此否定形式"小心别弄电视机"与肯定形式"小心弄电视机"的语义不相同,不产生冗余否定。d例中的动词短语"弄坏"是动补结构,表示达成类的语义,在句子中,"弄坏电视机"不是指在动作主体控制下的行为,而是指一种行为所造成的非可控的结果,因此d1句和d2句的语义相同,产生冗余否定。

　　由于动词的形式相同,有时候一个句子可以理解为是对可控行为的描写,也可理解为是对非可控行为的阻止,出现歧义。例如"小心踩线"的一种含义是提醒听话人踩线的时候要小心,另一种含义是防止听话人出现踩线的行为(结果)。这是一个肯定形式,句子有歧义。如果加上否定词"别",歧义消失,只表示防止踩线的语义。因此,否定形式与相应的肯定形式在语义上出现部分冗余否定现象。即:

　　(7) a. 小心别踩线 =b1. 小心踩线(防止义;产生冗余否定)

　　　　小心别踩线 ≠b2. 小心踩线(描写义;不产生冗余否定)

　　由上分析可知,祈使句否定形式"小心别VP"和相应的肯定形式"小心VP"有时候所表示的语义相同,形成冗余否定现象。但要受到较严格的语义条件的制约:句类是祈使句,小心和VP之间是提醒和防止的语义关系,VP是非可控词语,或者是可控动词组成含有动作结果义的非可控用法。在该格式的肯定形式含有歧义

时,相应的否定形式只对应于其中的某一义项,产生部分冗余否定现象。

3 结语

语言的形式和意义之间的关系是任意的(约定论)还是非任意的(必定论),在语言学研究中是一个饶有兴趣的话题,冗余否定的存在为这个话题的讨论增加了很多的内容,带给人们很多的思考。从语言系统的要素分工来说,表达肯定的要素和表达否定的要素是不同的,就这个意义而言,每个要素的出现都有确定的内容,都不是任意的。但是从语言的具体实际来看,确实存在一些"冗余否定"现象。这些现象是具体语言中的习惯用法,不同的语言有不同的习惯用法。因此,对汉语中的冗余否定现象只能进行具体的个案分析。一方面,应该承认这些现象的产生是语言符号和符号组合受到任意性原则支配的结果,另一方面,通过分析可以看出,这些冗余否定现象的产生都有一定的理据,在使用上并不能任意类推,它们都要受到较为严格的语义和句法条件的制约。

参考文献

陈平 1991 英汉否定结构对比研究,《现代汉语语言学研究——理论、方法与事实》,重庆出版社。

戴耀晶 2000 试论现代汉语的否定范畴,《语言教学与研究》第 3 期。

弗雷格 1918 否定,《弗雷格哲学论著选辑》,王路译,商务印书馆 1994 年。

李兴亚 1987 "怀疑"的意义和宾语的类型,《中国语文》第 2 期。

吕叔湘 1985 疑问·否定·肯定,《中国语文》第 4 期。

沈家煊 1987 "差不多"和"差点儿",《中国语文》第 6 期。

石毓智 1992《肯定和否定的对称与不对称》,台湾学生书局。

——1993 对"差点儿"类羡余否定句式的分析,《汉语学习》第 1 期。

徐杰、李英哲 1993 焦点和两个非线性语法范畴:"否定""疑问",《中国语文》第 2 期。

张伯江 1996 否定的强化,《汉语学习》第 1 期。

张斌、胡裕树 1989《汉语语法研究》,商务印书馆。

朱德熙 1959 说"差一点",《中国语文》第 9 期。

Horn, L.: *A Natural History of Negation*. Chicago: The University of Chicago Press, 1989.

Kahrel, P. & Berg, R. (ed.): *Typological Studies In Negation*. Amsterdam/Philadelphia: John Benjamins Publishing Company, 1994.

原刊于《修辞学习》2004 年第 2 期,3—6 页

否定表达与否定常数*

提要

语言中的否定表达具有负确定性质,并且容易产生歧义。根据否定标记的实际使用情况,有构词否定、短语否定、句子否定三个层级。文章提出"否定常数"(NT)这一概念,它是句子否定在文本小句中的百分比。对小说《红楼梦》的统计揭示出汉语中的否定常数为 15% 左右。文章还就否定表达的消极语言态度做了一些文本分析。

关键词

句子否定;负确定;否定常数;消极态度

先看几条出现否定表达的报道:

(1) 中广网北京 3 月 3 日消息(记者季苏平)据中国之声《新闻纵横》报道,"两会"刚刚开始,"新风"似乎已经成了关键词。媒体把摄像机对准了那些与以往不同的细节,如"警车不开道,迎接没横幅,会场没鲜花"。

(2) 据俄通社报道,正在俄罗斯访问的欧盟委员会主席巴罗佐 22 日在莫斯科说,<u>欧盟没有嫉妒中俄之间的经济关系发展</u>。巴罗佐何出此言呢?(《俄罗斯对中国"偏心"?》,成珞、王珏深,载《解放日报》2013 年 3 月 24 日第四版)

例(2)的背景是:中国国家主席习近平首访俄罗斯,签署中俄联合声明,签署包括能源合作在内的一系列重要协议。同一天,欧盟与俄罗斯签署了能源合作协议等多项合作文件。无论数量、涉及领域还是重要性,似乎都比中国"略逊一筹"。难怪巴罗佐先生要那么迫不及待地澄清了。

(3) 日本首相安倍晋三 2 月 22 日访美期间,在华盛顿美国战略和国际问题研究中心发表演讲《日本回来了》。安倍晋三在演讲中说:"<u>日本永远不会是一个二流国家</u>","我将带回一个强大的日本,强大到能为改善世界做更多的事。"(《奥巴

---

* 本文研究工作受到国家社科基金重点课题项目"现代汉语及方言中的否定问题研究"(批准号:12AYY001)以及复旦大学 985 三期整体推进人文学科项目"关于汉语否定与否定的应用研究"的资助。

马晤安倍不公开提钓鱼岛》,解放日报 2 月 24 日第三版,本报记者纽约 2 月 22 日电)

(4) 我曾提出一个"社会共生论"的观点。如何"共生"? 我有三句话:<u>第一,穷人不能再穷;第二,富人不能出走;第三,中产不能受挤压。</u>(《改革需要"自己砍自己的手"》,常修泽文,社会科学报 2013 年 3 月 28 日第二版)

以上文章中的否定句表达什么样的语义呢? 可以看到,它们往往是从消极角度表达,句子包含预设(预设的语义是:应该 S,但是非 S),说了"不要"什么,可推论出"要"什么,但确定性较低。下面讨论否定表达的语义特点和汉语的否定常数,谈三个问题。

1、语义确定性:正确定、负确定、不确定
2、否定常数和否定标记
3、文本实例分析

1 语义确定性:正确定、负确定、不确定

近年来,在语法研究中引入语义分析已经成为一种趋势,研究汉语语义的论文和著作日渐增多。否定句和相应肯定句的关系是句子语义分析的一项重要内容。通行的观点是,每个思想都有一个与之相矛盾的思想(弗雷格1918),从语言直觉上说,每个肯定句都能通过加上否定标记而形成一个相应的否定句。但是在汉语的实际语料中,肯定句和相应的否定句形式上和语义上都存在不平行的现象。例如:

(5) a. 刘经理已经到了香港。　　　("已经"可出现)
　　 b. *刘经理已经没到香港。　　 ("已经"不能出现)
(6) a. *李江涛从来看了《红楼梦》。("从来"与"了"语义矛盾)
　　 b. 李江涛从来没看《红楼梦》。("从来"与"没"语义不矛盾)
(7) a. 张教授还参观了图书馆。　　("还"表示频度)
　　 b. 张教授还没参观图书馆。　　("还"表示保持)

在例(5)中,肯定句成立,否定句不成立,这与副词"已经"的语义有关。在例(6)中,肯定句不成立,否定句成立,这与副词"从来"的语义有关。在例(7)中,肯定句成立,否定句也成立,但是,副词"还"在肯定句中表示的语义是"频度",在否定句中表示的语义是"保持"。上述句子中的动词"到、看、参观"都是动作动词,句子的结构和其他词语都相同,所不同的是:a 类是肯定句,b 类是否定句。相应的句子在能否成立(正—误)和含义是否相同(同—异)方面表现出了差异。

Horn(1989)概括肯定与否定语义研究中的各种观点,指出了肯定表达与否定表达在九个方面的意义不对称(他同时也指出,这些观点在学术界仍存在争议)。即:

1) 从逻辑上说,肯定在先(prior),否定在后(secondary);
2) 从本体上说,肯定在先,否定在后; （发生）
3) 从认识上说,肯定在先,否定在后; （认知）
4) 从心理上说,肯定在先,否定在后; （心理）
5) 肯定是基本的、简单的,否定是复合的; （结构）
6) 肯定是本质性的,否定是排除性的; （性质）
7) 肯定是客观的,否定是主观的; （主客观）
8) 肯定句描写与世界相关的事实,否定句描写与肯定相关的事实; （指称）
9) 肯定句的信息价值较大,否定句的信息价值较小。 （信息）

从第9点肯定表达与否定表达的信息价值角度展开讨论,如果着眼于语义的确定性,可以提出"正确定"、"负确定"、"不确定"三个概念,并将这三个概念对应于汉语的三类句子:肯定句、否定句、疑问句,得到如下的语义确定性关系表:

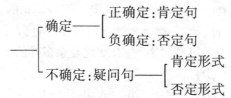

下面以词语的语义特征为例来说明否定句和肯定句在确定性方面的差异。(另参见戴耀晶2004)词语往往有多项语义特征,在词典释义时,词语的多项语义特征表现为共存性,例如"父亲"在《现代汉语词典》中的释义是"有子女的男子,是子女的父亲"。假定将"父亲"的语义进行分解,至少得到四项(当然可以更多)语义特征:人、男性、成年、有孩子,在带有"父亲"的肯定句里,这四项语义特征共存,即都是正确定。但是,在否定句里,这四项语义特征则表现得较为复杂,有些是正确定,有些负确定。试比较:

(8)　　　肯　定　　　　　　　　　　否　定
　　　a. 他是父亲。　　　　　　b. 他不是父亲。
　　　a1. 他是人(不是牛)　　　 b1. ? 他不是人 (是牛)
　　　a2. 他是男性(不是女性)　 b2. ? 他不是男性 (是女性)
　　　a3. 他是成年(不是男孩)　 b3. ? 他不是成年 (是男孩)
　　　a4. 他是有孩子的(不是无孩子) b4. 他不是有孩子的(是无孩子的)

肯定句a在语义上同时蕴涵a1,a2,a3,a4,这说明肯定"父亲",就肯定了父亲所具有的四项语义特征的内容。比较否定句b,在语义上并不必然同时蕴涵b1, b2、b3、b4，这说明否定"父亲"，并不能否定父亲所具有的四项语义特征的内容，在自然语言中，通常只是否定其中某项语义特征的内容，如 b4，或者说，存在优势理解（我们曾经在复旦大学同学中口头询问 b 句的含义是哪一项，在瞬间反应时回答 b4 的最多）。这项内容可以认为是该词语的基本语义特征，也可以称作无标记语义特征（unmarked semantic feature）。当然，如果在实际话语中提供更多的语境信息，否定句 b 可以包含 b1、b2、b3 的语义，例如在对比句中：

(9) a. 那不是父亲,那是一头牛。
　　b. 那不是父亲,那是一个女人。
　　c. 那不是父亲,那是一个男孩。

这说明，在对词语作语义特征分析时，肯定句和否定句在语义确定性方面的表现并不相同，两者表现出不平行性。肯定句中，词语的各项语义特征表现为共存性；否定句中，词语的各项语义特征表现为层次性，有些语义特征的确定对语境没有要求（中性语境），有些语义特征的确定对语境有较明显的要求（偏性语境，如对比句）。

实际上，如果将"父亲"的四项语义特征符号化为大写的 [A, B, C, D]，则肯定句只有一种含义，即所有语义特征都为正确定。但否定句的含义还不仅仅是上述四种，排列组合后有 15 种，如下，都有表达上的可能，虽然人们在实际交际过程中，直觉上并不认为否定句"他不是父亲"会有如此复杂多样的含义：

(10) a. [－A, B, C, D]　　　　b. [A, －B, C, D]
　　 c. [A, B, －C, D]　　　　d. [A, B, C, －D]
（以上 4 种含义：其中一项语义特征为负确定）
　　 e. [－A, －B, C, D]　　　f. [－A, B, －C, D]
　　 g. [－A, B, C, －D]　　　h. [A, －B, －C, D]
　　 i. [A, －B, C, －D]　　　j. [A, B, －C, －D]
（以上 6 种含义：其中两项语义特征为负确定）
　　 k. [－A, －B, －C, D]　　l. [－A, －B, C, －D]
　　 m. [－A, B, －C, －D]　　n. [A, －B, －C, －D]
（以上 4 种含义：其中三项语义特征为负确定）
　　 o. [－A, －B, －C, －D]
（以上 1 种含义：四项语义特征均为负确定）

词语的语义特征越多，否定句的歧义指数就越大，理解句子的困难度也越大。

2 否定常数和否定标记

否定研究要从小处着手来开展具体研究。如一个否定标记、一个否定结构、一项语义特征的语料调查、分布描写、历时演变、语义提取、类型比较等。

下面是从小处着手进行的一项具体研究,即对汉语否定标记的调查和对否定句判定的具体做法和调查数据分析。目前完成了《红楼梦》120 回的否定标记和否定句的调查,得出了若干数据,但还需要作进一步的验证和深入分析。

根据否定标记的实际使用情况,我们区分出构词否定、短语否定、句子否定三个层级,调查了《红楼梦》120 回中的否定句和肯定句的数目,列表逐句判断,初步得出了一些数据。

2.1 构词否定、短语否定、句子否定

否定是一个句法语义范畴,有形式和意义两方面的要求。形式上要求有否定标记,意义上要求有否定的语义。语料调查从否定形式出发,汉语表示否定语义的形式标记有:不、没、别、无、未、非、莫,等等。

在以真实文本为对象搜集语料开展汉语实际研究工作时发现,如何分析汉语的否定,如何确定汉语的否定句,会碰到一些需要具体解决的问题。我们认为,从结构上来看,否定大致可分为构词的否定、成分的否定、句子的否定等。

1、构词的否定,否定标记是一个构词成分,否定语义不延伸到句子层面。例如下面句子中的"不然""不但"等连词,否定标记"不"作为构词要素,帮助形成固定的词语语义,不延伸到全句。

(11) a. 但林姑娘也得给他说了人家儿才好,<u>不然</u>女孩儿家长大了,那个没有心事?

b. <u>不但</u>这个,就像前年那些人喝酒耍钱,都不是事。

2、短语的否定,否定标记是短语的组成成分,否定语义限制在担任句内成分的短语中,不扩展到句子层面。例如下面句子中的"没道理""不避嫌疑"等。"没道理"是做定语的动宾短语,而"不避嫌疑"是做主语的动宾短语,否定标记"没"和"不"的否定语义分别限制在定语、主语之内,不延伸到全句。

(12) a. 姑娘丢了东西,你们就该问哪,怎么说出这些<u>没道理</u>的话来。

b. 林姑娘是个有心计儿的。至于宝玉,呆头呆脑,<u>不避嫌疑</u>是有的,却还都是个小孩儿形象。

3、句子的否定,否定标记出现在谓语层面,否定语义通过谓语扩展到句子,表达一个否定事件。例如:

(13) a. 天气寒,也<u>不必</u>拘这些个礼。
　　　b. 明儿二爷<u>再别说</u>这些话,叫人听着怪不好意思的。
　　　c. 再者,你聘下的媳妇儿,家道<u>不比</u>往时了。

我们认为,构词否定和短语否定中否定标记的语义不延伸到整个句子,句子不属于否定句。句子否定中的否定标记的语义延伸到整个句子,句子属于否定句。

2.2 单句、复句、小句

如何确定句子数目呢？句子(sentence)在书面上表现为一个句号(或者一个问号、感叹号、省略号),但是书面文献上一个句号内部的结构情况很不相同。例如:

(14) ①此开卷第一回也。②作者自云:③因曾历过一番梦幻之后,④故将真事隐去,⑤而借"通灵"之说,撰此《石头记》一书也。

这里有两个句号,是两个句子。第一个句子是简单句(单句),第二个句子是复杂句(复句)。如果都作为"一个句子"来统计,得出的结果比较难以反映语言中否定句的实际使用情况。我们的做法是,以小句(clause)作为一个句子的统计单位。单句是一个小句,复句由多个小句组成,分别统计。上述例(14)分析为5个小句,如例所示,这5个小句都是肯定句。下面的例(15)中包含5个小句,其中一个否定句,4个肯定句:

(15) ①先是说些云山雾海神仙玄幻之事,②后便说到红尘中荣华富贵;③此石听了,④不觉打动凡心,⑤也想要到人间去享一享这荣华富贵。

根据上述原则确定了否定句、句子的定义,经过复杂的实际操作,我们得出了"《红楼梦》的句子长度和肯定句、否定句统计表"和"《红楼梦》否定标记使用情况统计表",表格较长较复杂,下面列出统计表的部分内容,并作简要分析。

表1 《红楼梦》的句子长度和肯定句、否定句统计表(部分)

回数	字数	句数	句长	肯定句	%	否定句	%
第2回	5970	733	8.14	613	83.63	120	16.37
第3回	8835	874	9.58	756	86.5	118	13.5
第4回	5799	661	8.74	575	86.99	86	13.01
第5回	7418	872	8.51	756	86.70	116	13.30
第6回	6216	829	7.50	695	83.84	134	16.16
平均值			8.49		85.53		14.47

表1反映的是句子长度和否定句/肯定句的百分比率。根据调查统计,《红楼梦》中汉语句子的平均句长约为8.49,肯定句约占句子总数的85.53%,否定句约占句子总数的14.47%。

表2 《红楼梦》否定标记使用情况统计表(部分)

标记	不	没	别	无	非	未	莫	共计
第3回	82	7	2	8	1	2	1	103
	69.5	5.93	1.69	6.78	0.8	1.69	0.8	
第10回	90	13	9	12	2	2	1	129
	71.43	10.31	7.14	9.52	1.59	1.59	0.79	
第83回	119	18	8	9	1	9		164
	72.6	10.9	4.8	5.5	0.61	5.5		
第91回	100	22	6	8	3	5	1	145
	68.97	15.17	4.14	5.51	2.07	3.45	0.69	
合计	391	60	25	37	7	18	3	541
频率(%)	72.27	11.09	4.62	6.83	1.29	3.32	0.55	100

表2反映汉语否定标记的出现频率。按出现频度多少排列分别为:不(72.27%)、没(11.09%)、无(6.83%)、别(4.62%)、未(3.32%)、非(1.29%)、莫(0.55%)。居于前4位的是"不""没""无""别"。

由上面的两个表可知,汉语否定句的否定常数约为15%,使用频度最高的否定标记为"不"。

3 文本实例分析

有一句俗语叫"态度决定一切",说的是人们对事物的态度决定了他的言语表达方式和行为方式,而他的言语表达方式和行为方式决定了他所能达到的个体成就和造成的社会效果。如何判断人们的态度,可以通过语言分析和行为分析得出,可称之为语言态度和行为态度。语言态度的分析是一件较为复杂的工作,涉及语言文本的词语、句子、篇章、语境、背景信息、言内语义的社团规约、言外之意的提取,等等。下面选择两个文本,从否定句和肯定句的使用这一个角度,来简要分析一下言语主体的语言态度。

一、中国作协2012年对莫言获得诺贝尔文学奖的表态。

2012年10月11日,从瑞典文学院传来消息,2012年度诺贝尔文学奖获得者是中国作家莫言。消息迅速传遍全世界,这是一个划时代的消息:中国作家首次获得诺贝尔文学奖!国内各大媒体纷纷发布消息,播放刊载各种与莫言有关的新闻和旧闻,网上更是一片沸腾。记者们使出浑身解数采访莫言以及与莫言有关的一切消息,被作家们抱怨受到冷落的中国当代小说一时间受到追捧,各大书店的莫言小说销售一空。这股热潮至今仍在沸腾,莫言领奖时穿的衣服、发表的获奖感言引起无数相关和不相关的人们热烈议论。

中国作家协会不失时机,在第一时间对莫言荣获诺贝尔文学奖发表贺辞,全文如下:

(16) 欣闻莫言先生荣获2012年诺贝尔文学奖,我们表示热烈祝贺!

(分析:1个句子/ 2个小句)

在几十年文学创作道路上,莫言对祖国怀有真挚情感,与人民大众保持紧密联系,潜心于艺术创新,取得了卓越成就。自上世纪80年代以来,莫言一直身处中国文学探索和创造的前沿,作品深深扎根于乡土,从生活中汲取艺术灵感,从中华民族百年来的命运和奋斗中汲取思想力量,以奔放独特的民族风格,有力地拓展了中国文学的想象空间、思想深度和艺术境界。莫言的作品深受国内外广大读者喜爱,在中国当代文学史上占有重要地位。

(分析:3个句子/ 11个小句)

莫言的获奖,表明国际文坛对中国当代文学及作家的深切关注,表明中国文学所具有的世界意义。希望中国作家继续勤奋笔耕,奉献更多精品力作,为人类的文化发展作出新的贡献!

(分析:2个句子/ 5个小句)

语言分析:
贺辞共6个句子,18个小句,均为肯定句。

二、2000年中国作协对高行健获得诺贝尔文学奖的表态

[新华社北京10月13日电]瑞典文学院10月12日将2000年度诺贝尔文学奖授予法籍华人作家高行健。高行健1940年出生于中国江西省,1987年到国外,后加入法国国籍。

中国作家协会有关负责人在接受新华社记者采访时说:

(17) 中国有许多举世瞩目的优秀文学作品和文学家,诺贝尔文学奖评委会对此并不了解。看来,诺贝尔文学奖此举不是从文学角度评选,而是有其政治标准。这表明,诺贝尔文学奖实质上已被用于政治目的,失去了权威性。

语言分析:
共3个句子(6个小句)。3个句子(复句)中,2个否定句,1个肯定句;6个小句中,2个否定句(33.33%),4个肯定句(66.67%)。4个肯定句中还有1个含"失去"消极词;

归纳上述分析,得出语言态度比较表:

表 3　中国作协对莫言、高行健获诺贝尔文学奖的语言态度比较表

对象	时间	小句	否定句	比例	肯定句	比例	结论
莫言	2012 年	18	0	0	18	100%	积极
高行健	2000 年	6	2	33.33%	4	66.67%	消极

从上表来看,中国作协对莫言、高行健的语言态度存在差异:前者否定句的使用为 0,后者否定句的使用为 33.33%,都不到全部小句的一半,从理论上分析,应该说一个为"积极",一个为"比较积极"。但为什么实际上后者的表态有较强的否定语义色彩,态度十分消极呢?

这就要引入上一节得出的"否定常数"概念了。我们得到汉语的否定常数约为 15,中国作协对莫言的态度否定句为 0,低于否定常数 15 个百分点(0—15),所以是相当积极的;对高行健的态度否定句为 33.33%,高于否定常数 18.33 个百分点(33.33—15),高出一倍多,所以是消极的,非常消极。

三、"七不"(上海文明城市建设的市民行为规范)

近年来上海市政府倡导建立文明城市,提出几条市民行为规范,其中家喻户晓的是"七不":

(18) 不随地吐痰,不乱扔垃圾,不损坏公物,不破坏绿化,不乱穿马路,不在公共场所吸烟,不说粗话脏话。

"七不"是从否定角度提出七个方面的文明行为要求,每一条的现实针对性都很强,都是在大量调查研究之后做出的概括。"七不"的提倡对上海的城市文明建设起到了良好的作用。但是,从语言态度的角度来分析,"七不"却是消极的。为什么这么说呢?

一、否定句确定性低于肯定句。"不乱扔垃圾",扔哪里呢?"不乱穿马路",怎么穿呢?

二、否定句语义预设消极。"不随地吐痰",预设听话人会"随地吐痰";"不说粗话脏话",预设听话人会"说粗话脏话"。

三、百分之百全部是否定句,远大于否定常数。有位外国留学生刚到上海,看到四处张挂的"七不"标语,问"这里发生了什么事?为什么有这么多禁令性的'不'?"

4　结语

语言中的肯定表达和否定表达都是普遍现象,但是肯定表达和否定表达的语

义不平行,肯定句的语义确定性较高,否定句的语义确定性较低。使用的频度也不平行,肯定表达正确定,否定表达负确定,肯定句的使用频度大大高于否定句,根据《红楼梦》的分析统计得出汉语否定句的使用频度约为 15%,我们可以把它作为"否定常数",并根据否定常数来分析人们的语言态度、语言心理、性格特征等。这一领域的研究有待继续深入。

参考文献

戴耀晶(2004)汉语否定句的语义确定性,《世界汉语教学》第 2 期。

弗雷格(1918)否定,《德国唯心主义哲学》Ⅰ、1918—1919 年,143—157 页。中译文见《弗雷格哲学论著选辑》139—157 页,王路译。北京:商务印书馆,1994。

Horn, L.(1989)*A Natural History of Negation.* Chicago:The University of Chicago Press.

原刊于《语言研究集刊》(第十一辑),上海辞书出版社,2013 年,22—32 页

汉语质的否定与量的否定*

提要

否定在语义上具有负确定性质,可分为质的否定和量的否定。汉语陈述句中的疑问代词,在被否定时,可以表示全量否定,如"什么",这是质的否定;也可以表示小量否定,如"怎么",这是量的否定。

关键词

负确定;质的否定;"什么";量的否定;"怎么"

1 语义确定性:正确定、负确定、不确定

首先谈谈一个基本观点——否定句表达语义负确定。先看两条出现否定表达的报道:

(1) 中广网北京3月3日消息(记者季苏平)据中国之声《新闻纵横》报道,"两会"刚刚开始,"新风"似乎已经成了关键词。媒体把摄像机对准了那些与以往不同的细节,如"警车不开道、迎接没横幅、会场没鲜花"。

(2) 我曾提出一个"社会共生论"的观点。如何"共生"?我有三句话:第一,穷人不能再穷;第二,富人不能出走;第三,中产不能受挤压。(常修泽《改革需要"自己砍自己的手"》,《社会科学报》2013年3月28日第二版)

第一个例子是对现实事件的报道,第二个例子是对未来事件的期望。以上报道中的否定句表达什么样的语义呢?

第一,句子从消极角度表达;(否定句)

第二,现实事件的句子非S包含预设;(预设的语义是:应该S)

第三,未来事件的句子说了"不要"什么,可推论出的"要"什么,确定性较低。

---

* 本文曾在法国"汉语里对'量'的表达与习得"会议上报告,得到陆俭明、马真、蔡维天、齐冲等先生的教益,谨致谢忱。

以上否定句的语义相对肯定句来说,都是否定事物的存在或事件的发生,都是负确定。

否定句和相应肯定句的语义关系是句子分析的一项重要内容。通行的观点是,每个思想都有一个与之相矛盾的思想(弗雷格,1918),从语言直觉上说,每个肯定句似乎都能通过加上否定标记而形成一个相应的否定句。但是在汉语的实际语料中,肯定句和相应的否定句形式上和语义上都存在不平行的现象。例如:

(3) a. 林教授已经到了巴黎。　　　　("已经"可出现)
　　 b. *林教授已经没到巴黎。　　　("已经"不能出现)
(4) a. *邱先生从来看了《红楼梦》。　("从来"与"了"语义矛盾)
　　 b. 邱先生从来没看《红楼梦》。　("从来"与"没"语义相容)
(5) a. 张教授还参观了图书馆。　　　("还"表示频度)
　　 b. 张教授还没参观图书馆。　　　("还"表示保持)

在例3中,肯定句成立,否定句不成立,这与副词"已经"的语义有关。在例4中,肯定句不成立,否定句成立,这与副词"从来"的语义有关。在例5中,肯定句成立,否定句也成立,但是,副词"还"在肯定句中表示的语义是"频度",在否定句中表示的语义是"保持"。

上述句子中的动词"到""看""参观"都是动作动词,句子的结构和其他词语都相同,所不同的是 a 类是肯定句,b 类是否定句,相应的句子在能否成立(正—误)和含义是否相同(同—异)方面表现出了差异。这种语言现象说明,汉语的肯定句与否定句之间的关系较为复杂,汉语否定所表示的语义内容需要深入研究。

Horn(1989)概括肯定与否定语义研究中的各种观点,指出了肯定表达与否定表达在九个方面的意义不对称,同时也指出,这些观点在学术界仍存在争议。即:

1) 从逻辑上说,肯定在先(prior),否定在后(secondary);
2) 从本体上说,肯定在先,否定在后;
3) 从认识上说,肯定在先,否定在后;
4) 从心理上说,肯定在先,否定在后;
5) 肯定是基本的,简单的,否定是复合的;(结构)
6) 肯定是本质性的,否定是排除性的;(性质)
7) 肯定是客观的,否定是主观的;(主客观)
8) 肯定句描写与世界相关的事实,否定句描写与肯定相关的事实;(指称)
9) 肯定句的信息价值较大,否定句的信息价值较小。(信息)

从第9点肯定表达与否定表达的信息价值角度展开讨论,如果着眼于语义的确定性,可以提出"正确定"、"负确定"、"不确定"三个概念,并将这三个概念对应于汉语的三类句子:肯定句、否定句、疑问句,得到如下的语义确定性关系表:

(6) 语义确定性关系表

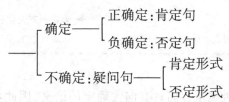

关于否定句所表达的负确定及肯定句所表达的正确定,我们对二者进行了句法结构和语义内容的对比分析,得出"肯定句的语义确定性较高,否定句的语义确定性较低"的结论(参见戴耀晶,2004)。

本文主要讨论在否定句内部质的否定与量的否定的区别。

2 质的否定和量的否定

肯定和否定都可以从质和量两方面来分析。

质的肯定语义上是肯定"存在",量的肯定语义上是肯定"数量"。

否定也可分为质的否定和量的否定。质的否定是否认事物的存在或事件的发生,语义含义是"无"。量的否定是否认事物或事件在数量上的规定性,语义含义是"少于"。

在表示质的否定和肯定时,否定标记"没"和肯定标记"了"的用法基本上是平行的。在表示量的否定和肯定时,"没"和"了"则表示出了数量意义在方向上的差异。试比较:

(7)　　　　肯定句　　　　　　否定句　　　　　　否定含义
　　　　a1. 林涛去过新疆。　　b1. 林涛没去过新疆。　　（否定质:无）
　　　　a2. 林涛去过三次新疆。 b2. 林涛没去过三次新疆。（否定量:少于）

分析表示质的语义的句子,肯定句 a1 是说发生了某种事情,含义是"有",否定句 b1 是否认发生了某种事情,含义是"无",二者表现出了平行性。

分析表示量的语义的句子,肯定句 a2"林涛去过三次新疆"蕴含着"林涛去过一次/两次新疆",但是并不能推导出"林涛去过四次/五次新疆"等。否定句 b2"林涛没去过三次新疆"不能推导出"林涛没去过一次/两次新疆",但是却蕴含着"林涛没去过四次/五次新疆"等。

由此可以概括出否定和肯定在量的方向上有不同的性质。即:

肯定句的量向下蕴含,向上不蕴含。换句话说,肯定句中比表量词语小的数量也得到了肯定,但比表量词语大的数量并不必然得到肯定。

否定句的量向上蕴含,向下不蕴含。换句话说,否定句中比表量词语大的数量

也得到了否定,但比表量词语小的数量并不必然得到否定。可作如下图示:

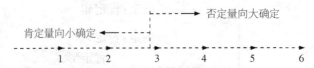

由于否定在表示否定量方面具有向大确定的语义,因此可以通过对最小量的否定来达到对所有量的否定。最小的自然数是"一",通过对"一"的否定可以达到对所有数量的否定,即在否定句中,最小数"一"的语义可以是"全部"或"任何"。汉语的"一 A 也/都不/没 B"反映的即是全称量的否定。试比较:

(8) a. 王科长一分钟也没休息。　　比较:*三分钟也没休息
　　 b. 前锋一个球也没踢进去。　　比较:*三个球也没踢进去

当然,对例 8a 而言,在特殊的情况下还可以说"王科长一分钟也没休息,他只休息了三十秒",但对例 b 而言,不能说"*前锋一个球也没踢进去,他只踢进去了半个"。这是因为一分钟对休息而言还可再进行切分,而一个球则不行。(参见刘承峰,2007)

需要特别指出的,当量的否定导致了全量否定时,它就转化为了对存在的否定,从而转化为了对质的否定,从逻辑上讲,人们对例 8 的理解与对下面的例 9 的理解基本上是一样的:

(9) a. 王科长没休息。
　　 b. 前锋没踢进去球。

这种转化是以往的研究者尚未充分注意到的。

汉语表达"量"的否定有多种方式,如物量词、动量词、范围副词、频度副词、等级形容词、动词/形容词补语、各种表量短语等,我们尝试对这些不同方式进行了具体考察,分析它们表达量的否定方面的语义特征。在进行实际调查和分析时,发现汉语和方言中的问题比设想的复杂。这项工作尚未完成,下面用举例分析的方式讨论疑问代词表示量的否定的一些表现,以求教于大家。

3　否定句中疑问代词的语义分析举例

陈述句表达一个确定的事件,肯定形式是正确定,否定形式是负确定,疑问形式是不确定。但是在语言的实际表现中,疑问形式经常出现在表示确定语义(正确定、负确定)的句子中。

3.1 "什么"表示全量否定

疑问代词"什么"在句子中主要做宾语和主语。"什么"在现代汉语中有许多

不同的用法,我们曾经在对外汉语教学中,编了一个概括疑问代词"什么"用法的对话。例如:

(10) A:你说什么?(什么1:疑问用法。) 　　　　疑问句
　　　B:我没说什么。(什么2:非疑问用法。) 　　　陈述句
　　　A:你刚才好像说了什么。(什么3:非疑问用法。) 陈述句
　　　B:我真的什么也没说。(什么4:非疑问用法。) 　陈述句
　　　A:说了什么也没关系,(什么5:非疑问用法。) 　陈述句
　　　　没人会说你什么的。(什么6:非疑问用法。) 　陈述句
　　　B:这是什么话!(什么7:疑问用法。) 　　　　反问句
　　　A:什么"这是什么话"!(什么8:疑问用法。) 　反问句
　　　C:你们叽叽喳喳在说什么呢?(什么9:疑问用法。) 疑问句
　　　A、B:我们也不知道在说什么。(什么10:疑问用法。) 宾语为疑问从句,
　　　　　　　　　　　　　　　　　　　　　　　　主句为陈述句

分析这段对话,疑问代词"什么"在 10 个句子中,2 个是疑问句,2 个是反问句,6 个是陈述句。6 个陈述句(主句)中有 5 个是否定句,由于最后一句"什么"("我们也不知道在说什么")仅限制在从句,这里暂时不予讨论。下面简单分析其他 5 个陈述句中疑问代词表示的量。例如:

(11) a. 我没说什么。　　　　(全量/小量)
　　　b. 你刚才好像说了什么。(存在量/大量)
　　　c. 我真的什么也没说。　(全量)
　　　d. 说了什么也没关系,　(存在量/大量)
　　　e. 没人会说你什么的。　(全量/小量)

3 个表示全量否定的"什么"的句法位置,a 句直接作宾语,c 句是宾语前置,e 句中主语"人"被否定。2 个表示存在量否定的"什么"的句法位置,都是作宾语,但 b 句是肯定句,而 d 句中"没关系"是一个表示判断的俗语,所以也可以看成词汇否定,句子具有肯定性质。

a 句、e 句还具有歧义性质,在有上下文的情况下还表示小量否定,如"我没说什么,只不过是表示了一点小小的意见""没人会说你什么的,不过是一些善意的批评","只""不过"表示主观小量,因此可以很清楚地看到,这时这一句子表示说的话不多,或不重要。(刘丹青先生最近在多种场合表示了相似的看法)请注意,这里的"小量"之小,并不仅仅是表示数量少,而且还可以表示重要性低。

与之相对,b、d 两句在有上下文的情况下还表示大量肯定,如"你刚才好像说了什么,不只是一点小小的意见""说了什么也没关系,不管是什么不合适的话"。同样,这里的"大量"之大,也并不仅仅是表示数量多,而且还可以表示重要性高,

或有极端性的意义。

不过,c 句一般只有表示全量否定的意义。初步分析,是因为句中有表极性意义的"也",而"什么"是它语义指向的对象,所以对"什么"的否定只能是完全否定到底,表示全量否定。实际上,小量或重要性低,都是不完全地否定,在量级上比全量否定低。

这几个句子共同的特点是"什么"作宾语,在否定句中主要表示全量否定,表示存在量时,或者是肯定句,或者"什么"被嵌套在肯定形式中整体作否定句的成分;表示小量否定或大量肯定都是有标记的。

需要注意的是,这里"什么"在表全量否定时,因为全量否定转化为对存在的否定,所以它实质上转化为了对质的否定,这三句在逻辑上相当于下面的例 12:

(12) a. 我没说(话)。

b. 我真的没说(话)。

c. 没人会说你的。

可以看到,这一转化过程中,当把"什么"去掉时,例 a、b 可能需要添加一些足句成分,但对 c 而言,"什么"实质上是可有可无的。还有一种情况下,"什么"更像是"冗余"的,仅表示加强语气的作用:

(13) a. 我没吃什么东西。——我没吃东西。

b. 没什么人会喜欢她。——没人会喜欢她。

这一现象的产生,就是因为"全量否定→存在否定"这一转化机制在起作用。

3.2 "怎么"表示小量否定

疑问代词"怎么"在现代汉语否定句中主要作状语,否定标记可以用"没"组成"没怎么 V"格式,也可以用"不"组成"不怎么 V"格式。例如:

(14) a. 从我懂事开始,尤其是成年之后,我【没怎么】掉过眼泪。

(周健良《愤怒的子弹》)

b. 自从高原回到北京我就【没怎么】回过家,连电话打得都少。

(庄羽《圈里圈外》)

c. 他也【没怎么】让儿子难堪,只是拉开抽屉,从里边取出一张纸,让儿子看。 (杨少衡《海峡之痛》)

d. 他父亲又【不怎么】管他,性子就野了,可无论怎么还是个孩子呵。

(尤凤伟《色》)

e. 他观察到管静竹总是在认真做事,就算他来了她也【不怎么】抬头。

(张欣《依然是你》)

f. 这两年我【不怎么】缺钱了,张小北过年拿来的信封也越来越厚了,我心里却没了那么多感激,有时候我也想,初晓你凭什么呀!

（庄羽《圈里圈外》）

上述句子中的"没/不怎么 V"的语义是表示质的否定还是量的否定呢？我们从如下 4 个方面作比较分析：

分析一：删去"怎么"语义有什么变化？

将句子中的疑问代词"怎么"删去，分析句子的语义会发生什么变化。试比较：

(15)　　　　没/不怎么　　　　　　　　　没/不
　　a. 我【没怎么】掉过眼泪——　　　我【没】掉过眼泪
　　b. 我【没怎么】回过家——　　　　我【没】回过家
　　c. 他【没怎么】让儿子难堪——　　他【没】让儿子难堪
　　d. 他父亲【不怎么】管他——　　　他父亲【不】管他
　　e. 她【不怎么】抬头——　　　　　她【不】抬头
　　f. 我【不怎么】缺钱了——　　　　我【不】缺钱了

删去"怎么"以后的句子是对事件本身的否定，即"掉眼泪""回家""让儿子难堪""管他""抬头""缺钱"等事件都没有发生，都不存在，语义上表示质的否定。

相应的带了"怎么"的句子是对事件量的否定，即"掉眼泪""回家""让儿子难堪""管他""抬头""缺钱"等事件都发生了，都存在，但都是小量，不是大量，"没怎么""不怎么"的语义量是"很少"。

分析二：移位"怎么"语义有什么变化？

将"没怎么""不怎么"中的否定标记移位，成为"怎么没""怎么不"格式，分析句子的语义会发生什么变化。试比较：

(16)　　　　没/不怎么　　　　　　　　怎么没/不
　　a. 我【没怎么】掉过眼泪——　　　我【怎么没】掉过眼泪
　　b. 我【没怎么】回过家——　　　　我【怎么没】回过家
　　c. 他【没怎么】让儿子难堪——　　他【怎么没】让儿子难堪
　　d. 他父亲【不怎么】管他——　　　他父亲【怎么不】管他
　　e. 她【不怎么】抬头——　　　　　她【怎么不】抬头
　　f. 我【不怎么】缺钱了——　　　　我【怎么不】缺钱了

移位前的句子"我【没怎么】掉过眼泪"是表示负确定否定语义的陈述句，移位后的句子"我【怎么没】掉过眼泪"是表示不确定语义的疑问句，移位后句子的功能类型也变化了，疑问代词"怎么"在句子中承担了"疑问"语义，直接帮助构成了疑问句，是有实际功能的疑问标记。

移位前后句子语义发生了明显变化，原因之一是移位后"怎么"跳出了否定标记"没/不"的否定辖域，恢复了"怎么"表示疑问的原有意义。

值得指出的是，移位后的句子"怎么"虽然承担了疑问功能，但是，这种带上了否定标记"没/不"的疑问句在实际文本的分析中经常用于表示"无疑而问"的反问语气,而不是通常的探索未知的询问语气。(即"我怎么没掉过眼泪?"常见的语境意义是反问听话人,说话人的含义是正确定语义的"我掉过眼泪"。兹不详论。)

分析三:删去否定标记"没/不",语义有什么变化?

将句子中的否定标记"没/不"删去,分析句子的语义会发生什么样的变化。试比较:

(17)　　　　没/不怎么　　　　　　　　　　怎么
　　a. 我【没怎么】掉过眼泪——　　　　我【怎么】掉过眼泪
　　b. 我【没怎么】回过家 ——　　　　　我【怎么】回过家
　　c. 他【没怎么】让儿子难堪——　　　他【怎么】让儿子难堪
　　d. 他父亲【不怎么】管他——　　　　他父亲【怎么】管他
　　e. 她【不怎么】抬头——　　　　　　她【怎么】抬头
　　f. 我【不怎么】缺钱了——　　　　　我【怎么】缺钱了

删去否定标记"没/不"以后,句子变成了表示不确定语义的疑问句,"怎么"承担了句子的疑问信息。不过,删去"没/不"以后,通常要有一些表示语气之类的"足句成分",句子更自然些,可接受性也更强一些。例如:

(18)　　　　删去"没/不"　　　　　　　　加"足句成分"
　　a. 我【怎么】掉过眼泪——　　　　我【怎么】掉 眼泪呢?
　　b. 我【怎么】回过家——　　　　　我【怎么】回 家啦?
　　c. 他【怎么】让儿子难堪——　　　他【怎么】让儿子难堪呢?
　　d. 他父亲【怎么】管他——　　　　他父亲【怎么】管他的?
　　e. 她【怎么】抬头——　　　　　　她【怎么】抬头呢?
　　f. 我【怎么】缺钱了——　　　　　我【怎么】缺钱了呢?

分析四:与"没/不怎么"相对应的肯定句是什么?

按照"每个思想都有一个与之相矛盾的思想",我们尝试寻找与"没/不怎么V"相矛盾的肯定表达是什么。有两个方案,其一是寻找相应的质的肯定句,其二是寻找相应的量的肯定句。试比较:

(19) 否定句:我【没怎么】掉过眼泪
　　　A、相应的质的肯定句:我掉过眼泪
　　　B、相应的量的肯定句:我常掉眼泪

(20) A:肯定质"V"　　　B:肯定量"常 V"　　　原句:"没怎么"
　　a. 我掉过眼泪——　我【常】掉眼泪——　　我【没怎么】掉过眼泪
　　b. 我回过家——　　我【常】回家——　　　我【没怎么】回过家

c. 他让儿子难堪——　他【常】让儿子难堪——　他【没怎么】让儿子难堪
d. 他父亲管他——　他父亲【常】管他——　他父亲【不怎么】管他
e. 她抬头——　她【常】抬头——　她【不怎么】抬头
f. 我缺钱了——　我【常】缺钱了——　我【不怎么】缺钱了

通过比较可知,与"没/不怎么"相应的肯定句不是表示质肯定的 A 式(V),而是表示量肯定的 B 式(常 V)。

小结上面对"没/不怎么"的讨论,可知:

分析一:删去"怎么"语义有什么变化? 删去"怎么"以后的句子是对事件本身的否定,语义上表示质的否定。

分析二:移位"怎么"语义有什么变化? 移位前后句子语义发生了明显变化,"怎么"跳出了否定标记"没/不"的否定辖域,恢复了"怎么"表示疑问的意义,该句式常用于反问语气。

分析三:删去否定标记"没/不",语义有什么变化? 删去"没/不"以后,句子变成了表示不确定语义的疑问句,"怎么"承担了句子的疑问信息。

分析四:与"没/不怎么"相对应的肯定句是什么? 与"没/不怎么"相应的肯定句不是表示质肯定的 A 式(S—"V"),而是表示量肯定的 B 式(S—"常 V")。

结论是,否定句式"没/不怎么 V"是一个表示小量否定的句式,汉语在状语位置上表示肯定大量的词语"常",相应否定句可以用否定标记"没/不"加上疑问代词"怎么"来对应表示小量。

4　结语

汉语否定范畴的分析中,通过区分质的否定("无")和量的否定(少于,全量/存在量,小量/大量),可以细化对汉语否定句式中的语义分析,探讨汉语表示量的否定的各种具体形式和句法手段,以加深对汉语否定表达的认知。

参考文献

陈平 1985《英汉否定结构对比研究》,见陈平《现代语言学研究——理论·方法与事实》重庆出版社,1991 年。
戴耀晶 2000《试论现代汉语的否定范畴》,《语言教学与研究》第 3 期。
——2004《汉语否定句的语义确定性》,《世界汉语教学》第 2 期。
高志华、鲁忠义 2009《否定的心理学内涵》,《河北师范大学学报》第 7 期。
胡建华 2007《否定焦点与辖域》,《中国语文》第 2 期。

李宝伦、潘海华 1999《焦点与"不"字句之语义解释》,《现代外语》第 2 期。

李宇明 1999《程度与否定》,《世界汉语教学》第 1 期。

李英 2004《"不/没＋V"的习得情况考察》,《汉语学习》第 5 期。

刘承峰 2007《现代汉语"全量否定"研究》,《语言科学》第 1 期。

刘丹青 2005《汉语否定词形态句法类型的方言比较》,《中国语研究》(日本)第 54 卷第 252 期。

刘娅琼、陶红印 2011《汉语谈话中否定反问句的事理立场功能及类型》,《中国语文》第 2 期。

吕叔湘 1985《疑问·否定·肯定》,《中国语文》第 4 期。

钱敏汝 1990《否定载体"不"的语义——语法考察》,《中国语文》第 1 期。

饶长溶 1988《"不"偏指前项的现象》,《语法研究和探索(四)》,北京:北京大学出版社。

邵敬敏、罗晓英 2004《"别"字句语法意义及其对否定项的选择》,《世界汉语教学》第 4 期。

沈开木 1984《"不"字否定范围和否定中心的探索》,《中国语文》第 6 期。

沈家煊 1993《"语用否定"考察》,《中国语文》第 5 期。

石毓智 1992《肯定和否定的对称与不对称》,台湾学生书局。

邢福义 1995《否定形式和语境对否定度量的制约》,《世界汉语教学》第 3 期。

宋永圭 2007《现代汉语情态动词否定研究》,北京:中国社会科学出版社。

熊学亮、刘东虹 2006《否定语序的类型学分析》,《外语学刊》第 4 期。

熊仲儒 2005《否定焦点及其句法蕴含》,《中国语文》第 4 期。

徐杰、李英哲 1993《焦点和两个非线形语法范畴:"否定""疑问"》,《中国语文》第 2 期。

尹洪波 2011《否定词与范围副词共现的语义分析》,《汉语学报》第 1 期。

袁毓林 2000《论否定句的焦点、预设和辖域歧义》,《中国语文》第 2 期。

张伯江 1996《否定的强化》,《汉语学习》第 1 期。

张谊生 1996《副词的连用类别与共现顺序》,《烟台大学学报》第 2 期。

弗雷格 1918 否定,《德国唯心主义哲学》Ⅰ、1918—1919 年,143—157 页。中译文见《弗雷格哲学论著选辑》139—157 页。商务印书馆,1994 年,王路译。

叶斯柏森 1924《语法哲学》第二十四章:否定。中译本 464—488 页,何勇等译,语文出版社,1988 年。

Horn, L. 1989 *A Natural History of Negation.* The University of Chicago Press.

Kahrel, P. & Berg, R. 1993 *Typological Studies In Negation.* John Benjamins Publishing Company.

Lyons, John 1977 *Semantics*. Volume Ⅱ. 16.4: Negatiion. PP: 768-777. Cambridge University Press.

原刊于《现代中国语研究》2013年10月第15期，
（日本）朝日出版社,1—9页

质的否定还是量的否定
——"什么""怎么"在汉语否定句中的功能*

提要

否定的语义性质分为两种功能:质的否定和量的否定。汉语陈述句中的疑问代词"什么",在被否定词管辖时表示全量否定,也就是质的否定,但这分为两种用法:如果它是不定代词,就是冗余的成分,只起语气强化词功能;而当它是不定回指代词时,就不是冗余的,而是在否定某种类型的典型事物的存在,不过,非典型的或不属于这一类的事物是可以存在的。文章最后还考察了汉语中的疑问代词,把它们分为两类:有不定代词功能的和没有不定代词功能的。文章还讨论了"怎么"被否定时为什么会只表示量的否定。

关键词

质的否定;量的否定;什么;怎么;冗余成分;不定代词;不定回指代词

0 理论背景——质的否定与量的否定

肯定和否定都可以从质和量两方面来分析。质的肯定语义上是肯定"存在",量的肯定语义上是肯定"数量"。否定也可分为质的否定和量的否定:质的否定是否认事物的存在或事件的发生,语义含义是"无";量的否定是否认事物或事件在数量上的规定性,语义含义是"少于"。

(1)　　　　肯定句　　　　　　　　否定句　　　　　　　否定含义
　　　a1. 林涛去过新疆。　　　　b1. 林涛没去过新疆。　　　否定质:无
　　　a2. 林涛去过三次新疆。　　b2. 林涛没去过三次新疆。　否定量:少于

---

* 本研究得到国家社科基金重点项目"现代汉语及方言中的否定问题研究"(批准号:12AYY001)的资助。文章由陈振宇记录整理,初稿曾在"2014 语言的描写与解释国际学术研讨会"上代为宣读,张谊生、彭利贞、唐正大等提出了宝贵的意见。

汉语疑问词"怎么"在否定句中表示小量否定,这一点一般没什么争议。戴耀晶(2013)用以下几个测试证明了这一点:

分析一:删去"怎么"语义有什么变化?

(2)　　　没/不怎么　　　　　　　　　没/不

　　　　我【没怎么】掉过眼泪——　　　我【没】掉过眼泪

删去"怎么"后的句子是对事件本身的否定,即"掉眼泪"事件没有发生,不存在,语义上表示质的否定。相应的带了"怎么"的句子则仅是对事件量的否定,即"掉眼泪"事件发生了,存在,都是小量,不是大量,"没怎么""不怎么"的语义量是"很少"。

分析二:移位"怎么"语义有什么变化?

将"没怎么""不怎么"中的否定标记移位,成为"怎么没""怎么不"格式:

(3)　　　没/不怎么　　　　　　　　　怎么没/不

　　　　我【没怎么】掉过眼泪——　　　我【怎么没】掉过眼泪

移位前的句子"我没怎么掉过眼泪"是表示负确定否定语义的陈述句,移位后的句子"我怎么没掉过眼泪"是表示不确定语义的疑问句,移位后句子的功能类型也变化了,疑问代词"怎么"在句子中承担了"疑问"语义,且不再表量,而只表示原因,直接帮助构成了疑问句,是有实际功能的疑问标记。

分析三:删去否定标记"没/不",语义有什么变化?

(4)　　　没/不怎么　　　　　　　　　怎么

　　　　我【没怎么】掉过眼泪——　　　我【怎么】掉过眼泪

删去否定标记"没/不"以后,句子变成了表示不确定语义的疑问句,"怎么"承担了句子的疑问信息,且不再表量。不过,删去"没/不"以后,通常要有一些表示语气之类的"足句成分",使句子更自然些,可接受性也更强一些。例如:

(4')　　　删去"没/不"　　　　　　　　加"足句成分"

　　　　我【怎么】掉过眼泪——　　　　我【怎么】掉眼泪呢?

分析四:与"没/不怎么"相对应的肯定句是什么?有两个方案,其一是寻找相应的质的肯定句,其二是寻找相应的量的肯定句。试比较:

(5) 否定句:我【没怎么】掉过眼泪

　　　a. 相应的质的肯定句:我掉过眼泪

　　　b. 相应的量的肯定句:我常掉眼泪

通过比较可知,与"没/不怎么"相应的肯定句不是表示质肯定的(5)a式(V),而是表示量肯定的(5)b式(常V)。

结论是,否定句式"没/不怎么V"是一个表示小量否定的句式,汉语在状语位置上表示肯定大量的词语"常",相应否定句可以用否定标记"没/不"加上疑问代词"怎么"来对应表示小量。

1 问题——"什么"在汉语否定句中表示小量否定还是质的否定？

讨论对象：
(6) a. 他【没】说【什么】。
  b. 他真的【什么】也/都【没】说。
  c. 【没】人会说他【什么】的。

早期的观点。这里"什么"表全量否定。因为全量否定可以转化为对存在的否定，所以我们也可以说，它们实质上就是对质的否定。

但是，这几句在实际使用中存在较为复杂的情况，可以看到一个不同的解释。如(6)a、(6)c 在有上下文的情况下似乎还可以表示小量否定：

(6') a. 我没说什么，只不过是表示了一点小小的意见。
  b. 没人会说你什么的，不过是一些善意的批评。

"只""不过"表示主观小量，因此可以解释为，这时这一句子表示说的话不多，或不重要。（刘丹青等最近在多种场合也表示了相似的看法）[①]其中例(6')a 比(6')b 更为通顺。请注意，这里的"小量"之小，并不仅仅是可以解释为表示数量少，而且还可以解释为表示重要性低。小量或重要性低，都是不完全地否定，在量级上比全量否定低。但(6)b 似乎一般只有表示全量否定的意义。这是因为句中有表极性意义的"也""都"，而"什么"是它语义指向的对象，所以对"什么"的否定只能是表示全量否定。

那么，究竟"否定+什么"结构表示质的否定（全量否定），还是量的否定（小量否定）？下面，我们从多个侧面来检查这些"什么"否定句。

[①] 整理者按：2010 年左右，刘丹青先生曾在戴耀晶先生主持的一次讲座中，在谈及"有"的大量意义时，指出"没有+什么"有小量意义，这也正是本文的缘起。但在大陆正式发表的刘丹青(2011)一文中，并无"没有"小量意义的论述；这一论述实见刘丹青(2013)。另外，袁毓林、王明华(2011)，吴为善、顾鸣镝(2014)等也提出过有关现象。诸研究中，刘称之为跨越"少—无"界限的"甚少"量化词，吴、顾称之为"有限小量"，他们讨论颇详尽，但可惜这两篇文章戴耀晶先生都未来得及看到。除此之外，上述研究都未对这一现象产生的原因进行充分的解释，而这正是先生打算着力研究的地方。

2 五个测试——对"什么"句的功能分析

分析一:删去"什么"语义有什么变化?

(7)　　　没/不……什么　　　　　　没/不
　　a. 他【没】说【什么】　　　　——他【没】说
　　b. 他真的【什么】也/都【没】说　——*他真的也/都【没】说
　　　　　　　　　　　　　　　　——他真的一句也/都【没】说
　　c.【没】人会说他【什么】的　　——【没】人会说他的

删去"什么"以后,(7)a、(7)c 是对事件本身的否定,语义上表示质的否定。但相比带了"什么"的句子与删去"什么"的句子,(7)c 在语义上很接近,而(7)a 则可能有较大差异。

(7)b 则很不同,"什么"删去后,需要用一个新的 NP 来替代它,而且这个 NP 必须是表示极小量的,如"一句""一点儿",否则就不能与"也/都"搭配。②

分析二:移位"什么"语义有什么变化?

(8)　　　没/不什么　　　　　　什么没/不
　　a. 他【没】说【什么】　　　　——他什么【没】说
　　b. 他真的【什么】也/都【没】说　——?? 他什么真的也/都【没】说
　　　　　　　　　　　　　　　　——他什么真的一句也/都【没】说
　　c.【没】人会说他【什么】的　　——*【没】人会什么说他的
　　　　　　　　　　　　　　　　——?? 什么【没】人会说他的

移位后的句子 a"他什么没说"是表示不确定语义的疑问句,移位后句子的功能类型变化了,包括反问句。另外,移位后"什么"仍然是表示指称存在的,询问的是某种话语,而不是话语的数量。(8)b 也是如此,"什么"只能是有实际功能的疑问标记,且"什么"询问的是某种话语,指对哪些话语而言,他真的一句也没说。

分析三:删去否定标记"没/不",语义有什么变化?

(9)　　　没/不什么　　　　　　什么
　　a. 他【没】说【什么】　　　　——他说了什么
　　b. 他真的【什么】也/都【没】说　——他真的【什么】也/都说了
　　　　　　　　　　　　　　　　——他真的【连不该说的】也/都说了
　　c.【没】人会说他【什么】的　　——有人会说他【什么】的

---

② 整理者按:"一点儿"类词语的作用,另见袁毓林、王明华(2011)的讨论。

删去否定标记"没/不"以后,(9)a、(9)c仍可以是陈述句,只不过改为表示正确定肯定语义,都是指他说了话,但并不一定说了很多话或说了些重要的话,可以是说了些很一般的或量很少的话。(9)b则相反,"什么"表示极性意义,而且不能用一个新的表示极小量的NP来替代它。与(7)对比,可以看到,这里的"什么"只能看成"任意指称",因为只有"任意指称",才可以在肯定和否定时都具有全量意义。在梯级上,否定最小一级在语义上等同于否定全量,如(7)b,而肯定最大一级在语义上等同于肯定全量,如(9)b。

分析四:与"没/不什么"相对应的肯定句是什么?

(10) a. 否定句:他【没】说【什么】

  A. 相应的质的肯定句:不,他说了话的。

  B. 相应的量的肯定句:不,他说了很多话/他说了一些话/他说了一些重要的话。

 b. 否定句:他真的【什么】也/都【没】说

  A. 相应的质的肯定句:不,他说了话的。

  B. 相应的量的肯定句:不,他说了很多话/他说了一些话/他说了一些重要的话。

 c. 否定句:【没】人会说他【什么】的

  A. 相应的质的肯定句:不,有人会说他的。

  B. 相应的量的肯定句:不,有人会说他很多话的/有人会说他一些话的。

(10)a、b、c相应的肯定句,都可以指说了话(A),但并不一定说了很多话,或说了些重要的话,可以是很一般的、少量的话(B)。A、B两可是上述句式共同的特点。

分析五:与无"没/不什么"的肯定句相对应的否定句是什么?

(11) a. 肯定句:他说了【什么】

  A. 相应的质的否定句:不,他没说。

  B. 相应的量的否定句:*不,他没说很多话/? 他没说重要的话。

 b. 肯定句:他真的【什么】也/都说了

  A. 相应的质的否定句:不,他没说。

  B. 相应的量的否定句:不,很多话他没说/一些话他没说/一些重要的话他没说。

 c. 肯定句:有人会说他【什么】的

  A. 相应的质的否定句:不,没人会说他的。

  B. 相应的量的否定句:?? 不,没人会说他很多话/没人会说他什么

重要的话

这与上一测试正好相反,其中(11)a、(11)c只能是表示质否定的A式,而不能是表示量否定的B式。但(11)b则既可以是表示质否定的A式,也可以是表示量否定的B式,但在量的多少上仍然既可以是大量,也可以是小量。

3 初步结论——两个类型

上述分析表明,这三个涉及"什么"的句子,必须分别予以讨论:

(10)b"他真的【什么】也/都【没】说":因为副词"也/都"的影响,导致"什么"在句中起"任意指称"的作用,所以在肯定中是全量肯定,在否定中是全量否定,如分析一、三所示;而其相应的"反义句"否定、肯定则都呈现量的不确定性,如分析四、五所示;并且由于"什么"受"也/都"的约束,所以一般不能移位,如分析二所示。

(10)c"【没】人会说他【什么】的":这一句"什么"在肯定时既可以表示有人说他,即A,也可以表示有人说他一些话或很多话,即B;但在否定时只可以表示没人说他,即质的否定,而不可以表示没说他一些话或很多话,即量的否定。见分析一、三、四、五。

(10)a与(10)c基本相同,但有一点差异。首先看它们的共性,否定测试发现这两句最为一致。那么,如果一个否定句X被否定时(也就是变为相应的肯定句时)可以得到不确定的量,如分析三、四所示,则是否意味着这个句子X也是表量的否定的。答案是否定的,实际上,这正证明了X是表质的否定的,因为质的否定就是全量否定,而对全量否定的否定则得到存在量的肯定,存在量既包括小量肯定,也包括大量肯定,也包括全量肯定,所以是不确定的量。

$$\sim(\forall x \sim F(x)) \leftrightarrow \exists x F(x)$$

因此,句子(10)a、(10)b、(10)c可分为两大类型:(10)b一类,由"也/都"赋予任意指称;(10)a与(10)c可以视为一类,其中"什么"指存在一定的X,而被否定词"没/不"否定后(不论是否句法否定,只要语义上有否定就行)得到全量否定,即质的否定的意义。

其次,让我们看看(10)a与(10)c的差异,主要在分析一中,"他没说什么"和"他没说"似乎语感上差异较大,而"没人会说他什么的"与"没人会说他的",似乎差异很小。这两句的最大区别是"没"的性质不同:

在(10)a中,"没"是副词,直接作用于"说什么"。而在(10)c中,"没"是动词,作用于小句主语"人",而不作用于"说他什么"。虽然世界语言中,从存在否定到事件否定是一个较为普遍的操作,但它毕竟不是直接否定。

因此,在直接否定中,是否用"什么",具有重要的意义,而在间接否定中影响较少。这可能就是不少研究者把(10)a 视为小量否定的原因。但是,这究竟是"什么"的功能,还是某种语义或语用因素所导致的结果?

4 进一步的解释——冗余成分和不定回指

4.1 冗余规则

从分析一可以看到,(10)a、(10)c 中的"什么"与(10)b 中的"什么",在可删除性上不同。前者删除操作相对自由得多,而后者则不自由,只能替换,不能删除。

句中可以删除,且在基本命题上没有太大区别的成分,实际上是句子中的"冗余"成分。"冗余"就意味着存在两个命题意义相同或相似的表达方式,从表达的经济性来看,一个语言完全可以只采取其中形式上较小的一个表达方式就行了,没有必要采用另一个更繁杂的形式。所以在不少语言中,在否定句中都没有"any""任何""什么"之类的形式,而是直接用否定词否定。

但语言中很少存在真正意义上的"冗余"成分,这些"多"出来的形式,即使在句中没有命题作用,也有其他方面的作用,其中一个常见的层面是语气作用。如下面(12)b 比(12)a 在语气上更为强烈:

(12) a. He did not get book.

    b. He did not get any book.

在汉语肯定、否定范畴的研究中,可以发现一些具有一定普遍性的规律:

[规律一]肯定句中冗余成分倾向于表明言者"向小里说"的态度:

(13) a. 他买了书

    b. 他买了【(一)些】书

       他买了【几本】书

       他买了【什么】书

       他买了【(一)些/几本】【什么】书

这里的"(一)些""几本"并不仅是表量,也表示不确定的指称意义,作为后者,它们可以用也可以不用,甚至可以与"什么"合用;而功能上,仅仅起"肯定弱化"的作用,而且越是合用,越往小里说。

"什么"用在肯定句中也是"向小里说"的态度,因为这时只能搭配表小量的"(一)些""一点""几本",而一般不能用表大量的"很多""许多",如:

(14) a. 他买了【(一)些】【什么】

他买了【几本】【什么】书

他已经吃了【一点儿】【什么】(东西)了

b. ?? 他买了【许多/很多】【什么】(书)

[规律二]否定句中冗余成分倾向于表明言者"向大里说"的态度,前面例(12)b 就是如此,它比(12)a 语气强。例(15)中 B 列比 A 列语气强:

(15)　　　　A　　　　　　　　　　　　B

　　a. 他没买书　　　　　——他没买【一点/一本】书

　　b. 他差点儿摔着　　　——他差点儿【没】摔着

如果一个冗余成分表示"向大里说"的态度,那么它一般就只能用于否定句(包括反问句),例如:

(16) a. 他【就[只(是)]】喜欢看书——他【就[只(是)]】不喜欢看书

　　b. 他【就是[辩驳]】这么爱她！——他【就是[辩驳]】不爱她！

　　c. 他【就】不是好人！(否定)——*他【就】是好人！

　　d. 你【就】这么爱她(吗)?！(反问)——*你【就】这么爱她。(陈述)

(16)a 的"就"是限制义,不是冗余的,指他只喜欢看书,而不喜欢其他的;(16)b 的"就是"表示辩驳,必须针对对方的反对意见而言,也非冗余;而(16)c、(16)d 中的"就"是语气意义,完全可以删去,是冗余的,因此,它只起表示"向大里说"的态度的功能。否定句中的"什么"也是如此:

(17) 他【没】读过【什么】书。

　　a. 甲:他读过书吗?

　　　　乙:不,他没读过什么书！/不,他没读过书。

　　b. 甲:他读过很多书吗?

　　　　乙:不,他没读过什么书,就读了一部《论语》！

　　　　　*不,他没读过书,就读了一部《论语》！

　　　　　不,他没读过多少书,就读了一部《论语》！

只有(17)a 中的"什么"可以删除,并且命题意义基本不变,且有"什么"比没"什么"在语气上更强,这是符合规律二的。而在(17)b 中,如果把"什么"删除,则乙句的合格度就大大下降了;这时可以用替换法,用"多少"替换,表示小量否定。因此,(17)b 不满足规律二的前提,"什么"是不可自由删除的,所以当然也不一定需要满足规律二的结论。

这带来了一个非常重要的问题:既然(14)a 和(17)a 都符合冗余成分的规律,说明"什么"的用法与英语 some、any 相似,那为什么汉语"什么"又有(17)b 的用法,从而打破了这一对称的语法分布呢? 后一用法是英语 some、any 这些不定代词所不具有的,因此仅仅用西方的不定代词理论来解释是不够的。

4.2 不定代词与不定回指代词

首先要考虑的是,为什么需要在否定句中使用"什么"这样的疑问词?

以往我们多考虑到它的"存在"与"不定"逻辑意义,以及由否定得到的"不存在"与"全量否定"意义,这种功能的实质是语气的弱化与强化。但汉语的"什么"还有其他的功能,这也是 some、any 等不定代词所不具有的。例如:

(18) a. 你喜欢【什么$_1$】,就拿【什么$_2$】。
   b. Take whatever you like.

(18)b 更直接的翻译应该是:"不论你喜欢什么,拿走它"或"拿走任何你喜欢的东西"。不管怎样,(18)a 中"什么$_2$"都不能用"wh-"词来翻译。"什么$_2$"的功能是:用于回指在前文提到的某个不完全确定、但有一定语义规定的实体。

如果在前文已经提出、成为某个完全确定的实体的话,则世界语言普遍采用定指性的代词或反身代词来回指。但"什么$_2$"回指的事物既是不完全确定的,又不是完全无所规定的,如例(18)中,一定是"喜欢的事物",只不过连说话者也不知道,究竟哪个才是你所喜欢的,所以又是不完全确定的。回指是定指功能,而被"什么$_2$"回指的事物又是不确定的,因此不定回指代词实际上是"游移"于定指与不定指之间。

在汉语肯定、否定句中,"什么"的功能有两组,先看肯定句:

一、"不定指称"义或"存在"义,即存在 x,它参与了事件 F,但 x 是尚未确定指称的,因为这里 x 不与任何特定的语境有关,我们只关注它的存在,而非它的性质。又,当我们直接说事件 F 时,就是默认有论元 x 参与 F,所以"存在"义"什么"在命题层面实际上是冗余成分,起到弱化语气的作用。

二、"不定回指"义,这时"什么"不是冗余成分,"看了什么书"与"看了书"存在区别,前者指存在 x,它是语境、上下文或双方心中的某个不完全确定的实体,它参与了事件 F,我们既关注 x 的存在,也关注 x 有怎样的规定性质;而当我们直接说 F 时,就只是默认有 x 参与 F,而对这个 x 的性质并不关心。如:

(19) a. 他看了【什么】书吧。
    他看了【那个】【什么】书吧。
    他看了【那个那个那个】……【什么什么】……书吧。
    他看了【那个那个】……【什么什么】……。
  b. 他看了书吧。——他看了【那个】书吧。

当(19)a 中加上"那个"时,并没有使 NP 定指化;而在(19)b 中则一定会定指化。这是因为"什么"处于定与不定之间的不定回指功能,导致了它无法定指化。另外,真正只表示存在义的不定代词是不能加定指标记的,如英语一般就不能说"*that some girl"。这也说明(19)的"什么"不是"不定代词",而是"不定回指代词",因为"回指"使得"什么"可以与定指标记同现。[③]

现在看否定句。也有两种"什么":

一、对"不定指称"义或"存在"义的否定,即不存在 x,它参与了事件 F,这里 x 是不与任何特定的语境有关的,所以指任何可能存在的 x,这正是它起到强化语气作用的原因。总之,"不定指称"功能的"什么"满足冗余成分的一般规则。

二、对"不定回指"义的否定,否定的对象仅仅是"存在",即某一语境、上下文或双方心中的某个不完全确定的实体类,未参与事件 F,我们既关注 x 的不存在,也关注这里的 x 有怎样的规定性质;而当我们直接对 F 否定时,就只得到上面"一"中的解释。如:

(20) a. 甲:你真了不起,这一年写了不少文章吧?!
　　　　乙:我【没】写【什么】文章,也就是那两篇吧。
　　b. 甲:你真了不起,这一年写了不少文章吧?!
　　　　乙:我没写文章。

在否定句中,"什么"的不定回指功能,比在肯定句中更为普遍。因为在信息结构中,否定句倾向于不提供新信息,不作为起始语;而是常用于对已有知识的纠正,是用在一个更大的背景信息之上的。[④] 所以,这里用"什么",不再是指纯粹逻辑意义上的"文章"这一概念 X 的集合,而是在特定的语境下、在特定的认识中所指示的具有特定性质的文章,即双方认为重要的那些文章 X^0。如果不用"什么",而直接说(20)b,"文章"就指所有文章的集合,这时是一个很强的否定句,即不是针对对方的焦点意义的否定,而是对对方的预设意义(你写了些文章)的否定。

那么,在(20)a 中,处于否定句后的补充句"也就是那两篇吧",它的功能是什么?这确实是一个"反向补充",但是,它的实质是说,写了两篇,这两篇仅仅算是 X^0 中的边缘成员,而非典型成员,所以可以说完全没写 X^0,也可以说只写了一点勉强算 X^0 的文章。这一意义反映在以下对比中,我们只能说(21)乙 a,而不能说(21)乙 b:

(21) 甲:你真了不起,这一年写了不少文章吧?!
　　乙:a. 我【没】写【什么】文章,也就是那两篇吧,还勉强算是有点分量/还过得去/勉强可以达到要求。
　　　　*b. 我【没】写【什么】文章,也就是那两篇吧,是很不错的文章/简直是太好了。

[③] 整理者按:(18)、(19)说明,先生的"不定回指"概念,并不仅仅针对"否定+什么"这一个格式,而是为了解释"什么"的多种非疑问用法的。可惜未能进一步阐明。

[④] 整理者按:这是因为在语篇中,言者更关心低频事件,而对低频事件的否定,是低信息价值的,因此不能独立成句,需要语境或上下文允准。

有些补充句中补充的根本就不是 X^0 中的成员,如:

(22) 甲:你真了不起,这一年写了不少文章吧?!

    乙:a. 我【没】写【什么】文章,也就是那两篇吧,算不上什么论文/还有点不够分量呢。

    *b. 我【没】写【什么】文章,也就是那两篇吧,是好文章/完全可以达到要求。

因此我们认为,在不定回指代词"什么"用法中:

1. 否定句依然是全量否定,即质的否定,它是指在特定的语境下、在特定的认识中所指示的具有特定性质的 X^0 集合中的任何一个 x 都未参与事件。

2. 后面的补充句实际上是补充非 X^0 中的成员,或 X^0 中的边缘成员,说明一些特殊的情况。认为"什么"在这里有"小量否定"意义,是一种"错觉",它是由非 X^0 中的成员以及 X^0 中边缘成员具有的"非重要性"所导致的。

3. "什么"之所以不能删去,是因为它承载着不定回指的功能,而一旦删去,就很难有回指意义了。因此"什么"不是冗余的。

5　语法化解释——当不定代词功能不成立时[⑤]

综上所述,汉语疑问代词至少有三个基本功能:疑问代词(表示询问和反问)、不定代词(表示论元存在)和不定回指代词(表示某种类型的典型事物的存在)。其中,不定代词功能很容易受到信息原则的限制,因为它在命题意义上是冗余的,如果也不能表示语气等附加功能,就会失去运用的价值。

戴耀晶(2005)总结了汉语疑问代词的语义类型,其中,至少可以看到一条界线,把它们分为了两类:

1. 可以允许不定代词用法的疑问代词

问人的"谁"、问事物的"什么"、问空间的"哪儿""什么地方"、问时间的"什么时候"、问情景的"怎么样"、问行为的"干什么""做什么""怎么(样)"(含不及物与及物两个义项)、问目的的"为什么"都既有不定代词用法,又有不定回指代词用法。如在肯定句中:

---

⑤　整理者按:本节内容先生只有大致提纲,尚未来得及充分论证。不得已,由整理者稍做补充。

表 1

疑问代词	不定代词	不定回指代词
林先生看见了【谁】?	林先生肯定看见了【谁】。	林先生以为他看见了【谁】,其实那不过是个冒充领导的家伙。
林先生买了【什么】?	林先生肯定买了【什么】。	林先生以为宋洁如得了【什么】病,结果一看不过是感冒。
林先生去了【什么地方/哪儿】?	昨晚林先生肯定去了【什么地方/哪儿】,他的鞋上还有泥呢。	林先生以为宋洁如去了【什么地方/哪儿】,结果发现只是去买了只笔。
林先生【什么时候】去的上海?	林先生肯定【什么时候】去过上海。	宋洁如一直担心林先生【什么时候】会发病,好在是在不需要她的时候他才得病。
林先生【怎么样】了?林先生在【做什么】?	听说林先生又【怎么样】了。听说林先生又在【做什么】了。	林先生以为宋洁如【怎么样】了,结果发现只不过是感冒。林先生以为宋洁如在【做什么】,结果发现只不过是在写信。
林先生【怎么(样)】宋洁如了?	听说林先生又【怎么(样)】宋洁如了!	宋洁如以为林先生会【怎么(样)】她,结果发现只不过是口头批评而已。
林先生【为(了)什么】去上海?	林先生本来在老家活得好好的,肯定是【为了什么】他才会去上海的。	宋洁如以为林先生肯定是【为了什么】才急着来找她的,结果发现只不过是传一份文件而已。

在否定句中也是如此:

表 2

疑问代词	不定代词	不定回指代词
林先生这次【没】看见【谁】?	林先生【没】看见【谁】,他问"人都到哪儿去了?!"	我【没】看见【谁】,就看见一个自以为是的家伙。
那么,林先生【没】买【什么】?	林先生【没】买【什么】,他一点儿不想购物。	宋洁如【没】得【什么】病,只是感冒而已。
林先生【没】去过【什么地方/哪儿】呢?	昨晚林先生肯定【没】去【什么地方/哪儿】,他的鞋上干干净净的。	林先生【没】去【什么地方/哪儿】,只在巷口转了一圈。
林先生【不在】【什么时候】去上海?	林先生肯定【没】【什么时候】在家。	?宋洁如【没】【什么时候】在家,除了周六下午回来了一下。
??林先生【没】【怎么样】??林先生【没】【做什么】?	听说林先生【没】【怎么样】。听说林先生【没】【做过什么】。	宋洁如【没】【怎么样】,只不过是感冒。宋洁如【没】【做什么】,她只是劝了他一句。
??林先生【没】【怎么样】她?	听说林先生真的【没】【怎么(样)】她!	林先生【没】【怎么(样)】她,只不过是一点批评而已。
*林先生【没】【为(了)什么】要去上海?	林先生来上海根本就【不】【为(了)什么】。	林先生【不】【为什么】来上海,他只不过是想找一份工作而已。

肯定与否定在这里有不对称的地方：肯定句中不定回指代词用法比较受限制，往往需要一个表认识的虚拟语义的主句才能说，而在否定句中则无此限制。又，询问情景、行为的"怎么（样）"与询问目的的"为什么"，之所以在否定句中很难见到，是因为一个人不做的事、一个人不为的目的几乎是无穷的，很难找到一个限定区域，这样的问题无法回答，在语用上是不合适的。⑥

2. 不允许不定代词用法的疑问代词

与上述疑问代词比较，问原因的"为什么"、问方式的"怎么（样）"、问数目的"多少""几"、问程度的"多"等，都不是必有论元，而且它们的共性都是高度冗余性，⑦即任何一个性状，都一定有某一程度、数量；任何一个活动，都一定有某一方式、原因。没有程度与数量的性状，与没有方式与原因的活动，都是不可能存在的。这种"高度冗余性"根本无法转化为语气功能：

① 当不定代词充当事件的谓词，或是必有论元时，对它的存在性的否定，也就是否定事件的真值。

② 当不定代词充当事件的非必有论元时，对它的存在性的否定，并不否定事件的真值，而只是否定某一方面的内容的存在，如对目的否定："他不为什么来上海，他莫名其妙地就来了。"在这一例句中，"他来上海"这一事件为真，只是该事件没有目的罢了。对工具的否定："他不用什么开这个瓶子，抢起来一扣就开了。""他开瓶子"这一事件为真，只是该事件没用工具。

在表方式时，如果是"什么"类，也常会如此理解，如："他不按什么节奏跳，他随便跳。""他跳（舞）"为真，只是不按任何特定的节奏跳而已。但"怎么（样）"问的不是特定的方式，而是所有的方式，一个事件可以没有特定的方式，却不能没有方式，所以"他不怎么跳"，很难是不定代词用法。

③ 当不定代词充当事件的非必有论元，而且如果事件为真，则该论元总是存在的，不可能不存在，那么就会造成高度冗余性，且不可被否定。于是，这种不定代词用法就不成立。先看肯定句：

---

⑥ 整理者按：关于否定有时候为什么会造成无价值的疑问，参见陈振宇（2010：307）关于"疑问基本规则Ⅱ"的论述：询问的语义域在当前语境中，一般应该是一个有限的集合，这样被询问的一方才有可能通过全面的扫描来获得所有的答案。

⑦ 整理者按：冗余性的程度如何衡量，先生尚未论及。又，问原因目的的"怎么"根本不是正常的询问，而是带有很强的主观性的成分，所以根本不能被否定，本文不予讨论。

表 3

疑问代词	不定代词	不定回指代词
学校的围墙【为什么】会倒塌?		?? 林先生以为学校的围墙是【为什么】会倒塌的,其实那个理由不成立。 林先生以为学校的围墙是【因为什么】而倒塌的,其实那个原因不成立。
学校的围墙【怎么/怎样】倒塌的?		? 林先生以为学校的围墙是【怎样】倒塌的,其实不是那样。
来开会的人有【多少】?		林先生以为来开会的人有【多少】,结果发现少算了一群人。
林先生这人【多】高? 林先生这人【怎么】个高法? *林先生这人【怎么】高? ?? 林先生好到【哪儿】去了?		?? 宋洁如以为林先生这人【多】高,结果他比她想的还高。(你以为他多高,他就【多】高) ?? 宋洁如以为林先生这人【怎么个】高法/【怎么】【怎么】高,结果他比她想的还高。(你以为他怎么个高法,他就【怎么个】高法) ?? 宋洁如以为林先生这人好到【哪儿】去了,结果他没她想的那么好。

再看否定句:

表 4

疑问代词	不定代词	不定回指代词
*学校的围墙【没】【为什么】而倒塌?		*林先生以为学校的围墙【不】是【为什么】而倒塌的,其实倒真的是因为这个。 林先生以为学校的围墙【不】是【因为什么】而倒塌的,其实倒真的是因为这个。
*学校的围墙【没】【怎么】倒塌的?		?? 林先生以为学校的围墙【不】是【怎样】倒塌的,其实倒真的是那样。 林先生以为学校的围墙【不】是【按什么样子】倒塌的,其实倒真的是那样。
*来开会的人【没有】【多少】?		来开会的人【没有】【多少】,只有40多个。
*林先生这人【没】【多】高? *林先生这人【没有】【怎么】个高法? *林先生【没】好到【哪儿】去?		林先生这人【没】【多】高,1米65而已。 林先生这人【不】【怎么】高,1米65而已。 林先生这人【没】好到【哪儿】去,还可以吧。

表4中"疑问代词"一列全部不成立,这是因为不属于一个事件的原因、方式、数量、程度几乎是无穷的,很难找到一个限定区域,所以无法回答,语用上不合适。又,问原因的"为什么"和问方式的"怎么"一样,都不是指特定的原因、方式,而是

指所有的原因、方式,因此也没有不定回指代词用法。同样是问原因、方式,"因为什么"和"按什么样子"就可以指特定的原因、方式,因而可以有不定回指代词用法。这正是"什么"在汉语疑问系统中有特殊地位的原因,即"什么"类短语(不包括词汇化的表原因的疑问代词),都是指特定的事物,都倾向于可以有不定回指代词用法。

在原因与方式中,问原因的"为什么"比问方式的"怎么"更不易用于表示特定性。在不定回指代词用法中,"多少""多""怎么""哪儿"都是回指言者心目中或前已提到的某个数量或程度区间,在否定时都是指这一区间的典型值都未达到,后面补充的是非典型的或区间之外的值;由于量往往是从小向大计算的,因此这些值一般都比典型的值低。

最后再看一下"怎么"。从表中看"怎么"的基本功能是表方式,但在被否定时,不论疑问代词、不定代词还是不定回指代词它都不能充当,所以"被迫"用于表达方式之外的功能;又,在被否定时,它也不能表示原因、目的,所以最终"被迫"用于表达程度,即本文最初所说的"否定+怎么"表示小量否定的功能。

但是,"怎么"问程度的用法语法化程度并不高,如"?? 他怎么高?""*他怎么来?"一般是不能问的。在不定回指代词用法中,肯定句一般也不成立,如表3所示,只有否定才是自由的,如"他不怎么高""他不怎么来"等,所以"怎么"问程度的用法背后还有构式化的机制在起作用。⑧

参考文献
陈振宇(2010)《疑问系统的认知模型与运算》,上海:学林出版社。
戴耀晶(2000)试论现代汉语的否定范畴,《语言教学与研究》第3期。
——(2005)汉语疑问句语义分析的几个问题,载《现代中国语研究》第7期,日本京都:朋友书店。
——(2013)汉语质的否定与量的否定,载《现代中国语研究》第15期,日本东京:朝日出版社。
刘丹青(2011)"有"字领有句的语义倾向和信息结构,《中国语文》第2期。
——(2013)汉语特色的量化词库:多/少二分与全/有/无三分,载《木村英树教授还历记念中国语文法论丛》,日本:白帝社。
吴为善、顾鸣镝(2014)"能性否定+疑问代词"组配的主观小量评述及其理据解析,《语言科学》第1期。
袁毓林、王明华(2011)"Neg+Wh+VP"和"Wh+Neg+VP"意义同异之

---

⑧ 吴为善、顾鸣镝(2014)认为"有限小量"是一种构式意义,这至少对"多""多少""怎么""哪儿"是正确的。

辨——兼谈全称否定的排他性保留和特称容忍的逻辑机制,《中国语文》第 3 期。

关于本文:戴先生在《汉语质的否定与量的否定》(2013)中谈到被否定的"什么"的问题,其结论是:这是质的否定。此文出版前校对稿件之时,正值先生病重,故委托我代为校订。当时不少学者对此结论提出异议,而先生于病中未能给予答复,因此我错误地把该文中的论述改为"质的否定与小量否定"。先生病情稳定之后,在翻阅有关文章时,才发现此一错误,因与我详谈数次,进一步阐述他的有关思想,后嘱我代为整理,以补成说,遂成本文。本待先生有暇时再予审查,但不幸竟成永诀。

本文为先生遗作,文章未经细致打磨,部分内容尚未详述,参考文献远非完备,甚至最后文稿也未经先生审核。为使文章成为一个整体,我做了部分补充分析,但尽量少做,以避免可能产生的对先生原意的误解。然本文确为先生思想最后闪光,立论严谨,颇有独到之处,于有关研究而言,有"拨云见日"之功效,故整理发表于先生所钟爱的《语言研究集刊》。文中未竟之处,唯请读者谅解。

学生陈振宇补记

原刊于《语言研究集刊》(第十四辑),上海辞书出版社,2015 年,1—18 页

赣语泰和方言

赣语泰和方言语法的完成体

0 引言

泰和地处江西省中部吉(安)泰(和)盆地,地理坐标为东经115度,北纬26.5度,泰和方言按口音的不同大致可分为五个小片,这里记录的是县城小片语法的现实体的情况。

现实体(也有人叫完成体、实现体。参见3.1节),指的是相对某个参照时间而言,句子所表述的事件已经成为现实,赣语泰和方言中有三个表示现实体的语法形式:矣[i^{42}]、刮[kua^{55}]、改[kue^{42}],其中"改"是"刮+矣"的合音形式。这三个语法形式的句法位置均处于动词后面。例如:

(1) 渠去年养矣五只猪。
(2) 我禾在革侯坐刮半工去矣。
(3) 隔壁个细人子早就吃改饭。

除了以上三个语法形式之外,泰和方言中还有一个句法位置在动词前的语法形式:能[len^{33}]。"能"表示的也是现实体意义,也是一个虚语素,它只出现在疑问句或否定句中,组成表疑问的现实体形式"阿能"[a^{55} len^{33}]或表否定的完成体形式"呒能"[m^{55} len^{33}]。例如:

(4) 你禾咯罗昨日阿能落雨?
(5) 今日一工水生哪当都呒能去。

下面分别讨论现实体的几个语法形式在泰和方言中的具体用法。

附:主要方言字表

我(禾):我(们)   你禾:你们
渠禾:他\她们   格:这,那
革侯:这儿   咯罗:那儿
哪当:哪里   闹德:什么

羌浪:怎样　　　　　　　阿:(疑问助词)
吭:(否定词)　　　　　　阿能吃:吃了吗
吭能吃:没有吃　　　　　冒:没有
闹里:家里　　　　　　　墨候:夜晚
格浪:这样　　　　　　　而间:如今、现在
几工:几天　　　　　　　渠个:他的
一发仔:一点儿　　　　　细人子:小孩子
话事:说话　　　　　　　先会:以前

1 表示实现意义的"矣"

"矣"是一个虚化程度较彻底的现实体标记,它的依附性最强,紧挨在动词语的后面,表示动作已经实现或事件已经成为现实,"矣"可以用在动词或动词语组成的各种句法结构之中。例如:

(6) 日头出来矣,地下阿能干？　　　　　　　　　　(无宾语)
(7) 你买矣闹德？我买矣三斤桔子。　　　　　　　　(带宾语)
(8) 我禾等矣半点零钟,门才打开来。　　　　　　　(带时量补语)
(9) 渠话矣几次还吭能话清楚。　　　　　　　　　　(带数量补语)
(10) 渠日日吃矣早饭就去出。　　　　　　　　　　(连续动作)
(11) 我打烂矣一只碗。　　　　　　　　　　　　　(动补+矣)
(12) 一个人做多矣坏事,冒闹德好结果。　　　　　(动补+矣)
(13) 我寻矣渠三道都吭能寻到。　　　　　　　　　(带宾、补)
(14) 水根做木匠做矣一生世。　　　　　　　　　　(重复动词)
(15) 公家奖矣一笔钱得渠。　　　　　　　　　　　("双宾语")
(16) 公家奖矣渠一笔钱。　　　　　　　　　　　　(双宾语)
(17) 昨日陈师傅请矣王老师吃饭。　　　　　　　　(兼语式)

以上都是出现了"矣"的句子,"矣"的体意义可概括为现实性。如例6"日头出来矣"指的是"日头出来"这个事件在说话时间已成为现实;例8"我禾等矣半点零钟"指的是"我禾等半点零钟"已成为事实,"等"的动作是否完成了,"等"的行为是否还要继续,在这个句子里说话人并没有回答,要根据上下文去判断。后面接续的句子如果是"门才打开来",说明"等"的动作完成了;后面接续的句子如果是"门还吭能开",则说明"等"的动作也许还要持续,所以,"矣"表示的语法意义是指明事件的现实性质,或者说"矣"完成了对一个事件的现实性质的表述,但并不保证动

作的完成(结束)。这一点对理解"矣"的用法很关键。例如,以下是"矣"附着在形容词后面的句子,不存在动作或动作的结束问题,但是"矣"仍然完成了对句子反映的事件具有现实性质的表述。例如:

(18) 镬里个水而间滚矣。

(19) 晒得外头个衣服半丁就干矣。

(20) 你自家个面肿矣都呒晓得。

(21) 渠姆妈而间老矣蛮多。

(22) 饭跟菜都冷矣,热滚冶再吃。

(23) 鸡阿能煮烂?煮烂矣。

泰和方言中,"矣"可以直接跟在形容词后面。不管形容词出现在句尾(例18、19)还是句中(例20、21),"矣"表达的语法意义都是指出句子所反映事件的现实性质,同时也表明形容词反映的性质或状态已成为现实。这里需要指出两点:一、成为现实不等于事件结束。如例18表示"镬里个水而间滚"已成为现实,但句子反映的事件并没有结束,形容词"滚"反映的状态也没有终结,仍然处于持续之中。二、体的语法意义由句子表述而不仅仅由动词或形容词加上体特征来承担。如例21说的是"渠姆妈而间老蛮多"已成为现实,而不仅仅是说形容词"老"已成为现实;又如例12是说"一个人做多坏事"成为现实,而不仅仅是说动词"做"成为现实,从语法分析的角度来说,表示体意义的语法形式"矣""刮""改"等是附着于整个句子的。

"矣"和现实体的另一个形式"刮"在表示事件的实现这一点上有相通之处,以下句子中的动词语后面用"矣"或者用"刮"都可以,二者可以互换而意义基本不变。例如:

(24) 我禾等矣\刮两工一夜。

(25) 渠踢矣\刮水生一脚。

(26) 今日夜晚渠吃矣\刮半斤烧酒。

(27) 舅舅上圩去矣\刮一次。

(28) 昨日当圩赚矣\刮几十块钱。

(29) 公公病矣\刮蛮久去矣。

不过,"矣"和"刮"也有不同之处。"矣"的意义是表示事件在参照时间之前已经成为现实,但并没有事件终结或动作对象完结的含义,"刮"除了表示事件的现实性质之外,还含有事件终结或对象完结的意义,详细讨论见后面第2节。以下句子中的"矣"不能换成"刮"。例如:

(30) 隔壁请个客一下来矣*刮。 (句尾)

(31) 操场浪立密矣*刮当兵个。 (动补后面)

（32）渠禾吃矣*刮饭。（简单动宾）

（33）县浪早就放矣*刮格只片子。（宾语定指）

（34）旧年我做屋叫矣*刮水根来帮忙。（兼语结构）

在所谓的"存在句"结构里,现实体的"矣"同持续体的形式"到得"也可以互换,互换后句子的基本意义保持不变,但句子描写意味的强弱有所不同,各自变换格式所适应的条件也有差异(可参见第六章对普通话"着"和"了"互换问题的讨论)。以下是几个泰和方言中的"矣"和"到得"可以互换的句子。例如:

（35）房间里点矣\到得一盏灯。

（36）壁浪贴矣\到得几张年画。

（37）门口立矣\到得蛮多人。

（38）桂花手浪提矣\到得两只鸡。

（39）禾坪浪晒矣\到得番薯。

此外,泰和方言中表示现实体的"矣"同专用于句尾表示变化情状的"去矣""来矣"也有一些纠葛,主要是处在句中和句尾两个句法位置中的"矣"读音相同。不过,在泰和方言中,句尾的"矣"并不是一个独立的语素,它必须同"去"或"来"凝结在一起才能表示事件的变化情状这一语法意义。所以,我们认为,"去矣"和"来矣"在泰和方言中不是现实体的形式,而是以表示语气为主的语言成分。下面是几个句尾出现"去矣"或"来矣"的句子。例如:

（40）水生叔去田里做事去矣。

（41）渠而间吃刮三碗饭去矣。

（42）桂花易得嫁老公去矣\来矣。

（43）天老爷要落雨去矣\来矣。

（44）姨娘一天光就到圩浪来矣。

（45）老云盘水库修好来矣。

"矣"在泰和方言中是一个最常见、用法也最为复杂的体形式,它的许多用法在同其他体形式比较时可以看得更为清楚些。除了上面提到的现实体中表示完结意义的形式"刮"、持续体"到得"、句尾表示变化情状的"去矣""来矣"之外,经历体"过"、起始体"起来"、继续体"下去"、短时体"冶",以及疑问句中的"阿能"、否定句中的"呒能",都可以同"矣"作比较或者用"矣"作为参照来展开讨论。

2 表示完结意义的"刮"

"刮"是现实体的另一个形式,它的语法意义是表示事件在参照时间之前已成为现实,这一点与"矣"相同;但是,"刮"着意强调动作的完成和动作对象的完结,这一点与"矣"有重要区别。"刮"主要用在带有动量补语或物量宾语的句子中,因为这些成分都使句子带上了动作完成或者对象完结的含义,例如:

(46) 渠紧是咳嗽,昨日咳刮一个夜晚。　　　　　　　(带时量成分)

(47) 我禾在门口坐刮半工。　　　　　　　　　　　　(同上)

(48) 水根小时间读刮十年书。　　　　　　　　　　　(同上)

(49) 渠前日卖刮一板车谷,今日又来矣。　　　　　　(带物量成分)

(50) 叔叔上半日吃刮一包阿诗玛。　　　　　　　　　(同上)

(51) 细人子渠生刮两个,吙可以再生。　　　　　　　(同上)

(52) 公公话刮三四道,渠就是吙听。　　　　　　　　(带动量成分)

(53) 木根吃凶气,师傅扇刮渠一巴掌。　　　　　　　(同上)

(54) 县里我禾去刮几回,冒闹德好歇。　　　　　　　(同上)

在由"数量(名)"结构作宾语的句子里,"刮"往往要求宾语是无定指的,即宾语中一般不出现指示代词限定。如上面例49、50句宾语中都是用"一板车""一包"等不定指的数量结构来修饰中心语名词。要是把这些句子中的"一"换成表示定指的"这",句子就变成不合格的了。这条规则对于例51句中心语名词前置的情况下也是适用的,即这个句子中的"两个"不能换成"这两个"。以下是一些不合语法的句子。例如:

(55) *渠昨日扯刮格本簿子。　　　　　　　　　　　(比较:四本簿子)

(56) *秋兰姊打好刮格双鞋。　　　　　　　　　　　(比较:三双鞋)

(57) *我旧年做刮格缸水酒。　　　　　　　　　　　(比较:两缸水酒)

(58) *生元上圩卖刮格只猪。　　　　　　　　　　　(比较:一只猪)

宾语要求是无定指的这条规则在以下两种情况下可以不受限制。第一是在祈使句里。由于"刮"有动作完成和对象完结的语法意义,在祈使句使用的语言环境中,说话人要求听话人完成某事可以用"刮",这种情况下的"刮"很像是一个表示完成意义的补语。例如:

(59) 你洗刮格件衣服去。

(60) 我禾来铲刮格丘田。

(61) 今日夜晚要磨刮格桌豆腐。

(62) 吙要丢刮格只帽子。

以上句子中的"刮"大多可以换成"完"而意义基本不变,如例59可以说成"你洗完格件衣服去"。但是有些不能换,如例62不可以说成"*吙要丢完格只帽子"。这种细微差别与动词次范畴有关系。需要说明的是泰和方言中以上祈使句都用"刮"而极少用"完",在可能式中则"刮"和"完"都常见。如:"吃得刮—吃得完""写吭刮—写吭完"("完"的使用在一定程度上受到普通话的影响)。

宾语可以定指的第二种情况是"刮"出现在带有"吭能"的否定句或带有"阿能"的疑问句里。例如:

(63) 苟元昨日吭能莳刮格丘田。

(64) 破四旧个时间吭能拆刮格只祠堂。

(65) 我禾格工吭能扯刮渠格件衣服。

(66) 渠叔叔吭能输刮格盘棋。

(67) 秋元阿能讲刮格只时闻?

(68) 上半日阿能作刮格桌豆腐?

(69) 木匠师傅阿能锯刮格根木?

(70) 闲圩你禾阿能卖刮格窝猪婆崽?

有意思的是,在带上定指宾语的句子里,表示现实体的"刮"都不能换成另一个现实体形式"矣"。如例 59—70 中的"刮"在泰和话中绝不可以换成"矣"。而在其他句子如例 46—54 中,"刮"和"矣"可以互换而意思基本不变。从中可以看出"刮"和"矣"的主要区别:"矣"只表示一个事件成为现实,不表示动作的结束,尤其是不表示动作对象的完结;"刮"除了表示事件成为现实之外,突出强调的正是动作结束和对象完结的含义。

当句子是祈使句时,"刮"表示说话人希望完成某件事;在带"吭能"的否定句和带"阿能"的疑问句中,"刮"表示对完成的否定和对完成有疑问,而否定句和疑问句中的"现实性"信息则由"-能"来承载。从这个意义上说,"矣"可以叫现实体,"刮"可以叫完成体,不过,泰和话"矣"和"刮"在很多情况下可以通用,我们把它们归在一起讨论以便于看清整个体系统的基本面貌。

由于"刮"突出的是完成的语义,尤其是包含动作对象完结的语义,它还有一个用法,就是出现在表述能否完结的格式中,构成"刮"的可能式:"V 得刮""V 吭刮",这时候的"刮"很像是一个补语。不过,"刮"只能在这种格式中作"补语",形成一种凝固性的结构。例如:

(71) 渠保险吃得刮一斤烧酒。

(72) 你禾一上午卖得刮几多鱼?

(73) 王师傅闹里明日做得刮泥水。

(74) 细人子做吭刮作业就吭要去歇。

(75) 格浪多衣服,渠肯定洗吭刮。

(76) 时间吭够,格节课讲吭刮内容。

以上句子中例 71—73 是肯定的可能式,例 74—76 是否定的可能式。"刮"虽然在语法上可以分析为补语,但独立性极弱,仍然具有很强的附属性质,仍然属于不自由的定位语素,它只在"可能式"中作补语,不能作其他类型的补语,也不能作其他的句子成分。

3 表示实现加完结意义的"改"

"改"也是一个表示现实体的语法形式,它实际上是"刮+矣"的合音形式,在语法意义上也是兼具二者:既表示句子所指的是一个现实的事件,同时含有事件中的动作完成和动作对象终结的意义。例如:

(77)格栋房子旧年就拆改,你寻呒到。
(78)晒得外头个被卧一下收改,呒怕落雨。
(79)隔壁个客走改,冒哪个吵你去矣。
(80)渠早就看改格本书,你阿是要?
(81)我个伞上圩跌改,末后借人家个斗笠回来。
(82)我而间做改事,可以去歇去矣。

"改"和"刮"虽然都是陈说一个现实的事件,但二者意义有所不同,"改"的意义要多于"刮",在用法上也有一些差别,以上各句中的"改"都不能换成"刮"。"改"和"刮"的区别主要有:

一、"改"是"刮+矣"的合音,有较强的足句作用;"刮"没有足句作用,使用"刮"的句子足句的条件往往是动词后的补语。例如以下的句子中例 83 可以用"改",但是不能用"刮";而例 84 则既可以用"改",也可以用"刮"。试比较:

(83)学徒工把碗一下收改*刮。
(84)渠一上午吃改\刮一壶茶。

二、"改"的句法位置可以用在句中,但较常见的句法位置是在句子或分句的末尾;"刮"除了在可能式以外,通常不用于句子的末尾,如上举第 83 例。又如:

(85)格壶茶渠一上午就吃改*刮。

三、"刮"可以在可能式中做补语,"改"没有可能式,例如:

(86) a. 渠一上午吃得刮\吃呒刮一壶茶。
　　　b. *渠一上午吃得改\吃呒改一壶茶。
(87) a. 格丘田今日阿犁得刮?——犁得刮。\犁呒刮。
　　　b. *格丘田今日阿犁得改?——*犁得改。*犁呒改。

四、使用"刮"的句子一般要求宾语是无定的,"改"没有这方面的限制。例如:

(88) a. 渠一上午吃刮一壶茶*格壶茶。
　　　b. 渠一上午吃改一壶茶\格壶茶。

五、"刮"往往用于连续动作中的前面部分,而且在连动结构中,语法功能增值,即"刮"后面的宾语可以是有定指的;"改"则一般不用于连动结构的前面部分,倒是经常用于连动结构的后面部分。例如:

(89) a. 渠上午吃刮格壶茶就走(改)。

　　　b. *渠上午吃改格壶茶就走(改)。

"改"的用法除了同"刮"有一些纠葛之外,同另一个现实体标记"矣"也有一些相同相异之处。一般情况下,在动补结构的后面表示完成意义时用"矣"(不能用"刮"),有时也可以用"改"。例如:

(90) 格只细人子今日累倒改。

(91) 王师傅昨日夜晚吃酒吃醉改。

(92) 渠上圩跌刮个皮包而今寻倒改。

(93) 我洗干净改你个衣服领子。

(94) 水生扯烂改姊姊个作业本。

(95) 舅舅斫成改肉等你去做客。

以上句子中的"改"都可以换成"矣",意义相同,"改"所含有表示完结的"刮"的语法意义由于句中结果补语"倒""醉""到""干净""烂""成"等的出现而冲淡了。尽管如此,用"改"还是用"矣"在语感上仍有些微的不同。"矣"是中性的事实陈述,"改"则带有强调动补结果的夸张意味。尤其是在句尾位置如例90—92句的时候,用"改"的夸张强调意味明显高于用"矣"。

"改"和"矣"也都可以用于形容词之后表示形容词所指的性质或状态已经是一个现实,不过二者的含义有明显的不同。"改"指的是形容词所指的性质或状态超过了说话人认为的合理的程度,因而表达出惋惜或责备的含义,句中有时带上"太"之类的程度副词。"矣"则是仅仅指明出现了某种变化,并没有主观态度和倾向。"改"表示的是静态的陈说和评价,"矣"强调的是动态的发展变化。例如:

(96) 你个鞋带子松改,要系紧发子。*正合适。

(97) 渠穿个裙子红改,不好看。*蛮标致。

(98) 领唱个声音高改,大家跟吭上。*蛮好听。

(99) 格只细人子胖改,我禾吭要。*我禾喜欢渠。

以上句子中的形容词"松""红""高""胖"后面跟上现实体形态"改",表明说话人认为这些形容词都超出了合理的标准,其含义是"太松了""太红了""太高了""太胖了",所以它们的后续句在语义上要表示否定性的评价和态度。例96如果说成"你个鞋带子松改,正合适"就是一个语义接不上的病句。上述句子头两例中的"改"不能换成"矣",后两例中的"改"可以换成"矣",但是如果将"改"换成"矣"之后,语法上是合格的,但是句子的意义发生了变化。因为"改"虽然在来源上是"刮

+矣"的合音,但在上述句子中只表示静态评价,不表示变化。"矣"却相反,它用在形容词后面,指出的正是事件从某一种状态进入了形容词所指的那种状态。如"胖矣"表示的就是从"不胖"进入了"胖"的状态,"矣"强调变化。例如:

(100)格只细人子而间胖矣,比先会好看。

(101)格头桔子红矣,可以吃去矣。

(102)镬里个粥滚矣,揭开盖子来看冶。

(103)房间个灯泡亮矣,我禾去打扑克。

以上四个句子中的形容词带上"矣"表示的分别是"变胖了""变红了""变滚了""变亮了"之类的动态发展结果,所以都不能换成表示静态评价的"改"。当形容词后面带了补语作出具体的数量说明时,句子可以用"改",也可以用"矣",二者允许"互换",不过互换后的含义有所不同,用"改"指明的是超出说话人所认为的合理标准的数量,句子仍然是静态评价;用"矣"指明的是变化前与变化后的具体数量差别,强调的仍然是动态变化,试比较:

(104)a. 格只细人子胖改十斤,冒办法选上。

　　　b. 格只细人子胖矣十斤,长得蛮快。

(105)a. 你打个拍子快改蛮多,我禾唱吭赢。

　　　b. 你而间打拍子快矣一发仔,更熟练去矣。

"改"和"矣"在与形容词的组合上同另一个现实体形态"刮"的区别在于:"刮"很少用于句末,形容词后面如果没有补语,就不能用"刮",上面例96—99中的"改"和例100—103中的"矣"如果换成"刮"的话,句子就不成立了。当形容词的后面带上了补语的时候,"刮"有时也可以用,它中和了"改"和"矣"在该句式中的差异,即"刮"既可以表达静态的评价意义,也可以表达动态的变化意义,需根据后续句来判断。"刮"在该句式中使用的主要含义是使句子带上夸张意味,突出了形容词后面的数量补语。以例104相应的带"刮"的两个句子为例:

(106)a. 格只细人子胖刮十斤,冒办法选上。

　　　b. 格只细人子胖刮十斤,长得蛮快。

a句的含义是,这小孩子比合理的体重标准胖了十斤是"胖得太多了",根本不可能被选中,"刮"表示静态评价而带有夸张的强调意味;b句的含义是,这小孩比原先胖了十斤是"变化得如此之快",令人惊叹,"刮"表示动态变化的同时也带有夸张的强调意味。相比而言,"改"和"矣"只是表示中性的静态或动态判断。简言之,在形容词带数量补语的句式中,"改"主要表示静态评价,"矣"主要表示动态变化,"刮"主要表示对数量的夸张强调。

4 疑问形式"阿能"和否定形式"呒能"

"阿能"是现实体的疑问形式,"呒能"是现实体的否定形式,二者是现实体在具体句类中的变体。其中"阿"负载疑问信息,"呒"负载否定信息,"能"负载现实体信息。由于"能"不可以离开"阿"或"呒"来同动词发生组合关系,所以把"阿能""呒能"直接看作是现实体的形式,以便于开展讨论。

"阿能"和"呒能"的句法位置都是出现在动词前面,例如:

(107) 你禾阿能做作业?
(108) 渠禾而间阿能到北京?
(109) 婆婆解放前阿能看过电影?
(110) 昨日夜晚马家洲阿能落雨?
(111) 茶缸里呒能放茶叶。
(112) 王师傅呒能买电视机。
(113) 今年正月我呒能去走亲戚。
(114) 渠还呒能到十八岁。

"能"的语法意义在泰和话中大致相当于"矣",语义上与动词配合,表示动作或事件的现实性质,语音上与"阿"或"呒"组成一个整体,共同表示对动作或事件现实性质的疑问或否定。如例 107 是对"你禾做矣作业"的疑问,而不是对"你禾做作业"的疑问(比较:你禾阿做作业?);例 111 是对"茶缸里放矣茶叶"的否定,而不是对"茶缸里放茶叶"的否定(比较:茶缸里呒放茶叶)。因此,对带"阿能"句子的回答相应的也必须带上现实体标记,肯定回答在动词后用"矣",否定回答在动词前用"呒能"。例如对上面 107—110 问句相应的回答是:

(115) 我禾做矣\呒能做作业。
(116) 渠禾而间到矣\呒能到北京。
(117) 婆婆解放前看过矣\呒能看过电影。
(118) 昨日马家洲落矣\呒能落雨。

用"阿能"发问的句子回答的时候可以有简略形式,肯定回答的简略形式是"动词+矣",其中的动词不能省,"矣"也不能省;否定回答的简略形式是"呒能+动词",其中"呒能"不能省去,但是动词可以省去,而且以省去为常见,即作否定回答时仅仅说成"呒能"。例如:

(119) 你叔叔今年阿能养鸽子?
——养矣。　　　*养。　　　*矣。

——呒能。　　　\呒能养。　　　*呒养。

如果问句中带上了经历体形式"过"（经历体形式"过"在泰和话中可以同现实体"矣"共现,如例117句),则在用简略形式作肯定回答时不能省去"过",可以省去"矣";在用简略形式作否定回答时仍可以仅仅说成"呒能"。例如：

（120）你老表旧年阿能去过广东？
　　　　——去过矣。　　　\去过。　　　*去矣
　　　　——呒能。　　　　\呒能去过。　　\？呒能去

由于"阿能"中的语素"能"负载的是现实体的信息,使用"阿能"的句子是对事件现实性质的发问,所以这一类的句子中不能出现其他的现实体形式"矣"和"改",以下是不合格的句子,例如：

（121）*旧年过年间老家阿能落矣雪？
（122）*对门周师傅闹里阿能做改房子？

不过,在带"阿能"或"呒能"的句子中却可以出现另一个现实体的形式"刮",这是因为"刮"除了表示事件的现实性质之外,还着意强调了动作的完成和动作对象的完结。当"-能"字出现的时候,"刮"虽然不再负载事件的现实性质,但仍然负载着动作完成和动作对象完结的语义内容,因此"刮"可以同疑问形式"阿能"共现,以下是合格的句子,例如：

（123）你阿能吃刮饭？
（124）渠禾阿能莳刮格丘田？
（125）水生贩得来个录音机阿能卖刮？
（126）医院门诊部阿能下刮班？

对这种既有"能"又有"刮"的问句的回答是,肯定回答通常是在动词后附上"刮+矣"的合音形式"改",只有在需要特意强调的情况下才用分音形式"动词+刮+矣";否定回答是"呒能+动词+刮"。如对例123句的回答可以有如下几种形式：

（127）—我吃改饭。　　\我呒能吃改饭。　　（完全式）
　　　　—吃改。　　　　\吃—刮—矣！　　　（简略肯定式）
　　　　—呒能。　　　　\呒能吃刮。　　　　（简略否定式）

简言之,泰和话中的"矣""刮""改""阿能""呒能"五个形式在表示事件的现实性质这一点上是共同的,所以都归在现实体的语法形式中来讨论,但是在具体语法意义的承载上有所分工："矣"是典型的现实体标记,仅仅指明事件的现实性质,附着性最强,使用最广。"刮"强调事件中动作的完成和动作对象的完结,一般不能足句,很少出现在句尾,可用于祈使句、疑问句、否定句、连动句以及带有数量结构的简单陈述句中,在可能式结构中可以分析为黏着性的补语。"改"是"刮"和

"矣"的合音形式,在指明句子现实性质的同时,兼表动作完成和动作对象的完结,有较强的足句作用,多用于句末,也可用于句中,附在形容性词语后面时不反映变化,只表示静态评价,以上三个形式的句法位置都是附着在动词的后面。"阿能"是现实体的疑问形式,实际含义是"疑问 + 矣";"呒能"是现实体的否定形式,实际含义是"否定 + 矣"。这两个现实体形式的句法位置是附着在动词之前,其中"呒能"经常单独回答问题。

原刊于《动词的体——中国东南方言比较研究丛书》(第 2 辑),香港中文大学中国文化研究所吴多泰中国语文研究中心,1996 年,97—113 页

[整理者按]
本文也发表于《语文研究》1995 年第 1 期,40—44 页;第 2 期,46—49 页。

赣语泰和方言的动词谓语句

0 概说

一种语言或者一种方言的语法,最复杂的部分大概就是动词了。动词的类别、变化、搭配规则、动词句型等,是任何一部语法最基本也是最重要的组成部分,甚至可以说,如果把一种语言或者方言的动词描写得足够清楚了,那么,该语言或者方言语法的面貌也就基本清楚了。与汉语大多数的方言点一样,赣语泰和方言的语法描写尤其是动词的描写,迄今尚未见到成系统的语法调查报告。本文的描写分析是探索性的,缺漏在所难免。为了讨论的方便,描写分析时选取吕叔湘主编的《现代汉语八百词》的普通话语法体系作为参照,比较异同,重点放在相异处。

动词的类别繁多,分类方法除了着眼于句法特征中的受事宾语分为及物动词和不及物动词之外,还有着眼于语义特征中的情状类型分为活动动词(activity)、完结动词(accomplishment)、达成动词(achievement)、静态动词(state)以及瞬间动词、持续动词等;还有传统的教学语法上分类为行为动词、心理动词、关系动词、判断动词、趋向动词、能愿动词的,等等。一般说来,无论分类方法的角度如何、粗细如何,不同类别的动词在句法表现上往往有较为明显的差异。如行为动词可以构成被动句式,判断动词则无法构成被动句式。要详尽描写出泰和方言中各种类别的动词作谓语时的种种句法表现,目前尚难以做到。因此本文的描写范围放在行为动词(典型的动词)作谓语构成的句子上,考察角度着眼于句中的宾语、状语、补语以及动词连用的句式。限于篇幅,本文主要讨论带宾语和带状语的动词谓语句。

1 宾语句

泰和方言的行为动词数量众多,无论是及物动词还是不及物动词,一般都能带宾语,但是宾语的种类有所不同。从语义上分析,行为动词的宾语有受事宾语、结果宾语、工具宾语、处所宾语、施事宾语、目的宾语、方式宾语等许多种类型。例如:

受事宾语:

1)渠斫矣三斤腰方肉。
2)水生昨日卖呱一车子西瓜。

结果宾语:

3)邱先生上午画矣一张山水画。
4)彭家明年要修一只水库。

工具宾语:

5)你禾填表写钢笔,吭要写圆子笔。
6)渠从小就吃调羹,吭能吃过筷子。

处所宾语:

7)我明日去圩浪,你禾阿去?
8)等一下去游水,木根游中间,家仁游边浪。

施事宾语:

9)隔壁今日上午来矣蛮多客。
10)晒坪浪坐到一伙人。

目的宾语:

11)王经理格几工日日在乡下跑瓜子。
12)乾旺叔天光墨候,累死累命累几个钱。

方式宾语:

13)马走日,相走田,炮打隔粒子,车牯走直线。(象棋走法口诀)

此外,还可以概括出一些其他宾语类型。就总体情况而言,及物动词所带的往往是受事宾语、结果宾语和工具宾语,不及物动词正好相反,往往带的是处所宾语、施事宾语、目的宾语和方式宾语。二者在所带宾语的类型上呈现出互补分布,句式变换上也有所不同。

多数的行为动词只能带单宾语,其中有一部分可以带双宾语。例如:

14)我送你一壶水酒。
15)水根买矣乾旺叔两只猪。
16)春娥借矣农机站一只水泵。
17)村浪要租渠一栋屋。
18)你过来,渠话线你一只事。
19)王师傅先会教过格只细人子一发子本事。
20)刘乡长昨日阿是赢矣木生一盘棋?

21）渠欠矣人家一笔钱。
22）秋苟上圩抢呱我一只手表。
23）渠禾拿矣祠堂蛮多东西。
24）前日贼牯偷呱壁几件好衣服。

双宾语中一个是直接宾语，往往指物，如例14）中的"一壶水酒"；一个是间接宾语，往往指人，如例14）中的"你"。泰和话中双宾语结构的句子值得注意的问题有三点，一是动词及其句式有"给予"和"索取"两种语义类型；二是双宾语的排列有"间前直后"和"直间前后"两种语序；三是特殊动词"得"的出现条件限制。

双宾语结构中的动词及其句式从语义上分析，有"给予"和"索取"两种基本的类型，由此造成句子的含义和句法的表现有所不同。所谓"给予类"，指的是主体（通常由主语表示）将物（由直接宾语表示）给予人（由间接宾语表示）。如例14）表示主体"我"通过行为"送"给予某人"你"以某物"一壶水酒"，即某人获得了某物。如：

25）　我　　　送　　　你　　　一壶水酒
　　　（主体 →　行为 →　人 →　物）

上述句子例14）—19）中的动词"送""买""借""租""话线（告诉）""教"等表示的都是"给予类"的语义，由这些动词作谓语的句子一般也是表示给予的意思。

所谓"索取类"，指的是主体从某人那里索取某物，如例22）表示主体"秋苟"通过行为"抢"从某人"我"那里索取某物"一只手表"，即某人失去了某物。如：

26）　秋苟　　抢呱　　我　　　一只手表
　　　（主体 ←　行为 ←　人 ←　物）

上述句子例20）—24）中的动词"抢""赢""欠""拿""偷"等表示的都是"索取类"的语义，由这些动词作谓语的句子一般表示的也是索取的意思。

泰和方言中的双宾语动词在"给予类"和"索取类"的语义上是可以分别的，"买—卖""赢—输""收—送""欠—还"等动词分属两类，在语义方向上是相对的，作谓语的时候句子在给予或者索取的语义方面没有歧义。但是，双宾语动词中也有一些交叉现象，或者说是兼类现象。如动词"借""租""拿"等就有两个义项，一个是给予义，一个是索取义。当这些动词作了句子谓语的时候，句子就含有歧义。如例17）就有两个意思，即：

27a）　　　村浪　　要租　　渠　　　一栋屋。
　　给予：（主体→　行为 →　人→　物）
27b）　　　村浪　　要租　　渠　　　一栋屋。
　　索取：（主体←　行为 ←　人←　物）

例27a）的含义是村里要租出一幢房子（给他），例27b）的含义则是要（从他那里)租进一幢房子,语义方向正好相反,用的是同一个动词"租",句子在形式上也完全一样。这是由双宾语动词的多义造成的歧义句。例16)和例23)也都是有歧义的句子。

试比较上面分析的几组动词在给予和索取意义方面的表现:

28) 给予义　　　　索取义

卖　　　　　　买
输　　　　　　赢
送　　　　　　收
还　　　　　　欠

借1　　　　　　借2
租1　　　　　　租2
拿1　　　　　　拿2

由上表可知,前四组能带双宾语的动词类别作谓语时不会造成句子在给予或者索取方面的歧义,后三组能带双宾语的动词类别作谓语时则可能造成句子的歧义。

第二,双宾语在排列上有两种语序。通常的排列语序是"间前直后",即表示人的间接宾语在前,表示物的直接宾语在后。上面举到的例子都属于这种情况。泰和方言中还存在着另外一种排列顺序:"直前间后",即直接宾语在前,间接宾语在后。以下句子在泰和方言中都是合格的:

29) 我送一壶水酒渠。

30) 水根卖矣两只猪乾旺叔。

31) 春娥借矣一只水泵农机站。

32) 村浪要租一栋屋渠。

33) 你过来,渠话线一只事你。

34) 刘乡长昨日阿是输矣一盘棋木生?

35) 王师傅先会教过一发子本事格只细人子。

双宾语的这两种排列顺序在语法上受到的限制不完全一样。"间前直后"的排列是自由的,无条件的,给予类和索取类动词都可以作这种排列。因此,当动词有两个义项时,句子有时候会造成歧义。如"渠昨日借我一本书",可以是借出,也可以是借进,消除歧义要看上下文语境和说话的具体环境。而"直前间后"的排列要受到限制,是有条件的。即只有给予类动词构成的双宾语句式才可以出现这种排列。如"渠昨日借一本书我",只有借出一个意思,没有借进的意思,句子没有歧义,例29)~35)都只有给予类一种含义。

如果动词是属于索取类的,就不能有"直前间后"的排列语序,例28)中的索取类动词"买""赢""收""欠"等作谓语时所带的双宾语都不允许"直前间后"的排列。以下是不合格的句子:

36)＊水根买矣两只猪我。

37)＊刘乡长昨日阿是赢矣一盘棋你?

38)＊我收到一只包裹渠。

39)＊渠欠一笔钱人家。

由于"直前间后"的排列要求句子表达的只能是给予类的语义,所以表示索取类的动词不能在这种结构中出现,如例36)~39)。有时候,出现在该句式中的动词看上去似乎属于索取类,句子又是合格的。例如:

40)？渠禾抢矣一只手表我。(不等于:抢矣我一只手表)

41)？昨日墨候贼牯偷矣几件衣服木生。(不等于:偷矣木生几件衣服)

上述两例中的谓语动词"抢""偷"语义上似乎都是属于索取类,出现在"直前间后"的排列中听上去有些奇怪,但是句子仍然可以用于交际,是合格的。不过句子表达的意思不是索取,而是给予。例40)的含义不是"他抢走了我一块手表",恰恰相反,句子的含义是"他(从别处)抢来了一块手表给我"。例41)的含义则是"小偷从别处偷来了几件衣服给木生"。这是句式的语义制约了动词在句中含义的情况,需要引起注意。

第三,双宾语结构中的特殊动词"得"。在泰和话中,双宾语句式"直前间后"表示给予类意义的排列顺序,更常见的形式是在间接宾语的前头加上一个特殊动词"得","得"的含义大致相当于普通话的动词"给"。"得"的出现要满足三个条件:

① 只能出现在"给予类"的句子中;

② 只能出现在"直前间后"的语序中;

③ 只能出现在间接宾语之前。

上面例29)~35)表示给予类的"直前间后"排列的句子,都可以在间接宾语的前面加上特殊动词"得",在泰和方言中,加"得"的句子比不加"得"的句子更为常见,不带"得"的句子可以理解为是带"得"句子的省略形式。例如:

42)乾旺叔要还一笔钱得你。

43)木生卖矣一块地基得水根。

44)你去拿一把扇子得叔叔。

45)大家让几只位子得老师。

46)姆妈明日上班打一只电话得舅舅。

47)中学同学寄矣几本书得我。

48）王师傅教矣一发子本事得水根。

在间接宾语较为复杂的句子里,为了语法关系看得更为清楚,有时候"得"字必须出现,不能省去。如下列句子中的"得"字不能省：

49）我要汇一笔钱得小时间教我做手艺个师傅。

50）你去送几车西瓜得敬老院个公公婆婆禾。

"得"虽然看作动词,与普通话的动词"给"含义相近,但是与普通话的"给"字在用法上很不相同,泰和话的"得"字要受到比普通话的"给"字更多的限制。试比较：

51）*我得乾旺叔送一壶水酒。（我给乾旺叔送一壶酒）

52）*我寄得你一封信。（我寄给你一封信）

53）*我得渠一本书。（我给他一本书）

54）*格件衣服得渠禾。（这件衣服给他们）

上述4个句子在泰和方言中是不成立的,但是相对应的普通话句子却都是合格的。这4个句子代表"得"字在使用中的受到限制的几种情况：

不能带宾语置于谓语动词之前,例51）；

不能与谓语动词组合在一起带双宾语,例52）；

不能单独作谓语带双宾语,例53）；

不能单独作谓语带单宾语,例54）；

由此可以看出,泰和方言中的特殊动词"得",其独立性是相当弱的,除了用在双宾语结构"直前间后"的语序中表示给予意义之外,还有一种用法是在单宾语结构中附着在谓语动词之后（双宾语结构中不行）,构成一个整体,表示给予意义。例如：

55）格件衣服送得渠禾。

56）格只包裹等一下寄得学堂里去。

57）明日上课个时间你把格本小说还得张伟。

58）圩浪格只摊子租得水生,一个月一百块钱。

2 状语句

动词作谓语的句子中,状语非常复杂。首先表现为充当状语成分的词或者短语的类型比较复杂。一般来说,各种副词和各种介词短语都可以作状语,此外数量词、形容词和其他各种短语也可以作状语。例如：

副词作状语：

59) 小时间我禾时常去县浪看电影。(表频率)
60) 木生闱里刚脚吃呱饭。(表时间)
61) 你总共赚矣几多钱？(表范围)
62) 美英就是喜欢渠,你禾有闹得办法？(表语气)
63) 乾旺叔一直吭能话事。(表否定)

介词短语作状语：

64) 水根今日上午把格丘田犁矣一遍。(表受事)
65) 秋苟阿是跟人家打矣一架？(表对象)
66) 渠从班房里放出来矣。(表处所)

其他词语作状语：

67) 渠一餐吃得呱一斤米,有本事。(表数量)
68) 你禾肃肃静静困觉,吭要吵人家。(表情态)
69) 乾旺叔一工到夜唱格只歌,难听死矣。(表时间)

其次,状语的语义类型也很复杂。如上举各例包含的语义就有频率状语,时间状语,范围状语,语气状语,否定状语,受事状语,对象状语,处所状语,数量状语,情态状语等等。下面我们选择介宾短语作状语表示受事的"把字句"和表示被动的"得字句"的复杂情况进行一些探讨。

2.1 泰和方言中表示受事提前的"把字句"

泰和方言里用介词"把"将行为动词的受事放在谓语动词的前边作状语,构成一种特殊的句式,如例64)。又如：

70) 渠把牛牵出去矣。
71) 叔叔把家务事全部做改。
72) 家婆把外头个被卧收进来矣。
73) 木生把人家额浪打出一只包来矣。
74) 渠昨日把本钱一下输尽矣。
75) 水根斫矣几工柴就把格双鞋子穿烂改。
76) 你把桌子浪个书拿得我看一下。

泰和方言中的"把字句"有几点值得注意：一是"把"字短语的位置在主语和谓语动词之前,一般不能用于句首(省略主语的祈使句除外),也不能用于句末。

二是谓语必须由及物动词充当,动词在语义上要能管得住"把"字的宾语,即"把"字的宾语是谓语动词的受事。如上举各例中的"犁(田)""牵(牛)""做(家务事)""收(被卧)""打(人)""输(钱)""穿(鞋子)""拿(书)"。不及物动词一般不能用于"把字句",下面是不合格的句子：

77) *明日我把县城去一次。

78）*王经理格几工把瓜子跑矣一车皮。

三是谓语部分必须表达行为及其结果，一般由动补结构充当。如上举各例中的"犁一遍""牵出去""做改""收进来""打出一只包来""输尽""穿烂""拿得我"。谓语部分如果不含有结果的意义，句子通常不能成立。以下是不合格的句子：

79）*叔叔把家务事全部做。

80）*木生把人家额浪打。

81）*你把桌子浪书拿。

四是"把"的宾语通常是有指的对象，不是任指的事物，即在说话人眼里"把"所带的宾语是确定的。如例64)"今日上午水根把格丘田犁矣一遍"中的"格丘田"就是定指的对象。其他例句中的"牛""家务事""被卧""人家额浪""本钱""格双鞋子""桌子浪个书"等也都是有指的。具体表现在言语结构中就是无指称的"数量名"结构往往不能用作"把"的宾语。例如：

82）? 渠把一只西瓜吃改。（特定的一只瓜）

83）? 乾旺叔把两只碗打烂改。（特定的两只碗）

84）? 木生把三只鸡崽子踩死改。（特定的三只鸡）

上述三个句子在泰和方言中是奇怪的，理由就在于"一只西瓜""两只碗""三只鸡崽子"在语言形式上是表示任指的，或者说是无指的，与"把"字的宾语要求有指相矛盾。但是，这几个句子也不是根本不能说，在日常交际中有时也能听到这类句子。不过，从句子意义来理解，出现在"把"字结构中的"无指"形式，其真实含义也是有指的。上面三个句子中"把"的宾语分别相当于"格一只西瓜""格两只碗""格三只鸡崽子"。就操泰和方言的人的语感来说，上述三个句子在语义上不等于下面三个句子，因为下面三个句子不是"把字句"，宾语处于句末，在形式和意义上表示的都是无指的事物。例如：

85）渠吃改一只西瓜。（任意的一只瓜）

86）乾旺叔打烂改两只碗。（任意的两只碗）

87）木生踩死改三只鸡崽子。（任意的三只鸡）

五是有些"把字句"有对应的非把字句格式，即可以还原复位；有些"把字句"没有对应的非把字句格式，不可以还原复位。其中的原因很多，不同的结构成分如补语的复杂程度、状语的情况等对能否还原有不同的影响。一般来说，谓语动词及其补语比较简单的"把字句"还原的可能性大些，结构复杂的"把字句"还原的可能性就小些。上面举到的例82)~84)与例85)~87)就是相对应的可还原的实例。试比较下面几组句子：

88）渠把格本书扯改。

比较：渠扯改格本书。

89）渠上半年把格笔债还清改。

　　比较：渠上半年还清改格笔债。

90）渠把格本书扯得稀丝八烂。

　　比较：？渠扯得格本书稀丝八烂。

91）渠把格只猫眯关进笼子里去矣。

　　比较：*渠关格只猫眯进笼子里去矣。

上述句子中例88）和例89）有还原的句式，例90）还原后的句子显得有点奇怪，例91）句无法还原，没有相对应的句式。有时候，"把字句"中除了"把"字所带的宾语之外，谓语动词还带了一个宾语。还原的时候有两种情况，一是形成双宾语结构，一是形成单宾语结构。例如：

92）我明日把格本书还得水根。

　　比较：我明日还格本书得水根。（还原为双宾语句）

93）我把甜酒酿吃呱半瓶。

　　比较：我吃呱半瓶甜酒酿。（还原为单宾语句）

从上面的分析可以看出，为了理解的方便，我们可以说"把"字提前了谓语动词的宾语，这样有助于看清"把字句"与相对应的非把字句之间的语义角色关系，但是，"把字句"有其独特的句法地位和语用价值，并不一定是由非把字句变换而来，"宾语提前""句式还原"之类的说法并不十分准确。

2.2　泰和方言中表示被动意义的"等字句"

泰和方言的动词谓语句可以表示主动意义，也可以表示被动意义。表示被动意义的典型格式是"被动者＋等＋主动者＋谓语动词"，我们概括为"等字句"。例如：

94）我去年在渠大门口等狗咬矣一口。

95）木生刚脚等村长刮矣一餐鼻公。

96）水根个摊子等市管会封改。

97）渠禾进去个时间等人家看到矣。

98）乾旺叔上圩等脚车撞破矣皮。

99）秋苟做坏事等公安局捉起来矣。

100）格只后生子阿是等格只鞋娘迷到矣？

101）你禾吭要等人家当讪头。

泰和方言中的"等"字大致相当于普通话的介词"被"，引进主动者，句子表示被动的意思，但用法不完全一样。"等字句"有如下一些特点：

① 句子中的被动者位置在句首，在句法上充当主语，在语义上是动作的受事，在语用上是说话的起点。如上举各例中的"我""木生""水根个摊子""渠禾""乾

旺叔""秋苟""格只后生子""你禾"等。

② 谓语动词要求是及物动词,在语义上能管得住句首的被动者。如例句中的"咬(我)""刮(木生)""封(摊子)""看到(渠禾)""撞(乾旺叔)""捉(秋苟)""迷到(后生子)""当(你禾:把你们当作)"等。

③ 谓语动词往往要表达某种结果,结构上常见的格式是动补式。如上举各例中的"咬矣一口""刮矣一餐鼻公""封改""看到矣""撞破矣皮""捉起来""迷到""当训头"等。谓语动词后面如果缺少了补语之类的成分表示结果,句子则不能成立。

④ 介词"等"必须引出主动者,组成介宾结构作句子的状语。如上举各例中的"狗""村长""市管会""人家""脚车""公安局""格只鞋娘"等。与普通话的"被"字有所不同的是,泰和方言中的"等"字后面一定要有主动者出现,"等"字不能直接附着在谓语动词之前表示被动,这一点需要引起注意。以下句子在泰和方言中是不合格的,但是相对应的普通话句子却是合格的。例如:

102)*渠个钱包等偷走改。(他的钱包被偷走了)

103)*昨日墨候看电影个时间水根等赶出来矣。(昨天晚上看电影的时候水根被赶出来了)

104)*祠堂大门等锁起来矣。(祠堂大门被锁起来了)

在泰和方言里,表示被动的介词"等"后面要跟出主动者,否则句子不成立。如果说话时要省略行为的主动者,那么,"等"字也要一并省去。上述句子合格的表达形式有二:或者用"等字句",将主动者引出;或者不用等字句,将介词"等"及宾语全部省去,句子的被动意义由各成分之间的关系"意合"得出。如上面举到的例102)句要表示被动意义有如下两种形式:

105)a 渠个钱包等贼牯偷走改。

105)b 渠个钱包偷走改。

需要指出的是,例105)b 的形式由于缺乏表示被动的语言成分,使用的时候要尽量避免表意含混而引起误解。

⑤ "等字句"的还原问题。同"把字句"相似,"等字句"也有相应的非等字句格式,即等字句也可以还原复位为一般句式。如例94)句可以说成"狗去年在渠大门口咬矣我一口"。不过,"等字句"有表示被动的特殊语用价值,如果还原复位,表示被动的特殊含义也就失去了,这是一方面。另一方面,有些"等字句"并不能还原,至少不能轻易地还原。例如:

106)a 渠禾进去个时间等守门个看到矣。

106)b? 渠禾进去个时间守门个看到矣渠禾。

107)a 乾旺叔上圩等脚车撞破矣皮。

107）b? 脚车上圲撞破矣乾旺叔个皮。

108）a 你禾吼要等人家当训头。

108）b* 人家吼要当你禾是训头。

上述3个句子还原的情况各不相同。第一个句子还原的时候要重复一遍被动者"渠禾"；第二个句子还原时要把被动者"乾旺叔"转变为宾语中的定语；第三个句子因为是祈使句，很难还原为一般句式，这里的还原句与"等字句"的意思有了很大变化。

由以上分析可以看出，"等字句"可以结合相对应的非等字句来理解，但是不必把"等字句"看作是由非等字句将宾语提前到句首而形成。因为二者有不同的语用价值，反映在句法结构上也有各自的特点，并不存在整齐的对应变换。

2.3 最后简单讨论一下"把字句"和"等字句"的否定形式和疑问句式

"把字句"将受事成分置于谓语动词之前，成为有指的对象，并且突出强调了行为及其结果。"等字句"将受事成分置于句首位置，成为说话的起点，同时突出了受事者的被动意义。两种句式都具有非常明确而特定的语用价值，所以，一般情况下，"把字句"和"等字句"不用否定表达式。如果说话人着意要对行为及其结果进行否定，着意要对句子的被动意义进行否定，也可以运用这两种句式的否定形式。"把字句"有以下几种可能的否定形式：

109）渠昨日把木生打伤改。

109）a* 吼能渠昨日把木生打伤。

109）b* 渠吼能昨日把木生打伤。

109）c 渠昨日吼能把木生打伤。

109）d? 渠昨日把木生吼能打伤。

109）e* 渠昨日把木生打吼能伤。

上述5种否定形式，在泰和话中只有c式是合格的，其余4种均是不合格的。换句话说，否定词"吼能"要用在"把"字的前面，表示该句式最突出的成分正是这个"把"（否定焦点）。否定词一般不置于句首，不置于"把"字以外的其他状语之前，通常也不用于动词谓语之前或之后。这是很有意思的。

"等字句"也有以下几种可能的否定形式：

110）渠昨日等木生打伤改。

110）a* 吼能渠昨日等木生打伤。

110）b* 渠吼能昨日等木生打伤。

110）c 渠昨日吼能等木生打伤。

110）d? 渠昨日等木生吼能打伤。

110）e* 渠昨日等木生打吼能伤。

上述 5 种否定形式,在泰和话中也只有 c 式是合格的,其余 4 种均不合格。换句话说,否定词"呒能"只能用在"等"字的前面,表示该句式中最突出的成分是"等"字,否定词紧靠否定焦点。

在疑问句里,疑问词"阿能"(完成体的疑问形式)也只能用于"把"字或者"等"字之前。例如:

111)渠昨日阿能把木生打伤?
112)渠昨日阿能等木生打伤?

值得注意的是,另外一疑问词"阿是"(是非问的疑问形式)的句法位置却非常灵活,可以用于句首或者句中的任何一个成分之前。例如:

113)渠昨日把/等木生打伤改。
113)a 阿是渠昨日把/等木生打伤改?
113)b 渠阿是昨日把/等木生打伤改?
113)c 渠昨日阿是把/等木生打伤改?
113)d 渠昨日把/等木生阿是打伤改?
113)e 渠昨日把/等木生打伤改阿是?

简言之,泰和方言的动词谓语句是非常复杂的,同普通话相比,有的地方互相对应,有的地方并不对应,如双宾语中表示给予意义的"得"字和表示被动意义的介词"等"字,在用法上与普通话语法中的"给"字和"被"字就有较明显的差异。此外,泰和方言的动词谓语句中还有"状语后置"的格式(如:"你吃多一发子酒"——你多喝一点酒),引出补语的助词"得"的用法相当复杂(如:"赶紧送得去"——赶快送去),存现句有一些独到的特点(如:"渠坐得在床线浪"——她坐在床沿上),否定句和疑问句有不少值得注意的地方(如:"我呒能吃过烟"——我从未抽过香烟;"渠阿能煮熟饭?"——她煮熟了饭没有)等。泰和方言的非行为动词谓语句和判断句、能愿动词句、趋向动词句、关系动词句,也各有一些特点。限于篇幅和目前的研究现状,以后另文再作讨论。总之,方言语法是一块具有独特价值的语言宝库。

**本文写作过程中曾得到游汝杰先生不少的指导和启发,谨致谢忱。

原刊于《中国东南部方言比较研究丛书》(第三辑),暨南大学出版社,1997 年,212—228 页

赣语泰和方言的代词(稿)

代词是一个封闭的类,可以作穷尽性的列举,在语言中的使用频率相当高,用法上也很有特点。吕叔湘先生说:

"这一类词的特点是它们不跟任何人、物、施为、性状发生固定的联系,可以在不同的场合指点不同的人、物、施为、性状。这类词数目不多而用法复杂,不但所联系的对象有实体(人、物、时间、处所等)和非实体(施为、性状、数量、程度等)的不同,还涉及有定和无定的不同,指示和称代的不同,实指和虚指的不同,因此要制定一个令人满意的代词分类表是很不容易的。"(《近代汉语指代词·序》)

由于代词用法上的复杂性,把代词分为人称、指示、疑问三类"并不十分合适",但是这个分类在语法学术文献中使用得相当普遍,我们还是沿用这个代词三分法。下面将赣语泰和方言的代词分为人称代词、指示代词、疑问代词三类来讨论。

1 人称代词

人称代词指的是语言系统中主要作用在于称代人的词。在语言交际中,表示说话人的是第一人称,表示听话人的是第二人称,表示旁涉人的是第三人称。泰和方言中有这三种人称的区别。即:第一人称"我"[ŋo^{42}];第二人称"你"[n̠i^{42}];第三人称"渠"[tɕi^{211}]。例如:

(01) 我冇认得张阿姨。
(02) 你个书包放得在抽箱连。
(03) 渠话得个事冇作数。
(04) 老师今日上课个时间话矣我几句。
(05) 叔叔昨日在圩浪阿是斫矣你连个肉?
(06) 村长喊渠明日吃刮早饭来帮忙。

在上述句子中,人称代词分别用作主语、定语、定语部分中的主语、宾语、宾语部分中的定语、兼语等。

泰和方言中的人称代词有复数形式,标记成分是"禾"[uo^{33}]。例如:

(07) 我禾一下去看这幕电影。

(08) 下午三点钟开会,请你禾要记到。

(09) 渠禾肯定易得来去矣。

除了附着在人称代词后面表示复数之外,"禾"还可以附着在指人的一般名词后面。例如:

(10) 你去把老师禾一下喊得来。

(11) 叔叔伯伯禾阿记得我小时间个事?

(12) 渠看到乡长禾在大礼堂听报告。

(13) 屋场浪个后生子禾上岭浪斫柴去矣。

(14) 大人(禾)个事呒要细人子(禾)来赶热闹。

人称代词表示复数用"禾"是强制性的,不能省略。例如"我禾""你禾""渠禾"说成"我""你""渠"意思截然不同。而一般指人名词表示复数用"禾"则具有可选性,用"禾"明确表示了复数含义,不用"禾"也常常含有复数的意思。如例14的"大人禾"明确表示了复数,如果说成"大人",不用复数标记,在这个句子里也带有复数的意思。不过,用与不用还是有些区别的。主要的区别是,用了"禾",句子在表数上没有歧义;不用"禾",句子在表数上则可以有两种理解,即有歧义。例如:

(15) 村长昨日到乡政府开矣一工个会。(一个村长,多个村长)

(16) 你阿能劝渠连妹子明日呒要去摘茶叶?(一个妹妹,多个妹妹)

泰和方言的第三人称代词"渠"有时也能用于表示物。不过表示物的时候一般不用于始发句,主要用于后续句,而且最常见的句法位置是做宾语,指人的时候则没有这些限制。例如:

(17) 渠几工呒能吃东西。(句子常用于指人)

(18) 格只猪(? 渠)几工呒能吃东西。(第一次指物时一般不用"渠")

(19) 你把格碗饭吃刮渠。(前面先提到"格碗饭")

(20) 我养矣三只鸽子,日日早辰要喂渠禾。(前面先提到"三只鸽子")

人称代词表示领属关系时可以在后面加助词"个"[ko^{33}]。有时候"个"表示的是定语修饰中心语的关系,有时候则直接代替了领属物。例如:

(21) 我个钢笔上只礼拜跌改。

(22) 水生从来呒能挨过你个书。

(23) 叫得渠禾个亲戚来讲道理。

(24) 我个最扎实,渠个用一下就烂改。

泰和方言的人称代词除了第一人称、第二人称、第三人称之外,还有反身自称代词"自家"[tsʻi²¹¹ka⁵⁵]、他称代词"人家"[ȵin³³ka⁵⁵]、统称代词"大家"[hai²¹¹ ka⁵⁵]。例如:

(25) 等渠禾自家去话成来。

(26) 筷子是呒会自家跌得桌子底下去个。

(27) 自家个事呒要指望人家去做。

(28) 你禾有你禾个想法,人家有人家个打算。

(29) 我禾大家来商量一下,明日去还是呒去。

(30) 渠自家去进,人家呒会话事,大家跟得去进。

自称代词"自家"与他称代词"人家"是相对的,在用法上"自家"要复杂一些,可以是复指指人的词语(例25),也可以复指指物的词语(例26),还可以是泛称(例27);而他称代词"人家"只是指人,一般不用于指物;统称代词"大家"通常也只是用于指人(例28—30)。

2 指示代词

指示代词指的是语言系统中表示指称作用的词。指示代词的基本用法是指示空间位置的远近。泰和方言中指示空间距离近的是"革侯"[ke⁵⁵heu³³](大致相当于北京方言的"这里"),指示空间距离远的是"葛罗"[ko⁴²lo³³](大致相当于北京方言的"那里")。例如:

(31) 革侯有一汪水,要小心。

(32) 王书记过几工会来革侯检查。

(33) 你禾革侯阿冒猪婆崽卖?

(34) 葛罗是木根连个菜园。

(35) 办公室葛罗来矣几个呒认得个人。

(36) 公公跟婆婆阿是冒得几工到矣葛罗?

在泰和方言里,指称处所的指示代词是成对的,"革侯——葛罗"。前者是近指处所代词,后者是远指处所代词。非常有趣的是,纯粹表示指称的代词在泰和方言中却只有一个"格"[ko²¹¹],并没有一对代词来分别近指和远指。在说泰和方言的本地人的语感里,"格"的基本指示意义是近指(大致相当于北京方言中的"这")。如果要表示远指,通常的办法是在前面加上指示处所的代词"葛罗",如用"格只人"表示"这个人"的含义,用"葛罗格只人"的形式表示"那个人"的意思。例如:

(37) 格是一堆桔子。

(38) 你阿是在寻格本书?

(39) 格就会累到渠连格只细人子。

(40) 格栋屋是叔叔个,葛罗格栋屋是伯伯个。

(41) 革侯格丘田栽矣豆子,葛罗格丘田栽矣番薯。

(42) 格是把缸,格是碗,葛罗是一把茶壶。

在口语中有时候也能听到用一个音节的代词"葛"[ko⁴²]来表示远指,不过这种说法不很常见,而且有较严格的条件限制,即不能单独出现,只用在对举的格式里。例如:

(43) 格是一部货车,葛是一部吉普车。

(44) 你要格件衣服还是葛件衣服?

实际上,上面两个例句中的"葛"可以认为是"葛罗格"在一定条件(如对举)中的省略。

当不需要将近指和远指作出区别的时候,泰和方言中表示指示(人、物、性状、动作、数量、时间等)的代词一般都用"格"。例如:

(45) 我以前从来吓能见过格只人。(这个人,那个人)

(46) 格头柑子树结密矣柑子。(这棵柑树,那棵柑树)

(47) 你禾吓要话得渠格浪好。(这么好,那么好)

(48) 格浪坐到写字肯定吓舒服。(这样坐,那样坐)

(49) 学堂连今日布置矣格多作业。(这么多,那么多)

(50) 大伯伯结婚格只时间公公得矣病。(这个时候,那个时候)

总之,泰和方言中表示处所指称意义的代词有近指"革侯"和远指"葛罗"之分,而表示纯指示意义的代词只有一个"格",在本地人的语言心理上倾向于认为"格"表示的是近指。如果需要表示近指和远指的对立,往往借助于表示远指处所意义的"葛罗""格"在泰和方言中使用得相当广。

3 疑问代词

疑问代词指的是表示疑问意义并寻求解答的词。疑问的对象可以是人、物、时间、处所、性状、动作、数量、原因等,泰和方言中的疑问代词主要有"哪个""闹德""舞闹德""哪当""哪久""羌呢""几",下面分别讨论。

1. 哪个[lai²¹¹ko³³]。"哪个"在泰和方言中用于问人,意思是"谁",可以充当主语、定语、兼语、宾语等多种句法成分。例如:

(51) 哪个立得在葛罗树底下?

(52)哪个个镢头把子断改?
(53)昨日墨候那个连个毛伢子紧哭得去?
(54)你禾等一下子打算喊得哪个来帮忙?
(55)渠冒得一下跟哪个在话事?
(56)水生连姆妈吭晓得得罪矣哪个?

2. 闹德[lau²¹¹ te⁵⁵]、舞闹德[u⁴² lau²¹¹ te⁵⁵]。"闹德"在泰和方言中主要用于问物,意思是"什么",也可以充当多种句法成分。"舞闹德"是问原因的疑问词语,意思是"为什么"。例如:

(57)闹德是细人子最喜欢个搞个?
(58)新娘子长得闹德样子你阿能看到?
(59)今日早辰你禾两姊妹跟隔壁吵闹德?
(60)渠格生世去过矣闹德地方?
(61)舞闹德晓英昨日吭交作业?
(62)你舞闹德要借钱去做屋?
(63)李乡长发脾气舞闹德?

3. 哪当[lai²¹¹ toŋ³³]、哪久[lai²¹¹ tɕiu⁴²]。"哪当"在泰和方言中用于问处所,意思是"哪里"。"哪久"则用于问时间长度,意思是什么时候。例如:

(64)哪当在放电影《风雨下钟山》?
(65)鹅公脑哪当更易得爬?
(66)水生连老家是哪当?
(67)你禾明日在哪当比赛?
(68)水生叔约得木根伯伯哪久来?
(69)渠欠得是哪久个债,还吭能还?
(70)柜子连格只碟子明海是哪久买得个?

4. 羌呢[tɕʻioŋ²¹¹ ɲi⁵⁵]。"羌呢"在泰和方言中用于问方式和动作,常见的位置是在动词前面,意思是怎么。例如:

(71)格只事渠禾羌呢话?
(72)李老师羌呢教细人子?
(73)今日墨候个菜羌呢舞?
(74)你去看一下婶婶羌呢剁辣子?
(75)你禾自家话,张阿姨羌呢跟你禾交代个?

5. 几[tɕi⁴²]。"几"在泰和方言里主要用于问数字,可以同名词组合询问物的数目,如"几工";也可以同形容词组合询问事物的性状,如"几标致";还可以用来询问时间的长短,如"几久",大致意思是多少,多。"几"还可以用于感叹句,意思是多么。例如：

(76) 金苟读书读矣几年？

(77) 水生跟春英是几时间认得个？

(78) 双季稻要过几久才割得？

(79) 你话格只演员长得几客气？

(80) 旧年一年姨娘连卖矣几多只猪婆崽？

(81) 格几只老二看起来几得意呵！

(82) 渠禾一下呒晓得木根几会子做家务！

上面主要讨论的是代词的实指用法，即人称代词表示对人的称代，指示代词表示对人或物的指称，疑问代词表示疑问构成疑问句，这些都属于代词的基本用法。泰和方言中的代词有时不表示实际指代，而只是表示某种不定的指代意义，这就是代词的虚指用法。下面略举数例：

(83) 你话一句，我话一句，哪个都呒肯让一下。

(84) 去革侯也做得，去葛罗也做得，去哪当都冒关系。

(85) 喊哪个当村长我禾都是格浪做事。

(86) 渠去当圩个时间总是有只闹德事样个。

(87) 老弟羔呢发狠哥哥都觉得呒满意。

(88) 拣一下格只，拣一下葛只，左拣右拣，拣到一只烂灯盏。

(89) 李老师格只礼拜上课上得几累子。

(90) 你禾随便哪只时间来我们都会接待。

简言之，赣语泰和方言中的代词数量不多，但用法较复杂。本文主要是通过列举实际用例来反映泰和方言代词的基本情况，有些细微的用法和区别尚有待于今后作更详尽的分析探索。最后列出泰和方言中的代词表，并且将它们与北京方言中代词作一对照。

附：

赣语泰和方言代词表

一、人称代词

我—我	你—你	他—渠
咱们—我禾	我们—我禾	你们—你禾
他们—渠禾	大家—大家（大世家）	别人—人家（别人）
自己—自家	我的—我个	我们的—我禾个
你的—你个	你们的—你禾个	他的—渠个

他们的—渠禾个

二、指示代词

这里—革侯	那里—葛罗
这个人—(革侯)格个人	那个人—葛罗格个人
这些—格连	那些—葛罗格连
这—格	那—格
这么甜—格浪甜	那么甜—(葛罗)格浪甜
这么说—格浪话	那么说—(葛罗)格浪话
这样干—格浪做	那样干—(葛罗)格浪做
这时候—格只时间	那时候—(葛罗)格只时间
这会儿—格一下子	那阵子—(葛罗)格只时间

三、疑问代词

谁、哪个—哪个	怎么—羌浪	怎么办—羌浪办
什么—闹得	为什么—舞闹得	什么时候—闹得时间、几时间
几—几	多少—几多	多少斤—几多斤
	多久—几久	多大—几大
哪里—哪当	哪些—哪连	

原刊于《中国东南部方言比较研究丛书》(第四辑),暨南大学出版社,1999年,167—175页

赣语泰和方言的否定表达

提要

本文描写了赣语泰和方言中的否定表达方式。根据语义表达角度分为12类，共100条例句。具体描写方法是将共同语和泰和方言的否定表达逐条进行比较，以见相异相同之处。泰和方言中表示否定的标记主要有两个："呒"[m^{55}]和"冒"[mau^{211}]。二者在用法上有许多重要的区别。祈使句的否定用"呒要"，疑问句的否定用"阿冒"[$a^{55}mau^{211}$]或者"阿是呒 V"，完成体的否定形式是"呒能"[$m^{55}len^{33}$]。否定名词性成分通常用"冒"；否定谓词性成分二者均可，"呒"是单纯否定，"冒"在语义上大致相当于"呒能"；否定形容词性成分是，"呒"否定的是静态性状，"冒"否定的是动态变化。

关键词

否定；呒；呒能；冒；阿冒

否定是非常普遍的语言现象，否定表达与肯定表达有相对应的一面，例如多数肯定句都有结构和语义上相应的否定句。但是二者也有不对应的一面，例如有些肯定句没有相应的否定句，有些否定句也没有相应的肯定句。① 通过否定与肯定的比较，可以揭示语言中的一些不易观察到的句法和语义上的特点。下面主要根据调查表《否定词与否定式调查例句》②中的分类，描写江西中部赣语泰和方言③中的否定表达情况，并作一些简要的分析说明。

泰和方言中表达否定的标记主要有两个，"呒"[m^{55}]和"冒"[mau^{211}]，在使用上由于语法位置的不同，连接成分的不同，语义表达的不同，存在许多复杂的现象，下面从语义表达角度分作十二类进行描写。标上序号的例句是共同语中的表达方

---

① 例如：陈先生已经到了新疆——＊陈先生已经没到新疆。(否定句不成立)／＊陈先生从来到了香港——陈先生从来没到香港。(肯定句不成立)可参见戴耀晶(2000)。

② 参见"中国东南部方言比较研究"学术研讨会(2001,上海,"否定"专题)的有关论文。

③ 泰和地处江西中部吉(安)泰(和)盆地,地理坐标为东经115度,北纬26.5度。泰和方言按口音大致可分为五个小片,本文记录的是县城小片语法中的否定表达情况。

式,后面是泰和方言中相应意义的表达方法。

1 否定名词性成分的领有,具有或存在。例如:

(1) 屋里没有人/他没有兄弟
　　房间里冒人。——闹里冒哪个。(闹里:家里。口语中也说"闹连")
　　渠冒兄弟。
(2) 包里什么也没有/山上没有一棵树
　　包里闹德都冒。
　　岭浪冒一头树。——岭浪一头树都冒。
(3) 今晚没有酒喝。
　　今日墨候冒酒吃。(墨候:夜晚)
(4) 他家没有什么东西是值钱的
　　渠闹里冒闹德东西值得钱。——渠闹里冒闹德值钱个东西。(闹德:什么)
(5) 对这件事,他没有什么别的想法
　　对格只事,渠冒闹德别个想法。——渠对格只事冒闹德别个想法。
简要说明:泰和方言里对名词的否定通常用"冒"[mau²¹¹]。"冒"可以作谓语,是动词,可构成简单的主谓结构否定句(例1),强调的倒装结构否定句(例2),也可构成复杂的兼语结构否定句(例3、4)和"对"字句(例5)。

2 否定某种估量或程度。例如:

(6) 他还小,没经验/她很没主见
　　渠还细,冒经验。——渠而今还蛮细,冒经验。
　　渠冒(一)发仔主见。——渠一发仔主见都冒。(一发仔:一点儿)
(7) 这口箱没有一百二十斤重/他没有一米八高
　　格只箱子冒一百二十斤重。——格只箱子冒格浪重。(格:这;格浪:这样)
　　渠冒一米八高。——渠冒格高——渠冒格浪高。
(8) 那包书没多重/这口箱子没那口箱子重
　　格包书冒几重。——格包书冒闹德重。

格只箱子冒咯罗格只箱子重。(咯罗:那里)
(9) 他长得不怎么好看
渠长得冒闹德好看。——渠长得冒闹德客气。(客气:漂亮)
渠长得呒闹德好看。——渠长得呒闹德客气。
(10) 他平时不怎么说话
渠平常冒闹德话事。——渠平常呒闹德话事。

简要说明:表示否定意义的某种估量或程度,泰和方言中通常使用否定词"冒",后面跟名词(例6)。如果要否定形容词表示的估量或程度,需要在形容词前边加上一些成分,如加上数/量词(例7中的"一百二十斤""一米八"),程度副词(例8中的"几"),指示代词(例7中的"格浪"),疑问代词(例9,10中的"闹德"),等等,否定词"冒"一般不能直接带光杆形容词(试比较:*冒重,*冒高,*冒好看)。当句子中用上指物的疑问代词"闹德"(什么)表示程度的时候,否定句里可以使用"冒",也可以使用"呒"(例9,10)。

3 用于动词前否定动作的发生或状态的存在。例如:

(11) 他去了,我没有去
渠去矣,我冒去。——渠去矣,我呒能去。
(12) 没有收到回信,他可能出差去了
冒收到回信,渠有可能出差去矣。——呒能收到回信,渠有可能出差去矣。
(13) 我没有去过香港
我冒去过香港——我呒能去过香港。
(14) 刚才没下雨,现在下雨了/刚才下雨,现在没雨了。
刚才冒落雨,而间落矣雨。——刚才呒能落雨,而间落矣雨。
刚才落雨,而间冒落去矣。——刚才落雨,而间冒雨去矣。
刚才落矣雨,而间呒落去矣。——刚才落矣雨,而间呒在落去矣。

简要说明:对动作行为的否定,泰和方言可以用"冒",也可以用"呒",二者的语义有差别。否定词"冒"用在动词前面有时体含义,是对完成体的否定(例11—14)。否定词"呒"表示单纯的否定,不带时体含义(如:呒去,呒吃,呒读书)。如果要表示含时体意义的否定,需要在"呒"的后面加上"能",构成带完成体语义的否定词"呒能"[$m^{55}len^{33}$]。泰和方言否定词"呒能"和疑问词"阿能"[$a^{55}len^{33}$]中的"能",其语素义是表示完成体。

4 用于动词前,否定主观意愿或某种习惯。例如:

(15) 我不喜欢说大话的人

我呒喜欢吹牛皮个人。

我呒闹德喜欢吹牛皮个人。(闹德:什么。呒闹德喜欢:不怎么喜欢)

(16) 明天他去,我不去/ 如果他去,我就不去

明天渠去,我呒去。——要是渠会去,我就呒去。

(17) 要参加比赛的人留下,不参加比赛的人可以走了

要参加比赛个人留下来,呒参加比赛个人可以走去矣。(个:结构助词)

要参加比赛个人留得下来,呒参加比赛个人可以去回。(去回:回去)

(18) 他看都不看一眼,掉头就走

渠看都呒看一眼,转身就走改。(改:句尾语气词,表完成义)

渠看都呒看一眼,转过身就走。

(19) 别放辣椒,我不吃辣

呒要放辣子,我呒吃辣子。——呒要放辣子,我呒会吃辣子。

呒要放辣子,我吃呒得辣。(吃呒得:不能吃)

(20) 他抽烟,我不抽烟

渠吃烟,我呒吃烟。——渠会吃烟,我呒会吃烟。

简要说明:泰和方言中对主观意愿和习惯性的否定,通常用"呒"(例15—18),不用"冒"。表示祈使意义的否定,泰和方言中用双音节的"呒要"(例19),大体相当于普通话的"别"。表示人的习惯或者具有某种性质,泰和方言中常会用"会",相应的否定形式用"呒会"(例20)。当然,"会"的含义较为复杂,除表示习惯语义之外,还可以表示将来、意愿、能力等。

5 否定与补语(结果补语、可能补语、状态补语)。例如:

(21) 他吃饱了,我没吃饱

渠吃饱矣,我冒吃饱。——渠吃饱矣,我呒能吃饱。

(22) 他吃得饱,我吃不饱

渠吃得饱,我吃呒饱。——渠可以吃得饱,我吃呒饱。

*渠可以吃得饱,我呒可以吃得饱。

(23) 他吃得很饱,我吃得不太饱(不怎么饱)
渠吃得蛮饱,我吃得冒蛮饱。——渠吃得蛮饱,我吃得呒算蛮饱。
渠吃得蛮饱,我吃得冒闹德饱。
(24) 他考上了,我没考上
渠考到矣,我冒考到。——渠考到矣,我呒能考到。
(25) 他考得上,我考不上
渠考得到,*我考冒到。——渠考得到,我考呒到。
(26) 你跟他讲清楚了没有?——还没讲清楚
你阿能跟渠话清楚?——还呒能话清楚。(阿:疑问句发语词。阿能:完成体)
你跟渠阿能话清楚?——还呒能话清楚。——还冒话清楚。
(27) 他讲得很清楚,我讲不清楚
渠话得蛮清楚,我话呒清楚。(话呒清楚:可以是已然或者未然)
渠话得蛮清楚,我话得冒蛮清楚。("冒"是对已然情况的否定)
(28) 屋里扫干净了,屋外还没扫干净
房间扫干净矣,(房间)外头还呒能扫干净。——房间扫干净矣,外头还冒扫干净。
(29) 我说不过你/我比不上他
我话呒赢你。——我话你呒赢。(两种语序都有)
我比呒得渠。——我比呒到渠。
(30) 他说得很好,我说得不好
渠话得蛮好,我话得呒好。
(31) 找不到人/认不得路
找呒到人。——寻呒到人。
呒认得路。——认呒得路。
(32) 洗不干净就晒不干
洗呒干净肯定晒呒干。——洗呒干净就冒办法晒得干。
(33) 没吃饱你就多吃点儿
冒吃饱你就多吃一发仔。——冒吃饱就吃多一发仔哇。
呒能吃饱你就吃饱发仔。——呒能吃饱你就吃多发仔哇。
(34) 没煮熟能吃吗
冒煮熟阿吃得?——冒煮熟可以吃哇?——冒煮熟可以吃得哇?
呒能煮熟阿吃得?——呒能煮熟可以吃哇?——呒能煮熟可以吃得哇?
(35) 没晒干不能留作种子

冒晒干呒可以留到做种(子)。——冒晒干呒可以做种。

呒能晒干呒可以留到做种。——呒能晒干呒可以做种。

(36) 等了半天他还没到

等矣半天渠还冒到。——等矣半天渠还冒来。

等矣半天渠还呒能到。——等矣半天渠还呒能来。

简要说明:补语的语义比较复杂。在泰和方言中结果补语的否定可以用"冒",也可以用"呒"的完成体形式"呒能"(例21)。可能补语的否定一般用"呒"(例22,25),不用"冒"(*吃冒饱,*考冒到)。在条件紧缩句里,如果是对结果补语的否定,即可以用"冒",也可以用"呒"(例34,35)。值得注意的是例27反映的现象。"话呒清楚"是可能补语,不能说成"*话冒清楚"。如果加上"得",构成表示结果的补语"话得呒清楚",但是不可以说"*话得冒清楚",如果在形容词的前边再加上程度副词"蛮",句子就又变成合格的了,因为能够说"话得冒蛮清楚"。

6 用于形容词、副词前,否定某种状态。例如:

(37) 红花多半不香,香花多半不红

红花多数冒香,香花多数呒红。——红个花多数冒香,香个花多数呒是红个。

(38) 他家我不常去/他家我没少去

渠闹里我冒时常去。——渠闹里我冒闹德去。

渠闹里我呒是时常去。——渠闹里我呒闹德去。

渠闹里我去得冒少。——渠闹里我去得呒算少。

(39) 这文章写得很不好/这文章写得不很好

格篇文章写得实在呒好。

格篇文章写得冒蛮好。——格篇文章写得呒算好。

(40) 这种车开不快/他开得并不快

格种车子开呒快。——格种车子冒办法开快。

渠开得呒算快。——渠开得呒算蛮快。

(41) 开不快就追不上/不开快就追不上

开呒快就追呒到——呒开快就追呒到

简要说明:形容词的否定与形容词的次类有关。用"呒"否定的是形容词表示的静态性质,如"呒红""呒好"(例37,39)。如果用"冒"否定,"冒红""冒好"表示的就不是性质,而是动态变化了。可以加上时间副词"还",说成"还冒红""还冒好"。

7 否定与助动词

(42) 他要去打球,你呢?——我不想去
  渠要去打球,你耶? 我呒想去。——渠要去打球,你阿去? 我呒想去。
(43) 他得去开会,你呢?——我不必去
  渠要去开会,你耶? 我呒要去。——渠要去开会,你阿要去? 我呒要去。
(44) 这样写,笔会弄坏的。——你放心,不会坏的
  格浪写,笔会舞坏刮。你放心,呒会坏。(刮[kua^{55}]:时体标记。舞:弄)
  格浪写,会舞坏刮笔。你呒要□[ke^{55}],呒会舞坏。(□:担心)
(45) 这么迟了,他不会来了
  格浪晏,渠呒会来。——格浪晏去矣,渠呒会来。
  格浪晏,渠呒会来去矣。(矣[i^{42}]:完成体标记;去矣:句末语气词)
(46) 我愿意同你一起去,不愿意一个人去
  我想跟你一起去,呒想一个人去。
(47) 那房子谁也不肯住
  咯罗格间房子哪个都呒肯住。——咯罗格栋屋哪个都呒肯去住。
(48) 我不敢肯定他会不会同意这个意见
  我呒敢肯定渠阿会同意格只话法。——我呒敢肯定渠阿是会同意格只话法。
(49) 车子坏了,不能开了
  车子坏改,呒可以开去矣。
  车子坏改,开呒得去矣。(改[kue^{42}]:时体助词"刮+矣"的合音形式)
(50) 情况紧急,我们不能坐等别人帮忙
  事急到矣,我禾呒可以坐得革侯等人家来帮忙。(革侯:这儿)
  情况蛮急去矣,我禾呒要紧等别人家来帮忙。(紧等:一直等)
(51) 东西多得很,大家不用抢
  东西多得很,大家呒要抢。
  东西多得死,大家野呒要抢。(野:全部。"一下"的合音)
(52) 别等了,他自己会来的/别等了,等也没用
  呒要等去矣,渠自己会来。——呒要等去矣,等也冒用。
(53) 甭介绍了,他我认识
  呒要介绍去矣,渠我认得。——呒要介绍,我认得渠。

(54) 嘘,别说话/不许交头接耳!
　　 唏,吭要话事! ——唏,吭要作声! ——吭准话事! ——? 吭准交头接耳!

简要说明:助动词的否定在泰和方言里通常都是用"吭"(例42),不用"冒"。祈使语气用"吭要"或者"吭准"(例51,54)。"交头接耳"是书面语词,口语中很少用。

8　双重否定。例如:

(55) 事已如此,我们不得不走了
　　 事都格浪去矣,我禾只好走。——事到矣格一步,我禾只有走人。
(56) 怕他犯错误,我不能不说
　　 怕渠犯错误,我吭可以吭话。
　　 □[ke^{55}]到矣他会犯错误,我逼得要话。(□[ke^{55}]:担心。参见例44)
(57) 我想他是不会不来的
　　 我猜渠肯定会来。——我猜渠吭会吭来吧
(58) 车子莫非是他偷的?(莫不是)
　　 车子舞得吭好是渠偷个。(舞得吭好:弄不好。表猜测)
　　 车子舞得吭好是渠偷得个啊?
(59) 认识他的人没有不佩服的
　　 认得渠个人冒一个人吭佩服渠。
　　 晓得渠个人野蛮佩服渠。(野:全部。参见例51)
(60) 不说不知道,一说吓一跳
　　 吭话吭晓得,一话吓一跳。——吭话吭晓得,一话吓矣起飙。(起飙:跳起来、跑)

简要说明:泰和方言中,双重否定使用较少(例56,60),常见的方法是直接运用肯定句(例55),有时则用加强肯定的句式(例56,57)。

9　否定与疑问句。例如:

(61) 你有那本书吗?/你有没有那本书? ——没有
　　 你有核本书哇?冒。——你阿有核本书?冒。——你阿冒核本书?冒。

(62) 刚才有没有人来找我/刚才有人来找我吗？——没有
刚才阿冒有人来找我？冒。冒哪个来找你。——刚才有人来找我哇？冒。

(63) 他有没有五十岁？/他有五十岁了吗——没有
渠阿冒五十岁？冒。——渠有五十岁哇？冒。

(64) 你带了钱了吗？/你带了钱没有？——没有
你阿能带钱？冒。呒能带钱。——你阿冒带钱？冒。——你带矣钱哇？冒。呒能带。

(65) 明天会不会下雨？/明天会下雨吗？——不会
明日阿会落雨？呒会。——明日会落雨哇？呒会。

(66) 后天郊游你去不去？/后天郊游你去吗？——不，我不去
后日郊游你阿去？呒去。——后日郊游你去哇？呒去。

(67) 那人老实不老实？/那人老实吗——我看不老实
核只人阿老实？我看呒老实。——核只人老实哇？我看呒老实。

(68) 你比不比他高？/你比他高吗？——不，他比我高/不，我没他高
你阿冒渠高？冒，渠比我高。——你比渠高哇？冒，我冒渠高。

(69) 你打得过他打不过他？/你打得过他吗？——不，我打不过他
你阿打得赢渠？我打呒赢渠。——你阿打得渠赢？我打渠呒赢。
你打得赢打呒赢？打呒赢。——？你打呒打得赢渠？打呒赢。

(70) 你当了校长了是吗/你当了校长了，不是吗？——不，没的事
你当矣校长阿是？冒，冒个事。——你当矣校长是哇？冒格只事。

(71) 饭煮熟了吗？/饭煮熟了没有？——没，还没熟呢！
饭阿能煮熟？冒，还冒（煮）熟。——饭煮熟矣哇？冒，还冒熟。

(72) 你是不是刘科长？/你是刘科长吗？——不，我不是
你阿是刘科长？我呒是。——你是刘科长哇？我呒是。

(73) 这件事我可不可以告诉他？/这件事我可以告诉他吗？——不，不可以
格只事我阿可以告诉渠？呒可以。——格只事我可以告诉渠哇？呒可以。

(74) 这里的村长是你不？/这里的村长是你吗？/这里的村长是你不是？——不是
革侯个村长阿是你？呒是。——革侯个村长是你哇？呒是。
革侯个村长是呒是你？——呒是。

简要说明：泰和方言中的是非疑问句有两种形式："X 哇"式和"阿 X"式（例61）。否定形式提问的使用频度不太高，如例65—67都只有肯定疑问形式。不过，

"有"字句(例62)和"比"字句(例68)可以有"阿有"(肯定形式)和"阿冒"(否定形式)两种形式,否定形式用得较多些,其中的原因有待进一步探索。

10 比较。例如：

(75) 我不能去/我没能去
 我呒可以去。——＊我冒可以去。
(76) 我不一定去/我一定不去
 我冒一定会去。——我肯定呒会去。
(77) 别叫他来/叫他别来
 呒要叫渠来。——叫渠呒要来。
(78) 不大不小/没大没小
 ？呒大呒小——冒大冒细
(79) 不关紧要/没关紧要
 呒要紧。——冒要紧。(注:"冒要紧"有时表示性子慢。)
(80) 他不能去/他不会去
 渠呒可以去。——渠呒会去。

简要说明:泰和方言中的两个否定词"呒"和"冒"在使用上有许多不同,例75(助动词"可以")、例77(兼语式)、例80(助动词"能""会")等句子用"呒"不用"冒"。例78用"冒"不用"呒"。例76、79等句子中二者都可以用,但在意义上有一些差别,这些都是否定形式的习惯用语。

11 复合否定。例如：

(81) 不管来不来,都得回个话
 呒管来呒来,都要回个信。——呒管阿会来,都要话句话。
(82) 管他好不好,先写出来再说
 管渠阿好,先写出来再话。——管渠好呒好,先写出来再着。(再着:再看)
(83) 他身体不好,要不就别去了/不然就别去了
 渠身体呒好,就呒要去去矣。
(84) 新到任,不免忙乱些/难免忙乱些
 新上任,免呒得有发仔乱。(有发仔:有一点儿)

(85) 这样做未免太不讲理了

　　格浪做有发仔太呒讲道理去矣。——格浪做实在是一发仔道理都冒。

(86) 选他当模范,谁都没说的

　　选渠当模范,哪个都冒事话。——选渠当模范,哪个都呒闲话话。

简要说明:以上否定意义的表达在泰和方言中主要用否定标记"呒"。如果否定的对象是事物,则用否定标记"冒"。(例85,86)共同语例句中的"要不""不然""未免"等词语,书面意味较浓,泰和方言中较少听到。

12　固定格式。例如:

(87) 不大不小/不肥不瘦/不长不短

　　呒大呒小——冒大冒小(举止不得体)——呒胖呒瘦——呒长呒短

(88) 不男不女/不前不后/不三不四

　　*呒男呒女——呒前呒后——呒三呒四

(89) 不说不笑/不来不往/不死不活/不见不散

　　呒话呒笑——冒来冒往——*呒来呒往——呒死呒活——呒见呒散

(90) 不学无术/无恶不作/无孔不入/无所不包

　　? 不学无术——无恶不作——无空不入——无所不包(?:基本按共同语读)

(91) 不折不扣/不屈不挠/不破不立

　　? 不折不扣——不屈不挠——不破不立

(93) 无影无踪/无情无义/无依无靠/无忧无虑

　　冒踪影——冒情冒义——冒依靠——冒闹德□[ke^{55}](□:担心)

(94) 好不高兴/好不争气/好不容易/好不讲理

　　蛮高兴——蛮争气——? 千难万难——呒讲道理

(95) 无巧不成书/无风不起浪

　　? 无巧不成书——无风不起浪

(96) 无事不登三宝殿

　　冒事呒会来——冒事呒会上门

(97) 半生不熟/半懂不懂

　　半生呒熟——半生熟——半懂呒懂——半吊子

(98) 半推半就/半咸半甜

　　? 半推半就——半咸半甜

（99）人无横财不富/无事不登三宝殿

　　人冒横财呒富——捡到一只窖（表示发了意外财的俗语）

（100）偷鸡不成反蚀一把米

　　偷鸡呒到蚀把米。

简要说明：泰和方言中这些固定格式有时候能听到，所用的否定词发音不是当地口语中的"呒"和"冒"，而说成接近共同语中的"不"和"无"。如例90的"无恶不作""无孔不入"，又如例91、95、98等标了问号的句子。

概言之，赣语泰和方言中表示否定的标记主要有两个，"呒"[m^{55}]和"冒"[mau^{211}]，二者在用法上有许多值得重视的差别。祈使句中的否定用"呒要"，疑问句中的否定用"阿冒"或者"阿是呒V"，完成体的否定形式是"呒能"。成语中的否定词"不""无"，在泰和方言中有不少说成读书音。

参考文献

戴耀晶. 赣语泰和方言的完成体. 语文研究. 1995, (1)(2).

——. 现代汉语时体系统研究. 杭州：浙江教育出版社. 1997.

——. 试论现代汉语的否定范畴. 语言教学与研究. 2000, (3).

李如龙、张双庆. 客赣方言调查报告. 厦门：厦门大学出版社. 1991.

刘纶鑫主编. 客赣方言比较研究. 北京：中国社会科学出版社. 2000.

饶长溶. "不"偏指前项的现象. 语法研究和探索（三）. 北京：北京大学出版社. 1988.

沈家煊. "语用否定"考察. 中国语文. 1993, (5).

石毓智. 肯定和否定的对称与不对称. 台北：台湾学生书局. 1992.

徐杰、李英哲. 焦点和两个非线性语法范畴："否定""疑问". 中国语文. 1993, (2).

袁毓林. 否定式偏正结构的跨维度考察. 中国语文杂志社编语法研究和探索（十）. 北京：商务印书馆. 2000.

张伯江. 否定的强化. 汉语学习. 1996, (1).

张双庆主编. 动词的体. 香港：香港中文大学中国文化研究所出版. 1996.

Haegenman, L. 1995 *The Syntax Of Negation*. Cambridge University Press.

Kahrel, P. & Berg, R. (ed.) 1994 *Typological Studies In Negation*. John Benjaming Publishing Company.

原刊于《汉语方言语法研究和探索——首届国际汉语方言语法学术研讨会论文集》，黑龙江人民出版社，2003年，409—418页

泰和方言的领属结构

1 领属关系和领属结构

领属是一个句法语义范畴,主要反映人、物之间的静态所属关系,基本不反映时间中的事件结构关系。

在赣语泰和方言中,领属结构可以通过一个名词性词语"N1"与另一个名词性词语"N2"的组合体"N1 + N2"短语来表现。例如:

(1) a. 我妹子 _{我妹妹}
  b. 刘家后生 _{刘家小伙子}

为了显示两个名词性词语在语义上的领属关系,通常会在两者之间使用领属标记"个",形成"N1 + 个 + N2"的形式。例如:

(2) a. 我个妹子 _{我的妹妹}
  b. 刘家个后生 _{刘家的小伙子}

在学术文献中,有些学者认为名词性短语可以表现领属关系,动词性句子也可以表现领属关系,常见的如"有"字句。例如:

(3) a. 我有妹子 _{我有妹妹}
  b. 刘家有后生 _{刘家有小伙子}

"有"字句和其他动词句中的主语和宾语之间的"领属"语义关系值得重视,但是它们的形式较为多样,语义分析上需要引进的因素较复杂,表现领属语义关系存在较大的不确定性。这里暂不讨论。例如:

(4) a. 彭家有三眼塘 _{彭家有三口水塘}
  b. 桌子断改一只脚 _{桌子断了一条腿}
  c. 木生买矣三把斫刀 _{木生买了三把砍刀}

2 亲属称谓中的领属结构

有四种结构形式。为了方便说明,我们把典型领属结构"N1 + 个 + N2"中的三个成分给予命名:

"N1"称为领属者;

"N2"称为被属者;

"个"称为领属标记。

泰和方言表示家庭和亲属称谓中的领属关系有四种结构形式。

第一式:N1 + N2。指人代词或人名直接加上亲属称谓。例如:

(5) a. 我姊姊旧年结个婚。_{我姐姐去年结的婚。}

　　b. 渠姆妈日日要渠去岭浪斫柴。_{他妈妈天天要他去山上砍柴。}

由于领属标记为零标记,这种结构中的被属者称谓语通常是多音节词。如上面例句中的"我姊姊""渠姆妈"一般不说成"我姊""渠妈"。如果被属者是单音节词,构成领属关系用第二式。

第二式:N1 连 + N2。领属者是指人代词或人名,带上后缀"连",然后再加被属者称谓词。在泰和方言中,表达亲属称谓的领属关系最为常见的就是第二式。例如:

(6) a. 你连爷几早巴早就去墟浪去矣。_{你爸爸一大早就到墟镇去了。}

　　b. 水根连姑丈去广东赚矣蛮多钱。_{水根的姑父去广东赚了很多钱。}

"连"是一个富有泰和方言色彩的后缀,它用在指人代词和人名后面,在语义上是"家"的意思,主要用在表示领属关系的结构中,是附着性成分,不能独立使用。泰和方言中另有表示实义的名词"家"和表示家里的词语"闹连"。例如:

(7) a. 苟元三十岁去矣,要猛令成只家哇。_{苟元三十岁了,要赶快成个家啊。}

　　b. 明日你禾阿会去温家歇?_{明天你们会去温家村玩吗?}

　　c. 渠连闹连冒闹德豪歇。_{他家里没什么好玩。}

　　d. 水根闹连昨日来矣蛮多客。_{水根家里昨天来了很多客人。}

第三式:N1 + 个 + N2。在第一式的基础上加领属标记"个"。这是泰和方言最典型的领属结构,但在表达亲属称谓领属时不如第二式使用那么普遍。例如:

(8) a. 兴生个伯伯呒晓得打麻将。_{兴生的伯父不会打麻将。}

　　b. 明德个太公当过红军。_{明德的太爷爷当过红军。}

第四式:N1 连 + 个 + N2。在第二式的基础上加领属标记"个"。这一形式结构较长,使用上不如第二式普遍。例如:

(9) a. 福兵叔叔连个细崽在砖窑浪做事。福兵叔叔的小儿子在砖厂做工。
　　　b. 菊英连个老弟想去当兵。菊英的弟弟想去当兵。

需要说明的是,当被属者不出现时,第三式的省略式"N1 + 个"、第四式的省略式"N1 连 + 个"仍然可以表达领属关系,但不能确定是亲属称谓关系。例如:

(10) a. 我个在革候,你个在葛罗。我的在这儿,你的在那儿。
　　　b. 我连个更壮,你连个更瘦。我家的胖些,你家的瘦些。

3　领属者为复数,"禾"与"连"的关系

第二式和第四式中领属者代词和人名后附的"连"语义上是"家",不是复数标记,但是在语言理解上,有时候可以推导出复数的意义。试比较:

(11) 语义一:他父母很能吃苦。
　　　语义二:他们的父母很能吃苦。

　　渠爷娘蛮吃得苦。　　　第一式:他父母
　　渠连爷娘——　　　　　第二式:他家父母
　　渠个爷娘——　　　　　第三式:他的父母
　　渠连个爷娘——　　　　第四式:他家的父母
　　渠禾爷娘——　　　　　第五式:他们父母
　　渠禾个爷娘——　　　　第六式:他们的父母
　　渠禾连爷娘——　　　　第七式:他们家父母　　（*不成立）
　　渠连禾爷娘——　　　　第八式:他家们父母　　（*不成立）
　　渠禾连个爷娘——　　　第九式:他们家的父母　（*不成立）
　　渠连禾个爷娘——　　　第十式:他家们的父母　（*不成立）

第七—十式中,复数标记"禾"与表示"家"的后缀"连"合用,在泰和方言中都不成立。普通话中没有对应于"连"的后缀,如果意译为"家",第七式、第九式成立。由于复数标记"禾"与表示家的后缀"连"不能共现,所以在理解上,第二式、第四式中的"连"容易理解为表示复数。但从泰和方言的系统来看,"连"本身不是表示复数的标记。

4　小结

第一式(零标记)亲属关系密切,使用上被属者要求多音节。第二式(领属者

后附"连")表示"家"的语义,说话人心理上接近领属者,亲属关系中使用最普遍。第三式(带"个"标记)是典型的领属结构,但在亲属关系表达中不是优势表达。第四式(带"连"又带"个")是最复杂的结构,明示领属者的"家",同时明示领属关系,在使用上相对较少。带"禾"的复数形式与带"连"的组合表达不常用(不合格?),原因也许是两者的语义冗余。

原刊于《语言研究集刊》(第十辑),上海辞书出版社,2013年,319—322页

赣语泰和方言的比较句(稿)

0 引言

比较反映的是两个事物之间的关系,体现到语言中有两个表示比较关系的对象成分 X、Y,可以将前者视为被比较项,后者视为比较项。比较是语言使用者的一种行为,说话人在比较时对两个对象成分选择某个方面进行比较,得到比较内容 P。在具体的一种语言中,表示比较都有具体的形式,通常会有显性标记 M (marker)。在现代汉语普通话里,典型的比较句格式是:

X + 比 + Y + P(王先生比李小姐高)

"比"字可以看作是比较句的常项,即句式标记,其他则可看作变项。

汉语对格式里的 X、Y、P 分别赋值,就会得到内容复杂多样的具体的句子,反映出语言使用者试图表达的复杂多样的比较意思。由于语言使用环境的影响,比较句的这四项要素有各种变体,自然语言中还会有很多省略现象、语序变化,语言使用者在传达比较意义时,还存在有差别比较(差比)、无差别比较(等比)、极性比较(极比),以及否定形式的比较等等。这些比较内容上的差别反映到语言形式上也会有一些差别,如果多种比较语义选择了同一种表达形式,就会造成比较中的歧义句。

本文的主要内容是描写地处江西中部的赣语泰和方言的比较句,以语料描写为主,并作一些简要的讨论。

1 基本句式:"彭师傅比刘会计聪明"

这是赣语泰和方言中表示比较意义的一个基本句式,可以符号化为:"X + 比 + Y + P"。在这四项里,"彭师傅"(X)是被比较项,"刘会计"(Y)是比较项,"聪明"(P)是比较内容,"比"(比)是比较标记,也是比较句的典型句式标记。下面描写泰和方言这一句式中出现在"聪明"这一位置上的词语类型,即能出现在 P 这一句法分布位置上的成分。例如:

荣华叔比王乡长壮。(形容词)
(荣华叔比王乡长胖)
你连哥哥比林家的庚秀老实。(形容词)
(你家哥哥比林家的庚秀老实)
木元哥比秋兰姊大矣三岁。(形容词+数量补语)
(木元哥哥比秋兰姐姐大了三岁)
桂生昨日墨候放钓,回得比金生晏刮半工。(形容词+数量补语)
(桂生昨天晚上放钓,回来得比金生晚了半天)
我赖工都比渠早起。(形容词+动词,偏正)
(我每天都比他早起)
承先公七十零岁,比后生都吃得。(动词+"得")
(承先爷爷七十多岁,比小伙子都能吃)
兴辉哥身体扎实,比我蹀得快。(动词+"得"+补语)
(兴辉哥身体好,比我跑得快)
凌华嫁过来几年,比先会会做事去矣。(助动词+动词)
(凌华嫁过来几年了,比以前会做事了)
庄生而间性格好多矣,比小时间喜欢话事。(心理动词+动词)
(庄生现在性格好多了,比小时候喜欢说话)
隔壁个细人子蛮会读书,下会肯定比你连个崽有用。("有 X"词语,形容词)
(隔壁的小孩很会读书,以后肯定比你家的儿子有出息)
刘莺蛮有心计,做格只事肯定比林峰有办法。("有"+名词)
(刘莺很有心计,做这件事肯定比林峰有办法)
今年去广东打工个人比旧年增加矣。(动词"增加")
(今年去广东打工的人比去年增加了)

就泰和方言上述语料所反映的比较句来分析,充当"X + 比 + Y + P"格式中的"P"成分的词语有:

 a. 形容词——壮、瘦、大、小、聪明、老实、刁、拐、好、恶;
 b. 形容词+数量补语——大矣三岁、晏刮半工、矮一发仔、蛮蛮多;
 c. 形容词+动词——早起、晏吃饭、好话事、难打交道;
 d. 动词+"得"——吃得、做得、话得、撑得、磨得、坐得、行得;
 e. 动词+"得"+补语——蹀得快、认得字、起得早、睡得沉、话得赢;

f. 助动词+动词——会做事、肯吃苦、应该出钱、要争面子；
g. 心理动词+动词——喜欢话事、怕捉蛇、晓得挖冬笋、敢担担子；
h. "有"+名词——有办法、有耐心、有面子、有胆量、有心计；
i. "增加"类动词——增加、减少；

等等。

这些词语都能出现在比较句中,有什么共同的特点呢？一般认为,在比较句中表示比较内容的应该是具有可分等级语义特征(grading)的形容词。(可参见 Lyons 的 *Semantics* 一书对英语中"Our house is bigger than yours"等句子的分析,273页。)这是讨论比较句的出发点之一。从语言实际情况来看,上面举到的泰和方言比较句的例子中充当 P 的可分为形容词和动词两类,但是二者有重要的区别。

形容词可以单独出现在比较句中(光杆形容词),也可以组成短语出现在比较句中(形容词性短语)。

动词,尤其是动作类动词(可参见戴耀晶《现代汉语动作类二价动词探索》中关于动作类动词的看法)不能单独出现在比较句中(*光杆动词),必须组成短语出现在比较句中(？动词性短语)。

不过,出现在比较句基本格式中的动词性短语在语义上的特点都不是表示动作,而是表示评价,由此构成的句子也不是动态句,而是静态评议句,对比较对象的性质、能力、爱好、数量等方面进行比较评议。

由此,可概括出基本句式"X+比+Y+P"的语义特点。即：

一、句式含义表示静态评价,不表示行为陈述。

二、充当比较内容 P 的典型句法成分是形容词,形容词短语和评价性动词短语可进入该句式。

三、比较句的评价成分应包含"量"的差别(差比)。即 P 成分可分等级(grading)。

2 比较句中"量"的表达方式

由于比较句的评价成分可包含"量"的差别,因此,在基本比较句式中,为了强调比较对象在量上的差异,可以增加表示量的语言成分。

A. 补语表示"量"。上面举到的形容词的补语,从语义上来说,其实就是比较内容中的量(可用字母 L 表示)。再举一些例子：

龚老师比小刘大刮七岁。("七岁"表示量)

上一圩卖西瓜,我比隔壁金贵叔多卖矣五十元钱。("五十元钱"表示量)

旧年打架吃矣大亏,而间彬光个脾气比先会好多矣。("多"表示量)

人家个崽比自家个崽吃得个苦多得多得多,当然更有用哇。("多得多"表示量)

在比较句中,形容词经常都要带上补语表示比较对象在量上的差异,数量补语、程度补语、结果补语都可以作量的分析。动词性成分充当比较内容 P 时,动词的前后通常也要带上一些表示量的成分。如:

"早来矣十分钟"("早"+动词+"三分钟")

"起得晏"(动词+"晏")

"喜欢上馆子"("喜欢"+动词语)

如果没有这些表示"量"的语言成分,上述动作类动词"来""起""上"就不能用在比较句中。从这一点来分析,表量成分是动作类动词进入比较句的条件,表量成分的作用是将动作类动词表示的动态陈述意义转变为比较句中的静态评价意义。

B. 程度副词"更""还""稍微"等表示量。程度副词用在谓语成分(形容词、动词)前面,主要表示量的差别。在泰和方言的比较句中,常见的副词是"更""还",此外还有"稍微"等(需一定的条件)。例如:

贵发连老婆比你连妹子更会做鞋子。("更")

约生有一门手艺,旧年在福建打工,赚得个钱当然比你更多。("更")

上半年个猪养得吭好,下半年个猪比上半年看起来要更好发仔。("更")

兴根有口才,比渠连爸爸更会讲生意。("更")

吴老板是上海人,吭能想到渠做起事来比乡下人还吃得苦。("还")

明德明日阿会去排演?渠唱歌唱得比彭老师还好。("还")

秋兰姨娘戴个帽子蛮稀致,比画浪个人还客气。("还")

程度副词"更"和"还"都可以出现在比较句中,表示比较内容在量方面的差异,但在语义上有所不同。"更"表示的比较可以是同方向的(会—更会),也可以是异方向的(不会—更会)。而"还"表示的比较主要是同方向的(好—还好)。在实际使用时,二者在频率上存在很大区别,"更"的使用频度高,"还"的使用频度低。

从语感上来说,将 X 和 Y 进行比较时,说 X"更 P(更好)",含义上并不表明 Y 属于"P(好)"的范围。因此,例句中"贵发连老婆比你连妹子更会做鞋子",意思是桂发的老婆(X)鞋子做得比你妹妹更好,但并不表示你妹妹(Y)做鞋子也属于做得很好的,可能做得好,也可能根本不会做。

如果将 X 和 Y 进行比较时,说 X"还 P(还好)",含义上则表明 Y 也属于"P(好)"的范围。因此,例句中"吴老板是上海人,吭能想到渠做起事来比乡下人还吃得苦",意思是吴老板(X)做事比乡下人还能吃苦,同时也有乡下人(Y)属于能吃苦的含义。因此,在比较句中,"更"和"还"虽然有时可以互换,都表示差比意义,但是在含义上并不完全相同。

除了程度副词"更"和"还"以外,表示小量的"稍微"也可以出现在泰和方言的比较句中。例如:

吃矣王医师开个药,今日比上个礼拜稍微好一发仔。("稍微")
旭东考试个分数比我稍微高得一发仔。("稍微")

程度副词"稍微"在使用上比"更""还"要受到更多的限制,它不可以直接出现在光杆形容词前面,形容词的后面要出现一个表示具体小量的补语。试比较:

 a. *旭东考试个分数比我稍微高。("稍微"不修饰光杆形容词)
 b. 旭东考试个分数比我更高。("更"可修饰光杆形容词)
 c. 发元比桂生稍微瘦一发仔。("稍微"可修饰形容词+补语)
 d. 发元比桂生更瘦一发仔。("更"可修饰形容词+补语)

由此可见,"稍微"不是比较句中表示"量"的差别的基本副词,除了使用条件受到限制,"稍微"在比较句中还可以与副词"更"共现。例如:

志波个酒量比秋生稍微更多一发仔。("稍微+更")
王师傅整车子个技术比周师傅稍微更好得一发仔。("稍微+更")
泥水师傅个工钱比木匠师傅个工钱稍微更低一发仔。("稍微+更")
明仁上个学期比翔清考得稍微更差一发仔。("稍微+更")

简言之,比较句的特点之一是语义上包括"量"的差别,比较句表示量意义的显性成分主要是补语和程度副词。比较句中的补语的种类很丰富,语义上都可以概括为比较内容中的"量"(L)。比较句中的副词主要有"更""还"以及表小量的"稍微"。"更"可以表示比较对象 X、Y 属于比较内容 P 的同方向,也可以表示异方向。"还"表示 X、Y 在同方向的比较。"稍微"不能修饰单独的形容词,比较句中必须有表示具体小量的补语,在泰和方言的比较句中"稍微"可以与副词"更"共现。

3 否定形式的比较句

泰和方言中,在具体使用中,比较句运用肯定形式较多,但也有一些否定形式的比较句。否定形式的比较句表示的是对比较内容或比较量的否定。一般认为,肯定形式加上一个否定标记就能形成表示矛盾意义的相应的否定句。(参见弗雷格《否定》一文的论述)。(如:"王海波来矣"—"王海波冒来"。)下面用第一节中表示肯定比较意义的例子加上否定词来进行分析。例如：

荣华叔比王乡长壮。（形容词）
（荣华叔比王乡长胖）
否定：荣华叔冒比王乡长壮。
？荣华叔呒比王乡长壮。

你连哥哥比林家个庚秀老实。（形容词）
（你家哥哥比林家的庚秀老实）
否定：你连哥冒比林家个庚秀老实。
？你连哥哥比林家个庚秀冒更老实。

木元哥比秋兰姊大矣三岁。（形容词+数量补语）
（木元哥哥比秋兰姐姐大了三岁）
否定：木元哥冒比秋兰姊大三岁。
木元哥比秋兰姊冒大到三岁。

桂生昨日墨候放钓，回得比金生晏刮半工。（形容词+数量补语）
（桂生昨天晚上放钓，回来得比金生晚了半天）
否定：？桂生昨日墨候放钓，回得比金生冒晏半工。
桂生昨日墨候放钓，冒比金生回得更晏。）（注：补语省去，常见）

我赖工都比渠早起。（形容词+动词，偏正）
（我每天都比他早起）
否定：我赖工都冒比渠早起。
我赖工都冒渠起得早。（注："比"字省去，"V得C"结构，常见）

承先公七十零岁，比后生都吃得。（动词+得）
（承先爷爷七十多岁，比小伙子都能吃）
否定：承先公七十零岁，冒比后生更吃得。（注：删"都"字，加"更"字）
承先七十零岁，冒后生格浪吃得。（注："比"字省去，加指示词）

兴辉哥身体扎实，比我蹀得快。（动词+得+补语）
（兴辉哥身体好，比我跑得快）
否定：兴辉哥身体扎实，(不过)冒比我蹀得快。

兴辉哥身体扎实,(不过)冒我跺得快。(注:"比"字可不出现)
兴辉哥身体扎实,(不过)跺得冒比我更快。(注:"比"出现在补语中)

凌华嫁过来几年,比先会会做事去矣。(助动词+动词)
(凌华嫁过来几年了,比以前会做事了)
否定:凌华嫁过来几年,冒比先会(更)会做事。
凌华嫁过来几年去矣,还是冒比先会更会做事。(注:"去矣"表示时间长)
凌华嫁过来几年去矣,还是跟先会一样吭会做事。(注:不用"比"字句,表示情况没有变化,即现在与过去没差别。用标记词"一样"表示等比语义关系。)

庄生而间性格好多矣,比小时间喜欢话事。(心理动词+动词)
(庄生现在性格好多了,比小时候喜欢讲话)
否定:庄生而间性格好多矣,(不过)冒比小时间更喜欢话事。
庄生而间性格好多矣,冒小时间格浪调皮。(注:不用"比"字句)

隔壁个细人子蛮会读书,下会肯定比你连个崽有用。("有X"词语,形容词)
(隔壁的小孩很会读书,以后肯定比你家的儿子有出息)
否定:隔壁个细人子蛮会读书,(不过)下会吭一定比你连个崽有用。
隔壁个细人子蛮会读书(不过)下会吭见得比你连个崽有用。

隔壁个细人子蛮会读书,(不过)下会冒比你连个崽有用。
隔壁个细人子蛮会读书,(不过)下会冒你连个崽有用。(注:不用"比"字)
这个比较句的肯定形式中有情态成分"肯定",相应否定句可以是对情态的否定("吭一定""吭见得"),也可以是对比较内容的否定("冒比你连个崽有用")。通常来说,对一个肯定句进行否定,由于否定的中心成分不同,可以得到多个相应的否定句。(参见戴耀晶《试论现代汉语的否定范畴》,语言教学与研究2000年第3期)

刘莺蛮有心计,做格只事肯定比林峰有办法。(有+名词)
(刘莺很有心计,做这件事肯定比林峰有办法)
否定:刘莺蛮有心计,(不过)做格只事吭见得比林峰(更)有办法。
刘莺蛮有心计,(不过)做格只事冒比林峰(更)有办法。
刘莺蛮有心计,(不过)做格只事冒林峰有办法。(注:不用"比"字)
这个比较句的肯定形式也有情态成分"肯定",否定方式参见上例的分析。由于后一分句使用否定形式,与前一分句的意思发生转折,所以要用表示转折意义的连接词"不过"。否定句中如果使用比较句的标记"比"字,在句子中可以配合使用程度副词"更"。如果否定句中不用"比"字,只用否定标记"冒"引出比较对象 B("林峰"),则程度副词"更"不能用,否则即为不成立的句子:"＊刘莺做格只事冒林峰更有办法。"

今年去广东打工个人比旧年增加矣。(动词"增加")
(今年去广东打工的人比去年增加了)
否定:？今年去广东打工个人冒比旧年增加。(注:否定标记在"比"前面)
？今年去广东打工个人比旧年冒增加。(注:否定标记在动词前面)
今年去广东打工个人跟旧年比冒增加。(注:采用"跟 X 比"短语,常见)
今年去广东打工个人冒比旧年多。(注:改用形容词"多",常见)

由上分析可知,比较句的否定形式较为复杂,一个肯定句通常可以用几个不同的否定句形式。在否定句中,否定标记"比"经常可以不用,因为否定标记"冒"有时可以兼起比较标记的作用(相应的肯定形式"有"也可起到类似作用,构成带"有"的比较句。如"卫平有淑英格浪高")。如果不用"比"字,表示比较量的程度副词"更"也不能用。

与否定标记"冒"相对应的肯定标记"有"也可起到类似比较标记的作用,构成带"有"的比较句。试比较:

卫平个个子比淑英高（基本比较句式,肯定式）
卫平个个子比淑英更高（加"更",肯定式）
卫平个个子冒比淑英高（否定形式比较句,加"冒"）
卫平个个子冒比淑英更高（否定形式比较句,加"冒",加"更"）
卫平个个子冒淑英高（否定形式比较句,加"冒",删"比"）
＊卫平个个子冒淑英更高（否定形式比较句,加"冒",删"比",不能用"更"）
卫平个个子有淑英高（带"有"的比较句）
＊卫平个个子有淑英更高（带"有"的比较句,不能用"更"）
卫平有淑英格浪高。（带"有"的比较句,加指示词"格浪"）

4 比较句的省略形式

比较句通常有四个成分,被比较项 X,比较项 Y,比较内容 P,比较标记 M。有时候,比较句中还会出现比较量 L。如:

新民叔比魏师傅高矣三公分。

（X：新民叔；Y：魏师傅；P：高；M：比；L：三公分）

在泰和方言的实际运用中，以上成分有时候可以省略，构成了省略了某些成分的比较句，在作语义分析时，这些成分需要加进来理解。例如：

上只礼拜当圩比今日个价钱好。（无比较量 L）

旧年个禾作得更好，今年热天没雨落，有几丘田一下干死改。（无比较标记 M）

今日个运气差多矣。（无比较项 Y）

语言中成分省略的情况相当复杂，有句法上的原因，语义上的原因，更多的是语言使用环境的原因。需要作继续探索。

赣语泰和方言的疑问表达(稿)

0 引言

泰和地处江西省中部吉(安)泰(和)盆地。按照疑问形式的不同,赣语泰和方言的疑问句可分为是非问、特指问、选择问等类型,是非问又可分为在动词前加词头"阿"的疑问形式和句子末尾加"哇"等语气词的形式。特指问可根据疑问代词的类别划分小类。选择问形式上有两个或两个以上的选择项。与周围的方言相比,赣语泰和方言中的"阿"类疑问句是一种有特点的形式,例如市政府所在地的吉安方言中就没有这种句式。

(1) 水元叔昨日墨候阿能来?(是非问)
　　[水元叔叔昨天晚上来了吗?]
(2) 上只礼拜渠禾跟赖个去得医院?(特指问)
　　[上个星期他们同谁去的医院?]
(3) 明日当圩,你去圩浪还是在闹里?(选择问)
　　[明天是集日,你去赶集还是在家里?]

本文具体描写泰和方言中表达疑问的句子,从疑问表达形式入手,适当结合语义分析。下面主要描写分析泰和方言中比较有特点的是非疑问句。

1 是非疑问句的三种基本形式

是非疑问句的基本特点是疑问句与相应陈述句的语序相同,疑问语义由全句的语调表达,句中没有指示疑问点的疑问代词,也没有可供选择的两项或两项以上的疑问支。例如:

(4) 金生明日会来?

　　　　［金生明天会来？］

（5）乾旺公而今还吃得下一斤酒？

　　　　［乾旺爷爷现在还吃得了一斤酒？］

（6）昨墨隔壁打矣一夜个麻将？

　　　　［昨晚邻居家打了一个晚上的麻将？］

　　从词语形式来说，是非问句与相应陈述句有时完全相同，只是说话时的语调不同，听话人可以从语调和语境中判断说话人是在表达确定的信息还是寻求未知的信息。

　　不过，从泰和方言的实际语言调查来看，使用与陈述句完全相同的形式来表达疑问内容容易引起误解，更多的情况下，说话人倾向使用带有疑问标记的（marked）语言形式来表达。泰和方言中表达是非疑问句的标记主要有处于句末的"哇"[ua]和处于谓词结构前头的"阿"[a]。

　　如上述各例在泰和方言中可分别加上疑问标记"哇"和"阿"构成相应的有标记疑问句。例如，加上疑问标记"哇"可形成新的疑问句：

（4'）金生明日会来哇？

　　　　［金生明天会来吗？］

（5'）乾旺公而今还吃得下一斤酒哇？

　　　　［乾旺爷爷现在还吃得了一斤酒吗？］

（6'）昨墨隔壁打矣一夜个麻将哇？

　　　　［昨晚邻居家打了一个晚上的麻将吗？］

加上疑问标记"阿"可形成新的疑问句：

（4"）金生明日阿会来？

　　　　［金生明天会来吗？］

（5"）乾旺公而今还阿吃得下一斤酒？

　　　　［乾旺爷爷现在还吃得了一斤酒吗？］

（6"）昨墨隔壁阿是打矣一夜个麻将？

　　　　［昨晚邻居家打了一个晚上的麻将吗？］

　　值得注意的是，处于动词前头的疑问标记"阿"是泰和方言区别于周围其他方言的特色之一。根据句子表达疑问内容的不同，"阿"与其他语言成分可组成不同的形式"阿""阿冒""阿能""阿会""阿是"等，构成泰和方言中的"阿"类疑问句。

2　"阿"类疑问句的具体表现

　　泰和方言中"阿"类疑问句的具体表现有：

"阿":
一般的动作动词作谓语的是非疑问句都可以使用"阿"。如:
(7) 祥桂哥,阿吃根烟?
　　[祥桂哥,抽根烟吗?]
(8) 你阿吃辣子?
　　[你吃辣椒吗?]
静态动词作谓语的的疑问句使用"阿"。如:
(9) 凤莲阿认得海昌公个姑丈?
　　[凤莲认识海昌爷爷的女婿吗?]
形容词作谓语的疑问句使用"阿"。如:
(10) 明德跟朱乡长阿熟?
　　　[明德与朱乡长熟悉吗?]
这类句子有时可以用肯定的双音节形式"阿是"或者否定双音节形式"阿冒"来表示疑问,语气上有强调的色彩,在语用上可以分析为具有"聚焦"性。如:
(11) 明德跟朱乡长阿是蛮熟?
　　　[明德与朱乡长是不是很熟悉?]
(12) 明德跟朱乡长阿冒蛮熟?
　　　[明德与朱乡长是不是很熟悉?]

阿能:
对完成体事件的疑问用"阿能"。如:
(13) 水根昨日阿能去明华叔连歇?
　　　[水根昨天去了明华叔家住吗?]
(14) 桂生去做客个时间阿能喊你姑娥?
　　　[桂生去做客的时候叫了你姑姑吗?]

阿会:
对未来事件的疑问通常用"阿",有时也可以用"阿会"。如:
(15) 兴元长大矣阿记得婆婆带过矣你?
　　　[兴元长大了还记得奶奶带过了你吗?]
(16) 渠禾下个礼拜阿会来圩浪?
　　　[他们下个星期会来圩场吗?]
(17) 渠连老弟亮光阿会去广东打工?
　　　[他的弟弟会去广东打工吗?]
对能力的疑问可以用"阿会"。如:
(18) 村长个妹子阿会拉胡琴?

[村长的妹妹会拉二胡吗?]
(19) 周老师读小学个时间阿会去岭浪斫柴?
[周老师读小学的时候会去山上砍柴吗?]

阿是:

"阿是"主要用于表达判断性的疑问,泰和方言中"阿是"的用途比较广泛,可表达多种疑问语义内容。例如:

对事物的疑问:
(20) 你阿是菊元叔?
[你是菊元叔叔吗?]

对性质的疑问:
(21) 鸡冠花阿是蛮红?
[鸡冠花是不是很红?]

对事件的疑问:
(22) 你连昨日请个裁缝师傅阿是跟人家打矣架?
[你家昨天请的裁缝师傅是不是跟别人打了架?]

"阿是"可以用在各种形式的谓语结构前面,构成判断性的疑问。如:
(23) 木生阿是会吃酒?(能愿动词短语前)
[木生是不是会喝酒?]
(24) 刘师傅阿是喜欢吹喇叭?(心理动词短语前)
[刘师傅是不是喜欢吹喇叭?]
(25) 元淮公小时间阿是脾气蛮丑?(主谓短语前)
[元淮爷爷小时候是不是脾气很坏?]

"阿是"在句中出现的位置较为灵活,除了通常用在动词前面之外,还可以用在句首、句中副词前面、动词前面、主谓谓语前面及主谓谓语中间等。

3 "阿"类疑问句的回答

泰和方言中的"阿"是一个附着性语素,可以看作是动词词头,表示疑问语义,构成疑问句式。对"阿"类疑问句的回答,则不能出现"阿"标记。如果是肯定性的回答,只要删去"阿"即可。如:

(26) 你明日阿去?
——我明日去。
[你明天去吗?我明天去。]

(27) 育生阿会做木匠？
　　——育生会做木匠？
　　［育生会做木匠吗？育生会做木匠。］
(28) 菊英阿是喜欢秋根？
　　——菊英是喜欢秋根。
　　［菊英是不是喜欢秋根？菊英是喜欢秋根。］

如果是否定性的回答，最简要的方式是将疑问标记"阿"改为否定标记"呒"即可。例如：

(29) 你明日阿去？
　　——我明日呒去。
　　［你明天去吗？我明天不去。］
(27′) 育生阿会做木匠？
　　——育生呒会做木匠？
　　［育生会做木匠吗？育生不会做木匠。］
(28′) 菊英阿是喜欢秋根？
　　——菊英呒是喜欢秋根。
　　［菊英是不是喜欢秋根？菊英不是喜欢秋根。］

4　结语

简言之，赣语泰和方言的是非疑问句主要有三种形式，第一种与相应陈述句完全相同，区别在口语的语调。第二种是在相应陈述句的形式上加上句尾标记"哇"。第三种是在相应陈述句的形式上在谓语前面加上疑问标记"阿"，由于句子中充当谓语的成分较为多样，带"阿"疑问句的形式也较为多样，有"阿""阿冒""阿能""阿会""阿是"等，表达出各种不同的疑问语义内容，其中"阿冒"和"阿是"在语用上具有聚焦功能。

其他语法问题研究

论 主 谓 短 语

目 录

内容提要(汉英对照)
0. 短语和主谓短语①
   0.1 短语
   0.2 主谓短语
   0.3 语法单位的层级
   0.4 嵌镶的主谓短语
1. 主谓短语的分布描写
   1.1 作主语,谓语
   1.2 作宾语,不作述语
   1.3 作补语,不作述语
   1.4 作偏语,正语
   1.5 作联合语,作主干语
   1.6 作前谓语;兼论"兼语"
2. 主谓短语作定语的分析
   2.0 定语的定义
   2.1 "S—P 的 N"中 P 的性质
   2.2 N,S,P 各项目间的语义关系
      2.2.1 N 是 S 的领属者
      2.2.2 N 是 P 的受事
      2.2.3 N 是 S—P 的时间、处所或工具

---

① 原文每节目录有页码,因格式调整本书中删去。

  2.2.4 N 与 S—P 是"同一关系"
  2.2.5 其他语义关系
 2.3 "的"的问题
 2.4 "当 S—P 时"一类结构
3. 主谓短语的性质讨论
 3.0 性质释义
 3.1 各种观点
 3.2 句子成分和主谓短语
 3.3 谓词性的根据
 3.4 "名词性"的理据分析
 3.5 词的功能与短语的功能
注释
参考文献

内容提要

  短语是语言的一级结构单位,它由两个或两个以上的词按照一定的句法结构规则和语义选择规则组成。主谓短语指的是内部构成成分之间存在着主谓关系的词的组合实体。短语和句子是不同层面的语言单位,前者是结构单位,是句法学的研究对象,后者是表述单位,是语用学的研究对象。它们之间不是部分与整体的关系,只有通过对体现关系(realization)的阐释才能揭示二者的联系。句子由一个或多个小句组成,汉语的主谓短语在内涵和外延上都不等于小句。小句也有人称之为分句,它的特点是不充当其他语言单位的句法成分。主谓短语可以体现为句子,也可以不体现为句子,嵌镶(embedding)的主谓短语必须充当其他语言单位的句法成分,相似于英语结构系统中的 subordinate clause,而与汉语结构系统中的小句(分句)迥异。

  文章以较充实的语言材料全面描写了主谓短语的分布,重点讨论了主谓短语嵌镶在述补短语和偏正短语里充当句法成分的种种情况,并运用变换的方法,细致分析了"S—P 的 N"等格式中各要素之间的语义关系,提出了适应不同情况的变换式。同时,对"同一性定语"、"的"词的作用、"当…时"框架等问题展开了讨论。

  关于主谓短语的功能类型,分歧意见颇多。文章从实际的语言材料出发,比照不同功能类属的词类的分布特点(不仅仅是充当句子成分的特点),论证了主谓短语具有谓词的功能性质,否认了名词说、兼类说(多功能说)和非名非谓说。文章最后指出,同一功能类的短语和词虽然在分布上大体相同,但也存在着各自的一些特殊表现,因此,严格说来,短语的功能类型与词的功能类型是可以分别探讨的。

文章共分四个部分,三万一千字。

引论:短语和主谓短语。二千字。

1、主谓短语的分布描写。一万五千字。

2、主谓短语作定语的分析。一万字。

3、主谓短语的性质讨论。四千字。

Abstract

A phrase consists of two or more than two words in accordance with the rule of syntactic structure and the selectional restriction of semantics. A subject — predicate (S—P) phrase is a kind of linguistic substance in which the two components have S—P relation phrases and sentences belong to different levels respectively. The former's function is to construct syntactic structure, whereas the latter's function is to express ideas and feelings. They have no part — whole relation, and they can only be associated with "realization".

A sentence consists of one or more than one clauses. A S—P phrase differs from a clause both in connotations and extensions. Chinese clauses may be called "branch sentences" as many grammarians usually called which are never used as syntactic components embedded in a larger linguistic unit. Sometimes a S—P phrase is realized as a sentence, sometimes not. Those S—P phrases included in other structures always function as syntactic components, and they are similar to "subordinate clauses" in the English structure system but differ essentially from "clauses (branch sentences)" in the Chinese structure system.

This thesis gives a thorough description of the S—P phrase with a plentiful of examples; and a wider coverage is given to the discussion of the complex phenomena in which S—P phrases are embedded as various syntactic components in Predicate—Complement (P—C) phrases or Modifier-Center (M—C) phrases. The meaning—relation among all elements in the pattern "S—P de (的) N" is analysed through the transformational method. Besides, this thesis also deals with the following topics, modifiers with the same conference as their centers; functions of the word "de(的)"; "dang shi" (当…时, when…) framework.

There had been diverging views about the functional class of the S—P phrase. On the basis of practical language material, this thesis proves in the light of the distributional feature of the word—class that the S—P phrase belongs to the predicate class. At the same time, the other opinions are not adopted, which regard a S—P phrase as either a nominal phrase or a nominal—predicate phrase or a non—nominal—predicate phrase. This thesis points out at the ending that, although the phrase and the word of the same function—class take the same distributional positions in the main, but there are more or less differences between them. Strictly speaking, the functional class of a phrase should be discussed apart from the functional class of a word.

This thesis contains four sections:
Introduction: phrases and S—P phrases;
(1) The Distributions of S—P phrases;
(2) The Analysis of S—P phrases used as Modifiers;
(3) Discussions of the Functional class of the S—P phrases.

0　短语和主谓短语

0.1　短语是语言的一级结构单位,它由两个以上(含两个,下同)的词按照一定的句法结构规则和语义选择规则组成。

短语,又叫词组,仂语,结构。不同的术语,含义和所指对象有所不同。

词组常常用来指称两个以上实词的组合,以区别于实词与虚词的组合。仂语一词最早见于严复的《英文汉沽》,王力先生根据布龙菲尔德的语言理论,把它定义为"向心结构"(王力 a,48 页)。主谓短语是离心结构,自然不是仂语了。结构的含义则比较宽泛,可以指称语言实体,也可以表示实体内成分之间的关系。短语的含义比较单一,它仅指两个以上词的组合实体。

0.2　主谓短语是内部构成成分之间存在主谓关系的两个以上词的组合实体。

不宜把主谓短语看作句子,也不宜用句子来比附,把嵌镶(embedding)在其他结构中的主谓短语称为被包孕的句子、子句、句子形式、小句等等[②]。句子的结构并不以主谓短语为必要条件,其他语言结构体也可以加上语调而成为句子。二者的外延只是部分交迭(overlap),并不是完全重迭(coincident);二者的内涵也不相同,句子是语言的表述单位,主谓短语是内部成分存在主谓关系的语言构件(参见倪宝元,61 页)。

[②] 黎锦熙(250 页):两个以上的单句,只是一个"母句"包孕着其余的"子句",这种复句,叫"包孕句",又叫"子母句"。被包孕的"子句",只当母句里边的一个"词"看待。王力(a,67 页)把主谓结构分为处于绝对地位的和处于被包含地位的两种:"然而咱们可以给它们一个总名称,叫做'句子形式'。"

实际上,短语和句子是不同层面(level)上的语言实体,二者不是结构上的组成(consist of)关系,而是不同层面之间的体现(realization)关系。"实际存在的句子,都是出现在一定语境中的具有表达功能的言语单位,而短语则是从句子中抽离出来的词与词按照一定组合规律组合起来的语言单位。"(王维贤,15 页)它们分别是短语层面(属句法学 syntactics)和句子层面(属语用学 pragmatics)研究的对象,只有通过对体现关系的阐述才能揭示二者的联系。

0.3 在英语语法的研究中,系统语言学派把语法单位分为五级,级与级之间是组成关系,形成级阶(rank scale)。如下图(见 Berry,105 页):

在汉语语法中,虽然也可以分出语素、词、短语、小句、句子,但这五类单位不是逐级组成的关系。它们可以分为两组,语素、词、短语为一组,小句和句子为一组。每组内部是组成或构成关系,大一级的单位由小一级的单位组成,小一级的单位是大一级单位的构成成分。两组之间则是体现与被体现的关系。即:

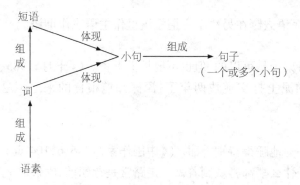

需要指出的是,虽然英语的 clause 在汉语中可译为小句,但在各自的语言系统中,二者所指的语法现象和所包含的语法意义都是不相同的。例如:

(The bus〔that took me there〕was late.)

整个句子由两个 clause 组成,主体 clause(圆括号所引)的长度相等于整个句子的长度,它是独立的,处在绝对位置(absolute position);从属 clause(方括号所引)嵌镶在主体 clause 之中充当一个句法成分(在这里是宾语),它是不独立的,处在被包含的位置(included position)。(参见 Quirk 等,730 页)汉语的小句(有些语法书叫分句)不以主谓结构为必要条件,在复句中,两个小句互不作对方的句法成分,两

个小句都是不独立的③。例如:

A—　　　　　　　　B—
(如果你们的工作出了毛病,)　(那你就要负责。)　(张天翼《华威先生》)

A 小句和 B 小句互不作对方的句法成分,都不是处于被包含的位置,它们主要是根据语义上的联系组合在一起,而不是根据句法上的联系嵌镶在一起④。汉语的句子可以由一个小句组成,英语的句子也可以由一个 clause 组成。这种情况下它们就都是独立的了。

0.4　本文讨论主谓短语,主要是描写主谓短语嵌镶在其他语言结构体中充当各种句法成分的情况,进而探讨它的功能性质。也就是说,我们重点讨论的是主谓短语"体现"为句法成分而不是体现为小句或句子的种种情况,在这里,主谓短语是非独立的,是处于被包含位置的,在结构上相似于英语语法中的"subordinate clause"(从属小句),而与汉语语法中的"小句"迥异。

1　主谓短语的分布描写

主谓短语在现代汉语中分布很广,它可以嵌镶在许多语言结构体中充当句法成分。

1.1　主谓短语嵌镶在另一个主谓短语里作主语或作谓语。

作主语:

(1)你搭搭架子是可以的,但也不要尽搭下去。(《十月》1985,6,117 页)

(2)我们和泥土打交道快两年了,深深知道粮食的来之不易……(《北京文学》1984,1,18 页)

作谓语:

(3)这个午觉他睡得特别香甜。(《中国作家》1986,6,104 页)

(4)这孩子什么事都喜欢倒着做。走路常是背朝前,吃饭时先往嘴里送口菜,再送口饭。(《北京文学》1984,1,2 页)

例(1)是由两个小句组成的复杂句,头一个小句是由主谓短语"你搭搭架子是可以的"体现而成,其中嵌镶着另一个主谓短语"你搭搭架子"作主语。头一个小句是不独立的,它要同第二个小句"但也不要尽搭下去"(也是不独立的)合在一起

---

③ 所谓"独立",意思是单独完成一次表述任务。复句中的小句要组合起来才能完成一次表述任务,所以是不独立的。

④ 汉语的复句类型虽然有时候可以找到一些关联词语作为其相互区别的形式标志,但是严格说来它们主要是根据小句间的语义关系而不是语法关系作出的划分。

才能成为独立的句子,完成一次表达。

例(3)是由一个小句组成的简单句,该小句由主谓短语"这个午觉他睡得特别香甜"体现而成,其中嵌镶着另一个主谓短语"他睡得特别香甜"作谓语。这个小句是独立的,它能单独完成一次表达。

从分析中可以看出,主谓短语和小句是有区别的,它们是不同层面上的语言结构体。

1.2 主谓短语嵌镶在述宾短语里作宾语,不能作述语。

作宾语:

(5)我不知道地狱里可有"天堂",可我知道"天堂"里确有地狱……(《小说月报》1983,7,6页)

(6)他只希望儿子静悄悄地做人,而做人的学问远比其他学问高深得多。(《北京文学》1984,1,11页)

(7)整幢楼的人都说他拉琴如同锯柴,只有这孩子是个知音。(《北京文学》1984,1,3页)

主谓短语作宾语时,其述语常常是感知动词(如例5的"知道")、思考动词(如例6的"希望")以及讲述动词(如例7的"说")。此外,判断动词和部分的动作动词也可以带上主谓短语作宾语。例如:

(8)霎时,周围的一切暗淡了,象是暮色悄然降临……(《北京文学》1984,1,11页)

(9)这不是永别,是暂时的别离,等待着你们再来!(《当代》1982,6,199页)

述宾短语中有时含有两个宾语,主谓短语可以充当其中的远宾语,但是不能充当近宾语。例如:

(10)他问儿子旅途是否疲劳,是先洗澡还是先在沙发上打个盹……(《北京文学》1984,1,10页)

(11)上级通知他们,北上的路线改变了。(报)

在这种情况下,充当述语的通常是符合带双宾条件的讲述动词,近宾语是讲述的对象,主谓短语充当的远宾语是讲述的内容。

主谓短语可以充当某些助动词的宾语,这类助动词虽不多,但这一语言现象值得重视,它说明了主谓短语的谓词性质(详后)。例如:

(12)我一赌气就打厂子里调出来。他们当然也乐意我快滚。(《十月》1986,6,30页)

(13)楼梯很长很长。她不愿自己走上去,也不要他背上去,她撒娇她要他抱上去。那年他八岁,她六岁。(《当代》1986,6,13页)

(14)我想,妈妈可能心里又难过了。(《北京文学》1984,2,9页)

(15) 在这暗无天日的时候,一切都睡着了,都沉在梦里,都死了的时候,正是应该你咆哮的时候!(郭沫若《屈原》)

主谓短语不可以嵌镶在述宾短语中作述语,因为主谓短语中的谓语可以是一个述宾结构体(主谓短语的下位层次),作为一个整体,主谓短语就不会再带宾语了。

1.3 主谓短语嵌镶在述补短语里作补语,不能作述语。

作补语:

(16) 不要说那些批条子走后门的人恨得你牙痒痒的,这些手上握着后门钥匙的人,也都在心里骂你的娘。(《中国作家》1986,6,108 页)

(17)(他)又是一连串的好话,说得那位师傅笑眯眯直点头。(《记者文学》1986,6,7 页)

(18) 空空的脸色象一张纸,苍白得什么也没有。(《当代》1986,6,7 页)

(19) 林先生顿时吓得心里打鼓,腿肚子转筋。(《十月》1986,6,36 页)

主谓短语作补语,一般要靠"得"字的帮助,作述语的是动词或形容词性质的词语。这一格式可用符号表示为:V 得 S—P。其中 V 代表述语,可以是动词,也可以是形容词。S—P 代表作补语的主谓短语。为了讨论问题的方便,我们把 V 前面的名词性成分也引进来,记作 N,将该格式变为:

N + V(得) + S—P

我们首先分析该格式中各项成分之间的语义关系。S 可以是 V 的受事,如例 16 的"恨得你牙痒痒的",例 17 的"说得那位师傅笑咪咪直点头"。S 也可以是 V 的施事。如:

(20)(张芝贵)说着还"哼"了一声,居然比其他人还圆润、细腻和轻松,哼得他自己销魂。(《当代》1986,6,23 页)

(21) 我把四圩八填的人都滤了一遍,愁得我真想掉泪。(《清明》1985,5,12 页)

S 是受事的情况比 S 是施事的情况运用得更多,更普遍。试比较下面两组例子:

A 组

(22) a 你哭得直打颤

(23) a 你哭小王哭得直打颤

B 组

(22) b 哭得你直打颤

(23) b 哭小王哭得你直打颤

A 组只有一种解释:你哭,你打颤。即:

(22) c 你哭得(你)直打颤

(23) c 你哭小王哭得(你)直打颤

B组则是有歧义的。第一种意义"你"是"哭"的施事，与A组的意义相同；第二种意义"你"是"哭"的受事。即：

(22) d (某人)哭得你直打颤

(23) d (某人)哭小王哭得你直打颤

由此可知，如果前面的N不出现的话，"V得S—P"是一个歧义格式，S可以是V的施事，也可以是V的受事。构成歧义的条件是，S是表示有生命事物的词语，V是具有双向意义的动词，S与V具有语义上的搭配关系。

有时候，S既非V的施事也非V的受事。如例19的"吓得心里打鼓"，"心里"不是"吓"的施事，也不是受事，而是"吓"这种行为起作用的处所。又如：

(24) 陈玉光喝得舌头都转不圆了。(《广州文艺》1986，2，11页)

(25) 刚才他很给他们吹了一阵"越南战争"，绘神绘色……吹得一棚子都是大眼睛。(《当代》1986，6，15页)

(26) (陈秋香)放声号啕大哭起来，哭得月亮也落了泪，天上下起了小雨。(《北京文学》1986，11，22页)

(27) 当赵志坚出现在自己的座位上，代表们的目光都象凝滞了，刹时间会场上静得一点声音都没有。(《中国作家》1986，6，104页)

上面四例中的S(舌头，一棚子，月亮，一点声音)同V(喝，吹，哭，静)在结构上不是直接成分关系，在语义上，它们之间只有间接的语义关联。只有当S同P组合为一个整体(例如24"舌头都转不圆了")，才能与V发生直接的语义关系，表示行为("喝")造成的一种现象(结果)。

当述语V是形容词的时候，"N + V(得)S—P"格式中S与N往往有领属关系，N是S的领属者。例如：

(28) 蓓沁见他说得那么诚恳，高兴得眼泪都快流下来了。(《电影新作》1986，3，20页)

(29) 是的，空空在大庭广众之下不知羞，可是每当夜深人静，她会羞得牙帮子发酸！(《当代》1986，5，25页)

(30) 梦颖气得声音都在颤抖："我们家不少这五分钱……"(《十月》1985，6，91页)

"蓓沁"与"眼泪"，"她"与"牙帮子"，"梦颖"与"声音"都是领属关系。

该格式可作如下变换：

N + V(得) + S—P→V(得) + N + S—P

例28—30可以变换为：

(31) 高兴得蓓沁眼泪都快流下来了

(32) 羞得她牙帮子发酸

(33) 气得梦颖声音都在颤抖

这种变换是有条件的。第一,N 与 S 有领属关系。第二,变换式含有"使成"意义。例31 的含义是,(某事)使蓓沁高兴,高兴得眼泪都快流下来了。实际语言中也可找到这类格式。例如:

(34) 第一个人影已经摸到伙房门前了……紧张得我大气都不敢出。(《北京文学》1984,1,19 页)

该例句的含义是:(某事)使我紧张,紧张得大气都不敢出。

作为短语格式,符合了上述两个条件,变换是能成立的。但是作为实际的语言表达,有时候可以作变换分析,有时候则不易变换,这主要是受具体词项之间语义关系的制约以及具体上下文语境的限制。例如:

(35) a 那房子老得砖墙都风化了,深灰色的砖粉一层一层落在墙角边。(《北京文学》1984,2,34 页)

由于词项"老"与"房子"之间不易构成使成关系,因而变换也就不易成立:

(35) b？老得那房子砖墙都风化了

"N+V(得)+S-P"格式还有一个适应面更为广泛的变换式:

"N+把 S+V(得)+P"

例如:

(36) a 秋风卷得满世界一片枯黄和肃杀。(《当代》1986,6,10 页)

(37) a 立刻,他的眼前划过一道霞光,刺得他几乎睁不开眼来。(《北京文学》1984,1,14 页)

变换为:

(36) b 秋风把满世界卷得一片枯黄和肃杀

(37) b 一道霞光把他刺得几乎睁不开眼来

大部分的主谓短语作补语的实例可以变换为"把字式"。五十年代《语文教学》杂志上曾经就"你气得他跑回去了"一类句子展开过讨论,当时对这类句子的结构分析有三种观点(参见年景年,36—38 页):

1、兼语说:主—谓—(得)—兼语—谓

2、宾补说:主—谓—(得)—宾语—补

3、补语说:主—谓—(得)—补语

主张"宾补说"的同志认为"他"是"气"的宾语,"跑回去了"是宾语"他"的补语。在论述理由时提到这类结构可变换为"把字式",但是没作进一步展开。(汪惠迪,34 页)

李临定先生新近出版的《现代汉语句型》一书里(237—243页)详细讨论了一种句式：

［名］+动/形+得+名_受+动/形……

作者认为该句式可分为七个次类型,其共同的特点是都能变换为"把"字句式。书中根据这一条理由认定,该句式中的"'名_受'不只是和前段动词(或形容词)发生关系,而是跟前段加后段这个组合发生关系的,也就是说它是插在中间的一个成分"。(237页)

李先生的这个见解相当深刻,能启发人们更细致地去分析这类结构,比"宾补说"的解释力强些。前面举到的例16"那些人恨得你牙痒痒的",从语义关系来看,"恨"的受事是"你","牙痒痒"的主体是"那些人",而不是"你"。如果按照"宾补说"就很难解释这个实例,因为"牙痒痒的"不是宾语"他"的补语,而是主语"那些人"的补语。这样用语义分析来代替结构关系的分析显然不太妥当。按照李先生的观点来解释则较为顺当："你"是"恨(述语)"加"牙痒痒的(补语)"这个组合体的宾语。补语是相对于述语而不是相对于宾语而言的。

《现代汉语句型》一书用"变换"这种形式证明的方法说明"得"后面的名词是同前段的"动/形"和后段的"动/形"共同发生关系的,具有较强的说服力。不过本文没有采纳这个观点,而继续把这类结构分析为主谓短语作补语。理由是：

一、变换的方法对分析句法结构关系、理解词项之间的语义制约关系很有帮助,但是,不能根据变换式来确定两种语言结构类型的同一。换句话说,格式A可以变换为格式B,格式C也可以变换为格式B,但是,并不能因此断定A和C是同一结构类型。例如,在现代汉语里,"名(施)—动—名(受)"格式可以变换为"名(施)—把名(受)—动"格式,也可以变换为"名(受)—名(施)—动"格式⑤。但是,并不能根据这种变换就把"名(施)—把名(受)—动"和"名(受)—名(施)—动"确定为同一类型的结构。

我们认为,变换的方法可以揭示两种(或多种)结构类型之间隐含着的联系,可以证明两个(或多个)言语实例是否属于同一结构类型(可作同样变换的即为同一类型,反则非是。参见朱德熙e)。但是用以证明两种结构类型为同一,似乎根据不足。把"得"字后面的名词分析为同前段的动词(或形容词)和后段的动词(或形容词)共同发生关系是可以的,作"把字式"变换也是成立的,但是,如果据此而把这类结构确定为 a)"名(受)"是前后动词(或形容词)组合的宾语,或 b)"名(受)"是前段动词与后段动词(或形容词)的兼语(所谓"兼语",也是同前后两段共同发生关系),那就不大足以让人接受了。

---

⑤ "名(施)—动—名(受)"格式、"名(施)—把名(受)—动"格式、"名(受)—名(施)—动"格式,一般表述为"主动宾"、"主把宾动"和"宾主动"格式。例如：我吃了饭。我把饭吃了。饭我吃了。

二、这种格式中还有一些不易或不能变换为"把字式"的情况。例如下面几个实例就不容易变换:

(38) a 他来了,他全听清楚了,他直气得上牙打下牙!(《清明》1985,5,60页)

(39) a 乜唯平以为蓓沁要对他无礼,吓得身子往后仰……(《电影新作》1986,3,25页)

(40) a 芳官吃得两腮像胭脂一般。(《红楼梦》)

变换:

(38) b? 他把上牙直气得打下牙

(39) b? 乜唯平把身子吓得往后仰

(40) b? 芳官把两腮吃得像胭脂一般

如果说例38—40在某些条件下还可以变换为"把字式"的话,以下诸例则是绝对不能变换的了。

(41) a 这几个小哥们听完阿水的叙述,气得个个义愤填膺……(《北京文学》1984,1,53页)

(42) a (空空)嗅呀,嗅呀,心旌摇曳,羞得全身滚烫!(《当代》1986,6,13页)

(43) a 她将行李卷挟在腋下,默默地往前面走去,我感动得嘴唇直抖!(《清明》1985,5,21页)

有时候前段里面出现了"被字式",那就更不能变换为"把字式"了。例如:

(44) a 他一步走到孙景玉面前,狠狠甩了一记耳光,孙景玉被打得身子歪倒在地上。(《中国作家》1987,1,153页)

变换:

(41) b* 小哥们把个个气得义愤填膺

(42) b* 空空把全身羞得滚烫

(43) b* 我把嘴唇感动得直抖

(44) b* 孙景玉把身子被打得歪倒在地上

在"N+V(得)+S—P"格式中,V是同一个动词,有的可以变换为"把字式",有的不可以。如"他哭得眼睛都红了"可以变换⑥,"他哭得眼泪鼻涕一起流"不能变换。N与S同样是领属关系,有的可以变换,有的不可以。由此看来,根据能否作"把字式"变换而把"名(受)"看作是同前后动词(或形容词)同时发生关系,以便同"得"字后面是主谓短语的情况区别开来,就句法结构(不是语义关系)上说,似乎是不充分的。

---

⑥ 李临定(242页)举此例,认为可变换为"把字式"。

上文举过一个例子（例26）：哭得月亮也落了泪，天上下起了小雨。作"把字式"变换：

（45）把月亮哭得也落了泪

（46）？把天上哭得下起了小雨

例45成立，例46可疑，不易成立。如果因此而把前者分析为"月亮"同时与"哭"和"落了泪"发生关系，"天上"只与"下起了小雨"发生关系，构成主谓短语作"哭（得）"的补语，从而把它们确定为是两种不同的结构类型⑦，似乎不尽妥当。

此外，作补语的主谓短语是成语或四字格式以及某些固定格式时，一般不能作"把字式"变换，"得"后面是一个整体，其中的名词只同后段动词（或形容词）发生关系，不同前段动词（或形容词）发生直接的结构关系。例如"空空的脸象一张纸，苍白得什么也没有"（例18）。其中的"什么也没有"是一种表示周遍性的固定格式的主谓短语，该例不能作"把字式"变换。以下诸例也不能变换：

（47）说到姑娘的小嘴儿，可不同一般，首先是会说，把个阿水说得神魂颠倒。(《北京文学》1984,1,50页)

（48）风雪迷漫中同隆冬搏斗，大地也感动得热泪横流……(《北京文学》1984,1,60页)

概言之，主谓短语嵌镶在述补短语里作补语要靠"得"的帮助，其格式是"(N)V得S—P"，V是动词或形容词。V与S之间，N与S之间（以及S与P之间）在语义上存在许多种关系。该格式可以有两个变换式：

1、N+V(得)+S—P→V(得)+N+S—P

2、N+V(得)+S—P→N+把S+V(得)+P

两个变换式有相通的地方，它们都是以动词（形容词）与名词之间的使成关系为基础的。前一种变换中V与N有使成关系，后一种变换中V与S有使成关系。

主谓短语不可以嵌镶在述补短语里作述语，其道理同它不可以嵌镶在述宾短语里作述语一样。因为主谓短语中的谓语可以是一个述补结构体（主谓短语的下位层次），作为一个整体，主谓短语就不会再带补语了。当然，对语言现象可以有不同的分析方法，从而建立起不同的语言分析系统(system of linguistic analysis)。在本文采用的语言分析系统里，主谓短语是不能充当述宾短语和述补短语的述语的，虽然我们认为主谓短语具有谓词的性质（详后）。

1.4 主谓短语嵌镶在偏正短语里作偏语，有时候也可以作正语。

作偏语：

（49）王巧靠在床上，一根接一根地抽烟。(《清明》1985,5,61页)

---

⑦ 当然，二者的语义类型是不同的。"哭得月亮也落了泪"，"月亮"可以理解为是"哭"的对象。"哭得天上下起了小雨"，"天上"只能理解为是"哭"发生了作用的处所。

(50) 赵志坚落选的消息,比四个车轮子跑得还快。(《中国作家》1986,6,104页)

作正语:

(51) 小毛毛象遭了芒刺似地浑身不舒服,抬头看看妈妈,妈妈也十分窘迫……(《北京文学》1984,2,46页)

(52) 现在你是那样春风得意,我们的距离突然拉开了。我恨自己配不上你!(《当代》1986,2,113页)

主谓短语作偏语有两种情况,一是在"状语—中心语"结构里作状语,中心语通常是动词(例49);一是在"定语—中心语"结构里作定语,中心语通常是名词(例50)。作定语的问题我们将设立专节来讨论,这里先讨论主谓短语作状语的情况。

主谓短语作状语最常见的是"四字格",或者是四字格的成语,或者是临时组合的四字格。临时组合的四字格又以"名词+形容词"结构的居多。例如:

(53) 蓓沁接过保温瓶,神色沮丧地奔下楼。(《电影新作》1986,3,24页)

(54) 她声调轻快地说:"我不单单看过您在舞台上演戏,您还给我们排过戏……"(《北京文学》1984,2,7页)

(55) 慕樱姿态优雅地继续欣赏着稔志满的藏票。(《当代》1984,6,148页)

(56) 他一点也不慌,脸不红,气不喘,口齿清楚,表情动人地侃侃而谈。(《清明》1985,5,19页)

在我们收集到的主谓短语作状语的材料中,绝大部分是这种四字格,可以说这是主谓短语作状语的一个突出特点。此外,主宾同形的主谓短语作状语的情况也可以看到。例如:

(57) 我们聚在树凉下的短桌上头碰头地写作业,在石板上刻生字。(《北京文学》1984,1,59页)

(58) 渐渐地,同学们一个接一个地告别金山镇,各奔前程了。(《北京文学》1984,1,20页)

除了四字格和主宾同形两类之外⑧,偶尔也能够发现其他一些主谓短语作状语的实例。兹引数例:

(59) (包身工们)陆续地两个一组两个一组地用扁担抬着平满的马桶,吆喝着从人们身边擦过……(夏衍《包身工》)

(60) 老宝叔走了,他心里装着满满登登地走了。(《北京文学》1987,1,27页)

(61) 在这有限而又无限的空间里,两个中文系的大学生,词汇那么贫乏地复述着别人讲过一千遍一万遍的,古老而又永远新鲜的话。(《萌芽》1984,2,31页)

---

⑧ 朱德熙(a,32页):能够作状语的主谓结构大致有两类。一类是成语或文言格式……一类是主语和宾语同形的格式。朱德熙(c,153页):主谓结构转化为副词作状语限于主语和宾语同形的格式。

例59是主谓短语重迭式作状语,例60是"主—谓—补"式,例61是"主—状—谓"式,它们既非四字格,也不是主宾同形式。这些现象比较少见,但可以说明语言现象是复杂的,多样化的,有些概括只能说明大部分的情况,不能穷尽某一类的语言现象。

主谓短语作状语有两点需要说明。第一,主谓短语作状语所修饰的中心语须得是动词性的词语,不能是形容词性的词语。在我们搜集到的材料中没有发现例外。第二,主谓短语作状语须得靠"de(地)"的帮助才能修饰中心语,"地"可以说是主谓短语作状语的形式标记。如果缺少这个标记,意义上可能会有某种程度的变化,但也可能变化不明显。不管意义上是否发生了变化,只要缺少了"地",在结构上我们就宁愿把它分析为连谓式而不再分析为主谓短语作状语的偏正式了(参见朱德熙 c,153 页)。下面是主谓短语嵌镶在连谓短语里作前谓语的例子:

(62)姑娘们一个接一个往外跑了。(《当代》1986,6,8 页)

(63)"我……我……"颜艳脸色苍白,颤抖地说不出话。她双手掩面突然跑了出去。(《北京文学》1984,1,34 页)

(64)可是,第二天一早,他又精神抖擞出发了。(《中国作家》1987,1,125 页)

主谓短语作状语,有时还会遇到与其他结构相区别的层次分析问题。例如:

(65)他很感兴趣地提出了一个个问题。(《中国作家》1986,6,106 页)

(66)他坐立不安,心怦怦直跳,两眼直瞪瞪地盯着一个地方……(《十月》1985,6,115 页)

以上二例的结构有两种可能的层次分析方法:

(65)a 他/很感兴趣地提出了……

或 (65)b 他很感兴趣地/提出了……

(66)a 两眼/直瞪瞪地盯着……

或 (66)b 两眼直瞪瞪地/盯着……

我们主张,前者按例65a 的方法分析,整个结构是主谓式,后者按66b 的方法分析,整个结构是偏正式,其中主谓短语作了偏语(状语)。这是参考了项目的结构关系和语义联系两个方面而提出的处理方法。

名词(表示事物的项目)与动词(表示活动的项目)⑨之间最典型也是最基本的语义关系是施动关系和动受关系(此外还有工具、处所、时间等较为间接的语义关系),反映在句法结构上就是"主—谓(动)"关系和"述(动)—宾"关系。由于现代汉语里没有强制性的被动形式("被"有时用,有时不用),所以,主语是谓语的受事,宾语是述语的施事的情况也较为普遍。基于这个认识,在分析主谓短语作状语

---

⑨ 主谓短语作状语所修饰的中心语限于动词性词语。所以,这里只讨论名与动词的关系,不讨论名词与形容词的关系。

与别的结构类型的层次纠葛时,可以提出一条基本原则:当前面的名词与"地"后面的动词具有施动关系或者受动关系时,该结构分析为"主/谓(状—中)"结构,否则,分析为"状(主—谓)/中"结构。例 65 中"他"与"提出"存在施动关系,整个结构是主谓式;例 66 中"两眼"与"盯着"不存在施动关系("两眼"是工具,施动者是"他")或受动关系,整个结构是状中式。

我们再举几个实例来说明这条区别原则。

(67)他巴望着儿子平平安安地长大成人……(《北京文学》1984,1,22 页)

(68)这声"妈"把顾太太的神志唤回来了,她顿时抬起头来,眼泪疯狂地奔流在她的脸上……(琼瑶《我是一片云》,210 页)

以上为"主—(状)谓"结构。

(69)做时,要用热水把面烫一下,……双手用力均匀地搓,小面团就成了细细的,光溜溜的长鱼鱼。(《北京文学》1984,1,17 页)

(70)她望着镜中的自己,心里迷迷糊糊地回忆着松林里的一幕。(琼瑶《我是一片云》34 页)

以上为"状(主谓)—中"结构。

需要指出的是,我们这里讨论的是语言分析(linguistic analysis)的一种处理方法,根据施动或受动关系来区分不同类型语言结构的层次,简便有效,且符合语言使用者的心理。但我们并不因此而否认工具名词和处所、时间名词作主语的资格。例如在"他两眼直瞪瞪地盯着一个地方"中,"他"是"盯"的施事,作整个结构的主语。"两眼"是"盯"的工具,同"直瞪瞪地"组合起来修饰"盯"作状语。在"两眼直瞪瞪地"这个结构里,"两眼"是主语。至于"太阳火辣辣地烤着大地"这类实例我们分析为是"主—(状)谓"结构,理由是它可以变换为被动式"大地被太阳火辣辣地烤着"。因此,"太阳"在这里与其说是"烤"的工具,还不如说是"烤"的施事。

主谓短语可以嵌镶在偏正短语里作正语,主要是嵌镶在"状语—中心语"格式的偏正短语里作中心语,这种现象值得重视,它说明了主谓短语的谓词性质。下面从状语的角度来分析主谓短语作中心语的各种情形。

主谓短语作中心语时,充当状语的有介词短语,各种副词,副词性的指示代词以及"有些""有点儿"等副词性词语。

介词短语。这类情况较少,例如:

(71)他爱用手指牵着牛头上的缰绳,和牛肩并肩地走动走西,显得很亲热。(《北京文学》1984,1,37 页)

(72)牛把式跟雷平关系冷淡,那头牛完全看得出来。(《北京文学》1984,1,37 页)

(73)但我便主张这一篇悲壮的文章必须深知烈士生平的人做,因为他比别人

关系更密切,心里更悲愤,做出来就一定更动人。(鲁迅《朝花夕拾·范爱农》)

各种副词。时间副词,例如:

(74)搞清前因后果,早已夜色沉沉了。(《中国作家》1986,6,109页)

语气副词,例如:

(75)当官的毕竟肚量大,颜艳装作没看见……(《北京文学》1984,1,29页)

程度副词,例如:

(76)这种事情几乎哪天都有,谁没来吃饭,谁收工晚了,他都惦记着给热上。(《北京文学》1984,1,20页)

其他副词,例如:

(77)他本来酒量不大,现在更提不起精神来了。(《记者文学》1986,6,7页)

(78)改革不可能不触动旧体制和人们的传统观念和既得利益,不可能不议论纷纷,不可能没有压力。(《光明日报》1986,5,31,第一版)

副词性的指示代词。常用的有"这样(么)""那样(么)"等,例如:

(79)他们都是那么头顶头,身挨身的,可真象是亲兄弟。(《北京文学》1984,1,25页)

(80)她这样青春焕发,这样年轻,这样鲜嫩,这样贴近。(《当代》1986,2,138页)

(81)啊,我从来没有感到象今天这样激情饱满,自如而自信。(《北京文学》1984,1,55页)

"有些""有点儿"等副词性词语,例如:

(82)只一会儿,我便有些手脚麻木了。(《北京文学》1984,1,59页)

(83)那时我觉得为了一个道具,真是有点儿小题大做。(《北京文学》1984,2,8页)

从上面列举的语言材料可以看出,主谓短语作中心语,其状语通常由副词性的词语充当(介词短语可以认为具有副词性质,参见王维贤,19页),这种"状/中(主—谓)"格式可以变换为"主/谓(状—中)"格式。如:

早已夜色沉沉→夜色早已沉沉

(她)毕竟肚量大→她肚量毕竟大

本来酒量不大→酒量本来不大

有些手脚麻木→手脚有些麻木

主谓短语如果是成语或固定格式,一般不作这种变换分析,虽然有时变换也能成立。如上面列举的"夜色沉沉""手脚麻木"可以看作是成语或准成语。以下变换不易成立(意义上讲得通,结构上较别扭):

? 不可能不议论纷纷→不可能议论不纷纷

？那么头顶头,身挨身的→头那么顶头,身那么挨身的

介词短语作状语修饰主谓短语时不能有上述变换。下列变换是不能成立的:

＊和牛肩并肩地走着→肩和牛并肩地走着

＊跟雷平关系冷淡→关系跟雷平冷淡

主谓短语充当"定语—中心语"结构中心语的情况比充当"状—中"结构中心语的情况少得多,但也并非不能作。例如:

(84) 显然,小两口的意见分歧被爸爸听见了。(《十月》1985,6,92页)

(85) 几道浮雕般的皱纹似乎暗示着教授的学识渊博。(《北京文学》1984,1,9页)

(86) 对于蓝燕的神经错乱,他不胜惋惜。(《园柳》总17期21页)

(87) 还要在人们的议论纷纷中正确引导,在众说纷纭中择善而从。(《光明日报》1986,5,31,第一版)

这里引述的都是四字格的主谓短语,情况似乎有点特殊。不过,在现代汉语中,主谓短语可作"定—中"结构的中心语,从上述实例中可以得到说明。从理论上说,汉语的主谓结构原则上可以加"的"转化为偏正结构,如"他暂时不去"转化为"他的暂时不去","豺狼凶狠"转化为"豺狼的凶狠"。主谓短语既然可以嵌镶在另一个主谓短语里充当谓语(见1.1),那么,在那个主谓短语之间加上"的",原结构就转化为偏正结构,原来充当谓语的主谓短语自然也就转化为偏正结构中的正语(定语的中心语)了。主谓结构和偏正结构之间的这种变换关系是汉语语法上的一个特点。如:

A(主—谓)		B(偏—正)
小两口意见分歧	→	小两口的意见分歧⑩
教授学识渊博	→	教授的学识渊博
蓝燕神经错乱	→	蓝燕的神经错乱
人们议论纷纷	→	人们的议论纷纷

B组是偏正短语,整个结构是名词性的,嵌镶在里面作中心语的主谓短语仍可认为具有谓词的性质,这同动词、形容词作名词性偏正短语的情况一样,如"他的去""豺狼的凶狠"。

值得注意的是,主谓短语中间加"的"转化为名词性偏正短语的情况相当普遍。从理论上说,"主谓谓语"格式的短语加"的"转化为偏正短语也应该是一种能产的方式。然而,我们调查了许多的语言材料,发现主谓短语嵌镶在名词性偏正短语里作中心语的情况并不多见,而且大都是成语或准成语式的四字格。

---

⑩ B类(N 的 S—P)是歧义结构。a) N 的 + S—P,如:小两口的/意见分歧。b) N 的 S + P,如:小两口的日子/不好过。歧义的条件是:N 与 S 有领属关系。实际语言中第二种结构的情况居多。

1.5　主谓短语嵌镶在联合短语里作联合语,嵌镶在"的"字短语、方位短语、比况短语里作主干语,一般不在介词短语里作宾语。

嵌镶在联合短语里作前联合语,后联合语以及中联合语。这一点不言自明,因为联合结构的特点是把各种语言成分平等地(非偏正地)连接在一起。联合短语没有自己的语法功能(主要指分布特征 distributional feature),各个联合语的语法功能就是整个联合短语的语法功能。因此,联合短语内部的联合语必须是同一结构类型或者同一功能性质的。主谓短语作联合语可以同另外的主谓短语(一个或多个)联合,也可以同动词或形容词性质的短语联合,没有发现主谓短语同名词性质的短语联合的现象。兹举数例:

(88)我要是个四肢发达,头脑简单的人,就免灾祸了!(《小说选刊》1986,11,110页)

(89)寄语某些青年朋友……你们也有鬓发生雪的一天,希望那时在公共汽车上,你们不会有年轻人坐着,老年人站着的遭遇。(《中国青年报,》1986,10,9,第一版)

以上是主谓短语同主谓短语联合。

(90)那肌肉发达的身躯映在墙上,更显得硕实强壮,精力无限。(《十月》1985,6,90页)

(91)利用湘赣两敌利益不一致,四面防守,无法集中的情况,和敌人作长期的斗争。(《毛泽东选集》第一卷)

以上是主谓短语同其他谓词性短语联合。

嵌镶在"的"字短语里作主干语。"的"字附着在主谓短语之上,整个短语具有名词短语的功能,主谓短语是其中一个句法成分,仅举两例明之:

(92)教授最担心的是自己的论文引起争鸣,他早不喜欢打笔墨官司了!(《北京文学》1984,1,9页)

(93)当这些人淌着泪水向我吐露压在心底的隐私时,我才知道,世上最沉重的还是人的心。(《十月》1986,6,5页)

嵌镶在方位短语里作为主语。以方位词为标志的方位短语是一种附着性结构的短语⑪,它由主干语和附着语组成(这一点类同于"的"字短语,介词短语和比况短语)。主谓短语可以充当其中的主干语。例如:

(94)荬子面运回伙房后,我们正准备装缸,大师傅忙说:"潮得很,得干干。"(《北京文学》1984,1,18页)

---

⑪　有的学者把方位短语归入偏正短语一类(张志公,21页)。方位词是一种独立性较弱而附着较强的词:其独立性表现在有时可以单独充当句法成分,其附着性表现在它经常附着在其他实词语后面构成方位短语,有人因此甚至把它径称为"后介词"(赵元任,278页;徐烈炯等,10页)。

（95）在美国，一个工人与老板签订合同后，在合同期间，老板是不能随便解雇他的。(《光明日报》1987,2,26,第一版)

主谓短语作为主干语的方位结构一般只表示时间方位，不表示空间方位，与谓词语充当主干语的情况相同。常用的方位词是"前（以前，之前）""后（以后，之后）""中间""以来"等。方位词常常与介词配合使用，介词在前，方位词在后（有人称为后介词 postposition，参见赵元任，278 页）。例如：

（96）大师傅是在我们到金山镇插队一年多以后来的……(《北京文学》1984,1,15 页)

（97）在大幕没有拉开前您让我去找粉笔、图钉，将桌子的位置固定下来。(《北京文学》1984,2,8 页)

（98）自荷兰科学家于 1911 年发现水银具有超导特性以来，世界各国的科研人员都在为寻找新的超导材料而不懈努力……(《光明日报》1987,2,26,第四版)

这种结构是介词短语，里面嵌镶着方位短语作宾语，方位短语里嵌镶着主谓短语作主干语。主谓短语原则上不作介词的宾语（这说明主谓短语与名词短语不同，同时也表明介词与动词功能上有区别），只发现极少的例外。兹举一例：

（99）是的，当党扫除了天空中乌云，她是不会吝啬自己的阳光的。(《中国作家》1986,6,105 页)

嵌镶在比况短语里作主干语。比况短语的标记是带有"似的""一样""那样""一般"等比况词作附着语，主谓短语可以充当其中的主干语。例如：

（100）这些事情对于我来说，正如医生诊治病人一样：数不胜数。(《北京文学》1984,2,7 页)

（101）伙伴们忍住笑，一声不响地象鸡啄米似的，拣起来吃了个痛快。(《记者文学》1986,6,5 页)

（102）的的得得，马蹄子一响，再搭上铜铃铛，就跟戏台上的梆子木鱼敲了起来似的，又象是玉泉山的泉水顺着大道叮叮咚咚流淌起来！(《北京文学》1984,1,36 页)

比况词经常同"象""好象""如""同""跟"等动词或介词配合使用，比况短语充当这类动词或介词的宾语。

1.6 连谓短语中的"主谓短语"。汉语里有一种比较复杂的短语——连谓短语。"连谓结构是动词或动词性结构（述宾结构，述补结构等）连用的格式。"（朱德熙 c,18 页）不过，主谓短语有时也可以嵌镶在连谓短语里作前谓语，如前面举过的例 63—64：

她双手掩面突然跑了出去

他精神抖擞出发了

主谓短语嵌镶在连谓短语里作后谓语的实例没有找到,似乎是不能作的。象下面两例不宜看作是连谓短语:

（103）宁小三鼻子是鼻子脸是脸,老实规矩,文明体面……(《北京文学》1984,1,41页)

（104）马昌民丧魂落魄地走出宾馆,门外小雨濛濛,雾霭沉沉。(《电影作品》1986,6,62页)

"鼻子是鼻子脸是脸"是一个联合短语,内中嵌镶着两个主谓短语。"门外小雨濛濛,雾霭沉沉"是两个小句,后一个小句的"主语"承前省略,这是为了表达简洁的需要,当然也可以分析为联合短语作谓语。采取哪种处理方法涉及到对单句(一个小句组成的句子)和复句(多个小句组成的句子)的认识等复杂问题(参见王松茂,414—453页),兹不详论。

兼语短语一般分析为是一个述宾短语和一个主谓短语嵌套而成的结构,述宾短语的宾语和主谓短语的主语合为一体。按照这个观点,主谓短语是可以充当兼语短语的句法成分的。但是,这个句法成分不容易划分清楚。例如"选他当代表"这个结构,如果把"他当代表"分析为主谓短语充当了句法成分,那么剩下的"选"应该如果分析？分析为述语,整个结构就是述宾短语,主谓短语作了宾语,兼语短语的名称也没有独立存在的意义了。如果把"选他"分析为述宾短语充当了句法成分,那么剩下的"当代表"就要分析为后谓语,整个结构就是连谓短语,兼语短语的名称也没有独立存在的意义,这个"连谓短语"中不含有主谓短语。两种分析方法都可以取消兼语短语的名称。要保留兼语短语的名称,必须采用一种独特的分析方法:把某个要素(element)连续分析两次。即"选他"是述宾短语充当了一个句法成分,"他当代表"是主谓短语充当了另一个句法成分("他"这个要素分析了两次),二者嵌套在一起组成了"兼语短语"。这种独特的分析方法("切"而不"分")处理"兼语短语"很有效,但与分析短语普遍采用的方法(一"切"即"分")不符合。我们倾向于把"选他当代表"一类的结构看作是连谓短语(参见朱德熙 d,56—67页),其中不含有主谓短语作句法成分。这类连谓短语内部各个项目之间的语义关系与其他连谓短语的有所不同,它们的变换格式也有区别。比较:

我们选他当代表:我们选他,他当代表

我们选了他再走:我们选他,我们走

不过,这种语义上的差别并不妨碍把它们概括为连谓短语这个大的结构类型。

归纳上面的分析,我们得出下表:

主谓短语分布情况一览表

在何种短语里		充当何种句法成分	备注
主谓短语		主语,谓语	
述宾短语		宾语	不作述语
述补短语		补语	不作述语
偏正短语	状中结构	状语,中心语	
	定中结构	定语	较少作中心语
联合短语		联合语	
"的"字短语		主干语	
方位短语		主干语	
比况短语		主干语	
介宾短语			极少作宾语
连谓短语		前谓语	不作后谓语

2 主谓短语作定语的分析

上一节里讨论到了主谓短语嵌镶在偏正短语里作状语和中心语的问题(1.4),这一节将集中讨论主谓短语嵌镶在"定—中"式偏正短语里作定语的种种复杂情况。

2.0 关于定语的定义,语法学界有多种说法。有的认为是"名词的修饰语"(丁声树等,42页),有的认为是"名词性偏正结构里的修饰语"(朱德熙 d,45页)。前者是根据中心语的性质来给定语下定义,后者是根据整个偏正短语的性质来给定语下定义,二者对具体语言现象的分析并无多大分歧。就定义而言,后者显然更为严谨。下面二例中的中心语分别为名词和形容词,由于整个偏正结构是名词性的,因而作偏语的主谓短语都分析为定语。例如:

(1) 衣衫湿透的军人们,头顶烈日大步疾行。(钱钢《唐山大地震》)
(2) 半仙的脸上,有一种人们从来没有见过的庄重和肃穆。(《当代》1986,6,15页)

本节主要讨论例1反映的情况,即主谓短语嵌镶在偏正短语里充当名词附加语的情况,该格式可以用符号概括为:

S—P 的 N

2.1 P 的性质

在"S—P 的 N"格式中,P 可以是形容性的词语。例如:

（3）音乐是民族性很强的艺术。歌声，要我们自己的；人格，也要我们自己的。（《北京文学》1986，1，57页）

（4）手面宽的"带工"，不仅可以放债、买田、造屋，还能兼营茶楼，浴室，理发铺一类的买卖。（夏衍《包身工》）

P也可以是动词性的词语。例如：

（5）教授没有用儿子给他准备好了的早餐，就出了门。（《北京文学》1984，1，14页）

（6）阿Q第三次抓出栅栏门的时候，便是举人老爷睡不着的那一夜的明天的上午了。（鲁迅《阿Q正传》）

此外，有时候P是名词性的词语，这种情况比较少见。兹举一例：

（7）排行第六的三姑娘玉芳蹲在门口的老槐树下洗鱼，排行第七的四小子金生刚买菜回来……（《北京文学》1984，2，36页）

2.2 N，S，P各个项目之间的语义关系

在"S—P的N"格式中，各个项目之间的语义关系是很复杂的。

2.2.1 N是S的领属者。例如：

（8）那颜色红亮的米醋，色泽悦目，酸里带甜。（《北京文学》1984，1，15页）

（9）一个嗓音有点沙哑可是谈锋十分犀利的中年人，在他的办公室里接待我。（钱钢《唐山大地震》）

"米醋"与"颜色"，"中年人"与"谈锋"，在语义上都具有领属关系。

在"S—P的N"格式中，如果P是形容性的词语（例8的"红亮红亮"，例9的"十分犀利"），那么S往往被N所领属。笔者搜集的材料中，这种情况占绝大多数，可以说是P为形容词的主谓短语作名词附加语的一个突出特点。这类偏正短语可以有两种变换为主谓短语的格式。

A式：S—P的N → N + S—P

例如：颜色红亮红亮的米醋→米醋颜色红亮红亮

谈锋十分犀利的中年人→中年人谈锋十分犀利

B式：S—P的N → N的S + P

例如：颜色红亮红亮的米醋→米醋的颜色红亮红亮

谈锋十分犀利的中年人→中年人的谈锋十分犀利

A式变换是把偏正短语变换为主谓谓语式的主谓短语，B式变换是把偏正短语变换为偏正主语式的主谓短语，这两种变换都是可逆的。在A式变换里，原式中受S—P修饰的N在变换式中被S—P所说明；在B式变换里，原式中的S与N没有直接的句法联系，变换式中N成了S的限定语。但是，不管是A式变换还是B式变换，各个项目之间的语义关系并没有改变。原式和变换式在表意上有所不同

(前者表达的是概念,后者表达的是判断),这种不同在每个实例中都是一致的,符合变换分析中的平行性原则(参加朱德熙 e,83 页)。

有时候 S—P 是主谓结构的成语或其他固定格式,整个偏正短语就只能作 A 式变换,而不宜作 B 式变换。例如:

怒气冲冲的父亲→父亲怒气冲冲

? 怒气冲冲的父亲→父亲的怒气冲冲

有时候 N 是时地名词,我们把它解释为表示 S—P 的时间或处所,而不把 N 分析为是 S 的领属者。虽然从更高一层的意义上说,N 也表示了对 S 在时间或处所上的领属。例如:

(10) 在天气晴朗,阳光柔和的日子里,人们经常可以在四方庄村口看见一位矮小瘦弱的老人。(《北京文学》1984,1,41 页)

(11) 你脓血污秽的屠场呀!你悲哀充塞着的囚牢呀!(郭沫若《女神》)

"日子"是"天气晴朗,阳光柔和"的时间,"屠场"是"脓血污秽着"的处所,一般不对整个偏正短语作 A 式或 B 式变换的分析。当然,这些变换有时候是能成立的,因为时间词和处所词可以作"领属者"。例如:

阳光柔和的早晨→早晨阳光柔和

阳光柔和的早晨→早晨的阳光柔和

除了 P 是形容词语的情况以外,P 是动词性词语时,N 也可以是 S 的领属者。不过,这种情况远不如 P 是形容词语时那样具有普遍性。兹举二例:

(12) 家在外地的小学员们,也都聚集到电视室,那里正播映几个青年歌星的音乐会……(《北京文学》1984,1,56 页)

(13) 有人涌进一个营业厅尚未倒塌的百货商店,他们争抢着手表,收音机,衣料……(钱钢《唐山大地震》)

"在"和"倒塌"都是动词,"小学员们"与"家"、"百货商店"与"营业厅"在语义上都具有领属关系,这两个实例中的偏正短语都可以作 A 式变换和 B 式变换。例如:

    A 式   B 式

小学员们家在外地   小学员们的家在外地

百货商店营业厅尚未倒塌 百货商店的营业厅尚未倒塌

2.2.2 N 是 P 的受事。

在"S—P 的 N"格式中,P 是及物动词而又没带宾语时,N 往往是 P 的受事,这类例子最为常见。例如:

(14) 母亲蒙受的耻辱,使她羞于上街,羞于见人。(《当代》1986,6,13 页)

(15) 我转念寻信或她留下的字迹,也没有。(鲁迅《伤逝》)

(16) 妈妈手捧着的两个塑料小盆兰花,爸爸生前最喜爱的清秀淡雅的兰花,也没有地方放了。(《北京文学》1984,2,34页)

这种类型可以作如下变换:

S—P 的 N → S + P N (P是及物性词语)

即:母亲蒙受的耻辱→母亲蒙受耻辱

她留下的字迹→她留下字迹

爸爸最喜爱的兰花→爸爸最喜爱兰花

原式是偏正短语,变换式是主谓短语,表意上二者有区别,但是,原式与变换式中各个项目的语义关系没有改变。为了说明问题的方便,不妨参照流行的"主谓结构中间加'的'取消其独立性"的说法(如:我不来→我的不来),把原式与变换式的关系理解为,主谓宾结构在谓宾之间加"的"取消了原结构的独立性(有人认为原式中充当定语的主谓短语是不完全的,参见王力b,37页[12])。

在这个格式里,N是施事的情况十分少见。只有"这里住的三个人"和"昨天来的客人"之类的例子,其中作定语的主谓短语中,充当主语的是表时地的词语,充当谓语的也不是典型的及物动词(通常被看作是不及物动词)。

有时候,"S—P的N"格式里的P含有一个可带双宾语的动词,这个动词已经带上了一个受事(近宾语),另一个受事(一般称作意念上的远宾语)就是中心语N。例如:

(17) 老何与杨晓彬是江西插队时的"哥们",杨晓彬给陶枝的第一封情书就是由他转交的。(《小说家》1985,1,44页)

(18) 她自己专备有一个小本本来记录血压,每次她都将医生告诉她的那些假结果,工工整整地写下来。(《北京文学》1984,2,11页)

(19) "我教你的儿歌",他低念,"月亮爷爷亮堂堂……"(琼瑶《我是一片云》)

例17中"陶枝"是"给"的第一个受事,在结构上作了宾语;"第一封情书"是"给"的第二个受事,但是在结构上不同"给"直接发生关系,它受整个主谓短语"杨晓彬给陶枝"的修饰作了中心语。这种类型也可以作如下变换:

S—P 的 N → S + P N (P是述宾短语)

即:杨晓彬给陶枝的情书→杨晓彬给陶枝情书

---

[12] 王力(b,37页):有时候次品句子形式所限制的就是它自己的动词的目的位。这一种句子形式是不完全的,因为它的动词的目的位是它所限制的首品兼任的。例子是:"我见二爷时常带的小荷包有散香。"这个说法不妥,它以语义表述是否"完全"来判定结构形式是否完全。实际上,汉语中许多及物动词并不一定要带上宾语才使结构形式完全的。"我吃饭的时候"与"我吃的时候"都应该认为是完全的偏正短语,其中的修饰语也应该认为是完全的主谓短语。

医生告诉她的假结果→医生告诉她假结果

我教你的儿歌　　　→我教你儿歌

原式是修饰关系结构,变换式是表述关系结构,但原式与变换式之中各个项目的语义关系没有改变。这种情况下作中心语的必须是第二个受事,不能是第一个受事。下面的例子是不能成立的:

*杨晓彬给第一封情书的陶枝

*医生告诉那些假结果的她

*我教儿歌的你

如果第二个受事不出现,第一个受事出现在 N 的位置("的"的后面),整个短语就不再是偏正结构,而变成主谓(述—宾)结构了,"的"成了动词的附着成分[13],不再是定—中式偏正短语的标记了。例如:

杨晓彬给的陶枝

医生告诉的她

我教的你

在现代汉语里,能带双宾语的动词对第一个宾语是否出现并不带有强制性,因此,有时候该格式中第一个受事可以不出现,其结构仍然是偏正结构。例如:

杨晓彬给(　　)的第一封情书

医生告诉(　　)的那些假结果

我教(　　)的儿歌

有时候,S—P 中间加上了"所",该格式变成了"S 所 P 的 N"。这种结构中的 P 一定是及物动词,中心语 N 往往是 P 的受事。例如:

(20) 当代神童所具备的一切,他都具备,父母很是得意。(《北京文学》1984,1,2 页)

(21) 小毛毛所要渴见的这位妈妈,是一位非常时髦的女人。(《北京文学》1984,2,44 页)

(22) 我是中国人,有自己独立的人格。那些匿名信所需要而我认为是国家所不需要的玩艺儿,我绝不想从西方带回来。(《光明日报》1987,2,26 第一版)

"S 所 P"是一种特殊的主谓结构[14],它从来不以独立形式(independent form)出现,只是嵌镶在其他结构里作成分。带"所"主谓短语作定语时,中心语 N 一般是 P 的受事。这种类型也可以作如下变换:

S 所 P 的 N→S + P N(P 是及物动词)

---

[13] 参见丁声树等《现代汉语语法讲话》53—54 页的分析。

[14] "S 所 P 的"是一种特殊的"的"字结构,又称"所"字结构。它在作定语这一点上跟一般的"的"字结构一样自由,其他方面则不如"的"字结构自由(参见陆俭明,244 页)。

即:神童所具备的一切→神童具备一切
小毛毛所要渴见的妈妈→小毛毛要渴见妈妈
国家所不需要的玩艺儿→国家不需要玩艺儿

原式是修饰关系结构,变换式是表述关系结构,但原式与变换式之中各个项目的语义关系没有改变。可见带"所"主谓短语作修饰语时与一般主谓短语作修饰语的情况相同。

简言之,当 N 是 P 的受事时,"S—P 的 N"格式都可以有"S + P N"的变换,内中可细分为三种情况:a) P 本身没带宾语;b) P 带了一个宾语;c) S—P 之间带有"所"字。

2.2.3 N 是 S—P 的时间、处所或工具

在"S—P 的 N"格式中,如果 P 是不及物动词,或者是已经带了宾语的双向及物动词,或者是已经带了双宾语的三向及物动词,这时候,N 一般来说都不是 P 的受事或施事,而往往是表示 S—P 的时间、处所或工具(S—P 与 N 是"同一关系"的除外,见 2.2.4)。例如:

(23)知青们下来的第一天,和黄桷坪生产队的农民联欢。(《当代》1986,6,4 页)

(24)这不就是爸爸蹲点的玉祥门工地吗?(《北京文学》1984,2,32 页)

(25)但那湘妃竹不是主人们用来打奴隶的刑具么?(郭沫若《屈原》)

例 23 中"第一天"是"知青们下来"的时间,例 24 中"玉祥门工地"是"爸爸蹲点"的处所,例 25 中"刑具"是"主人们用来打奴隶"的工具。"下来"和"蹲点"是不及物动词,"打"是双向及物动词,已经带上了宾语"奴隶"。带上了双宾语的三向及物动词的例子如:

(26)杨晓彬给陶枝第一封情书的那天下午,村里出了一件大事。

主谓短语修饰名词一般都要借助"的"的帮助,否则就会改变结构关系甚至根本不能成立。比较:

我炒的菜(偏—正)—我炒菜(主—谓)
主人打奴隶的刑具—*主人打奴隶刑具

但是,当名词表示的是时间、处所或工具时,有时候也可以看到主谓短语不带"的"直接修饰名词的情况。例如:

(27)他们才下来那会儿,正经八百地通过老不死的渠道向李天喜提了意见……(《当代》1986,6,11 页)

(28)"您说,要是把他们雇保姆那钱匀给我俩,不就全结了?"(《十月》1986,6,36 页)

"他们雇保姆那钱"是偏正短语,作定语的是主谓短语"他们雇保姆",它不借

助"的"的帮助直接修饰了中心语"那钱"(工具)。不过,中心语的名词前面用上了指示词"那",如果缺少了指示词(那,这),"的"就必须出现。试比较:

*他们雇保姆工钱—他们雇保姆的工钱

*李自成出事晚上—李自成出事的晚上

*工人们干活车间—工人们干活的车间

当然,中心语名词前用了指示词,定—中之间再用"的",结构上也是成立的,而且有形式上的标记,修饰关系更明显了。例如:

他们雇保姆的那(批)工钱

李自成出事的那(天)晚上

工人们干活的那(个)车间

在名词是时间词的情况下,有时候不用指示词,只用了序数标记"第",主谓短语也可以不借助"的"而直接修饰中心语。例如:

(29)大师傅上任第一天,蒸满窝窝的笼屉端下之后……(《北京文学》1984,1,16页)

不过,这种情况不常见,一般用了"第"以后还要用"的"帮助。如例23中的"知青们下来的第一天"。又如:

(30)赵志坚在省人代会落选的第三天,香港的报纸就登出了这则消息。(《中国作家》1986,6,103页)

2.2.4 S—P 与 N 是"同一关系"

主谓短语 S—P 与被修饰的名词 N 在语义上有时候是"同一关系"。例如:

(31)不久,秋瑾姑娘在绍兴被杀的消息也传来了……(鲁迅《朝花夕拾》)

(32)看来张芝贵关于钱夹子每一层都装粮票的笑话,典出自此。(《当代》1986,6,5页)

(33)他想起了雷平和他一起出车,车陷住了,雷平用肩膀扛车轱辘的情景,还想起了雷平在知青点宿舍挨了打,到他家用布扎流血的手指的情景。(《北京文学》1984,1,39页)

例31中的定语S—P"秋瑾在绍兴被杀"与被修饰的中心语N"消息"在语义上指的是同一样东西,前者是对后者的具体阐释,后者是对前者的抽象概括,二者构成了一种特殊的修饰关系:同一性修饰关系。试比较下列偏正短语里定语和中心语的关系:

秋瑾姑娘在绍兴被杀的消息(同一)

秋瑾姑娘在绍兴被杀的那天(时间)

秋瑾姑娘在绍兴被杀的刑场(处所)

秋瑾姑娘在绍兴练武的宝剑(工具)

秋瑾姑娘在绍兴所作的演讲（受事）

不同的关系可以作不同的变换分析。"同一关系"可作如下变换：

S—P 的 N→S—P 这 N　　（或 S—P 那 N）

如例 31—33 中的偏正短语可变换为：

秋瑾姑娘在绍兴被杀这（个）消息

钱夹子每一层都装粮票这（个）笑话

雷平用肩膀扛车轱辘那（个）情景

原式和交换式在结构关系上都是偏正关系，不过，变换式中没有了定—中结构的形式标记"的"，而在被修饰的名词前用上了指示词，使定语和中心语的"同一"关系更趋明显，修饰关系变得隐没。

有的学者认为原式是偏正结构关系，变换式是"同位复指"结构关系（丁勉哉，67 页），这是可以商榷的。首先，被修饰的名词前带上了指示词以后，仍可以在定语和中心语之间加上表明偏正关系的标记"的"。如"秋瑾姑娘在绍兴被杀的这个消息""钱夹子每一层都装粮票的那种笑话"。其次，当中心语是表示时间、处所或工具的名词时，用了指示词而没用"的"，我们仍然把整个结构看作是偏正关系结构，而不可能分析为同位复指关系结构。如"大师傅上任那一天""他们雇保姆那钱"（参见 2.2.3）。基于上述理由，我们认为原式和变换式结构关系没有改变，而没有接受"同位复指"的观点，语义上的"同一"关系与结构上的同位关系应该区别开来。

2.2.5　其他语义关系

在"S—P 的 N"格式中，除了上面分析到的领属、受事、时间、处所、工具以及"同一"等语义关系之外，S—P 与 N 之间还存在其他一些语义关系。因暂时无法对它们——进行分析和概括，姑且列举数例以表明问题的复杂性。例如：

（34）市民们不知稼穑维艰，对蔬菜缺乏的原因知之甚少，只懂得从"菜篮子里看形势"。（《中国作家》1986，6，110 页）

（35）加以油鸡们又大起来了，更容易成为两家争吵的引线。（鲁迅《伤逝》）

（36）块把钱一天的工钱，嘿，别人跟我叩了头也不替她写进去！咱们是同乡，有交情。（夏衍《包身工》）

（37）每个"带工"所带包工的人数，也就表示了他的手面和财产。（夏衍《包身工》）

（38）知青点开会什么的，老不死发言的声音和知青们扯闲淡的声音一样大。（《当代》1986，6，9 页）

（39）如果人们不忘怀自己曾为之付出心血，乃至青春的劳动，是会从心田内激发出一般强烈的激情，坚定的自信，以及对生活的热爱的。（《北京文学》1984，

2,7页)

正如汉语的述宾短语有许许多多的语义关系一样,现代汉语的偏正短语也有许许多多的语义关系,不容易把它们描写净尽,当然也就不容易找到其各自的或共同的变换式。只有通过不断的研究探索,一个问题一个问题地分析求解,才能逐步达到研究过程中的理想境界。

2.3 "的"的问题

主谓短语修饰名词,通常都要借助"的"的帮助,尤其是当中心语 N 是 S 的领属者或者是 P 的受事者时,"的"字非用不可。但是,当中心语是 S—P 的时间、处所、工具以及"同一"关系时,有时候也可不用"的",而在名词前用指示词"这/那"修饰(参见 2.2.3 和 2.2.4)。可见,虽然"的"是定—中式偏正短语的标记,但却不能说主谓短语修饰名词要以"的"为必要条件。

有的学者认为主谓短语作定语的实际情况是"的"字短语作定语(吕叔湘 b,51页)。笔者没有采纳这个观点是基于以下理由:

如果把"S—P 的 N"解释为"的"字短语作定语修饰 N,那么主谓短语(S—P)直接修饰中心语(N)的现象解释起来就会遇到困难。如"他们雇保姆那钱",或者解释为省略了"的",或者解释为是不同于"S—P 的 N"的另一类结构,而这两种可能的选择方法似乎都不很妥当。统一用主谓短语作定语(带"的"或不带"的")来解释比较容易把握,也便于对该格式内部各个项目进行结构关系和语义关系的分析。

其次,主谓短语带"的"修饰中心语有两种不同的类型。第一种类型"S—P 的"可以指代整个偏正短语"S—P 的 N",第二种类型不可以(参见朱德熙 b,131页)。可指代的情况如:

(40) 梁勇给半仙的(情书)就是哥他们代写的。(《当代》1986,6,15页)

(41) 一说起这些,六叔六婶就唠叨还是孩子少的(人家)好。(《北京文学》1984,2,38页)

主谓短语加"的"可以指代整个偏正短语,从表达上说,中心语("情书""人家")不出现,句子仍然成立。这里的"的"可以认为是附着于主谓短语之上的,把这种结构分析为"的"字短语作定语似乎是可行的⑮。但是,主谓短语加"的"不能指代整个偏正短语的情况,分析起来就会遇到困难。例如:

(42) 雷平没有听出大把式的弦外之音。他光是明白了张存河为什么闷闷不乐的(原因)。(《北京文学》1984,1,40页)

(43) 父亲去世的(那天),他来操办了父亲的丧事。(《清明》1985,5,10页)

---

⑮ 朱德熙(c,144页)把这类结构分析为"同位性偏正结构"。

（44）总之,大师傅来了后,虽然依旧是两角三分一天的(伙食标准),却觉得日子好过多了。(《北京文学》1984,1,17页)

以上例子中的偏正短语,如果括号里的中心语不出现,在表达上就说不通,在结构上就不能成立。如果连"的"一并除去,在表达上和结构上就都没有问题了。试比较:

（42）a* 他明白了张存河为什么闷闷不乐的

（42）b 他明白了张存河为什么闷闷不乐

（43）a* 父亲去世的,他来操办了父亲的丧事

（43）b 父亲去世,他来操办了父亲的丧事

（44）a* 虽然依旧是两角三分一天的,却觉得日子好过多了

（44）b 虽然依旧是两角三分一天,却觉得日子好过多了

这说明,主谓短语加"的"不能指代整个偏正短语的时候,"的"不宜认为是附着性的,而应该认为具有介接的功能,在作定语的主谓短语和作中心语的名词之间起介接作用。这种情况自然不宜看作是"的"字短语作定语,而要看作是主谓短语作定语。

此外,在语言分析上,把"S—P 的 N"格式分析为主谓短语作定语也有许多便利之处,既便于揭示该格式中各项目之间的语义结构关系,求出其各种不同的变换式,也便于把主谓短语作定语同其他语言结构体作定语的情况区别开来,而不一概以"的"字短语作定语名之。

2.4 "当 S—P 时"一类结构

主谓短语经常出现在"当…时"一类的框架里,这类框架有许多种具体格式,但都可以看作属于同一类型。兹各举一例明之。

"当…时"。例如:

（45）当两只船儿相错时,春霞那双眼睛紧紧地盯着那只船上的摇橹人……(《萌芽》1984,2,119页)

"当……的时候"。例如:

（46）当儿子离他很近的时候,教授又觉得儿子离他很远,很远……(《北京文学》1984,1,9页)

有时候不用"当"而用了"在"。例如:

（47）在他心烦的时候,他可以赶着牛车在大野里走上一会,寻个清静。(《北京文学》1984,1,37页)

有时候"当"或"在"都不出现,该格式变换了"…时"或"…的时候"。例如:

（48）他忘记了昨日父亲揍他屁股时的滋味,忘记了母亲的警告。(《北京文学》1984,1,7页)

(49) 我从南京移到北京的时候,爱农的学监也被孔教会的校长设法去掉了。(鲁迅《朝花夕拾》)

有时候后面的名词不出现,该格式变为"当…"。例如:

(50) 当我抓住那只校定过众多古乐谱的右手,我的心和那只手一起簌簌地颤抖着。(《北京文学》1984,1,57页)

"当…时"一类格式在句法结构上的主要分布位置是作状语,表达时常常居于句首,如上举各例(除例48外)。该格式有时候也充当主语,宾语或定语。作主语和宾语时前面的介词"当"不出现⑯。例如:

(51) 阿Q第三次抓出栅栏的时候,便是举人老爷睡不着的那一夜的明天的上午了。(鲁迅《阿Q正传》)

(52) 等他完全睁开眼时,他震惊了!(《北京文学》1984,1,14页)

"…时"和"…的时候"格式能作主语或宾语这个语言事实,说明其中的"时""时候"是时间名词而不是助词⑰,也不宜看作是附着性的表时间方位词。

该格式作定语时,后面用"时"而不用"的时候"(例48),前面不用介词。偶尔也见到前面用了"当"但后面不用"时"的情况。例如:

他忘记了昨日父亲揍他屁股时的滋味,忘记了母亲的警告。(例48)

(53) 我忘不了当我第一次站在无垠的草原上那种骤然的扩展和净化的感觉。(《北京文学》1984,1,43页)

前一例用"…时",后一例用"当…"。从理论上说,两例都可补充为"当……时"的完整格式,但是很少看到用完整格式作定语(以及主语,宾语)的实例。

"当…时"一类结构嵌镶在另一个语言结构里充当成分(主要是作所谓"句首状语")的时候,有时会遇到层次切分上的疑难。例如:

(54) 他路过车库的时候,忽然听见里面有动静……(《北京文学》1984,1,52页)

(55) 大师傅临回家时对我说:"俺看你脸色不中……"(《北京文学》1984,1,19页)

以例54而言,有两种分析方法可供选择。a)整个结构是主谓式。"他"是主语,谓语是一个状中结构的偏正短语,其中"路过车库的时候"作状语。b)整个结构是偏正式。"他路过车库的时候"是状语,其余部分是中心语。

---

⑯ 在"当……时"格式中,有"当"与无"当"是两种次类型,二者功能大体相同,但也有一些细微的区别。本文限于篇幅,没对这一格式的各种小类作详细探讨。

⑰ 赵元任(69页)分析"当……时"一类的格式时说,当那个被修饰的名词弱化为一个后附(enclitic)的时候,它就象一个复合的助词(指"的时候"等——引者)。当前边的动词或介词"在""当"等弱化为一个前附(proclitic)的时候,它就像一个连词。

第一种方法似乎是可行的。从形式上看,前面部分带上了附着性较强的名词"时"或"(的)时候",后面部分没有主语;从语义上说,前面部分"S—P 时"中的 S 正好可以充当后面部分的施事或者受事。其层次分析为:

他路过车库的时候,忽然听见……

但是遇到下列实例,第一种分析方法显然无能为力,而只能采用第二种分析方法。例如:

(56)孙曙英报考时,县府办公室没有请示县府主要负责人……((《光明日报》1987,2,27 第二版)

这里,前面部分带上了"时",但后面部分有了形式上的主语"县府办公室",很显然,"S—P 时"中的 S 不能充当后面部分的主语了。其层次只能分析为:

孙曙英报考时,县府办公室没有请示……

那么,是否可以把后面部分无形式主语(例 54)与有形式主语(例 56)的情况分别开来,作不同的层次分析,把前者分析为主谓结构,后者分析为偏正结构呢?实际分析时有困难。例如:

(57)当她抽出口袋中的病历时,冲我轻轻地点了点头。(《北京文学》1984,2,7 页)

由于"当"字的出现,虽然后面部分无形式主语,整个结构却只能分析为偏正结构而不能分析为主谓结构。因为"当…时"格式中的"她"尽管在意念上是后面部分的施事,却无法充当整个结构的主语。其层次分析为:

当她抽出口袋中的病历时,冲我点了点头……

把这类格式的各种情况综合考察,我们选择了第二种分析方法,即把它们一律看作是状中式偏正结构,而不管其后面部分是否有形式上的主语,也不管前面部分与后面部分在语义上是否同属一个施事(或受事)。在偏正结构这个大范畴里再去考察该类格式次分类(subdivision)上的各种区别。

3 主谓短语的性质讨论

3.0 这里说的"性质",指的是语言单位的功能类型(functional class),分布(distribution)则是功能的具体体现。从研究方法上说,短语的功能类型通常是参照词的功能类型词类(word—classes)来界定的。"一个语言的大的形类最容易用词类来描写,因为一个短语的形态通常是由该短语中出现的一个或多个词来决定的。"(布龙菲尔德,234 页)

3.1 现代汉语的词(实词)一般概括为三种功能类型。

a) 名词性的词(或称体词性的词),包括名词,数词,量词。b) 谓词性的词,包括动词,形容词。c) 副词性的词,包括副词。此外还有一种多功能的类型,即代词。作为一个词类,代词兼有名、谓、副三种功能类型的分布特点,同时又有它自己的特点(如一般不受其他词语修饰)。但是,作为某一个具体的代词,其功能类型基本上是确定的。

现代汉语的短语从功能上也可以分为三种类型:名词性短语,谓词性短语,副词性短语。大多数短语是"向心结构",其功能类型比较容易确定,功能上较难归属的主要是介词短语和主谓短语,二者通常被看作是"离心结构"。介词短语有人认为基本上是副词性的,但也有人主张可以算作谓词性的⑱,兹不详论。至于主谓短语的功能归属,分歧就更大了。兹引数段,以见一斑:

"主谓短语在句子里主要是用来作主语或宾语,是名词短语的性质。"(吕叔湘 b,51 页)

"不是名词性的句子成分……就不能够用句子形式。"(高名凯 a,417 页)

"汉语的主谓结构是谓词性的,其中的谓语部分是整体功能的载负者……完全可以说它是结构核心。"(陆丙甫,343 页)

"主谓结构是全能结构,在句子中可以作各种成分,虽然有时需要一定的条件。"(张寿康,523 页)

"在名词短语,动词短语,形容词短语之外,有一种多功能的,使用率很高的短语,那就是主谓短语。"(张志公,27 页)

(着重号皆为引者所加。)

---

⑱ 王维贤(19 页):介词短语在句法功能上基本上相当于副词,但是它们大多有特殊作用。朱德熙(c,160 页),汉语的介词大都带有动词的性质,所以介词虽然不算谓词,但是"介词+宾语+谓词成分"的格式跟由谓词组成的连谓结构性质十分接近,可以算是连谓结构的一种(着重号为引者所加)。

3.2 应该指出,根据充当句子成分的能力(而不是根据全部分布特征)来确定词或短语的功能归属,就研究方法而言,是值得商榷的。第一,在语言描写上不够细致。句法成分不限于"主谓宾定状补"六种,而每一种句法成分内部又是纷繁复杂的,功能不尽相同。例如,介词的宾语不能概括进六大成分之内,而介词"宾语"与动词的"宾语"在功能上是有区别的:介词的宾语是名词性的,动词的宾语则十分复杂。第二,不能反映区分语言单位功能类的实质。一类语言单位的功能必须反映该类单位在语言中的全部分布(实际的与可能的),构成一个分布系统,以区别于他类语言单位。例如,名词的分布系统与动词的分布系统决不会是相同的,由此决定了它们的功能不同,性质也就不同。依照充当句子成分来划分语言单位的功能类,很容易导致"离句无类",区分不开词或短语的功能类型。第三,把结构平面与表达平面交织在一起,影响了理论阐述上的明晰性。"短语同句子成分是语言的两个不同平面的现象,没有相对应的关系。"(王维贤,12页)短语是语言的结构单位,句子是语言的表述单位,短语可以体现为句子(带上完整的语调),也可以不体现为句子(没有语调或语调不完整)。短语有自己的结构,可划分出不同的组成成分(句法成分),句子从表达的需要出发,可以出现短语里没有的成分和结构形式,如插入语、省略、倒装等。根据短语在更大结构中的分布总和(充当句法成分的总和)可以概括出短语的功能类属,判定短语的性质,但是,根据短语在"句子"中充当不同的成分来确定短语的功能类则应该认为是不严密的。

3.3 根据我们对主谓短语分布情况的调查(参见上文的描写),发现主谓短语出现的许多分布位置是谓词性词语能够出现而名词性词语不能出现的。例如:

1、作某些助动词的宾语。如:
她不愿自己走上去(1·例13)
2、作"希望"一类动词的宾语。如:
他只希望儿子静悄悄地做人(1·例6)
3、作状中结构的中心语,受副词或介词短语的修饰。如:
当官的毕竟肚量大(1·例75)
牛把式跟雷平关系冷淡(1·例72)
4、作述语结构的补语。如:
梦颖气得声音都在颤抖(1·例30)
5、在联合短语里只同谓词性词语联合。如:
更显得硕实强壮,精力无限(1·例90)
6、出现在"当…时"框架中。如:
当两只船儿相错时(2·例45)

7、作连谓结构的前谓语。如：

她双手掩面突然跑了出去(1·例63)

此外，主谓短语经常充当谓语，主谓短语充当方位短语主干语时只表时间，不表空间，这些也是谓词性词语的特点。如：

这个午觉他睡得特别香甜(1·例3)

菱子面运回伙房后(1·例94)

主谓短语在上述分布位置上出现的频率是很高的(第一和第七条除外)，可见，把主谓短语的功能类型规定为名词性的不很妥当，不能揭示主谓短语真实的特点，也缺乏语言事实的有力支持。

3.4 那么，是否可以把主谓短语规定为兼有谓词性和名词性的一种多功能短语呢？这样处理也有其困难之处，因为语言事实似乎并不支持"兼类短语"的主张。

首先，3.3节列举的主谓短语的那些分布特点都是谓词性短语所独有而名词性短语所没有的，这些方面不存在兼类问题。

其次，作为主谓短语是"名词性的"理据的那些分布特点并非名词性短语所独有，实际上，典型的谓语性短语(动词性的和形容词性的短语)也可以在这些分布位置上出现。我们依次分析：

1、作主谓结构的主语。试比较：

你搭搭架子是可以的

在这里吸烟是可以的？

2、作述宾结构的宾语。试比较：

他承认儿子的辨析力很强

他承认犯了一个严重错误

主语和宾语经常由名词性词语充当，但是，不可据此而认定充当了主语或宾语的主谓短语具有名词短语的性质，因为谓词性词语也常常充当主语和宾语。"事实上绝大部分的动词和形容词都能作主宾语。如果说主宾语位置上的动词和形容词都转化为名词，那就等于说汉语的动词和形容词几乎都能转为名词。果真如此，当初把名词、动词、形容词分成三类，就变成没有意义的事了。"(朱德熙c，101页)这段话是针对词的功能划分说的，对于短语功能类型的确定，道理亦同于此。

3、作定中结构的中心语。应该指出，主谓短语作定中结构中心语时以一些固定格式(四字格)为限(参见1.4)。定中结构的中心语经常由名词性词语充当，但是，如果据此而认定充当定中结构中心语的主谓短语也是名词性的，理由似嫌不足，因为谓词性词语也可充当定中结构的中心语。试比较：

A 小两口的意见分歧被爸爸听见了(主谓)

B 小两口的大声争吵被爸爸听见了(谓词性)

C 小两口的内心秘密被爸爸听见了(名词性)

主谓短语作定中结构中心语时,可以有相同于谓词性词语作中心语时的变换,而不同于名词性词语作中心语时的变换。例如:

a 小两口的意见分歧→小两口意见分歧(主谓)
b 小两口的大声争吵→小两口大声争吵(主谓)
c 小两口的内心秘密→小两口内心秘密(偏正)

以上三例的原式都是偏正结构,头两例的变换式是主谓结构,说明二者性质相同。第三例的变换式仍然是偏正结构(有时候是联合结构或同位结构。如:爸爸的妈妈→爸爸妈妈;人家的小王→人家小王),说明它与前二者的性质有异。由此可见,主谓短语作定语时与名词性词语不属于同一类型,而与谓词性词语相同。

4、作"的"字短语或比况短语的主干语。这些分布位置是名词性词语和谓词性词语都经常出现的地方,不能作为主谓短语是名词性的理据。仅以比况短语为例:

祥子就象浑身散了架子一样(主谓)
歌声象山间的清泉一样(名词性)
这话象揭了自己伤疤一样(谓词性)

至于名词性词语独有的分布位置,如介词短语的宾语,数量短语作修饰语的定中结构的中心语,主谓短语都不能出现,这也证明主谓短语不具有名词语的性质。

以上分析说明,主谓短语所具有的那些"名词性"特点实际上是它的谓词性特点,认为主谓短语具有名词的性质或者兼具名词、谓词两类词语的性质,这些说法是不容易成立的。

3.5 需要指出的是,主谓短语不能作述语,既不能作述宾短语的述语,也不能作述补短语的述语。那么,是否可以据此而把主谓短语看作是名词性、谓词性以外的另一种性质的短语呢?我们认为无此必要。作述语是谓词性词语的特点,说得准确一点,主要是谓词(动词)的特点。谓词性短语由于本身结构较复杂,作述语就没有谓词那么自由。例如,述宾短语一般不能再带宾语,述补短语一般不能再带补语,它们充当述语时也受到了限制,不象谓词那样可以自由地带宾语,带补语。但是,我们并不因此否认述宾短语和述补短语的谓词性质而另立术语。同样的,主谓短语虽然在带宾语或补语的问题上受到的限制更大(实际上它只能作谓语,不能作述语),但从它的分布系统而言,主谓短语是谓词性的。

谓词和谓词性短语的这种分布情况说明,同一功能类型的词和短语是有所区别的(名词和名词性短语也有这种情况,如数量短语为修饰语的定中短语就不能象一般名词那样自由地受数量短语的修饰)。词和短语是不同层级的语言单位,二者有相通的地方,因此短语的形类可以用词的形类来描写,但是它们在功能表现上也有一些各自的特点。严格说来，短语的功能类与词的功能类是应该分开来探讨的，短语应当有其不同于词的一些特殊表现（如形态上的变化较少）。对此，笔者只有朦胧的想法，本文不能作详细讨论，尚有待于进一步探索。

概括以上的分析，我们认为，现代汉语主谓短语的性质是谓词性的，不是名词性的，也不宜看作兼具名词、谓词两种性质（因为主谓短语的全部功能特点其他谓词性词语也都具有），似乎也没有必要把它列为名词性、谓词性以外的另一种功能类型。

参考文献

布龙菲尔德(1933)语言论。袁家骅等译,商务印书馆,1985年,北京。

陈望道(1978)文法简论。上海教育出版社,1984年。

丁勉哉(1957)试论同一性附加语。《华东师范大学学报》,1957年1期,59—73页。

丁声树等(1961)现代汉语语法讲话。商务印书馆,1980年。

高名凯 a(1957)汉语语法论(修订本)。科学出版社,1957年,北京。

——b(1960)语法理论,商务印书馆,1957年。

胡裕树 范晓(1985)试论语法研究的三个平面。《新疆师范大学学报》,1985年2期,7—15页。

华景年(1959)"你气得他跑回去了"一类句子的结构。《语文教学》(上海),1959年9期,36—38页。

黎锦熙(1924)新著国语文法。商务印书馆,1955年校订本。

李临定(1986)现代汉语句型。商务印书馆。

龙果夫(1952)现代汉语语法研究I:词类。郑祖庆译,科学出版社,1958年。

陆丙甫(1985)关于语言结构的内向,外向分类和核心的定义。《语言研究和探索(3)》,338—351页,北京大学出版社。

陆俭明(1983)"的"字结构和"所"字结构。《现代汉语虚词散论》,231—248页,北京大学出版社,1985年。

吕叔湘 a(1942)中国文法要略。商务印书馆,1982年。

——b(1979)汉语语法问题分析。商务印书馆。

吕香云(1985)现代汉语语法学方法。书目文献出版社,北京。

马建忠(1898)马氏文通。商务印书馆,1983年。

倪宝元(1979)句子和"主谓词组"的区别。《语文战线》(杭州),1979年1期。

索绪尔(1916)普通语言学教程。高名凯译,商务印书馆,1982年。

汪惠迪(1958)不是主谓短语作补语,也不是复杂的谓语。《语文教学》(上海)

1958年1期。

王 力 a(1944)中国语法理论。中华书局,1954年,上海。

——b(1943)中国现代语法。商务印书馆,1985年,北京。

王松茂(1983)汉语语法研究参考资料。中国社会科学出版社,北京。

王维贤(1984)现代汉语的短语结构和句子结构。《语文研究》(太原)1984年3期,11—20页。

张如凌等(1980)关于"当……时候"。《语文战线》(杭州),1980年3期,38—39页。

张寿康(1978)说"结构"。《现代汉语参考资料(下册)》(胡裕树主编),520—529页。上海教育出版社,1982年。

张志公(1985)现代汉语(中册)。人民教育出版社。

赵元任(1968)汉语口语语法。吕叔湘译,商务印书馆,1979年。

朱德熙 a(1959)定语和状语。上海教育出版社。

——b(1961)说"的"。《现代汉语语法研究》,67—103页。商务印书馆,1985年。

——c(1982)语法讲义。商务印书馆。

——d(1985)语法答问。商务印书馆。

——e(1986)变换分析中的平行性原则。《中国语文》,1986年2期,81—87页。

Berry, M. (1975) *Introduction to Systemic Linguistics I: Structures and Systems*. London: Batsford.

Lyons, J. (1968) *Introduction to Theoretical Linguistics*. London and New York: Cambridge University Press.

Quirk, R., Greenbaum, S.; Leech, G. N and Svartvik, J. (1972) *A Grammar of Contemporary English*. London: Longman.

Xu Liejiong and Langendoen, D. T. (1985) *Topic structure in Chinese*. Language. March 1985, pp. 1-27.

杭州大学中文系硕士学位论文,1987年

现代汉语动作类二价动词探索 *

提要

本文从配价的角度对现代汉语动作类二价动词进行了初步探索。文章分为四部分：第一部分说明探索的思路是动词中心说的理论，具体的研究过程是将内省测试法与框架测试法结合分出动词的类；第二部分用两个突现"动作性"语义特征的句型框架得出动作类二价动词，同时用其他几个补充句型区分开动作类一价动词和三价动词；第三部分用成分移位方法探索动作类二价动词句型中价语的排列规则，认为汉语是左分支句型复杂的语言；第四部分简要分析作为价语的受事和结果在句法格式上的异同。

1 研究思路和研究方法

1.1 汉语动词的分类

动词在句法结构中起着极重要的作用，动词的次分类对句子的结构类型有很强的制约。汉语语法学界历来都非常重视探讨动词的分类对语法体系的影响。

马建忠(1898)的动词分类是以意义标准为主进行的，为动词的分类研究提供了一个基础。在后来的语法研究当中，立意于传统语法的动词分类主要是根据意义，有分三类的、七类的、九类的、十五类的。(范晓等1987)立意于描写语法的动词分类则主要是根据句法分布，如分为带宾动词和不带宾动词，带宾动词的下位类别再分出体宾动词、谓宾动词、带小句动词。八十年代以后，汉语学界尝试运用语义特征的方法给动词分类，得出±述人动词，±可控动词，±自主动词等。(马庆株1988，袁毓林1992)在各种动词分类方法中，有一种方法引人注目，这就是朱德熙(1978)首先在汉语研究中使用的"向"分类法，也叫配价分类法。以上方法可分别概括为意义法、分布法、特征法、配价法。

---

* 本文曾在现代汉语配价语法讨论会(1995.12，北京)上宣读，会后作了删略、修改。

1.2 配价和动词中心说

"配价"(valency)的概念是法国语言学家特思尼耶尔(Tesniere)提出来的。按照配价语法的观点,语法研究的基本单位是句子,语法研究的主要内容是句子成分之间的关联(connexion)。从结构关联的立场出发,在词与词之间建立起从属关系。从属关系由位居上项的支配词与位居下项的从属词组成,其规则是"支配词控制或支配从属词",由此形成的配价语法是一个以关联为核心概念的结构层次体系。(冯志伟 1983,杨宁 1990,沈阳等 1995)

在这样一种语法体系中,动词结占据着中心地位,而动词又是动词结的中心,是动词句的支配成分,人物语和情景语是动词的直接从属成分。如果将动词比作一个带钩的原子,那么,动词所能钩住(支配)的人物语的数目就是该动词的配价。可见,配价语法是主张动词中心说的,因为动词是最高的支配成分,它支配其他的人物语和情景语,本身并不受其他成分支配。

按照 Miller(1985)的分析,主张动词中心说有几方面的理由。第一,在大多数语言里,动词是构成句子的特征性成分(characteristic constituent),没有动词往往不能构成句子(少量名词句例外)。第二,在大多数语言里,动词本身即可成为一个合标准的句子(a respectable sentence)。第三,可以从动词推断(predict)出句子中其他成分和成分的形态表现。第四,从语义平面上说,动词表示的是动作或者状态,名词表示的是与动作或者状态相伴随的参与者(participant)、动作或者状态预设(presuppose)参与者的存在。

虽然动词中心说的理据还不能说是很充分,但以动词为中心来解释语法结构有较大的优越性,已为许多语法学者在实际研究中所采用。在汉语语法学界,近些年来,对动词的研究最为集中,"大家越来越认识到,句子的核心是动词,句法研究的关键也往往在动词上"(陆俭明 1993),"动词研究是汉语语法研究中的第一号重要课题,也是语法研究中最复杂的问题。动词研究得好不好,透不透,对整个语法体系的建立,有极其重大的意义"。(胡裕树等 1995)

1.3 动词的情状分类

动词的情状类型可以作为动词分类的一种角度。情状指的是事物存在的状态和方式,如是静止状态还是活动状态,是持续方式还是瞬间方式,是含有结果的意义还是不包含结果的意义,等等。动词的情状类型是着眼于动词语义作出的分类。现代汉语的动词首先可分出表示静态意义的和表示动态意义的两类。在表示动态意义的动词中,又可以分出表示动作意义和表示结果意义的两类。接下来还可以分出表示瞬间动作意义和表示持续动作意义的动词等下位类别。(戴耀晶 1995)

从语义平面来说,一个完整的动态事件由动作和动作的参与者组成,动作是中心,支配参与者;参与者环绕动作,受动作支配。从句法平面来说,动作的概念往往由动作动词来体现,而参与者的概念往往由名词来体现。于是,语义平面上一个动态事件中动作支配参与者的观念对应到句法平面上,就体现为一个动态句子中动作动词支配参与者名词。这样就可以根据动作类动词所支配的名词数目来给动词分类。

1.4 动作类动词

动作类动词是一个情状意义概念,动作指的是该类动词具有动态性质,表现为含移动或变化之类的非均质特征。典型的动作动词是指人的动作动词,带有"可控"的语义特征,例如"坐""吃""给"等。动作类一价动词的含义是指该类动词在句子结构中可以支配一个名词成分,例如"小王坐"(坐:小王)。动作类二价动词的含义是指该类动词在句子结构中可以支配两个名词成分,例如"小王吃饭"(吃:小王、饭)。动作类三价动词是指该类动词在句子结构中可以支配三个名词成分,例如"小王给弟弟一本书"(给:小王、弟弟、一本书)。动作类动词是动词的主体,占动词总数一半以上。为了从句法上确定动作类动词,需要采用一定的鉴定方法,例如设定一组句法结构框架进行测试,能进入框架的就是动作类动词。

1.5 可选择的分类思路

研究动作类动词,应该先确立标准把动作类动词与其他类别的动词区别开来。可以有三种方法。

一是运用"内省测试法"。根据说汉语的本族人语感来判断哪些动词表示的是"动作",哪些不是。这样可以得到最典型的动作动词,如"拔""插""吃""打""丢""裹""搂""挪""爬""跑""塞""抬""挑""洗""写""追""抓"等。但是,对有些动词用内省法不同的人会有不同的语感,如"相信""希望""恨"和"忘记""遗失""病"等。

二是运用"框架测试法"。即设定一个或一组句法框架,能进入该框架的就是动作动词,否则就不是。例如可以设定下列框架:

(1) a. 去 V(去写吧)　　b. 别 V(别写)　　c. VV(写写)
　　d. 在 V(在写)　　e. 用 NV(用笔写)　f. V 了 N(写了信)

用这些框架测试得出的动作类动词有较强的说服力。不过这种方法用于建立动作动词的类可能会与用内省测试法得出的结果有所不同。例如动词"晒"语感上似乎没有动作义,但可以进入上述六个框架,应看作动作动词;动词"忘记"可以进入至少两个框架,是否也要看作动作动词? 如:

(2) 去晒吧　别晒　晒晒　在晒　用竹竿晒　晒了衣服

(3) *去忘记吧　别忘记　*忘记忘记　? 在忘记　*用心忘记　忘记了东西

三是运用"典型类推法"。即选择一个典型的动作动词例如"吃",详细调查描写该动词的各种用法,得出这个典型动词的分布环境和相应的语义特征,然后进行类比推演。凡是与该动词的分布和语义特征类同的都是动作动词,否则是另一类动词。这种方法建立起来的类较为可靠,但是,从理论上说,语言中不存在两个句法语义特征完全等同的词,如"吃饭"和"煮饭"带的是同样的宾语,前一个"饭"在语义上是动作"吃"的受事,后一个"饭"在语义上则是动作"煮"的结果。需要在哪一个层级上进行抽象的类的概括,要根据研究的目的来决定,例如,为教学语法设计的分类,层级可以简单一些,因为语言使用者具有一定的语法补充能力;为计算机理解自然语言而设计的分类,则相对复杂一些,每个层次上都要有硬性标准;为语法理论研究而建立的类,则致力于追求认知的完整无缺和科学表达的尽善尽美。

1.6 本文的做法

本文的研究对象是现代汉语的动作类二价动词。理论上遵照配价语法的基本原则进行,从动词中心说的角度展开,分类的着眼点是情状类型,研究思路上综合运用内省法、框架测试法和典型类推法,以框架测试法为主。

2 动作类二价动词的得出

2.1 动作类二价动词的测试框架

把动作类二价动词作为研究对象,第一步工作是通过相对可验证的句法形式从所有动词中将动作类二价动词确认出来。具体的思考和操作过程是:

首先,从"动作"这一特征出发,选择祈使句式作为判断动作动词的第一项参数,因为祈使句式的语义条件正是要求或劝阻对方实施某动作。由第一项参数形成一个句法框架:"V(祈使句式)"。例如:

(4) 吃(饭)　背(书)　抄(课文)　念(信)　修(车)　追(他)

其次,再增加语义表示显性"移动"特征的趋向动词"去"作为第二项参数,在句法位置上将它置于被测试的动词前面以凸显"动作"这一语义特征。由这两项参数,形成一个句法框架:"去 V(祈使句式)"。例如:

(5) 去办　去唱　去打　去登记　去分析　去观察　去进攻　去汇报　去联系

由于"祈使"和"移动"这两项参数的限制,能进入这一测试框架的动作动词往往是具有"可控"语义特征的自主动词。不过,"去 V(祈使句式)"这个框架只可用来确定动作类动词,要确定动作类的"二价"动词,还必须增加新的参数。

再次,从"二价"这一特征考虑,在上述框架的基础上增加"N1"和"N2"两个名词作为新的参数。得到测试现代汉语动作类二价动词句法框架句型一。即:

(6) 句型一:N1 + 去 V + N2(你去吃这碗饭)。例如:

(7) a. 你去拔几个萝卜。　　　　　f. 你去熬一碗汤。
　　 b. 你去采购器材。　　　　　　g. 你去布置教室。
　　 c. 你去翻译这篇刚发表的文章。h. 你去登记阿芳的号码。
　　 d. 你去汇报会议的情况。　　　i. 你去管理菜场。
　　 e. 你去考验李刚的耐心。　　　j. 你去计算这道复杂的数学题。

在句型一的基础上加否定词"别",可以得到对应的表示否定祈使的句法框架句型二。即：

(8) 句型二：N1 + 别去 V + N2（你别去吃这碗饭）。例如：

(9) a. 你别去利用小张。　　　　　g. 你别去骂人家的祖宗。
　　 b. 你别去拧那把锁。　　　　　h. 你别去破坏会场的秩序。
　　 c. 你别去敲诈公司的钱财。　　i. 你别去染头发。
　　 d. 你别去搜集李主任的材料。　j. 你别去挑选新的守门员。
　　 e. 你别去维持那个家。　　　　k. 你别去陷害汪家父子。
　　 f. 你别去摇这根柱子。　　　　l. 你别去照顾姐姐的面子。

2.2 对测试框架的说明

以句型一和/或句型二为句法测试框架,可以初步得出现代汉语中的动作类二价动词。不过,对这项测试的具体操作还需要作几点补充说明。

（一）多数动作类二价动词能同时进入两种句型。如"安1""搬""参加""代理""反对""关""核对""监督""看""冒充""拿""拍""欺负""惹""射""提醒""喂""修理""应付""指挥"等。少数动作类二价动词由于词义的限制,通常只能进入其中一种句型。试比较：

(10) 　　　　　句型一　　　　　　　　　句型二
　　 a1. ? 你去损害他的名誉。　　　a2. 你别去损害他的名誉。
　　 b1. ? 你去抬举小王。　　　　　b2. 你别去抬举小王。
　　 c1. ? 你去迷信鬼神。　　　　　c2. 你别去迷信鬼神。
　　 d1. ? 你去奉承上司。　　　　　d2. 你别去奉承上司。
　　 e1. ? 你去捏造事实。　　　　　e2. 你别去捏造事实。

上述句子中的动词一般情况下用否定格式的句型二,词义色彩上都含贬义。只有在较为特殊的场合,为了造成某种修辞效果,才会使用肯定格式的句型一。

（二）在用句型一或句型二对动词进行测试中,我们观察到下面一类句子：

(11) a. 你去给小陈。　　　　　　　g. 你别去请教刘师傅。
　　 b. 你去告诉妈妈。　　　　　　h. 你别去赞助他们。
　　 c. 你去赔三万块钱。　　　　　i. 你别去提示这道题的答案。
　　 d. 你去盘问这条线索。　　　　j. 你别去还那笔旧账。

　　　　e. 你去送一朵玫瑰花。　　　　k. 你别去答应那些生意。
　　　　f. 你去通知这件事。　　　　　l. 你别去分派具体任务。
　　对上述句子分别进行延伸扩充,增加N3,可建立如下句法框架,即句型三和句型四:
　　（12）句型三:N_1 + 去 V + N_2 + N_3　　句型四:N_1 + 别去 V + N_2 + N_3
　　（13）a. 你去给小陈两个梨。　　　　g. 你别去请教刘师傅这种问题。
　　　　b. 你去告诉妈妈这件事。　　　　h. 你别去赞助他们那么多钱。
　　　　c. 你去赔公司三万块钱。　　　　i. 你别去提示同学这道题的答案。
　　　　d. 你去盘问犯人这条线索。　　　j. 你别去还老五哥那笔旧账。
　　　　e. 你去送小娟一朵玫瑰花。　　　k. 你别去答应伯母那些生意。
　　　　f. 你去通知王奶奶这件事。　　　l. 你别去分派欧阳倩具体任务。
　　现代汉语中能进入句型三或句型四的是动作类三价动词,这类动词往往也能进入句型一或句型二(当然需要一定的条件),形成隐略了一个配价成分的表层结构。隐略的配价成分有时是"N_2",有时是"N_3"。但是反过来则不成立,据测试观察,能进入句型一或句型二的动词多数不能进入句型三或句型四,例如前面举到的"熬""拔""布置""采购""登记""翻译""管理""汇报""计算""考验""利用""骂""拧""破坏""敲诈""染""搜集""挑选""维持""陷害""摇""照顾"等动词都不能进入句型三或句型四。因此,在用句型一或句型二的句法框架界定二价动词时,可用句型三或句型四作为补充方法,将动作类三价动词确定出来,另行讨论。如果设句型一或句型二为P,设句型三或句型四为Q,则

　　（14）动作类二价动词的界定公式是:P 而且非 Q
　　　　 动作类三价动词的界定公式是:P 而且 Q

　　需要说明的是,有的动词含有多个义项,其中某些义项符合二价动词的句法框架,有些义项符合三价动词的句法框架,这类动词从配价语法的角度来分析,应该将不同的义项看作不同的动词,是"同形异价"现象。例如"送"只有一个形式,但有多个义项,形成如下的配价分布:

　　（15）送: 1. 送给: 小王送母校一批教学仪器。　（送1:三价动词）
　　　　　　 2. 送别: 小王送客人。　　　　　　　 （送2:二价动词）

　　（三）在用句型一或句型二对动词进行测试时,我们还观察到下面一类句子:
　　（16）a. 你去爬那座山峰。　　　　　e. 你别去走这座独木桥。
　　　　b. 你去跑下边的自由市场。　　 f. 你别去坐旁边这张椅子。
　　　　c. 你去游北京的昆明湖。　　　 g. 你别去睡木板床。
　　　　d. 你去住那家高级宾馆。　　　 h. 你别去站服装柜台。
　　上述句子中的 N_2 在语义上有一个共同的特点,即它们都表示动作的方向或位

置。一般认为,充当价语的典型语义成分主要是施事、受事、与事,而方向、位置和时间、目标、源点等不是典型的语义成分,虽然它们在句子中也起重要作用,但基本上不用于回答"谁"或"什么"一类构成事件主体的事物性概念,只回答"哪里"或"何时"之类表示事件出现环境的时间、空间概念。因此,通常不把这类成分分析为确定动词配价数目的价语,而看作自由说明语。上述句子中的"爬""跑""游""住""走""坐""睡""站"仍然看作单价动词。

将单价动词构成的"陈述句"同二价动词构成的相应的句子进行比较,可以看出其间存在的差异。试比较:

(17) 句型五: $N_1 + V + N_2$(小王吃了那碗饭。即"SVO"结构)

(18)   A   B

a1. 他们昨天住那家高级宾馆。 a2. 他们昨天检查那家高级宾馆。
b1. 上次开会阿婆坐了这张椅子。 b2. 上次开会阿婆砸了这张椅子。
c1. 小时候我经常走这座独木桥。 c2. 小时候我经常修这座独木桥。
d1. 李阿姨整天站服装柜台。 d2. 李阿姨整天打扫服装柜台。

A 组的句子通常可以变换为"在"字句,但不可以变换为"把"字句和"被"字句;B 组的句子通常不可以变换为"在"字句,但可以变换为"把"字句和"被"字句。试比较:

甲. 变换为"在"字句(句型六: $N1 + V + 在 N2 + 方位词$):

(19)   A   B

a1. 他们昨天住在那家高级宾馆里。 a2. *他们昨天检查在那家高级宾馆里。
b1. 上次开会阿婆坐在这张椅子上。 b2. *上次开会阿婆砸在这张椅子上。
c1. 小时候我经常走在这座独木桥上。 c2. *小时候我经常修在这座独木桥上。
d1. 李阿姨整天站在服装柜台旁。 d2. *李阿姨整天打扫在服装柜台旁。

乙. 变换为"把"字句(句型七: $N_1 + 把 N_2 + V + C$):

(20)   A   B

a1. *他们把那家高级宾馆住了三夜。 a2. 他们把那家高级宾馆检查了一遍。
b1. *上次开会阿婆把这张椅子坐了半天。 b2. 上次开会阿婆把这张椅子砸了半天。
c1. *小时候我把这座独木桥走了很多次。 c2. 小时候我把这座独木桥修了很多次。
d1. *李阿姨把服装柜台站了三遍。 d2. 李阿姨把服装柜台打扫了三遍。

丙. 变换为"被"字句(句型八: $N_2 + 被 N_1 + V + C$):

(21)　　　　A　　　　　　　　　　B

a1. *那家高级宾馆被他们住了　a2. 那家高级宾馆被他们检查了一遍。
　　三夜。

b1. *上次开会这张椅子被阿婆坐　b2. 上次开会这张椅子被阿婆砸了
　　了半天。　　　　　　　　　　半天。

c1. *小时候这座独木桥被我走了　c2. 小时候这座独木桥被我修了很
　　很多次。　　　　　　　　　　多次。

d1. *服装柜台被李阿姨站了三遍。 d2. 服装柜台被李阿姨打扫了三遍。

概括以上的分析,可以用下表反映动作类二价动词与部分可带"宾语"的动作类单价动词的区别:

动词	祈使句	N_1VN_2	在字句	把字句	被字句	N_2的语义
一价动词	+	+	+	−	−	方位
二价动词	+	+	−	+	+	事物

需要说明的是,动作类单价动词同表示结果意义的补语组合为一个动补结构以后,有时候会出现"配价增值",即成为二价动词性结构。例如单价动词"住"与补语成分"遍"组合为动补结构"住遍"以后,可以带两个表示事物语义的名词,并且可以出现在把字句和被字句当中。

(22) a. 李大海住遍了那里的高级宾馆。
　　 b. 李大海把那里的高级宾馆住遍了。
　　 c. 那里的高级宾馆被李大海住遍了。

2.3　动作类二价动词词表

通过句型一和句型二的句法框架测试,再加上具体操作时的几点补充,我们对《动词用法词典》所收的1328个常用动词进行了测试,得到动作类二价动词754个。动作类二价动词约占动词总数的57%(见附录"现代汉语动作类二价动词词表")。

3　动作类二价动词句中的成分移位分析

3.1　基本句型

上面用句型一、句型二以及其他一些补充句型得出现代汉语的动作类二价动词,下面我们对动作类二价动词构成的基本句型作移位分析。设定以二价动词前后各出现一个名词的语序作为基本句型,得到2.2节里曾出现过的表示陈述意义的句型五:$N_1 + V + N_2$(句例:小王吃了那碗饭)。在动作类二价动词构成的基本语序结构中,N_1为施事(动作的发出者),N_2为受事(动作的接受者)。以动词V为中

心,保持句型中各成分的语义关系基本不变,将 N_1 和 N_2 分别进行移位,可得到如下几种语序排列:

(23) a. $N_2 + N_1 + V$ 了 　　　那碗饭小王吃了。
　　　b. $N_2 + 被 N_1 + V$ 了 　　那碗饭被小王吃了。
　　　c. $N_1 + N_2 + V$ 了 　　　小王那碗饭吃了。
　　　d. $N_1 + 把 N_2 + V$ 了 　　小王把那碗饭吃了。
　　　e. *V 了 $+ N_1 + N_2$ 　　*吃了小王那碗饭。
　　　f. *V 了 $+ N_2 + N_1$ 　　*吃了那碗饭小王。

3.2 移位分析

作移位变换 a(那碗饭小王吃了):将 N_2 从动词后移到 N_1 之前。移位后句子可成立,无标示移位的显性标记成分,现代汉语研究文献里通常称这种句型为主谓谓语句。在句法上,N_2 远离动词,一般是有指信息,但在语义上仍应分析为受动词支配。变换句式 a 在实际言语中的使用对语境有一定程度的依赖,常常要有后续句的支持。如:那碗饭小王吃了,小李没动。

作移位变换 b(那碗饭被小王吃了):将 N_2 从动词后移到 N_1 之前,且有标示移位的显性标记成分"被",研究文献里通常称之为被字句,特点是受事成分是说话的起点,而且必须是有指信息,施事成分在句子的表层句法结构中受到一个施事成分标记"被"的支配,而不是直接受动词支配。语义结构和句法结构出现层次分离现象。变换句式 b 在实际使用中对语境的依赖较少,可以独立成句。

在连动句里(小王吃了那碗饭就走了),变换 a 和变换 b 似乎都不能成立,变换 b 受到的限制更明显。如:

(24) a. ? 那碗饭小王吃了就走了。
　　　b. *那碗饭被小王吃了就走了。

作移位变换 c(小王那碗饭吃了):将 N_2 从动词后移到动词 V 之前。移位后句子可成立,无标示移位的显性标记成分,研究文献里有的学者称这种句型为主谓谓语句,有的学者则称之为宾语提前句。这种句型对语境有较强的依赖性,通常也要有后续句的支持。如:小王那碗饭吃了,这碗饭没动。

作移位变换 d(小王把那碗饭吃了):将 N_2 从动词后移到动词 V 之前,同时有标示移位的显性标记成分"把",构成所谓把字句。特点是突出句尾焦点成分"吃了"。在句法层次上 N_2 受到一个受事成分标记"把"的支配,句法结构和语义结构出现层次分离。变换句式 d 对语境的依赖性不强,可以独立成句。

在连动句里,变换 c 要受到更多的限制,变换 d 能够成立。试比较:

(25) c. ? 小王那碗饭吃了就走了。
　　　d. 小王把那碗饭吃了就走了。

作移位变换 e(*吃了小王那碗饭):将施事成分 N_1 移到动词 V 之后,句子不能成立。(如果把动词后的结构理解为"小王的那碗饭",句子成立,不过意思发生了明显变化:"小王"成了"这碗饭"的领属成分,不再受动词支配了。)这一点二价动词与一价动词有明显的不同。例如单价动词句型施事名词可在动词之前,也可在动词之后。如:来了两个人。/两个人来了。

作移位变换 f(*吃了那碗饭小王):将施事成分 N_1 移到动词后的受事成分 N_2 的后面,句子也不能成立。

3.3 移位规则

从上面对动作类二价动词构成的基本语序句型及其六种移位变换句型的分析可以得到如下两条规则:

(26) 规则一:受事成分"N_2"可以置于动词后面,也可移位到动词前面。

规则二:施事成分"N_1"只能置于动词前面,不能移位到动词后面。

这两条规则说明,在汉语句子中,二价动词前面的成分有多种配价可能,而动词后面的成分只有一种可能的配价。从配价的观点看,汉语是左分支句型复杂的语言。

这两条规则可用于解释某些配价成分隐略所造成的结构歧义现象。例如二价动词的句子中如果只出现一个名词性成分,可以形成两种句式:"甲. N + V","乙. V + N"。根据上述规则推断,甲式中居于动词左边的"N"有施事、受事两种可能,是一个歧义格式。而乙式中居于动词右边的 N 只有受事一种可能,没有歧义。如"鸡不吃了"有歧义,"不吃鸡了"只有一种解释。

现代汉语中动作类单价动词句型和三价动词句型中价语的位置规则与二价动词有不同的表现,大致情况是:

单价动词:(一)N_1 可以在动词之前;(二)N_1 可以在动词之后。(A. 小王在这儿坐着。B. 这儿坐着一个小王。)

三价动词:(一)N_1 施事可以在动词之前,不可以在动词之后;(二)N_2 受事可以在动词之后,也可以在动词之前;(三)N_3 与事可以在动词之后,也可以在动词之前;(四)N_1、N_2、N_3 均在动词之前时,受事 N_2 居于首位。(这件事情小王我告诉了。)

4 受事和结果的区分

语义配价类型的区分及其在句法上的具体表现(验证),是配价语法研究的重要内容,也是配价语法对语言现象是否有强解释力的关键所在。从上一节的分析可以看出，动作类二价动词后面的价语不会是施事成分 N_1 而只是受事成分 N_2 一种可能。但出现在这一句法位置上的名词"N_2"的语义性质还有一些复杂的情况。试比较：

(27)　　　　A　　　　　　　　　　　　B
　　a1. 小王吃了这碗面。　　　　a2. 小王煮了这碗面。
　　b1. 小王撕了一幅画。　　　　b2. 小王画了一幅画。
　　c1. 小王洗了两床被子。　　　c2. 小王缝了两床被子。
　　d1. 小王看了三部爱情片。　　d2. 小王演了三部爱情片。
　　e1. 小王买了几套西装。　　　e2. 小王做了几套西装。
　　f1. 小王拆了那个牛棚。　　　f2. 小王搭了那个牛棚。

运用"内省测试法"，从汉族说话人的语感上，可以分析出 A 类句子中的 N_2（如"这碗面"）在动作（如"吃"）之前就存在，N_2 接受动作的支配，在语义角色上可分析为受事。B 类句子的情况有所不同，句子中的 N_2（如"这碗面"）在动作（如"煮"）之前并不存在，而是在动作之后出现，是动作产生的结果。在语义角色上分析为受事不很准确。可以通过对句子中位于二价动词后面的受事和结果进行一系列的平行结构变换来寻找二者在句法表现上的差异。例如：

(28)　　　　A　　　　　　　　　　　　B
　　a1. 小王吃了这碗面。　　　　a2. 小王煮了这碗面。
　　b1. 这碗面小王吃了。　　　　b2. ？这碗面小王煮了。
　　c1. 这碗面被小王吃了。　　　c2. ？这碗面被小王煮了。
　　d1. 小王这碗面吃了。　　　　d2. ？小王这碗面煮了。
　　e1. 小王把这碗面吃了。　　　e2. ？小王把这碗面煮了。
　　f1. 小王把这碗面吃完了。　　f2. ？小王把这碗面煮完了。

从上述各个对应句式的情况来看，二价动词句中的受事和结果有一定的差别，A 组的句子说起来较为自然，B 组的句子较为不自然，虽然也用相当的可懂度。不过，这种差别是怎么形成的，是动词 V 小类的不同（但是"揉"：揉面粉—揉馒头），还是名词 N_2 的性质差异（但是"信"：撕信—写信），或者是由于 V 与 N_2 的意义选择关系造成，还需要认真分析研究。

附录：现代汉语动作类二价动词词表（按音序排列）

安　安排　安慰　按　熬　拔　掰　摆　搬　办　办理　帮　帮助　绑　包　包围　保护　保卫　报复　报告　抱　抱怨　背　背（诵）　逼　比　闭　避　编　变　表达　表示　表演　表扬　拨　拨弄　剥削　驳斥　补　补充　布置　擦　猜　裁　采　采购　采取　踩　参观　参加　参考　藏　操心　操纵　测量

测验 插 查 拆 尝 缠 唱 抄 抄写 炒 吵 扯 撤 称 称赞 成立
盛 乘 承担 承认 吃 冲 重复 抽 筹备 出 出版 除 锄 处罚 处
理 穿 传 串 闯 吹 凑 催 存 搓 搭 答应 答复 打 打击 打听
逮捕 戴 代表 代理 代替 耽误 担 担任 担心 当 挡 捣 捣乱 倒
登 登记 等 抵抗 递 点 惦记 调 调查 调动 掉 钓 叠 盯 钉
顶 定 订 钉 丢 动 动员 冻 斗 斗争 逗 督促 读 堵 端 锻炼
堆 对 夺 躲 剁 发 发表 发动 发扬 发展 翻 翻译 反对 反抗
反映 犯 防守 访问 放 费 分 分裂 分配 分析 粉碎 缝 讽刺 奉
承 否认 扶 负担 负责 改 改造 改正 盖 赶 感谢 干 搞 割 搁
跟 跟随 耕 攻击 鼓动 鼓励 雇 刮 挂 怪 关 关心 观察 管 管
理 贯彻 广播 逛 规定 滚 裹 过 喊 号召 喝 核对 恨 哄 呼吸
糊 花 划 画 划 化 怀疑 欢迎 换 恢复 回 回答 回忆 汇报 会
集合 挤 计较 计算 寄 记 记录 纪念 继承 夹 加 驾驶 煎 监督
剪 检查 捡 见 建议 建筑 讲 浇 交 交换 交流 交涉 嚼 搅 缴
校对 教育 叫 接 接待 接洽 揭 揭发 揭露 节约 解 解放 解决
解散 解释 介绍 进 进攻 警告 敬 纠正 救 举 举行 拒绝 锯 卷
决定 掘 开 开除 开动 开辟 开展 看 砍 看 扛 考 考虑 考验
烤 靠近 磕 克服 啃 恐吓 控诉 控制 抠 扣 扣留 夸 夸奖 扩
充 捆 拉 拦 捞 理 利用 联合 联络 联系 炼 练 练习 量 晾
了解 领导 留 留心 搂 抹 骂 埋 卖 埋怨 冒 冒充 蒙蔽 迷
信 描 描写 灭 命令 摸 磨 抹 磨 抹 拿 闹 撵 捻 碾 念 捏
捏造 拧 扭 弄 虐待 挪 爬 拍 排 排除 排列 派 攀 判断 膀
抛 跑 泡 培养 配 捧 碰 批 批发 批判 批评 批准 披 劈 骗
拼 聘请 评论 泼 破 破坏 扑 铺 普及 沏 期望 欺负 欺骗 骑
起 气 砌 掐 签 迁就 敲 敲诈 切 亲 强调 抢 强迫 请 清理
请求 庆祝 驱逐 取 劝 劝解 确定 染 让 绕 惹 热 认 认识 扔
揉 撒 洒 塞 赛 散 散布 扫 杀 筛 晒 扇 删 商量 上 烧 捎
赊 设计 射 申请 审 审查 审问 生 生产 升 省 实践 实现 实行
拾 拾掇 使 使唤 使用 试 试验 适应 收 收集 收拾 守 梳 输
熟悉 数 刷 摔 率领 拴 涮 顺从 说 说服 说明 撕 松 搜查 搜
集 算 算计 损害 锁 踏 抬 抬举 贪 贪污 摊 谈 谈论 弹 坦白
探 探望 烫 掏 淘 讨 讨论 套 腾 剔 踢 提 提拔 体会 体谅
剃 替 替换 添 填 舔 挑 挑选 调 调剂 调解 挑 挑拨 跳 贴
听 停 通 捅 统一 偷 投 投降 透 透露 突出 突击 涂 吐 吐

团结 推 推动 推翻 推广 推荐 退 退还 褪 吞 脱 拖 拖延 托
驮 挖 挖苦 弯 完成 玩 挽救 威胁 违背 违反 维持 维护 委托
稳定 慰问 喂 闻 握 侮辱 吸 吸引 洗 下 吓 吓唬 掀 羡慕 献
陷害 限制 相信 想 想念 响应 消除 消灭 笑 协商 协助 写 泄露
谢 谢谢 欣赏 信 信任 修 修改 修理 绣 叙述 宣布 宣传 选
举 选择 削弱 学 学习 寻找 训练 压 压迫 压制 轧 腌 研究 演
掩盖 掩护 掩饰 咽 养 养活 邀请 摇 摇晃 咬 要 依靠 依赖 移
动 议论 引诱 隐藏 隐瞒 印 印刷 迎接 影响 应付 应用 拥抱 拥
护 用 游 邮 预备 原谅 怨 阅读 运 运输 运用 酝酿 扎 砸 栽
宰 赞美 糟蹋 凿 造 责备 增长 扎 铡 炸 炸 摘 沾 展开 蘸
占领 长 招 招待 招呼 找 召集 召开 照 照顾 照料 折腾 折磨
镇压 征求 争夺 争论 争取 蒸 整顿 整理 证明 支持 支配 支援
织 执行 指导 指点 指定 指挥 指望 治 治疗 制定 制造 制止 种
主持 煮 注意 住 祝贺 抓 转 转移 转 赚 装 撞 追 追求 准备
捉 综合 总结 阻挡 阻止 组织 钻 琢磨 做 作

参考文献

戴耀晶(1995)情状与动词分类,胡裕树、范晓主编《动词研究》,河南大学出版社。

邓守信(1975)《汉语及物性关系的语义研究》,侯方、邹韶华、侯敏译,黑龙江大学科研处,1983年。

范晓(1991)动词的"价"分类,《语法研究与探索》(五),语文出版社。

范晓、杜高印、陈光磊(1987)《汉语动词概述》,上海教育出版社。

冯志伟(1983)特思尼耶尔的从属关系语法,《国外语言学》第1期。

胡明扬、方德义(1988)泰尼埃尔《结构句法基础》,《西方语言学名著选读》,中国人民大学出版社。

胡裕树(1982)试论汉语句首的名词性成分,《语言教学与研究》第4期。

胡裕树、范晓(主编)(1995)《动词研究》,河南大学出版社。

李洁(1987)德语配价理论的发展及成就,《外语教学与研究》第1期。

廖秋忠(1984)现代汉语中动词的支配成分的省略,《中国语文》第4期。

陆俭明(1991)现代汉语不及物动词之管见,《语法研究与探索》(五),语文出版社。

——(1993)《八十年代中国语法研究》,商务印书馆。

吕叔湘(1986)汉语句法的灵活性,《中国语文》第1期。

马建忠(1898)《马氏文通》,商务印书馆,1983年版。
马庆株(1988)自主动词和非自主动词,《中国语言学报》第3期。
沈阳(1994)动词的句位和句位变体结构中的空语类,《中国语文》第2期。
沈阳、郑定欧(主编)(1995)《现代汉语配价语法研究》,北京大学出版社。
文炼 1982 词语之间的搭配关系,《中国语文》第1期。
文炼、袁杰(1990)谈谈动词的"向",《汉语论丛》,华东师大出版社。
吴为章(1982)单向动词及其句型,《中国语文》第5期。
——(1993)动词的"向"札记,《中国语文》第3期。
杨宁(1986)三价动词及其句型,复旦大学硕士学位论文。
——(1990)现代汉语动词的配价,复旦大学博士学位论文。
袁毓林(1992)现代汉语名词的配价研究,《中国社会科学》第3期。
——(1993)《现代汉语祈使句研究》,北京大学出版社。
张斌、胡裕树(1989)《汉语语法研究》,商务印书馆。
张国宪(1994)有关汉语配价的几个理论问题,《汉语学习》第4期。
朱德熙(1978)"的"字结构和判断句,《中国语文》第1、2期。

Hopper, Paul & Sandra A. Thompson. (1980) Transitivity in grammar and discourse, *Language* 2, pp. 251-99.

Lyons, John. (1977) *Valency*, *Semantics*, volume 2, pp481-488. Cambridge: Cambridge University Press.

Miller, J. (1985) *Semantics and Syntax: Parallels and connections*, Cambridge: Cambridge University Press.

Weruer Abraham. (ed.) (1987): *Valence, Semantic Case and Grammatical Relations*. John Benjamin.

原刊于《中国语文》1998年第1期,2—12页

语义缀和语法缀
——英语词缀性质浅析

一

词缀是一个词内部的语言成份,它附着在词根上帮助构成新词。如 ungraceful(没有风度的)一词中的 un-和-ful。

词缀不同于词尾,也不同于词的曲折变化。词尾和词的曲折变化是表示性、数、格和时、态、式等语法范畴的语法手段,如 person, looked 中的-n, -ed, 它们在语言表达时帮助构成词的动态变体。词缀中有些根本不表示语法范畴,只表示某种词汇意义,如 un-表示"相反";有些则表示词类范畴,如-ful 表示该词是形容词①。词缀是词内部的静态结构成分。

二

词缀可以按照在词内部的位置来分类。位于词根前的是前缀,位于词根后的是后缀,位于两词根之间的是中缀。中缀比较少见,本文略而不论。

在英语里,前缀与后缀所起的作用是大有区别的。前缀表示某种词汇意义,用前缀构成的新词对词根的词汇意义都有所补充或增加。例如 supermarket(超级市场)、telegraph(电报)、antibiotic(抗菌素)这些词中的前缀 super-、tele-、anti-就分别

---

① 英语词的兼类情况颇多,有的语法缀也可以标示一种以上的语法功能。例如,-ful 一般来说是形容词的标记,但有时也帮助构成名词。形容词如 joyful(快乐的), forceful(强有力的);名词如 handful(满把), mouthful(满嘴)。又如, -ian 可以标示名词,但有时也可以标示形容词,或者两可。如:christian, 名词:基督教徒;形容词:信基督教的。Grecian, 名词:希腊人;形容词:希腊式的。

把"超级""电的""抗"等理念意义加到了各自的词根上。一般来说,前缀不具备语法功能,它不是某种或某类语法意义的标示者。也就是说,加上前缀之后构成的新词,其语法功能仍相同于原来那个词,词性并不改变,也无标示。如 supermarket 和 market 一样,都是名词,二者的语法功能也相同,super-这个前缀并不能标示该词的语法意义。前缀如果加在非词词根上,由于该词根不能成为独立的词,如 prophet(预言家)中的"phet",添上前缀构成的新词无法在语法功能上同原词比较。但有一点是明确的:prophet 一词的语法功能是不能从前缀 pro-上看出来的。由此可知,前缀与词的语法功能无关,只有 a-、be-、en-等极少的几个前缀例外。②

后缀则与前缀不同。虽然许多后缀对词根的理念意义也有所增补,如 worker 中的-er 表示"动作的执行者",duckling(小鸭)中的-ling 表示"小",但是更值得注意的是,后缀有着前缀所没有的极为重要的语法作用,它可以帮助构成一个新的语法词,标示出该词的语法功能。如 woman(女人)是一个名词,加上后缀-like 或-ish 就成了形容词 womanlike、womanish,加上-ize 就成了动词 womanize;womanish 如果再加上-ly 就成了副词 womanish-ly,如果加上-ness 则又成了名词 womanishness。这些后缀帮助构成了一个个新的语法词,它们本身就可以认为是某一类语法词(形容词、动词、副词、名词等)的标记。正如《实用英语词汇学》所指出的:"后缀有很强的语法意义,它们都能决定词的语法属性。"③所谓"决定词的语法属性",一是改变原词根所反映的词性,如形容词 false 加上后缀-hood 就变成了名词 falsehood(谬误);二是肯定原词根所反映的词性,如名词 child 加上后缀-hood 仍然是名词 childhood(童年),增加了名词的形式标记-hood;三是帮助构成某种词性,如非词词根"voc"(其理念意义是"叫唤")不能反映任何词性,加上后缀-al 则构成了一个形容词 vocal(有声的)。

词缀也可以按照其不同的作用来分类。例如,可以把只有理念意义而不表示语法意义的词缀称为"语义缀",把能够表示语法意义的词缀称为"语法缀"。就英语而言,绝大多数的前缀都是语义缀,几乎所有的后缀都是语法缀。严格说来,英语的后缀应该叫"语法语义缀",因为它们一般都是既表示了语法意义,同时也表示了某种理念意义的。前面已经举了后缀-er 和-ling,这里再举一些例子作进一步的说明。英语的后缀-ian 除了标示该词是名词之外,同时还表示了"从事某项职业

---

② 这三个前缀可以归收语法缀,因为它们可以决定词的功能类别。a-,形容词性,如 aflame(燃烧着的);be-,动词性,如 befriend(亲近);en-,动词性,如 ensky(把……捧上天)。参见 R. Quirk 等 *A Grammar of Contemporary English* 992 页。伦敦罗曼出版社,1973 年。

③ 汪榕培、李冬编著《实用英语词汇学》13 页。辽宁人民出版社,1983 年。

的人"这个理念意义。如 grammarian(语法学家)、technician(技术专家)。④ 表示动词的后缀-fy,其理念意义是"使某物变化得……"。如 beautify(美化)、simplify(简化)。表示形容词的后缀-ful,其理念意义是"充满"。如 wonderful(充满惊奇的)、tearful(眼泪汪汪的)。表示副词的后缀-wards,其理念意义是"朝某个方向"。如 frontwards(向前地)、eastwards(向东地)。这些标示了各词语法功能的后缀同时也对词根的理念意义有所增补或指明。不过,由于语言长期的历史发展,有些后缀的理念意义已经虚化得不易觉察,或难以确指。如-ing(building,建筑物)、-al(national,民族的)、-ly(narrowly,狭窄地)等等,这些后缀可以叫做"纯语法缀"。为了讨论问题的方便,我们只把"语义缀"和"语法缀"作为一对有区别性的概念,"纯语法缀"和"语法语义缀"都归入语法缀之中。因此,有必要对前面提出的定义作一点修正:只能表示理念意义的词缀是语义缀,只要表示了语法意义的词缀就是语法缀。

三

语义缀和语法缀的作用不同,在语言系统中的功能不同,因而二者的性质也不同。语义缀是语义学(semantics)研究的对象,可以对其进行义素的分析,从而归纳出每个语义缀在英语语义系统中所属的义位。⑤ 语法缀则是语法学(grammar)研究的对象,可以对其进行法素的分析,从而归纳出每个语法缀在英语语法系统中所属的法位。⑥

语义缀在语法学上是没有地位的,因为它们没有任何的语法意义,但在语义学上则值得重视。含有语义缀的词,其词义必须考虑该语义缀的意义才能确定,而不少有反义关系的词则是运用"反义缀"构成的。例如:

include(包括)——exclude(排除)

absent(缺席)——present(出席)

decrease(减少)——increase(增加)

至于给一个词添加反义缀而构成反义词,在英语中是一种非常能产的方式。

---

④ 英语词的兼类情况颇多,有的语法缀也可以标示一种以上的语法功能。例如,-ful 一般来说是形容词的标记,但有时也帮助构成名词。形容词如 joyful(快乐的),forceful(强有力的);名词如 handful(满把),mouthful(满嘴)。又如,-ian 可以标示名词,但有时也可以标示形容词,或者两可。如:christian,名词:基督教徒;形容词:信基督教的。Grecian,名词:希腊人;形容词:希腊式的。

⑤ 参见高名凯《语言论》203 页"义位与义素"一节,科学出版社,1963 年。

⑥ 同上书,参见 279 页,"法位与法素"一节。

这类反义缀常见的有 dis-, in-, un- 等。例如：⑦

honest(诚实)——dishonest(欺诈)

decent(正派)——indecent(下流)

lawful(合法)——unlawful(非法)

语法缀在语法学上有重要意义，因为它们可以构成许许多多以语法缀为标记的语法词，同时，语法缀在语义学上也值得重视，因为有不少的语法缀含有语义内容。如 useful(有用的) 与 useless(无用的)，其反义关系就是通过两个语法缀-ful 和-less 在语义上的对立而确定的。而许多含有语法缀的词，其词义也必须结合该语法缀的理念意义才能确定。如 duckling(小鸭)一词，语法缀-ling 除了标示该词的词性是名词之外，还要帮助词根"duck"(鸭子)以确定该词的词义。又如，socialism(社会主义)、eatable(可食用的)、clockwise(顺时针方向)等词中的语法缀-ism、-able、-wise 除了标示词性之外，还要帮助词根表示词义。

语言学家们一般都把词缀问题放在"构词法"部分进行讨论，并且把它看作是派生构词法的主要内容。由于词缀有语义缀和语法缀的区别，所以派生构词法仅仅讨论加前缀、加后缀等方式是不够的。还应该指出，加语义缀构成新词的方法实际上是语义派生法(添加义素)，加语法缀构成新词的方法是语法派生法(添加法素)而不管它们是前缀还是后缀。语义派生法构成的新词具有新的语义特征，具有新的理念意义；语法派生法构成的新词具有新的确定的语法特征，具有确定的语法功能。从严格的分类意义上说，语义派生法应该在语义学中去探讨，语法派生法则应该在语法学中去探讨。

原刊于《赣南师范学院学报》(哲学社会科学版)

1987 年第 4 期，42—44 页

---

⑦ 参见 Random House 出版的 *Dictionary of Synonyms and Antonyms* 一书，New York，1980 年。

论助词"们"

提要

"们"是一个表示指人复数的助词,它可以附着在词或词组后面组成"们"字结构,表示统称、类举、比喻等多种意义,在语法性质和语法价值上都不等同于英语中表复数的"S"。

1 "们"字的用法

"们"字的基本用法附着在指人的名词性词语后面表示复数。① 例如:

附着在指人代词后面。如:我们、咱们、你们、他们、她们。但也可以附着在指物的第三人称代词"它"后面表示事物的复数。如:

船户总还得养活它们(墨鸭),喂饱它们。(夏衍《包身工》)

附着在指人名词后面。如:人们、孩子们、乘客们。附着在专用人名后面表示"这类的人"。例如:

帝国主义者,申公豹们,是你们滚蛋的时候了!(毛泽东《一二九运动的伟大意义》)

有时表示"等人"。如:

王大爷爱说笑话,一路上逗得小强们笑个不止。

如果附着在指物名词后面,则是修辞上的拟人用法。如:

月亮刚出来,满天的星星们眨着眼睛。

附着在指人的词组后面表示复数,这类情况特别值得重视。如:

联合词组:少男少女们,中男中女们,老男老女们,唱得如痴如狂,从未有过这样的和谐。(陈村《美女岛》)

同位词组:读者朋友们,这些设想,你赞成吗?("大众电影"《敬告读者》)

---

① 参见吕叔湘《现代汉语八百词》342页,商务印书馆,1980年。

"的"字结构:我那一盆盆花就让当官儿的们白端走了?(浩然《那个让狗咬了屁股的》)

偏正词组:医学博士们在研究如何延年益寿。何必呢?(张洁《方舟》)

当然,首当其冲,眼看要遭受灭顶之灾的是各省委、各部局的第一书记们。(铁竹伟《霜重色愈浓》)

"们"字组成的结构通常不受数量词修饰,但可以受表示不定多数的"许多""好些"等词语修饰。如:

(李晓蕾)巧妙地踏进了她早已羡慕着的那些干部子弟们的生活圈子。(李斌奎《啊,昆仑山!》)

此外,"们"字也有表示单数的用法。"爷们""娘儿们""哥儿们"等词语可以用作单数。如:

有个臭娘儿们就把她男人的啥笔记本交到我手上。(张贤亮《男人的一半是女人》)

"我们""你们""他们"这些表复数的词语有些情况下可用作单数。如一个人作报告或写文章时说"我们认为",在日常交谈时说"我们家""他们家",意思是"我认为""我家""他家"。② 如:

你真心毒呀!我们家和你们可没有冤仇!(茅盾《春蚕》)

2 "们"字结构的语义分析

"们"字附着在其他词或词组后面组成"们"字结构,"们"字结构可以表达多种意义。

附着在一个词后面组成的"x 们"结构在语义上有三种情况:

1、x 们 = $x_1 + x_2 + \cdots\cdots$,意思是"许多 x"。如"他们"是"许多他","人们"是"许多人","孩子们"是"许多孩子"。这是"们"的统称用法,是最基本的用法。

2、x 们 = x + Y,Y 表示"其他的人",意思是"x 等人",这是"们"字的类举用法。如"小强们"意思是"小强等人"。"我们"意思是"我等",即"我和其他人",如果其他人里面不包括听话人,就是"我们"的排除式;如果包括听话人,就是包括式。对着一个人说"你们",意思是"你等",即"你和其他人",是类举用法;对着多个人说"你们",意思是"许多你",是统称用法。

---

② "我们"等复数表达形式用作单数意义的原因是多方面的。主要是心理因素长期起作用而形成的习惯用法,即在交际中寻找一种"心理复数"来表示谦虚、亲切感等等,减少单数形式容易引起的孤单和突兀。有时候则是音律上需要增加音节而使语势平缓一些。

3、x们 = x一类的$_1$ + x一类的$_2$ + ……,意思是"x这类的人"。这是"们"字的比喻用法。如"申公豹们"意思是"申公豹这类的人","阿Q们"是"阿Q这类的人"。这种用法中的x是专用人名,"x们"指的是具有x品质的一类人,通常不包括x本身。例如"申公豹们"是拿申公豹来打比方,并不包括申公豹本人,这一点与类举用法是不同的。③

"们"字附着在同位词组、的字结构、偏正词组后面组成的结构在语义上可以看作是"x们"结构,因为这些词组指的只是一种事物,它们所表示的意义基本上都是统称用法。如:

读者朋友们 = 读者朋友1 + 读者朋友2 + ……
当官儿的们 = 当官儿的1 + 当官儿的2 + ……
医学博士们 = 医学博士1 + 医学博士2 + ……

附着在联合词组后面组成的"(x+Y)们"结构所表达的意义也不外乎统称、类举、比喻三种,而在表数上大致有五种情况:

a) 两项都是复数:(X + Y)们 = X$_1$ + X$_2$ + …… + Y$_1$ + Y$_2$ + …… 如:工人农民们,先生小组们。

b) 第一项是单数,第二项是复数:(X + Y)们 = X + Y$_1$ + Y$_2$ + ……。如:妻儿们,夫儿们,皇后皇妃们。

c) 第一项是复数,第二项是单数:(X + Y)们 = X$_1$ + X$_2$ + …… + Y。如:儿女们高高兴兴地回家来了。这里的"儿女们"可以指几个儿子、一个女儿这种情况。

d) 两项都是单数:(X + Y)们 = X + Y。如"小张小李们"可以只指小张小李二人。

汉语里,"儿女们"这个形式可以表达上述四种情况,只有在具体环境里才能决定所表达的究竟是哪种情况,这一点同英语是大不相同的。(参看下文第四节)。

e) (X + Y)们 = X + Y + Z,Z表示其他人。"们"在这里相当于"以及其他人",即表示列举未完。如"小张小李们"可以指"小张小李以及其他人"。d类用法相同于助词"等"表达列举已尽的情况,e类用法相同于助词"等"表达列举未尽的情况。

有时候,联合词组不只两项也可以加"们"。例如:

爬上去的野心和出人头地的欲望使他迅速地与齐济、蓝云溪、林旭们格格不入。(魏丁《读长篇小说"末代大学生"》)

至于强盗、骗子、贩毒者、贼、慕雄狂们,一概被称作"美女人"。(陈村《美女岛》)

另外,现代汉语里还有"X他们"和"(X + Y)他们"这类结构,从句法上分析,

---

③ 陈望道《方法简论》91页把"们"的用法分析为"表统括"和"表概余"两种,上海教育出版社,1978年。吕叔湘《说们》分析为真性复数和连类复数两种,《吕叔湘语法论文集》156页,科学出版社,1955年。

我们可以认为它们是同位词组,从语义上分析,我们可以认为它们等同于"X 们"和"(X+Y)们"。例如:

驻站的医护人员每年要替换,今年该轮到琪琪她们了。(李斌奎《啊,昆仑山!》)

四大娘和老通宝他们都放心地松一口气了。(茅盾《春蚕》)

"琪琪她们"就是"琪琪们",意思是"琪琪等人",相同于"X 们"结构中的第二种情况,举 X 以类及其他。在这里,"她们"是作为一个整体同"琪琪"发生组合关系的,句法上不能分析为"琪琪她+们"。我们再看一个例子就清楚了:

这些幸运的人儿唯恐看了荷花他们一眼或是交谈半句话就传染了晦气来!(茅盾《春蚕》)

"荷花他们"指的是"荷花"与"她那不声不响的丈夫",在结构上显然不能分析为"荷花他+们"。

"四大娘和老通宝他们"意义上等同于"四大娘和老通宝们",表达的内容属于"(X+Y)们"结构的 e 类情况,也是类举,指的是"四大娘和老通宝以及家里的其他人(阿四、阿多、小宝等)"。

3 "们"字的性质

汉语缺乏形态,"数"的范畴也没有形态标志来表示。指人名词可以用"们"来表示复数,不用"们"也可以表示复数。如:"工人们"是复数,"工人"同样可以是复数。那么,汉语中的"们"是什么性质的语言要素呢?

赵元任认为是复数语缀,陈望道说是衬素,王力说是复数的记号,胡裕树说是助词,张静说是词缀,还有些语法书只讨论"们"的各种用法,不谈"们"的性质。[4]一般说来,把"们"看作语缀或词缀的多些。

"们"是一个虚语素,但它是虚语素词还是虚语素缀,这要把它放在具体的语法体系里去考察,要把"们"字出现的各种情况结合起来来考察。分析下面一组例子:

甲类:我们,你们,他们

乙类:人们

丙类:工人们,孩子们

丁类:工人农民们,读者朋友们

---

[4] 赵元任《汉语口语语法》125 页;王力《中国语法理论》263 页;胡裕树《现代汉语》(修订本)330 页;张静《现代汉语》上册 96 页;丁声树等《现代汉语语法讲话》142 页。

这些"们"字都是附着性的虚语素,甲类粘附得最紧,缺少"们"字就只能表示单数。乙类粘附得也很紧,少了"们"字意义就有变化,"人"和"人们"在表意上的差别是明显的。这两类中的例子在心理上一般倾向于把它们看作是整体词,其中的"们"字很容易分析为词缀,这也许同现代汉语词的语音结构双音节化有关。丙类和丁类中的"们"字在表意上是可有可无的。"孩子们"与"孩子"可以表达同样的意思,"这些孩子们"与"这些孩子"在意义上毫无区别。不过,丙类中"孩子们"可以分析为"们"字附着在"孩子"之后构成一个新词,"们"是词缀,也可以分析为"孩子"这个词加上"们"组成一个大于词的结构。至于丁类中的"工人农民们"则无论如何也不能看作一个词,而应该看作比词大的语言单位,是由一个词组附加"们"字组成的结构。这里的"们"显然不能看作词缀,能否看作"语缀"呢?如果把"语缀"定义为附着在词根、词和词组上的语言成分,⑤"们"字看作语缀是可以的。但必须在一个语法体系内部保持一致,即必须用同样的标准来分析语缀。

语缀可以附着在词或词组上,因此"们"是语缀。那么,"的"字也可以附着在词或词组上,如"这是我买的书""水里游的是鱼,天上飞的是鹰",是否应该因此也把"的"字看作语缀呢?这里的"的"字大多数语法学家都认为是助词而不是语缀。要保持内部体系的一致,要么把"们"和"的"都看作语缀,要么都看作助词,要么更换标准。我们认为,把"们"看作是一个助词好一些。判别标准是:附着在词根上的虚语素是语缀(词缀),如"老鼠""桌子"里的"老~""~子"等;可以附着在词和词组上的虚语素是助词,如"们""的""被""所"等。这样容易区分,也便于把握。"们"字附着在其他词语后面组成的语言单位可以叫"们"字结构,"们"字结构同"的"字结构、比况结构等并列,属于汉语助词结构内部的次划分。

有人提出,是否可以把"们"字的性质一分为二呢?附着在词后面的看作是语缀,附着在词组后面的看作助词。例如在拼音书写中可以把"我们""人们"写作 wǒmen、rénmen,"们"字合写;把"工人农民们"写作 gōngrén nóngmín men,"们"字分写。作为一种技术处理方法,这种做法在实践上有可取的方便之处,但同时也会带来分析上的一些麻烦。例如,把甲类、乙类的"们"看作语缀,把丁类的"们"看作助词,那么丙类中"工人们"的"们"字怎么分析呢?它处于过渡性的中间状态,看作语缀或看作助词都有困难。我们认为,附着在词后面的"们"与附着在词组后面的"们"属同一性质,具有同样的作用,在理论上应该统一起来看作助词。

---

⑤ 吕叔湘《汉语语法分析问题》48 页,商务印书馆,1982 年。

4 汉语"们"同英语"S"的比较

汉语的"们"和英语里表复数的"S"都是用来表示多数的,但在各自的语言体系里,二者的含义和用法(索绪尔所说的"价值")⑥差别甚大。"们"字并不等于欧洲语言的复数语尾。⑦"们"和"S"的主要不同有:

1、汉语名词复数可用"们"表示,但不用"们"字也可以表示复数。英语是有形态变化的语言,表示可数名词的复数一定要加"S",或者作出在语法价值上等同于"S"的其他形态变化(单复数同形的 sheep 等是个别情况)。如:worker-workers(工人)、goose-geese(鹅)。

2、汉语里"们"只表示指人名词的复数,指物名词的复数用"们"是拟人用法。如:这些眼睛们似乎连成一气,已经在那里咬他的灵魂。——鲁迅《阿Q正传》。英语的"S"既可用于指人名词的复数,也可用于指物名词的复数。如:persons(众人)、mountains(群山)。

3、汉语人称代词加"们"表示复数,如:我—我们,她—她们;英语人称代词的单复数用不同的词表示,如:I—we、she—they。

4、汉语"们"字可附在词和词组后面表示复数,英语的"S"只能附着在词后面表示复数,不能附着在词组后面。汉语里"(X+Y)们"这个语言形式可以表达多种意义,在英语中这些意义要用多种形式来表达。如"老师同学们"可以表达:

a) the teachers and the students(多个老师和多个学生)

b) the teacher and the students(一个老师和多个学生)

c) the teachers and student(多个老师和一个学生)

d) the teacher and the student(一个老师和一个学生)

这种区别在翻译上和对外教学上值得重视。

5、汉语人名后面加"们"表示类举或比喻,重在人物性质上的相似,如:张三们、阿Q们。英语人名加"S"表示一对夫妇或者一家人,重在亲缘关系上的相同,如:Johns 表示的意义是"约翰夫妇"或"约翰一家人"。

原刊于《吉安师专学报》(哲学社会科学版)
1987年第1期,60—63、35页

---

⑥ 参见索绪尔《普通语言学教程》第四章,商务印书馆,1982年。
⑦ 吕叔湘、朱德熙《语法修辞讲话》68页,中国青年出版社,1979年。

汉语复数词尾"们"的语义分析(稿)

0 引言

汉语有哪些表示事物"数"(单数、双数、多数;确定数、不确定数等)的方式,汉语表示事物"数"的各种方式是否能概括为语法上的范畴"数"?换句话说,汉语是否存在"数"这个语法范畴,语言学界有不同的观点。如何分析汉语中附着在名词性词语后面的"们"的语法性质,便成为学者们讨论的焦点问题。

本文的观点是,汉语中的"们"是表示复数的词尾,它与其他语言中表示复数的形式(如英语的's)在语法和语义上有同有异。下面主要分析汉语"们"的用法和语义,讨论三个问题:句法分布;语义限制;语义分析。

[附:汉语中的"们"还有一些不表示复数的用法,数量很少,可看作是固定词语,本文没有涉及。如:"娘儿们""爷儿们""哥儿们""姐儿们"之类都可表示单数。]

1 "们"的语法分布

现代汉语的"们"是从近代汉语发展而来的(参见吕叔湘《近代汉语指代词》),古代汉语中没有类似用法。

从现代汉语共时平面来分析,"们"主要用在指人的名词性词语后面,语音上读轻声(本字调为阳平),语法上是虚语素,缺乏独立性,具有附着性的特征。语法上的分布位置在指人的代词、名词、短语后面。例如:

一、附着在指人代词后面,主要有第一人称的"我们""咱们",第二人称的"你们",第三人称的"他们""她们"等。例如:

我们相信,他们的本意并非如此。

你们什么时候回家乡去看看,现在变化可大呢。

"您"从来源上是表示复数的,是"你们"的合音,表示尊敬,但是在现代汉语的书面语中也逐渐发展出了"您们"的用法,例如:

敬爱的老师:您们好!我代表海淀教育工委向您们致以最诚挚的问候!

二、附着在指人名词后面,这是汉语中的"们"的基本用法。如"学生们""孩子们""海归们"等。例如:

老太太们说,这种方式既热闹又新颖,更增加了邻里情。

让旅游者与贫困的孩子们交流时讲故事,开展讨论……

这就会引出让"海归前"们犹豫的第二个因素,就是工资问题。

谈谈超女们的成长攻略。

例句中的"海归前们",指的是准备回国就业的海外留学人员,"超女们"指的参加2005年"超级女声"比赛的青年歌手。

三、附着在指人的短语后面,这是汉语的"们"与其他语言如英语的"S"不同的地方,值得重视。汉语的"们"主要可用在如下一些短语结构的后面。

(1) 附着在并列短语的后面。如:

兄弟姐妹们、厂长经理们、老师同学们、各位学姐家长们,春节好!

看到些现象想善意的提醒一下各位喜欢戏水的妹妹,姐姐,阿姨们。

(2) 附着在同位短语的后面。如"家长朋友们""民工朋友们""帅哥老爷们"等。例如:

第一类的老奶,便是暴死在街头,也不会有老爷们来瞧上一眼,尤其是帅哥老爷们。

家长朋友们,其实我们是一样的,常常困惑于我们高亢的热情对今天的孩子显得无能为力。

诸位代表先生们,我们有一个共同的感觉,这就是我们的工作将写在人类的历史上。

(3) 附着在偏正短语的后面。如"第一书记们"" 白衣天使们""亿万富翁们""娱乐明星们"等,例如:

于是,现在形成了这样一个局面:娱乐明星们志在打造绯闻时代。

刚刚就任的市委第一书记和第二书记们,各委员会的主任、副主任们……坐在了主席台。

(4) 附着在固定短语的后面。如"白衣天使们""国色天香们""猪朋狗友们"等,例如:

事后诸葛亮们往往对文革评头论足,一味在网上嘲笑当年的人们。

大学堂里的国色天香们都甚为好奇。

可是,我好开心,我有一群可以陪我吃喝玩乐的猪朋狗友们。

(5) 附着在"的"字短语的后面。如"小的们""亲爱的们"等,例如:

"镖头放心,小的们已经上路,不会迟到啦!"

亲爱的们,觉不觉得我们很败家?

四、附着在专有名词的后面。专有名词表示单数,但是汉语的"们"可以附着在专有名词后面表示概余、比喻多种语义,(英语的 Johns 主要是归类用法,与汉语不同)。如"小强们""祥子们""诸葛亮们""洋雷锋们"等,例如:

四狗子和小秃们急得直打蹦。(转引自吕叔湘 1984)

祥子们擦擦汗,就照旧说笑了。

然而许多办公室的效用却不大,进机关办事,往往会发现诸葛亮们在演空城计。

五、附着在指物的名词性词语后面,在汉语中通常理解为是修辞上的拟人用法。如"它们""大雁们""小鸟儿们"等,例如:

星星们眨着眼睛

猴子们听了欢呼起来。

小鸟儿们生出来后却使鸟夫妇们更忙了。

2 "们"的语义限制

汉语中的"们"与其他语言如英语的"S"在表示复数这一点是相同的,表现出语言的共性,不过,汉语的"们"还有一些语言的个性。有两点重要的区别。

一是指物性的限制。语义上"们"主要与指人词语共现,与指物词语共现要受到很多限制,语义上通常也要作"拟人化"的理解。如"书本们""桃树们""学校们""衣服们"等是不成立的说法。上一节中例举的"星星们""猴子们""小鸟儿们"都是拟人用法,下面的"大雁们"也是拟人用法。例如:

天越来越冷了,大雁们又开始往南飞。

二是确定数的限制。"们"不能与表示确定数目的数词共现,但可以与表示不确定的数目共现(表示"群"的语义)。如"三个孩子们""五个海归们""四个弟妹们"等是不成立的说法。以下句子中使用表示不确定数的"那群""很多""这些""各位",在汉语中可以与表示复数的"们"共现。例如:

回家的路上,看到了我曾经教过的那群孩子们向我问好,我心里感到好幸福。

其实很多辛勤的园丁们跟张老师一样,每天工作时间超过 10 小时。

为了缓解这些妈妈们思儿心切的心情,医院开设了网络监控装置。

各位家长们好！首先在这里祝福所有的小朋友和家长们节日快乐！合家欢乐！

由于汉语中的"们"在确定数上的限制，可以对事物"数"的观念作进一步的细化分析。在整数中（小数另外讨论），数目"一"为一类，叫单数，数目"二""三""四"乃到无穷为另一类，叫复数。英语中单数用零形式，复数在可数名词后面加"S"。

进一步分析，复数中可以分确定复数（可与确定数词共现）、不确定复数（不可与确定数词共现）。汉语的"们"是表示不确定复数的语言形式，也可以叫"群"数（参见张斌、胡裕树《汉语语法研究》）。英语"S"可表示确定复数，也可表示不确定复数，即对数的确定与否不做限制。

3 "们"的语义分析

上节提到汉语中"们"在语义上有两项限制：非指物性、非确定数。这是与其他语言如英语比较而得出的排除性的语义分析。下面讨论汉语中"们"的具体语义。

一、"们"在语义上指人的复数。这一点上文已多次指出。兹举数例：

一些看不上眼的史学家们在指责少男少女们无知的时候，也应该要质问一下那些中男中女们或老男老女们提供给我们祖国花朵的是些什么东西。

《我为少男少女们歌唱》是一首广为流传的抒情诗，至今还给人很大的美感。

我的可怜又可爱的玉米们有时去百度吧，看到玉米们发的贴，是一种奇怪的感觉。

显然，CEO 们都不想将时间浪费在诉讼上。

我的一个朋友跟我说，他看过的 QQ 里面的好友…MM 们忙，MM 们还从不用隐身。

可以和这群快乐的小家伙们挤在一起荡秋千，坐旋转木马。

上面例句中的"玉米们"（超女第一名李宇春的歌迷）、CEO 们（企业的首席执行官）、MM 们（美眉、美女），语义上都是指人。

二、归类语义。指可数名词的类的复数，即"X 们"表示的语义为："X1 + X2 + X3……"，"们"表示 X 这类名词所指的复数。附着在单一名词后面的"们"基本语义是表示类的复数。如"他们"的语义是"他1 + 他2 + ……"。又如：

绝大多数的女球迷却会被那些个所谓的真球迷们问得哑口无言。

就怕我们的县委书记们到美国去后，过不了第一关。

例句中的"真球迷们"语义上指"真球迷1+真球迷2+……";"县委书记们"语义上指"县委书记1+县委书记2+……"。

三、概余语义。"们"表示的复数为概括其他的含义,即"X们"表示的语义为"X+其他人","们"表示 X 之外的其他人。如"我们"基本语义是"我+其他人",意思是我和跟我在一起的其他人。又如:

祥子们擦擦汗,就照旧说笑了。

四狗子和小秃们急得直打蹦。

"祥子们"指骆驼祥子和其他拉黄包车的人。"四狗子和小秃子们"指他们两人和跟他们在一起的其他人(上下文中还有"小顺"等人)。

四、比喻语义。"们"表示的复数为比喻意义,即"X们"是修辞上的比喻用法,如有些专有名词加上"们"以后在语义上不包括专有名词所指的人,即"X们"的含义是"X以外的1+X以外的2+……"。例如:

长途车站的"雷锋们"天天用业余时间给路不熟的旅客当义工。

要做刘备,不是是人都敢放开手脚,叫自己手下的诸葛亮们去自立门户。

例句中"雷锋们"比喻像雷锋一样做好事的那种人,不包括雷锋。"诸葛亮们"比喻像诸葛亮一样聪明的人,不包括诸葛亮。

五、拟人语义。"们"表示的复数是拟人化用法,即把非指人名词所指事物当作人来理解和描写。形式上"们"用在指物名词后面,语义上则要理解为是修辞手法。例如上文举到的例句:

星星们眨着眼睛。

猴子们听了欢呼起来。

小鸟儿们生出来后却使鸟夫妇们更忙了,现在要给他们的已经不再只是体温的热度了。

汉语中的"们"的这一特点,在童话小说中表现得较为明显。

六、"X他们"的分析。从句法结构上看,"X他们"(如:小王他们)似乎应该分析为"X他+们",是概余复数,即语义上为"小王他+其他人"。不过,在语音上、语感上、汉语实际语料上,"小王他们"这一结构都应分析为"小王+他们"。以下例句中的 X 都是女性,但是都用"X他们"格式,"他"通常指男性。例如:

妈妈还没来得及好好欢迎姐姐他们,他们又已经走了,只在我家玩了短短的一个星期。

外婆他们叫我睡了。我才从悲伤中苏醒。

我老婆他们家族都有这个毛病。

七、"X+Y+们"结构的歧义性分析。汉语中的"们"不仅仅附着在名词后面,也可以附着在短语后面,因此在语法上与一般的词缀有所不同,在语义上"们"可

以涉及到前面的短语,而不仅仅是最后一个词。尤其是当"们"附着在并列短语后面时,语义上存在多样可能性。例如:

兄弟姐妹们、老师同学们、父母们、老婆孩子们、厂长经理们、叔叔阿姨们等等。

这些并列短语加上"们"以后,共同的语义是"X + Y"是复数。至于该结构里面的"X"和"Y"是不是复数,则可以有多种理解。以"老师学生们"为例,可以有以下四种理解:

语义 1:老师学生们 = (老师复数 + 学生复数)　　teachers and students
语义 2:老师学生们 = (老师单数 + 学生复数)　　a teacher and students
语义 3:老师学生们 = (老师复数 + 学生单数)　　teachers and a student
语义 4:老师学生们 = (老师单数 + 学生单数)　　a teacher and a student

在汉语的实际运用上要作哪一种理解,需要结合上下文的语境来考虑。

4　结语

汉语中"们"是表示指人复数的词尾,在句法结构上,它可以附着在名词和代词后面,也可以附着在短语后面,还可以附着在专有名词后面。

在语义限制上,汉语的"们"主要表现为非指物性,非确定数。附着在指物的名词性词语后面,汉语的语感中通常理解为是修辞上的拟人用法。带"们"的结构不能受表示确定数的词语修饰,但可以受表示不确定的"群"意义的词语修饰。

在语义特点上,汉语的"们"有指人性、归类性、概余性多种含义,也可用于比喻义、拟人义。用在并列短语中的"们"在表数方面存在歧义,但是该结构整体上仍是表示"群"的复数。

与其他语言(如英语)表示复数的形式相比较,英语复数涵盖指人、指物各种语义类型,不区别确定数与模糊数,对名词的限制是全面的;汉语复数通常只涵盖指人名词,汉语复数只可与模糊数配合,对名词的限制是局部的。英语的"S"在使用上较为刚性,必须用,可在句法层面进行分析概括。汉语的"们"在使用上较为柔性,可以用,有时也可不用,可在语义方面尤其是语用层面进行分析概括。

参考文献

陈平(1987)《释汉语中与名词性成分相关的四组概念》,《现代语言学研究——理论、方法与事实》,重庆出版社,1991年。

胡附(1957)《数词和量词》,《汉语知识讲话(合订本)》(3),上海教育出版社,1987年。

胡裕树主编(1987)《现代汉语》(增订本),上海教育出版社。

吕叔湘(1940)《释您,俺,咱,喒,附论们字》,《吕叔湘文集》第 2 卷,商务印书馆,1990 年。

——(1984)《近代汉语指代词》,《吕叔湘文集》第 3 卷,商务印书馆,1992 年。

——(1984)《语文杂记》,《吕叔湘文集》第 5 卷,商务印书馆,1993 年。

宋玉柱(1982)《关于"们"语法意义及其他》,《语法论稿》,北京语言学院出版社,1995 年。

——(1990)《汉语名词没有严格意义的"数"范畴》,《语法论稿》,北京语言学院出版社,1995 年。

——(1992)《关于语法形式和语法意义相结合的一些思考》,《语法论稿》,北京语言学院出版社,1995 年。

石毓智(2003)《汉语的"数"范畴与"有定"范畴之关系》,《语言研究》2003 年第 2 期。

童盛强(2002)《"们"的定指意义》,《中国语文》2002 年第 3 期。

王还(1988)《再谈"都"》,《门外偶得集》(增订本),北京语言学院出版社,1994 年。

邢福义(1960)《论"们"和"诸位"之类并用》,《语法问题探讨集》,湖北教育出版社,1986 年。

——(1965)《再谈"们"与表数词语并用的现象》,《语法问题探讨集》,湖北教育出版社,1986 年。

袁梅(1996)《"们"的语法意义及其实现》,《延安大学学报》(社会科学版),1996 年第 1 期。

张谊生(2001)《"N"+"们"的选择限制与"N 们"的表义功用》,《中国语文》2001 年第 3 期。

詹人凤(1997)《现代汉语语义学》,商务印书馆。

朱德熙(1982)《语法讲义》,《朱德熙文集》第 1 卷,商务印书馆,1999 年。

大河内康宪(1985)《量词的个体化功能》,大河内康宪主编《日本近、现代汉语研究论文选》,北京语言学院出版社,1993 年。

人体词语的引申用法

人体词语,指的是表示人的身体器官部位的词语,如头、手、眉毛、肝胆等。在任何语言里,人体词语都是基本词语,因为人总是最熟悉自身的。在实际运用中,人体词语有时并不实指人体部位,而是借以表达其他各种意思,增强语言的表现力,这就是人体词语的活用,或者叫人体词语的引申用法。

人体词语的引申在不同语言间的表现有同有异,非常有趣。汉语说"丢脸",英语也说"丢脸"(lose face)。但是汉语用"碎嘴"表示说话絮絮叨叨,同样的意思英语说成"大嘴"(big mouth)。可见,了解人体词语的引申用法,对本族语的掌握,对外族语的学习,都是很有意义的。

以下仅就汉语人体词语的引申类型略作探讨。

1 结构引申

结构引申指的是从人体结构各器官的位置以及相互关系得出的引申用法。例如人体结构最突出的部位是头,最富表情的部位是脸。因此,表示头和脸的词语可引申出"显眼""出众""体面"一类的意思,如:

"有头有脸"引申为体面,有威信。"头面人物"引申有声望,有势力的人。"露脸"指得到荣誉,"丢脸"即失去了体面。"不要脸"即不顾体面,"看我的脸面"是要求给一点情面。

结构引申也可以从两个人体器官的相对位置得出。如唇齿是紧密相随的部位,引申出互相依存的意义。眼睛是人观察世界的窗口,离眼睛较近的器官因此可引申出最近、最迫切的意义。如"火烧眉毛"指情势紧迫,"鼻子尖上的事情""眼皮底下的事情",均指近在眼前的事。相对结构位置较远的引申用法如"腹背受敌",指遭到前后夹击,"有头没脚"表示不能坚持到底善始善终,"手足情"从一体分肢引申出兄弟亲情,都是从人体结构角度得出的用法。

此外,"膝痒搔背"从不相关的部位引申为处事不得当。"足上手下"从结构错位引申为尊卑颠倒,"眼高于顶"也是结构错位,引申为目中无人。"胳膊往外拐"意指吃里扒外,这是从结构形状引申而来。"胳膊扭不过大腿"意指弱不敌强,这是从人体部位结构大小引申得出。

2　功能引申

功能引申指的是根据人体器官的不同功用得出的引申用法。例如:

杨艳嘴快,她故意说:"我们班没完成任务。"

冯久爸,你嘴巴放干净点,你是谁的老子?

"嘴"的功用之一是说话,"嘴快"即说话快,"嘴巴放干净点"意指说话太难听。

嘴、舌、唇、牙、齿、口都是发音器官,都有说话的功能,由此引申出不少用法。如"嘴尖"指说话刻薄,"嘴甜"指说话动听,"嘴紧"指说话谨慎,"绕舌头"指说话转弯,"磨舌头"指耗费言辞。此外还有摇唇鼓舌、磨牙、赌口齿、搬弄口舌、耍贫嘴等,均同说话有关。

"嘴"的另一个功能是饮食,由此也引申出一些用法。如"馋嘴"意指好吃,"贪嘴"就是贪吃,"吃嘴"即吃零食,"偷嘴"即偷吃东西,"忌嘴"引申为吃东西忌口,"嘴上抹石灰"比喻白吃,"咂嘴弄舌"形容贪吃的馋相。

"脑"的功能是思维。因此,"脑子有毛病"引申为思维混乱,"头脑不清醒"就是思路不清醒,"有头脑"意指能理智地考虑问题,"榆木脑袋"比喻思考问题不灵活。

"手""脚"的功能是办事。"大家动手"意指大家一起来做事,"手忙脚乱"意指办事慌张没条理,"七手八脚"形容办事时人多手杂,"一手一脚"指一个人把事办完,"下手"即开始行动,"做了手脚"即暗中采取了行动,"露一手"引申为显示本领,"留一手"引申为不肯把本领全使出来。

"眼"的功能是看,"耳"的功能是听,"鼻"的功能是闻,这些人体词语也有许多引申用法。如"瞎了眼"意指没看清真实面目;"耳朵软"指容易听信于人;"鼻子灵"指嗅觉灵敏;"耳目众多"指容易被看见,被听见;"耳视目听"是功能错位,引申为特异功能,古代道家认为通过修养可以达到的一种境界。

功能引申和结构引申是人体词语活用的两种基本方式,其他用法都以此为基础。从上文举到的实例可以看出,人体词语引申意义一般需要同其他词语配合才能实现。根据其他词语的性质内容,大致可分出动作引申、形容引申、相关引申三种类型。

3 动作引申

动作引申指的是人体词语同动作性词语配合而产生的引申意义,具有很强的动态表现力。

如此"弹指"形容时间极短,"咬耳朵"指凑近低声说话,都借助了动作词语,生动而形象。又如"咬牙切齿"指恨到极点,"劈头盖脸"形容来势凶猛,"指手划脚"指胡乱发号施令,"擦屁股"比喻收拾残局,"卡脖子"比喻扼住要害,"耍手腕"指施展狡诈手段,"抬头"表示挺起腰杆做人,"低头"表示服理服输服罪。

4 形容引申

动作引申是借助动作性词语描述动态,形容引申则是借助形容性词语描绘静态。里面包括两种情况,一种是直接运用形容词得出的意义引申。

如以"眼红"指忌妒他人,以"心软"指同情他人,同类的引申用法还有:"愁眉苦脸"描写发愁焦急的情态,"劲骨丰肌"形容书法作品丰润而有力,"老骨头"指老年人,"老脑筋"指思想守旧,"老脸"指厚着脸皮,"脸皮薄"指容易害羞,"腰杆子硬"指自身坚强或有人支持。

形容引申的第二种情况是借助名词打比方得出的意义引申。如:以"棉花耳朵"比喻没主见,轻信于人;"寡妇脸"比喻阴沉难看的表情。同类的借物形容用法还有:"獐头鼠目"形容相貌猥琐、心术不正的人,"铜头铁额"形容人的勇猛强悍,"庐山真面目"指事情真相或本来身份,"婆婆嘴"指爱反复唠叨,"铁石心肠"形容不易动感情。

5 相关引申

相关引申指的是从两个人体部位的相关性得出的用法。

如"骨肉"之不可分离比喻血缘亲情,"左右手"比喻得力的助手。这些引申意义的得出有赖于人体词语所指部位之间的相互关系,上述用法如果说成"骨头同胞""失了左手"皆不成立。相关引申的实际例子还有:"心肝宝贝"指心爱的人,"肝胆相照"指真诚相待,"股肱之臣"是最重要的辅佐,"指大于臂"比喻下级比上级的权力大,"事情有了点眉目"意指有了头绪,"手脚不利索"意指行动不灵敏,"手心手背都是肉"意指同为一体、利害相连,"眉毛胡子一把抓"意指办事情不分轻重、没有条理。

　　当然,上面讨论人体词语引申用法的五种类型是从两个不同层面得出的。第一层面着眼于人体部位本身的结构和功能,第二层面着眼于人体词语同其他词语的配合情况。层面不同,得出的类型有交叉。如"榆木脑袋"在第一层面是功能引申,在第二层面是形容引申。

原刊于《修辞学习》1992 年第 2 期,19—20 页

"前"的空间意义和时间意义

提要

全文分为五节。1、从汉语例子"复旦大学前一站"的歧义性引出问题:汉语方位结构"X前"有空间含义"超过 X",也有时间含义"不到 X"。2、"前"的空间意义:表示物体自身结构,含义是"前端";表示相关物体的空间位置,含义是"前方"。3、"前"的时间意义指"过去":表示相关事件的时间位置,含义是"开始之前";表示事件自身的时间结构,含义是"开始以后"。4、空间意义和时间意义的判别:主要根据空间语义特征"超过"和时间语义特征"不到"来区别。"前"表示将来时间意义是空间意义的引申。5、结语。"前"有三组语义交叉:空间意义与时间意义;物体自身结构意义与相关位置意义;事件自身长度意义与相关长度位置意义。

1 "复旦大学前一站"在哪里?

现代汉语中的"前"是一个方位名词,基本语义是表示物体正面的位置,如"博物馆前"是博物馆正面的位置,"公园前"是公园正面的位置,"复旦大学前"是复旦大学正面的位置,等等。但是,在实际语言交际中,"前"表示的位置有时会产生歧解。例如反映物体在空间运动的位置关系,如果某人乘车从"P"点出发,沿箭头所指方向运动,"B"点表示复旦大学,"复旦大学前一站"的位置在哪里,是"A"点,还是"C"点?如图所示:

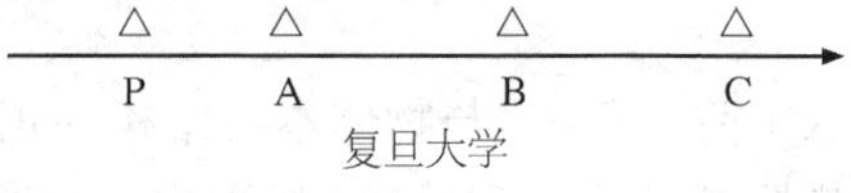

```
      △      △         △         △
——————————————————————————————————→
      P      A         B         C
                    复旦大学
```

图 1

我们曾就这一问题先后询问过复旦大学的 100 多位同学和老师,并且在课堂上对这一问题展开过讨论。被询问者在作瞬间反应时,有回答 A 点的,也有回答 C

点的。(还有回答 B 点的,意指复旦大学正面的位置)但稍作考虑以后,绝大部分被询问者都认为,"复旦大学前一站"有歧义,既可以指不到复旦大学的 A 点,也可以指超过复旦大学的 C 点。那么,造成歧义的原因是什么呢? 下面列出一组例句:

(1) 你叫王涛明天在复旦大学前一站下车,有人接他。
(2) 小李家就在复旦大学前一站,很好找。
(3) 昨天我在复旦大学前一站树了一块广告牌,你们看见了吧。

如果把这一结构概括为"X + 前 + 距离",则得到现代汉语中的一个歧义格式。同类的例子如:

(4) 你顺着这条路走,在人民公园前 50 米有一家超级市场。
(5) 新华书店前 20 米左右是银行,那里有取款机。
(6) 大桥前不远有一个岗亭,白天晚上都有警察值勤。

有时候表示距离的词语不出现,只要句子含义是带方向性的运动,歧义仍有可能存在。如将上列句子改为:

(7) 人民公园前有一家超级市场。
(8) 新华书店前是银行。
(9) 大桥前有一个岗亭。

上述句子产生歧义的主要原因是方位名词"前"。"前"有时候也说成"之前"或"前面",歧义仍然保持。如"在复旦大学之前一站下车""大桥前面有一个岗亭"等格式,歧义并没有消除。

"X 前"为什么能表示"不到 X"和"超过 X"两个完全不同的位置意义呢? 我们认为,这是因为"前"有空间位置和时间位置两种不同的意义,当表示物体静止状态中的空间意义时,"X + 前 + 距离"指的是距离 X 正面的长度,而反映物体移动过程的空间位置时,则指"超过 X"的距离。如图 2 反映的是物体移动过程,"前"所表示的空间意义在 C 点:

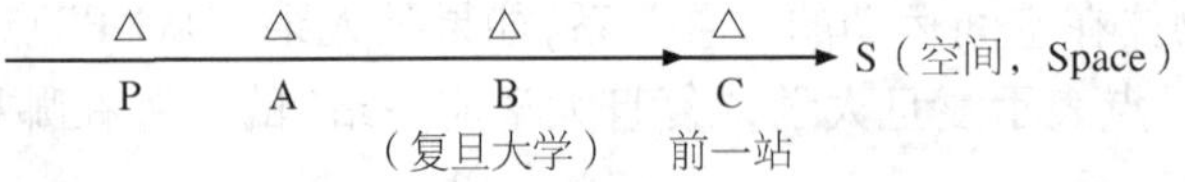

```
        △        △        △        △
        P        A        B        C    ───▶ S(空间,Space)
              (复旦大学)       前一站
```

图 2

表示时间意义时,"X + 前 + 距离"与物体本身结构的正面性质无关,它主要反映物体朝 X 方向移动(实际移动或心理移动)过程中,移动物体与 X 相差的长度,含义是"不到 X"的位置距离。如图 3 的 A 点所示:

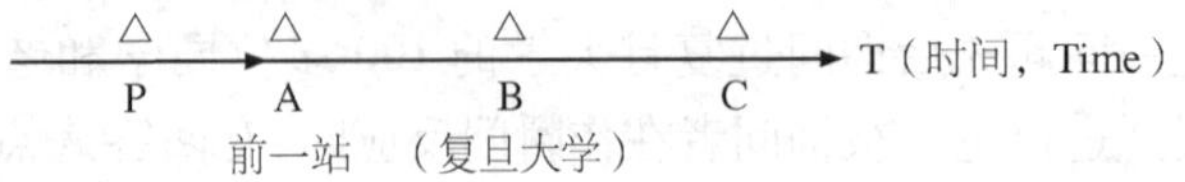

```
        △        △        △        △
        P        A        B        C    ───▶ T(时间,Time)
              前一站    (复旦大学)
```

图 3

由上分析可知,现代汉语中"X+前+距离"格式的歧义是由于方位名词"前"表示空间意义和表示时间意义在方位指示上的相反特性造成的。"复旦大学前一站"字面意义上表示空间,但是该格式含有"物体相对某个参照物作空间移动"的语义,而物体移动要涉及时间。移动中不到某处含义是"到达 X 之前",超过某处含义是"到达 X 之后",即在某处的前方。表示"不到 X"的方位意义"前"与表示"超过 X"的方位意义"前"在同一个表达式里出现,产生空间意义和时间意义交叉,造成歧义。

下面分别讨论"前"的空间意义和时间意义。

2 "前"的空间意义

按照空间语法的观点,人们是从自身的空间结构位置出发形成空间方位观念,认识自身,进而认识他物和整个世界。对空间三维的认识反映到汉语里,有三对方位名词:前后,上下,左右。这三对方位名词都是既可以表示空间意义,也可表示时间意义。如:

空间意义:大树前—大树后　　　楼梯上—楼梯下　　　十公分左右
时间意义:三天前—三天后　　　上学期—下学期　　　十分钟左右

这里只讨论"前—后"一个维度的语言表示法,主要分析"前"的语义。

人体结构的空间位置,从前后维度上可作二分:正向的位置为"前",背向的位置为"后",二分是人类认识世界的基本方法。"前"与"后"的空间意义代表与参照物反方向的相对位置。如:

(10) 人体的"前":前胸　前额　胸前　额前　眼前——比较:*胸后
(11) "后"的位置:后背　后脑　背后　身后　脑后——比较:*背前

其他在前后维度上可确定出正面的物体都可参照人体结构来确定"前"的含义。如楼房,宾馆,学校,公园,汽车,火车,飞机等物体都有确定的正面位置。因此,下列结构中的"X 前"所指的方位是明确的,与"X 后"截然不同。如:

(12) 楼房前,宾馆前,学校前,公园前,汽车前,火车前,飞机前
(13) 楼房后,宾馆后,学校后,公园后,汽车后,火车后,飞机后

需要指出的是,这些结构中的"X 前"有表示 X 的自身结构位置和物体之间的相关位置两种含义,在表示空间意义时可能造成歧义。如:

(14) 那辆汽车前(面)坐了两个人。(1. 汽车内的前部;2. 汽车外的前面)
(15) 三年级教室前(面)摆满了鲜花。(1. 教室内;2. 教室外)
(16) 学校大门前(面)的布告栏里出了开会通知。(1. 大门内;2. 大门外)

如果物体自身结构不能确定出正面位置,即不能区分出前后,那么,"X 前"所表示的位置则是不明确的,在不是"前""后"对举说明的情况下,"X 前"存在歧义,其中一项语义与"X 后"相同,由说话人的相对位置来决定。如柜台、树木、桥梁等物体自身都不能确定正面位置,因此"X 前"的位置有多种可能。例如:

(17) 商店柜台前坐着一个人。(1. 柜台外;2. 柜台内 = 柜台后)

(18) 大柳树前停着一辆自行车。(1. 不到柳树;2. 超过柳树 = 柳树后)

(19) 小桥前有一根电线杆。(1. 不到小桥;2. 超过小桥 = 小桥后)

3 "前"的时间意义

时间是一维的,按照认知语言学空间优先的原则,时间可以看作是空间的特殊形式,也可以用二分法来分析,语言里普遍借用"前—后"这一对空间概念来表示人们对时间的认识。与空间意义所不同的是,在汉语里,"X 前"如果是表示时间意义,含义是"不到 X"。如"中饭前"是指不到中饭的时间,"事前"是指事情尚未发生的时间,"比赛前"也是指比赛没有开始的时候。这一点与典型的空间意义"X 前"在表示的位置方面正好相反,"X 前"的空间意义是指超过 X 的位置。可见,"前"的时间意义有它不同于空间意义的独特性质。

与空间意义的表示法类似,时间意义的"X 前"也有表示时间相关位置和时间自身位置两种含义。例如:

(20) 这批图书是书市开幕前一个月特意赶印出来的。(不包括"开幕")

(21) 去世前两个月,他已无法行走。(不包括"去世")

(22) 比赛前 60 分钟,中国队势不可当。(1、不包括比赛,2、包括比赛 = 比赛后 60 分钟)

(23) 上课前 10 分钟,老师讲评作文。(1、不包括上课,2、包括上课 = 上课后 10 分钟)

表示时间相关位置的事件,其参照时间的性质是时点;没有歧义。如例 20、21 中的"开幕""去世"反映的事件都不能持续。表示时间自身位置的事件,其参照时间的性质是时段,如例 22、23 中的"比赛""上课"反映的都是可持续事件,这类句子往往有歧义,即事件的自身时间位置与事件的相关时间位置交叉引起歧解。如果作层次分析,"X + 前 + 时量"包含的是两种不同层次的结构。即:表示事件自身位置中的时间,其层次为"比赛 + 前 60 分钟"。语义上是指比赛开始后的头 60 分钟,时段"60 分钟"属于比赛这一事件中的一部分,是事件的内部时间。如图 4 所示:

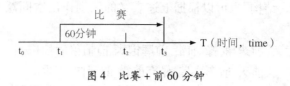

图 4　比赛 + 前 60 分钟

表示事件之外的相关时间,其层次为"比赛前 + 60 分钟"。语义上是指比赛尚未开始之前的 60 分钟,时段"60 分钟"不属于比赛这一事件中的一部分,是事件的外部时间,句子对比赛不作内部结构上的分解。如图 5 所示:

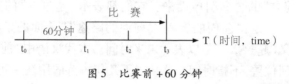

图 5　比赛前 + 60 分钟

现代汉语中表示时间的短语"前 + 时量"(如:前三年)和"时量 + 前"(如:三年前),它们的语义是不同的。"前三年"可以表示自身位置中的时间,含义是某个可持续事件 X 的"前三年",X 可以不出现,"三年"指的是事件的内部时间。而"三年前"则只表示事件之间的相关时间位置,"三年"指的是事件的外部时间。试比较:

(24) 小王前三年在上海工作,后来去了深圳。

(25) 小王三年前在上海工作,后来去了深圳。

4　空间意义和时间意义的判别

上面谈到,典型的空间意义是从人体结构分析得出,而人体自身有前后的区别,进而引申到其他物体上。由此而来的"X 前"的空间位置意义是指在 X 的前面,即"超过 X";或指 X 内部结构的前端。如"学校前"的空间位置是超过学校;"班长走在队伍前面",班长的空间位置是队伍的前端。与此相反,典型的时间意义"X 前"是指到达 X 之前,即"不到 X",引申为过去。如"上学前"的时间位置是不到上学的时候,"开会前"的时间位置在开会这一事件的过去。根据这一典型区别,我们可以判断"前"在具体的语言结构中是表示空间意义还是时间意义。

空间意义"X 前",X 通常是表示物体的词语或表示处所的词语,如:

(26) 教室前　小王前　运动场前　公园前

时间意义"X 前",X 通常是表示事件的词语或表示时间的词语,如:

(27) 生前　产前　事前　雨前茶　午前　日前

如果是"前X"结构,也可以根据上述表义的区别作出空间意义和时间意义的判断。试比较:

(28) 空间意义:前边 前锋 前沿 前庭饱满 前怕狼后怕虎

(29) 时间意义:前天 前车之鉴 尽弃前嫌 前奏曲 前生

从时间意义上说,"前"的基本意义是"不到X",所以相对参照事件而言是指过去,如上举各例。但是,汉语里也有少数几个带"前"的词语可以表示将来,这似乎与"前"的基本语义相矛盾。如:前程 前途 前景 前瞻。

其实,这些词语原义都是表示空间意义,指前面的处所,表示未来的时间意义是从空间意义"前方"的含义引申而来。它们都表示"超过X"的空间意义。上举几个词语的含义分别是:"前面的旅程""前面的路途""前面的景象""朝前面看"等。都是空间意义(超过X),借以表示未来时间。古代汉语中"前途""前路"等都可以指实际的空间位置,不指时间。这从以下几句古诗的用法中可看得较为明白。例如:

(30) 天明登前途,独与老翁别。(杜甫:石壕吏)

(31) 莫愁前路无知己,天下谁人不识君。(高适:别董大)

有意思的是,"瞻前顾后"这个成语现在是表示空间意义的,屈原《离骚》中有一句:

(32) 瞻前而顾后兮,相观民之计极。

"瞻前"指望着前方,"顾后"指回看背后,均表示空间意义。著名学者陆侃如、龚克昌把这两句译成现代汉语时,将诗中表空间的"前"译为时间意义"将来",将表空间的"后"译为时间意义"过去",这是用时间词语翻译"前""后"的空间意义的一个例子。译文为:

(33) 回顾过去瞻望将来啊,对人民的意图要观察周全。(湖南出版社《楚辞》)

在唐朝诗人陈子昂的《登幽州台歌》中,有一个著名的句子,表示"前""后"的时间意义:

(34) 前不见古人,后不见来者。

这里的"前"指过去,这里的"后"指将来,用的是"前""后"的典型时间意义。

5　结语

汉语中"前"的语义较为复杂,可以表示空间意义,也可以表示时间意义。表示空间意义时,可以表示物体自身的空间结构位置,也可以表示相关物体的空间位置。表示时间意义时,可以表示事件自身的时间长度位置,也可以表示事件相关的时间长度位置。由此造成了"时—空"意义交叉、"物体自身结构—相关位置"空间意义交叉、"事件自身长度—相关长度位置"时间意义交叉等多种歧义可能性。"复旦大学前一站"正是反映出了这种语义上的交叉。"前"的复杂语义和用法表明,语言形式和语言意义之间的关系远不是简单的对应关系,语言要素和语言结构的语义特征分析可以帮助人们认识语言的复杂性,同时也有助于人们归纳和解释语法规律,语义特征分析在语法分析中有重要的意义。

附记

本文的观点曾同杨宁、王一平、卢英顺、高顺全、陈昌来等先生讨论过,得到不少启发,谨致谢忱。

参考文献

范晓 1996 三个平面的语法观,北京语言学院出版社。

廖秋忠 1989 空间方位词和方位参考点,《中国语文》第1期。

游顺钊 1994 视觉语言学论集(徐志民等译),语文出版社。

张斌、胡裕树 1989 汉语语法研究,北京:商务印书馆。

Lyons, John 1977 *Semantics*, Volume Ⅱ: 15. Deixis, space and time. (语义学,第2卷:第15章指代,空间和时间) London: Cambridge University Press.

原刊于《语言研究的新思路》,上海教育出版社,1998年,131—140页

"十年后"是哪一年?
——论语义意义和语用意义(稿)

讨论以下问题:
一、语义意义和语用意义
二、词语:"十年前A,十年后B"的指称义困惑
三、俗语:"三日一小宴,五日一大宴"的排宴难题
四、复句:"如果A,那么B"的非现实语义互文
五、语篇:"答非所问"现象的会话涵义提取
六、确定性:肯定不表肯定,否定不表否定
七、结语

1 语义意义和语用意义

从符号学和三个平面的语法观来看,句子的分析包括句法、语义、语用三个方面。句子的意义也可以从三个方面来分析,即句法意义、语义意义、语用意义。

句法意义从符号与符号之间的结构关系来分析,如主谓结构、从属结构、并列结构、述宾结构,等等。

语义意义从符号与事物之间的指称关系来分析,如名词指称事物、动词指称事件、名词+动词指称事物在事件中的具体样式,等等。

语用意义从符号与使用者之间的应用关系来分析,如名词在这个句子里是什么含义,这个句子在具体场景中意味着什么,等等。

关于语义意义和语用意义的关系,在语言学界有几种观点:A、语义意义包含语用意义(大语义);B、语用意义包含语义意义(大语用);C、语义意义、语用意义各不相同(分别语义、语用)。

按照认知语言学的表述,美国麻省理工大学出版的《MIT认知科学百科全书》(1999)收录的"认知语言学"条目中概括了认知语言学的六个特点。即:

(1) a. 概念语义,也叫主观语义;［Conceptual(subjectivist) semantics］
　　b. 百科语义;［Encyclopedic as opposed to dictionary semantics］
　　c. 结构中的范畴;［Structured categories］
　　d. 合语法的层级性;［Gradient grammaticality judgments］
　　e. 语言与其他认知方式有密切关系;［Intimate interrelationship of language and other cognitive faculties］
　　f. 句法是不自主的。［The nonautonomy of syntax］

这些特点主要是从语义角度提出的,所以认知语言学也有学者称之为认知语义学。这里的认知语义包括语义意义,也包括语用意义。

句子是语言形式和语言意义的结合体。在语言学的研究文献中,对"句子的意义是什么"的回答并不一致,有的分析语义意义,有的分析语用意义,有的兼而有之。

细致区分语义意义和语用意义是一项非常复杂的工程,需要语言理论上的严谨建构,更需要语言材料上研究大量案例,得出理论原则和分析规则。

下面分析词语、俗语、复句、语篇方面的若干语言实例,对语义意义和语用意义的区别和联系做一些探索。

2　词语:"十年前 A,十年后 B"的指称义困惑

有一首诗歌通过"十年前 A,十年后 B"的句式来构思,反映人们的生活阅历和对爱情、家庭、生活、信念等的人生感悟。诗歌里的"十年前"和"十年后"的时间所指似乎容易产生语义歧解,令人困惑。例如:

(2) 爱情:十年前你是我的同桌　　　　［2001 年］
　　　　十年后你成了别人的妻子　　　［2021 年? 还是 2011 年?］
　　家庭:十年前我们是父母的孩子
　　　　十年后我们是孩子的父母
　　生活:十年前我骑着自行车,吹着欢快的口哨,走在回家的路上
　　　　十年后我开着私家车,接着不断的电话,走在应酬的路上
　　信念:十年前我以为自己是一棵大树
　　　　十年后我才明白自己只不过是一棵小草
　　　　　　　　(网上诗歌)

上述句子中"十年前"与"十年后"的时间所指,在时间轴上应如何标示。如图:

```
        十年前      十年后1     十年后2
          ▽          ▽          ▽
    ┄┄┄┄┄┄┄┄┄┄┄┄┄┄┄┄┄┄┄┄┄┄┄┄┄┄┄→ T
          A          B          C
         2001       2011       2021
                    现在
```

分析：如果说话时间是现在2011年，则"十年前"指2001年。诗歌中的"十年后"应该是指说话时间之后的2021年，语义意义上是成立的，但是语感上不是，语言调查人们认为是指2011年，即"十年后＝现在＝2011年"。句子的语义呈现出复杂性。

从语义意义来分析，"十年前"的时间所指是现在往前推十年，即2001年。"十年后"的时间所指是现在往后推十年，即2021年，这在"前""后"不对举的句子里是没有歧解的。例如：

(4) a. 她是我十年前的同桌，我们当时就是好朋友。 （2001年）
　　 b. 我们相约十年后再去黄山，看看这两把同心锁是否还在。 （2021年）

例2中"十年前"与"十年后"对举，"十年前A"是始发句，时间所指是说话时间往前推十年，没有歧解，这一点与非对举用法中例4的语义所指相同。"十年后B"是继发句，它有两个参照时间，也就是有两个意义：

(A) 2021年；

(B) 2011年。

A意义的参照时间是说话时间2011年，语义所指是说话时间往后推十年的2021年。B意义的参照时间是始发句中的"十年前"即2001年，语义所指是"十年前"往后推的2011年，即说话时间现在。

按照说汉语的本族人的语感，例2中的"十年后"是以始发句的十年前为参照时间，语义所指是2011年，即B意义。句中动词后可以带"了"是一个语言形式方面的证明："十年后你成了别人的妻子。""了"的时体意义是完成了的现实事件，在单一事件句中不表示未来意义，所以，这个句子的时间语义与表示未来的2021年不相容。

由于B意义2011年是句子中"十年后"的实际意义，这一意义的实现需要有上文始发句的语境"十年前"的2001年来保证，因此，B意义可以分析为是句子的语用意义，语用意义和语义意义（"十年后"作始发句的所指意义2021年）发生分离，产生歧解。

概言之，在单一事件句中，"十年前"和"十年后"的时间所指都是以说话时间为参照，没有歧解。在对举事件句中，"十年前"作为始发句，仍然以说话时间为参照，没有歧解。"十年后"作为继发句，存在说话时间、始发句时间两个参照，造成语义所指上的歧解。以说话时间为参照的时间所指是句子的语义意义，在诗歌中不符合本族人的语感,没有实现交际中的价值,故舍去。由于继发句的时间所指在语境中需要有始发句的时间所指才能实现,所以,以始发句为参照时间的语义应该分析为是"十年后"这一词语的语用意义,即需要依靠语境才能实现的语义。

3 俗语:"三日一小宴,五日一大宴"的排宴难题

"三日一小宴,五日一大宴"这一言语组合源自一个动人的历史故事。

东汉末年,天下大乱,群雄并起。丞相曹操笼络储备各类人才,为称霸天下作准备。为了留住著名战将关羽,在连年战争,社会动荡不安,物质财富非常贫乏的背景下,曹操经常宴请关羽,留下了"三日一小宴,五日一大宴"的故事,流传至今。并进而形成了许多俗语性的表达。

从语言学的角度来分析,这句话的语义是什么呢?

先分析句子的指称语义,也就是符号(符号组合)的所指事件是什么。如果曹操的这个做法是一个命令,礼宾官员应如何安排呢?

我们在复旦大学的"语义学"课程中对这个问题进行过课堂讨论,同学们的思路非常活跃,提出了各种各样的分析方案(历法时间、非历法时间、基数、序数、尾数等不同角度),从讨论中加深了对语义学的认识。

下面以一个月 30 天为例,提出两个语义分析方案。

(5) 第一方案:小宴、大宴分别安排。得到:

三日一小宴(共 10 次):03　06　09　12　15　18　21　24　27　30

五日一大宴(共 6 次):　05　10　15　20　25　30

(注:15、30 两天小宴、大宴的日期重复)

(6) 第二方案:小宴、大宴交叉安排。得到:

三日一小宴(共 4 次):03　11　19　27

五日一大宴(共 3 次):08　16　24

这两个分析方案的语义是不同的,也就是说,这个句子有歧义。作为一项命令,礼宾官员面临着如何正确执行曹操命令的排宴难题。

如果从经费支出来分析,两个方案的成本预算相差很大,曹操吸纳人才的专项拨款数额也很不相同。假设一次小宴的费用是 1 万元,一次大宴的经费是 3 万元,那么,第一方案曹操一个月宴请关羽的实际开支是 28 万元($10 \times 1 + 6 \times 3 = 28$ 万),删去重复的小宴为 26 万,删去重复的大宴为 22 万)。第二方案曹操一个月宴请关羽的实际开支是 13 万($4 \times 1 + 3 \times 3 = 13$ 万)。二者相去甚远。

上述分析属于句子的语义分析,也就是"三日一小宴,五日一大宴"这些语言

符号组合在一起指称的是什么样的事件。两个方案的语义分析说明,句子有歧义,排宴有困难。两种意义都没有涉及到语言使用者,都是句子的语义意义。

可见,这个历史上流传久远的故事是一个有歧义的故事。从语言分析的角度对这个故事可以得出几点判断。

第一、这个故事是不真实的,因为礼宾官员无法执行一个有歧义的命令。

（语义意义）

第二、这个故事是真实的,历史上发生的或者是方案一,或者是方案二。

（语义意义）

第三、这个故事不能作符号指称意义的分析,而要作符号使用者意味的分析。

（语用意义）

按照第三点来分析,"三日一小宴,五日一大宴"不能作为一项命令（祈使句）来使用,只能是对某一事件的描写（陈述句）。这种描写虽然有客观现实为基础（《三国志·蜀书·关羽传》有曹操对关羽"拜为偏将军,礼之甚厚"的记载）,但句子主要传达的不是所指称的语义意义,而是说话人要表达的语用意义,具有主观性的特点。

那么,句子的语用意义是什么呢？说话人要传达的含义（意味）是什么呢？

句子中包含的符号"三日""五日"说的是时间间隔短,事件发生频繁。"宴"说的是费用大,规格高,人数多。"小宴""大宴"对举并提,说的是宴席有变化,宾客有变化,场所有变化,名目也有变化,曹操为留住重要人才关羽的用心良苦。

"三日一小宴,五日一大宴"把这些符号组合在一起,虽然语义意义有歧义,不精确,但是语用意义却是非常清楚的,这个句子要说明的是,曹操对关羽宴请频繁,礼遇优厚,大大超出对一般人才的待遇。这些符号组合在一起,就是为了表达这个语用意义,并不追求语义意义上的精确指称。

由上分析可知,这个句子是一个带有主观色彩的描写句,不是历史真实事件的客观写照,而是历史事件叙述者的语用表达。句子主要应作语用意义的分析。这个句子随着时代的流传和广泛使用,逐渐凝固了它的语用意义,并进而形成了句子的格式意义。句子中的"三日""五日""小宴""大宴"等符号的实际指称意义已经不是语义图式的前景,而是语义图式的后景了。从语义意义和语用意义的关系来看,这个句子的语用意义（表达义）与语义意义（指称义）产生了一定的距离,因而具有一定的夸张性,这种夸张性的用法在历史故事的民间流传中使用非常普遍。

与"三日一小宴,五日一大宴"相类似的语言符号使用实例很多,有的产生于历史故事,有的产生于历史文献,有的产生于民间流传,有的产生于当代创造。产生时间久远的,在历史长河中被人不断使用成为熟语或准熟语。产生时间较短的,如果被人广泛使用,则成为流行语,如果不被人广泛使用,则成为个人新造语,逐渐被遗忘。这些符号组合而成的句子（或短语）的语义意义是后景信息，语用意义是前景信息，是说话人要传达的实际意义（意味），历史上流传下来或现实生活中流传开来的主要的也是句子的语用意义。

以下是与"三日一小宴，五日一大宴"格式相类似的句子实例。例如：

(7) a. 1995年似可称为美国的院府打架年，国会与政府之间三日一小打，五日一大打。　　　　　　　　　　　　　　　　　　　　（《人民日报》）

b. 霓喜没奈何，也借着旁的题目跟他怄气，两人三日一小吵，五日一大吵，只是不得宁静。　　　　　　　　　　　　　（张爱玲：《连环套》）

c. 这不是三天一小闹，五天一大闹，可总没闹出个名堂？
　　　　　　　　　　　　　　　　　　　　　　（欧阳山：《三家巷》）

d. 三天一小病，五天一大病，专门吃贵重的药，药越贵越表示她祖宗有德。　　　　　　　　　　　　　　　　　　　　　　　（《读者》）

e. 境内河流多达11条，常常"三年一小涝、五年一大涝"，有些地方十年九涝、无洪也涝。　　　　　　　　　　　　　　　　（《人民日报》）

f. 草地鼠虫害、家畜疫病的发生也愈发频繁，可谓"三年一小灾，五年一大灾"，畜牧业生产面临的风险日益加大。　　　　　（新华社稿）

这些符号组合体虽然都可以作句子指称意义的分析，但是所指分析得到的语义图式可能不只一个，即存在歧义。不过，以上句子所表达的主要不是语义指称（如数字义），而是语用意义，即带有夸张性的表达。意义是"间隔近，人数少，距离短"等说话人希望传达的主观语义。即使是例7e中的"三年一小涝、五年一大涝"和例7f中的"三年一小灾，五年一大灾"，语义所指的物理时间间隔较长，但是进入这一句式以后，"三年""五年"仍然表示说话人心里认为"时间间隔短"的语用意义。

概言之，"三日一小宴，五日一大宴"这一句子构式的语义意义和语用意义的关系是，通过对句子结构中语义意义的分析得出句子指称上的多种意义，进而探求说话人使用该句子构式所传达的主观意味，得出句子的语用意义。

4　复句："如果A，那么B"的非现实语义互文

在表示非现实意义的句子中，句子的语义意义指称义有时并不成立，即无所指称或者指称歧异，令人费解。句子的实际意义在于非现实意义背后的语用意义。例如：

(8) a. 女人如果没有了男人就恐慌了　　　　　　　　　　（无标点句）

　　　　b. 女人如果没有了,男人就恐慌了。　　　　　　　（女人重要）
　　　　c. 女人如果没有了男人,就恐慌了。　　　　　　　（男人重要）
（香港凤凰电视台"见智见仁",标点 2003—1—10）
　（9）如果把整个太平洋的水倒出,也浇不灭我对你爱情的火,那么,整个太平洋的水全部倒得出吗?倒不出,所以我并不爱你。
（网络流行句式,语用意义参见例 11"互文"）
　（10）a. 如果二加二等于四,那么,雪是白的。　　　　（逻辑真值句）
　　　　b. 如果雪是白的,那么,蝴蝶很可爱。　　　　　　（形式延伸）
　　　　c. 如果蝴蝶很可爱,那么,纽约明天会下雨。　　　（蝴蝶效应）
　　　　d. 如果纽约明天会下雨,那么,今年黄河要断流。　（进入互文）
　　　　e. 如果今年黄河要断流,那么,我对你的爱永不变。（表达含义）
（"如果 A,那么 B"复句组合,语言意识流）

例 10 是一组复句组合,很像语言意识流的游戏,相互之间似乎有关联,分析起来却无关联,语义诡异,内容荒诞。虽然在语言形式上是有条不紊的顶针推理,但在语言意义上却是不知所云。不过,它最后的"黄河要断流"却导向了一首中国古诗的意境,与古诗的荒诞内容（誓言）形成了"互文"关系,即互文见义,从而得到了这段复句组合的语用意义。古诗《菩萨蛮》云（互文）:

　（11）枕前发尽千般愿,要休且待青山烂。
　　　　水面上秤锤浮,直待黄河彻底枯。
　　　　白日参辰现,北斗回南面。
　　　　休即未能休,且待三更见日头。　　　　　　　　（古诗《菩萨蛮》）

这些非现实句的假设复句中,条件分句的语义与结果分句的语义似乎没有联系,逻辑语义上"推不出",属于语义荒诞的句子。但是,通过这些语义意义荒诞的句子,目的是要推出这些非现实句子组合的语用意义。荒诞的句子与经典爱情诗歌里的语义荒诞的句子联系起来,产生语篇研究上的"互文",达到传达思想"爱情地久天长"的交际效果。

概言之,语言中看似无关的非现实语句,指称义诡异,形成意识流,让人不知所云。如果能够找到与非现实语句相照应的"互文",通过互文见义,可以得到句子所要表达的语用意义。（《红楼梦》中所说的"对景"效果。）

〔按:当然,通过"互文"的分析也可以发现一些使用不太妥当的语言用例。例如:

　（12）"俗话说,青岛如果有公鸡清晨报晓,韩国仁川也能听见。这个俗语表明韩国和中国是多么近。"2008 年 5 月,韩国总统李明博访华,在与中国国家主席胡锦涛举行会谈后的记者会上,用中韩两国语言里同时存在的"鸡犬相闻"四字成语,表明韩国愿与中国继续推动两国交流与合作的决心。他还表示:"胡锦涛主席与我虽然是第一次见面,但在举行会谈时感觉我们就像认识很久的老朋友一样。"然后问道:"胡锦涛主席也这样认为吧?"这句话引起周围一片笑声。胡锦涛主席微笑着回应说:"我也这么认为。"

(《东方早报》2010年12月3日)

这段话里运用了夸张、引用等修辞手段,并且有具体的情景描写,给读者以深刻的印象。虽然,引用成语"鸡犬相闻"来说明"距离近"是很生动的,但是不容易提取出说话人试图表达的"关系近"的语用意义,因为通过"互文"联想到《老子》原作中的句子是"鸡犬之声相闻,人至老死不相往来"。

从这个实例的分析中给人启示:语用意义的分析提取有时要受到"互文"原有意义的影响。]

5 语篇:"答非所问"现象的会话涵义提取

"答非所问"的语言现象指的是答句的语义内容不照应问句的语义内容,有两种答非所问的类型。一种是答话人无意造成的答非所问,即答话人不明白问话人的语义所指而产生的,后果是使得交谈主题歧出,难以进行。例如:

(13) 留学生:你有《老子》吗?

书摊主:有,那是我爸爸。

留学生:有《孙子》吗?

书摊主:那是我儿子的儿子,还没生呢。

留学生:有《庄子》吗?

书摊主:有哇,你问这干嘛!我就住在李家庄。咱北方叫庄子,南方叫村子,那云南边疆啊,叫寨子。

留学生:你真有学问!

书摊主:哪里哪里。买点什么书?

留学生:不买啦,Good-bye!

(小品《卖书》)

这是一个电视小品的语篇对话。问话人"留学生"多次提问,答话人"书摊主"多次答非所问。这里的答非所问并不是书摊主故意造成的,而是由于不明白(错误理解)留学生提问的意思而造成的。

在这段对话里,问话人的文化知识背景(《老子》《孙子》《庄子》是先秦的三部著作)与答话人的文化知识背景(不知道《老子》《孙子》《庄子》是先秦的三部著作)形成了较大的误差值,结果使得交谈主题歧出,信息传递受阻,只好改变话题或结束交谈。"你真有学问"一句就标示出了这一转折。可惜答话人的知识误差使他只听懂了字面的语义意义而没有提取出这句话的语用意义(反语),于是作出了"哪里哪里"这一表示谦虚逊让的回答。观众却从对话语境中提取并听懂了语用上的反面意义,由此产生了较好的剧场效果(收视效果)。

这是利用"答非所问"现象进行文艺创作以提高表达效果的实例。

另一种"答非所问"是答话人有意造成的,即所谓"王顾左右而言他"(《孟子·梁惠王》),反映的是答话人对问话人句子"预设"的拒绝。例如:

(14) 问:你看过"非诚勿扰"吗?　　　答:我们下个月去实习。
　　　问:你联系了去哪里实习?　　　答:下午还有两节选修课。
　　　问:你在哪个教室上课?　　　　答:去年上海世博会开得很成功。
　　　问:哦?嘿嘿,嘿。

这段对话中问话人多次提问(探索未知),答话人多次"答非所问"(形式上合作,内容上不合作),事实上就是多次拒绝问话人的预设,在言语交际上就是说话人与答话人多次的语义歧出,因此对话非常别扭,难以进行,交际受到了阻碍。

这段对话中句子的语义意义(事件指称意义)是清楚的,但从对话过程来分析,语义意义显然不是谈话双方所要表达的意义。问话人并非真实希望探索未知,答话人并非真实要给问话人提供答案。那么,谈话双方的语用意义是什么呢?如何分析问话人和答话人使用这些句子的语用意义呢?这类课题在语用学文献中一般用"会话涵义"来分析。会话涵义,就是提取会话的语用意义。

这段对话的语用意义是,

"问话人"渴望结识答话人(搭讪、套近乎),因而不惜多次改变话题,以顺应答话人,保持会话的连续。

"答话人"拒绝问话人接近自己的企图,因而多次答非所问。形式上配合,内容上不配合,希望问话人知难而退,表现出一种知性风度。

从问话人的角度来分析,这是"马路求爱者"或公共空间"搭讪"寻求接近对方的一种会话模式,也是一种社交技巧。(按:答话人的答非所问也是一种社交技巧。)

这种社交技巧的程度等级可用会话轮次(一问一答为一轮)来计算。轮次越多,等级越高。参数为"抗挫折能力指数"。(俗话:脸皮的厚度)这种抗挫折能力指数用于追求爱情,可计算成功概率。指数越高,成功的概率越大,反之较小。用于学业和事业上,也是如此,所谓百折不挠的精神,指的就是这种抗挫折能力。当然,这种非智力因素的语用情感追求如果能有效结合智力因素的理性语义分析(可能性大小),则运用的效果会更理想。

6 确定性:肯定不表肯定,否定不表否定

语言中有表示肯定语义的词语如"是",有表示否定语义的词语如"不",有表示猜测语义的词语如"也许"。这些词语在语言系统中的意义是确定的。不过,在语言的实际使用中有些复杂的情况,即肯定不表肯定,否定不表否定。例如有一首英文小诗(转引自沈家煊)是这样反映"yes""perhaps""no"三个词在使用中的特殊情况。例如:

(15) An English poem: 诗的大意是:
　　 When a diplomat says "yes"   如果一位外交官说"是",
　　 He means "perhaps";   他的意思是"也许",
　　 When he says "perhaps"   如果他说"也许",
　　 He means "no";   他的意思是"不";
　　 And when he says "no"   如果他说"不",
　　 He is no diplomat.   那他就不是一位外交官了。

　　 When a lady says "no"   如果一位贵妇说"不",
　　 She means "perhaps";   她的意思是"也许";
　　 When she says "perhaps"   如果她说"也许",
　　 She means "yes";   她的意思是"是";
　　 And when she says "yes"   如果她说"是",
　　 She is no lady.   那她就不是一位贵妇了。

这首诗说的是语义学中的一个重要问题,什么是意义? 一句话(一个词语)的意思是什么?

yes 的意义是肯定,no 的意义是否定,perhaps 的意义是不确定。——这是语言意义问题。

在这首诗里,语言中这几个词语的意义,不同的人使用时产生了不同的意思:

——对一位外交官来说,yes 的意义是不确定,perhaps 的意义是否定,no 这个词语很少用,因为不符合外交官的身份。

——对一位贵妇人来说,no 的意义是不确定,perhaps 的意义是肯定,yes 这个词语很少用,因为不符合贵妇人的身份。

这说明外交官善于辞令,在语言使用上有一个特点是,轻易不说"no(不)"字。

英法等欧洲国家的贵妇人也很善于社交辞令,语言使用上的特点之一是,轻易不说"yes(是)字。

如果给这首小诗增加一节,说话人是"老师",那么这首诗要这么写:

When a teacher says "yes"	如果一位老师说"是",
He means "yes",	他的意思就是"是";
When he says "perhaps"	如果他说"也许",
He means "perhaps";	他的意思就是"也许";
And when he says "no"	如果他说"不",
He means "no".	他的意思就是"不"。
	【否则,他就不是一位老师了。】

"老师"说的是大白话,即这几个词的确定语义,但是诗味没有了。"老师"将肯定和否定符号的语义确定下来,而"外交官""贵妇人"将语言符号的肯定和否定变成了不确定。在语言学理论上,通常把老师的用法分析为是这些语言符号的语义意义,把外交官、贵妇人的用法分析为这些符号的语用意义。语义意义是语用意义的基础,语用意义是语义意义在实际使用中的偏离,诗歌的趣味性正在于利用了符号意义的偏离。

语言符号由于说话人的身份、地位、性别、文化背景等因素的不同,在具体的言语交际中,符号会产生不同的意义。但是符号的理性意义并没有改变,"是""不""也许"这三个语言符号在语言系统中的意义并没有改变。这是社会文化意义作用于语言符号的结果,也是语用学所说的"交际价值"问题。

概言之,语言中的肯定符号、否定符号的语义是确定的,但在实际使用中会产生某种偏离,造成语义分析上的多义(不确定)。确定的是语义意义,不确定的是语用意义。

7 结语

语义意义指的是语言符号和符合组合的所指意义,包含事物所指,事件所指,事件组合所指,与符号使用者的意味无关。

语用意义指的是语言符号和符号组合在使用中的含义,与符号使用者的意味密切相关,即"此人此时此地说此话是此意"。

语义意义与语用意义的关系是,通过分析句子指称事件的语义意义,得出所指与语感上的歧解,或者句子所指对象上的歧义,或者非现实语义的歧异,或者言语交际上的歧出,进而探求说话人使用该句子传达的意味,得到句子和句子组合的语用意义。语义意义是语用意义的基础,语用意义是语义意义的旨归。

在实际语言的分析中,语义意义的多样性、所指意义的异常性、语义意义与语境的不适切性(逻辑混乱、指称不成立)、言语交谈的答非所问等,都会产生意义差,通过说话人生成句子的意味分析可获得句子的语用意义。

由于语用意义的分析要结合语境,而语境的所指(定义)在学术界尚无相对可接受的研究平台,因此语义意义和语用意义的关系的分析是一个复杂的课题,许多问题有待进一步的深入研究。

汉语的句法邻接与语义邻接分析(稿)

0 引言

句法邻接:句法线性排列中的相邻成分。
语义邻接:线性结构中的语义相关成分,或非线性关系中的联想成分。
语义的组合邻接:同一个线性结构中的语义成分相互关联。
语义的聚合邻接:非线性排列中的语义联想成分。
原则:距离越近,语义关系越密切,理解越容易。距离越远,语义关系越疏远,理解越困难。

1 否定词与动补结构的"邻接"

在现代汉语中,否定词"没"与动补结构形成一个组合体"没 + V + C"(没吃饱)。该结构中在语义上被否定的是"V"还是"C"?

从句法的线性排列来看,"没"与"V"邻接,距离最近,句法关系最密切,最容易被否定。"没"与"C"的线性排列距离远于"V",句法关系的密切程度也远于"V"。即句法上:"否定 V 强于否定 C"。否定词优先邻接 V。

但是从语义上来分析,"没 + V + C"结构中,被否定的成分是"C"。通常情况下,该结构中的"V"并不被否定,即语义上"否定 C 强于否定 V"。否定词优先邻接 C。

由此看来,句法排列上的邻接成分与语义关联上的邻接成分出现了不一致的情况。以下是例句分析。例如:

[A]

(1) 老师傅还没吃饱呢。　　　　　　　　　(否定:没吃?——没饱)

(2) 江万里昨天没睡好。　　　　　　　　　（否定:没睡?——没好）
(3) 李海涛中午没喝醉。　　　　　　　　　（否定:没喝?——没醉）
(4) 杯子掉在地上,还好没摔碎。　　　　　（否定:没摔?——没碎）
(5) 儿子太贪玩了,老师布置的作业到现在还没做完。（否定:没做?——没完）
(6) 他一脚没把门踢开。　　　　　　　　　（否定:没踢?——没开）
(7) 林茹叫了半天也没把他叫醒。　　　　　（否定:没叫?——没醒）

从以上例句来分析,"没 + V + C"结构在语义内容上似应分析为[+ V, - C]。即前一成分为肯定,后一成分被否定。如[+ 吃, - 饱]、[+ 睡, - 好]、[+ 喝, - 醉]、[+ 摔, - 碎]、[+ 做, - 完]、[+ 踢, - 开]、[+ 叫, - 醒]等。

如果按照语义与句法直接映射的原则,则对应的句法结构应该是"吃没饱""睡没好""喝没醉""摔没碎""做没完""踢没开""叫没醒"等。不过,现代汉语中没有这样的句法结构("喝不醉"是不同的结构,当另作分析)。可见,在现代汉语中,"动补"结构具有较强的语义整合功能。

2　重动句的"宾补争动"现象

重动句"S + VO + VC"是现代汉语中有一类很有特点的句式。王力、赵元任较早对汉语这类结构的产生原因进行过分析。

王力提出了"叙述词复说"的解释:及物动词目的位后面复一个及物动词——就普通说,末品补语必须和叙述词紧粘在一起的。例如"我吃完了它"不能说成"我吃它完了"。这样看来,叙述词和末品补语合成一体,因此,即使那叙述词是该带目的位的,也不能让那目的位把它们隔开。同时,有些动词却又和目的位合为一体的(如"淘气""挺尸"),不能让那末品补语隔开,在这双重障碍之下,唯一的补救办法就是把那叙述词复说,使两方面都不至于被隔。(王力 1944)

赵元任(1968)中也有类似的主张:有时候,为了经常连着说,或者有一个成分是粘着形式,V—O 和 V—R 都拒不分开,那就只好把动词重复一下。

根据王力和赵元任的解释,重动句的语法价值在于解决动词同补语、动词同宾语都不能分开(粘着形式)的"双重障碍",也就是说,重动句式可以解决宾语和补语在同一个动词后不能共现的矛盾。这一解释可以概括为"宾补争动说"。

按照邻接原则,句法关系中最密切的两个成分必须邻接。在重动句中,宾语和补语都是动词的邻接成分,在句法上,二者与动词具有同等密切的关系。重复动词正是为解决线性排列上的唯一性与语义关联上的并列性这一对矛盾。

以下是例句分析。例如:

[B]
(1) 他昨天喝酒喝醉了。
(2) 师傅干这样的事情干腻了。
(3) 村长在会议室等水根等了半个多小时。
(4) 这个月他去广州去了两趟。
(5) 你们怎么看戏看到这儿来了？
(6) 这盖房子的钱都给摊派摊走了。
(7) 刘先生拉小提琴拉断了不少琴弦。
(8) 他唱歌唱得好听极了。
(9) 刘大海教书教得很得意。
(10) 林欣如学相声学得很像那么回事。

从以上例句来分析，汉语重动句是为了解决宾语、补语与动词关系同等密切的"矛盾"。即：宾语"酒"与补语"醉"都是动词"喝"的邻接成分，"事情"与"腻"都是"干"的邻接成分，"水根"与"半个多小时"都是"等"的邻接成分，"广州"与"两趟"都是"去"的邻接成分，"戏"与"到这儿来"都是"看"的邻接成分，"小提琴"与"断了不少琴弦"都是"拉"的邻接成分，"歌"与"好听极了"都是"唱"的邻接成分，"书"与"很得意"都是"教"的邻接成分，"相声"与"很像那么回事"都是"学"的邻接成分，等等。

需要说明的是，在这些重动句实例当中，有些可变换为相应的非重动句式，如："喝酒喝醉了—喝醉了酒""干这样的事情干腻了—干腻了这样的事情""等水根等了半个多小时—等了半个多小时水根""去广州去了两趟—去了两趟广州"等。

有的不能变换为相应的非重动句式（语义上可理解，句法上不说），如："看戏看到这儿来了—※看到这儿来了戏""拉小提琴拉断了不少琴弦—※拉断了不少琴弦小提琴—？拉断了小提琴不少琴弦""唱歌唱得好听极了—※唱得好听极了歌""教书教得很得意—※教得很得意书""学相声学得很像那么回事—※学得很像那么回事相声"等。

此外，还有一些重动句的实例不能分析出宾语、补语，用"宾语争动说"来解释当然不太合适，这些似可分析为是重动句式形成后按照句法格式类推而成的句子。如："摊派摊走了—※摊走了派"。因为"摊派"是一个并列式构成的双音节词，"派"并不是"摊"的宾语，在现代汉语的"重动句"中存在一些这样的实例。

3 "孩子们圆圆地站成了一个圈"的分析思路

3.1 可考虑的分析角度

非连续成分——连续成分　　　　　　　（语义指向）
句法组块——语义邻接　　　　　　　　（句法语义接口,映射不一致）
状语定语化(少) —— 定语状语化(多)
往后移位(少) —— 往前移位（多）
目的性——焦点性——强调　　　　　　（功能差异）
标记　　　　　　　　　　　　　　　　（有标记——无标记）
词组层面——句子层面　　　　　　　　（句法——语用）
类型学意义　　　　　　　　　　　　　（汉语——印欧语）
合格板块——不合格板块　　　　　　　（合语法性）
正常句——异常句　　　　　　　　　　（常式与变式）

3.2 基本分析

选择的分析角度是结合句法结构来讨论语义邻接。

从语义上分析,句中状语"圆圆地"与宾语"一个圈"构成一个完整的认知图型:一个圆圈。但是在句法结构上"圆圆地"与宾语"一个圈"不是邻接成分,不能构成一个整体的句法结构。

为了分析的方便,尝试提出一对概念,原形句与变形句。

原形句:孩子们站成了一个圆圈。

变形句:孩子们圆圆地站成了一个圈。

原形句与变形句有几点不同:

（一）修饰语"圆"在原形句中是定语,在变形句中是状语。

（二）修饰语"圆"在原形句中是简单形式,也可以是重叠形式(圆圆的圈)。
在变形句是重叠形式,不能是简单形式(＊圆地站成一个圈)。

（三）原形句中的"一个圆"是一个合格定中短语(组块),变形句中的"圆圆地站成"不是一个合格的状中短语(组块),必须带上宾语。

根据以上几点,可得出如下看法:

原形句可以分析为一个静态的句型,当它实现为动态的句子时,其结构可作无标记理解,即原形组块,在语言交际中是更容易被理解的形式。

变形句不是一个静态的句型,而是实际交际中的一个动态句子,说话人对原形句进行了重新组块,以传达出某些需要突显的交际功能(如聚焦功能,强调功能等),其结构须作有标记理解。

在语言的心理上,原形句是本族语者使用较多、理解较快、语感较强的组块结构,在对外语言教学上宜优先习得原形句。变形句是本族语者使用较少、理解较慢、语感较弱的组块结构,在对语言教学习得中可稍后习得。

3.3 延伸分析

原形句中构成"一个圆圈"事物(object)概念中的若干要素"一个""圆""圈"邻接在一起,构成一个完整的认知图式。

变形句中构成"一个圆圈"概念中的某要素"圆"与其他要素不邻接,移位到概念的完整图式之外,在一个更大的事件(event)概念中作为构件要素。但是在语义分析上,"圆"仍然与"一个圈"邻接,换句话说,"圆"在句法上离开了"一个圈",但在语义上仍然指向"一个圈"。造成了句法和语义接口上不是直接投射关系(直接映射、直接照应),而是间接投射或曲折投射关系。

认知语言学中的邻接原则可以理解为是一条语义原则,语义需要通过句法组合来表现。句法的线性组合和语义的非线性理解是一对矛盾,如果研究的对象是和句法有关的语义(句法语义),邻接原则是否有一定的作用呢?

就上面分析的变形句来说,"孩子们圆圆地站成了一个圈",状语"圆圆地"与宾语"一个圈"句法结构上不是连续组合,而语义理解上是邻接(指向)关系。如果调和二者的矛盾,可以说,状语"圆圆地"修饰的是后面的整体结构"站成一个圈",而不是谓语动词"站",理由是"＊圆圆地站"不是一个合格的短语。

4 "部队准备了三个月粮食"的分析

这是一个有歧义的句子实例,"三个月"分析为补语还是定语。即:
句法结构组合是"准备了三个月"还是"三个月粮食"。

5 "都"的前指与后指的分析

疑问句:"王海他们都去了什么地方?"(他们都—都去)
句法结构组合是"他们都"还是"都去了",语义上"都"指向哪个成分。
比较:王海都去了什么地方?
他们都去了什么地方?
他们都去了。

按:《马氏文通》参照西语中的"all"用法,将"皆""悉""全"等归入代字,语义前指。如果照此理解,"他们都去了"中的句法组块是"他们都"。现代汉语研究中根据形式描写理论,在"他们"与"都"之间可插入其他成分如"他们昨天都去了"。因此多数研究者都把"都"分析为副词,语义分析上可前指,也可后指。前指的条件是主语为复数。后指的条件是宾语中包含疑问代词。如"王海昨天都去了什么地方?"但是陈述句句中有限制,如:"?王海昨天都去了故宫和天安门。"

"都"表示数量意义时有与主语复数组块的可能,也有与动词组块的可能。与动词组合的条件要求是疑问句(始发句),通常不能用于陈述句。"都"表达语义后指时主要传达的是不确定复数的语义,确定复数不能用。"疑问句"在语义上需要两个或多个解,表达的是不确定复数。

6 否定句语义的优势理解(隐性的语义邻接1)

林岚今年不到十八岁。——林岚今年不满十八岁。
林岚今年多少岁?(优势理解)

7 "前"的语义的优势理解(隐性的语义邻接2)

球队比赛前进行了热身。—— 球队比赛前进行了热身赛。
球队热身在比赛前多长时间?(优势理解)

按:短语"比赛前"可构成一个时间链,从逻辑意义上说,处在"比赛"这个时点之前的任何时间都是这个短语的语义,一分钟、一小时、一天、一个月、一年、十年、一百年……。但是当"X前"运用到实际句子当中,却存在优势理解现象。有些逻辑上成立的语义,在语言交际者的心理上却是排斥的。如"球队比赛前进行了热身"这个句子人们通常会理解为邻接比赛前的距离较近的一段时间(一个小时),排斥距离较远的时间(一天、一个月)。而"球队比赛前进行了热身赛"却可以接受"一个月"的时间距离,但仍然会排斥距离较远的时间"十年"。从中可以概括出一条语义理解上的原则,距离越邻近的语义内容越容易被理解,距离越远的语义内容越不容易被理解。距离远近的判定需要一定的语境知识。

优势理解反映的是聚合联想关系中的语义邻接现象。

8 结语

句法的排列是一维性的,具有线性结构的特点,因此,句法组块是线性组合,形式上相邻的词语构成句法成分,形式上不相邻的词语不构成句法成分,也不发生句法上的联系。如果句法成分出现了"移位"或"变序"(有些语言学家只承认实际观察到的现象,不承认有移位现象),那么,新产生的句子就是句法结构完全不同的句子,语义内容也是不同的,因为"不同的形式必然反映不同的内容"。

语义结构受制于句法结构,语义分析的基础之一是句法成分的组合关系。(不受制于形式的"意合法"解释力太强,容易失控。)但是,语义结构与句法结构有所不同,它不是一维性的,不具有线性结构的特点,而是多维性,具有网状结构的特点,它可以跨越句法线性,在不相邻的词语之间建立起语义关联,实现句子甚至篇章的意义表达。

这样,句法结构的线性特点和语义结构的网状特点在一定的条件下会发生不一致的情况,影响语言使用者的表达,也影响语言使用者的理解。语言学界不少人主张的"句法—语义"接口理论尝试解决的正是这组矛盾。

"句法邻接和语义邻接"的研究思路是从汉语的实际语言情况出发,寻找出能反映出非线性组合的语义关系在汉语句法结构中的若干表现,进行力所能及的实例分析,以求强化和加深对现代汉语的句法结构和语义结构中和而不同的理解,增加对汉语现象的解释力。

现代汉语被动句试析

引言：与名词和动词有关的语法范畴

在语法研究中,名词和动词是两种基本的词类。人称、性、数、格等通常被认为是属于名词的语法范畴,时相、时制、时体、语态、情态等则被认为是属于动词的语法范畴,理由是这些语法范畴在语言中的表现形式分别是通过名词或者动词的形态变化来体现的。

与印欧语系的语言相比,汉语是形态变化不太丰富的语言,某一语法范畴成立与否、具体表现形式如何论证,一直是语言学界探讨和争论的课题,由此也影响到汉语语法体系的构建和语言理论的阐述。如汉语是否存在数范畴、是否存在时制范畴,学术界一直在讨论;汉语中格范畴的表现方式和种类、汉语中时体范畴的表现方式及其具体含义许多研究者一直在探索。

从语法范畴的观点来分析,"被动"属于语态(voice)的一种类型。对现代汉语中语态问题的分析探讨,有助于汉语语法范畴理论的构建,有助于对汉语事实的理性把握,当然也有助于汉语的实际运用。

汉语的被动表达一直是语法学界关注的对象,研究文献较多,对汉语被动表达尤其是"被"字句的描写相当充分,参见王还(1956、1987),李珊(1994),石定栩(1999)等。

本文讨论三个问题:一、现代汉语的被动表达是否属于动词的语法范畴?二、零标记的"被动句"是否归入被动语态?三、有标记被动句与相应主动句在语义上有什么不同?

1 现代汉语的被动表达是否属于动词的语法范畴?

语态通常被认为是属于动词的语法范畴,因为语态的变化往往通过动词形态

变化来表现。如下述英语例句(引自 Palmer 1974)分别是主动语态和被动语态:

(1) John plays the piano.

　　约翰　弹　钢琴

　　(约翰弹钢琴。)

(2) The piano is played by John.

　　钢琴　be-弹-ed　by 约翰

　　(钢琴被约翰弹。)

例1是主动语态,例2是被动语态,二者在语义上互相对应,可以通过如下方式进行语态之间的句式变换。用语法符号表示为:

(3) NP1 + Vact + NP2 →NP2 Vpass + by + NP1

即:名词短语1 + 动词(主动态) + 名词短语2

→名词短语2 + 动词(被动态) + by + 名词短语1

由例(1)和例(2)可知,在英语里,主动语态用动词的零形式(0)来表达,被动语态用前加系动词和动词的过去时形式(be + V-ed)来表达,再用介词"by"引出主动者。

现代汉语的主动语态与英语一样,也是零形式,但是被动语态在形式表现上与英语略有不同。例如:

(4) 鲍小姐从小被父母差唤惯了,心眼伶俐⋯⋯

(5) 假如一只猫被人叫成一只狗,它会感到很不自在。

(6) 那些饭被他吃得一个渣儿都不剩⋯⋯

(7) 半大的孩子们钻来钻去,被大人们用腿拱了出去。

上述汉语句子都是被动句,动词(差唤、叫、吃、拱)仍然是零形式,修饰动词的介词短语中出现主动者(父母、人、他、大人们),由介词"被"引出。如果说现代汉语的"被"在语法上的作用相似于英语中的介词"by",那么,英语中动词的被动语态形式,在汉语中并没有相应的表现形式,动词仍然是零形式。

不过,在现代汉语中,有一类表示被动意义的句子出现了"被"字,但是没有引出主动者,"被"的句法位置直接依附在动词前面,似乎可以分析为动词的被动语态形式。例如:

(8) 一个小妹妹,也被推出来谈广告。

(9) 如果你想被开除,你大可不用做。

(10) 他才按下门铃,门马上就被打开了。

(11) 石静在门口紧紧拥抱我,我的骨节被勒得"喀喀"作响。

上述句子是现代汉语中常见的被字句,"被"字附着在动词语前面(被推出来、被开除、被打开、被勒),但却没有引出主动者名词。学术文献里解释的方法有两种,一是认为这些句子中的"被"字仍然是介词,这里省略了名词;一是认为这里的"被"是助词,帮助动词表示被动语态。第一种解释会得出汉语实际语言中存在大量省略形式被动句的结论,第二种解释会得出汉语中有两个表示被动意义的"被"字(一个引出名词、一个修饰动词)的结论。

值得注意的是,在现代汉语中,由于"被"字与动词之间还可以出现其他修饰动词的成分,因此,即使在名词不出现的情况下,"被"字也不宜分析为动词的形态变化。例如:

(12) 我开动前挡风窗的雨刷,水被一层层刮去……

(13) 火车终于到了,所有的知青又被一车车拉回到农场。

上述句子在"被"字和动词"刮去""拉回"之间,还有动词的修饰成分(一层层、一车车),"被"字并不是直接附着在动词上面,而是附着在动词短语的上面。

我们的看法是,汉语中的"被"字还是一个,不管在名词前引出主动者构成介宾短语还是附着在动词语前面,语法作用都是表示被动语态,"被"(包括同样表示被动语义的"叫""教""让"等)是现代汉语里表示被动语态的形式标记(marker)。它可以依附于名词语的前面,但不分析为施事格标记;它也可以依附于动词语前面,但不是动词的形态变化。

由此可知,现代汉语里,"被"动语态的显性表现形式是标记成分"被"(似可归入助词),被动语态是属于句子的语法范畴,而不仅仅属于动词,现代汉语的被动语态不是通过动词的形态变化得到的,这一点与英语有所不同。当"被"字引出主动者名词时,语法作用大致相当于英语的介词"by",当"被"字直接依附于动词语时,语法作用大致相当于英语表示被动意义的动词变化"be + V-ed"。

附带说明一下,与现代汉语被动句相比,古代汉语中被动语态的表现方式与英语被动表达在形式上的对应关系较为明显。例如:

(14) a. 吾长见笑于大方之家。(《庄子》)

  b. 臣诚恐见欺于王而负赵。(《史记》)

上述例句中的"见"附着在动词前表示被动语态,似可分析为动词的构形成分,"于"用在名词前引出主动者,应分析为介词。可见,古代汉语被动句的表现形式与英语表示被动语态的方式基本相同。古代汉语、英语都是由两类形式(内部曲折形态、介词)组合起来构成完整的被动句,现代汉语则由一个形式(形态/介词:"被")来构成被动句。在语序排列上古代汉语与英语相似,都是动词在前,介词引出的主动者在后。现代汉语则是介词引出的主动者在前,动词在后。试比较:

现代汉语、古代汉语、英语被动表达比较表

表现形式	古代汉语	英语	现代汉语
被动语态形式	"见"跟动词	be + V – ed	"被"有时可跟动词
介词	"于"引出名词	by + NP	"被"引出主动者
语序	动词在前,名词在后	be + V – ed + by + NP	名词在前,动词在后

2 零标记的"被动句"是否归入被动语态?

语法范畴是语言形式和语言意义的结合体,如果从语法形式出发,把"被"(包括"叫""教""让")看作现代汉语被动语态的标记,那么,没有"被"字的被动表达就不能归入被动语态来讨论。如果从被动意义出发来构建语法范畴,那么,没有"被"字的被动表达似乎也可以归入被动语态。试比较:

(15) a. 他刚睡了一个小时就被寒风冻醒了。
　　　b. 他刚睡了一个小时就被　冻醒了。
　　　c. 他刚睡了一个小时就　冻醒了。

上述三个句子表示的基本语义相同,但表现形式有所不同。例 a 通过"被"字引出主动者,是被动句的基本格式(有人称之为"长被动句")。例 b 主动者不出现,通过"被"直接附着于动词前面表示被动语态(有人称之为"短被动句")。例 c 主动者不出现,"被"字也不出现,但句子表达的也是被动语义,是否也要归入被动句("无标记被动句")?

仅就这一组句子来分析,例 c 归入被动句未尝不可。现代汉语中确实存在许多不用"被"字但却表达了被动语义的用法。例如:

(16) 他熏得眼睛半睁半闭,样子非常难看。
(17) 风光无限的陈台长最近弄得焦头烂额。
(18) 难道她真的会吓得说不出话来吗?
(19) 老人的脚在地板上粘住了,没法去开门。

上述句子中没有出现"被"字,但都可以加上"被"字来理解句子的语义。即:

(20) 他被熏得眼睛半睁半闭,样子非常难看。
(21) 风光无限的陈台长最近被弄得焦头烂额。
(22) 难道她真的会被吓得说不出话来吗?
(23) 老人的脚在地板上被粘住了,没法去开门。

上述句子也可以把主动者补出来,构成被动语态的基本句式。即:

(24) 他被烟熏得眼睛半睁半闭,样子非常难看。

（25）风光无限的陈台长最近被丑闻弄得焦头烂额。
（26）难道她真的会被你们吓得说不出话来吗？
（27）老人的脚在地板上被粘合剂粘住了，没法去开门。

上述句子在保持基本语义不变的情况下，是否使用"被"字，是否引出主动者可以构成变换关系，变换可以认为是一种形式证明的方法。但是，如果按照标记理论来分析，将"被"确定为现代汉语被动语态的标记成分。那么，出现"被"字凸显了被动语态，构成显性被动句。不出现"被"字可以构成隐性被动意义，但不能保证句子一定是被动意义。换言之，没有出现"被"字的句子在语态方面可能存在歧义。这一点可以参考现代汉语中表示复数的标记"们"的用法语义分析。出现了"们"是复数，不出现"们"可以是复数，但不能保证是复数。如：学生、学生们、那些学生。

下面的句子中没有出现"被"字，句子是主动语态还是被动语态需要其他条件（如语境）来帮助确定。例如：

（28）新调来的公安局长上个月逮捕了。
（29）林先生昨天下午通知了。
（30）餐饮部的经理早安排好了。
（31）鸡不吃了。

上述句子都可以表示被动语义，也都可以表示主动语义，因为句中谓语都是由动作类二价动词充当。句子中只出现了一个配价成分，没有满足二价动词的配价要求，缺失的配价成分可以是主动者，也可以是被动者，因此，这些句子都有歧义。如前分析，现代汉语动词在使用时并无主动、被动的形式区别，表示句子主动、被动的标记"被"又没有出现。因此，上述在语态方面无标记的句子具有多种语义可能性。以例（28）来分析，可加上显性被动标记，也可加上缺失的配价成分，分解句子的歧义。试比较：

（32）新调来的公安局长上个月被逮捕了。
（33）新调来的公安局长上个月被王海涛逮捕了。
（34）新调来的公安局长上个月逮捕了王海涛。

例（32）和例（33）都表示被动语态，例（34）表示主动语态。例（33）和例（34）都补出了缺失的配价成分，不过配价性质不同。例（33）通过"被"字补出的"王海涛"是主动者，句法位置在动词之前；例（34）补出的是受动者，句法位置在动词之后。

由上分析可知，现代汉语中无被动标记"被"字时，句子的被动性得不到保证，与"被"字相对应的零标记形式可能产生歧义。因此，我们认为，无"被"字标记的句子可以作语义上的被动表达分析，但按照语法形式与意义相结合的原则，这类句子不宜纳入到现代汉语的被动语态系统中来。

3 有标记被动句与相应主动句在语义上有什么不同?

在现代汉语中,被动句(主要指有标记被动句)与相应的主动句在句法形式上有明显区别。试比较下列句子:

(35) 他被尖嘴婆打了一板凳。("被"字引出主动者)
　　　尖嘴婆打了他一板凳。(相应主动句,语序不同)
(36) 然后她就被发到十五队当队医。("被"字附在动词前,主动者不出现)
　　? 然后就发她到十五队当队医。(相应主动句,句子合格性有疑)

句子形式上的区别主要有两点,一是语序不同,被动句中被动者、主动者都在动词前面,主动句中主动者、被动者在动词的两端。二是标记不同,被动句有表达被动的标记成分"被"(或"叫""教""让"),有时引出主动者,有时附在动词前,主动句无标记成分。

关于被动句和相应主动句在意义上的区别,研究文献中的分歧意义较多,影响较大的是王力(1943:88)提出的观点:"被动句所叙述,若对主语而言,是不如意或不企望的事,如受祸,受欺骗,受损害,或引起不利的结果等等。"这一观点在学术界被概括为被动句表示"不如意"。这一观点得到许多人的赞同,也受到不少学者的质疑。就汉语实际语料来说,许多被动句在使用汉语者的语感上确实是不如意。如:

(37) a. 我们被人欺负了。(相应主动句:某人欺负了我们)
　　　b. 苏苹被那伙人打得鼻青脸肿。(相应主动句:那伙人把苏苹打得鼻青脸肿)
　　　c. 书稿被大风吹散了。(相应主动句:大风吹散了书稿)

上述被动句表达的是不如意的事情。不过,"书稿"本身没有情感,如果说句子的语义是表达不如意,则要从说话人角度来分析。值得注意的是,与这些被动句相应的主动句所表达的语义也是不如意的,被动句与主动句之间没有表现出语义对立,即"不如意"的语义特征既适用于被动句,也适用于主动句。如此看来,不如意不能分析为是专属于被动句的语义。而在下面的被动句中,"不如意"的语义似乎消失了。例如:

(38) a. 林寒上个月被公司授予了"岗位标兵"的称号。
　　　b. 陈主任被选为市人大代表。

上述句子在形式上是被动句,在语义上却不能分析为是表达不如意,相反,这些句子表达的都是如意的事情,至少没有例(37)所表示的那种不如意。当然,相应的主动句也是如意的,也没有不如意的语义。由此看来,被动句的语义由"不如意"来说明仍可商榷。

如果说,例(37)和例(38)中的被动句不能用"不如意"来解释,那么,这些被动句是否存在共同的句式语义?如果存在,应该如何概括?我们认为,现代汉语被动句的句式语义可以用"不可控"来解释,不可控也就是被动,在语义上居于不如意的上位。不可控指的不是说话人,而是被动句中受动词支配的被动者(通常是主语)。被动者对动词表示的动作行为可以喜欢,也可以不喜欢,但对句中动词表示的行为都没有控制力,汉语中许多被动句所表示的"不如意"的语义可以分析为是由不可控的语义延伸出来的,但不是被动句的基本语义。当然,即使被动句表示的是如意的事情(例(38)),也是被动者不可控的。这一点被动句和相应主动句构成明显的语义差别。

不可控在语义上具有被动消极的极性,可控在语义上具有主动积极的极性(pole),现代汉语中的被动标记"被"具有极化(polarization)的功能。试比较:

(39) 杜经理经常去海滩晒太阳。(主动句:可控)

　　　杜经理被(太阳)晒得红光满面。(被动句:不可控,如意)

　　　杜经理被(太阳)晒得昏头昏脑。(被动句,不可控,不如意)

动词"晒"的主动者是自然天体太阳,不受人控制,是一个语义上特殊的动作动词("太阳晒人"与"人晒太阳"语义相通)。在上述主动句里,"晒"的行为主体是"杜经理",动词表示的行为是可控的。在被动句里,"晒"的结果可以是被动者觉得如意的红光满面,也可以是被动者觉得不如意的昏头昏脑,但是句子中带上了表示被动语义的标记"被",句子表示的语义都是不可控的,不带"被"字,句子的语义则可以是可控的。"被"是表示句中被动者对动词行为不可控的显性标记。

现代汉语中由"被"字引出的主动者可以是发出动词动作的有生命体,也可以是本身不能发出动作的无生命事物,有些句子中动作甚至还是由被动者发生。例如:

(40) 他被上司训了一顿。(主动者"上司"是行为者)

　　　村里人被这个消息吓坏了。("消息"本身不是行为者)

　　　廖松涛被事情的假相迷惑了。("假相"不是行为者)

　　　她被石头绊了一跤。("石头"不是行为者,被动者"她"是行为者)

上述句子中由"被"字引出的主动者是动词动作的作用者(上司/训,消息/吓坏,假相/迷惑,石头/绊),并不一定是施动者,但它们都是句子产生被动意义的源动力者,可以是有生命的施事源动力,也可以是无生命的其他源动力。

从句子变换的角度来分析,现代汉语中有许多主动句可以变换为被动句,句子中各成分的语义关系基本不变。那么,从句子表达语义的角度来分析,除了前面分析的被动句表示被动者对动词动作"不可控"的语义变化之外,被动句与相应主动句在话语功能上有什么差异,换句话说,被动句在哪些方面改变了主动句的语义?可以概括出如下几点:

语义变化一,句子各成分排列的时间意义不同。主动句中各成分的排列符合时间顺序原则,主动者——发出行为——及于事物,句子的陈述性强。(如:黄凯苹喝了两杯咖啡。)相应的被动句不能按时间顺序原则来分析,语义上事物受到主动者(源动力者)行为的影响,句子的描写性强。(如:桌上的两杯咖啡被黄凯苹喝了。)

语义变化二,主动者的前景/后景意义不同。主动句中的主动者处于句子话题位置,属于句子中的前景,受到语义突显,一般不能省略。在相应的被动句中,由"被"字引出的主动者是介词的宾语,弱化为句子中的后景,语义上不突显,有时可以省去,现代汉语在实际话语中主动者经常不出现。(如:他刚按下门铃,门马上就被打开了。)

语义变化三,主动句中动作的受事成分如果由一般名词充当,语义上具有无定的性质,外延是开放的。(如"他买走了三本词典"含义是任意三本。)被动句中动作的受事成分居于句首作话题,产生有定化倾向,外延一般是封闭的。(如"这三本词典被他买走了"含义是特定的三本。)

简言之,现代汉语主动句和相应被动句虽然基本语义相同,有时可进行句式变换,但是表达的语义内容和句式的功能含义存在明显差异,主动句和相应的被动句各有特定的语法价值。由于主动句、被动句的语法价值有所不同,有一部分的主动句并不能自由变换为被动句,反之亦然。

参考文献

戴耀晶(1998) 现代汉语动作类二价动词探索,《中国语文》第 1 期。
龚千炎(1980) 现代汉语里的受事主语句,《中国语文》第 5 期。
李临定(1980) "被"字句,《中国语文》第 6 期。
李珊(1994)《现代汉语被字句研究》,北京大学出版社。
吕叔湘主编(1980)《现代汉语八百词》,商务印书馆。
吕文华(1985) "由"字句——兼及"被"字句,《语言教学与研究》第 2 期。
沈家煊(1999)《不对称和标记论》,江西教育出版社。
石定栩(1999) "把"字句和"被"字句研究,徐烈炯主编《共性与个性》,北京语言文化大学出版社。
王还(1956)《"把"字句和"被"字句》,上海教育出版社。

王力(1943)《中国现代语法》,商务印书馆,1985 年版。
Palmer F. R. (1974) *The English Verb*, Longman Group Limited London.
Saeed J. I. (1997) *Semantics*, Blackwell Publishers Ltd. 外语教学与研究出版社(2000)。

<blockquote>
原刊于《汉语被动表述问题研究新拓展:汉语被动表述问题国际学术研讨会论文集》,华中师范大学出版社,2006 年,66—76 页
</blockquote>

试说汉语重动句的语法价值

重动句是现代汉语中很有特点的一种句式。自从四十年代王力用"叙述词复说"简单分析了这类语法现象以后，研究文献中对重动句的讨论主要集中在两个问题上：一是详细描写重动句的实例，为了便于描写，从形式上进行了分类；二是讨论重动句的句式是属于连动式、谓语联合式，还是属于主谓谓语式、主谓主语式、主状谓补式、主动宾补式、主谓补式，等等，分歧意见很多。①

本文尝试换一个角度来讨论重动句，即着重从解释的角度探讨该句式的语法价值。运用的方法主要是对比和变换分析。通过重动句与其他句式的对比揭示重动句的特点，通过重动句与其他句式的变换来认识重动句的内部差异。

一

先分析一个典型的简单重动句：
（1）他喝酒喝醉了。

从句法平面分析，这是一个主谓句，不考虑层次组合关系的话，可分析出"他/喝/酒/喝/醉"五个基本成分，其中动词"喝"重复出现，第一次出现时带宾语"酒"，第二次出现时带补语"醉"。"了"是一个虚语素，表示句子的时体（aspect）内容。这类句子用符号可表述为：

$$S + VO + VC$$

从五个基本成分之间构成的语义关系分析，"他"（S）与"喝"（V）之间是施事与动作的关系，两个"喝"指同一个动作；"喝"与"酒"（O）是动作与受事的关系；"喝"与"醉"（C）是动作与结果的关系。"醉"这个结果语义上指向"他"，说明"他"在"喝"这个动作后的状态。

语义关系与句法关系不同。句法关系必须从成分的线性排列去分析归纳，语

---

① 范晓(1993)：复动"V得"句，《语言教学与研究》第4期。

义关系却可以是超线性的,或者说是非线性的,它是一种立体的网络关系。例如,句子中的"他"与"醉"在句法排列上被其他成分阻断,不能组合为一个句法单位,自然也就无法建立起句法关系。但是二者之间有语义上的关联(语义指向),可以建立起由变元和谓语组成的一个述谓结构(Predication)。朱德熙(1980)把这种关系分析为"潜在的主谓关系";②吕叔湘(1986)认为,从语义上"不妨说是有一种主谓关系"。③

保持例(1)中五个基本成分之间的语义关系不变,从句法上还可以有以下一些排列方式(即一些相应的句式):

(2) 他喝醉了酒。(S + VC + O)

(3) 他酒喝醉了。(S + O + VC)

(4) 酒他喝醉了。(O + S + VC)

(5) 喝酒他喝醉了。(VO + S + VC)

此外,还有"他喝酒,醉了"等一些特殊语境下的句子,很难概括为句式,这里略而不论。以上四种句式都不是重动句,句式(2)中受事和结果均在动作动词的后面,该句式同重动句的关系最值得重视。句式(3)中受事居于动词之前、施事之后,句式(4)中受事居于句首,句式(5)中动词及受事居于句首,这三种句式都有突出受事成分的作用,句式(4)和句式(5)是话题化(topicalization),句式(3)中的受事则是次话题化,句法上仍看作宾语。④

在具有相同语义关系的以上五种句式中,有三种句式可用话题化来解释它们的语法价值((3)、(4)、(5))。"话题化"是一个语用概念,要受到具体语境的限制。重动句式(1)不存在话题化,句式(2)表现的句式也不存在语题化,下面主要就这两种句式的对比讨论重动句的语法价值。

二

为便于讨论,可把重动句(1)记做 A 式,即"S + VO + VC",它有五个基本成分,形式上的特点是动词重复,宾语和补语分别紧跟动词。

与 A 式相应的非重动句式(2)记作 B 式,即"S + VC + O",它有四个基本成分,形式上的特点是动词不重复、补语紧跟动词、宾语和动词之间被补语(C)隔开。

---

② 朱德熙(1980):《现代汉语语法研究》P.130,商务印书馆。

③ 吕叔湘(1986):含动补结构的句子的语义分析,《第一届国际汉语教学讨论会论文选》,北京语言学院出版社。

④ 张斌、胡裕树(1989):《汉语语法研究》P.221,商务印书馆。

A 式和 B 式的共同之点是动词和补语紧挨在一起。事实上,现代汉语中也没有"*他喝了酒醉""*他喝酒了醉""*他喝酒醉了"之类的句式,这说明,在句法上,补语对动词的依附性比宾语更强。

既然 A 式和 B 式内部各成分的语义关系都相同,二者又都是现代汉语中的合格句,那么,这两种句式在表义上有什么不同。它们在语法价值上的差异在哪里?换句话说,重动句式将动词重复一次,将宾语和补语分别置于同形的两个动词之后,是否有什么独特的语法意义?

最早指出"叙述词复说"的是王力,他在《中国语法理论》中是这样论述的:"及物动词目的位后面复一个及物动词——就普通说,末品补语必须和叙述词紧粘在一起的。例如'我吃完了它'不能说成'我吃它完了'。这样看来,叙述词和末品补语合成一体,因此,即使那叙述词是该带目的位的,也不能让那目的位把它们隔开。同时,有些动词却又是和目的语合为一体的(如'淘气''挺尸'),不能让那末品补语隔开,在这双重障碍之下,唯一的补救办法就是把叙述词复说,使两方面都不至于被隔。"⑤

后来,赵元任在《汉语口语语法》中也有类似的主张:"有时候,为了经常连着说,或者有一个成分是粘着形式,V—O 和 V—C 都拒不分开,那就只好把动词重复一下。"⑥

根据王力和赵元任的解释,重动句的语法价值在于解决动词同补语、动词同宾语都不能分开(粘着形式)的"双重障碍",即重动句式可以解决宾语和补语在同一个动词后不能共现的矛盾。这个看法可概括为"宾补争动"说。

"宾补争动"说在句法上有较大的解释力,尤其是用于解释宾语和补语比较复杂的以及由"得"引出补语的重动句很有说服力,因为这些重动句 A 式没有相应的非重动的 B 式。例如:

(6) a. 刘婶盼儿子娶媳妇盼了几十年。
　　 b. *刘婶盼了几十年儿子娶媳妇。
(7) a. 企业最近搞改革搞得红红火火。
　　 b. *企业最近搞得红红火火改革。

在实际语料中,大部分的重动句(带"得"的重动句)只有 A 式,没有相应的非重动句式 B 式。因此,用"宾补不能在动词后同现"来说明重动句的语法价值大部分情况下没有什么问题。学术文献中对这个解释提出异议的很少,学者们对重动句的争论往往集中在"VO"和"VC"是一种什么样的语法关系上。

这里,我们想对这个通行的观点提出以下两点看法。

---

⑤ 王力(1944):《中国语法理论》(下册 P.205~206),中华书局1954年版。
⑥ 赵元任(1968):《汉语口语语法》(吕叔湘译)P.219,商务印书馆1979版。

其一,宾补不共现于动词之后并不等于宾语、补语不能同动词分开。事实上,许多重动句中的宾语都可以移位置于句首或动词之前,形成相应的话题化和次话题化的句子,如句式(3)和句式(4)。又如:

(8) a. 桂兰唱山歌唱得不错。
  b. 桂兰山歌唱得不错。
  c. 山歌桂兰唱得不错……
(9) a. 小王玩游戏机玩够了。
  b. 小王游戏机玩够了。
  c. 游戏机小王玩够了……

上面两例中的宾语"山歌""游戏机"在 b 句和 c 句中都与动词分开了,它们并没有与动词粘着在一起。

其二,更重要的是,宾补不共现于动词后的观点对一部分不带"得"字的重动句缺乏解释力。这里主要分析 A 式和 B 式可以进行相应变换的句子,如重动句式"他吃饭吃饱了"可变换为宾补在动词后共现的句子"他吃饱了饭"。对这类的句子来说,宾语和补语在动词后共现并不造成矛盾,B 式中至少有一个成分(多数情况下是宾语)与动词是隔开的,不存在王力所说的"双重障碍",也不存在赵元任所说的"拒不分开"。但是语言中为什么还会有相应的重动句式呢?可见,重动句的独特语法价值还需要进一步来发掘。

三

试比较如下两组句子:

A 式	B 式
(10) a. 张老师熬夜熬多了。	b. 张老师熬多了夜。
(11) a. 她洗衣服洗了半天。	b. 她洗了半天衣服。
(12) a. 我找你找了三次。	b. 我找了你三次。
(13) a. 胖叔喝酒喝了一瓶。	b. 胖叔喝了一瓶酒。
(14) a. 他作报告作了仨小时。	b. 他作了仨小时的报告

以上两组例句,左边是重动句 A 式,右边是相应的非重动句 B 式,A 式和 B 式中的句子都是合格的汉语句子。例(10)中的"多"是情状补语;例(11)中的"半天"是时量补语;例(12)中的"三次"是动量补语,B 式中代词宾语"你"处在补语之前;例(13)中的"一瓶"在 A 式里是物量宾语(也可分析为物量"补语"),在 B 式里作"酒"的定语;例(14)中的"仨小时"在 A 式里是时量补语,在 B 式里从句法上分

析则是"报告"的定语,也有学者认为 B 式里的"仨小时"在语法教学上应分析为"补语"。⑦

A 式和 B 式里的各个成分的语义关系相同,句法表现形式不一样,但二者都是合语法的,可以进行平行性变换(带"得"重动句没有 B 式)。这说明,在现代汉语里,补语和宾语不在动词后共现并不是一条强制性的规则,而是一条有选择条件的规则(如带"得")。也就是说,把重动句的语法价值解释为是解决宾补不同现于动词之后的理由尚不充分,对例(1)、(2)、(9)、(10)、(11)、(12)、(13)、(14)之类的语言现象没有解释力。

那么,重动句独特的语法价值究竟在哪里呢?仅仅着眼于句法平面上寻找成分之间线性排列上的限制虽然可以提供一些解释,但却是很不够的,需要结合语义关系和语用表达作多维透视。

这里,我们尝试用邻接原则(proximity,也叫贴近原则。参见斯托克威尔⑧,屈承熹⑨)来解释重动句的语法价值。对邻接原则学术文献中有一些不同的阐述,我们的看法是,所谓邻接原则,指的是语法关系中最密切的两个成分必须邻接。

及物动词同宾语的关系非常密切,动词同补语同样关系密切,这是一个矛盾。以语义上动作受事充当宾语和动作结果充当补语的句子为例,当受事宾语和结果补语只出现一个的时候,动词后紧跟受事("他喝酒了")或者紧跟结果("他喝醉了"),矛盾没有表现出来。当受事宾语和结果补语同时出现在一个句子中的时候,矛盾产生了,哪个成分与动词邻接呢?矛盾运动的结果造成几种复杂的情况。

其一是宾语和补语在动词后共现。例如"他喝醉了酒",基本的语序是补语在前,宾语在后。这说明在句法结构上,补语对动词的依附性比宾语对动词的依附性更强。例外的是,数量补语和代词宾语在动词后共现时,语序是宾语在前,补语在后,如例(12)的 b 句,又如"校长批评了我好半天",不说"*校长批评了好半天我"。⑩

其二是将宾语进行"话题化"处理,使之位移到句首或动词前面。话题化是一个语用概念,如"他看腻了这部电影"可通过移位变换为"这部电影他看腻了""他这部电影看腻了"。这表明宾语同动词的语序配合比补语更自由,能适应更多的语用要求。

其三是将动词重复一次,让动词分别带上宾语和补语,这就产生了重动句式,

---

⑦ 吕文华(1994):略论一组时量词语的同义格式,《对外汉语教学语法探索》P. 324,语文出版社。

⑧ 参见斯托克威尔(1977):《句法理论基础》(吕叔湘、黄国营译)P. 94,华中理工学院出版社 1986 年。

⑨ 参见屈承熹(1984):汉语的语序及其变迁,见《语言研究》1984 年 145 页,又见屈承熹《历史语法学理论与汉语历史语法》(朱文俊译)P. 166,北京语言学院出版社 1993 年版。

⑩ 产生这种例外情况的原因是由于代词的性质。代词不是实体词,而是索引成分(indexicals),语义内容较虚。参见 Levinson(1983)的《Pragmatics》P. 55,Cambridge University Press。

如"他下输了棋"可以变换为相应的重动句"他下棋下输了"。这时基本的语序是动宾组合在前,动补组合在后。按照"句尾焦点"的理论来分析,这种排列顺序说明,在重动句中,补语比宾语更具有充当句子焦点的资格。

此外还有其他一些情况,如用介词"把"将受事宾语提到动词之前,这时由于引入了介词成分来表现结构关系,需另作专文讨论。

就以上三种情况而言,相互之间可以互换,互换后均是合格的现代汉语句子(当然在次分类上有一定的条件限制)。三种句式在语言系统中应当有不同的语法价值:第一种可以看做基本的句式,是讨论问题的参照点,句法形式上表明句子所陈述的是一个事件;第二种句式的语法价值可以用话题化来解释,句法形式上也是陈述一个事件;第三种句式(重动句式)的语法价值在于要将宾语、补语同动词的关系同时表现出来,要把立体语义关系中包含的动作与受事、动作与结果两种关系用动宾、动补两个显性句法形式紧凑地表现出来,就重复使用动词。这样就可以让动词既同补语邻接,也同宾语邻接,在句法形式上是将一个事件作了分解的陈述。

赵元任(1968)讨论重动句的时候,有一段话很值得重视。他说:"一个动词又有宾语又有补语的时候,常常重复动词,造成连动式,特别是如果动宾之中有粘着部分或者是一个惯用语,说话的人不愿意把它分开,例如'做寿做完了'。"[11]这里所谓"说话的人不愿意把它分开",指的是语言使用者的心理。可见,重动句的形成除了句法上的"宾补争动"的因素,除了语义上立体关系与线性成分排列相矛盾的因素,还有一个原因就是语用上的考虑。重动句的语法价值必须作句法、语义、语用等多维的考察,解释上才能更为完整。

从语用上说,重动句的价值在于说话人需要把语义上密切相关的两项内容用显性的句法形式连续表达出来,这与连动句式(如"他端起坛子喝酒")有相通之处。不同的是,连动句式陈述的是前后连续发生的两个事件,重动句式陈述的是同一事件密切相关的两个方面。

引进邻接原则来分析语用平面中说话人的心理因素,不仅可以解释重动句式中的宾语、补语分别用于动词后面的现象,还可以解释重动句中其他成分(如定语、宾语)分别用于动词后面的现象,如上文例(13)、(14)。又如:

(15) a. 老教授喝白开水喝了一大碗。
　　　b. 老教授喝了一大碗白开水。
(16) a. 王大妈这次坐飞机坐了十多个小时。
　　　b. 王大妈这次坐了十多个小时的飞机。

---

[11] 赵元任(1968):《汉语口语语法》(吕叔湘译)P.166,商务印书馆1979年版。

例(15)a句中的"白开水"是受事宾语,"一大碗"说明的是"白开水"的数量,不是一般意义上的补语,多数语法学者将它分析为物量宾语;与这个重动句相应的B式(基本式:(15)b)中并没有补语,"一大碗"是定语。例(16)a句中的"飞机"是宾语,"十多个小时"是表示动词"坐"的时间量的补语;但是与这个重动句相应的B式(基本式:(16)b)中,"十多个小时"在句法上是"飞机"的定语而不是补语。上述语言现象用句法上"宾补争动"的双重障碍来说明重动句的功能显然缺乏解释力。说话人在这里采用重动句式,为的就是把基本式反映的该事件中包含的语义内容作分解的陈述,让宾语、数量分别与动词邻接,既突出动作喝的对象"白开水",也强调动作喝的数量"一大碗",既突出动作坐的处所"飞机",也强调动作"坐"的时间量"十多个小时",从而实现了该句式的语法价值。

因此,概括地说,重动句的语法价值不仅在于解决宾语、补语同动词的立体语义关系与线性句法排列上的矛盾(即解决"宾补争动"的矛盾),更在于用邻接原则表现语言使用者对同一事件中包含的语义内容所作的分解陈述,即表现"邻接分解"的陈述。

原刊于《汉语学习》1998年第2期,1—4页;另收入《三个平面:汉语语法研究的多维视野》,语文出版社,1998年,269—278页

理论探索及书评

论语言符号的绝对任意性和相对任意性

语言是一个符号系统,语言的符号是声音和意义的结合体。什么声音表达什么意义,什么意义要用什么声音来表达,是不可论证的。中国古代哲学家荀子说:"名无固宜,约之以命。约定俗成谓之宜,异于约则谓之不宜。"[①]马克思也说过:"物的名称,对于物的性质,全然是外在的。"[②]著名的瑞士语言学家索绪尔从语言学的角度指出:语言符号"能指和所指的联系是任意的"。[③] 他说的"能指"就是语言符号的语音,他说的"所指"就是语言符号代表的意义。

语言符号音义结合的任意性原则似乎随处可以得到证明。例如:

相同的事物在不同的语言中用不同的声音来表达。"水"这一事物汉语用 shui 这个语音形式表示,英语则用 water 表示;能制造工具并使用工具进行劳动的高等动物"人"这个概念,汉语叫 ren,日语叫 hito,英语则叫 man。相同的声音在不同的语言中表达不同的事物。〔mei〕这个音在汉语里表示"梅",英语里却表示"山楂花"(may);同样的声音 pi,英语表示"豌豆"(pea),可作蔬菜食用,汉语则表示"砒",吃了要送命的。

从时间的角度也可以说明语言符号音义结合的任意性。如果音义结合不是任意的而是有规定的,那么,对于同一个事物,古今的声音形象就应该是相同的,不能改变的。事实却不是这样。"男女"在上古汉语的语音是〔nəmnia〕,[④]现代普通话的语音是〔nan ny〕,英语的 friend(朋友)在古英语中的语音形式是 freond;法语词 maitre 在古法语中的读音是 maistre,它的拉丁语来源的语音则是 magister。

上述事实都只能用语言符号音义结合的任意性原则来解释。但是,我们不能片面理解这一原则,不能把这一原则过分地绝对化,以为可以随意改变语言符号的音义联系。为此,有必要对这一原则作些说明。

第一,语言符号音义之间的联系只有在最初阶段才是不可论证的。这种"最初

---

① 《荀子·正名》。
② 马克思:《资本论》第一卷 89—90 页,人民出版社 1953 年版。
③ 索绪尔:《普通语言学教程》,商务印书馆 1980 年版,102 页。
④ 古代汉语的拟音根据王力《汉语史稿》修订本上册的有关章节,下同。

的联系"一经形成,就不能再"任意"改变。不但社会中的个人不能对这种"最初的联系"任意改变,就是社会集团也不能随意改变这种联系,否则,语言符号音义结合任意性已经取得的成果就无法保持,语言符号的系统性就无法维持,语言就无法起到社会交际作用。至于在历史的发展中语言符号音义之间的联系有所变化(这里只谈语音的变化),这些变化要受语音演变规律的制约,要受该语言内部符号系统的调节,这种变化(演变)不是完全任意的,而是可以论证的。

例如,夜间空中闪烁发光的天体"星"这个概念同它的语音形式建立起"最初的联系"后,就不能再任意改变。"星"这个概念要用该语音形式表达,该语音形式要表达"星"这个概念,二者构成了一个音义结合的符号。"星"在中古的语音形式是〔sieŋ〕,如果〔sieŋ〕就是"星"这个概念最初的语音形式,它就不能随意用〔siam〕〔kie〕等语音形式代替。至于〔sieŋ〕这一语音形式演变为现代汉语普通语的〔çiŋ〕,则可以从发音原理、语音演变规律、元辅音配合关系等方面加以说明。中古汉语的辅音〔s〕(心母)在细音之前演变为〔ç〕,在洪音之前保持不变,这是由于音素组合产生同化作用而造成的历史音变,〔sieŋ〕演变为〔çiŋ〕就属于这种情况。"主人"这个概念从拉丁语的语音形式 magister 演变到古法语 maistre,再演变到现代法语的 maitre,也是可以找到原因的,首先是两元音间的辅音 g 脱落,然后是清辅音前的 s 脱落,都是语流中不响亮的辅音弱化直至脱落造成的音变。

第二,语言符号音义结合对于单一的符号来说是不可论证的,对于组合的语言符号来说,则是相对地可以论证了。语言中音义结合的最小符号是语素,语素组合成词,词组合成词组,词和词组组合成句子,句子组合成更大的语言单位句群。词组、句子、句群等语言符号(符号群)是可以论证的,多语素词也是可以论证的,它们都要受到语法组合规则的制约。语素和单语素词一般是不可论证的。如汉语的"马""牛""车",英语的"black""night""bird""dress"等语言符号的音义联系都无法论证,但是多语素"马车""牛车","black bird(画眉鸟)""nightdress(睡衣)"等却是可以论证的。索绪尔曾经指出:语言的符号是数不胜数的,"只有一部分符号是绝对任意的,别的符号中却有一种现象可以使我们看到任意性虽不能取消,却有程度的差别;符号可能是相对地可以论证的"。⑤

此外,语言中还有为数不多的一部分符号,在建立音义"最初的联系"时就不是绝对任意的,它们的声音和意义之间有一种自然联系的根基。这主要指的是拟声词和感叹词,例如:狼的叫声"嗥",我们就不能用"鸣"的语音形式来表示;同样,狗的叫声"汪汪"也不能用猫的叫声"喵喵"的语音形式来表示;流水"哗哗"、钟表"嘀嗒"、雷声"轰隆"、婴孩"哇哇",音义的结合都带有某种程度上的必然性。又如

---

⑤ 索绪尔:《普通语言学教程》,商务印书馆 1980 年版,181 页。

感叹词"啊""噢""喂""呀"等等,音义结合也不是绝对任意的。这一点,同外语比较起来,就可以看得更为清楚。例如,狗叫"汪汪",德语是"wauwau";钟表"嘀嗒",法语是"tic-tac";敲门"砰砰",英语是"bang,bang",……各种语言,不谋而合,都用同类声音表示同类事物。不过感叹词和拟声词音义结合的这种确定性还不能动摇语言符号的任意性原则。一是这类符号数目太少,在语言符号系统中不占主导地位,有一部分感叹词还是从实词演变的,如汉语的"妈呀"、英语的"Good heaven"等。二是感叹词和拟声词进入语言符号系统后,随着时间的推移,其确定性也要在语音演变的旋涡中解体,跟开初不完全一样了。如虫的叫声"唧唧",中古汉语的语音形式是〔tsiet tsiet〕,现代汉语普通话是〔tçi tçi〕;感叹词"兮",中古语音是〔ɣiei〕,现代语音是〔çi〕。这说明,拟声词的音义结合在历史演变中也要受到语言符号任意性原则的支配。

总之,语言符号中音义"最初的联系"是任意的,体现在现代语言符号系统中,就是有些单语素词和语素的音义联系无法论证,这部分符号是语言的基础符号,数目不多,生成符号的能力却很强。语言中的多语素符号(多语素词和比词大的语言单位)相对来说,则是可以论证的。还有一部分的语言符号如感叹词、拟声词等,它们音义之间"最初的联系"是可以论证的,但是随着时间的推移,这种"最初的联系"的确定性受到语言符号任意性原则的制约而随着演变。

原刊于《吉安师专学报》(社会科学版)1983年第2期,91—92页

语言起源漫谈

我们天天在运用语言,但你知道语言是怎么起源的吗?

圣经上说,语言是上帝创造的。上帝创造了万物,然后用泥土捏成了亚当,并教他说话。由于亚当众多的子孙们要造一座直通天堂的巴比列塔(The Tower of Babel),上帝大怒,变乱了他们的语言,于是语言分化了。人们无法用语言协调行动,通天塔自然也就建不成了。

上帝教给亚当的究竟是哪种语言呢?有个叫克姆克(Kemke)的瑞典人推想,亚当在伊甸园里说的是丹麦语,撒旦(蛇)说的是法语,上帝说的是瑞典语。有人试图通过"实验"来证明。古埃及法老卜萨梅蒂库斯(Psammetichus)做了一个实验:他把两个刚出生的孩子关起来,每天喂羊奶,但不许任何人同他们讲话,以便观察孩子们"自然"说出的第一个词是什么。两年后,孩子发出了"bekos"的声音。法老下令调查,最后查出这是腓尼基语,意思是"面包"。于是,法老宣布,腓尼基语是人类最古老的语言。但是,英格兰的詹姆斯四世后来做了一个同样的实验,结果孩子们发出的声音却是"good Hebrew"。照此看来,恐怕最古老的语言要算英语了。

这些实验者把语言设想为是个人现象,因而从个体发生学的角度来安排实验,结论不尽一致。这里涉及到一个问题:原始语言的功能是什么?换句话说,语言是因什么需要而产生的?对此,有许多种看法。

有人说是由于感叹的需要。原始人类苦痛或欢乐时必然要发出叫唤,这些叫唤逐渐发展成为语言。你看,语言中不是有"哎哟、啊、乌啦"等感叹词吗?这种理论叫感叹说,也叫啵啵说(Theory of pooh-pooh)。法国迪雅克主张此说。

有人说是由于摹声的需要。动物会吼叫,原始人类也会喊叫,并且会摹仿其他动物的声音,从这种喊叫和摹仿中创造出语言。这种理论叫摹声说,也叫喊叫说(Theory of bow-wow)。德国的赫德尔主张此说。

还有一种声象说,或叫丁当说(Theory of ding-dong)。该学说认为,声音和意义之间有着神秘的和谐,自然界事物都有其特殊的声音,好像丁丁当当的铃声在打击着人们,人类在接受这些声音打击的印象时本能地创造了语言。你听,"风"这个词不就令人联想到"呼呼"的风吼吗？

但也有人不同意上述观点，认为语言是由于交际的需要而产生的。如果不是为了交际，感叹就不过是个人的感叹罢了，不可能发展成为语言。

丹麦语言学家叶斯柏森看到了语言的交际作用，提出语言活动起源于表情。鸟兽为寻找娱乐而鸣吠，原始人类为追求娱乐和爱情而发出歌唱，传递感情，然后就创造了语言。这个理论被概括为歌唱说（Theory of sing-song）。

更多的人则主张语言活动起源于劳动。如诺埃利，布勒，迪雅蒙在各自的著作中都试图论证：语言起源于劳动过程中伴随着的不由自主发出的喘息或呼唤，这些喘息或呼唤的声音后来用以指称劳动的动作。这一学说有人称之为哟嘿嗬说（Theory of yo-he-ho）。

此外，还有社会公约说，口势说，打击说，等等。由于语言起源问题的探索众说纷纭，莫衷一是，法国巴黎语言学会在1886年干脆宣布，本学会不接受也不出版讨论语言起源的论文。但是，宣布归宣布，探索却没有停止。

革命导师恩格斯发展前人的观点，在《自然辩证法》一书中较有说服力地论证了语言活动起源于劳动说。恩格斯说，劳动使人类的祖先能够直立行走，改善了发音器官；劳动的发达使互相帮助和互相协作的场合增多了，"这些形成中的人已经到了彼此间有什么东西非说不可的地步了"。于是，语言从劳动当中并和劳动一起产生出来了。

恩格斯雄辩地论证了语言活动产生的条件是劳动，这一点已为较多的语言学家所接受。但原始语言的具体形态是什么呢？"有什么东西非说不可"，可见恩格斯认为原始语言是有声语言，这一点有人不同意。德国心理学家冯特认为，原始人类的语言是无声语言，原始人类用一些有表达性的身体姿势去指示或摹仿客观事物，这些姿势就是原始身势语。苏联语言学家马尔更是详细论证了手势语的理论（Theory of gesture）。马尔认为手是远古时代唯一的生产工具，同时也创造了人类的理性和思想，手不仅是劳动的工具，也是"交换思想"的工具。原始人类还不能"思想"，只用一种前逻辑的思维来思考，这种思维完全适合于用手来表示，所以又叫"手的思维"。手的思维同手的语言相符合。这种手的语言大概持续了一百万年到一百五十万年。有声语言是后来才有的，它只存在了五万年到五十万年。

手势语的理论在本世纪很流行，它的主要根据有二。其一是考古学上的根据。从出土的一些石器时代的化石人来看，有些（如海德堡人）是没有舌骨的，由此证明原始人类只能用手说话。其二是生理学上的根据。以聋哑人为例，聋哑人用手势同人交谈，由此证明手势传达思想并不是不可能的。

反对手势语理论的学者认为，海德堡人没有舌骨只能说明原始人类的发音不清晰，发音器官在进化过程中，并不能证明原始人类没有有声语言；聋哑人不是生理上的正常人,不能类推到原始的正常人身上,而且聋哑人采用的手势也是以有声语言作根据的。斯大林同志在五十年代初撰文严厉批评了马尔的学说,我国语言学界公开出版的书刊上几乎都主张原始语言是有声语言,反对手势语理论。

  我认为,上帝创造语言自然是一种没有根据的臆想,感叹说,喊叫说,声象说只说明了一部分的语言现象,用来说明语言起源是不充分的。语言是因交际的需要而产生的,但究竟是因劳动中交际的需要而产生的还是因感情上交际的需要而产生,似乎不必太拘泥,因为二者并不是完全排斥的;当然,也许劳动更为重要些。至于原始语言是手势语言还是有声语言,应该认为仍是一个科研课题,需要语言学、人类学、心理学、生理学等多学科的综合研究才能突破。有的科学家试图从婴儿身上、从猩猩身上寻找突破口,有的人则试图作出一些尽可能合理的语言起源科学设想(hypothesis),象数学上的哥德巴赫猜想一样,用一代人甚至几代人的努力去求证。朋友,你是否也有兴趣思考一下人类的语言(当然也包括你所运用的语言)是怎样起源的呢?

      原刊于《研究生》(杭州大学)1986年第3期,24—25页

歧 义 浅 谈

歧义是一个相当复杂的问题,它不仅涉及语言学的各个方面,也涉及语言学以外的一些学科,如逻辑学、社会学、民族学、心理学等。本文试从语言学的角度谈谈对这个问题的粗浅看法。

1 歧义是一种语言形式表达了一种以上的意义

我们先分析几个歧义的例子:
1)他不会说话
2)出租汽车
3)鸡不吃了

例1)有"他不能够说话"(哑巴)和"他不擅长说话"(说不好)两种含义,产生歧义的原因是"会"这个词具有"能够""擅长"几个意义;

例2)可以指"供人临时雇用的小汽车"这种事物,结构上是偏正关系,也可以指"收取一定的代价,让人暂时使用汽车"这种行为,结构上是动宾关系。产生歧义的原因是"出租汽车"(动+名)这种语言形式包含着动宾和偏正两种可能的语法意义;

例3)"鸡不吃了"既可理解为"鸡"发出"吃"的动作,是施事,也可理解为"鸡"接受"吃"的动作,是受事。产生歧义的原因是"鸡不吃了"(名+动)这种语言形式在汉语里可以表示施事受事两种意义。

可见,歧义是语言中的意义分歧现象,但是表达歧义的语言形式必须是相同的,在口语中表现为同音,在书面语中表现为同形。歧义必须满足两个条件:1)有相同的语言形式;2)有一种以上的意义。

在语言中,什么样的形式(语音形式、语法形式)表达什么样的意义(语法意义、逻辑意义)是任意的,因而各种语言都不可避免地存在着许多一种语言形式表达了一种以上意义的现象,也就是说,各种语言都存在许多歧义现象。上面三个例子说明,同一种词形式,同一种短语形式,同一种句子形式都可能传达一种以上的意义,歧义是语言里的一个普遍现象。

2 语言的各个平面上都有歧义

词的歧义

有同音词引起的歧义和多义词引起的歧义。

我们说"qí 马",可以理解为"骑马"也可以理解为"奇马",我们说"建造 gōngshì,可以是"建造作战的工事",也可以是"建造帝王的宫室"。异形的同音词在口头上造成歧义,在书面上不造成歧义,同形的同音词则在口头和书面上都可能造成歧义。如"我爱杜鹃",是"我爱杜鹃花"还是"我爱杜鹃鸟"呢?都可以。又如《红楼梦》描写林黛玉临终前的一句话:"宝玉,你好……"这里的"你好"当然不是问候语,也不是对宝玉的夸赞(但与表示问候和夸赞的"你好"是同一语言形式),而是"你好狠心"之类意义的省略说法。用作程度副词的"好"与用作形容词的"好"如果看作是同音词,这里就是同形同音词引起歧义,如果看作是一词多义,那就是多义词引起歧义。

《中国语文》1984 年第三期有一则"歧义二例",其中一例是:

用心造就众多考不上大学的学生。

这句话的歧义是"造就"这个多义词引起的。"造就"的一个义项是"培养使有成就",后面带对象宾语,并要求是有定的。如"造就这些音乐小天才""造就一个犯错误的人"。"造就"的另一个义项是"努力培养出",后面带结果宾语,一般是无定的,如"造就一些音乐人才"。假如我们说"造就一个犯错误的人",那就等于说要"努力培养出一个犯错误的人来"。上例中"造就"的宾语"众多考不上大学的学生"如果指的是已经考过而没考上大学的学生,说明是有定的,是对象宾语,那么,"造就"用的是第一个义项。如果指的是尚未考过大学的学生,说明是无定的,是结果宾语,那么"造就"用的就是第二个义项。这要结合文章的内容来看,才能选择正确的理解,从而排除歧义。

句法结构歧义

同一种语言形式由于可以在句法结构上作出一种以上的分析,也会造成歧义。前面分析过的"出租汽车"就是由于包含着动宾和偏正两种句法结构关系而引起了歧义。另外,多层次的句法结构由于包含着一种以上的层次组合方式也会引起歧义。如"爱护人民的军队"可以有两种分析层次的方式:

a）爱护人民的军队

b）爱护人民的军队

分析时的切分点不同,表达的意义也不相同。a)式表达的是行为概念;b)式表达的是事物概念。另外如"咬死了猎人的狗""我们三个一组""江苏和浙江的部分地区"①等歧义现象也是由于多层次结构含有几种可能的切分造成的。

语义结构歧义

"鲁迅的书"是一个偏正结构,"偏"和"正"之间可以有一种以上的语义关系。它可以理解为"属于鲁迅的书",也可理解为"关于鲁迅的书"。也就是说,这个结构在语义上既可表示鲁迅和书之间的领属关系,也可表示"鲁迅"是"书"的关涉对象。表示领属关系还可再细分为"鲁迅写作的书"和"鲁迅拥有的书"等多种意义。图示：

$$鲁迅的书 \begin{cases} 领属关系 \begin{cases} 写作者 \\ 拥有者 \end{cases} \\ 关涉对象 \end{cases}$$

汉语是形态变化不丰富的语言,句法各成分之间的语义结构关系主要是用"意合法"表现出来的。施事与受事的意义,汉语有时候用"被"(可以看作是一种形态标记)来表示前面的成分是受事,如"树被砍倒了"。很多情况下又不用,如"树砍倒了""楼房建成了"。因此,不容易从语言形式上把施事和受事区别开来。施受交叉造成的歧义现象常常可以看到,"鸡不吃了""反对的是少数人""相信的是傻瓜"②等都属于这种情况。

言语背景歧义

有一些似乎没有歧义的语言单位,在某种言语背景下表达一种意义,在另一种言语背景下表达另一种意义。这是由于言语背景不同而出现的歧义。例如：

他生怕被人笑话,立志要画得圆。(鲁迅《阿Q正传》)

要是这句话的言语背景是描写一个学生正在学习几何绘图,表达出来的意义与阿Q在法庭上画押就是绝不相同的了。王希杰同志曾正确地分析道："语言中

---

① 见胡裕树《现代汉语》和黄伯荣、廖序东《现代汉语》的语法练习部分。
② 见朱德熙《汉语句法中的歧义现象》,载《中国语文》1980年第二期。

有歧义的句子,在言语表达中往往没有歧义;反之,语言中本无歧义的句子,在言语表达中却又可能产生歧义。可见语言的歧义句和言语的歧义句并不是一回事。"③ 文炼同志曾举"他们昨天从城里赶来了"为例,分析说,在具体的交际中这个句子有所指称,有人称之为"内容"。④ 我认为,内容指的就是具体的言语背景提供的意义,抽象的句子运用到不同的言语背景中可以有不同的内容,这种情况可叫言语背景歧义。这类歧义包括的范围相当广阔,一个词,一个短语,一个句子,一个语段,甚至一篇文章,用在不同的言语背景下,都可能会有不同的意义。

以上分析了歧义的几种表现(实际上不只这几种),在一个具体的歧义形式中,几种表现可以交织在一起,我们可从不同角度来分析。如:

大家坐车去。

这句话可以有两种理解。1)大家去坐车;2)大家坐车去(某地)。

从言语背景上来看。如果是一群小孩在玩皮球,老师说:"别玩了,大家坐车去。"那是第一种意义。如果是一群人在讨论旅游计划,一个人说:"别坐船去,大家坐车去。"那就是第二种意义。

从句法结构关系来看。用成分分析法来分析,表达第一种意义的结构关系是"主—谓—宾—补","去"附在"坐车"这个动宾短语后面表示趋向;表达第二种意义的结构关系是"主—谓—宾—谓",即连谓式,"坐车"是一种行为,"去"又是一种行为,前者是后者的方式。

从词义的角度来看。第一种意义的"去"是趋向动词,用在其他动词性词语后面表示趋向那个动作;第二种意义的"去"是行为动词,可单独运用,表示离开说话人所在地到另一处去。

3 正确理解歧义并尽量减少歧义

歧义的实质是一种语言形式表达了一种以上的意义,它是语言形式同意义相结合的任意性原则起作用的结果,作为一种语言现象,歧义是不可完全消除的。但是,歧义是语言中影响交际效果的消极现象(当然也有一部分有积极作用的歧义),我们必须在理论上充分认识它,并在语言实践中,通过各种手段尽量减少它。

3.1 语音手段

运用语音可以帮助人们正确理解并减少一部分歧义。例如:

---

③ 王希杰《语言的语法分析和言语的语法分析》,载《语法研究和探索》第二期,北京大学出版社,1984年。

④ 参见文炼《关于句子的意义和内容》,载《语文研究》1984年第一期。

运用停顿。"下雨天留客天留我不留"这十个字,停顿不同,意义也不同。这是比较大的停顿,书面上要用标点隔开。书面上没有标点的比较小的停顿也可以避免一些歧义。如:

江苏和浙江的部分地区

这是个有歧义的短语结构,在"江苏"的后面一顿,表示"江苏"与"浙江的部分地区"是并列关系;在"江苏和浙江"的后面一顿,表示"江苏和浙江"共同限制"部分地区"。

运用重音。有些歧义轻读和重读在意义上形成对立,这类歧义可以运用重音手段来消除歧义。如:

他一个早晨就写了三封信。

"就"字轻读,表示事情做得多;"就"字重读,是"只""才"的意思,表示事情做得少。⑤

运用句调。同一个句子形式,句调不同,意义也会有差异,因此,可以运用句调手段来减少歧义。如:

他是一个好人

用平降调(↘)说出来表示的是一般的肯定陈述;用平升调(↗)则表示一般的询问;用高升调(↗)表示特殊的疑问,说话人的看法是"他不是一个好人吧"或"他怎么会是一个好人呢";用重降调(↘)表示特殊的肯定,意思是"他当然是一个好人"。

由于停顿、重音、句调的研究还不充分,而说话人运用这类手段有时带有某种程度的主观性,所以,语音手段只是相对而言,可作为减少歧义的一个参考。

3.2 句法手段

要减少歧义,首先必须对歧义的每一个意义真正理解,理解歧义常常要运用句法手段。

分析两个成分间的关系。"学习文件"是偏正关系和动宾关系的交叉,怎么理解呢? 偏正关系的典型形式是两成分间可加"的"字,"学习的文件"没有歧义,与"学习文件"表示偏正关系的意义基本相同。因此,"学习文件"有一个意义可加"的"字造出一个同义结构,而另一个表示动宾关系的意义则不能加。能加"的"与不能加"的"形成对立,这是用"增词法"来理解歧义。"煎鸡蛋""烤红薯""进口彩电""出租汽车",这些结构都有能加"的"与不能加"的"的对立,与"学习文件"是同一类歧义形式。

分析多个成分间的层次。"一个工人的建议"是多个成分间层次组合的交叉,

---

⑤ 参见吕叔湘《歧义类例》,载《中国语文》1984年第五期。

产生歧义的原因在于"个"既可作"工人"的量词,也可作"建议"的量词。如果将"一个"换成"一位",歧义就消除了;或者,将"一个"换成"一项",歧义也消除了。两个意义在能换某个词与不能换某个词方面形成对立,这是用"换词法"来理解歧义。"爱护人民的军队"也是多个成分之间层次组合的交叉,其中一个意义可用"缩略法"来理解为:"爱护军队",另一个意义则不能。能否用缩略法形成了对立。"我们三个一组"可以用增词法来理解,其中一个意义可以说"我们三个在一组",另一个意义则不能;反过来,一个意义可以说"我们每三个一组",另一个意义则不能。

需要指出的是,所谓增词法、换词法、缩略法严格说来,都是分析和理解歧义的方法,不是消除歧义的方法。人们愿意用四音节结构的"学习文件"来表达偏正关系,说起来音节对称和谐,你要求人们用五音节结构"学习的文件"来表达是不会成功的。而缩略法则部分改变了原结构的意义。

变换结构形式也可以帮助理解歧义。"在火车上写标语"是有歧义的,一个意义是"人在火车上,做'写标语'这件事";另一个意义是"人未必在火车上,但标语必定写在火车上"。第二个意义可以变换为"把标语写在火车上",用"把"字把原宾语提前,把原状语后置,其基本意义不变,但是第一个意义不能作这种变换。可变换与不可变换形成对立。至于"在黑板上写字"可以变换为"把字写在黑板上","在家里吃饭"不能变换为"把饭吃在家里",它们没有变换形式与不变换形式的对立。从这点上说,它们没有歧义,与"在火车上写标语"是不同的。

3.3 事理联系

分析逻辑事理联系也可帮助理解并减少歧义。著名的歧义例子"鸡不吃了"不容易从语法结构来理解,从逻辑事理联系来理解则比较方便。"鸡"既可以是施事也可以是受事。一种语言形式能表达施事受事两种语言意义是汉语语法的一个突出特点。这种结构(N不V了)必须满足两个条件才会造成歧义:一是名词N必须具有双重性,既能发出动作V,也能接受动作V。如"鸡"可以发出"吃"的动作,也可以接受"吃"的动作。符合这一条件的通常是动物性名词,而"苹果不吃了"就不会有歧义。第二个条件,动词V必须具有双向性,既能支配名词N表达的事物,又能陈述N表达的事物。如"吃"既可以支配"鸡"(吃鸡),也可以陈述"鸡"(鸡吃)。符合这一条件的通常是表示动物行为的及物动词,而"鸡不跳了"就不会有歧义。

那么,"螃蟹不吃了""水手不吃了"是否有歧义呢?应该说也是歧义句,因为"螃蟹""水手"都具有双重性,"吃"具有双向性,满足了"N不V了"这个歧义结构类型的条件。但是,结合逻辑事理联系来考虑,它们引起歧义理解的可能性(概率)比较小。螃蟹不是人类喂养的动物,人们不熟悉螃蟹吃东西的动作,而螃蟹只是人类的食物,由于这两方面原因的制约,"螃蟹不吃了"通常只理解为"不吃螃蟹了",而理解为"螃蟹不吃(东西)了"的概率很小。但是,一个生物学家观察螃蟹的生活规律,记录道"今天螃蟹不吃了",则是表达了第二种意义。相反,"水手不吃了"则通常只理解为"水手"发出"吃"的动作,理解为"水手"接受"吃"的动作的概率极小。但是在西方某些海上事件的记载中,饥饿的时候吃水手的事也是有的。所以我们说,"N不V了"这类结构中(包括"V的是N"),只要N是具有双重性的名词,V是具有双向性的动词,歧义就可能存在。但是在具体的句子中,可能性的大小则要受到逻辑事理联系的制约,社会背景,风俗习惯等也会起制约作用。

3.4 语境手段

理解歧义和减少歧义最有效的方法是把句子放到具体的语言环境中去。李六如《六十年的变迁》中有一句话:"蒋介石开刀啦!"单独看这一个句子可以理解为"蒋介石做外科手术啦",但联系书中描写的语境,就只能理解为"蒋介石开始杀人啦"这类意思。

《北京晚报》1982年11月15日有一篇文章写道:"普通话学不好,怎么办?学呀!……下点心,往地道里学。"如果有人把后一句话理解为"弄点吃的,到地道里去学",就语句本身来理解不能说毫无道理。但联系到文章提供的具体语言环境,我们知道,这种理解是不正确的。

语言环境可以是上下文中交代了的,也可以是没有交代的背景知识。例如,要是我们对二十世纪初期的中国社会情况没有较深的了解,对鲁迅的早期活动和思想状况没有较深的了解,那么,鲁迅小说《狂人日记》中"救救孩子……"这句话的意义就不能真正理解。假设有人这样解释:鲁迅曾经学过医,他这句话是有感于当时的中国儿童健康水平低下而说的。因此从语言学的角度我们应该怎样指出这种理解的错误呢?

上面我们分析的是歧义影响表达效果的方面,有时候,歧义现象也可以帮助人们运用语言的模糊性和多义性来增强表达效果的。如:

杨柳青青江水平,闻郎江上唱歌声。

东边日出西边雨,道是无晴却有晴。

——刘禹锡《竹枝词》

"晴(天)"通过语音联想到同音词"情(意)",表达上婉转曲折,符合少女心理。又如:

"你们算了!"老师笑着说,"算了!算了!"

"我们算了,算了,算出来了!"

——徐迟《哥德巴赫猜想》

"算了"这个语言形式有"计算"和"作罢"两个意义,老师用后一个意义,学生用前一个意义。作者有意利用这种多义(歧义)来增加文章的趣味性,同时也真切地刻画了老师和学生们的形象,这个场面给人的印象很深。

  总而言之,歧义作为一种语言现象,是语言形式和意义相结合的任意性原则起作用的结果,语言形式(口头或书写形式)相同,表达了一种以上的意义是构成歧义的两个条件。就总体来说,歧义现象不可能从语言中完全消除,就某些具体的歧义来说,则可以运用各种语言手段或非语言手段(语音手段、句法手段、事理联系、语境手段等)来减少。在某些情况下,有意利用歧义或有意制造歧义可以增加语言的表达效果。

原刊于《吉安师专学报》(哲学社会科学版)1986年第3期,32—36、31页

语法研究方法二题

1 求同与求异

同与异是一对矛盾,互相对立,又互相联系着。科学研究重要的方法之一就是进行各种类型、各个层次的比较,探求事物之间的相同相异关系,既寻找共点,也寻找特点,以求对研究对象的全面认识和把握。语言研究也是如此。

所谓求同,就是揭示事物之间必然存在的相同点,着眼于从同一性角度来把握事物;所谓求异,就是揭示事物之间必然存在的相异点,着眼于从差异性角度来把握事物。

十九世纪欧洲历史比较语言学的建立主要是对印度和欧洲诸语言作求同研究的结果。在研究方法上是将各种语言的各项要素(主要是语音)进行比较,寻找它们之间在历史渊源上的共同点,由此假想并构拟出了"原始印欧语"。根据共同点所属层次的高低,建立起语系、语族、语支,绘制出语言谱系图,使语言学逐步走上了科学的道路。我国音韵学的研究是从历史变异中探求原点的同一,传统方言学的研究是从共时表现的差异中寻找历时上的同点,因此也可以看作是一种求同研究。

在汉语语法研究史上,第一部系统的语法学著作《马氏文通》在方法上主要是进行求同研究的结果。汉语语法和拉丁语语法有相同的地方,也有相异的地方。从求异的角度作比较研究,可以得出汉语自身的特点,建立符合汉语实际的语法体系。这是一条艰巨的路,迄今尚未取得令人满意的成果。如果从求同的角度作比较研究,则可以参照拉丁语语法体系(主要是词类划分和句子成分划分)搭起汉语语法体系的框架,在研究上可以说是"走捷径"。十九世纪末,《马氏文通》正是用这种求同方法建立起了汉语语法学史上的第一个体系,开创之功不可没。当然,仅仅作求同研究是不够的,因为它只是对所要探讨的问题作了一个方面的研究,尤其是当这种求同变得近乎"模仿"时,它的片面性就暴露出来了。《马氏文通》遭到了许多的批评指责,认为该书对汉语独有的"特点"没有给以足够的重视和揭示,这些批评是从求异角度作出的,指出了《马氏文通》片面的弊病。虽然马建忠说:"斯书也,因西文已有之规矩,于经籍中求其所同所不同者,曲征繁引以确知华文义例之所在。"①作者考虑到"求其所同",也考虑到"求其所不同",但该书基本上是"求同",把汉语比照拉丁语,"确有牵强附会之处,于是招来了无休止的批评"。②

　　语法学家们看到过分求同带来的矛盾,便试图"以文法事实为准绳,完全根据文法事实立言"来"缔造中国文法体系"。③ 在三十年代到四十年代出现了跳出"模仿体制",建立汉语语法新体系的"革新"运动,各种"革新"体系纷纷问世,一批优秀的语法著作相继出版,给汉语语法研究带来了勃勃生气。这些新体系的作者都特别强调汉语自身的特点,就方法论而言,是在同西方语言(主要是英语、法语)的语法比较中作"求异"研究,是对《马氏文通》以来"求同"研究的不满与革新。这种"找特点"的研究一直持续到今天。

　　解放初期规模较大的汉语词类问题大讨论,从某种意义上说也可看作是"求同研究"与"求异研究"的方法论大讨论。讨论的意义十分深远,讨论的问题则至今尚未得到一个较圆满的解决。这不能不引起语法研究者的回顾与深思:是否应该检讨一下大讨论中各种观点产生分歧在方法论上的原因?

　　认为汉语无词类(实词不能分类)的学者是把汉语同印欧语作比较研究时得出结论的。他们认为,印欧语划分词类运用的是形态标准,汉语没有相同于印欧语的形态,因此汉语不能划分词类。很明显,这是在划分词类标准上与印欧语求同。批评汉语无词类的学者有两类。一类是承认形态标准,与无词类论者取同一前提,然后论证汉语有形态(如重叠等),因而可以划分词类。一类是不承认形态标准,强调汉语词类划分上的特殊性;或者把形态的范围扩大到词的组合能力(广义形态),与无词类论者取不同前提,结论是汉语可根据意义组合能力(广义形态)造句功能来划分词类。其中又分为单一标准与多标准各种复杂情况。第二类情况是在词类划分标准上与印欧语求异。

　　当年的那场大讨论使汉语语法学界深化了对词类问题的认识,对汉语同印欧语的相同点和相异点(特点)理解得更深刻了,影响是深远的。讨论的结果没有能够得出一套划分停当的词类来,这固然由于问题本身十分复杂;另一方面,就讨论的方法而言,一是缺少论争的共同前提(划类标准),二是把求同与求异绝对化,对立起来了。实际上,提高一个层次来看,求同研究与求异研究都是不可少的。它仍是互补关系,共同构成了比较研究法的全部内容。假设,我们先寻找一个共同的前

---

① 马建忠《马氏文通》13页"后序"。
② 吕叔湘《马氏文通读本》44页"导言"。
③ 陈望道《中国文法革新论丛·序言》。

提,划分词类的标准是词的组合能力(分布功能),并且论证这个标准是印欧语和汉语划分词类共同遵循的标准(印欧语的形态可看作是分布功能相同的一类词的形式特征);然后我们再来寻找汉语词类与印欧语词类在分布上的相同表现和不同表现,着眼点在汉语各类词的分布系统上。这样是否可以减少一些分歧,对汉语词类问题的解决有所帮助呢?

有的学者在研究中认为,汉语未必有西方语言中的那种语法。理由是在汉语几千年的研究历史上相继创立了训诂学、文字学、音韵学等,但却没有创立语法学;而《马氏文通》引进西方"葛郎玛"的系统后,人们在这条路上或持同赞成,或持异批评,都离不了西方语法学的影响,至今也没有建立起一个完善的汉语语法系统来。并进而尖锐地提出问题:《马氏文通》问世以来中国语法学的道路似乎走错了,汉语语言学应该跳出"科学主义",走人文主义的道路。这是将汉语研究同印欧语研究对比时作求异"反思"的一种较为极端的观点。对各种语言作求同研究时的一个极端,则是西方语言学中"普遍语法"(universal grammar)口号的提出,普遍语法旨在探求不同语言共有的属性。语言之间的异点和同点都是客观存在的,分别指出这些事实,揭示其中的规律,这种研究十分有益;求异时暂时撇开相同点,求同时暂时撇开相异点,也是科学研究中行之有效的技术处理方法。但是,如果要对问题作全面的研究,如果要对事物之间的关系作全面的揭示,如果要对事物的规律作全面的把握,那么就必须同时进行两个方面的研究,并把二者结合起来,既作求异研究找特点,也作求同研究找共点,经过深入细致的分析和综合,使研究的结论切合语言实际。

求同研究和求异研究还可以看作是研究过程中的技术处理方法。例如在研究现代汉语的动词和形容词的过程中,发现二者有很多的共同点,也有不少的相异点。着眼于求同,可以把二者概括为一类词;着眼于求异,则可以分成不同的两类。不管采用哪种处理方法,都必须清醒地认识到处理所依据的原则。求同而不抹煞区别,归为一类后在次分类(surbcategorization)上还须作出区分;求异而不忽视相同点,分作两类后对其间共同的性质也应进行阐述。当然,在这两种处理方法中,求同与求异分别运用于不同的层次,其理论解释力在一个语法系统中是有强弱之分的,阐述的简明程度也有区别,即两种处理方法在语法研究上的价值不完全相同。在实际研究中我们自然应尽量选择解释力较强、简明程度较高的处理方法。

总之,小到一个词所属类别的确定,大到一个语法系统的建立,都要运用求同研究和求异研究。由于事物之间的同一性和差异性处于不同的层次上,所以揭示同一性和差异性也必然要考虑其所属的层次。例如现代汉语中的名词、动词、形容词,其间有同有异。过分强调它们的共同性,就会认为三者无法区分;过分强调它们的差异性,则会认为三者截然可分。实际研究中这两种极端的看法都会遇到不少困难。必须同时考察三者的相同点和相异点,才能提出一种解解力较强又较为简明的处理办法来(如连续统理论?)。同时也要看到,名词、动词、形容词之间的同一性和差异性所属的层次是不同的,它们并非同一平面中平行的三类。动词和形容词的同一性层次较低,动词和名词的同一性层次较高。所以,可以在较低层次先概括出"谓词"(包括动词、形容词),然后在较高层次上概括出"实词"(包括名词、动词、形容词等)。语言研究中的层次原则蕴含了求同求异方法,词的层次分类是求异,词的层次归类是求同。此外,句型的层次分类,句法单位的层次划分,各种次范畴的确定,也都是贯串了同中求异、异中求同,求同求异结合的辩证精神的。

2 层次与平面

层次与平面是当代语言学里极其重要的两个概念。层次反映的是语言结构或语言系统在纵向解剖上的组合特征,平面反映的则是横向排列上的特征("平面"的另一个意义是指对语言现象所进行的不同侧面、不同角度的透视。如句法平面、语义平面、语用平面等)。语法研究的一个重要任务就是揭示语言结构或语言系统的层次组合关系及其规律。美国早年的描写语言学派曾经把层次分析作为最重要的方法来解剖语言结构。五十年代后兴起的生成语言学派,其生成规则也是按层次排列,句子是逐层生成的。六十年代,语言学家兰姆(Lamb)把他建立的语法学体系直接命名为"层次语法"(stratificational grammar)。哈里迪的系统语言学、派克(Pike)的法位语言学,以及其他许多重要的语言学派,都把层次和层级系统作为语法研究的基本概念。层次研究作为一种语法研究方法,已经受到普遍的关心和重视,并得到广泛的运用。其原因正如朱德熙先生所指出的:"所有的人类语言的语法构造都是有层次的,层次性是语言的本质属性之一。"[④]

在汉语语法研究中,层次方法虽然在一定范围内有所运用,但还不够广泛。例如在句法结构的分析中,不少著作和论文在同一个平面上分出六大成分(以及复指、插说等成分);在词类划分上,在同一个平面上区分出十大词类;在句型研究中,把属于不同层次的结构放在同一个平面上讨论;单复句的划界,主宾语的探讨,省略、倒装的说法,有不少地方都是缺乏层次观念,因而无法揭示语言的层次属性,无法建立起严格一致的词类系统、句型系统和结构成分系统等。

在词类划分上,印欧语系常讲八大词类,汉语研究参照印欧语系,运用求同求异方法,建立了十大词类(也有分为九类,十一类,十三类的)。有的学者是把所

[④] 朱德熙《语法答问》58页。

有词在同一平面上划分为十类的,由此引起了不少无谓的争论。事实上,不管采用单一标准还是多项标准,要将一个庞大词库中的成员同时分成十类是十分困难的,甚至是不可能的,在研究方法上最好是分层次进行。如果在一个平面上来划分,则肯定会出现交叉,难于取舍。当然,层次的确定,哪个层次运用哪项标准,是很复杂的。既要考虑标准涵盖面的宽窄,又要根据研究的目标。其结果既要反映客观的层次组合规律,同时也表示了研究者的认识和选择。在汉语的词类划分中,层次方法是很值得尝试一下并逐步完善的。假设按如下的方法建立汉语词类的层次系统:

1. 所有词中以能否出现在组合中为标准分为组合词与非组合词(叹词);
2. 组合词中以能否独立分为独立词与粘着词;
3. 独立词中以能否替代另一个独立词分为代词与非代词;
4. 非代词中以能否表示数目分为数词与非数词;
5. 非数词中以能否同数词直接组合分为量词与非量词;
6. 非量词中以能否受"数词+量词"结构修饰分为名词与非名词;
7. 非名词中以能否支配名词分为动词与非动词;
8. 非动词中以能否受"很"修饰分为形容词与非形容词;
9. ……

按这种方法层层分类,每一个下位层次都是对上位层次的次划分(subdivide),一直到研究者认为到达了层次分析的目标为止。层次操作的手续虽然较为繁烦,但是严谨细密,较为科学。上面提出的层次划分程序只是一种构想,也许有缺失,能否建立起符合汉语实际的词类系统需要做大量的研究工作才能确定。不过有一点可以相信,划分词类是可以运用层次方法的,因为词类系统上是一个按层次组合而成的系统。

句型研究中也需要运用层次方法,按层次来分析和确定句型,建立起符合汉语实际的句型系统。如果就句论句,将属于不同层次的句型在同一个平面上展开讨论,就会出现矛盾交叉,不能保证研究中的内部一致性。例如主谓句与非主谓句是同一个层次划分出来的句型,动宾主谓句与非主谓句则不是属于同一层次的句型。"把"字句作为专题讨论很有必要,但是作为句型则要明确它在句型系统中所属的层次,是主谓句属下的"把"字句呢,还是非主谓句属下的"把"字句?两种"把"字句型是有不同特点的。假设我们按如下的方法建立汉语句型的层次系统:

1. 所有句型中以是否主谓结构为标准划分为主谓句型和非主谓句型;
2. 主谓句型中以是否动性谓语分为动性谓语句型和非动性谓语句型;
3. 动性谓语句型中以是否带宾语分为带宾语句型和非带宾语句型;
4. 带宾语句型中以宾语数目为标准分为单宾语句型和双宾语句型;

5. 单宾语句型中以是否名词性宾语分为名词性宾语句型和非名词性宾语句型;

6. 非名词性宾语句型中以是否小句宾语分为小句宾语句型和非小句宾语句型;

7. 非小句宾语句型中以是否动性宾语分为动性宾语句型和形性宾语句型;

8. ……

按层次划分,一直到研究者认为可以暂时终结为止。当然,这里提出的层次句型系统仅仅是一个设想,按这种方法能否把汉语的句型研究清楚,需要做大量的深入细致的工作,要做很多修正,甚至要推倒重来。但有一点是清楚的,即必须按层次来研究汉语的句型,做到严谨完备而系统化,那种把宾语类型与谓语类型放在同一个平面来研究句型的方法是不可取的。把不属于同一层次的句型在一个平面上铺开来讨论虽然在实用上有一些便利,但是不容易建立起科学的汉语句型系统来。

在句子和短语结构的分析中,层次方法的运用已经显示了相当大的优越性。例如对"小王买书"这个语法结构体,可以按层次分析法或层次综合法来分析。图示知下:

1. 层次分析法　　　　2. 层次综合法

小 王 买 书（第一层）　小 王 买 书（第一层）

小 王 买 书（第二层）　小 王 买 书（第二层）

小 王 买 书（第三层）　小 王 买 书（第三层）

很显然,层次分析法是从认知角度来研究的,层次综合法则是从生成角度来研究的。层次方法运用起来虽然繁琐,但能准确清楚地揭示语法结构分层组合的方式和规律。实际上,传统教学语法中使用的中心词分析法也暗含了某种程度的层次观念。如"主干""枝叶"的提法,主干先分析出来,属于较高层次;枝叶后划分,属于主干的下位层次。但中心词分析法中的层次观念是不彻底的,也不严密(如说"枝叶"附着在"主干"上),作为一种分析语言结构的方法则无法准确揭示语言中的层次组合关系。

句法结构可以看作是一个层次系统,词类也是一个层次系统,句型也是一个层次系统,语法则是一个更为复杂的层次系统。从某种意义上说,语法研究就是揭示语言中客观存在的层次关系和层次组合规律,因此,层次方法应该认为是语法研究的一项基本的方法。

原刊于《语法修辞方法论》,复旦大学出版社,1991年,78—86页

功能解释的语言观

我们正在走向二十一世纪,世纪之交呼唤语言学新的时代精神。十八与十九世纪之交产生了历史比较语言学,于是,语言的谱系比较,语言演变规律的探索随之成为十九世纪语言学研究的主流。十九与二十世纪之交产生了结构主义语言学,于是,语言共时平面的结构描写、语言自足系统形式组合规律的发掘随之成为二十世纪语言学研究的主流。二十与二十一世纪之交的时代发展会产生什么样的语言学而成为新世纪的主流呢,我们不敢遽下断语。但是,在二十世纪漫长曲折的语言学研究过程中似乎有一个逐渐强化的演变趋势,这就是,形式语言学派的主流地位受到了挑战,功能语言学派的影响在逐渐增大。结构、描写、形式、系统自足等观念与功能、解释、意义、系统开放等观念不断产生碰撞,"就语言和为语言而研究语言"的学术思想受到了结合语境、结合认知、结合心理、结合社会、结合文化等来研究语言的学术思想的冲击。由此出现了语用学、认知语言学、心理语言学、社会语言学和文化语言学等众多交叉的语言学科。我们以兴奋的心情关注着当代语言学这些令人鼓舞的新发展,经常进行热烈的讨论和争辩以求理解并跟上语言研究的动态变化,结合汉语语言学研究的成果和现状,初步建立起以"功能""解释"概念为基础的语言观。

功能、解释的观念是相对于结构、描写的观念提出来的,是对语言学尤其是汉语语法学领域长期重结构分析轻功能探求,重细节描写轻理论解释的现象作认真思考后而提出来的。"功能"指的是语言的作用,语言学应该以语言的功能为主要研究对象,如语言的认知功能和交际(传信)功能。语言的结构研究仍然非常重要,但研究结构的出发点是说明功能,一个具体的语言结构之所以能够成立,通常都有功能的原因在制约。"解释"指的是语言研究的方法应该注重理论上的说明。这种理论上的说明包含一定的层次,有语言内部系统的结构解释层次,有语言的功能解释层次,此外还有语境、言谈者心理、社会文化等因素作用于语言符号的解释层次。语言的描写方法仍然非常重要,但描写的角度和程度须受到解释的制约,描写的具体技术也须根据解释的需要来仔细设计。

就汉语研究的实际发展而言,功能解释的语言观是因为对结构描写的不满足而提出,并不是对结构描写的全盘否定。功能解释的语言观寻求更清晰地描写语言,更合理充分地说明结构。从某种意义上说,功能解释的观念是在结构描写基础上发展出来的。功能解释的语言观追求对语言事实进行多层次、多平面、多角度的研究。它一方面努力探索"是什么"的问题,另一方面则以更大的兴趣关注"为什么"的答案。对一个具体的言语现象或一个语言格式来说,功能解释的语言观既要求在语言理论上"明同异"——格式 A 和格式 B 有何不同,还要求在语言运用上"辨正误"——格式 A 成立的条件,格式 B 不成立的管辖限制。

功能解释的语言观面临的任务是艰巨的,功能解释的语言观未来的前景是广阔的。当前的任务是要确定功能解释语言观基本概念的内涵、相互间的关系、具体的解释程序,结合语言事实一个问题一个问题地进行功能解释的探索,不断修正丰富学说内容,逐步建立起相对完善的语言学新体系。

原刊于《上海教育报》1995 年 6 月 6 日

汉语语法研究的三个平面说

胡裕树　戴耀晶

1　三个平面语法理论研究的回顾

　　1981年,在胡裕树主编的中国高等学校文科教材《现代汉语》中,首次提出了从三个平面进行汉语语法研究的思想。书中在讨论汉语句子分析中如何确定句法关系时,指出必须区分三种不同的语序:语义的,语用的,语法的。1982年,胡附、文炼(胡裕树、张斌的笔名)发表了论文《句子分析漫谈》,在阐述他们的语法理论构想时,具体提到了从三个平面的思路如何分析汉语的语序、虚词、主语、独立成分、提示成分等,在术语的使用上也改为"句法的、语义的、语用的"分析。此外,胡裕树、张斌还有多篇文章论述这一思想。如文炼《词语之间的搭配关系》(1982),胡裕树《试论句首的名词性成分》(1982),文炼、胡附《汉语语法研究中的几个问题》(1984)等。

　　1985年,胡裕树、范晓发表长篇论文《试论语法研究的三个平面》,这是在汉语语法研究文献中,第一次使用"三个平面"这个术语,文章较为详细地讨论了三个平面的学术思想,并且运用这一思想具体分析了一些汉语实际语法现象。这篇文章起初刊载于《新疆师范大学学报》1985年第2期,由于不易查找,八年后在北京的《语言教学与研究》杂志1993年第2期上又重新发表。

　　接下来的十年中、胡裕树、张斌、范晓、施关淦、范开泰、何伟渔、王希杰、李晋荃、袁晖、徐枢、饶长溶、卞觉非、陆丙甫、金立鑫、杨成凯、邵敬敏、鲁健冀、邢欣、戴耀晶、张黎、王一平等许多研究者先后发表文章探讨这一新的语法理论学说,全国性和区域性的许多语法学术会议上也不断有学者发表对这一理论学说的看法,"三个平面语法理论学说"的研究逐渐成为现代汉语语法学术讨论中的一个热点问题。三个平面学说较为重要的研究文章还有:

　　文炼(1991)《与语言符号有关的问题——兼论语法分析的三个平面》,施关淦

(1991)《关于语法研究的三个平面》,李晋荃等(1991)《从 80 年代到 90 年代:中国的语法学和修辞学》,范晓、胡裕树(1992)《有关语法研究三个平面的几个问题》,徐枢、饶长溶等(1992)《三个平面:语法研究的多维视野》,邵敬敏(1992)《关于语法研究中三个平面的理论思考—兼评有关的几种理解模式》,范晓(1993)《关于句子合语法不合语法的问题》,施关淦(1993)《再论语法研究的三个平面》,范开泰(1993)《语法分析三个平面》,胡裕树、范晓(1994)《动词、形容词的"名物化"和"名词化"》,胡裕树(1994)《汉语语法研究的回顾与展望》,卞觉非(1995)《句子的分析与理解及其相关问题》,等等。

三个平面语法学说的讨论中也出现了不同的提法。如王维贤的"句法分析中的三个平面"理论认为,在句法分析中应区分三个不同的平面:句法平面,句法语义平面,句法语义语用平面。可参见王维贤(1991)《句法分析的三个平面与深层结构》。又如邢福义的"小三角"理论认为语法研究中应重视语表、语里、语值三者的关系。可参见邢福义(1994)《现代汉语语法研究的"小三角"和"三个平面"》。

汉语语法研究的三个平面学说从提出到现在已经十几年了,在学术发展史上,十几年只不过是短短的一瞬。在这十几年里,三个平面的学说由朦胧而渐趋清晰,理论的建构逐渐成熟,研究的对象内容逐步具体化,研究原则和操作程序陆续提出,在语法分析中结合汉语实际正一个问题一个问题地探讨求解。随着研究的逐步深入,三个平面的学说已经为越来越多的学者所熟悉认同,运用这一理论来探讨汉语实际的论著不断出现,九十年代以来,语法专业的研究生中陆续有人将这一理论的研究作为硕士学位论文和博士学位论文的内容。三个平面的学说,已经成为新时期汉语语法研究的一个发展趋势。

不过,就目前的实际研究而言,三个平面的语法理论虽然建立起来了,但还不能说很完善,已经取得的学术成果虽然可喜,但还是很不够的。今后,需要有更多的语法研究工作者共同努力来丰富和发展这一学说。在三个平面的语法理论提出已经十多年的情况下,对这一理论进行一番仔细的整理和耙梳,对这一理论的研究课题和发展前景进行一些冷静的思考,是很有必要的。

2 三个平面的学说是汉语语法研究发展的必然结果

汉语语法研究中三个平面学说的提出是国外语言学理论影响和国内汉语语法研究自身发展综合作用的一个必然结果。

二十世纪的语言学理论发展与符号学的理论学说有很密切的关系。三十年代,符号学家莫里斯建立了符号学理论三个部分的学说,即符号与符号关系的语形学,符号与所指对象关系的语义学,符号与使用者关系的语用学。之后,符号学三个部分的理论逐渐丰富完善,对西方语言学的研究产生了很大影响。研究语言结构形式关系的句法学如描写语法、转换语法等成就巨大,一直是语法研究的主流。研究语法意义结构关系的语义学五十年代以后得到了蓬勃的发展,并产生了不同的学派。研究语言使用语境的语用学到七十年代以后也逐渐发展成为一门独立的学科。西方语言学研究的这些动态发展自然受到汉语语法学界的关注。七十年代后期,学术开放,国外不少新的语法理论陆续介绍进来,如转换语法、格语法、功能语法、切夫语法、蒙太古语法、层次语法、语义特征分析理论、话语分析、语境理论、语用学等,这些语言理论程度不同地给汉语语法学界以启迪,促使汉语语法学研究者结合汉语实际进行多角度、多层面的思考。

另一方面,汉语语法研究的自身发展也推动着新的学术思想产生。自马建忠、黎锦熙以来建立的汉语传统语法的规范理论(怎么方便怎么讲)一直受到批评,科学性不够强,缺乏形式上的可验证性是传统语法分析的主要缺点。但是,重视意义分析、讲究事理关系则是传统语法的优点,这一优点被现代从事汉语语法研究的学者接受下来,进行发展。而我国结构语法的描写理论(单一形式描写分析)七十年代以来逐渐受到冲击和质疑,语法分析有什么用?唯形式的分析方法是可靠的吗?如汉语句子"这件事我现在脑子里一点儿印象也没有了"按描写语法理论需分析为连续五个主语分层次套叠,这使不少研究者和学习者觉得困惑不解,汉语的句子结构是这样套加而成的吗?不过,描写语法重视形式分析,讲究可操作性的优点为汉语学术界广泛接受。

在国内外语言学发展背景的共同作用下,汉语语法研究中逐渐形成了多平面的语法分析思想,其中句法的、语义的、语用的是三个最重要的平面,是从符号学理论角度作出的概括(语言是一个符号结构系统),句法是基础。此外,语音的平面、认知的平面、心理的平面、文化的平面对语法也有一定的影响,也有研究的价值。

3 三个平面的学说拓宽了语法研究的视野,对传统研究中许多问题提出了更为合理的解释

三个平面的学说不是单一的语法形式分析,也不是单一的意义关系分析,也不是单一的使用语境分析,而是同时注重句法形式、意义关系、语境内容的区别和联系。具体来说,三个平面以句法形式为基础,研究句法形式同语义关系,同语用因素的对应关系。这样,研究的角度增多了,研究的内容更丰富了,对语法现象的解

释也就更为合理。

例如对独立成分的分析。传统语法把独立成分看作同主语、谓语一样是句子成分,由于它位置比较灵活,与别的成分不发生结构关系,就把独立成分认为是一种特殊的句子成分。如下列句子中的"看样子":

看样子玉林哥不会来了。

玉林哥看样子不会来了。

玉林哥不会来了,看样子。

实际上,"看样子"在上述句子中与其他成分并不处于同一平面,它是由说话人使用语言的态度(语用因素)而产生的语用成分。第一句是对要叙述的一个事件"玉林哥不会来了"的先决性推测,第二句是叙述该事件过程中的插入性推测,第三句是对已叙述事件的补充性推测,"看样子"是表示推测口气的语用成分。区分语用成分和句法成分是三个平面学说分析句子结构时的具体表现。

又如对句首名词性成分的分析。描写语法把句首的名词性成分一律看作主语,如果有多个名词性成分,就是多层主语套叠。如下列句子分别有两个或三个主语:

昨天我看完了这篇小说。

这篇小说昨天我看完了。

我昨天这篇小说看完了。

从三个平面的学说来分析,句子一般只有一个主语,上述三个句子的主语都是"我";第一句中的"昨天"是句首修饰语,在第二句和第三句里则做了句中修饰语;"这篇小说"在第一句中是宾语,在第二句中是语用成分主题,在第三句中是宾语(前置)。

三个平面的学说十分重视语义关系对句法的制约,主张施事成分一般充当主语,如上述例句中的"我",受事成分一般充当宾语,如上述例句中的"这篇小说"。汉语语法形态变化不丰富,语义选择关系在汉语语法分析中自然要起重要的作用。这是三个平面学说不同于描写语法的地方。同时,三个平面的学说也注重位置对句法的制约,例如处在句首位置的受事"这篇小说"不再分析为宾语而分析为语用上的成分"主题",以便同句法上的成分"主语"和语义关系上的成分"受事、施事"区别开来。可见,三个平面的学说丰富了语法分析的内容,对汉语语法现象有较强的解释力。

此外,根据三个平面的学说研究汉语的复数形式"们",研究汉语的变换关系,研究汉语的动补格式,研究汉语的体,研究汉语的价,研究复杂谓语,研究省略和隐含,研究"的"字,研究句型、句模、句素三者的区别,研究语言个性和共性等,也都有一些独到的角度和有意义的发现。

4 三个平面既是语法的本体观,也是语法分析的方法论

说三个平面是语法的本体观,是因为句法、语义、语用是语法结构的有机组成部分,语法结构是三者共同作用的结果。三个平面中的语义平面和语用平面研究的内容只是对句法结构有影响和起制约作用的部分,这些部分同句法一起组成语法研究的对象。三个平面并不研究语义学和语用学的全部内容。例如"语义场"是语义学研究的重要内容,但是三个平面的学说并不具体开展颜色词语义场、亲属关系语义场之类的研究。又如,"言外之意"是语用学研究的重要内容,但是三个平面的学说对"天晴了"除了说明自然现象之外有时含有劝人出外旅行之类的言外之意并没有研究的兴趣。

说三个平面是语法分析的方法论,是因为语法分析必须从句法、语义、语用三个角度进行透视,才有可能真正做到描写的充分性和解释的充分性,任何单一平面的分析都是有价值的,然而都是不自足的。例如对汉语同义结构的分析必须考虑句法、语义、语用三个方面的因素才有可能作出较为合理的解释。试比较:

```
         A(醉)              B(够)              C(完)
a、我喝醉了酒            我喝够了酒           我喝完了酒
b、我喝酒喝醉了        我喝酒喝够了       我喝酒喝完了
c、?酒我喝醉了           酒我喝够了           酒我喝完了
d、*我把酒喝醉了       ?我把酒喝够了      我把酒喝完了
e、?我被酒喝醉了       *我被酒喝够了      *我被酒喝完了
f、……
```

以上是一个语法矩阵,横行是同形格式(A.B.C),竖行是同义格式(a.b.c.),问号(?)表示该句子的合语法性是可疑的,人们一般不这么说,特殊语境下可能会这么说,如 A/c,A/e,B/d。星号(*)表示该句子不合语法,人们不会这么说,如 A/d,B/e,C/e。从句子合语法的情况可以看出,矩阵中出现了不和谐,同类格式的一个实例区别只在于充当补语的词语不同(醉、够、完),但语法变换矩阵却没有产生整齐的对应。

对语法结构中出现的这种现象如果在分析方法上只是从某一个平面(如从句法平面)来解释虽然可以说明一些问题,但显然是不充分的,需要作三个平面的综合透视。上面三个句子在竖行的哪个格式中能成立或不能成立是句法上的分析,如上述格式分别是基本式、重动式、话题式、"把"字句式、"被"字句式,还可以作其他句式的分析。能成立或不能成立的理由则同语义指向有关,而语义指向的分析

属于语义平面。如"醉"指向"我","完"指向"酒","够"语义上指向"我",但也可以指向"酒"。至于在言语交际中选择哪一个句法格式则要结合语境来分析,语境属于语用平面的内容。如话题的选择、焦点的安排、说话的场合等。

5 三个平面语法理论当前的研究课题

三个平面所反映的语法性质分别是:句法平面——线性的、组合格式的、聚合联想的,等等;语义平面——超线性的、立体网络的、述谓结构的,等等;语用平面——语境的、说话人／听话人的、交际功能的,等等。

三个平面的学说作为一个完整的理论,首先需要确定三个平面各自的研究内容,如基本的分析单位、主要的结构类型、分析时的基本规则和基本原则如何运用。其次需要研究三个平面的共动规则,即三个平面如何相互影响、相互制约,共同表现在语法结构体当中。再次需要研究确定运用三个平面的学说进行具体语法分析时的操作程序和应该达到的目标。

三个平面的结合研究是最为重要的,但是三个平面的各自研究也是可能的,而且也是必须的。在目前三个平面学说的研究还不十分完善的现阶段,尤其需要在三个平面指导下的单一平面分析报告,积累成果。不过,在进行任何一个平面的研究时,都需要时时作其他平面的观照,以使今后更为合理的综合。

例如在作句子分析时,一方面,可以作单一平面的分析,用其他平面作参照。如分析汉语的重动句结构("小王看书看累了")时,可以只作重动结构的句法分析,重在揭示该结构在句法分布上的特征。也可以只对重动结构作语义分析,重在揭示该结构的语义特征及其对句法的制约。还可以只分析重动结构的语用特点,重在揭示该结构在使用平面上的作用和所受到的句法、语义限制。另一方面,也可以作三个平面的综合分析,多角度地揭示句子的语法结构。例如进行重动结构的句法、语义、语用分析,目的在于揭示重动结构在三个平面上的特点,多角度地反映该结构在句法上的表现形式、语义上的选择特征、语用上的使用特点,从而做到能分辨(句法形式),能分析(语义结构),能运用(语用功能)。

在选择语法分析对象时可以有三个透视角度:

一是要素意义角度。立意在某个语法要素开展讨论,如选择"把""被""是""在""了""着""过""们""比"等有重要语法特征的词进行研究,详细揭示要素的分布,提炼出语义特征。

二是结构类型角度。立意在某个语法结构开展讨论,如选择重动结构、双宾结构、动补结构、存在句结构、受事在动词前的结构、复合事件结构、判断结构等能反映汉语某方面语法特点的结构类型进行研究,揭示结构中各成分的组合条件和语义语用上的限制。

三是系统范畴角度。立意在某个语法范畴的系统开展讨论,如选择汉语数的系统、时体的系统、句型系统、语气的系统、词类系统、句法成分系统等进行研究,从汉语的实际材料出发,从构建系统的理论角度描写某个语法范畴乃至整个汉语语法系统的全貌。

参考文献

胡裕树主编(1981)《现代汉语》,上海教育出版社。
胡裕树(1982)试论句首的名词性成分,《语言教学与研究》第2期。
文炼(1982)词语之间的搭配关系,《中国语文》第1期。
胡附、文炼(1982)句子分析漫谈,《中国语文》第3期。
文炼、胡附(1984)汉语语法研究中的几个问题,《中国语文》第3期。
胡裕树、范晓(1985)试论语法研究的三个平面,《新疆师范大学学报》第2期。
王维贤(1987)现代汉语的句法结构、语义结构和语用结构,《语文导论》7~8期。
文炼(1991)与语言符号有关的问题——兼论语法分析的三个平面,《中国语文》第2期。
李晋荃等(1991)从80年代到90年代:中国的语法学和修辞学,《苏州大学学报》第3期。
施关淦(1991)关于语法研究的三个平面,《中国语文》第6期。
何伟渔(1991)关于语法研究的三个平面学说,《上海师范大学学报》第4期。
王维贤(1991)句法分析的三个平面与深层结构,《语文研究》第4期。
范晓、胡裕树(1992)有关语法研究三个平面的几个问题,《中国语文》第4期。
邵敬敏(1992)关于汉语研究中三个平面的理论思考——兼评有关的几种理解模式,《南京师大学报》第4期。
徐枢、饶长溶等(1992)三个平面:语法研究的多维视野,《语言教学与研究》第1期。
范晓(1993)关于句子合语法或不合语法问题,《中国语文》第5期。
施关淦(1993)再论语法研究的三个平面,《汉语学习》第2期。
范开泰(1993)语法分析三个平面,《语言教学与研究》第3期。
胡裕树(1994)汉语语法研究的回顾与展望,《复旦学报》第5期。
邢福义(1994)现代汉语语法研究的"小三角"和"三个平面",《华中师范大学学报》第2期。

卞觉非(1995)句子的分析与理解及其相关问题,《南京大学学报》第1期。
范晓(1995)《三个平面的语法观》,北京语言学院出版社。

(原刊于日本《中国語学論文集》,东方书店,1997年,1—10页)

语境在言语交际中的解释功能

摘要

语境指的是语言使用的环境。语境的解释功能是指在人们的言语交际过程中,语境赋予话语以实际含义。本文具体分析了语境在六个方面的解释功能:一、从字面意义推断出言外意义;二、从表面意义推断出反面意义;三、从抽象意义推断出具体意义;四、从异常意义推断出正常意义;五、从省略结构推断出完整意义;六、从歧义结构推断出确定意义。

关键词

语境;言语交际;解释功能

语境是语言使用的环境,包括上下文语境、社会语境、言谈者语境等。只要语言在使用,就有语境存在。只有正确理解了言谈的语境,交际信息才能传真,否则就会传假;只有充分利用言谈的语境,交际活动才会成功,否则就会失败。

语境对语言分析、语言理解、语言交际有极大的作用。语境的作用主要表现在两个方面,一是帮助听话人理解话语,起解释话语的作用;二是帮助说话人选择话语,起生成话语的作用。本文主要探讨语境的解释功能。

话语的含义(force)指的是说话人实际要传递的信息,它有时候与字面意义(sense)相同,有时候不相同,有时候甚至与字面意义完全相反。这就是说,使用中的句子有言内之意,也有言外之意。言内之意是词语意义(词汇意义)和词语组合意义(语法意义)的总合,言外之意是语言在使用之中产生的超出字面意义的含义。

语境的解释功能是听话人在言语中除了利用语言符号来获得句子的字面意义之外,还要充分利用语境对句子意义进行推断,以确定说话人所要传递的真实含义。语境是语用学这一新兴学科的主要关注对象,按照利奇(Leech,1983)《语用学原理》的观点:语用学是对话语如何在语境中获得意义的研究(Pragmatics can be defined as the study of how utterances have meanings in situation)。语境赋予话语以实际意义,具体表现在如下一些方面:

1 从字面意义推断出言外之意

话语的含义有时候就是字面意义,但是在很多情况下话语是有言外之意的。言外之意才是说话人所要传递的真实信息,捕捉言外之意必须结合语境。例如"天要下雨了"这样一个句子,字面意义是说下雨的情况即将出现,但是它的言外之意则需要看使用时的具体语境。

语境一:儿子早晨去上学,父亲对儿子说:"天要下雨了。"

言外之意是:要带上雨伞。

语境二:父子俩在田里干活,父亲对儿子说:"天要下雨了。"

言外之意是:赶快动身回家。

语境三:久旱无雨,灾情严重,父亲对儿子说:"天要下雨了。"

言外之意是:这下庄稼可有救了。

在不同的语境中,这个简单的句子可以产生不同的言外之意。如果没有语境的帮助,这些言外之意是推断不出来的。例如在课堂教学句型时举例说:"天要下雨了",就没有言外之意。

京剧《沙家浜》第四场"智斗"中地下党交通员阿庆嫂与"忠义救国军"头目胡传魁、刁德一之间有一段互相试探的对白。刁德一怀疑阿庆嫂知道新四军伤病员的下落,旁敲侧击没有结果,于是说了一句:"阿庆嫂真不愧是个开茶馆的,说出话来滴水不漏。佩服!佩服!"

这句话的字面意义是夸奖阿庆嫂很会应酬,言谈得体,照顾周全。言外之意则是"你知道新四军的下落还要巧言隐瞒"。阿庆嫂听出了言外之意,所以在接下来的对话里大光其火:"噢,听刁参谋长这意思,新四军的伤病员是我给藏起来了。这可真是呀,听话听声,锣鼓听音……"大闹了一场。

阿庆嫂"听话听声",所谓"声",就是言外之意。而这个言外之意的获得,只有在知道了刁德一是急于打听新四军伤病员下落的语境中才能推断出来。

言外之意是言谈交际的真正内容,但是字面意义也有重要的作用。例如南齐有个书法家叫王僧虔,是王羲之的四世族孙,家学渊源深厚,书法造诣极高。当时南齐太祖萧道成颇有文才,也喜欢书法。有一次他提出与王僧虔各写一幅字,比试高低。写完以后,有一个对话:

齐太祖问:谁为第一?

王僧虔答:臣书第一;陛下亦第一。

齐太祖听出了王僧虔的言外之意,知道自己的书法比不上王僧虔,心里不高兴,但又无可奈何,因为从字面意义上他还有一个"第一",只好一笑了之:"卿可谓善自为谋矣。"(见《南齐书》卷33《王僧虔传》,王僧虔在话语的字面意义上并没有开罪齐太祖,更重要的是同时又表达出了自己书法造诣高于皇帝的含义,是巧言。这说明,言语交际中的言外之意才是说话人真正要传达的信息,是言谈的核心,要靠语境帮助推断。而言内之意在言语交际中也有不可忽视的作用,一方面,言内之意是言外之意赖以存在的语言实体,没有言内当然也就无所谓言外;另一方面,言内之意还可以帮助说话人巧妙地传达言外之意。

2 从表面意义推断出反面意义

反面意义是与话语表现意义相反的意义,它是一种特殊的言外之意,即说反语。这种反面意义从表面的语言形式上看不出来,从逻辑关系意义上也推不出来,只有借助语境才能得出,所以反语也是一种语用意义。语用意义在词典义项上一般不必列出。例如赵树理《传家宝》中的几句描写:

"你有理!你有理!我说的都是错的!"李成娘说了这两句话,气色有点不好。

"气色有点不好"就是说话人李成娘心理语境的外现,注意到这个语境,听话人就可以推断出说话人发出的语言符号"我说的都是错的"并不能按字面意义去理解,而要按反语来理解,即语用含义是"我说的并不都是错的"。

又如宗福先《于无声处》中有一句台词:

"他是一个大好人,浑身上下毫无缺点,连肚脐眼也没有。"

这里的"大好人"语用含义上等于"大坏人",从词汇意义和逻辑结构关系意义上都得不出这个反面含义,但是从下文语境"连肚脐眼也没有"则可以推出。

又如女性在关系亲密的男性面前经常说的一句口头禅:"你真坏!"说完后有时候接着"扑哧一笑",从言谈语境中也可以推断出句子表达的实际含义与表现意义是相反的,即"你真坏!"在这里大体上等于"你真好!"

再如中央电视台1994年曾播出一台综艺节目,其中有个小品《卖书》,内容是一位外国留学生在个体书摊上想购买中国古代先秦诸子的书。有一段对话:

留学生:你有《老子》吗?

书贩子:有,那是我爸爸。

留学生:有《孙子》吗?

书贩子:那是我儿子的儿子,还没生呢。

留学生:有《庄子》吗?

书贩子:有哇,你问这干嘛!我就住在李家庄。咱北方叫庄子,南方叫村子,那云南边疆啊,叫寨子。

　　留学生:你真有学问!

　　书贩子:哪里哪里。买点什么书?

　　留学生:不买啦,Good-bye!

　　上面对话中的"你真有学问"传递给观众的就是与字面意义相反的信息"你没有学问",反面意义的得出有赖于上文的语境。在这段对话里,说话人的文化知识语境(《老子》《孙子》《庄子》是先秦的三部著作)与听话人的文化知识语境形成了语境差,结果使得交谈主题歧出,信息传递受阻,只好改变话题或结束交谈。"你真有学问"一句就标示出了这一转折。可惜听话人的语境差使他只听懂了字面意义而没有听懂反面意义,于是作出了"哪里哪里"这一表示谦虚逊让的回答。观众却从语境中听懂了反面意义,由此产生了较好的剧场效果(收视效果)。

3　从抽象意义推断出具体意义

　　词义和句义都有一定的抽象性,抽象性是语言符号及其符号组合最重要的特点之一。而语言在运用时需要表意清晰,需要传达具体的交际内容。抽象符号的具体运用会产生矛盾,协调矛盾的一个重要因素是语境。

　　例如"解放了"的意义是"解除束缚,得到自由或发展"。这个抽象的意义通过语境的帮助可以得到许多不同的具体意义。如:

　　(a) 1949年共和国成立。

　　(b) 文化大革命中走资派摘掉帽子。

　　(c) 一对无法共同生活的夫妻离婚了。

　　(d) 中学生父亲出差,没人管。……

　　又如"入学考试英语通过了"的具体含义由于年份或学校的不同,可以指的是60分,也可以指的是70分或90分,要看语境。

　　再如"暗号照旧"的字面意义是"彼此约定的秘密信号跟原来一样"。假如一个人蓦然听到这句话,虽然懂得字面意义,他仍然会不知所措,仍然要问:"什么暗号照旧?"他要问的当然不是抽象的字面意义,而是语用含义,即暗号照旧的具体内容是什么。通过语境,可以把语言符号的内容具体化,只有把语言符号的内容具体化了,言语才会表现出推动行为的力量。例如京剧《红灯记》第二场"接受任务"和京剧《智取威虎山》第六场"打进匪窟"都有暗号照旧的描写,内容却大相径庭。

　　《红灯记》中地下交通员对李玉和说:"明天下午有个磨刀人和你接头,暗号照旧。"是什么意思呢?剧本交代了对暗号的过程:

交通员:我是卖木梳的。
李玉和:有桃木的吗?
交通员:有。要现钱。
李玉和:好,你等着。(然后举起铁路号志灯。暗号对上了)
交通员:我可找到你啦!老李,我是松岭根据地的交通员,这是一份密电码。

而《智取威虎山》里侦察排长杨子荣打虎上山身入匪穴以后,与匪首座山雕和众金刚等对的暗号则是一些约定的黑话:

座山雕:天王盖地虎!
杨子荣:宝塔镇河妖!
众金刚:么哈?么哈?
杨子荣:正晌午时说话,谁也没有家!
座山雕:脸红什么?
杨子荣:精神焕发!
座山雕:怎么又黄啦?
杨子荣:哈哈哈!防冷涂的蜡!
(座山雕用枪击灭一盏油灯,杨子荣一枪击灭两盏油灯。暗号对上了。)
座山雕:唔,照这么说,你是许旅长的人啦?
杨子荣:许旅长的饲马副官胡彪!

以上是语言符号"暗号照旧"在不同语境中的不同内容。知道语言符号的字面意义,但不知道具体内容,信息交通就要受阻,语言运用时就要出问题,轻者对不上暗号,误了事,重者也许会脑袋搬家。

在人们的实际言语交际活动中,言谈双方所要传达、所要理解的,主要不是字面意义,而是字面意义背后所反映的具体内容,而这正是语境起解释作用的地方。

4 从异常言语推断出正常意义

所谓异常言语,指的是话语乍听上去与常理相悖,或者句法上不合规则,或者语义上不合事理。但是,通过语境的帮助,听话人可以从异常言语中推断出说话人想要传递的信息,得到句子的正常意义。例如:

姐姐老是胳膊朝外拐。(人的胳膊都是朝里拐的,句子语义异常)

这句话与人们的认知常理相悖,属于异常言语。如果不提供语境,句子的字面意义是说姐姐在生理上异常,有缺陷,与众不同。但是,如果提供语境,这句话所传递的真实含义是不难理解的。如:弟弟与邻居发生争吵,姐姐不帮助弟弟说话,反而说邻居有理。弟弟气冲冲地回家对母亲说:"姐姐老是胳膊朝外拐。"句子的正常意义是说姐姐不帮助自家人而帮助外人,与字面上的生理缺陷意义没有关系。

修辞学上所关注的许多语言现象离开语境往往不易解释,也无法判断其真实意义。例如常见的比喻用法:

A:阿布真的成了一只雄鹰。(年轻伙伴夸奖阿布已成长为草原上的英雄)

B:阿布是我儿子,怎么成了一只鹰呢?(母亲一时没理解"鹰"的比喻义)

又如汉语的"是字句"有许多独特的用法,离开语境也不容易理解句子的正常意义。例如不提供电话交谈这个具体语境,下面这个异常的对话就无法解释:

A:你是招待所吗?

B:不,我是锅炉房。

汉语的异常言语还表现为有一种字面重复的句子,看上去是废话,没有信息量,但是结合语境则可以推断出句子的正常意义。例如:

我是我,你是你,咱们井水不犯河水。

上面例子中的"我是我,你是你"就是字面重复的句子,似乎不能给听话人传递什么信息,是典型的废话。但是这一个语法上的对举结构的意义在下文语境中已经给出了解释,其真实含义是"我"和"你"要区别开来,各管各的事,互不干涉。这类语言现象在汉语中使用得非常广泛,其语用含义都要靠语境帮助来推断。如:

老虎就是老虎。(1、比狐狸凶猛2、可卖大价钱3、进山当心点)

商人就是商人。(1、出手阔绰2、巧言骗人3、能吃苦,会盘算)

明星就是明星。(1、演技好2、有大批影迷3、架子大,难伺候)

知识分子就是知识分子。(1、言谈文明2、有学问3、寒酸迂腐)

上海就是上海。(1、改革龙头2、住房拥挤3、国内外流动人口多)

做爸爸的要像个爸爸。(1、爱护孩子2、做事有分寸3、胆子大)

以上这些句子作语法分析和一般的语义分析都很简单,但是得不到句子的真正意义。要从异常言语中推断出正常意义,没有语境的帮助是不可能的,这方面也使语用学有了用武之地。

5 从省略结构推断出完整意义

在人们的实际言语活动中,由于语境的帮助,许多句子在结构上都有所省略。人们理解话语时,必须借助语境把省略的内容补出来,句子的正确生成和正确理解是一个逆过程,只有补出省略的部分,交际才能顺利进行。例如简单的对话省略:

对话一、A:谁叫你来的?

B：李二娃(叫我来的)。
　对话二、A：你是谁？
　　B：(我是)李二娃。
　两个对话中B的回答都是"李二娃"，也都是承前省略句，但是省略的内容不同。听话人通过语境可以补充出省略的部分，理解句子的完整意义。这是从结构上容易补出的情况。还有一些省略在句法结构上不容易补出，或者有很多种补法，要理解话语的完整意义，更是有赖于语境的帮助。如下面一个实际发生过的对话：
　　A：德行！
　　B：惯性。
　这是一次完整的对话，它是什么意思呢？从语境中抽象出来作句法和语义分析是非常简单的：两个句子都是由名词充当，A句的语义是"品行、品德"；B句的语义是"物体保持自身原有的运动状态或静止状态的性质"。但是知道了句法和语义，并不能理解这个对话的完整实际含义。把它还原到语境中，补充所省略的内容，这两个句子才能获得语用含义，完成一次交际活动。
　据1983年4月15日《文摘报》，有一次在北京的公共汽车上，汽车因故突然刹车，车厢里的人猝不及防，一个男子撞到一个女青年身上。女青年责骂道："德行！"(真缺德)气氛顿时紧张起来，一场争吵眼看就要发生。不意那男子回答："惯性。"这个符合语境的机智回答引起了车厢乘客表示理解的一阵笑声，那女青年也转怒为笑，满天阴云顷刻散尽。这个例子说明，由于结构省略而不易理解的语言通过语境的揭示能够获得解释。虽然上述结构省略的对话补充的方法可以多种多样，但都需要借助语境才能补充省去的内容，都需要借助语境听话人才能理解对话的完整意思。
　在第二次世界大战期间，英伦三岛曾经流传着英国首相丘吉尔的一句名言：
　Some chicken, some neck!
　这句名言的字面意思(Sense)是"某只小鸡，某个脖子！"如果没有语境的帮助，如果离开对说话人说话时的背景语境的了解，听话人是无法理解这句名言的真实含义(force)的。原来丘吉尔在二战初期说的这句话是针对希特勒的叫嚣而作出的回答。希特勒曾扬言要在三个星期内拧断英国这只小鸡的脖子：
　In three weeks England will have her neck wrung like a chicken.
　为此，丘吉尔发表了著名的演讲，号召全民动员进行抗战。"Some chicken, some neck!"就是在这种情况下说出的，是针锋相对，顽强不屈的誓言。翻译文字可以有所不同，基本含义是"顽强的小鸡，顽强的脖子！"所以在当时的情况下，这句名言给处于困境中的英国军民以极大的鼓舞。
　又如有家晚报上登载了一篇有关花圃的文章，里面谈到顾客去花圃买了一盆

龟背竹后,有一个对话:

顾客:这龟背竹我养得活吗?
店主:养得活。你死了我不要你钱。

就非常费解。借助语境,听话人可以推断这里是省略了语言成分的句子,完整的意思是"你买的这盆龟背竹死了的话,我不要你的钱"。言语交际中省略现象很普遍,交际能够顺利进行,靠的是语境。

6 从歧义结构推断出确定意义

由于受语言符号音义结合的任意性原则的影响,语言形式和语言意义并不是一一对应的,因此,语言中的歧义现象是很普遍的。典型的例子如赵元任提出的"鸡不吃了"。这个语言结构有两种意义(a. 鸡是施事 b. 鸡是受事),对这个歧义结构作语言上的概括可以分析为存在两个不同的语义结构,在理解上会造成语义歧解。不过,在实际言语交际活动中,利用语境的帮助,这个歧义结构被听话人歧解的可能性会减弱,甚至消失。例如:

语境一:在养鸡场视察工作时,有人说:"鸡不吃了。"解释倾向于前一种。
语境二:在视察结束时就餐,有人说:"鸡不吃了。"则解释倾向于后一种。

以上是现场情景语境帮助消除歧义,推断出确定的意义。利用上下文语境也可以消除歧义,获得句子的确定的含义。例如:

语境一:"你瞧,鸡不吃了,该进窝生蛋了。"——第一种含义
语境二:"鸡不吃了,再来点炸牛排。"——第二种含义

又如"售票员,下车!"这样一个言语片断也是歧义的。一种意思是乘客要求售票员让他下车,"我到站了";另一种意思是叫售票员下车,"有人找你"。究竟是哪一种意思,需要根据具体语境来确定。

再如"我得打针了",这个言语片段也有歧义。如果是病人说的,那意思是请护士打针,"我"是受事;如果是护士说的,那意思是帮病人打针,"我"是施事。

歧义的种类很多,很复杂,但是大多数歧义都可以通过语境得到解释,在使用中推断出确定的含义所在。例如电影《舞台姐妹》中的一句台词:

月红:晚了,我已经是他的人了。

据说在美国放映时,打出翻译字幕,观众仍不明白"他的人"是什么意思。如果了解了中国人的文化语境和说话人的性别语境,这句话的歧义是可以消除的。"他的人"是领属关系,汉语的领属结构关系内部情况很复杂,有生命的领属关系有下面几种可能的含义:

（1）他的奴隶：人身依附关系。
（2）他的手下：工作依附关系。
（3）他的妻妾：婚姻依附关系。
（4）他的异性依附者：心理依附关系，可发展为婚姻依附。

电影中指的是第四种情况，在汉语里表达这类领属关系时，"他的人"已经被看作是一个习惯用语了。

至于可包孕在其他语言结构中的歧义，通过给出更大的语言结构体，实际上也是给出语境，歧义也将减弱消失。如"关心自己的孩子"是一个歧义结构，孩子可以是关心的主体，也可以是关心的客体。在下列言语中，这个歧义结构被包孕在一些更大的结构当中，歧义不再存在。例如：

语境一：他只关心自己的孩子（给出主动者"他"），不关心别人的孩子。
语境二：这是一个只关心自己的孩子（给出指称词"这"），从不关心别人。

实际上，在语言分析中揭示歧义最常用的方法就是给出几个不同的语境，每个语境包含一种意义。不过，歧义现象的语境揭示与通常揭示言外之意的语境有所不同，歧义结构的几种意义都是可以从该结构的逻辑语义关系求出，它通常有几个不同的语义式，每个语义式的意义都是该结构的原有意义，即都是字面意义，都可以在该静态结构的义项里标示出来。从这个意义上说，歧义可以作超语境的分析，而一般的言外之意离开语境则不复存在。

参考文献

何自然《语用学概论》，湖南教育出版社1988年版。
金定元《语用学——研究语境的科学》，《中国语文天地》1986年第1期。
戚雨村《语用学说略》，《外国语》1988年第4期。
塞尔《隐喻》，梁骏译。收入马蒂尼奇编《语言哲学》，商务印书馆1998年版。
西桢光正编《语境研究论文集》，北京语言学院出版社1992年版。
张绍滔《试论语境的解释功能》，《厦门大学学报》1988年第1期。
赵元任《国语入门》，1948年，李荣编译《北京口语语法》，开明书店，1952年。
Leeh, G. 1983 *Principles of pragmatics*. London：Longman.
Levinson, S. 1983 *Pragmatics*. Cambridge：Cambridge University press.
Mey, J. 1993 *Pragmatiecs：An Introduction*. Oxford：Blackwell Publishers.

原刊于《吉安师专学报》（哲学社会科学）1999年第3期，55—60页

句子语用意义的提取

提要

语义意义指的是符号组合与事物事件之间的指称关系,语用意义指的是符号组合与使用者之间的应用关系,即"此人此时此地用此句是此意"。论文从这一基本观点出发,着眼于剖析汉语中若干具体实例,探讨如何从语义意义与语境不合适的差值中提取句子的语用意义,如从表面意义提取反面意义,从正常意义提取异常意义,从"答非所问"中提取问话人和答话人的意味等,并指出句子语用意义的提取要受到许多因素的制约。

关键词

语义意义;语用意义;提取;差值

1 语义意义和语用意义

从符号学和三个平面的语法观来看,句子的分析包括句法、语义、语用三个方面。句子的意义也可以从三个方面来分析,即句法意义、语义意义、语用意义。句法意义从符号与符号之间的结构关系来分析,如主谓结构、从属结构、并列结构、述宾结构等等。语义意义从符号与事物之间的指称关系来分析,如名词指称事物、动词指称事件、"名词+动词"指称事物在事件中的具体样式等等。语用意义从符号与使用者之间的应用关系来分析,如名词在这个句子里是什么含义,这个句子在具体场景中意味着什么等等。

按照利奇《语义学》(Leech,1983)中的评述,在语言学界有几种观点:(a)语义意义包含语用意义(大语义);(b)语用意义包含语义意义(大语用);(c)语义意义、语用意义各不相同(区分语义、语用)。

按照认知语言学的表述,美国麻省理工学院出版的《MIT认知科学百科全书》(1999)收入的"认知语言学"条目中概括出了六个特点:(a)概念语义,也叫主观语义(conceptual/subjectivist semantics);(b)百科语义(encyclopedic as opposed to dictionary semantics);(c)结构中的范畴(structured categories);(d)合语法的层级性(gradient grammaticality judgments);(e)语言与其他认知方式有密切关系(intimate interrelationship of language and other cognitive faculties);(f)句法是不自主的(the nonautonomy of syntax)。这些特点主要是从语义角度提出的,所以认知语言学也有学者称之为认知语义学。这里的认知语义包括语义意义,也包括语用意义。

句子是语言形式和语言意义的结合体。在语言学的研究文献中,对"句子的意义是什么"这一问题回答并不一致,有的分析语义意义,有的分析语用意义,有的兼而有之。细致区分语义意义和语用意义是一项非常复杂的工程,需要语言理论上的严谨建构,更需要语言材料上研究大量案例,得出理论原则和分析规则。本文的主要旨趣不是讨论语用意义的分析理论,而是根据语义和语用的基本区分,解剖若干语言实例,对句子语用意义的提取作一些探索。

2 从"三日一小宴,五日一大宴"说起

问题:"三日一小宴,五日一大宴"应如何安排?

东汉末年,天下大乱,群雄并起。丞相曹操笼络各类人才,为称霸天下做准备。为了留住著名战将关羽,在连年战争、社会动荡不安、物质财富贫乏的背景下,曹操经常宴请关羽,留下了"三日一小宴,五日一大宴"的故事,流传至今。

从语言学的角度来分析,这句话的语义是什么呢?

先分析语义意义,即句子的指称语义,也就是符号(符号组合)的所指事件是什么。如果曹操的这个做法是一个命令,礼宾官员应如何安排呢?我们在"语义学"课程中对这个问题进行过课堂讨论,同学们的思路非常活跃,提出了各种各样的分析方案(历法时间、非历法时间、基数、序数、尾数等),在讨论中加深了对语义学的认识。下面以一个月 30 天为例,提出两个语义分析方案——

第一方案:小宴、大宴分别安排。得到:

　　　三日一小宴(共10次):03　06　09　12　15　18　21　24　27　30

　　　五日一大宴(共6次):　05　10　15　20　25　30

　　　　　　　　　　　　　(注:15、30 两天小宴、大宴的日期重复)

第二方案:小宴、大宴交叉安排。得到:

　　　三日一小宴(共4次):03　11　19　27

　　　五日一大宴(共3次):08　16　24

这两个分析方案的语义是不同的,也就是说,这个句子有歧义。作为一项命令,礼宾官员是无法正确执行的。

如果从经费支出来分析,两个方案的成本预算相差很大,曹操吸纳人才的专项拨款数额也很不相同。假设一次小宴的费用是 10000 元,一次大宴的经费是 20000 元,那么,第一方案曹操一个月宴请关羽的实际开支是 22 万(删去重复的小宴为 20 万,删去重复的大宴为 18 万)。第二方案曹操一个月宴请关羽的实际开支是 10 万。二者相去甚远。

上述分析属于句子的语义分析,也就是"三日一小宴,五日一大宴"这些语言符号组合在一起指称的是什么样的事件。两个方案的语义分析说明,句子有歧义。两种意义都没有涉及到语言使用者,都是句子的语义意义。

可见,这个历史上流传久远的故事是一个有歧义的故事。从语言分析的角度对这个故事可以得出几点判断:

第一、这个故事是不真实的,因为礼宾官员无法执行一个有歧义的命令。(语义)

第二、这个故事是真实的,历史上发生的或者是方案一,或者是方案二。(语义)

第三、这个故事不能作符号指称意义的分析,而要作符号使用者意味的分析。(语用)

按照第三点来分析,"三日一小宴,五日一大宴"不能作为一项命令(祈使句)来使用,只能是对某一事件的描写。这种描写虽然有客观现实为基础(《三国志·蜀书·关羽传》有曹操对关羽"拜为偏将军,礼之甚厚"的记载),但句子主要传达的不是所指称的语义意义,而是说话人要表达的语用意义,具有主观性的特点。

那么,句子的语用意义是什么呢?说话人要传达的含义(意味)是什么呢?

句子中包含的符号"三日""五日"说的是时间间隔短,事件发生频繁。"宴"说的是费用大,规格高,人数多。"小宴""大宴"对举并提,说的是宴席有变化,宾客有变化,场所有变化,名目也有变化,曹操为留住重要人才关羽的用心良苦。

"三日一小宴,五日一大宴"把这些符号组合在一起,虽然语义意义有歧义,不精确,但是语用意义却是非常清楚的,这个句子要说明的是:曹操频繁宴请关羽,礼遇优厚,大大超出对一般人才的待遇。这些符号组合在一起,就是为了表达这个语用意义,并不追求语义意义上的精确指称。

由上分析可知,这个句子是一个带有主观色彩的描写句,不是历史真实事件的客观写照,而是历史事件叙述者的语用表达。句子主要应作语用意义的分析。这个句子随着时代的流传和广泛使用,逐渐提取出了它的语用意义"宴请频繁,耗资甚大"(人物重要),句子中的"三日""五日""小宴""大宴"等符号的实际指称意义已经不是语义图式的前景,而是语义图式的后景了。从语义意义和语用意义的关系来看,这个句子的语用意义(表达义)离语义意义(指称义)有一定的距离,因而具有一定的夸张性,是一种修辞性的用法。这种夸张性的修辞用法在历史故事的民间流传中使用非常普遍。

与"三日一小宴,五日一大宴"相类似的语言符号使用实例很多,有的产生于历史故事,有的产生于历史文献,有的产生于民间流传,有的产生于当代创造。产生时间久远的,在历史长河中被人不断使用成为熟语或准熟语。产生时间较短的,如果被人广泛使用,则成为流行语,如果不被人广泛使用,则成为个人新造语,逐渐被遗忘。这些符号组合而成的句子(或短语)的语义意义是后景信息,语用意义是前景信息,是说话人要传达的实际意义(意味),历史上流传下来或现实生活中流传开来的主要也是句子的语用意义。

以下是一些与"三日一小宴,五日一大宴"较为类似的句子实例:
(1) 三日一小考,五日一大考。　　三日一小骂,五日一大骂。
　　三日一小病,五日一大病。　　三步一哨,五步一岗。
　　三个一群,五个一组。　　　　三天打渔,两天晒网。
　　孔雀东南飞,五里一徘徊。　　三人行,必有我师。
　　三三两两的人群……

以上这些符号组合体虽然都可以作句子指称意义的分析,但是所指分析得到的语义图式有的可能不只一个,即存在歧义,有的所指图式也许只有一个。不过,这些句子所表达的主要不是语义指称意义,如数字义等,而是语用意义,即带有夸张性的表达。意义是"间隔近""人数少""距离短"等说话人希望传达的主观语义。

概言之,句子语用意义的提取指的是,通过对句子结构中语义意义的分析得出句子指称上的多种意义,转而探求说话人使用该句子传达的主要意味,得出句子的语用意义。

语言实际使用中的许多特殊表达,奇怪的表达,语义不通的表达,夸饰的表达,重复的表达,违反逻辑的表达,貌似废话的表达,通常都要作语用意义的提取,以得到说话人使用这些表达的意味。这也是语法修辞结合分析的研究思路。

3 语用意义提取的若干实例分析

句法语义分析的经典观念是"理想说话人在理想语境中说出的理想句子表达出的理性意义"。这是结构语言学和其他形式语言学的基本观点。

语用学的基本观念是"此人此时此地用此句是此意",下面据此来简要分析一些句子实例。语用意义的提取方法主要通过与语义意义进行对比产生的差值(不适切、歧义)得到,差值的求取主要是句子出现的语境。无差值的语用意义另行分析。

3.1 从句子的表面意义提取反面意义

表面意义也叫字面意义,是理解句子的前提。反面意义指的是与表面意义相反的意义。如果从一个句子的表面意义提取出了反面意义,俗称说反话,语言学上叫"反语"表达法。反语是语义意义与语用意义差值最大化的表现,提取反语意义要结合句子的实际语境。下面是几个实例:

(2) "他是一个<u>大好人</u>,浑身上下毫无缺点,连肚脐眼也没有。"(《于无声处》)

(3) "<u>你真坏</u>!"(电影场景:她说完后接着"扑哧一笑"。)

例(2)是话剧中的对白,句子中的"大好人",语用意义上等于"大坏人"。从词汇意义和逻辑结构关系意义的分析得不出这个反面含义,语义意义与语用意义之间存在差值,提取语用意义的方法是从下文语境"连肚脐眼也没有"中推出。例(3)是电影和电视剧中经常出现的场景和对白。从言谈语境中可以得出句子表达的实际含义与表面意义是相反的,即"你真坏!"在这里大体上等于"你真好!"

例(2)的"大好人"在语用意义上是"大坏人",例(3)的"你真坏"在语用意义上是"你真好!"这种上下语境中看上去逻辑语义混乱的句子,是通过语用意义和语义意义的对比表达真实意图的语言表现手法,也叫"反语"格。又如——

(4) 留学生:你有《老子》吗?

书贩子:有,那是我爸爸。

留学生:有《孙子》吗?

书贩子:那是我儿子的儿子,还没生呢。

留学生:有《庄子》吗?

书贩子:有哇,你问这干嘛!我就住在李家庄。咱北方叫庄子,南方叫村子,那云南边疆啊,叫寨子。

留学生:<u>你真有学问</u>!

书贩子:哪里哪里。买点什么书?

留学生:不买啦,Good-bye!(小品《卖书》)

这是一个电视小品中的对话。上面对话中的"你真有学问"传递给观众的语用意义是"你没有学问",这个反面意义的得出有赖于上文语境。在这段对话里,说话人的文化知识语境(《老子》《孙子》《庄子》是先秦的三部著作)与听话人的文化知识语境(不知道《老子》《孙子》《庄子》是先秦的三部著作)形成了较大的语境差值,结果使得交谈话题歧出,信息传递受阻,说话人只好改变话题直至结束交谈。"你真有学问"一句就标示出了这一转折。可惜听话人的语境差使他只听懂了字面的语义意义而没有提取出反面意义,于是做出了"哪里哪里"这一表示谦虚逊让的回答。电视观众则从对话语境中提取并听懂了反面意义,由此产生了较好的剧场效果和收视效果。

3.2 从句子的正常意义提取异常意义

正常意义指的是句子的指称意义最容易被理解的那种意义,心理反应时间最短,在语言交际中最为通畅。异常意义指的是句子不容易被理解的那种意义,心理反应时间较长,在语言交际中不太顺畅,语义意义与语用意义存在一定的差值。需要提取异常意义的理由是句子的正常意义(事件的指称意义)在交际中不合适,或者违反事理逻辑,或者令人不知所云。下面是几个实例。

(5) 顾客:这龟背竹我养得活吗?

店主:养得活。你死了我不要你钱,再赔你十倍。(《新民晚报》文章)

(6) 甲:你是招待所吗?

乙:不,我是锅炉房。(电话问询)

(7) 月红:晚了,我已经是他的人了。(电影《舞台姐妹》)

(8) 甲:德行!

乙:惯性。(《文摘报》文章)

上述句子中符号组合表达的正常意义虽然能够理解,但是似乎都不顺畅,这些句子表达的意义都有些异常,在语言交际中正确理解这些句子的意义需要花费的时间要长于理解一般正常的句子。这些都是语言的曲折表达或者特殊表达。例(5)中的"你死了"从上文可得出语用意义是"如果你买的龟背竹死了的话",句子中包含省略结构。例(6)中的"不,我是锅炉房"也是省略结构,这种句式在电话问答中经常使用,句子的语用意义是"我这里是锅炉房"。例(7)中"他的人"是领属结构,据说在美国放映时,打出翻译字幕,观众仍不明白"他的人"是什么意思。如果了解了中国的文化和说话人的性别语境,这句话的语用意义是可以提取的。"他的人"是领属关系,汉语的领属结构关系内部情况很复杂,有生命的领属关系有下面几种可能的含义:

a. 他的奴隶:人身依附关系。

b. 他的手下:工作依附关系。

c. 他的妻妾:婚姻依附关系。

d. 他的异性依附者:心理依附关系,可发展为婚姻依附。

电影中指的是第四种情况,在汉语里表达这类领属关系时,"他的人"已经被看作是一个习惯用语了。例(8)是一个现实生活中实际发生的完整对话,看上去也属于异常意义,因为句子的指称意义似乎都明白,但连接在一起却令人不知所云。句子的句法分析和语义意义分析相对比较简单:两个句子都是由名词充当,甲句的语义是"品行""品德";乙句的语义是"物体保持自身原有的运动状态或静止状态的性质"。

但是知道了这两个句子的句法和语义,并不能理解这个对话实际的语用意义。把它还原到语境中,这两个句子才能获得语用含义,完成一次交际活动。

据《文摘报》介绍,有一次在北京的公共汽车上,汽车因故突然刹车,车厢里的人猝不及防,一位男子撞到一个女青年身上。女青年责骂道:"德行!(真缺德)"气氛顿时紧张起来,一场争吵眼看就要发生。不意那男子回答:"惯性。"这个符合公交车中特殊语境的机智回答引起了车厢乘客表示理解的一阵笑声,那女青年也转怒为笑,满天阴云顷刻散尽。这个例子说明,有些不易理解的异常句子通过揭示语境能够获得解释。

3.3 "答非所问"现象的分析

"答非所问"的语言现象指的是答句的语义内容不照应问句的语义内容,所谓"王顾左右而言他"(《孟子·梁惠王》),反映的是答话人对问话人句子"预设"的拒绝。例如:

(9) 问:你看过《非诚勿扰》吗?　　答:我们下个月去实习。
　　问:你联系了去哪里实习?　　答:下午还有两节选修课。
　　问:在哪个教室上课?　　　　答:上海世博会开得很成功。
　　问:哦,嘿嘿。

这段对话中答话人多次"答非所问",事实上就是多次拒绝问话人的预设,因此对话非常别扭,难以进行,交际受到了阻碍。在这段四次问答的对话中,句子的语义意义(事件指称意义)不是谈话双方所要表达的意义。那么,谈话双方的语用意义是什么呢?如何提取问话人和答话人使用这些句子的语用意义呢?这类课题在语用学文献中一般用"会话涵义"来分析。会话涵义,就是提取会话的语用意义。这段对话的语用意义是:"问话人"渴望结识答话人(套近乎),"答话人"拒绝问话人接近自己的企图(答非所问)。这是无话找话搭讪的"马路求爱者"或在公共空间寻求接近对方的一种会话模式,也是一种社交技巧。

这种社交技巧的程度等级可用会话轮次(一问一答为一轮)来计算。轮次越多,等级越高。参数为"抗挫折能力指数"(俗话:脸皮的厚薄程度)。这种抗挫折能力指数用于追求爱情,可计算成功概率。指数越高,成功的概率越大,反之较小。用于学业和事业上,也是如此,所谓百折不挠的精神,指的就是这种抗挫折能力。当然,这种非智力因素的情感追求如果能有效结合智力因素的理性分析(可能性大小),则运用的效果会更理想。

3.4 语义意义提取的制约因素

语用意义的提取是句子语义分析的一种方法上的探索,与语法和修辞的关系都较为密切,语义意义是句子语法分析的基础,语用意义的提取应以语义意义的分析为先决条件。语义意义与语用意义的意义差在修辞学研究中的通常可概括为辞格。修辞、辞格是语言学分析的概念，是中性的，无所谓好与不好。好与不好的判断标准是看修辞手段产生的交际效果，不是手段本身。下面是最近《东方早报》上一篇文章的开头，从语用意义分析的角度看，值得商讨。例如：

（10）"俗话说，青岛如果有公鸡清晨报晓，韩国仁川也能听见。这个俗语表明韩国和中国是多么近。"2008年5月，韩国总统李明博访华，在与中国国家主席胡锦涛举行会谈后的记者会上用中韩两国语言里同时存在的"鸡犬相闻"四字成语，表明韩国愿与中国继续推动两国交流与合作的决心。他还表示："胡锦涛主席与我虽然是第一次见面，但在举行会谈时感觉我们就像认识很久的老朋友一样。"然后问道："胡锦涛主席也这样认为吧？"这句话引起周围一片笑声。胡锦涛主席微笑着回应说："我也这么认为。"（《东方早报》2010年12月3日）这段话里运用了夸张、引用等修辞手段，并且有具体的情景描写，给读者以深刻的印象。不过，引用"鸡犬相闻"说明"距离近"是很生动的，但是不容易提取出"关系近"的语用意义，因为这句话在《老子》的原作中是"鸡犬之声相闻，人至老死不相往来。"从这个实例的分析中给人启示，语用意义的提取要受到许多因素的影响。

下面例(11)的语用意义的提取在学术界曾经引起过争论：

（11）民可使由之不可使知之。
    a 民可使由之，不可使知之。
    b 民可使，由之；不可使，知之。

这是孔子儒家思想的语录，句子表达的是什么意义呢？由于例(11)古文原句没有标点，所以，不同的标点反映出对这句话的不同理解，也就是标点者提取了不同的语用意义。例(11)a的语用意义是老百姓只可让他们跟着做事，不能告诉他们道理和原因。有人据此说孔子主张用"愚民"政策治理国家。例(11)b的语用意义是如果老百姓懂道理，给他们一定的自由，如果不懂道理，就告诉他们道理。有人据此说孔子主张"智民"政策治理国家。

要判断哪种解释符合孔子的思想，即提取哪一种语用意义作为孔子的治国治民理念，要根据当时的时代背景、孔子的政治主张、教育理念、句子出现的语境、听话人等因素来推断，即句子语用意义的提取要受到一定的条件制约。

下面例(12)是《庄子》中的一段寓言，如何提取这段话的语用意义，在学者之间存在许多不同的观点，兹不详论。

（12）南海之帝为倏，北海之帝为忽，中央之帝为浑沌。倏与忽时相与遇于浑沌之地，浑沌待之甚善。倏与忽谋相报浑沌之德。曰："人皆有七窍以视听食息，此独无有，尝试凿之。"日凿一窍，七日而浑沌死。（《庄子·应帝王第七》）

按："浑沌"现在用来形容物体看不清楚，主要表示空间意义。"倏忽"形容时间非常之短,主要表示时间意义。所以,这个故事可以概括为"时间谋杀了空间",实为华夏之第一号命案。

4 结语

概言之,句子的语义意义指的是语言符号和符合组合的所指意义,包含事物所指,事件所指,与符号使用者的意味无关。

语用意义指的是语言符号和符号组合在使用中的含义,与符号使用者的意味密切相关。即"此人此时此地用此句是此意"。

语用意义的提取指的是,通过对句子结构中语义意义的分析得出句子所指上的多种意义,转而探求说话人使用该句子传达的主要意味,从而得到句子的语用意义。

在实际语言的分析中,由于具体语境中符号的省略、所指意义的异常、语义意义与语境的不适切(逻辑混乱、指称不成立等)产生意义差,通过语境分析可提取出句子的语用意义。

由于语用意义的提取要结合语境,而语境的所指(定义)在学术界尚无相对可接受的研究平台,因此语用意义的提取是一个复杂的研究课题,许多问题有待进一步的深入研究。

参考文献

商务印书馆编辑部编 2004《21 世纪的中国语言学》[C],北京:商务印书馆。

袁晖、戴耀晶编 1998《三个平面:汉语语法研究的多维视野》[C],北京:语文出版社。

Wilson,P. A. & Kell,F. C. 1999/2000 MIT 认知科学百科全书[Z],上海:上海外语教育出版社。

利奇 1983/1987《语义学》[M],李瑞华等译,上海:上海外语教育出版社。

原刊于《当代修辞学》2011 年第 2 期,11—17 页

学习西方语言学理论,探求汉语自身规律

一

语言学发展的动力是现实的需要,是当代语言生活的反映,是语言学内在学理合乎逻辑的推动。

19世纪以前,中国的语言学按照传统的文字、音韵、训诂的小学传统持续不断地发展,达到了相当高的研究水平。19世纪中叶以后,为了寻找救国图强的道路,通过出国留学、翻译著作、学术交流,当时西方的各种理论学说大量介绍到中国,出现了西学东渐、全盘西化、中体西用、保持国粹等各种对待西学和中国传统学说的态度和流派。在语言学方面,《马氏文通》借鉴西方语言学思想建立了第一个汉语语法体系,对中国语言学是一股新风,给汉语语言学研究注入了活力,极大地推动了语言学研究的开放意识,促进了中国传统语言学与西方语言学的联系和互相启发。

在20世纪的百年进展中,中国语言学不断地学习和追赶世界语言学的潮流。随着国力的日益加强,改革开放的步伐加快,与世界各国的交流日益增多,到21世纪初,中国语言学逐渐走上了与西方语言学协同发展的道路。

二

从中国语法学的历史演进来看,20世纪的语法学出现了几次大的研究热潮:

第一次是19世纪末20世纪初,《马氏文通》创立了汉语语法学,掀起了以西方教学语法为参照来研究汉语语法的潮流。学术界以谈论语法为时尚,著名学者胡适等人也加入到汉语语法的讨论之中,发表了多篇文章。语法学成为当时得风气之先的新学。

第二次是 30 年代开始的文法革新运动。学术界不满意《马氏文通》等著作所代表的模仿西方"葛郎玛"的研究传统,希望以汉语语法事实为立足点,构建新的语法体系。上海和重庆等地学术杂志上的讨论文章和西南地区吕叔湘《中国文法要略》、王力《中国现代语法》等是这一时期的代表性成果。

第三次是 50 年代的汉语语法问题大讨论。当时的语法研究受苏联影响较大,在中央的提倡下,全国各行各业都来学语法。中国科学院语言所"现代汉语语法讲话"连载,学术界讨论汉语的词类问题,参加人数众多,争论非常激烈。这一时期是一百年间语法研究和讨论最热烈的时期。

第四次是 80 年代初开始的中年、青年汉语语法讨论会,每两年举行一次。讨论会百花齐放,百家争鸣,研究的问题相当广泛,主流趋势是运用结构主义的研究方法描写和解释汉语语法现象。这一时期寻找汉语特点的"词组本位"学说和探求多角度研究思路的"三个平面"观点引起了学术界的较大关注。

90 年代后期到现在,语法学逐渐进入了新的研究热潮。这就是在充分尊重汉语事实、充分描写汉语事实的前提下,力求更好地解释汉语语法现象为目的的功能研究和认知研究。这一研究风气的影响正日渐增大。(此外,汉语语法的应用研究,如面向计算机的语法学研究、对外汉语语法研究等,在这一时期也得到了很大的发展。)

分析和反思 20 世纪的几次汉语语法研究热潮,有两个特点值得重视:

第一个特点是每次研究热潮的兴起都受到了国外语言学研究思潮的较大影响。20 世纪之初是受拉丁语和英语等西方教学语法的影响,三四十年代受到索绪尔理论和叶斯柏森三品说的影响,50 年代受到苏联语言学和欧美结构语言学的影响,80 年代开放后受到西方语言学的广泛影响,90 年代以后受到功能语言学和认知语言学的较大影响。

第二个特点是在每次的研究热潮中,代表性的研究成果都是运用语言学理论较好地结合了汉语事实而取得的。长期以来,中国语言学界的有识之士一方面在努力学习西方的语言学理论,另一方面在努力"企图摆脱印欧语的束缚,探索汉语自身的语法规律"(朱德熙《语法答问》)。可以这么说,一百年来,引进西方语言学理论的工作从来没有停止,同时,寻找汉语自身结构特点的工作也一直没有停止。这两点对于 21 世纪的汉语研究有重要的启示作用。

三

从世界语言学近两三百年发展的大势来分析,19 世纪可以说是特别重视语音的世纪,代表性成就是历时比较语言学,通过探求不同语言之间词汇和语音的函数对应关系,构建了语言谱系(language families)。

20世纪是特别重视语法的世纪,代表性成就是共时描写语言学,通过探求自足的句法系统,创立了结构语言学、生成语言学等描写语法系统的分析范式。

21世纪将会是特别重视语义的世纪。20世纪早期的美国布龙菲尔德描写语言学尽量避免谈语义,20世纪中期的乔姆斯基语言学把语义严格控制在解释语义学的范围,坚持认为句法是自足的形式系统。生成语义学在大论战中处于下风。语法分析中尽量避免谈意义的思潮对我国语言学界的影响非常大。20世纪后期,语义分析的各种学说非常活跃,除了结构语义学、解释语义学以外,语用学、语言哲学、功能语义学、认知语义学等都有很大的发展。虽然还不足以与形式语言学平分秋色,但已表现出强劲的发展势头,对我国的语言学研究正在产生越来越大的影响。

美国麻省理工大学出版的《MIT认知科学百科全书》(1999)收入的"认知语言学"条目中概括了认知语言学的六个特点:1.概念语义,也叫主观语义;2.百科语义;3.结构中的范畴;4.合语法的层级性;5.语言与其他认知方式有密切关系;6.句法是不自主的。这六个特点主要是从语义角度提出的。

四

从汉语语法研究进展的实际情况来分析,研究的进一步深入和对语言现象解释力的提高,都需要借助于语义的分析。举几个否定语义分析帮助理解汉语的例子来说明。

肯定和否定是一对语义范畴。一般认为一个肯定句加上一个否定词就构成相应的否定句,语义上产生相应的变化。但是,语言中的实际语义表现却要复杂得多。例如:

(1) a. 王岚是一名学生干部。
     b. 王岚不是一名学生干部。

肯定句 a 的语义只有一种:王岚是学生(A),而且王岚是干部(B)。即"A而且B"。

否定句 b 的语义有三种:1. 王岚不是学生(非A)。2. 王岚不是干部(非B)。3. 王岚不是学生而且不是干部(非A而且非B)。

由上分析可知,当句子中有多个成分时,肯定句表现为一种分析,即每个成分都得到肯定,语义是确定的(单义性)。而相应的否定句则表现为多种分析,即至少有一个成分(A、B、A 而且 B)被否定,语义是不确定的(多义性)。

从对句子成分的分析进一步延伸到句子中词项的语义特征分析,否定句也表现出与肯定句不同的语义。例如:

(2) a. 王岚是一位母亲。
　　b. 王岚不是一位母亲。

如果说,词项"母亲"有三项语义特征【女性】【成年人】【有孩子】,在肯定句 a 中,这三项语义特征就同时得到了肯定。但是在相应的否定句 b 中,语义则表现为多义性,即至少有一项语义特征得到否定:【非女性】或者【非成年人】或者【没有孩子】。从语感上来分析,这三项语义特征的否定有一个选择序列:"没有孩子 > 不是成年人 > 不是女性"。符号" > "在这里的意思是"强于"。

由上分析可知,从语义特征的角度来分析,肯定句中词项的多项语义特征同时得到了肯定,表现为共存性。否定句中词项的多项语义特征至少有一项(也可以是多项)得到了否定,各项语义特征形成选择序列,表现为层级性。因此,从否定角度来探讨,可以尝试求出词项的主要语义特征(或者叫区别性语义特征)和次要语义特征。

从对词项语义特征的分析进一步延伸到助动词"可能"与"一定"的语义关系分析。"可能"和"一定"的基本语义并不相同,前者表示或然义,后者表示必然义。但是可以通过否定找到并建立起来二者之间的语义联系。试比较:

(3) a1. 王岚可能读到了这本书 ≠ a2. 王岚一定读到了这本书(肯定句)
　　b1. 王岚不可能读到了这本书 ≈ b2. 王岚一定没读到这本书(否定句1)
　　c1. 王岚可能没读到这本书 ≈ c2. 王岚不一定读到了这本书(否定句2)

上述例句中的符号"≠"表示前后两句语义上不相同,符号"≈"表示前后两句语义上基本相同。表可能的肯定句 a1 与表一定的肯定句 a2 之间在语义上不相同,建立不起意义联系。但是表可能的否定句 b1、c1 与表一定的否定句 b2、c2 之间在语义上基本相同,可以建立起意义联系。下面是二者语义关系的对照表:

"可能"与"一定"的否定句之间的语义联系对照表

句子	事件	可能	句子	事件	一定
b1	+	−	b2	−	+
c1	−	+	c2	+	−

从对照表可以看出,"事件的肯定 + 可能的否定"(b1 句:不可能 V)在语义上与"事件的否定 + 一定的肯定"(b2 句:一定没 V)基本相同。而"事件的否定 + 可能的肯定"(c1 句:可能 V)在语义上与"事件的肯定 + 一定的否定"(c2 句:不一定 V)基本相同。仅仅从肯定句的角度不能在"可能"句与"一定"句之间建立起语义

联系,而通过相应否定句之间的对比则可以建立起语义上的联系。

以上从否定语义角度对句子成分、词项的语义特征、"可能"与"一定"构成的句子在语义上的联系等所作的分析可以深化对汉语句子的理解,可以发现单纯的形式分析不能发现的语法现象,找出单纯的形式分析不能找到的语法规律,这说明,重视语义分析对认识汉语、解释汉语、运用汉语有重要的作用。

原刊于《21 世纪的中国语言学》(一),商务印书馆,2004 年,103—109 页

修辞学研究的"关键词"

不同的学科在历史发展的不同时期有不同的"关键词",关键词反映出一个学科的面貌和研究特色,修辞学也是如此。按照科恩的范式理论(paradigms),每个学科的成员形成一个科学共同体,在一些基本理论概念方面持基本相同的看法,拥有共同的词典。学科的进步也会带来词典中词条结构和词义解释的改变。[①]

在汉语修辞学的研究中,曾经出现过一些影响较大的关键词,如积极修辞、消极修辞;词语修辞、句子修辞、词格;语法修辞结合论;同义手段;语境、语体、风格;等等。围绕着对这些关键词的讨论,修辞学科形成了研究热点,丰富了研究内容,深化了研究理论,产生了不少修辞学家和有价值的研究成果,构成了汉语修辞学史的面貌。

首届"望道修辞学论坛"的召开,是汉语修辞学发展中的重要事件。这次会议有两个中心议题:(1)修辞学的研究方法及其运用;(2)《修辞学习》的改刊及发展方向。

为此,论坛筹备组精心组织了一批论文,编成集子。读了这些论文,觉得新见迭出,开拓了视野,很受教益。下面从论文中的"关键词"这个角度谈一点对修辞学和修辞学研究方法的看法。

1 论文中出现的关键词扫描

下面引用收入集子中的 15 篇修辞学论文的关键词。

《构式等级降低与辞格生成》,4 个关键词:构式等级、语义等级、句法等级、辞格生成。

《从"非常 X"的陌生化搭配看汉语修辞学的现代取向》,5 个关键词:非常、搭配、陌生化、双重效应、修辞取向。

[①] 参见涂纪亮《美国哲学史》第三卷 113—127 页,河北教育出版社 2000 年。

《语篇结构中作为修辞元素的身份符号》,5个关键词:身份符号、修辞元素、语篇结构、学术兼容、学科重建。

《论完全段的结构与变体》,3个关键词:完全段、结构、语言单位。

《从处置式的形成看修辞对句法结构的影响》,未列关键词。

《"的"字结构诸功能中的语体功能》,未列关键词。

《言说动词的隐现规律》,4个关键词:言说动词、行事行为、行事修辞、表达修辞。

《论元成分游移和修辞效果的凸显》,5个关键词:论元成分、修辞效果、游移、论元结构、语义特征。

《自然语言中的链接结构及其修辞动因》,7个关键词:链接结构、修辞结构、非线性、元认知、后调节、递归、堆栈。

《修辞性疑问的研究框架》,未列关键词。

《互文研究——语篇研究的新论域》,5个关键词:语篇、互文理论、互蕴结构意识、空间意识、关系意识。

《梯级修辞与汉语极量极性词语》,4个关键词:极性词语、梯级思维、梯级修辞、信息力度。

《现场报道中"现在时"的修辞学分析》,5个关键词:修辞意图、修辞结构、观念中的"现在"、说话时刻、事发时刻。

《现代修辞学视野下的"口头禅"研究》,未列关键词。

《将来时新闻可控度探索》,未列关键词。

收入集子中的15篇论文中,10篇论文中共出现47个关键词,有5篇论文作者未列出关键词。还有一些论文在会议之前来不及收入集子,会议期间报告过,本文暂未作分析。

2 对论文中关键词的简要分析

从关键词的角度可以看出首届"望道修辞学论坛"的信息量较大。研究思路和研究角度较多,运用的修辞理论和论证方式丰富多样,给读者很多有益的启发。有些关键词如"构式等级、修辞元素、完全段、链接结构、互蕴结构意识、梯级修辞、堆栈"等令人耳目一新。

论文中的关键词或者从语言的结构要素着眼,如"极性词语""完全段""语篇""论元结构""链接结构"。或者从说话人角度着眼,如"修辞意图""空间意识""辞格生成""梯级思维""表达修辞"。或者从听话人角度着眼,如"修辞效果""陌生化"。还有一些关键词是从语义分析和言语行为理论角度着眼的,如"语义等级""语义特征""言说动词""行事修辞"等。

分析论文集子中的关键词,有两个特点,一是修辞学者研究的课题较为广泛,研究的视野非常开阔,呈现出百花齐放的局面。一是修辞学研究者之间共同关心的课题较少,或者说目前修辞学研究的热点问题尚未得到充分的反映。

3 对汉语修辞学关键词的看法

汉语修辞学在 20 世纪 70 年代后期以来的研究中,先后出现过一些研究热点,如"辞格"研究、"同义手段"研究、"语法修辞结合"研究、"语体风格"和"作家风格"研究等。这些都可以看作是汉语修辞学在当时的关键词,对这些关键词的不同看法,形成修辞学当时的前沿问题,或者叫修辞学科当时的"时代精神",由此产生的一系列科研成果,推动着修辞学科的深入发展。

例如"辞格"的研究在 80 年代形成了修辞学研究的热潮,短短几年间,汉语修辞格就从一般论及的 30 多个增加到 200 多个。如汪国胜等主编《汉语辞格大全》收独立辞格 231 个,唐松波等主编《汉语修辞格大辞典》收汉语修辞格 156 个,正式辞格 117 个,小辞格 121 个,有待继续探索确立的辞格 39 个。[②]

从汉语修辞学史中"辞格热"现象,可以看出,正是由于曾经出现过"辞格"这个研究热点,在语言学的诸多分支学科如语音学、词汇学、语法学、语义学、语用学中,修辞学形成了鲜明的学科特色,从修辞学发展史的角度来看,汉语辞格研究在 80 年代成为修辞学的"时代精神",对汉语修辞学的学科价值具有重大的意义。其中对比喻、对偶等辞格的具体研究内容和分析的精细化达到了很高的程度,是当时修辞学辞格研究中的范式。

修辞学史上其他几次研究热潮中也出现了不同的关键词,对这些关键词的集中讨论和研究,为汉语修辞学注入了活力,不断推动着汉语修辞学研究的发展。

4 目前修辞学研究的学科取向和关键词"修辞结构"

首届"望道修辞学论坛"的一个中心议题是修辞学的研究方法及其运用,如果从关键词的角度提出问题的话,可以是"修辞学研究方法中的关键词是什么"。由

---

② 参见王珏等《构式等级降低与辞格生成》,首届"望道修辞学论坛"论文第 1 页脚注 1。

于修辞学研究方法的探索或修辞学研究方法的形成与研究的具体内容密切相关,与试图解决的具体问题密切相关。因此,问题也可以改为"目前修辞学研究的关键词是什么?"

修辞学研究曾经有过伦理学、文学、社会学、语言学等各种不同的学科取向。在中国传统修辞学中,认为"修辞立其诚",这可以看作是修辞的伦理学取向。传统文献中更多的是从文学角度讨论修辞,如刘勰的《文心雕龙》是文学评论著作,也被认为是修辞学著作。在西方修辞学传统中,有学者认为修辞是论辩和说服人的技巧,这可以看作是修辞的社会学取向。中国现代修辞学的代表人物陈望道的《修辞学发凡》认为修辞学的本位是语言,为此提出修辞学有消极修辞和积极修辞两大部分,这可以看作是修辞学的语言学取向。从修辞学的历史发展和研究现状来看,修辞学都具有明显的跨学科性质。就汉语修辞学而论,本文认为修辞学的研究基点应该放在语言学上。

首届"望道修辞学论坛"的论文集子中,字面上有"修辞"的关键词有9个。即:辞格生成、修辞取向、修辞元素、行事修辞、表达修辞、修辞效果、修辞结构、梯级修辞、修辞意图。

从修辞学的语言学取向来分析,最重要的关键词是"修辞结构"。此外,"修辞元素""梯级修辞"等也可以从修辞结构角度来论述。

什么是修辞结构?通过深入揭示这个关键词的内涵意义,探索这个关键词可以用来分析语言中的哪些修辞现象,在理论建构和个案分析方面发掘修辞结构的解释力,丰富和充实修辞结构的内容,可促进当代修辞学的发展。这种围绕关键词来开展深入的研究,对目前的汉语修辞学是很有现实意义的。

首届"望道修辞学论坛"的第二个中心议题是,《修辞学习》的改刊及发展方向。从关键词的角度来提出建议:《修辞学习》刊物可以选择若干关键词分别组织专题讨论,集中刊载一批论文,以深化修辞学的研究。近期可以考虑以"修辞结构"为关键词开展专题研究,发表研究论文,或者召开专题研讨会,借以形成专题研究的范式作用,推动《修辞学习》的改刊,扩大杂志的影响,促进修辞学科的发展。

原刊于《修辞学习》2008年第2期,23—25页

观点新颖　方法严谨
——读朱德熙《语法答问》

汉语的语法研究走的是一条特殊的道路,即从一开始就受到印欧语语法的深刻影响。自第一部系统的汉语语法研究著作《马氏文通》问世以来,汉语语法研究一直摆脱不了这种影响,以致看不清汉语语法的本来面目。其间虽有不少学者试图摆脱印欧语的束缚,探讨汉语自身的语法规律,但总也难以消除长期以来印欧语语法观念给汉语研究带来的消极影响。建国前的许多语法著作,建国后几次大的语法讨论,都深深地反映出这一点。朱德熙先生这本《语法答问》,集中剖析了长期以来汉语语法研究中常常引起争论的问题,指出:"要是我们能摆脱印欧语的干扰,用朴素的眼光看汉语,有许多争论本来是不会发生的。"①

《语法答问》用较为轻松的对话形式(不是问答形式)写出,论题集中,观点新颖,论证方法严谨,是一本对初学者和研究者都有益处的好书。

我认为这本 84 页的小册子有以下几个特点。

一、论题集中在多年来引起争论的问题上。作者在序里就指出,《语法答问》的"目的是针对一些常常引起争论的基本概念和观点进行分析和评论","凡是跟论题无关或者关系不大的闲话都删去了"。全书共八章,除"缘起"外,第一、六、七这三章讨论的是牵涉面较大的理论性问题,如汉语语法特点、汉语语法体系,形式和意义等。这些章节中的观点提供了讨论具体问题的理论基础。中间四章集中讨论了汉语语法研究中几个具体的有争议的问题。即词类问题,主宾语问题,定语状语补语和连动式、兼语式问题,以及中心词分析和层次分析问题。其中词类、主宾语、析句方法分别是建国后三次大的语法讨论的中心问题。(另一次大讨论的中心问题是复句,朱德熙先生在《语法讲义》一书里作了探讨。)《语法答问》这种不避难点,不绕弯子,集中解剖语法研究的棘手问题的做法,在同类的"知识丛书"中是很突出的,令人开卷不肯释手。同时,由于论题集中,全书篇幅虽小,讨论的问题却

---

① 朱德熙《语法答问·日译本序》,商务印书馆,1985 年。

比较深入。

二、观点鲜明新颖,有破有立。《语法答问》从汉语语法的特点入手来展开讨论,运用的是比较法。针对汉语语法学几十年研究的实际情况,比较的对象主要是印欧语。作者首先指出,"汉语缺乏形态,所以词序和虚词显得特别重要"的说法非常含糊,因为印欧语的词序和虚词也很重要,倒是汉语的词序和虚词有一定的灵活性。接着作者提出了汉语语法的两个重要特点。

第一个重要特点是汉语词类跟句法成分不存在简单的一一对应关系。印欧语词类同句法成分的关系是:

汉语词类同句法成分的关系要复杂得多,即词类有多功能的特点:

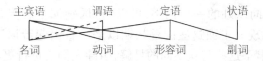

如果我们用印欧语的眼光来看待汉语,象句本位语法那样,规定充当主宾语的只能是名词,充当定语的只能是形容词,充当状语的只能是副词,那就是无视汉语本身的特点,生硬模仿印欧语语法,由此必然会得出"词类转化"和"词无定类"的结论,而这正是汉语语法研究中长期引起争论的问题,一直叫初学者迷惘,叫专家们焦虑。如果我们看到并且承认汉语词类有多功能的特点,这一类争论是不会发生的。《语法答问》特别强调汉语语法中动词、形容词可以直接作主语宾语,并不改变词性。

第二个重要特点是汉语句子的构造原则跟词组的构造原则基本上是一致的。在这个分析的基础上,作者认为,有可能建立以词组为基点的汉语语法体系。在这种"词组本位"的语法体系中,如果我们把各类词组的结构和功能都足够详细地描写清楚了,那么句子的结构实际上也就描写清楚了,因为句子不过是独立的词组而已。《语法答问》在分析时指出,印欧语各语法单位之间是组成的关系,即小单位同大单位之间是部分和整体的关系:

$$\text{word} \to \text{phrase} \to \text{clause} \to \text{sentence}$$
组成关系

而汉语各语法单位之间,词和词组是组成关系,词组和句子则是"实现"的关系。作者认为,词组是抽象的东西,句子则是具体的东西,抽象的词组随时可以"实现"为具体的句子或句子的一个组成部分。例如,"去北极探险"这个语法单位,作为词组,我们只研究它的结构(连动)和它的语法功能(动词性的)。但这个词组可以成为一个独立的句子"去北极探险!"或者句子的一个组成部分"去北极探险一定挺有意思。"这就是同一个词组在不同语法环境里的"实现"。同句本位观点比较,"词组本位"的理论新颖独特,对汉语现象有较强的解释力。

此外,《语法答问》还详细分析了动词后面带名量词与带动量词、时量词的结构,如"买一本""洗一次""住一天"等,作者认为它们同属一类,都是动宾结构。在详细分析了"连动式"和"兼语式"之后,作者认为二者层次构造相同,都是(V_1 + N) + V_2。如"请客人吃饭"与"买一份报看",其中的 N 和 V_2 都不是互相对应的直接成分,"客人"与"吃饭","报"与"看"之间只有语义上的关系,没有结构上的关系,两个词组在结构上是同类的。《语法答问》结论说,"兼语式"应该看作是连动式这个大类中的一个小类,把它看成是与连动式对立的结构是不妥当的。在分析了"非谓形容词"的特点后,作者认为这类词同典型的形容词很少有共同点,应该看作是名词和形容词以外的一个词类,可以叫"区别词",特点是只能修饰名词或者在"的"字前头出现。上面这些问题长期以来一直引起着语法学界的争论,《语法答问》的作者提出了这些与众不同的见解,引导人们去进行更深的探索。

三、论证方法严谨,注重形式上的可验证性。语法研究的方法是十分重要的,要得出符合实际的令人信服的结论,必须采用严谨的令人信服的方法。《语法答问》很讲究论证方法,在阐述自己的观点时很注意形式上的可验证性。

平行性原则。如何判定两个结构是同类的?标准是什么?这是语法研究方法论上的难题。"买票"与"住人"是不是同类结构?在讨论主宾语问题时众说纷纭,强调意义的人认为"买票"是动宾结构,"住人"是倒装的主谓结构;强调词序的人认为二者都是动宾结构。谁也说服不了谁。《语法答问》采用平行性原则来分析,证明它们是同类的,都是动宾结构。结论与词序派的相同,方法上则更为严谨而富有说服力。如:

买票	住人
不买票	不住人
买不买票	住不住人
买票不买	住人不住
没买票	没住人
买票没有	住人没有
买了票了	住了人了
买一张票	住一个人
买他几张票	住他几个人
买不了票	住不了人

在分析动词前头指时间或处所的名词性成分有些是主语、有些是状语的时候,在分析动词后头带动量词与带物量词同属于动宾结构的时候,作者采用的也是平行性原则的分析方法。最近,作者又把平行性原则用于结构的变换分析之中,并对这一原则作了严格说明。② 平行性原则的提出和进一步完善,为语法分析提供了一个较为可靠的方法和一个较为客观的标准,它既是推论的方法,同时也可看作是验证结论的方法。

形式结合意义。形式和意义在语法研究中怎样结合,一直令语法学家们头疼。《语法答问》的作者进行语法分析时特别强调形式的作用,因而论证非常严谨,得出的结论几乎都可以验证。但他并不排斥意义,主张在语法分析时把二者结合起来。结合的原则是:讲形式的时候能够得到语义方面的验证,讲意义的时候能够得到形式方面的验证。同时强调,凡是得不到形式上验证的语义分析对语法研究来说都是没有价值的。例如,有的动词包含"给予"的意思,如"卖""送""还"等,有的动词不包含"给予"的意思,如"买""唱""睡"等,这种按照语义划分出来的动词小类正好有形式上的根据:凡是包含给予意义的动词都能在"给 + N_1 + N_2"前边出现,不包含给予意义的动词则不能。如:

　　卖给他一斤鱼。　　　　送给我一本书。
　　*买给我一件毛衣。　　*唱给我一个歌。

所以,这种着眼于语义上的分析在语法研究上有价值。这是在同一个分析层次上谈形式和意义的结合,在不同的分析层次上,作者也谈到了形式要结合意义。如谈到词类问题,作者认为,在划分词类这个层次上,词义是没有地位的;但是划分词类首先要确定什么叫同一个语法词,在确定词的同一性这个层次上,就必须考虑意义了。总之,《语法答问》十分重视形式在语法分析中的地位,但也不反对参照意义,原则是意义的应用要能得到形式上的验证,这一点比有些语法学家尽力避免谈意义要开明得多。③

区分语法分析的不同平面。《语法答问》批评了五十年代主宾语讨论中的糊涂观点,指出有些糊涂观点是由于没有分清语法分析的不同平面引起的。作者强调要分清结构、语义、表达三个不同的平面。结构平面研究句子里各部分之间形式上的关系,主语、宾语的概念属于结构平面;语义平面研究这些部分意义上的联系,施事、受事、与事、工具的概念属于语义平面;表达平面研究同一种语义关系的各种不同表达形式之间的区别,话题、陈述的概念属于表达平面。这三个方面有联系,又有区别,不能混为一谈。作者直率地批评了 Charles Li 和 Sandra Thompson 最近写的《汉语语法》,认为该书把结构平面的概念同语义平面的概念揉在一起的做法

---

② 参见朱德熙《变换分析中的平行性原则》,中国语文 1986 年第二期。
③ 参见布龙菲尔德《语言论》第九章,中译本 166 页。

从原则上说就是错误的。例如《汉语语法》把"今天我买菜"这个句子分析为"今天"是话题,"我"是主语,"菜"是宾语,《语法答问》的作者指出,这种说法对于分析汉语句法没有什么实际的好处。

此外,作者在讨论问题时不仅仅是拿出结论,而且展示认识该问题的全过程,这种写法也是很富启发性的。例如在讨论如何区分定语和状语时,作者提出应该考虑三个因素:①修饰语本身的性质;②中心语的性质;③整个偏正结构的性质。然后逐一展开讨论,得出结论,选择③作为定义的根据。在讨论兼有名词和动词特点的词类如何划分时,作者提出四种选择办法,选择原则是看哪一种分类法能够最充分地反映这些词的语法分布情况。在提出"建立词组本位的汉语语法体系"后,作者认为还必须考虑两个问题:①是不是所有的词组都能独立成句?②是不是所有的句子都能还原为被包孕的词组?对第一个问题作者给予了否定的回答,对第二个问题作者承认回答起来有困难,原因是对这个问题的研究还很不够。这里提的都是语法的穷尽性研究问题,由此也可见作者风格的严谨。这种不避不隐,展示思维的全过程,既敢于解决问题又善于提出问题的写法增加了这部书的可读性,比之那种封闭式写法的著作更能启发人们的思考,从而推动语法的研究。对于青年读者来说,学习思考问题的正确方法比之接受一个可靠的结论,意义更为重大。

原刊于《语文导报》1986年第8期,47—49页

读邵敬敏《汉语语法学史稿》

近日见到邵敬敏先生装帧精美的新著《汉语语法学史稿》(上海教育出版社,1990年11月,以下称《史稿》),开卷展读,一气看完,不由赞道:一部不可多得的史书!简要说来,《史稿》至少在史料、史论、溯源三个方面颇具特色。

1 史料宏富,点面叙说周全

写史,首先必须详尽地占有史实材料,对历史事件、历史人物、历史著作了然于胸,而后方可探究历史成因,确定历史地位,勾勒出历史的发展线索。通读《史稿》,第一个感觉就是书中搜集的史料十分丰富,举凡汉语语法学史上值得一提的人物、事件、论文、著作、刊物、专题讨论都作了介绍。写法上注意了点面结合,详略适度,古今中外叙说周全,描绘了汉语语法学的历史全貌,显示了作者驾驭史料的本领。所谓点,就是突出介绍有重要影响的专著、专题、专人。所谓面,就是对有一得之功的语法文章、书籍、人物以及通俗读物、教材、边缘学科、海外的研究,《史稿》都综合考虑,用一定的篇幅集中叙说要点。例如第三章讨论探索时期(1936—1949)的汉语语法学,除了详细评述文法革新论争和王、吕、高三大名家之外,《史稿》还设立专节介绍那十多年间的通俗性语法普及读物,介绍那一时期众多的语法研究论文。读了这部《史稿》,读者可以看到一部骨架完整、血肉丰实的汉语语法学史。

2 注重史论,冷静评说得失

汉语语法学草创至今还不到一百年,要从历史的角度作出评断实属不易。如果说史料的搜集和安排需要的是勤奋和技巧,那么,发表史论需要的则是科学研究者的胆气和见识。有胆气才敢于对刚刚过去的历史直言评说得失,有见识才能够把历史得失评说得公允确当。《史稿》非常注重史论,在导论中提出了撰写语法学史的七条原则,第九章又谈到语法研究的五个结合,这七条原则和五个结合正是作者评论语法学史上的事件、人物、著作的理论指导。翻看全书,精当的见解随处可见。例如对 30 年代文法革新论争的评价,对 40 年代《北京口语语法》和 50 年代《现代汉语语法讲话》的评说,对 60 年代大学语法教学三个代表性体系的评述,对历史久远的语法研究中南派、北派形成发展过程及其风格特点的评议,都可说是颇有见地。特别值得称道的是,《史稿》几乎对每一部重要的语法论著,对每一个重要的语法学者,对每一次重要的语法讨论,直至对每一套重要的语法教材,都作了中肯切实的评说,充分肯定成就,也是实事求是地指出不足,这一点在同类著作中非常突出,给读者很深的印象。

3　寻根溯源,探求历史发展

　　一部语法学史,对有意义的语法问题寻根溯源,探求历史发展轨迹,描绘历史真实面目,是十分必要的,这项工作也十分的艰巨。《史稿》在理清许多语法问题的源流关系上表现出了鲜明的特色。例如在探源方面,书中经常出现"第一""最早""首先"等字样,读来引人注目:第一个提出兼格的是刘复《中国文法通论》;第一个把句子分为主谓宾三部分的是胡以鲁《国语学草创》;第一个提出小句作谓语的是陈承泽《国文和国语的解剖》;第一个明确宣布用功能观点研究汉语的是陈望道《回东华先生的公开信》;汉语研究中第一次提出动词"向"问题的是赵元任《北京口语语法》,最早提出汉语歧义结构研究的也是这部著作;国内最早使用转换方法的是吕叔湘《中国文法要略》;最早提出三个平面观点的是胡裕树《现代汉语》增订本;首先提出现代汉语是 SOV 型语言的是戴浩一;首先主张取消连动式和兼语式的是张静;首先采用乔姆斯基转换语法研究汉语的是王士元;等等。在探求语法问题的历史发展方面,《史稿》费力颇多,以词组本位语法观念的产生为例,书中细致勾画了汉语语法学从词本位——句本位——词组本位的历史线索,论证词组本位时指出,这一思想萌芽于 30 年代方光焘对"依句辨品"的批评,60 年代北大《现代汉语》教材中初具雏形,70 年代郭绍虞和吕叔湘都特别强调词组在汉语中"格外重要的中心位置",最后由朱德熙在 80 年代正式建立词组本位的理论学说。《史稿》这种穷源探流的研究给阅读该书的人带来求知的满足和继续探索的启迪。附带提一句,《史稿》如能增加一个文献书目和人名、术语索引,将会给喜爱该书的读者更多的方便。

原刊于《语文研究》1992 年第 1 期,24—25 页

胡裕树先生的学术贡献

胡裕树先生1918年出生,安徽绩溪人。曾先后就读于浙江大学和上海暨南大学,1945年暨南大学中文系毕业后留校任教,受到著名语言学家方光焘的指导。1949年暨南大学南迁广州,胡先生来到复旦大学任教。至今已在我国高等教育岗位上辛勤耕耘了五十多个春秋,直接授课培养的大学生数以千计,间接培育的学生超过了百万;仅胡先生主编的《现代汉语》教材一书国内就印行了一百四十多万册,台湾、香港都出版了繁体字本,韩国有韩语译本。胡先生直接指导的国内外硕士生、博士生二十五名,指导的进修教师和国内外访问学者二十七人。是真正的"桃李满天下"。

胡先生在我国语言学领域辛勤耕耘了五十多年,出版专著《现代汉语语法探索》《数词和量词》《汉语语法研究》《中国学术名著提要·语言文字卷》等十一部(含合作),发表语言学论文一百四十余篇。主编教材《现代汉语》《大学写作》《今日汉语》等及教材参考资料六种共二十一册,主编大中型辞书《辞海·语言学分册》《中国大百科全书·语言文字卷》(汉语语法修辞)等四种,参加标校古籍《旧唐书》《旧五代史》等二十余册。年届八十,先生仍不断地思考研究,最近,先生还在日本发表论文,论述三个平面语法理论中的若干问题。

在语法研究上,胡先生50年代不受西方语言狭义形态学说的限制,与张斌先生一起,在普通语言学理论指导下,立足于汉语事实开展研究,大力倡导广义形态学说,师承方光焘的语法理论,并有新的阐释和发展,在汉语语法学史上留下了重要的篇章。由于胡先生的学术贡献,他被邀请参加国家1955年在北京召开的"现代汉语规范问题学术会议",是当年出席这一重要会议的年轻学者之一。

60年代初,国家教育部重点建设高等院校文科教材系列。在上级部门的部署下,当时40岁出头的胡先生组织一些优秀中青年学者,埋头苦干,辛勤工作,编出了影响广泛深远的《现代汉语》,是全国汉语类三大基础课教材之一。三十多年来,这一教材经过数次修订、增订、重订,目前仍然是全国高等院校文科普遍使用的教科书,上海教育出版社连年重印。由此可见胡先生、张斌先生和其他编写者们的治学态度严谨,教材有深刻的内在学理。

70年代末到80年代初,国家进入改革开放的新时期,胡先生和张斌先生梳理总结汉语语法学研究的历史脉络,分析吸收国外语言学研究的新成果,立足汉语事实,提出了"以句法为基础,句法、语义、语用结合"的研究思路,跳出了单一句法描写分析的传统,为汉语语法研究注入了新的活力。这一思想后来被概括为"三个平面"的语法理论。经过胡先生、张斌先生和其他许多学者坚持不懈的努力研究,"三个平面"学说在80年代中逐渐成为汉语语法研究的热点课题,90年代以来运用这一理论研究汉语语法的文章数量众多,发展成了国内语法学界影响最大的理论之一。这一理论并且受到海外汉学界的关注,日本、韩国、美国、台港地区都有文章介绍评论这一学说。此外,胡先生关于语言共性个性关系的论述和有关句型分析的语法观点也在学术界产生了较大影响。

由于半个多世纪坚持不懈的研究,胡裕树先生被认为是我国近五十年来最值得重视、最具影响力的语法学家之一。由于胡裕树先生和复旦几代学者近一个世纪的辛勤努力,复旦大学中文系和复旦大学语言文学研究所也被认为是全国最重要的语言学研究基地之一。

原为在"庆贺胡裕树张斌先生从事教育科学50周年学术研究研讨会"(1998.11)上的发言

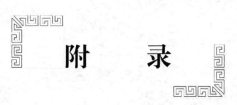

戴耀晶先生语言学论文列表

题目	刊物/论文集	时间	备注
论语言符号的绝对任意性和相对任意性	《吉安师专学报》(社会科学版)1983年第2期,91—92页	1983	
歧义浅谈	《吉安师专学报》(哲学社会科学版)1986年第3期32—36,31页	1986	
语言起源漫谈	《研究生(杭州大学)》1986年第3期,24—25页	1986	
观点新颖 方法严谨——读朱德熙《语法答问》	《语文导报》1986年第8期,47—49页	1986	
语义缀和语法缀——英语词缀性质浅析	《赣南师范学院学报》(哲学社会科学版)1987年第4期,42—44页	1987	
论助词"们"	《吉安师专学报》(哲学社会科学版)1987年第1期,60—63,35页	1987	
论主谓短语	杭州大学中文系硕士学位论文	1987	
论词的反义关系	《杭州大学学报》1988年6月,第18卷第2期,99—106页	1988	
论现代汉语持续体形态"着"	《语言论丛》,杭州大学出版社,1990年,161—168页	1990	
论现代汉语的体范畴	复旦大学中文系博士学位论文	1990	
现代汉语表示持续体的"着"的语义分析	《语言教学与研究》1991年第2期,92—106页	1991	
现代汉语经历体"过"的语义分析	《吉安师专学报》(哲学社会科学)1991年第1期,32—37,60页	1991	
语法研究方法二题	《语法修辞方法论》,复旦大学出版社,1991年,78—86页	1991	
人体词语的引申用法	《修辞学习》1992年第2期,19—20页	1992	
读邵敬敏《汉语语法学史稿》	《语文研究》1992年第1期,24—25页	1992	

续表

题目	刊物/论文集	时间	备注
现代汉语短时体的语义分析	《语文研究》1993年第2期,51—56,50页	1993	
论瞬间动词	《语法研究与语法应用》,北京语言学院出版社,1994年,37—45页	1994	
情状与动词分类	《语法修辞论——纪念陈望道先生诞辰一百周年论文集》,浙江教育出版社1994年,58—65页	1994	
论现代汉语现实体的三项语义特征	《复旦学报》(社会科学版)1994年第2期,95—100页	1994	
"了"在表示未来意义句子中的用法	《现代语言学:理论建设的新思路》,语文出版社,1994年,114—122页	1994	
现代汉语持续体"着"的语义分析	《九十年代的语法思考》,北京语言学院出版社,1994年,150—160页	1994	
情状与动词分类	《动词研究》,河南大学出版社,1995年,167—176页	1995	
动词后"了"的语义分析	《动词研究》,河南大学出版社,1995年,41—64页	1995	
动词后"着"和"过"的语义分析	《动词研究》,河南大学出版社,1995年,88—110页	1995	
功能解释的语言观	《上海教育报》1995年6月6日	1995	
赣语泰和方言语法的完成体	《动词的体——中国东南方言比较研究丛书》(第2辑),香港中文大学中国文化研究所吴多泰中国语文研究中心,1996年,97—113页	1996	
功能与解释的交会	《语言文字应用》1996年第1期,20—26页	1996	刘大为(执笔)、金立鑫、黄锦章、戴耀晶、左思民
论现代汉语的体范畴	《中国语学研究 開篇》(第15卷),[日本]好文出版社,1997年,1—97页	1997	
赣语泰和方言的动词谓语句	《中国东南部方言比较研究丛书》(第三辑),暨南大学出版社,1997年,212—228页	1997	
汉语语法研究的三个平面说	日本《中国语学论文集》,株氏会社东方书店,1997年,1—10页	1997	胡裕树、戴耀晶
现代汉语动作类二价动词探索	《中国语文》1998年第1期,3—12页	1998	

续表

题目	刊物/论文集	时间	备注
"前"的空间意义和时间意义	《语言研究的新思路》,上海教育出版社,1998年,131—140页	1998	
试说汉语重动句的语法价值	《汉语学习》1998年第2期,1—4页	1998	
重动句的语法价值	《三个平面:汉语语法研究的多维视野》,语文出版社,1998年,269—278页	1998	
胡裕树先生的学术贡献	在"庆贺胡裕树张斌先生从事教育科学50周年学术研究研讨会"(1998.11)上的发言	1998	
赣语泰和方言的代词	《中国东南部方言比较研究丛书》(第四辑),暨南大学出版社,1999年,167—175页	1999	
语境在言语交际中的解释功能	《吉安师专学报》(哲学社会科学)1999年8月第20卷第3期,55—60页	1999	
传信与传疑:汉语疑问句的语义分析——纪念《马氏文通》出版100周年	《语言论丛》第6期,上海教育出版社,2000年,11—18页	2000	
疑问句的类型和语义分析	《继承与创新:王维贤、倪宝元教授教学科研50年纪念文集》,浙江教育出版社,2000年,101—113页	2000	
现代汉语词的反义关系论略	韩国《人文科学论集》2000年,第7集,1—13页	2000	
试论现代汉语的否定范畴	《语言教学与研究》2000年第3期,45—49页	2000	
现代汉语否定标记"没"的语义分析	中国语文杂志社编《语法研究和探索》(十)北京:商务印书馆,2000年,49—56页	2000	
现代汉语时体标记"了"的语义分析	《中国文学》(韩国)第35辑,2001年5月,403—420页	2001	
"VP1+着+VP2"结构的语义分析	《中国语言学报》(第十期)2001年,75页—81页	2001	
汉语疑问句的预设及其语义分析	《广播电视大学学报》(哲学社会科学版)2001年第2期87—90,97页	2001	
否定关系与反义关系	《汉语语法研究的新拓展》(一),浙江教育出版社,2002年,235—245页	2002	
汉语的否定语义分析	《语文论丛》(第4期)上海教育出版社,2002年,78—84页	2002	
现代汉语助动词"可能"的语义分析	《语法研究和探索》(十二),商务印书馆,2003年,371—381页	2003	

续表

题目	刊物/论文集	时间	备注
赣语泰和方言的否定表达	《汉语方言语法研究和探索——首届国际汉语方言语法学术研讨会论文集》,黑龙江人民出版社,2003 年,409—418 页	2003	
汉语否定句的语义确定性	《世界汉语教学》2004 年第 1 期,20—27 页	2004	
试说"冗余否定"	《修辞学习》2004 年第 2 期,3—6 页	2004	
学习西方语言学理论,探求汉语自身规律	《21 世纪的中国语言学》(一),商务印书馆,2004 年,103—109 页	2004	
汉语疑问句语义分析的几个问题	《现代中国语研究》(日本)2005 年第 7 期,1—9 页	2005	
现代汉语否定表达的语义确定性问题	《汉语语法研究的新拓展》(二),浙江教育出版社,2005 年,25—36 页	2005	
汉语否定句肯定句的对比分析	日本《中国语教育》第 4 号 1—13 页,2006 年,东京	2006	
现代汉语被动句试析	《汉语被动表述问题研究新拓展:汉语被动表述问题国际学术研讨会论文集》,华中师范大学出版社,2006 年,66—76 页	2006	
汉语的疑问句与否定句	第四届汉语语法化问题国际学术讨论会论文,2007,北京	2007	
修辞学研究的"关键词"	《修辞学习》2008 年第 2 期,23—25 页	2008	
句子语用意义的提取	《当代修辞学》2011 年第 2 期,11—17 页	2011	
现代汉语句子中"起来"的语法化分析	《语法化与语法研究》(六),商务印书馆,2013 年,73—83 页	2013	
泰和方言的领属结构	《语言研究集刊》(第十辑),上海辞书出版社,2013 年,319—322 页	2013	
汉语质的否定与量的否定	《现代中国语研究》2013 年 10 月第 15 期,[日本]朝日出版社,1—9 页	2013	
否定表达与否定常数	《语言研究集刊》(第十一辑),上海辞书出版社,2013 年,22—32 页	2013	
否定副词"没"的时间语义分析	《语言研究集刊》(第十三辑),上海辞书出版社,2014 年,1—12 页	2014	
质的否定还是量的否定——"什么、怎么"在汉语否定句中的功能	《语言研究集刊》(第十四辑),上海辞书出版社,2015 年,1—12 页	2015	

续表

题目	刊物/论文集	时间	备注
现代汉语时体系统和"了"的语义分析	未发表		
有关疑问句的几个问题	未发表		
汉语疑问句的语义分析	未发表		
赣语泰和方言的比较句	未发表		
赣语泰和方言的疑问表达	未发表		
汉语复数词尾"们"的语义分析	未发表		
"十年后"是那一年?——论语义意义和语用意义	未发表		
汉语的句法邻接与语义邻接分析	未发表		

戴耀晶先生前期学术思想回顾
彭利贞

戴耀晶先生是著名的汉语语法学家,他在现代汉语动词、体、疑问、否定等方面的研究成就卓著,在理论和方法的思考与探索上也有许多独到的建树。

从1983年正式发表(目前资料所及)《论语言符号的绝对任意性和相对任意性》起,三十多年的学术生涯,如果从学术研究选题上看,戴耀晶先生的语言学研究在时间跨度上有一个较为明显的分界,以世纪之交为界,前半段的学术成就,主要体现为动词和体的研究,特别是体的研究;后半段的学术成就,则主要体现为疑问和否定的研究。

下面我们从五个方面简要地回顾一下戴耀晶先生前半段的研究成果和学术思想,包括(一)体研究;(二)动词研究;(三)短语研究;(四)句子研究;(五)理论和方法的探索。

1 体研究

戴耀晶先生是较早系统全面地考察现代汉语体(aspect)范畴的学者。可以认为,他在现代汉语体研究上的成就,在汉语语法研究史上具有里程碑意义。他1987年进入复旦大学,师从胡裕树先生攻读博士学位,开始关注体的研究;三年后,他以学位论文《论现代汉语的体》获得复旦大学博士学位。攻读博士学位期间和以后,他关于现代汉语体研究的学术成果陆续发表,并于1997年出版了集中体现其体研究成果的专著《现代汉语时体系统研究》。戴耀晶先生的体研究的学术思想和成就,主要体现在如下一些方面。

1.1 对体的本质的认识的深化

戴耀晶先生从事件的角度提出了新的体的定义,即"体是观察时间进程中的事件构成的方式",并明确指出,承载体的意义的是整个句子反映的事件,而不仅仅是动词。戴耀晶先生的这一观点比之此前已有文献中对体的界定,更接近体的本质,更切合语言事实。胡裕树先生(1997)认为:"这一见解及其所建立的汉语时体系统很有特色,令人耳目一新。"卢英顺(2000)也认为,从事件的角度来界定体,"至少在汉语语法研究中属首次"。

针对此前已有文献对体的性质的分析,戴耀晶先生认为不管是仅从时间还是仅从动词的情状上考虑都是不合适的。

他指出,"虽然体与时间密切相关,但从时间方面给体下定义是不合适的",因为这"不容易将体范畴同时范畴区分开来"。

此前文献更多见的是从动词的角度来对体进行定义。Comrie(1976)认为,体是指观察"情状"(situation)的构成的方式。因为 Vendler(1957)的影响,一般认为,"情状"是动词的类型。戴耀晶先生敏锐地观察到体的意义不仅仅属于动词,而属于整个句子。因为,补语和宾语成分也会影响事件的体的意义。所以,戴耀晶先生指出,要对体的性质作出明确的判定,"仅仅说到'动作'还是不够的,体与整个句子所表达的情状有关","如果不着眼于句子,不着眼于整个句子所表述的事件,就不能对体有全面的认识,就不能驾驭体意义的各种形式表现";"动词并不是体意义的唯一体现者,甚至也不是体意义的承载单位。体意义的承载单位是句子,动词只有在句子中才能体现出体意义,句子的每个要素都可以对体意义发生影响",因此,"'了''着'等形态在表达体意义时是属于整个句子,而不仅仅是属于动词"。

考虑到体的"时间"与"事件"因素,戴耀晶先生明确指出,"考察体意义必须结合句子,句子是表述"事件"的,而事件的发生与存在又必然地同时间发生联系。所谓体,反映的就是语言使用者(说话人和听话人)对存在于时间中的事件的观察",因此,"体是观察时间进程中的事件构成的方式"。卢英顺(2000)认为,"这样的定义比较科学,更符合(至少是)汉语的实际,必将有助于汉语体问题研究的进一步深化"。

1.2　现代汉语体范畴的确立

戴耀晶先生在深入分析"了"等标记的句法语义特征的基础上,强调区分时意义与体意义的重要性,并明确提出,"现代汉语里没有时范畴,但是有体范畴"。这一论断,廓清了汉语语法学对于汉语语法中"时"与"体"的认识的迷雾,确立了体在汉语语法体系中的地位,从而深化了对汉语语法体系的认识。

长期以来,汉语语法学界很多学者认为"了""着""过"等虚词承载语法意义的是时态(tense),从各种论著中"时态助词"这一术语可见一斑。

戴耀晶先生在讨论体的定义时就强调,要将体范畴与时范畴区分开来。他指出,观察句子的"时间结构",得到"时",观察"时间进程"的"事件构成",得到"体","体"不具有时间上的指示性。他认为,"时研究与事件关联着的时间,体则研究与时间关联着的事件"。金昌吉(1998)认为,"明确两者的区别有助于澄清长期以来人们对时体概念的模糊认识"。

关于时范畴,戴耀晶先生特别强调,汉语的时意义只通过"明天""昨天下午"等语汇形式表示,而没有相应的语法形式,因此,汉语语法中不存在时范畴。

关于体,戴耀晶先生指出,体虽然与时间有关,但体注重的是事件构成,所关涉的时间没有指示性,不表达"过去""现在""将来"或"过去的过去""将来的将来"等含有指示意义的概念,它只关心时间的长和短,点和段等性质对事件的影响。更关键的是,戴耀晶先生发现,实际语言现象中存在着不支持"了""着"表示时意义的情况,包括:复合事件的句子中"了""着"的时间指示的不自足性;时间词语出现的时候,"了""着"与过去、现在、将来时间的相容性。

戴耀晶先生进一步指出,现代汉语的体包含某种抽象的语法意义,而这种语法意义又由数量有限的语法形式来表达,不同的形式表现出不同的体。

1.3 两大类六小类的体系统的建立

戴耀晶先生在借鉴 Comrie(1976)"观察方式"概念,创造性地提出,观察事件构成的基本方式有两种,一是外部观察法,一是内部观察法。用外部观察法得到完整体意义,用内部观察法得到非完整体意义,由此得到现代汉语的两大类体,即完整体与非完整体。其中,完整体主要包括三个小类,即由"了"表示的现实体、由"过"表示的经历体,由动词重叠表达的短时体;非完整体包括三小类,即由"着"表示的持续体,"起来"表示的起始体,由"下去"表示的继续体。表 1 是戴耀晶先生现代汉语体研究得出的两大类六小类体系。

表 1 戴耀晶先生建立的现代汉语体系统

	观察法	两大类	六小类	体标记
现代汉语的体	外部观察法	完整体	现实体	了
			经历体	过
			短时体	动词重叠
	内部观察法	非完整体	持续体	着
			起始体	起来
			继续体	下去

1.4 现代汉语体标记的语义特征分析

戴耀晶先生把语义特征分析运用于体的语义分析,建立了一个系统性很强的现代汉语体的语义分析框架,为我们提供了一个简明扼要的认识复杂的现代汉语的体的方法。胡裕树先生(1997)指出,"作者对每一种体形式反映的体意义都提取了数项语义特征分别进行讨论,以简明的语义概括驾驭丰富的语言材料,论点鲜明,结论可靠,有说服力"。陈前瑞(2008)则认为,运用语义特征分析法来分析体标记的特征,是戴耀晶先生的"首创"。

"持续与瞬间""完成与非完成""动态与静态"这三组语义特征一般是用来分析动词的情状(situation)特征分析的,戴耀晶先生敏锐地观察到,动词的情状与事件的情状既有联系又有区别,他结合现代汉语的句子,结合句子中与体意义有关的成分如动词、体形态、时间词语等,对这三组语义特征进行了深入的探讨,特别是对动词的情状与事件的情状的关系,有许多创见。在讨论瞬间与持续时,他发现,瞬间动词可以用在表示持续事件的句子中,或表示"结束后的持续",或表示"重复进行的持续";在讨论完成与非完成时,他强调,一个句子的各项成分共同决定着完成与非完成的语义特征,其中动词的性质最为重要。在讨论静态与动态时,他注意到静态的相对性,因为静态的开始与终结都是动态;他还注意到动态与瞬间、静态、动态与持续在概念上的密切关系。

在对事件的三组语义特征进行深入分析的基础上,戴耀晶先生把语义特征的分析方法贯彻到对所有体标记的特征分析之中,这体现了这种分析的简明和丰富的解释力,我们把戴耀晶先生对六类体标记语义分析的结果概括成表2。

表2 戴耀晶先生体标记语义特征分析

体	体标记	动态性	完整性	专有特征
现实体	"了"	+	+	现实
经历体	"过"	+	+	历时
短时体	动词重叠	+	+	短时
持续体	"着"	+/−	−	持续
起始体	"起来"	+	−	起始
继续体	"下去"	+	−	继续

从表2可以看到,戴耀晶先生对体标记的语义分析绝非随文释义,而是表现出了高度的系统性。从这个特征表中,我们很清楚地看到各种体之间的联系与区别。在语音分析中发展起来的区别特征分析的魅力,在戴耀晶先生的现代汉语体特征分析中得到了充分的展现,而这种分析的结果也充分地体现了语言符号的系统性。

1.5 对体研究中许多难点问题的认识的深化

戴耀晶先生对现代汉语体的研究"对语言现象的观察细致入微","反映出作者对汉语语法现象有敏锐的观察力"(胡裕树1997),因此有许多新的发现,解决了许多与体研究有关的难题。这里仅举例性的罗列几点。

他在讨论现实体"了"的动态语义特征时,区别出了句子的起始点动态、全程的动态、终结点的动态,合理地解释了"干净了三天""看了三天""来了三天"这三类结构相似的句子在体意义的细微差别,这也进一步体现了戴耀晶先生的动词与体有关,但决定体意义的是整个事件的观点。

他在讨论"了"的现实性语义特征时,引进"参考时间"概念,区别出现在的现实、过去的现实、未来的现实,并深入分析了三者的内在联系,甚至还进一步注意到"虚构""虚拟"乃至"虚假"的现实,从而证明了"了"的现实体本质,这也充分证明了"了"是体标记而非时态标记的观点。另一方面,戴耀晶先生辩证地看到,"了"虽然不是时态标记,但"了"却同事件时间有密切的关系,"了"用于过去事件,几乎不受限制,而用于未来事件则有种种限制。我们认为,这很好地解释了很多人以为"了"是"过去时"的朴素语感。

戴耀晶先生在分析体标记时,对体标记内部的差异、对不同体标记的联系与区别有非常敏锐的观察。他注意到持续体"着"具有动/静态二重性,指出"着"的这种内部差异主要和与之同现的动词有关,导致了动作的持续表现的动态性与结果的持续的静态性的语义二重性的存在。他深入分析了一些体标记的互换现象,如"过"与"了"的互换,"着"与"了"的互换,指出这些体标记的互换只是表面现象,互换后句子的内容并不相同,问题的本质在于,"互换后只能得到同样合格的句子,并不能得到具有同样的句法语义特征的句子"。如,"过"强调的是历时性,而"了"强调的是现实性;而存现句中的"着"与"了"则依然存在静态与动态、非完整与完整、事件观察角度的内部与外部等体意义上的对立。

他注意到"叠用的体形态格式",指出"A 了 A"是短时体加现实体形成的"短时现实体","了起来"是"现实起始体","了下去"则是"现实继续体",并且指出"这种体意义的相加是分层组合关系"。他敏锐地指出,非完整体"起来""下去"之所以能跟与之概念上有冲突的完整体"了"组合,是因为"起来""下去"所处事件时间里程中特殊的位置,让它们获得了"相对完整"的意义。

他在分析体标记的语义时,强调体标记的"基本属性"与推导意义的区别。在讨论"过"的完整性意义时,他指出"过"所谓"多数"的意义,只是"过"的完整性意义蕴含意义;在讨论动词重叠的短时义时,他指出,动词重叠的"轻松""轻闲""尝试"等语义,都是由短时特征引申出来的。

戴耀晶先生在讨论体标记语义表现的复杂性时,还从语法化的角度进行了解释。他指出,汉语里表示体意义的特殊形式是逐渐地演化发展起来的,这一演化过程仍在继续,有些形式已经虚化成为完全的体标记,如"了""过"等。他在讨论"过"时,指出了"过"由实到虚的演变轨迹:经过(空间、时间)→完毕经历。而有的形式,像"起来""下去",很难决定它们的体意义是原有词义的引申还是已经独立出现的语法手段。后来,他还对"起来"的语法化进行了专门的研究。

1.6 现代汉语体研究视野的拓宽

戴耀晶先生还把体研究的视野从普通话扩大到方言,对他自己的家乡方言泰和话中的现实体标记"矣""刮""改""阿能""呒能"进行了全面而深入的描写和分析,这是对现代汉语普通话体研究很好的补充。

戴耀晶先生的现代汉语体范畴的研究取得了非凡的成就。戴耀晶先生说过这样一句话,大意是,做一个专题研究,要努力做到使后来的研究者无法绕过你的研究成果。他是这样教导他的学生的,更是以此来要求自己的。戴耀晶先生在体范畴研究上取得的成就,为他自己的这句话作了最好的注解。

邵敬敏(2011)在评论戴耀晶先生的时体研究时说,戴耀晶先生的体研究"很有特色,他不拘泥于印欧语的语法范畴模式,一切从汉语语言事实出发,创造性地提出观察'时体'要从外部和内部两个不同的角度出发,并且把时体范畴跟汉语句法形式联系起来进行分析,在现代汉语时体研究方面具有独创意识。"我们认为,这种评价是中肯的。

2 动词研究

戴耀晶先生的动词研究大部分是结合体的研究进行的,可以看作是他的体研究的基础。他虽然强调体的意义是由句子中的各个成分共同决定的,但他也注意到,动词的情状意义在体的意义中占有重要地位。他在多处提到,有时候,"句子的情状归属由动词的情状类别所决定","动词的情状意义是基础,其他成分起重要作用"。戴耀晶先生动词研究的成就主要有如下一些方面。

2.1 一个较全面的动词情状分类

戴耀晶先生借鉴中外语言学者从情状角度对动词进行的分类后,进一步发展了动词的情状分类思想,使得动词的情状分类更为全面、系统。

与此前的学者不同,戴耀晶先生强调,"情状的研究必须分层面(level)来考察,至少应该区分动词层面的情状与句子层面的情状,二者是不相同的,相互间存在着体现与被体现的关系"。

戴耀晶先生以逐层进行的方式,以"动态/静态""动作/结果""持续/瞬间"这三组对立的情状概念为标准,得出了一个逐层推进的三层动词情状分类系统。与当时其他的一些学者得出的类似分类系统相比,这个分类系统显得更为整齐、全面。戴耀晶先生主要以不同情状类型的动词与体标记的同现来说明这一以语义特征为基础的动词的分类的有效性,也进一步证明了他主张的动词情状与句子情状的体现关系。

戴耀晶先生还注意到,在这个分类系统中,在动态/静态的对立上,某类动词可能处于类的边界上,有些动词纯静态、有些动词弱动态、有些动词兼有静态和动态、他也以充分的语言事实证明了这些观点的合理性。

在动词情状分类的基础上,戴耀晶先生认为句子也可作情状分类,"汉语句子的情状可以分为静态、活动、完结、达成四种","句子的情状类型虽然与动词的情状类别不是完全对应,但是二者有着十分密切的联系"。正如他多次强调的,"句子情状类型的确定除了要考虑动词的情状类别和句子中各成分词汇意义组成的时相结构之外",还必须考虑体标记的"决定作用"。

2.2 对瞬间动词的深入分析

戴耀晶先生对瞬间动词作过专门的探讨。他指出,瞬间动词语义上表示动作行为占据的是一个瞬间点,不可以持续,这种特征决定瞬间动词在句法上有这样的表现:不可带"着",不可与"一直"之类表持续的副词配合,因为"瞬间"义与"着"或这类副词的持续义"在语义上不协调";瞬间动词与时量词语搭配使用,动词表示时点意义,时量词语表示的是该时点动作之后的时段。有些瞬间动词可带"着",是因为它表示了动作的复数。他还敏锐地观察到,"瞬间"这一动词的情状语义在很多情况中决定了句子的情状意义。

2.3 现代汉语动作类二价动词

戴耀晶先生的《现代汉语动作类二价动词探索》结合动词的情状分类与配价分析对动词进行了研究。论文首先运用"内省测试法""框架测试法"和"典型类推法"把动作类动词从别的类型的动词中离析出来,并从"二价"这一特征出发,主要以两种句型作为测试框架,以另三个句型作为补充,以此确定"二价动词",最后得到一个"现代汉语动作类二价动词词表",并发现这类动词占《动词用法词典》动词总数的57%。论文还用6种移位变换分析,得到两条移位规则,得出了施事和受事可出现的位置,并说明了 N_2 在受事和结果上的差异。戴耀晶先生对现代汉语动作类二价动词的分析,提供了一个动词小类分析的成功样本。

3 短语研究

戴耀晶先生对现代汉语语法较系统的观察和研究,应该是从短语开始的。他的短语研究主要包括他的硕士论文讨论的主谓短语和其他一些带有短语性质的单位。

3.1 主谓短语

戴耀晶先生1984年进入浙江大学(原杭州大学)中文系,师从王维贤先生研究现代汉语语法,1987年以硕士学位论文《论主谓短语》获得硕士学位。这篇硕士论文虽然只有三万一千字,在当时却是较全面地专门考察现代汉语主谓短语力作。

论文从"主谓短语与小句的关系""主谓短语的分布""主谓短语作定语""主谓短语功能类"等方面推进了现代汉语主谓短语的研究。他在研究中得出的如下一些观点和结论,对于深化对主谓短语的认识,即使在汉语语法研究迅速发展多年后的今天,我们认为仍然有很重要的理论意义。

关于主谓短语与小句的关系,戴耀晶先生认为,汉语的主谓短语在内涵和外延上都不等于小句,主谓短语可以体现为句子,也可以不体现为句子,嵌入(embedding)主谓短语只能是充当其他语言单位的句法成分,而这种句法成分与英语结构系统中的从句(subordinate clause)与汉语结构系统中的小句(分句)迥异。

戴耀晶先生指出,主谓短语在现代汉语中分布很广,它可以嵌镶在许多语言结构体中充当句法成分,包括在另一个主谓短语里作主语或谓语、在述补短语里作补语、在偏正短语作状语、定语或中心语、在联合短语中作联合语、在"的"字短语、方位短语、比况短语里作主干语、在连谓短语中作前谓语。戴耀晶先生特别指出,主谓短语在述宾短语和述补短语中不能充当述语。戴耀晶先生在讨论主谓短语的这种分布时,采用变换分析等手法,对主谓短语出现在这些句法位置上的条件进行了细致入微的刻画,例如,他发现,主谓短语作述宾短语的宾语时,对动词的小类有选择限制;主谓短语作述补短语的补语时,一般要靠"得"字的帮助,而这时的主谓短语的主语和述补短语的动词之间、主谓短语的主语与述宾短语的主语之间则存在表现非常复杂的语义关系;主谓短语作状语时存在格式上的要求,如"四字格"、主宾同形等,而它的修饰对象必得是动词、形式上则要靠"地"的帮助;等等。

戴耀晶先生用专门的一章来讨论了主谓短语作定语的情形。他把该结构符号化为"S–P 的 N"。他指出,此时的 P 可以是形容词、动词,也能找到名词的用例。他观察到,这个格式中的 N、S、P 这些项之间存在非常复杂的语义关系。比如,N 是 S 的领属者,这种关系可以通过"N + S–P"和"N 的 S + P"(颜色红亮的米醋→米醋颜色红亮/米醋的颜色红亮)这两种变换式得到证明;N 是 P 的受事,这里可变换为"S + P N"(母亲蒙受的耻辱→母亲蒙受耻辱),而这种变换又可以细分出三种情况;N 是 S–P 的时间、处所或工具;S–P 与 N 是同一关系,这时则可变换为"S–P 这 N"(秋瑾姑娘在绍兴被杀的消息→秋瑾姑娘在绍兴被杀这消息),且变换后的结构关系不变,仍然是偏正结构。关于主谓短语作定语时的"的",他明确指出,主谓短语作定语虽然有时候非用"的"不可,却不能说主谓短语修饰名词要以"的"为必要条件;他认为,因为存在主谓短语加"的"不能指代整个偏正短语的情况,所以不应该认为"的"是附着性的,而应该认为这个"的"有介接功能,因此也不宜认为作定语的是"的"字短语,而是主谓短语。

因为主谓短语被看作是"离心结构",主谓短语的功能类属存在很多争议。戴耀晶先生指出,应该根据短语在更大结构中的分布总和而不是根据短语在"句子"

中充当的来概括短语的功能类;他从七个方面考察后发现主谓短语出现的许多分布位置是谓词性能够出现而名词性词语不能出现的,而另一些句法位置则是名词性短语和谓词性短语都可出现的,因此,他明确指出,现代汉语主谓短语的性质是谓词性的,不是名词性的,也不宜看作兼具名词、谓词性质,也没有必要把它列为名词性、谓词性以外的另一种功能类型。

戴耀晶先生的主谓短语研究贯彻了结构主义切分与分布的观念和研究方法,并注重成分间地语义关系分析,而分析的结果则又通过形式的变换加以验证。论文从选题、分析过程、操作方法到得出的结论,已经能看到戴耀晶先生重理论、重思辨、重证明、严谨、缜密、全面的学术研究风格。这篇论文得出的结论、理论和研究方法的取向,今天仍然有非常重要的参考价值。

3.2 "VP_1 + 着 + VP_2"

戴耀晶先生在《"VP_1 + 着 + VP_2"结构的分析》中,从该动词连用结构中(一)"着"与"了"的使用位置、(二)否定形式、(三)与时间词语的共现限制、(四)与不带"着"的连动结构比较等四个方面对"VP_1 + 着 + VP_2"短语进行了全面而深入的分析。戴耀晶先生指出,该结构中的两个事件之间具有较强的"整体性"和"同时性"的语义关系,在句法上则是一种特殊的偏正结构。

4 句子研究

戴耀晶先生对句子的研究,可以看作是他对动词研究的延伸,主要包括重动句、被动句和动词谓语句的研究。

4.1 从解释的角度探讨重动句的价值

戴耀晶先生在《试说汉语重动句的语法价值》指出,因为在现代汉语里的补语和宾语不在动词后共现并不是一条强制性的规则,而是一条有选择条件的规则,所以流行的"宾补争动"说并不能完全说明重动句存在的价值。"重动句的语法价值必须作句法、语义、语用多维的考察,解释上才能更为完整",而"重动句的语法价值不仅在于解决宾语、补语同动词的立体语义关系与线性的句法排列上的矛盾,更在于用邻接原则表现语言使用者对同一事件中包含的语义内容作分解的陈述,及表现'邻接分解'的陈述"。

4.2 对现代汉语的被动态三点新认识

虽然研究被字句的文献浩如烟海,但戴耀晶先生的《现代汉语被动句试析》还是得出了三点新的认识:(一)现代汉语的被动语态是属于句子的语法范畴,而不仅仅属于动词;(二)现代汉语中无被动标记"被"字时,句子的被动性得不到保证,因此,无"被"字标记的句子不宜纳入到现代汉语的被动语态系统中来;(三)现代汉语主动句和相应被动句虽然基本语义相同,但是在句子各成分排列的时间意义、主动者的前景/后景意义、主动句中动作的受事成分的指称意义等方面存在明显差异,主动句和相应的被动句各有特定的语法价值,因此,并非所有的主动句与被动句都能自由互换变换为被动句。

4.3 对泰和方言动词谓语句的深入描写

戴耀晶先生《赣语泰和方言的动词谓语句》是对他自己家乡方言的动词谓语句的全面而系统的描写。他从动词带的宾语的类型、动词作谓语时的状语(包括"把"字句、"被"字句、"等"字句)等方面对泰和话的动词谓语句进行了深入的分析,发现了泰和话动词谓语句与普通话不同的一些特点。

5 理论和方法论的探索

读戴耀晶先生的论著,都能领略到他浓厚的理论意识。胡裕树先生(1997)指出,戴耀晶先生的《现代汉语时体系统研究》"理论上颇有新意,分析方法也有特色","重视语法理论上的探求是这部著作的突出特点",戴耀晶先生的其他论著,也具有同样的特色。邵敬敏(2011)也认为,"戴耀晶的研究特色是理论意识比较强"。这种理论意识主要体现在两个方面,一方面是对理论和方法问题直接的思考和探讨,如他对三个平面问题的总结和思考,另一方面,也是更重要的方面,那就是在他在对具体问题研究过程中表现出的理论和方法上的思考和追求。

5.1 理论的借鉴与升华

戴耀晶先生动词、体、短语、句子的研究,当然也包括后来的疑问与否定的研究,都注重借鉴当时最新理论和研究方法,但更为可贵的是,他更注重在具体问题的研究过程中提升这些理论,使理论得到发展,这一点在他的动词情状分类研究、尤其是现代汉语体研究中得到了充分的体现。陈前瑞(2008)认为,戴耀晶先生的体研究,"理论框架受益于 Comrie(1976)",在多个方面"有所发展"。

戴耀晶先生多处强调,既要学习西方语言学理论,更要探求汉语自身规律。他在分析和反思 20 世纪的几次语法研究热潮后认为,要特别重视两个特点:"第一个特点是每次研究热潮的兴起都受到了国外语言学研究思潮的较大影响。"而"第二个特点是在每次的研究热潮中,代表性的研究成果都是运用语言学理论较好地结合了汉语事实而取得的"。他认为:"一百年来,引进西方语言学理论的工作从来没有停止,同时,寻找汉语自身结构特点的工作也一直没有停止。这两点对于 21 世纪的汉语研究有重要的启示作用。"而我们也能从戴耀晶先生的研究成果中充分注意到这种启示的作用:既注意理论和方法的借鉴,也注重理论和方法的发展和升华。

5.2 共性与个性的辩证统一

戴耀晶先生的汉语语法研究,没有把汉语的体等研究对象看成是孤立的汉语现象,而更多的是把该研究对象置于人类语言的更广的范围来考察,强调语言规律的共性与个性的辩证统一。

他在回顾中国语法学发展的历史中求同与求异的得与失后,指出"求同研究与求异研究都是不可少的。它仍是互补关系,共同构成了比较研究法的全部内容","必须同时进行两个方面的研究,并把二者结合起来,既作求异研究找特点,也作求同研究找共点,经过深入细致的分析和综合,使研究的结论切合语言实际"。因此,"小到一个词所属类别的确定,大到一个语法系统的建立,都要运用求同研究和求异研究"。

5.3 语义分析在语法研究中的重要地位

戴耀晶先生重视语义问题,对语义问题有很深入的思考,尤其重视语法分析中的语义问题。他的许多论文题目里就有"语义分析"的字样。早在他的硕士学位论文里就已经有对主谓短语内部成分间语义关系的深入刻画。他对语法成分的语义特征分析,更是他重视语义问题的突出表现。他在动词研究中指出,"寻找词类的语义特征,揭示句子各成分间的语义制约关系,重视从语义平面上把握语言结构的规律,并作出形式化的说明,这是语法研究的一个趋势"。他在讨论"前"的空间和时间意义后指出,"语言要素和语言结构的语义特征分析可以帮助人们认识语言的复杂性,同时也有助于人们归纳和解释语法规律,语义特征分析在语法分析中有重要的意义"。他对现代汉语体的语义特征分析,更可以认为是语法分析中语义特征分析的一个成功的典范。

他在分析语言学史后指出,"20世纪后期,语义分析的各种学说非常活跃",而"从汉语语法研究进展的实际情况来分析,研究的进一步深入和对语言现象解释力的提高,都需要借助于语义的分析";他指出,对词项、句中成分的语义特征及句子的语义联系的分析"可以深化对汉语句子的理解,可以发现单纯的形式分析不能发现的语法现象,找出单纯的形式分析不能找到的语法规律",因此,"重视语义分析对认识汉语、解释汉语、运用汉语有重要作用"。他进而因此断言"21世纪将会是特别重视语义的世纪"。

5.4 三个平面的语法理论的运用和发展

戴耀晶先生写过专门的论文来讨论三个平面的语法理论。除了对该理论的总结和展望,戴耀晶先生也是这一理论的积极实践者,在很多地方有对这一理论的进一步阐发。例如,他不止一处提到:"从符号学和三个平面的语法观来看,句子的分析包括句法、语义、语用三个方面。句子的意义也可以从三个方面来分析,即句法意义、语义意义、语用意义。"他在语法研究中运用语义分析方法,是他研究的一大特色。他甚至有专门的论文讨论句子语用意义的提取。

在具体的研究过程中,戴耀晶先生对很多问题的研究,也体现了三个平面的思想和研究方法,如在研究重动句时,他说"重动句的语法价值必须作句法、语义、语用多维的考察,解释上才能更为完整";而在讨论"们"时,他指出"汉语的'们'在使用上较为柔性,可以用,有时也可不用,可在语义方面尤其是语用层面进行分析概括"。

5.5 强调语言研究中"层次与平面"的重要性

戴耀晶先生在讨论语言研究方法是特别提到,就像句法结构有层次一样,人们在对语言现象进行分析的过程中,也要注意语言分析的层次。他在动词的情状分类和现代汉语体的系统的建立过程中,很好地体现了他主张的这种按层次推进分析的思想,如动词的情状分类第一层为动态与静态的区分,得出一个至少包含三个层次的分类系统;体的分类也能见到这种按不同层次推进的分析。他主张其他问题,如汉语的词类、句型的分类,也都可按这种层次来推进来进行。

他指出:"在汉语语法研究中,层次方法虽然在一定范围内有所运用,但还不够广泛。"因为还存在把不同层次的对象置于同一平面进行分析的现象。他强调,句法结构、词类、句型乃至整个语法都是层次系统,"语法研究就是揭示语言中客观存在的层次关系和层次组合规律,因此,层次方法应该认为是语法研究的一项基本的方法"。

5.6 变换、替换等操作方法的娴熟运用

戴耀晶先生严格遵循语法研究中的形式与意义相互印证的原则,为了更好地贯彻这一原则,更好地把语义分析的结构得到形式上的证明,他在很多论著中采取并非常娴熟地运用了变换分析。他在讨论主谓短语的这种分布时,采用变换分析等手法,对主谓短语出现在这些句法位置上的条件进行了细致入微的刻画,并从形式上证明了该结构内部各成分间的复杂的语义关系。在对现代汉语的体的分析中,特别是在讨论"了"的未来用法、体标记之间的互换现象时,在对动作类二价动词的分析中,也都能看到对这一操作方法的成功运用。

戴耀晶先生在这些方面无不体现出对理论与方法的不懈探索与追求,为我们留下了宝贵的思想财富。

戴耀晶先生前期研究,范围所及,小到一个语素、词、短语,大到句子,到一个复杂的范畴,涉及了汉语语法学的方方面面;既有对汉语语法语言事实的细致观察和分析,又有理论和方法的思考和探索;既有对新的理论和方法的吸收与借鉴,更有在汉语语言事实分析基础上的理论与方法的发展和升华;既重描写,更重解释。他

的研究重事实、重证明、重思辨、重理论,表现出全面、深入、严谨、缜密的研究风格。他这一时期的许多研究成果,如体的研究、动词的研究,已经成为该论题的经典参考文献,而他在理论和方法上的思考和探索,也必将给我们以更多的启迪。

至此,我们从五个方面简要地回顾了戴耀晶先生大致在2000年以前的主要研究成果和学术思想。我们虽然力求全面,但难免挂一漏万;对戴耀晶先生的思想观点,我们虽然力图理解正确,但可能也无法保证恰如其分。要有更好的领会,只能留待今后不断的继续学习和复习了。

参考文献

陈前瑞 2008《汉语体貌研究的类型学视野》,北京:商务印书馆。

胡裕树 1997《〈现代汉语时体系统研究〉序》,载戴耀晶《现代汉语时体系统研究》,杭州:浙江教育出版社。

金昌吉 张小荫 1998《现代汉语时体研究述评》,《汉语学习》第 4 期,33—38 页。

卢英顺 2000《一部系统研究现代汉语"体"问题的著作——读〈现代汉语时体系统研究〉》,《世界汉语教学》第 2 期,25—27 页。

邵敬敏 2011《新时期汉语语法学史》,北京:商务印书馆。

戴耀晶先生近年学术思想回顾

陈振宇

戴耀晶先生的语法研究,大致分为三大块,涵盖三大范畴:

第一:时体范畴研究,如《论现代汉语现实体的三项语义特征》《论瞬间动词》《赣语泰和方言语法的完成体》《现代汉语持续体"着"的语义分析》《现代汉语短时体的语义分析》《现代汉语经历体"过"的语义分析》《现代汉语中"起来"的语法化研究》等。

第二:疑问范畴研究,如《汉语疑问句的预设及其语义分析》《疑问句的类型和语义分析》等。

第三:否定范畴研究,如《试论现代汉语的否定范畴》《试说"冗余否定"》《汉语的否定语义分析》《汉语否定句的语义确定性》《论词的反义关系》《否定关系与反义关系》《否定副词"没"的时间语义分析》《否定表达与否定常数》《质的否定和量的否定》《是质的否定还是量的否定》等。

除此之外,还兼及以下方面:

配价研究,如《现代汉语动作类二价动词探索》;

空间范畴研究,如《"前"的空间意义和时间意义》;

句式研究,如《试说汉语重动句的语法价值》;

修辞学研究,如《修辞学研究的"关键词"》《语境在言语交际中的解释作用》;

……

大约以2000年作为分界点,戴耀晶先生的语法研究可以分为前后两期。前期更注重时体研究,后期更注重否定疑问研究;前期更注重具体问题的研究,在理论方面的探索也大多关注汉语语法的某一方面,且多与中国结构主义、语义学和认知功能研究有关,后期则眼界更为开放,开始形成新的汉语语法观。

本文先介绍戴老师的否定疑问研究,然后对他的学术精神与近期学术思想进行阐述。与前者相比,也许后者可以给今后的学者以更大的启发,但它们大多见之于戴老师平日的言谈之中,尚未来得及形成著述,所以更容易为世人所忽视。本文中有不少内容都是来自于戴老师与作者的讨论。

1 否定疑问研究

长期以来,戴老师都致力于汉语语法范畴研究,他以"确定性"概念为核心,提出了以下三个相互联系的语法范畴,作为研究的核心:

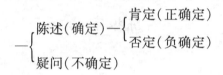

或者图示为下面解 U 形图:

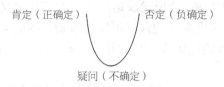

"确定性"的等级构成了一个统一的范畴:陈述句传信,无疑无问,确定性高;疑问句传疑,有疑有问,是不确定性的;而猜度句居于其间,也具有不确定性,但未必会问;反问句也居于其间,是确立的,但有问。在陈述句中,不论正确定(肯定),还是负确定(否定),都是确定,但它们的确定性性质不同。

从确定性出发,戴老师将常规的疑问(询问)视为一种"选择",即:

二值选择:A 与 ~A,包括是非问、正反问。

多值选择:A、B、C、D……,包括特指问、选择问。

在疑问代词中,戴老师主要研究了普通话的"什么",他认为"什么"具有最为广泛的语义内容,是基本疑问代词,具体见下表:

与疑问相仿,戴老师也把肯定与否定视为一对选择。在较早的研究中,他喜欢引用弗雷格的话:"每一个思想都有一个与自己相矛盾的思想。"如把前者称为 X,后者称为 Y,则 Y 至少有以下两种情况:

1、用 X 的反义词语来表示 Y,如"进步—退步"。[反义关系]

2、用 X 的否定形式来表示 Y,如"好—不好"。[否定关系]

他进一步把反义关系又分为"绝对反义"与"相对反义"(有过渡阶段)。而在反义项之间的关系上,他又分为:

1、互补:$P(X) \rightarrow \sim P(Y)$ 且 $\sim P(X) \rightarrow P(Y)$,如"门关着"为真,则"门开着"为假;"门关着"为假,则"门开着"为真。

语义类型	疑问代词	例句	"什么"格式
人	谁	那位老先生是谁?	什么人
物	什么	小张喜欢什么?	什么东西
事	(什么)	王科长看见了什么?	什么事
空间	哪儿?	证件放在哪儿?	什么地方
时间	?	你们什么时候出发?	什么时候
原因	?	李晓为什么回家?(挨了骂)	为什么
目的	?	李晓为什么回家?(拿衣服)	为什么
行为	?	他在干什么?	干什么、做什么
数目	多少、几	局长带了多少人来?	*什么数目
程度	多	那座宝塔多高?	*什么高度
方式	怎么	这事怎么应付?	*什么方式
情景	怎么样	工地上现在怎么样?	*什么情况

2、相反:$P(X) \rightarrow \sim P(Y)$ 且 $\sim P(X) \rightarrow \Diamond P(Y)$,如"他进步了"为真,则"他退步了"为假;但"他进步了"为假时,"他退步了"可能为真,而不必然为真。

3、相对:$P(X)$ 与 $P(Y)$ 之间无逻辑蕴涵关系,虽然它们的语义内容中存在相反的地方,如"中国进口了汽车"不论为真为假,都不能决定"中国出口了汽车"的真假。

戴老师认为所谓"句法否定"关系,在正常的情况下(不包括词汇化),都是互补关系,如"他来了"为真,则"他没来"为假;"他来了"为假,则"他没来"为真。

不过,虽然在逻辑上,互补关系的双方是对等的,但在语言中,正确定(肯定)是更强的确定,而负确定(否定)则是弱确定。戴老师所运用的一个例子如下:

设"父亲"有四项语义特征:"人""男性""成年""有孩子",则在正确定时,我们对这四项特征全部肯定;但在负确定时,可以否定全部特征,也可以肯定一部分,否定一部分,例如当一个人说"XX 不是小张的父亲"时,可能会有歧解,有时是因为 XX 不是男性,有时则是因为 XX 未成年,也可能是因为与小张无生育关系。

戴老师还讨论了"名词+名词"偏正结构、连动结构、"都""可能"句中肯定与否定的确定性。在"他是学生干部"中,既肯定了他是学生,也肯定了他是干部,但在否定句"他不是学生干部"中,却未必都会否定,可能是指他已不是学生,也可能是指他并非干部,当然也可以两者都否定。与之相似,"他没有骑车去学校"也有不同的解释。至于"都""可能"否定句,则否定词既可以在"都""可能"前,也可以在"都""可能"后,且意义不同,如"他不可能是学生"与"他可能不是学生"的区别。

戴老师认为:正确定有单义性,负确定有歧义性,因此正确定比负确定确定性更高,或者说正确定比负确定信息价值更高。

从功能主义出发，戴老师还对肯定句、否定句的标记性进行了讨论。在早期他认为：肯定句无标记，否定句有标记。但近期他则认识到：肯定句分为两种，无标记肯定句与有标记肯定句；而否定句一定有标记。他打算以有标记肯定句为下一个研究重点（与"冗余"问题有关），例如"他买了书"是无标记的，它是最简单的形式，但"他买了些/本书""他是买了书"则是有标记的肯定句，前一句有向小里说的语用意味，而后一句则是强调，二者在逻辑上，与"他买了书"差不多，但主观语气不同。而否定句"他没买书"则一定是有标记的，这不但是因为有专门的否定词，而且也因为否定在未词汇化之前，自身就是表示一种主观态度与语气。

戴老师曾对作者说，在自然之中，主要的都是肯定的事物，如一个实体、一个事件，我们看到它，只在它存在的时候，所以最原型的肯定句（即无标记肯定句）都是对事物存在的直接报道，是现实体的特征；而有标记肯定句则或是主观判断（因此是非现实的），或是添加了主观评价与语用色彩。与之相比，否定都是非现实的，是言者的主观判断，因此从本质上讲，它就不可能是直接的报道，而只是一个间接的推理，同时它的主观评价与语用色彩必然存在。从这一点讲，他又提出，肯定有直接确定与间接确定两种；而否定都是间接确定。

"间接确定"，在戴老师前期的研究中，主要是指否定句是通过逐步排除可能的选择项来达到目标的，如果认为《金瓶梅》有四个可能的作者，则逐步排除最后还是可以找到答案的。而近期研究中，他将间接确定扩展为一个思维本质问题，即通过旁证来推理以获得认识，而不是直接调用已有的经历。

在否定范畴研究中，戴老师还特别关注了以下几个方面：

首先，当句中肯定与否定的焦点是表量成分时，他认为有如下方向性规律：肯定句的量向下蕴含，向上不蕴含。"他买了三套"为真，则"他买了两套"也得到了肯定，但"他买了四套"并不必然得到肯定。否定句的量向上蕴含，向下不蕴含。"他没买三套"为真，则"他没买四套"也为真，但"他没买两套"并不必然为真或为假。

其次，戴老师认为，汉语平衡语料库中存在"否定常数"，即一般叙事语体中，否定句占全部句子的比率。根据戴老师与学生们的大量调查分析，他把汉语否定常数定在15%左右。如果一个文本中，否定句的比率比这一常数显著地高，则该文本具有明显的否定倾向，反之，比这一常数显著地低，则具有肯定倾向。肯定倾向文本与否定倾向文本具有不同的语用功能，前者更直接、更积极、更易为人接受，而后者一般都用于特殊的语用目的，如强化祈使语力、表示反驳功能、传达负面感叹、表达深邃的哲理等，他打算对汉语否定句的运用做更为细致的研究，但可惜没有来得及做。

第三，戴老师是汉语"冗余否定"研究的开创者之一。戴老师认为，"冗余"指的是在一个语言结构体当中,某个符号形式所表现的语义内容不是理解它所在的语言结构体的意义时所必须的。他的"冗余"研究分前后两个时期,前一个时期主要研究"冗余否定"现象,后一个时期主要研究"冗余"这一现象的本质,进行理论探索。他列举的冗余否定现象有:

1. 林洁没去新疆以前,一直在北京读书。　　　没以前
2. 王海,小心别摔跤。　　　　　　　　　　　小心别
3. 他昨晚干了一个通宵,差一点没累死。　　　差一点没
4. 李玉一个人到处游山玩水,好不自在。　　　好不
5. 去年的考试不要太难呵。　　　　　　　　　不要太
6. 看到同事中了大奖,陈小姐难免不动心。　　难免不
7. 王岚弄了不一会儿,就把电脑修好了。　　　不一会儿
8. 大家怀疑他那天不在现场。　　　　　　　　怀疑…不
9. 李师傅非去。　　　　　　　　　　　　　　非去
10. 除非张经理来请,他不去/他才去。　　　　 除非…不

戴老师本人特别研究了其中的"小心别",认为形成冗余否定现象的条件是:句类是祈使句,小心和别是提醒和防止的语义关系,后面是非可控词语,或者是可控动词组成含有动作结果义的非可控用法。

近期,戴老师对"冗余"的理论问题做了更为深入的思考,他曾对作者提到两条关于冗余的语气规律:

[规律一]肯定句中的冗余成分,如果不是直接表示感叹或强调的,则它们倾向于表明言者"向小里说"的态度,如下例中 b 中各例都比 a 语气弱:

a 他买了书。

b 他买了【(一)些】书。

　他买了【几本】书。

　他买了【什么】书。

　他买了【(一)些/几本】【什么】书。

[规律二]否定句中的冗余成分,如果不是直接表示感叹或强调的,则它们倾向于表明言者"向大里说"的态度,如下例中 B 列比 A 列语气强:

　　　　A　　　　　　　　B

a 他没买书　　　——他没买【一点/一本】书

b 他差点儿摔着　——他差点儿【没】摔着

但可惜他尚未来得及做详细的阐释。

第四,在否定词中,戴老师对"没"研究最多。他认为肯定句加"了"有变化性,如"脸上涂了油彩",而加"没"则有保持性,如"脸上没涂油彩"。肯定的变化具有

时点性,如"脸上马上涂上了油彩/*脸上马上没涂上油彩";而否定的保持具有时段性(持续性),如"脸上一直没涂油彩/*脸上一直涂了油彩";肯定的变化与否定的保持都有时频性,如"脸上常常没涂油彩/脸上常常涂了油彩";肯定的变化与"后"相容,如"上了大学以后/*上了大学以前";而否定的保持与"前"相容,如"没上大学以前/*没上大学以后"。他还详细对比了"不"与"没",认为二者的区别是,"不"具有泛时性,"没"具有历时性(先时性)。

最后,戴老师关于"质的否定与量的否定"的区别,在汉语学界影响最大,也是争议最多之处。他认为,质的肯定,即在语义上肯定事物的"存在",而量的肯定,则在语义上肯定事物的"数量"。与之相应,否定也可分为"质的否定"和"量的否定":质的否定,是否认事物的存在或事件的发生,语义含义是"无";量的否定,则是在承认事物存在的基础上,否认事物或事件在数量上的规定性,语义含义是"少于"。如:

肯定句	否定句	否定含义
a1 林涛去过新疆。	b1 林涛没去过新疆。	(否定质:无)
a2 林涛去过三次新疆。	b2 林涛没去过三次新疆。	(否定量:少于)

争议来自于这样的例句:
a 他没说什么,只说了几句。
b 他没去哪儿,就去门外看了看。

从表面看,这些句子并未完全否定事件的发生,如 a 中并不是说他没说话,而是说他说的不多,应该是"少"义。但在以往的分析中,戴老师则认为对"什么"的否定是质的否定,而不是量的否定。

从 2012 年后开始,戴老师花了不少的时间来思考这一问题,并多次与作者讨论。他认为,"什么"的功能实际上有两组,先看肯定句:

1、"不定指称"义或"存在"义,即存在 x,它参与了事件 F,但 x 是尚未确定指称的,因为这里 x 不与任何特定的语境有关,我们只关注它的存在,而非它的性质。又当我们直接说事件 F 时,就是默认有论元 x 参与 F,所以"存在"义"什么"在命题层面实际上是冗余成分,起到弱化语气的作用。

2、"不定回指"义,这时"什么"不是冗余成分,"看了什么书"与"看了书"存在区别,前者指存在 x,它是语境、上下文或双方心中的某个不完全确定的实体,它参与了事件 F,我们既关注 x 的存在,也关注 x 有怎样的规定性质;而当我们直接说 F 时(如下例 b),就只是默认有 x 参与 F,对这个 x 的性质并不关心。如:

a 他看了【什么】书吧。
　他看了【那个】【什么】书吧。
　他看了【那个那个那个】……【什么什么】……书吧。

他看了【那个那个】……【什么什么】……。
b 他看了书吧。——他看了【那个】书吧。
否定句也有两种"什么":

一、对"不定指称"义或"存在"义的否定,即不存在 x,它参与了事件 F,这里 x 是不与任何特定的语境有关的,所以指任何可能存在的 x,这正是它起到强化语气的作用的原因。总之,"不定指称"功能的"什么"满足冗余成分的一般规则。

二、对"不定回指"义的否定,否定的对象仅仅是"存在",即某一语境、上下文或双方心中的某个不完全确定的实体类,未参与事件 F,我们既关注 x 的不存在,也关注这里的 x 有怎样的规定性质;而当我们直接对 F 否定时(如下例 b),就只得到对事物存在进行否定的解释。如:

a 甲:你真了不起,这一年写了不少文章吧?!
　乙:我【没】写【什么】文章,也就是那两篇吧。
b 甲:你真了不起,这一年写了不少文章吧?!
　乙:我没写文章。

在否定句中,"什么"的不定回指功能,比在肯定句中更为普遍。因为在信息结构中,否定句倾向于不提供新信息,不作为起始语;而是常用于对已有知识的纠正,是用在一个更大的背景信息之上的。所以,这里用"什么",不再是指纯粹逻辑意义上的"文章"这一概念 X 的集合,而是在特定的语境下、在特定的认识中所指示的具有特定性质的文章,即双方认为重要的那些文章 X^0。如果不用"什么",而直接说例 b,"文章"就指所有文章的集合,这时是一个很强的否定句,即不是针对对方的焦点意义的否定,而是对对方的预设意义"你写了些文章"的否定。

戴老师认为,正是不定回指功能的作用,才使得"他没说什么"之类的句子有表"少"的错觉,实际上,这些句子并非表示"少",而是指言者心中认为重要的那些话他都没说,他所说的"几句"只能是一些不重要的话。在特殊情况下,我们还可以有下面的例句,说明这根本不是"少",而是"不重要":

甲:老李对学校的决定有意见吗?
乙:他没说什么,就说了一大堆他这些年来非常辛苦、没有功劳也有苦劳之类的话。

这样,戴老师对这一问题做出了一个十分独特的解释。

2　学术精神与学术思想

作者是戴老师 2006 届指导的博士,于 2008 年从北京大学中文系博士后流动站出站后，回到复旦中文系任教，6年时间里，一直在戴老师的直接领导下工作。不但有了更多的向老师学习的机会，而且闲暇之时我们也常常谈天说地，闲话人生。最近几年来，我感到老师的学术思想中有了一些重要的发展，这里仅就我所认为比较重要的部分谈谈。

首先，给我印象最深的是老师对"决心"的看重，而且似乎越发强调。他曾说过："只要时间足够长，人生最终较量的，是决心。"很多人已经注意到，老师出生于江西省泰和县一个医生的家庭里，高中毕业后下乡插队，"文革"后成为恢复高考的第一批大学生，然后一步一个脚印地走到现在，成为著名语言学家、学术带头人，不但有杰出的著述，而且桃李芬芳。他的人生足以成为一部催人泪下的励志小说。

但是，他是怎样走到这一步的？我们可以有很多的答案，例如他天生聪颖，他赶上了好时光，乘上了时代的大潮，他有好老师，不论硕士导师王维贤先生，还是博士生导师胡裕树先生，都是那个时代的领军人物，因此老师是"站在巨人的肩上"。这些都是真的。但是，更重要的也许并不是这些。有一次在聊《邓小平》的电视剧，老师说过，当年他尚在知青，得到恢复高考的通知时已相当的晚，不少人因此未能走上考场，也有不少人没考好，怪没有给他们足够的复习时间。老师却考上了！同样的没有时间，他怎么复习怎么考上的呢？老师没有详说，他只是说："就是拼命！"还有一次他给我们讲他参观孟良崮战役战场的经历时说："当时就是这样，最后陈、粟决定拼光也要拿下来，当时真的很危险，这是非常了不起的。"国民党这边却不同，虽然也有积极去救的，但稍遇顽强的阻击，就不敢拼了，就失魂落魄、哭天抹泪地想"这次又败了！"戴老师总结说，战败有很多原因，但最主要的是已经失去了拼命的精神。战败，事后回忆起来，也可以是很美的，很忧伤美丽的，但在当时，敢去拼这个命，那才是真的男子汉。他还说，现在的学生，他最担心的，是他们生活条件太好，可能会变得太软，因此当不起大事。

我最初是把戴老师的这些话当成一种"长者的说教"来看待的，但至今思来，却发现这才是老师学术生涯的灵魂。

其次，是老师对"走正道"的重视。什么是汉语语法学的"正道""大道""光明之道"？当我回到复旦之后，按戴老师的话说："由学生到老师，身份不同了！""因此看问题的角度也应该不同了。"有一些在学生时代不必深思的问题，现在作为复旦的老师，不得不认真考虑了。戴老师一直以来，最担心学生的，就是误入某种"野路子"之中，而且因为小有成就便沾沾自喜，于是与"大道"无缘。"作为个人，走什么路都不要紧，每一条路上都有无数的风景"，老师说过，"但作为一个继承语法学事业的人，不能这么自私，因为你要带动更多的人和你一起走。不选好路，会把别人带到坑里；作为个人，吃一堑长一智，很好；但对复旦，对语法学，对一起走的人来说，是不负责任。"

现在回想起来,实际上最近几年,老师传授给我的核心价值观就是一个:"走光明的大道。"什么是学问上的"光明的大道"?实际上非常简单,总结起来,老师的意思大致就这几条:

1、选择语法学最重要的东西之一作为主攻方向,它必须在整个体系中具有广泛的代表性,既是最基础的之一,也是牵涉面最广的之一。

什么是语法学最核心的东西,每个流派都有自己的理解,允许讨论与标新立异。在戴老师这里,是那些实现句子的结构与功能的东西。老师曾在2012年做过一个远景规划,把"基本范畴"研究作为复旦语法学未来的主攻方向,包括语义角色、基干句模、否定、疑问、情态、时体、语气等等。它们相互交错,相互依靠,都紧密地围绕着一个核心:汉语句子的实现。

当然,老师并不认为只有自己的规划才是大道,相反他极为肯定其他研究者的想法。老师真正反对的,是有的人从个人私利出发,并不考虑真正的学术价值高低,而是哪些好做做哪些,哪些文章好发做哪些,哪些流行做哪些。他也反对有的人只想混口饭吃,固步自封地划一个山头,作为自己的领地,关起门来过小日子。

老师曾用"勇于担当"四个字,来形容他所欣赏的学术论文。他认为,在某一段较长的时间要专注于一个方面,否则就做不深;但不能一生只专注一个方面,否则会孤立。老师早年专注于时间范畴,后来是疑问范畴,近几年是否定范畴,而这都围绕着同一个中心。我觉得,如果再结合同门们的研究,会发现老师是在做一篇很大很大的文章,其目标是要为整个汉语语法体系做一番脱胎换骨的工作,如果上天再给他二十年的话。2012年老师申请了一个国家重点课题的研究——对否定范畴的研究,他的第二本专著会在这个领域里诞生。他花了那么长时间终于把这体系弄起来,可刚要结出硕果时却离开了我们,现在只能我们想办法替他把这个体系里发展的东西整理出来,把这条路继续走下去。

2、直面汉语现象本身以及充分归纳总结以往的经验教训。除了个别特殊情形外,老师都要求做足够的语料调查工作。他一直有一个要求,学生学位论文必须达到多少万字,这一要求在国内同类高校中属于很高的水平,怎么做到这一点?戴老师总是说,如果你做了充分的语料调查,如果你对前人的研究做了充分的总结,怎么可能写不到这么多!有的人感觉很不合情理,毕竟论文的质量决不是由厚度决定的,在一个张扬个性与天才的时代,他们感到,老师的要求既不合理,又很落后。

老师的观念则是,学位论文并不一定是一生中最好的论文,你有天才,尽可以写成其他论文去发表,但在做学位论文时,必须按规矩来。学位论文要考核的,决不是你的最高成就,而是你的基础水平,是你是否达到了一个合格的研究者的入门的要求。这些要求中,包括你是否真正面对过汉语现象本身?是否充分了解学科现状？是否有写作复杂问题和系统的能力？如果没有，那么即使你真有天才，真有创新，也很容易走向歪路、邪路。

老师一直反对那些靠拍脑袋研究问题的人，他要求我们再好的想法，也要有充分的语言材料才能成立；他更反对直接拿一个理论回来就自以为了不起的人，他曾称之为"王明"；他反对一天到晚瞎想的人，他充分尊重天才，但认为天才更应该脚踏实地。

在参考文献中，老师除了完备性外，还特别强调过中文参考文献的重要，一则你研究汉语，却不看中国人的研究，不看用汉语写的论文，实在是很荒谬的事，母语者的感觉非常珍贵；二则作为一个国内的汉语研究者，如果外文文献收集不齐还是情有可原的，但中文文献都不下大力气整理，实在是懒惰；三则中国语法学历经百年，虽有不足之处，但就汉语研究来说，已经达到了相当高的水平，尤其对汉语本身，任何一个国外的流派都没有这么精深的了解，把前人的智慧轻易抛弃，殊为不智。

3、要广泛吸收各方面的意见，不要听不得反对意见，也不要只考虑自己学派的立场。老师自己凡研究必反复推敲，深刻吸收各方意见才动笔。

4、要面向广大的研究者写作，简洁明白，为读者着想。

最后这一点，也是老师教导我最多的地方。与一般人把它当成细节或个人风格问题不同，在老师的为学观中，这是一个根本性的问题，是一个路线问题。老师从不认为学问是一个个体或个人的事务，而是集体的事业，"如果你不仅仅是为自己做学问，就必须考虑如何带出一支队伍"，"作为一支队伍，必须相互交流，因此写作的面貌，就是一个涉及团结人心，以及你要做一个什么样的人的问题"，"走光明的正道"反映在写作上，就是"只有写得明白，才能想得明白"，"清楚明白才是学问的大道"。

老师自己的论文在写作上用力之勤，实属罕见。近些年我曾多次亲眼见他反复推敲，直到"一字不易"方才停止。在为老师的严谨而折服的同时，也有一个巨大的遗憾，如果不是疲劳与病痛，则老师在近些年一定会出不少优质的文章，老师对学问的要求如此之高，但是他最后留给我的，却是一个未竟的事业。

第三，是老师的"养成"教育观。按百度百科的解释，"养成教育"就是培养学生良好行为习惯的教育，既包括正确行为的指导也包括良好习惯的训练，及包括语言习惯、思维习惯的培养。但根据我的观察，戴老师的"养成观"，有点类似于牧人放牧，老师的工作就是为学生提供一个大牧场，学生的任务就是在这个牧场上去驰骋，去冲撞，去打斗；这时老师又化身为教练，他既要设计好一些练习，通过练习让小马驹们习得足够的技巧，又要时不时地组织比赛，让他们一展所长；而当马驹终于长成之时，老师为他们开欢送会。

老师最反对的是：一、放任不管，结果有的可能走上弯路、僻路、小路，乃至邪路，有的则可能啥也不干，混吃等死；二、过分的帮助和鞭策，结果有的马驹子可能因为压力太大而他又太爱自由，因而心生反抗或厌倦，有的则可能因为一开始太优秀而骄傲自满，不知道自己只不过是因为从老师那儿摸了一张好牌，而牌总有出完的时候。

在"戴门"的学术实践中，除了海内外语言学界的各种学术会议，各种暑期班或什么培训班等等，一个极为重要的场合是我们的"语法沙龙"，直到生命的最后，老师依然特别嘱意，希望将沙龙（永永远远地）好好地办下去。

语法沙龙是什么？对每一个同学有怎样的意义？最初，它只是老师2002级的博士生们的一个读书班，后来演化成自由讨论的沙龙，并不是什么了不起的东西。我一开始也并未真切地感到戴老师在沙龙中的作用，不能体会到他是如此小心地呵护着这个新生的沙龙。

首先，沙龙成了我们的"第二课堂"，除了不计学分外，它几乎承担了一门必修课的功能。其次，它是老师培养计划中的核心，因为它所培养的，是相互批评、锻炼思想的能力。但它又与所谓"讨论课"不同，在讨论课上，老师设置了议题，并且最后大家也都指望老师提出宝贵的意见。而沙龙则是当代汉语语法学界的一个缩影，不限议题，不限学派，学生出题，自选论文，既紧跟最新动态，也促进了学术民主。因此戴老师最看重的，还不是一个学生在沙龙上讲了什么，而是他是不是积极地参加了沙龙。沙龙的力量源于它的坚持，因此又回到了老师一生最重视的东西："决心"。

后　　记

　　戴耀晶先生1958年1月28日出生于江西省泰和县。高中毕业后作为知青下乡,1977年成为恢复高考后的第一届大学生,毕业后任教于吉安师范专科学校(现井冈山大学)。1987年获杭州大学(现浙江大学)文学硕士学位,师从王维贤先生。1990年获复旦大学文学博士学位,师从胡裕树先生。毕业后留校任教,1993年晋升副教授,2000年晋升教授,2001年起担任博士研究生导师,2002年起担任博士后流动站联系导师。历任复旦大学中国语言文学系国家重点学科"汉语言文字学"负责人、中国语言学会理事、上海语文学会副会长、《语言研究集刊》和《当代修辞学》主编。

　　先生是现代汉语句法语义学研究领域的杰出专家、当代中国语言学界的领军人物之一,在普通语言学理论、方言语法、语音学、对外汉语教学等领域均有广泛深入的研究,主要研究方向为现代汉语语法和语义学,尤以语法范畴研究见长,在时体、配价、疑问、否定、情态、空间等范畴研究中做出了突出贡献。后期致力于整合汉语范畴研究的各个方面,为建立统一的、基于范畴与类型的汉语语法体系付出了艰辛而卓有成效的努力。

　　先生一生辛勤耕耘,著述丰富,成果斐然。出版专著《现代汉语时体系统研究》,合作编写《现代汉语》《现代语言学:理论建设的新思考》《动词研究》《三个平面:汉语语法研究的多维视野》和《语言研究的新思路》等著作和教材,发表《现代汉语表示持续体的"着"的语义分析》《现代汉语动作类二价动词探索》和《否定表达与否定常数》等60余篇学术论文,很多研究成果成为学界共识、产生了较大影响。

　　先生治学严谨、学问渊博,为人谦和、温文尔雅,对后学扶持提携、诲人不倦,影响带动了一大批中青年学者,教育培养了一大批优秀的博士、硕士。先生把一生献给了语言研究和教育事业,讲授过的本科生课程有现代汉语、语用学、语义学、现代汉语语法专题、语法修辞、《马氏文通》精读等课程,硕士研究生、博士研究生课程有语法专题研究、汉语语法学史、语言学名著选读、汉语语义问题研究等,均深受学生欢迎。先生启发式、探索性的教学风格,学生印象深刻、受益匪浅。先生在患病期间仍然坚持给学生上课、指导学生论文,为学科和学生的发展殚精竭虑,还为《语言研究集刊》和《当代修辞学》的创新发展倾注了大量的精力,可谓鞠躬尽瘁、死而后已。

2013年7月,先生因劳累过度肝病突然恶化,经历了手术的重大考验,治疗期间先生坚强乐观、恢复状况良好,但2014年暑期不幸再罹呼吸道感染,终因医治无效,于2014年9月22日凌晨5点23分在上海中山医院逝世,享年57岁。先生的英年早逝是中国语言学界和复旦大学的重大损失,他的学术思想亟需发扬光大,他的很多研究课题需要后学继续努力。

为了进一步彰显、研究先生的学术思想,更好地启迪学人、促进学术发展,2015年夏在先生夫人、复旦大学肖永春女士的主持下,开始梳理先生的学术研究成果,准备出版先生的论著。此后多次召开讨论会议,确定论文的选用范围与整理要求。先生后期的文稿虽多有电子版本但依然需要一一校订,早期文稿大多需要人工录入,有的由于发表时间太早、找寻不易,亦刊印错误较多而需校勘。经过学生们齐心协力,克服了种种困难,2016年初基本完成整理集校工作。

文集由张伯江作序,彭利贞撰写了《戴耀晶先生前期学术思想回顾》,陈振宇撰写了《戴耀晶先生近年学术思想回顾》。陈振宇负责论文集的组织及与复旦大学出版社的联系工作。彭利贞、邱斌、李佳樑负责收集先生早期及在国外发表的论文。张伯江、许国萍、倪兰、赵微、刘承峰、王晓凌、刘娅琼、何瑾、刘林等参与确定选文范围和整理要求。李双剑收集了大部分的文稿,并负责文集的汇成、格式整理与编辑工作的安排。前后参与文集整理出版工作的人员还有(以姓氏拼音为序):干薇、郭光、兰佳睿、祁峰、邱明波、王蕾、叶婧婷、张汶静、赵国军、钟小勇、朱庆祥等。由于篇数较多、容量较大,经与复旦大学出版社商议,最终分为上下两部分出版。感谢复旦大学出版社以及编辑的细致工作,也感谢所有支持本文集出版的同事与好友们。

"师恩德业惠及五洲广,秀作精研芳流千古长。"我们将在先生的无形大爱与激励中,"化小有于大无",沿着先生的足迹,潜心研究、开创进取、坚韧前行。

《戴耀晶语言学论文集》编辑组
2016年6月3日

图书在版编目(CIP)数据

戴耀晶语言学论文集/戴耀晶著.—上海:复旦大学出版社,2017.3
ISBN 978-7-309-12656-3

Ⅰ.戴… Ⅱ.戴… Ⅲ.汉语-语言学-文集 Ⅳ.H1-53

中国版本图书馆 CIP 数据核字(2016)第 267696 号

戴耀晶语言学论文集
戴耀晶　著
责任编辑/王汝娟

复旦大学出版社有限公司出版发行
上海市国权路 579 号　邮编:200433
网址:fupnet@fudanpress.com　　http://www.fudanpress.com
门市零售:86-21-65642857　　团体订购:86-21-65118853
外埠邮购:86-21-65109143
江苏凤凰数码印务有限公司

开本 787×1092　1/16　印张 38.25　字数 673 千
2017 年 3 月第 1 版第 1 次印刷

ISBN 978-7-309-12656-3/H·2679
定价:98.00 元

如有印装质量问题,请向复旦大学出版社有限公司发行部调换。
版权所有　　侵权必究